怪谈秋

编委会

主　任　关爱和　刘增杰

委　员（以姓氏笔画为序）

马小泉　白春超
关爱和　任　光
刘增杰　刘进才
刘　涛　刘小敏
朱秀梅　张云鹏
张先飞　李国平
李　敏　沈红芳
杨萌芽　杨站军
孟庆澍　侯运华
胡全章　郝魁峰
高恒文　袁喜生
解志熙　靳宇峰

总校阅　任　光

任访秋文集 ⑪

日记 上

河南大学出版社
·郑州·

图书在版编目(CIP)数据

任访秋文集.日记/任访秋著.—郑州：河南大学出版社,2013.7(2018.6重印)

ISBN 978-7-5649-1290-1

Ⅰ.①任… Ⅱ.①任… Ⅲ.①任访秋(1909～2000)—文集 ②任访秋(1909～2000)—日记 Ⅳ.①I217.2

中国版本图书馆 CIP 数据核字(2013)第 158566 号

责任编辑 马 博 卢志宇 郑华峰
责任校对 任 光 靳宇峰
封面设计 翟淼淼

出 版	河南大学出版社
	地址 郑州市郑东新区商务外环中华大厦 2401 号 邮编：450046
	电话 0371—86059701(营销部) 网址：www.hupress.com
排 版	河南新华印刷集团有限公司
印 刷	河南瑞之光印刷股份有限公司
版 次	2013 年 7 月第 1 版　　印 次　2018 年 6 月第 2 次印刷
开 本	710mm×1000mm　1/16　印 张　76.25
字 数	1026 千字　　　　　　　　插 页　2
定 价	(全三册)290.00 元

(本书如有印装质量问题,请与河南大学出版社营销部联系调换)

在书斋工作

1981年与姚雪垠夫妇合影

1987年与常香玉夫妇合影

与夫人马鸿毅合影

凡 例

一、《任访秋文集》收入作者1920年代末以来的作品,包括专著、论文、序跋、回忆性散文、日记以及部分未刊稿。文集大致按内容分为七编,分别是古代文学研究、近代文学研究、现代文学研究、鲁迅研究、未刊著作三种、集外集和日记。

二、已经发表和出版的作品,以初次发表的报刊和初版本为依据收录,首次出版的日记及未刊稿,均按原件收录,除明显错误外,原则上不做任何改动。每编之首加《出版说明》对该编著作的发表情况、版本沿革等问题作必要交代。

三、文集各卷所收著作,除个别技术处理外,根据不同情况,分别按内容性质或出版时间先后排序;未经结集的文章,以发表或写作时间先后排序。

四、原文中读之疑似不通,或疑有误而不知所误为何者,一仍其旧,不作改动,加注释说明;原文偶有印刷缺漏,不妄自以意添增,加注释说明;个别字迹不可辨识的,用□标识。

五、编制《任访秋先生生平著作系年》、《任访秋先生著作分类目录》作为附编置于末卷。

出 版 说 明

　　本编所收日记,除少量冠以《农场日记》《赴京日记》等标题的写于"文革"时期之外,其余都是"文革"后所写。"文革"前的日记在"文革"初期被付之一炬,因此未能收入。作者80岁之后的日记偶有中断,多与其身体原因有关。作者从学生时代就有记日记的习惯,直至晚年双目失明后才辍笔。内容除涉及家国之事外,多为读书心得和有关学术方面的问题。

目　录

上　卷

1970 年 ………………………………………… (3)
1972 年 ………………………………………… (18)
1974 年 ………………………………………… (26)
1978 年 ………………………………………… (40)
1979 年 ………………………………………… (56)
1980 年 ………………………………………… (153)
1981 年 ………………………………………… (246)
1982 年 ………………………………………… (333)

中　卷

1983 年 ………………………………………… (429)
1984 年 ………………………………………… (521)
1985 年 ………………………………………… (594)
1986 年 ………………………………………… (671)
1987 年 ………………………………………… (750)

下　卷

1988 年 …………………………………………………（837）
1989 年 …………………………………………………（905）
1990 年 …………………………………………………（968）
1991 年 …………………………………………………（1035）
1992 年 …………………………………………………（1087）
1993 年 …………………………………………………（1134）
1994 年 …………………………………………………（1140）
1996 年 …………………………………………………（1144）

附　录

任访秋先生生平著作系年 ……………………………（1147）
任访秋先生著作分类目录 ……………………………（1200）

上　卷

1970 年

农 场 日 记

8月4日　　星期二

今天,我接到连指导员的指示,让我到院"五七"农场,进行劳动锻炼。

下午就把行李搬到农场中文系班的宿舍,与郭光同志调换。他回系里参加整党,我住在他的铺位上。

"五七"农场是遵照毛主席的伟大教导办起来的,而农场主要是对知识分子进行劳动锻炼,接受贫下中农再教育,彻底改造世界观。我来到农场一定要下决心:

1. 严格要求自己,向农场中的先进分子学习,不怕脏不怕累,滚一身泥巴,炼一颗红心,彻底改造世界观。

2. 接受贫下中农再教育,虚心向贫下中农学习。

3. 努力学习主席著作,要活学活用,在用字上狠下功夫。

8月5日　　星期三

上午农场补假,没下地。

发信一封给鸿毅,告诉她我到农场的消息。

中午吃饭时,见同院吴师傅。他给我捎来了一个小包,里边有短裤三条,并附有秋子一函。读后知她已调回郑州农院制药厂,因领导派她到开封学习,顺便回家看看。

给秋子复信一封。

下午下雨,学习整党文件。

8月6日　　星期四

上午,参加全连的讲用会,听我班张如法同志的讲用,了解了中文系同志到农场后在思想改造上的巨大收获,给我以极大鼓舞。我要向本班的先进同志学习。

发工资。

8月7日　　星期五
发信给鸿毅。
上午听连党支部郭象天同志关于开展整党补课的动员报告。
下午下地给棉花打杈。

8月8日　　星期六
大热,整天汗流浃背。
上午去北地打棉花杈。
下午去北地打花头,然后向正在开花的棉花的花心中点药。

8月9日　　星期日　　晴　大热
上午放假,洗衣服。
下午去王楼九队劳动。
晚,连部安排下一段的整党工作。

8月10日　　星期一　　晴　大热
上午学习。
下午去北地打棉花杈。

8月11日　　星期二　　晴　大热　晚大雨转凉
晨五时起床,六时半去段庄参观阶级教育展览馆。
晚,班里座谈,我结合个人情况也发了言。

8月12日　　星期三　　晴
晨,学习《中国社会各阶级分析》与《湖南农民运动考察报告》。从这两部文献中可知,主席是如何把马克思主义与中国革命实际相结合的。从第二篇中可以看到,在革命运动中富农、中农、贫农的三种不同态度;可以看到群众组织起来的巨大威力,群众的智慧、群众的首创精神,一个革命者是如何密切联系群众,走群众路线的。

8月13日　　星期四　　晴

到北地打棉花杈。

8月14日　　星期五　　晴

上午到棉田劳动。我今天也试着打矮壮素,一上午打了四筒半,打了三行多。可见什么事只要决心去干,没有不能干的。过去看别人打药,只怕打不好,不敢打,现在打一下,也行。所以一切事情能办不能办,全看自己有没有去办的决心。

下午,给农场领导提意见,揭阶级斗争的盖子。

给鸿毅一信,托傅钢带到开封投邮。

孙留大队买拖拉机钱不够,向场里借。场里的公款不能外借,领导号召大家集资借给大队,我报了30元。

8月15日　　星期六　　晴

晨,把30元交给如法。

上午到棉田打矮壮素。

下午,全连开会,揭连里阶级斗争盖子。

8月16日　　星期日　　晴

上午放假,去永兴买塑料布7尺,价一元八角九分。

8月17日　　星期一　　雨

参加整党运动,没下地劳动,班里进行揭发批判。

8月18日　　星期二　　晴

上午全连进行批判。

下午下地打药。

接麟儿14号信,说他快回单位了。

8月19日　　星期三　　晴

上下午均下地劳动。

8月20日　　星期四　　晴

早饭后,乘学校汽车到尉氏,又买公共汽车票乘车于12点5分到达开封。

到家后,麟儿已走两天。饭后去街上洗澡。

8月21日　　星期五　　晴

帮助鸿毅晒被子、衣服。下午去街买一点零用品。在鼓楼街碰见老华,拟定明日动身返回农场。

到晚上,我考虑到须早点回农场,因领导只准三天假(连来带去),所以决定22日晨就走。

8月22日　　星期六　　晴

4点即起来,吃了东西。到了汽车站,开往永兴的车票已售完。没办法,只有买去邸阁的车票,6点半开车,9点多到邸阁,步行回到农场,已是12点多。

晚饭后,把300元钱送中文系连部,交王新喜同志。

8月23日　　星期日　　晴

上下午均到棉田打药。

晚看电影《铁道卫士》,内容是记述抗美援朝时期,东北军民与破坏铁路运输的敌特进行斗争的故事。

8月24日　　星期一　　晴
发信给鸿毅。
上午去棉花地打药。
下午开会。
接蕤儿函,复蕤儿函。

8月25日　　星期二　　晴
上午开会,给院领导组提意见。
下午去棉花地打药。
晚,全连大会。

8月26日　　星期三　　晴
上下午去棉田打花头。
今天感到特别疲劳,晚9点多就休息了。

8月27日　　星期四　　晴
上下午均到棉田打赘芽同猫耳朵。留在王楼的中文系同志也来参加劳动了。

8月28日　　星期五　　阴
早晨小雨旋住。上下午到棉田打赘芽同老叶。

8月29日　　星期六　　阴
上下午到棉田打赘芽同老叶。

8月30日　　星期日　　晴
今天放假。

晨起写信两封,一致鸿毅、光儿,一致锡智。早饭后,与宽行去永兴把信发走。
　　在永兴碰到老万,同他一起回来。因他走得慢,走了一个半钟头才到孙留。

8月31日　　星期一　　晨小雨　下午晴
　　上午9点多下地。下午下地。
　　晚看电影至12时散场。演有新闻纪录片和反映阿尔巴尼亚地下游击队的故事片。

9月1日　　星期二　　晴
　　上下午,均在棉田打赘芽及老叶。午饭是在北地吃的,饭后没有休息。下午下工回来,觉得疲惫不堪,说明自己还不能适应新的生活,要锻炼。

9月2日　　星期三　　晴
　　上下午均在棉田打赘芽与老叶。
　　晚接鸿毅函(上月29日发),问我来时是否拿错了钱,我当即写了封复函。
　　另一封是恭夫的来信,说些他同秋子的近况。
　　晚,写信两封,1.致鸿毅,2.致光儿。

9月3日　　星期四　　晴热
　　发信:1.致鸿毅,2.致光儿。
　　上下午去棉田。上午临时让到高粱地捆高粱杆,下午给棉花打枝。

9月4日　　星期五　　晴
　　上午捆高粱杆,下午在棉花地打赘芽和老叶。

9月5日　　星期六　　晴

上下午在棉花地里打赘芽及老叶。

发工资。

9月6日　　星期日　　晴

没放假,仍到棉田劳动。

9月7日　　星期一　　晴

今日放假一天,上午去永兴理发,另买解放鞋一双(5.3元),雨衣一件(6.96元)。

发信五封:1.师院修建科,2.会计科,3.鸿毅,4.恭夫,5.张锡智。

接鸿毅信一件。

9月8日　　星期二　　晴　大风

在棉花地打赘芽及老叶。

把《参考消息》的1—5号寄给鸿毅。

9月9日　　星期三　　晴

上午在棉田劳动。下午去王楼九队劳动,出红薯。

晚听广播《中共中央第九届委员会第二次全会公报》。

9月10日　　星期四　　阴　下午小雨

上午在棉田劳动。下午下地一个多小时下起了雨,遂提前一个多小时收工。

接光儿函,说鸿毅丢的钱找到了。

9月11日　　星期五　　雨住　下午晴

上下午都在北地棉花田里劳动。

晚看电影《智取威虎山》《红灯记》,至12点才散场。

9月12日　　星期六　　晴
在北地劳动。

9月13日　　星期日　　晴
没休息,到北地摘棉花。
晚写信。

9月14日　　星期一　　晴
晨发信,致鸿毅。
上午接到鸿毅10号回信。

9月15日　　星期二　　晴
早晨发信致鸿毅。
上下午去北地摘花。
晚,班里买来西瓜,大吃了一顿。

9月16日　　星期三　　雨　下午中雨
上午去北地摘花。因雨,11时便收了工。
下午雨渐大,没去北地,在家学习九届二中全会公报,我也发了言。
下午散会后,写信致鸿毅(关于取钱事)。

9月17日　　星期四　　阴
发信致鸿毅。

9月18日　　星期五　　晴
上午到北地棉田打赘芽同老叶。

下午,在新仓库听院学习毛著积极分子传达省积代会精神,而后又传达了王新在积代会上的讲话。

晚饭后,看电影《奇袭》。

9月19日　　星期六　　晴

上午在棉田打赘芽同老叶。

下午摘花。

9月20日　　星期日　　晴

上午放假,去永兴给家汇洋20元。

下午摘花。

晚,班会。给信春提意见,他明天要回系里。

9月21日　　星期一　　雨

上下午,到王楼与陈天福、郭光、华钟彦等参加系里学习班。

过去清队结论已为院部批下来与本人见面。我的结论批示是:"同意系革委会对任访秋同志的结论,为一般政治历史问题。"

9月22日　　星期二　　晴

上午,学习半天。系领导让大家解除顾虑,放下包袱,很好地改造世界观。今后好好为人民服务,跟着毛主席干革命。11时许结束。

下午下地摘棉花。

9月23日　　星期三　　晴

全天在北地摘棉花。

今天,农场业余演出队去尉氏观摩,二班吴祖谋同志去了,因托他把一包洗衣粉带给张锡智。

9月24日　　星期四　　小雨

上午去北地,因雨未下地,剥棉花。下午冒雨下地捡棉花。

接秋子函(19号发),说她拟在国庆节回开封。

又寄《参考消息》5份给鸿毅。

9月25日　　星期五　　小雨

晨发信致鸿毅。

上午,讨论《矛盾论》,结合种棉花的体会,班内发表意见。

下午,去北地打了会儿赘芽,又下起了雨,便回到小屋内。两班人讨论明后天的工作安排。

9月26日　　星期六　　整日小雨

全天学习讨论近几日学习《矛盾论》的心得体会。不少同志谈了在种棉花中出现的问题,结合《矛盾论》进行说明。

下午,我结合世界改造问题也谈了个人的心得。

9月27日　　星期日　　上午阴下午小雨

今天没放假。上午在东地收玉米。下午,在农场指挥部听系指导员作一年来系党支部工作总结报告。

上午写信两封,一致麟儿,一致鸿毅。后一封信交给了吴师傅,他最近回开封。

9月28日　　星期一　　阴

上午,在场部搞石灰。

下午,听胡玉厚同志传达总指挥部整党补课情况与郭队长、高政委的总结报告。

9月29日　　星期二　　阴

中文系教师揭系支部的阶级斗争盖子。上午在农场总部,下午在系连部,农场中文系同志都参加了。

9月30日　　星期三　　晴

上午,听高政委传达省革委会召集的地市县领导干部会议情况及有关精神。

下午收玉米。

托许钦承同志捎回信一件,手表一个。他拟同其他中文系同志乘晚6点汽车返汴。

10月1日　　星期四　　晴

今日放假一天。

上午去永兴,接到光儿电报,说他妈病重,盼归。弄得心情很不愉快。给蕤儿汇去20元钱,发了信就回来了。把电报交给如法,他让再打个电话问问,有必要就回去,否则晚一晚。

下午去永兴打长途电话,等了一个下午也未打通,只好发个电报,说如非回去不可,可打个电话,否则迟几天回去。

10月2日　　星期五　　晴

上午拉豆子,下午收玉米。

10月3日　　星期六　　晴

上午收玉米,下午砍玉米杆,拉玉米杆。

发信给鸿毅,问她的病况。

10月4日　　星期日　　晴

上午拉玉米杆,下午拉粪。

钦承捎来光儿二号的信,说秋子带笑薇、笑菡去开封了。他妈有病,希望我回去一趟。

10月5日　　星期一　　晴

上下午,从场部西拉肥料到玉米地。

10月8日　　星期四　　阴　大风

上午向南地拉粪。

接光儿电报,说鸿毅病重,要我速归。副班长范登高同志先看到电报,他代我向连部领导请假。午饭时,他告我说,下午可以回去,学校有车。

下午二时许,乘校车回汴,五时许抵达。鸿毅前两天心脏病发了,同院邻居把她送到医院,经过治疗,已基本好了。

10月9日　　星期五　　阴

上午与鸿毅去街买东西。午饭是在相国寺旁一个小饭馆吃的。饭后去马道街百货店买东西,后来发现我的塑料钱包被偷去了,里边有三十几斤粮票和在北道门银行的存款条。于是便到北道门银行挂失。银行的一位同志讲,下午不办公,明天九时来。

10月10日　　星期六　　晴

九时去北道门银行挂失,负责储蓄的同志讲,钱未被取走。一般小偷偷到存款条或存折后,很少到银行取款,向来是扔掉或撕掉,因为去取款,等于自动投案。

10月11日　　星期日　　晴

下午与鸿毅去淑惠娘家看小厚,把小厚带回东二道街。晚,小厚住到家里。

10月12日　　星期一　　晴
下午,洗衣服。

10月13日　　星期二　　阴
从家来孙留。晨动身,12点左右到孙留。晚,写信给鸿毅和光儿。
接蕤、麟来信。

10月14日　　星期三　　晴
到北地刨红薯。

10月15日　　星期四　　阴
往南地拉粪。

10月16日　　星期五　　晴
到棉花地摘花。

10月17日　　星期六　　晴
摘花。

10月18日　　星期日　　晴
上午整党补课,连里进行揭发批判。
下午放假,去永兴寄走包裹一件(内蚊帐一顶,夹被一个,枕巾两条)、洋30元。
给光儿寄去毛主席的《论无产阶级专政下的继续革命》一书。
发信:1.鸿毅,2.光儿。

10月19日　　星期一　　晴

整党补课。连里主要领导进行斗私批修。下午,在班内对领导们的斗私批修进行评论。

10月20日　　星期二　　晴

上下午各班对连领导的斗私批修进行评论。有的批评得相当深刻,足证群众是真正的英雄。我个人感到受教育良多,特别是在两条路线斗争和世界观的改造上受教育最大。

晚,全连举行纪念军委扩大会议发布十周年大会。

10月21日　　星期三　　晴

上午去棉田摘花。

下午,市军管会周文卫专案组向一连、六连、农场连作关于破获五个反革命案件的报告。

晚,班里讨论。

10月22日　　星期四　　晴

上午学习讨论中央批发的文件。

下午劳动。

晚,学习讨论。

10月23日　　星期五　　上午晴下午小雨

上午学习。

下午在粉坊帮助打粉。

10月24日　　星期六　　阴

上午学习。

下午打粉。

10月25日　　星期日　　阴
上午,全连开大会,刻画反革命分子脸谱。
下午去北地刨红薯。
接光儿一函。

10月26日　　星期一　　晴
上午搞揭发。
下午到粉坊打粉。发信致鸿毅。

10月27日　　星期二　　晴
上午学习。议论四个条件,刻画反革命分子脸谱。
下午打粉。

10月28日　　星期三　　晴
上午学习。
下午打粉。

10月29日　　星期四　　晴
上午去北地刨红薯。
下午打粉。
接麟儿一函。

10月30日　　星期五　　晴
上午去北地拉红薯。
下午打粉。
发信致麟儿,嘱其努力工作,为人民事业多作贡献。

10 月 31 日　　星期六　　晴

上午去北地刨红薯。

下午打粉。

11 月 1 日　　星期日　　晴

上午刨红薯。

下午打粉。

11 月 2 日　　星期一　　晴

今日休息一天。

早晨给淑惠儿写了封信,到永兴发出。

饭后,去永兴买鱼肝油丸 90 粒,VB_1 90 粒,和其他一些零用物品。

下午洗围巾、刷鞋子。

托丁建亚同志捎家信一件。

1972 年

赴 京 日 记

8 月 1 日　　星期二

下午,恭夫送我到开封车站,火车晚点至 3 时开。

5 点左右抵郑。乘 6 路公共汽车,到百货楼下,在预售票处加快车价并购卧铺票,仅购到由郑到京的 62 次快车的上铺票。

在百货大楼等 6 路车,至 6 时半才等到,车上拥挤不堪。7 时许找到了秋子的宿舍。她住 4 号楼。

8 月 2 日　　星期三

上午,秋子带笑薇、笑菡陪我去参观二七纪念塔。上到顶层,可以俯瞰郑州全貌,可算是极其壮丽的建筑。午餐,在蔡记饭馆吃小笼蒸饺。饭后到百货楼买点东西,返农院。与蓁电,告以到京时间。

8月3日　　星期四

上午未出门。秋子炸麻叶。

下午,秋子送我到车站,6点40分进站。上车后,让秋子回去。车上极热,上铺又高。车开后,发现有些中、下铺空着,遂与乘务员交涉,车过新乡后,换了个下铺,加钱一元一角。

8月4日　　星期五

晨5时半,车正点到达北京站。因与蓁电报说6时到京。出站后没有看到蓁,等到6点半尚未见到她。正准备打听3路电车站在哪里时,蓁来了。便一起乘电车到动物园,下车后,用过早餐,又乘32路公交车至人大下车,到西颐宾馆北馆。

发信两封,1.致鸿毅,2.致秋子,告他们已平安抵京。

8月5日　　星期六

蓁上班后,我乘32路车去北京大学。至海淀下车后到该校,问讯冯友兰的住处。在路上问了许多人,才找到地方。我过去同他见过多次面,他今年已78岁(甲午的次年,与日本签订《马关条约》那年出生),但精神很好,记忆力也好。他问到河南的情况,以及与他相识的一些旧人。我问及他的工作,他说在运动前曾写过一部《中国哲学史新编》,但未写完。现在领导要他继续写下去,完成这部书。我问到任继愈同志,他说他在社科院不在北大,领导让他搞佛学研究。过去他曾主持写《中国哲学史》,也未完成。现在要他再纠集原班同志把这部书完成,但因患视网膜脱落症他已住院。我们谈了一个多钟头。我问他王瑶在什么地方住,他说在中关园。我告辞出来,他送我到燕南园的后角门,嘱我找中文系办公室问王瑶的详细地址。于是就辞别了。

当我途经历史系大楼时,想到过去在北大研究所的同学商鸿逵,遂打听到他的住处。我找到他家,他不在。他的爱人便让小儿子去找他。她同我谈他们这几年的情况。11点多,鸿逵回来了,一定要留我吃午饭。于是谈几十年来的阔别境遇。下午,他又陪我去看望徐耀辰先生,觉得这位老先生的思想远远落后于现实,同时也使我记起主席的话,没有正确的政治方向就等于没有灵魂。

8月6日　　星期日

早饭后,同蕤儿并携妞妞去颐和园游览,游人很多。午餐是在石舫食堂吃的。下午4时许返寓,很疲劳。

8月7日　　星期一

上午去西单手帕胡同,访老朋友徐缵武。阔别十多年,见面后都很愉快。午餐在他那里吃的。下午又谈一个多钟头,即告辞。到西单商场买点零用品后返寓。

8月8日　　星期二

蕤请假一天陪我去同仁医院看眼。10点多看毕,说系白内障。从医院出来后,与蕤儿至地铁站口买了票。地下隧道宏伟富丽,柱子全是用大理石制成的。我们坐了一站,从北京站出来,到王府井配眼镜。拿了个号码,说到下午才能验光。只好去吃午饭,在一个食堂里吃了饺子出来,又到百货大楼逛了逛,因为未带布票和购物券,所以什么也没买。又到眼镜店,等到5点半才轮到验光,配了镜子便回去了。

8月9日　　星期三

在家休息,洗衣服。蕤去上班。晚7时半她还未回来,到8点时,我找她过去邻居陈同志给她的研究所打电话,说她早已离开研究所了。等到9时许,她才回来,说是到顺义去看玉米了。

上午发信给增杰、王芸(请假),给鸿毅。

8月10日　　星期四

上午,去北大访吴组缃,很顺利地找到了。吴同我在郑州曾相识,人很好。谈了一个多小时,并赠我一些有关古代和现代的教学资料。他谈的话值得注意的有:

1. 他们选择古代文学教材,注意古为今用。围绕两个方面,即①有助于创作,有创作上可资借鉴的,也就是有批判的继承。②通过分析、批判、评价,有助于提高同学分析评论能力的作品。如不具备这些条件的不选,如戏曲,即不拟讲授。

2. 大力贯彻双百方针。教师个人的意见,可以在小组内提出讨论。如大家同意,固好,如大家不同意而自己又认为正确的,可以坚持,可以到课堂上讲授。

3. 感到认识水平不够。现在既批判右倾,同时也批判极左,因此感到不好办。

4. 落实知识分子政策问题。他说即令性质是敌我矛盾,但只要按人民内部矛盾来处理,就应当以人民内部的待遇来对待。这是毛主席政策的伟大处,就是要充分发挥知识分子的积极性。

5. 古代文学。二年级已讲过散文(季镇淮),本期为诗歌(林庚),十周后为小说,由他来教。他说同学们还是希望老教师讲课,他们认为老教师知识多一点。

他还没有吃早饭,我觉得该走了。便告辞,并问他王瑶的住处。他说要带我去,后来又说恐怕他在系里,便告诉我中文系大楼的地址和方向,于是就同他分别了。

到19楼,没找到王瑶。又回到镜春园,遇到一位中年同志,他说姓孙,说王瑶可能在上课。我听说过孙庆升这个名字,便问他是否是?他说是。我说和你谈谈也好,便一同到了他的寓所,谈及现代文学教研室的情况。他说主席诗词属现代文学,但上课教师是古代教研组的两位。另外有样板戏和鲁迅作品选,还准备开文艺思想两条路线斗争史。讲鲁迅的两位教师即林志浩和王瑶,林讲杂文,王讲小说同散文。他现在正准备两条路线斗争史。这时,已10点多,他陪我去76号,王瑶仍不在。我只好告辞回去。

8月11日　　星期五　　晴

晨起,早饭后与蕤儿去广安门北线阁中医研究院看眼。不想汽车行至半路,蕤儿从车窗里看到代为挂号的张新兴同志骑车迎面过去了。我们想可能未挂上号。到了那里后,听说上午号很少。等到9点,也没再见到张新兴。于是蕤儿乘车去通县,我又乘19路车到动物园转车去北大。这次见到了王瑶,谈了个把钟头后,林庚来了。我稍坐了一会儿,便告辞出来。

王瑶听说,最近毛主席说:五四时期鲁迅是唯物论者,郭同创造社基本是唯心论。又说鲁迅才是圣人,像我们只能说是贤人。鲁迅的杂文,有些我乍一看也不太懂,看几遍之后才了解它的意思。

王选授的现代文学作品:

五四时期除鲁迅外,诗歌选①郭沫若,②闻一多;小说选叶绍钧、郁达夫。

三十年代:诗歌:殷夫、蒲风、戴望舒

　　　　　小说:茅盾《子夜》、《春蚕》、叶紫《丰收》

　　　　　戏剧:曹禺《日出》

四二年后:戏剧:《白毛女》

　　　　　诗歌:《王贵与李香香》

　　　　　小说:孙犁《荷花淀》

鲁迅小说选《狂人日记》、《药》、《故乡》、《阿Q正传》、《祝福》、《在酒楼上》、《伤逝》。

在我临走时,王君送我一本他所写的《鲁迅小说概论》。

午餐是在双榆树食堂吃的一毛一碗的炸酱面,吃了两碗。

接鸿毅8号信,说恭夫已回郑州。

8月12日　　星期六　　晴

上午去五四大道红旗杂志社访何望贤同志,同他谈了一个多小时。他说13号要乘飞机去昆明组稿子。谈他一年多来编辑工作的体会,感到提高很大,但又感到自己的历史知识不够,同时政治理论的知识也不系统,需要继续努力学习。

当说到我去中医研究院看眼挂不上号时,他说他可以托人想办法。于是便一起去找葛水生同志。走了很多弯路才找到地方,葛水生不在家,同院人说12点左右来,准能见到。我们又一块回到沙滩。辞别出来,我到王府井买了点东西。到11点多又去,才算见到了。葛君说可以想办法。他对人很热情,一直送我到电车站。

8月13日　　星期日　　小雨

早饭后,与蕤儿一家去逛动物园。直到下午2时许出来,在一小餐馆吃了饺子,返寓。

8月14日　　星期一　　阴　时有小雨

往师大访寿彝、王汝弼,均未见。寿彝已不在师大,在中华书局上班。王,听说他到医院看病去了。遂进城,到师大北校附近兴化寺5号,找到寿彝的家。见到寿彝的女儿,说他到中华书局上班去了。又到书局,见到了他。一别20余年,见面颇不容易。他说方国瑜来北京了,住在二里沟第二招待所。快12点时,我告辞出来,到东风市场吃了午饭。然后在百货大楼买了件衬衣,便乘三路无轨电车到二里沟,找了几个招待所,均未找到方国瑜,只好回去。

8月15日　　星期二　　阴

蕤儿一早就去北线阁中医研究院门诊部挂号,7时半回来,说已挂上,是25号。我于是前去就诊。10时许,由一位沈德础大夫诊视。经过检查,结果与同仁医院差不多,说是高度近视,并发性白内障,现尚未成熟,不能动手术。开了两种丸药:1.石斛明目丸,2.明目地黄丸。我都买了,价4元8角。

8月16日　　星期三　　晴

上午,蕤儿陪我去找葛水生同志。到他寓所后,蕤儿回去上班。葛陪我到中医院,经检查,结果同前两个医院相同,开的药也一样。

从中医院出来,与葛君作别。听葛君说李定中在人民日报社工作,便在王府井人民日报社找到了他。和他叙谈了河南教育界的情况后,因问及人民日报社刊印的《鲁迅杂文书信选》一书,他问我要几本?我说两三本就行。他给我拿了三本。我问工本费,他坚决不要钱,又一定留我吃午饭。饭后,送我上了电车。

8月17日　　星期四　　晴

上午,去中关村25楼234号访林志浩,谈了一个多小时,辞去。

8月18日　　星期五　　昙

上午,与蕤儿一同去北医三院看眼,诊断情况同其他几个医院。这个医院对眼病可以针灸,但不对外地来的,便请医生开了个针灸哪些穴位的单子。

离北医三院后,即乘31路车到平安里,转乘7路电车去访方国瑜,阔别30余年,彼此见面都有许多话要说。他说他于1940年左右回到昆明,就再没离开过那里。谈到他的工作情况,家庭情况,以及他爱人从51年到58年间患精神病的经过,和他这次来京治疗眼疾的情况。

午饭是在他这里吃的。下午4时许,我正要辞去,他的大女婿来了,是在空军部队工作,名赵有志,也是云南丽江人,因出差来京。又谈了一会儿,我便辞去。

接增杰同志函。

8月19日　　星期六　　晴

蕤昨晚把妞妞接回来,今天陪妞妞一天。下午同她去双榆树市场买点东西,别的什么地方也没去。

8月20日　　星期日　　晴

因童童患痢疾,上午没出门。下午蕤带两个孩子去海淀区医院看病。我在家看《鲁迅杂文书信选》。

8月21日　　星期一　　晴

上午没出门,在寓看《参考消息》。接麟儿信,说他已调回开封。信内附鸿毅信一纸,嘱买物品。

下午,与蕤儿一起去301医院针灸,回来坐地铁至前门,转7路电车到王府井取眼镜,又转3路车返寓。

8月22日　　星期二　　晴

上午,去前门预售车票处购票。买了27日晚8时5分的特别快车票。系5次车,车票同卧铺共24元。8点多返寓。发信给秋子、鸿毅。

8月24日　　星期四　　阴　小雨

上午去海淀浴池洗澡。这里的设施比开封所有的澡塘好得多,洗得比较痛快。

8月25日　　星期五　　晴

早饭后,带妞妞去紫竹院游览。院在白石桥同体育馆对门。进门不要门票。院内非常幽静,荷花一望无边,一阵风过,清香袭人。有一土丘,可盘旋而上。在丘上的亭子里,俯瞰近郭,历历在目。丘上多种竹子、青松、枫树。惜未霜降,枫树经霜后当更可观。丘后一片湖光,岸边停泊成排的游艇。有人不怕日晒,在湖中乘艇游弋。我们在柳阴下休息多时,觉得在此喧闹的大城市中有此幽静所在,闲暇来此一游,摆脱无限疲劳,较之颐和园、中山公园别有一番风味。

时近12时,我们就循路出院。

发信致秋子。

1974 年

5月1日　　星期三

上午,三中教师李中义送来二月间借去的《在中国现代的孔夫子》一文的讲稿两份。

看有关五四时期批孔运动的资料。

5月2日　　星期四　　晴　大风

上午去校医院打罢针后,到图书馆借阅《新青年》杂志。

5月3日　　星期五　　晴

看严复译的孟德斯鸠的《法意》,主要看严所写的按语。

5月4日　　星期六　　大风

学校发工资。

看《法意》。

5月5日　　星期日　　晴

洗澡。

发信致秋子。

下午去街买汗衫、毛巾等应用什物。

5月6日　　星期一　　晴

上午去校医院打链霉素一克。

去七号楼下层看《新青年》。

晚,赵明同志来,谈关于写五四时期反孔斗争问题。

5月7日　　星期二　　晴

付先方洋五元,托他到北京代购暗锁一个。

5月8日　　星期三　　多云　下午阴

上午,去七号楼下层看《每周评论》,抄一点材料。遇到张邃青先生。

下午,去历史研究所借阅严复名著丛刊《社会通铨》与《原富》。

晚上,又有点咳嗽,可能因为天气不好,也可能有点累着了。现在身体确不太好,以后在穿衣服,活动方面要特别注意。

5月9日　　星期四　　晴

上午,去校医院打针,并到历史研究所找回昨天忘在那里的帽子。

接蕤儿信。

麟儿下午送来链霉素25克。

5月10日　　星期五　　晴

上午,赵明、介平两同志来家,讨论写五四反孔运动一文的内容,并决定分头拟出大纲。介平:①引言,②时代背景;赵明:③五四时代毛主席和鲁迅的反孔斗争;任:④反孔斗争的统一战线,⑤结语。

5月11日　　星期六　　晴

写文章大纲,有时就写成了文章。

上午去学校,听励武说扬州师院寄来的《鲁迅研究论文选》中收有我的《论鲁迅杂文战斗的艺术特色》。

晚饭后,去光儿那里。

5月12日　星期日　多云　下午小雨

上午上街购买应用什物及食品。

洗澡。

接恭夫函,谈照胸片事。

下午,写五四时期反孔斗争的统一战线,晚写结语。

赵明同志明日赴郑,把拟出的大纲带到省里,征求出版社的意见。

5月13日　星期一　阴　下午晴

上午发信给扬州师院,并寄邮票一元,购买《鲁迅作品及思想》一书。

李根红君从济南来河南出差,到家看我。他原系省文联成员,后因犯"错误"离开河南后到济南工作的。在这里谈了一个多钟头,询问文联中的一些情况,就告辞而去。

想到一个题目,即鲁迅在各个文学团体中所进行的路线斗争:(一)《新青年》杂志社,(二)《语丝》社,(三)《莽原》社,(四)左联。

5月14日　星期二　晴

上午,到医院打针后,去七号楼历史研究所资料室查阅《语丝》。1924年,林琴南去世后,周作人有篇对林琴南的评论。当时,刘半农在巴黎看到周的文章后,给周写了封信,对林也作了评论。钱玄同看到这封信后,很不以为然,写了篇《写在刘书的后边》,对林作了比较严格而深刻的抨击。我觉得当时钱的意见还是很正确的。

周作人　　《林琴南与罗振玉》　　　　《语丝》第3期
　　　　　《再论林琴南》　　　　　　《语丝》第20期

刘半农　　《巴黎通信》　　　　　　同上
钱玄同　　《写在半农给启明信的后面》　同上

5月15日　　星期三　　晴

上午阅读鲁迅与高长虹斗争的资料。

下午着手写《鲁迅在历次参加的文艺团体中所进行的路线斗争》,仅仅开了个头。

晚饭后,与鸿毅去光儿那里。

发信致秋子。

5月16日　　星期四　　阴

上午,去校医院请翟大夫看病,谈关于打链霉素的情况,她让验验血沉。到化验室取了血样后,因时间已晚,未看结果便回来了。

5月17日　　星期五　　阴　小雨

上午,去校医院打针并看化验结果。翟大夫说血沉没什么,但淋巴有些问题,还须继续打针。我把化验单又拿给宋泽民大夫看,他说停四五天再验一下血沉,看看情况再说。

5月18日　　星期六　　阴

上午,赵明、王介平两同志来。赵明同志谈去郑州给出版社汇报写作情况经过,出版社同意让按所拟提纲来写。

晚,光儿、淑惠带小厚、小简来,并送来板油2斤。

鸿毅去学校看电影《红色娘子军》,至10点左右才散场。

5月19日　　星期日　　晴

上午与鸿毅到马道街买点零用物品。回来,麟同明凰在家正做午饭。因为没有菜,鸿毅想法炸点虾米皮,吃到两点半。

晚上睡得很早,因想要写一篇"论鲁迅对敌斗争的战略与战术"

的文章,内容(一)在战略上蔑视敌人,在战术上重视敌人。(《狂人日记》中的一段话,认为它的压力是假的;《无产阶级文学革命前驱者的血》中的一段话,说明真理在我们方面,群众在我们方面,敌人已十分孤立。)(二)在战术上,(1)要知彼知己。《上海文艺之一瞥》中,论当时搞革命文学的,不了解敌人的情况是不好的。论陈西滢;李霁野的《忆鲁迅先生》,《答KS君》。(2)壕堑战。(3)韧性战。(4)伺虚乘隙的突击战。在战斗上既反对左倾冒险主义(反对赤膊上阵,反对把自己完全暴露于敌人之前。周建人的一段回忆:鲁迅与某领导人的谈话。),又反对右倾投降主义(《论费厄泼赖应该缓行》、《答徐懋庸论关于统一战线》)。

5月20日   星期一   多云到阴
上午写文。
晚看电影《红灯记》。

5月21日   星期二   阴有时有小雨
上午,去校医院验血。
晚饭前,振犁来,谈东林党的评价问题。
晚饭后,与鸿毅去看光儿。

5月23日   星期四   晴
上午,去职工医院找杨良材大夫看病,他让验血并照片子。

5月24日   星期五   晴
上午去职工医院看片子,大夫说10点以后才能冲洗出来,便到明凰家坐等。拿到片子后,去门诊部,说杨大夫是夜班,已下班回家。我也只好回来。
下午,在老牛那里订了第三季度的《红旗》与《学习与批判》。

5月25日　　星期六　　晴

上午,到校医院找宋泽民大夫。他看了我的片子和化验单后说:"还可以让职工医院杨大夫再看看,看他的意见如何?"

把照片子的收据拿去报销。

5月26日　　星期日　　晴

上午,到街上买一点药及应用物品。

5月27日　　星期一　　阴

开始誊写最近所写《五四反孔斗争的统一战线》。

5月28日　　星期二　　阴转晴

把文章誊完,共31页约九千多字。

上午,孟宪法同志来,问鲁迅在什么文章中谈到《十竹斋笺谱》?我一时记不起。他走后,我想到鲁迅曾与郑振铎合印过《北平笺谱》,遂于《鲁迅书简》中查与郑振铎的信,终于查到了。我便去学校告诉了他。

5月29日　　星期三　　晴　夜雨

上午,去职工医院找杨良材大夫看片子,他不在。明凰的三哥陪我找到他家,仍不在。只好把片子留在明凰家,让她母亲找杨大夫看看,听取一下他的意见。

下午,把誊好的《五四时代反孔斗争的统一战线》及《结语》部分标点毕,交给介平,请他看看,再转给赵明同志。

5月30日　　星期四　　晴

上午,接恭夫信,说他最近出差去北京,看了看蕤。蕤让他带回链霉素16瓶。

下午,上街取出银行存款一部分,利息约 5.7 元,给蘷儿汇去 50元。

发信致蘷儿。

5月31日　　星期五　　晴

听说先方同志回来了,便去学校资料室找他,取回他捎来的弹子门锁。适值钦韶也来了,他谈及今后系里课程设置的设想,即成立年级教学组,一年级着重写作,二年级着重评论,三年级着重批判继承。

下午,午觉睡不着,感到脚底板有些发热,量量体温,有点高,于是到医院打了 0.5 克链霉素。

6月1日　　星期六　　晴

上午去明凰家。明凰的母亲让明凰三哥去请杨大夫。他看过片子,问了我一些情况说:"肺部毛病,不是一时一刻得的,因而也不是很快能够好的。它的反复性很大,所以现在医学界主张对肺病①要早期治疗,②要长期治疗,③要不间断地治疗,④要综合治疗。他建议打针兼吃 PAS。他说 6 号他就要下到尉氏巡回医疗,时间是半年。

发信给秋子。

6月2日　　星期日　　晴

早晨去北道门买肉,队很长,排了一个钟头。

上午,麟带小倩来。

6月3日　　星期一　　晴

上午,带着杨大夫的诊断书去校医院找宋大夫,他给开了 4 克链霉素。

看任继愈主编的《中国哲学史简编》中关于章太炎哲学思想部分。

晚饭后,与鸿毅一块去看小厚、小简。

6月4日　　星期二　　晴

上午,在校医院打罢针后,到历史研究所参阅一些资料。

6月5日　　星期三　　晴

下午,发工资,付黄平权同志衬衣洋11.7元。

6月6日　　星期四　　晴

上午,去七号楼地下室借阅杂志。治平同志来家,未遇,留下他们评红组论文《无可奈何花落去——从〈红楼梦〉看没落阶级的历史命运》。

6月7日　　星期五　　晴

上午,看赵明同志文章《五四时期的反孔斗争》的第三部分。

下午,看治平送来的文章。

接蕤儿函,说去信和汇款均已收到。

6月8日　　星期六　　晴

上午,介平来,谈关于鲁迅文中的有关问题。

下午,光儿来,带来外文出版社出版的英语的《草原英雄小姐妹》和《孙悟空三打白骨精》两册。

6月9日　　星期日　　雨

昨晚雨,今日又下了一天,楼前低洼处成了水潭。

洗澡。

6月10日　　星期一　　晴

摘录"鲁迅书信选"中有关讲战术的话。

6月11日　　星期二　　晴

上午,治平同志来,谈对他们评红组所写的文章《无可奈何花落去》一文的意见。

晚,去光儿家,至9时许回来。

6月12日　　星期三　　晴

上午,赵明、介平两同志来,讨论《五四时代反孔斗争》的初稿,至11时半才散。

下午,去城外牛奶场买奶票5元2角,共20斤。

6月13日　　星期四　　晴

上午,修改我所写的五四时期批孔斗争的第四部分中的吴虞一段。

看任继愈等编写的《中国哲学史简编》中有关王夫之的部分。

扬州师范学院寄来我买的那本《鲁迅思想和作品》。

6月14日　　星期五　　晴

上午,光儿来,吃过午饭才去。

下午,收到6月份《红旗》。

6月15日　　星期六　　晴

上午,去七号楼看《新青年》中关于陈独秀在五四时期批孔的文章。他的主张同见解都是极不彻底的,而且也比较肤浅,同鲁迅的《狂人日记》相比差多了。

下午,写文批判陈独秀五四时期批孔的观点。

6月16日　　星期日　　晴

热甚,约37度,感到呼吸都有点不舒畅。可见气温对人身体影响是很大的。没有上街。

下午,麟儿来,晚饭后去。

把江青对批林批孔学习班的讲话稿摘要录出。

电厂李冬艳来。她去郑州出差,见到恭夫。恭夫托她把药和糖捎来。李很健谈。

晚洗澡。

6月17日   星期一   晴 大风 满屋尘沙

上午,誊改批判陈独秀批孔极不彻底部分。

下午,看杨荣国的《中国古代思想史》中关于荀况一部分,并又参阅了《荀子集解》。

6月18日   星期二   晴

晨,发信致秋子、恭夫。

下午,光儿来。

6月19日   星期三   阴 有时雨

上午,修改文稿《五四时期反孔斗争》的四、五两部分。

下午,去西小阁37号看绳武同志,谈至5点半,始告辞。谈了《红楼梦》研究及白内障眼药治疗问题。

6月20日   星期四   晴

看《章太炎文集》。

又从校医院取链霉素10瓶。

接郑大嵇道之同志寄来文章两篇。

6月21日   星期五   晴

上午,南关8184部队的一位同志来。他于3月份从我这里借去《鲁迅杂文书信选续集》及我所写的鲁迅思想发展的讲义一直未还,一次遇到院里负责统战工作的同志,谈及此事。后来这位部队同志又来院里请人辅导《帝国主义是资本主义的最高阶段》,统战部同志便把我的话告诉了他。他来对我说,书和讲义被领导拿去看了,他现在住了院。

下午,开始写《学习鲁迅对敌斗争的战略与战术》。

6月22日　　星期六　　晴

上午,赵明同志把他写的稿子(《五四时期的反孔斗争》)的一大部分送来,我也把已改的第四部分交给了他。

下午,继续写《学习鲁迅对敌斗争的战略战术》。

晚饭后,光儿一家来,至9时许才去。

6月23日　　星期日　　晴

上午,去街,到学院门菜市场买菜。

下午,写《鲁迅的战略战术》一文。

6月24日　　星期一　　晴

上午,应王宗棠同志邀,参加三年级组部分老教师谈座会,主要列一列我国历代法家人物名单。

下午,写《鲁迅的战略战术思想》。

赵明同志来,把他那篇文章的一、二部分带回。

晚,与鸿毅去光儿那里。

6月25日　　星期二　　郁热

上下午,写关于鲁迅的文章,还剩一个尾巴未写完。

晚,在外边乘凉,至10时半才就寝。

6月26日　　星期三　　晴

把《鲁迅对敌斗争的战略战术》一文初稿写成。这只是把材料联系到一起罢了,还需要很好地多次加以修改。

下午,本拟参加院部召开的老教师座谈会,但因与全院教职工生大会冲突,而暂停。

6月27日　　星期四　　晴

上午,去校医院找宋大夫看病,他让验了验血,白血球低。我告诉他近来不想吃饭,他开了三种药。

看朱可夫《回忆与思考》中进攻柏林的一章。

6月28日　　星期五　　晴

下午去校医院打针,以后每周打两次。

6月29日　　星期六　　晴

晨,发信致蕤儿。

晚饭后,介平来,接着平权来,两人坐至9时许去。

6月30日　　星期日　　晴

上午,光儿同小厚来。午饭后,光儿回去,留下小厚在这里,到晚上看了电影才走。

上街赶集,买了些黄瓜、番茄。

晚,久久未能入梦,吃了两片药。

7月1日　　星期一　　晴

上午,去校医院找宋泽民大夫看病。又验验血,白血球4260,偏低,开了些补血药片。

宗堂同志与张天星同学来谈,他们将去郏县广阔天地大有作为人民公社去辅导批儒扬法的学习,让给他们找一些法家的故事,或驳斥儒家对法家诬蔑造谣方面的材料。

周一良的《历史上的儒法斗争》发下来了,我在上午大致翻了一遍。

由于昨夜失眠,下午睡了一觉,仍觉精神不好。

晚饭后,与鸿毅去光儿那里,8点半回来。市里各级领导干部也正在学习周一良的儒法斗争材料。

7月2日　　星期二　　晴

上午理发。

下午去学校。碰到怀通,他把励武抄的一本"鲁迅批儒扬法"的材料让我看看有无问题,系里准备印。

同学张天星、赵麦冬来家,要我谈法家的故事。晚,他俩又来,接着刘金凤也来了,9时许他们才去。

7月3日　　星期三　　晴

下午,参加一、二年级教师会,辅导同学写批儒扬法的《故事新编》。

我和介平被分到一年级一班。会后,与该班班干部开了个小会,约定明天给他们讲讲有关故事的材料。他们班分的是先秦部分。

晚饭后,去访介平,向他传达教师会的情况。

7月4日　　星期四　　晴

晨起,即翻阅《史记》同马骕的《绎史》,将有关资料列出。

上午10时,去124教室,听矫桂堂给同学们讲写《故事新编》应注意的事项。矫系《河南文艺》编辑部负责人。11时许散会后,我同介平又到一年级一班同学宿舍,把写作方法与参考资料给同学们讲了讲。

下午,草写了篇《章太炎与俞樾决裂——晚清的孔老二与冉求》,约千余字。

晚,又去同学那里辅导,给一位女同学讲了讲《孙膑传》。

7月5日　　星期五　　晴　晚阴时有小雨

上午,誊写故事《章太炎与俞樾决裂》。

下午,到系里参加会,把《晚清儒法斗争》一文交给张子臣同志,并把看毕的谢励武辑的《鲁迅批儒扬法文钞》交给怀通,给提了点意见。

晚饭后,送小厚、小简去她们家。留给光儿20元。

胡思庸同志来访,谈关于章太炎问题,拟借阅章太炎的《诸子学略说》。我答应把《章太炎文钞》第二册借给他。

7月6日　　星期六　　晴

上午,到同学那里辅导。10时许去大礼堂听报告。下午,小组开会。

7月7日　　星期日　　阴

早饭后,去街买了些零用物品,并买了半个旭东瓜,1角6分一斤,价不可谓不高。

麟儿带小倩来。

巩县吴友悌同学与黄魁五同学来问,最近所发周一良讲儒法斗争的材料中关于章太炎部分的错字问题,想找找原文核对一下。坐了约半个小时,即辞去。

7月8日　　星期一　　晴

整天功夫,用在修改座谈会的发言稿上,算是修改完了。

晚饭后,去光儿那里。直等到8点多,他还未回来。

7月9日　　星期二　　晴　晚阵雨

上午,与介平去一班同学那里辅导。

下午,参加年级组召集的会议,讨论关于写批儒扬法《故事新编》

的几项原则。

7月10日　　星期三　　晴极热

上午去学校开会。

下午,看一年同学写的商鞅变法的小故事六则。《河南文艺》拟采用,让看看与历史事实有无大的出入。后来,把意见告诉给了写故事的同学。

7月11日　　星期四　　晴

看同学们所写《故事新编》的稿子。

下午,帮同《河南文艺》出版社两位编辑审查同学们写的关于刘邦的稿子。

7月12日　　星期五　　晴

上午,看稿子。

下午,怀通说省里通知,要我系去给教育局办的学习班讲讲鲁迅的批孔问题。系里决定让我去讲,给我两天时间准备讲稿。

1978年

武　昌　日　记

4月24日　　星期一　　晴

上午,在家准备赴武汉开会用的什物。

11时半,赵明同志来,同他一起去老黄家,又一块去汽车站。

下午一时,乘汽车赴郑。到后,在车站茶社休息。为买卧铺票事,打电话给恭夫,让他去找刘宪章想办法,结果还是不行。7时许,恭夫与秋子来车站晤面。晚9时许,从郑启程。

4月25日　　星期二　　晴

晨,7时40分抵武昌,住湖北革委会第二招待所。

4月26日　　星期三　　阴有时有零星小雨

上午,举行开幕式,由华中师院副书记刘同志,武汉师院李书记先后讲话。刘书记对会议提出三项要求:(一)要有副产品。(二)要把《中国现代文学史》编成较好的教材。(三)要贯彻双百方针。接着主持大会的同志宣布会议日程表。10时半结束。

下午,由五个院校各举一人,批判"四人帮"的黑线专政论。至4时许结束。

早饭后,发信致鸿毅,告诉她已平安抵武昌,及在招待所的食宿情况。

晚饭后,领导又让迁到一栋房,条件比六楼要好得多。

4月27日　　星期四　　阴雨

上午大会,由各院校谈编写细纲时所遇到的问题,及如何解决的。我谈了关于1928年革命文学论争编写中的问题。

下午自学,湖北人民出版社有两位同志来谈。晚,看电影:(一)《同志,感谢你》(二)《望江亭》(由张君秋饰谭记儿)。

4月28日　　星期五　　晴

今天整天自学材料。

上午,洗了洗衣服。

晚饭后,与老赵、老黄乘一路电车去汉口市中心区,真是肩摩踵接。仅仅买了些茶叶,别的都没买到。

返寓后,有在此地工作的,河大1953年毕业的同学朱锡纯(现任武钢六中教师)、刘洪翔(华师一附中),还有一位刚调到武大中文系的周老师来。别后20多年,已不认识,但名字还有点印象。谈至10

时许。听他们说,原河大教务长刘介愚同志,现任武大第二把手。拟抽时间,与老赵去看看他。

发信致李蕤(寄至一招创作会议)。

4月29日　　星期六　　晴

上午,小组讨论关于鲁迅生平和思想发展。大家对细纲提了不少意见。

下午,听湖北省委书记陈丕显对创作会议作的报告。散会时,见到了李蕤。但因时间匆匆,不能多谈。

晚,同志们去看电影。我因武钢周同志约,明日给他们那里的教师进修班讲鲁迅思想发展,需要写个发言稿,所以没去。写至10时许始就寝。

4月30日　　星期日　　晴

上午,集体到武钢参观。先看了炼铁厂出铁水的壮观,虎虎铁水就像条小瀑布奔流不息。当铁水注入铁包中时,四溅的铁花宛如节日燃放的焰火,令人惊诧。然后,又乘车到炼钢车间,许多平炉射出的红光,灼人眼目。接着在轧钢车间,看到大的钢坯被轧成细长的圆钢。至11点半参观完毕。

回来时,路过武钢家属区,我同周继昌同志下了车。他带我到职工子弟中学休息了一会儿,即到对过餐馆用过午饭,便又回到子弟中学,被安排在办公室休息。

下午1点半左右,朱锡纯同志也来了,听讲的已经到齐,周同志便引我到教室开讲。讲的题目是《鲁迅是怎样从一个革命民主主义者发展成为共产主义者的》。内容分四部分:(一)鲁迅是晚清向西方寻求真理的先进人士。(二)不断战斗,不断总结,不断探索。(三)学习钻研马克思列宁主义。(四)不断地解剖自己,改造世界观。讲了两个小时,中间休息了一次,至三点半结束。由大会派来的小车接我回二招。

5月1日　　星期一　　晴

上午9时,去洪山路湖北省委礼堂看演出。共三个节目:(一)《八仙过海》(汉剧)。(二)《赶会》(楚剧)。(三)《柜中缘》(汉剧)。

《柜中缘》主角是汉剧名演员陈伯华饰演。1952年来武汉时,曾看过她的演出,距今已近30年,听说她已60多岁了,在这出戏里扮演一个十几岁的小女孩,还是那样惟妙惟肖,真是名不虚传。

看演出,与李蕤、吉学霈见了面。约定5号他们到我的住地二招会面,可以畅叙一下阔别。

下午去参观武昌农讲所。这是毛主席在1926年冬至1927年所主办的。然后又到汉阳归元禅寺参观。罗汉堂供奉着缅甸赠送的玉佛。

回来,经过汉水第二桥。这是刚刚建成的,可以并行6辆卡车,返寓已6时了。

晚饭后,上街买东西,遇到去年从师院(河大)外语系毕业,分配到这里工作的关晓兰同学,她很热情,非要让去她的学校坐坐。她所在的学校是湖北中医学院,就是我买东西商店的对门。由于盛情难却,只好到她那去坐了一会儿。返寓后,朱锡纯同学又携韩志忠来。临走时,留下此地的工业券几页。

5月2日　　星期二　　晴

上午,小组讨论。继续对鲁迅部分提意见。

下午,大会发言。各小组汇报几天来讨论的情况及所提出的问题。

晚饭后,武汉师范章学仲同海南师专一位男同志来谈,直至10时许始去。所谈真是海阔天空,上下古今。余本感疲乏,后来越谈兴致越高,竟不知倦意。

5月3日　　星期三　　昨夜雨今日阴

上下午,开大会。

下午,我发言,略谈五四前夜文化革命发生的原因及其性质问题。

晚看湖北京剧团演出的《红灯照》。

5月4日　　星期四　　昙

上下午都是开大会,有些人发言。有点疲劳轰炸,下午午睡没睡好,弄得疲惫不堪。

5月5日　　星期五　　雨

上午,由武汉师院范老师陪同到湖北医学院第一附属医院看眼。到那里后,又找到武师的郑老师,由他领着去找眼科主任孙教授,等到11时许才由他检查。最后把瞳孔放大,说到明天再来检查。

午饭后,与李蕤、吉学霈两同志叙谈。他们是在这里举行座谈会的,谈至两点,他们去开会,我们乘车去武汉师院参观,至5时返招待所。

晚,朱锡纯同志来,谈至10时许。

5月6日　　星期六　　晴

早饭后,与平权乘车去医院,请孙大夫再检查,至10时半看毕。他认为还是白内障,可以动手术,但他们那里没床位。我觉得即令有床位,在这里动手术也不合适,只有将来去北京看了。

下午,上街购物。回去的车票已买。

晚,去观看歌舞。

5月7日　　星期日　　晴

上下午,参加教材修改讨论会。晚,继续开会,我因疲劳请假,7

点多就休息了。

发信:①鸿毅。②蕤。③方国瑜(托昆明师院来这里参加会的杨同志捎去。)

（以上是《武昌日记》）

桂 林 日 记

11月28日　　星期二　　晴

12时许离家,与刘增杰、赵明、张如法三同志一行,于下午1时乘长途汽车赴郑。3时抵达,与如法去秋子家。恭夫还未去苏州。晚饭后,略事休息,恭夫即送我们去车站,7时许开车。

11月29日　　星期三　　晴

上午8时许抵武昌。买过车票后,用早餐。饭后同游东湖,景物怡人,因口占一绝。

杨柳减绿枫正红,浩淼烟波疑洞庭。

泽畔忽逢行吟阁,蓦忆屈子千载情。

下午4时上车,旋即开车。

11月30日　　星期四　　阴

上午8时许,抵桂林。下榻广西师院招待所。下午,游七星岩。岩洞长二公里,洞中景物奇绝,但也把我累得筋疲力竭,出了满身大汗。

12月1日　　星期五　　雨

本拟上午游芦笛岩,因雨未果。雨稍住,与增杰、赵明、如法三同志游叠彩山。余由增杰等搀扶登至山顶,桂林附近山水尽收眼底。到此始知"桂林山水甲天下"的真正含义。

下午,乘长途汽车至阳朔,住阳朔饭店209号。

12月2日　　星期六　　晴

早饭后,与增杰、赵明等同志出外散步。至漓江岸边,道旁一家种有柑子和柚子,枝头果实累累,有的浅黄,有的橙黄,纷纷透出于绿叶之外,的是美丽。再往东,登上望江阁,远望群山,俯视江流,亦胜地也。至7时半返寓。

上午,举行开幕式。由广西师院院党委副书记和中文系总支书记讲话,接着是中山大学陈则光教授讲话,而后是陈安湖同志传达黄山鲁迅研究会召开情况。另外,会上有重要发言的:李泽厚、王瑶、孙席珍等。

下午继续开会。

5时许,去医院看病,体温不高,但咳嗽得厉害。

发信致鸿毅。

12月3日　　星期日　　晴

今日起来,继续开始晨跑。沿着大街向北跑,至街的尽头,即漓江江岸。向东北望去,群峰插天,漓江向东北流去,景物异常优美。漓江风景甲桂林,的确不错。

上午,阅读《现代文学史》讲义的"绪论"及"结束语",准备下午给写作单位提出修改意见。

午饭后,去自由市场。今天是星期日,农民到街上卖农产品的特别多。街道两旁摆满了竹篓、竹篮,里边有桔子、柑子、柚子、柿饼、花生,还有鸭蛋、鸡蛋、活鸡、竹笋等,不一而足,价钱也便宜。和我一块去的是黄步青老师。我买了点桔子、柑子和芭蕉。芭蕉没有香蕉好吃,略带酸头。

下午2时半,在205室讨论讲义。一开始,都不发言,我遂提出两点看法。而后,广西师院的一位同志让去买柑桔,说是品种较好,价钱便宜,仅二毛六一斤。于是大家纷纷前往,那里大概是土产公司。我买了6斤,老赵买了15斤。我买的主要是在这里吃的,不准备带回去。

购买桔子后,会议继续开至5时半。

今天,湖南师院的蔡健同志讲,胡适的思想还超不过黄遵宪,并说了两次。我感到很奇怪。

12月4日　　星期一　　晴

上午,阅读《现代文学史》讲义中的鲁迅部分。觉其中的生平及思想发展、《呐喊》与《彷徨》,写得较差,问题较多;前期杂文部分写得比较扼要简明,文字流畅。另外,对《野草》的论述也有问题。

下午,乘木船游漓江。顺流而下,至木山村上岸,登至一山丘顶上,看漓江转弯处的山峰。看得较为真切的是名曰"秀才看榜"的山峰。如法为来游的几十位同志摄影。山丘上杂木丛生,枫叶殷红,颇似北方的深秋景象,感觉不到仲冬的意味。回到船上后,即掉转船头,逆流而上,船行较慢。船夫一家五口,此时夫妇二人,连同9岁的大女儿一齐持篙撑船。由于水浅,所以看起来他们都很吃力。江底布满卵石,水极澄澈。4时许登岸,沿岸边石路返寓。路边有石刻诗句:"桂林山水甲天下,阳朔堪称甲桂林。"因此大家都说:"阳朔风景甲桂林。"漓江沿岸诸峰,皆因其形状,当地人予以命名,如"笔锋"、"白鹤饮水"、"雄鸡搏斗"、"飞凤下山"、"老人牵马"、"美女梳妆"、"秀才看榜"等等。

晚饭后,排队至县委礼堂,听传达邓副主席等中央领导讲话。

12月5日　　星期二　　晴

上午,继续看讲义。关于鲁迅部分共分五节:一、生平和思想发展。二、《呐喊》和《彷徨》。三、《阿Q正传》。四、前期杂文。五、《野草》与《朝花夕拾》。都是由湖南师院执笔。比较起来,前期杂文部分写得较好,内容简明扼要,文字比较流利畅达。《阿Q正传》写得也还好。《野草》和《朝花夕拾》部分,有个别解释存在问题。最差的是"生平与思想发展"和"《呐喊》与《彷徨》"这两节。

下午,开始讨论。关于鲁迅的思想发展问题,我谈了谈个人的意见。

晚,上海师大钱谷融同志给这里的工作人员作报告,题目是《谈谈文学》。增杰、赵明两同志去听了。我洗了洗衣服,又擦了擦背。正要看讲义,如法来了,一直漫谈到增杰他们回来。

午饭后,如法约我和增杰、赵明,还有钱谷融、陈则光两同志,登上饭店后边最近的一个山峰,照了几张照片。

12月6日　　星期三　　晴

上午,小组讨论。主要谈《呐喊》及《彷徨》两部小说,也涉及到《阿Q正传》一节,对鲁迅思想发展也有人谈及,大家一致倾向于瞿秋白的说法,但对前期,不能简单地说是进化论。

下午,听钱谷融讲《鲁迅杂文的艺术风格》。有正确的,也有以意为之的错误地方,如说杂文与杂家的关系等。

晚,又听陈漱瑜谈"现代评论派",闻一多的佚诗(未收入全集及选集的),陈毅老总前期的文学活动等。

12月7日　　星期四　　晴

上午,阅读关于鲁迅部分的讲义。10点左右,上街买了条线织的裤带,价5角3分。想再买点水果,水果店在油漆门面,不营业。

下午,小组讨论。对《阿Q正传》及前期杂文部分提了些意见。

12月8日　　星期五　　上午小雨一阵,旋晴

晨起,与鸿毅函,告诉她回汴时间。

上午,小组讨论郭沫若,午饭前结束。

下午,由阳朔县外事组的一位同志介绍当地的名胜。他说阳朔风景可以用四个字概括之,即"清秀奇巧"。所谓清,即山清;秀即水秀;奇即峰奇;巧即洞巧。仅附近就有一万多峰峦,十二条江。他讲述时,还时不时地背诵一些前人咏叹此地风光的诗篇。讲约半小时,便一同乘车游览。至临江阁,他说周总理、邓颖超,陈毅、张茜曾在这里摄影留念。他对近处的景物也作了一一介绍。如老人山、龙头山、猫儿山,远望与其命名颇为相似。他讲的很多,不能一一详记。此后又乘车至月亮山,山上有一透明的圆洞,形同十五的月亮一样。据他说,廖承志同志来此时曾赋诗,以说明其奇特。后又乘车至一盆地。此处有株1300多年的大榕树,盘根错节,枝繁叶茂。传说刘三姐曾在这里把绣球抛到河那边的山洞里。现在远望对面山上的一个洞口,上面有一个圆球。这也是群众因景生情,附会出的故事。这里四周均为群峰环抱,而峰峦又是奇形怪状。可谓这里的山水最奇特处。至5时许,乘车返寓。

12月9日　　星期六　　晴

上午,小组继续讨论,基本把第一编讨论完毕。下午又开会,大家已没多少意见,很快便结束了。

午饭后,如法又约到外边照相,我因昨晚没睡好,没去,睡了一觉。

晚饭后,洗了一次澡。

7时,听陈则光同志作《阿Q形象问题》的报告。

接麟儿函。

12月10日　　星期日　　晴

上午开会。

午饭后,去街赶集,买了两斤桔子。回寓后,睡了一觉。起床后,又与刘、赵两同志上街购买能带回的东西。

大会已临尾声,许多人上街购物。

12月11日　　星期一　　晴

上午,大会举行闭幕式。闭幕式前由四川师院黄步青同志谈了谈读《野草》心得。后由广西师院党委书记讲话,接着是院校代表武汉师院文同志致谢词。末了,通过会议纪要。散会。

下午,与刘、赵二同志去街购物。

晚,广西师院与会同志来我室话别,至9时许始去。

12月12日　　　星期二　　晴

上午,与诸同志去石林山游览,直至山顶。如法为我们摄了几张影。10时许下山,在街上吃了两碗米粉。

下午,睡了两个小时午觉,到街买了一合百乐糖。

整理一下衣物,把讲义及部分书籍与赵明同志的放在一起,邮寄回去。

12月13日　　　星期三　　晴

晨5时起床,6时半上船,7时在临江亭附近开船。沿江风景美不胜收。江水甚浅,清可见底。虽是汽船,但遇浅滩,舟子仍需用篙撑着前进。两岸峰峦奇特,有笔架山、老人山、鱼翅山、螺蛳山。最为游人称道的是九马画山,实际上是山画九马。有一处峭壁上显现出的黑白马,从船上遥望,颇像壁上画的是各种形态的马。

早餐和午餐都是在船上吃的。下午4时许抵杨堤,再往上水浅,已不能行船。上岸后,略事休息,便乘刚从桂林开来的汽车。车开后,所见沿路风光,也十分优美。和我坐在一起的刘焕林同志对这里的情况比较熟悉。路过燕山公社时,他说过去这里是一家大地主的花园,现在改为燕山公园,风景很好。

5时20分抵桂林市,晚宿地区招待所。

晚10时,广西师院同志送来秋子打来的电报,让回去时到郑一停。

12月14日　　　星期四　　晴

上午,集体游芦笛岩和七星岩。因我和赵明、如法两同志初到桂林时已去过,所以我们去了月牙山。山下有一石洞,据说是一个龙洞。洞的上边有许多石刻,出了洞是一座大门,外面即是大街。我们在街上买了些东西。回来时因坐汽车,口袋里的钱被小偷偷走。

下午,与增杰、赵明两同志去街买糖果,并在桥湖边坐了些时候。

因是午夜两点的火车,而地区招待所距车站有汽车五站之远,半夜起来,行囊携带就是大问题,所以我们迁到了火车站旁边的一个旅馆。

12月15日　　星期五　　晴

夜两点,去火车站。刘焕林和肖同志已在车站等候。他们帮助拿东西,并送我们上车,至可感也。火车正点开出,因买的是卧铺票,所以上车后即睡觉。　　　　　　（以上是《桂林日记》）

12月16日　　星期六　　晴

中午12点零5分抵郑。下车后,恭夫接我到小赵砦后,喝点水,即休息。

下午3时许,恭夫、秋子送我到汽车站,4点20分,车始开。7时至开封,麟同鸣凰及系里的小陈前来迎接。出站后,坐学校汽车回来。

12月17日　　星期日　　晴

上午,笑薇、笑菡来。下午,麟儿来,让他走时带上信一件(寄给科教办的)。

晚,光儿携小简来。

有点伤风,胃也不好,一天没吃什么东西。

12月18日　　星期一　　阴

上午,去学校找杨书记,未见到。

下午,在郑州开会的十七院校现代文学讨论会代表来开封参观,在我校用了午餐。下午,与系里的同志举行座谈会,系领导非让我参加不可,只得前去。

发信致省科教办,关于要求平反事。

12 月 19 日　　星期二　　小雪

早饭后,杨瑾书记来,谈至 10 点。他说关于纠正错案事,到明年暑前截止。最近要解决的是摘帽后恢复工作问题。

发信:致天津人民出版社李福田同志,致郑州教育局教学通讯编辑部同志。

接薛绥之先生函。

如法同志送来学报稿费 26 元。

晚,与小厚去大礼堂看话剧《于无声处》。

付高嫂洋 12 元。

12 月 20 日　　星期三　　小雪

上午去学校,又与杨书记谈关于纠正错案问题。他说这一问题到明年暑假前这段时间内解决。

收到南京师院陈美林同志寄来《南京师院学报》一册,内有他写的《关于吴敬梓修葺南京先贤祠考》。

12 月 21 日　　星期四　　晴

发信两封:1.增杰。2.刘焕林。

下午,参加教研室会,讨论提级问题。

如法又送学报稿费 12 元。即教研室讨论批姚的《巨人》一书,由我执笔写的一文的稿费。

12 月 22 日　　星期五　　晴

上午,去开封中医院第二住院部(在小南门外)看望陈信春同志,他的痔疮动了手术。

下午,与周守正、张明旭两同志去市统战部参加中美建交座谈会。

晚,鸿毅中了煤毒,心里不舒服,过了半个小时才好一点。

12月23日　星期六　晴

下午,乘学校汽车,与周守正、张明旭两同志去市统战部参加中美关系正常化的座谈会。我也发了言。

开始写《鲁迅小说是中国文学革命的丰碑》一文。

12月24日　星期日　晴

晨4时半起床,继续写关于鲁迅小说一文。

上午,看陈铨剧本《野玫瑰》。这是一部歌颂特务的作品,是教研室为批判而印的参考材料。

下午,看电影《失去了记忆的人》。

12月25日　星期一　晴

上午,给研究生讲《鲁迅杂文的艺术特色》。

下午,秀定来谈她参加郑州十七院校的《现代文学史讲义》讨论会的情况。她感到参加这次会开扩了眼界,提高了自己。接着,永江也来了,他和秀定一起参加了郑州那个会议,也谈了谈会议的情况。后来,他谈了谈参加河南作家研究的问题。

接南京大学王气中、天津出版社李福田、郑州教学通讯编辑部,辽宁师院寇志英等函。

12月26日　星期二　阴(昨晚雨)

写成纪念五四的文章:《开辟中国文学新的历史时代的光辉作品——论鲁迅五四时期的小说》。

接南京师院陈美林同志函,对近代文学选目的意见。最近拟答复他。

复王气中兄函,给蕤儿函。

拟开始注太炎文章。

读汤志钧辑的《章太炎政论选集》。其中有关太炎晚年的政治倾向与政治思想的文章也都收进去了。我读后，觉得鲁迅对太炎晚年的评论，以及"四人帮"时期搞批儒评法的人，对太炎晚年的评论，都不恰当。他们的看法，即：1. 太炎晚年脱离群众，渐趋颓唐。2. 身披儒学的华衮，粹然成为儒宗，复古倒退，提倡儒术，提出"读经有千利而无一弊"的荒谬主张。这种观点都不是实事求是的看法。我读了太炎晚年，特别是在"九·一八"事变后的文章（包括一些论时事的函电），可以充分看出他的思想并不反动，甚而至于有些还是比较进步的。现在分析起来，有以下几点：

1. 他是始终服膺明末王船山同顾亭林的。他对"华夷之辨"，是非常认真的，所以在"九一八"以后，日寇入侵，他对中国的前途是非常关心的。

2. 他认为孔子的《春秋》可贵之处，即在具有高度的民族思想，也就是"华夷之辨"。他认为在中国几千年的历史发展中，几次亡于异族，但终能驱除异族，而能光复旧物的原因，即在儒家的民族思想深入人心之故。所以在辛亥革命时，武昌倡义，全国响应。因此，他认为在日寇入侵的形势下，中国还可能有亡国的危险，但是只要人民思想不忘民族，将来总还有复兴之日。在这样的观点下，使他在苏州所从事的讲学活动中，其中心总围绕着给学者灌输民族思想。

3. 在政治倾向上，他对当时宁、粤双方都不相信。他是主张用武力抗日的，认为蒋介石是不会抗日的，对其不抱任何希望，同时认为粤方胡汉民之流，更是要卖国的。他极力赞扬十九路军在上海的抗战，并对冯玉祥的部队也寄予希望。他坚决主张抗战，认为即令抗战失败而亡，也比不战而亡好得多。

4. 他对共产党的看法也有所转变。他对青年举行的要求抗日的运动，表示非常关注。认为即使有共产党的宣传，也不应对其有所苛责。其次，他相信共产党是会抗日的，所以有些地区，给共产党也是无妨的。

5.他指出明代末年亡于满洲,倒不如亡于李自成。很显然,他当时的这种看法,即在说明蒋介石的政权为共产党所代替,也比亡于日本好得多。这与蒋介石的对外妥协投降,对内残酷镇压,走晚清统治者"宁赠友邦,不予家奴"的卖国主张是完全对立的。

6.至于论读经有千利而无一弊的看法,他首先是把六经作为历史看的,也就是章实斋"六经皆史"的观点。把六经作为历史,当作今天的借鉴,其善者则从,不善者则改,并不像有些腐儒要完全遵照它一步一趋。就中特别强调要树立《春秋》中"内诸夏外夷狄"的思想。这在国难日亟的时候,这种提法,能说是完全荒谬的吗!

所以看待一个人的言论,必须把它摆在一定的历史时代,来分析认识,否则一定会得出极其荒谬的结论来。

当然,太炎当时的思想,是基于民族资产阶级立场,但他主张抗日,不反对共产党的态度,无论如何不能说他是顽固、反动的。所以鲁迅说他晚年有些表现(如参与投壶、接受馈赠之类),只不过是白圭之玷,并非晚节不终。这个评论,我认为还是完全正确的。

12月27日　　星期三　　晴

晨,起来,写了"章太炎晚年政治倾向"的大纲。抄汤志钧辑的《章太炎政论选集》后边附的《章太炎生平活动年表》。

下午,罗主任来,谈明天开会事。

晚饭后,冯辉来,谈至8时始去,借去学报合订本一册。

12月28日　　星期四　　多云　东北风　降温

上午,开提职评议小组会。

下午,教研室会,评议提职问题。

接增杰函。

12月29日　　星期五　　晴

上午,系里举行提职评议会。

下午,全院举行平反昭雪大会。

晚,到小礼堂参加院党委召开的关于解决应届毕业生分配的思想问题。

12月30日　　星期六　　多云

上午,教研室开会,评议谁应提升讲师与副教授。

下午,评议组开会,决定向院再推荐七名:滕画昌、陈信春、赵明、刘增杰、何法周、李春祥、严铮(按出席讨论的人数的百分之七十以上)。

接教育部高教司来信,通知我赴京参加北大、师大与北京师院编写的《现代文学史资料》审稿会。

晚,秋子自郑州来。

12月31日　　星期日　　多云

上午,光带两个小孩儿来。

笑薇、笑菌来。

因人多,饺子包到一点多,才吃午饭。

冯辉、梅蕙兰两同学来,送印制的山水画四幅。

1979年

1月1日　　星期一　　晴

上午,去学校买点用品。

发信:增杰、蕤儿。

冯辉、梅蕙兰、张春生、蒋益四位同学来。张、梅、蒋三人送来读书笔记。我告诉他们,每人要写篇"文学革命论"的评论,下学期开学后,要搞一个中国现代文学的年表,每人分一段。第一段,五四前夕至1921年,由冯辉完成;1921年至1927年一段,由赵福生完成;30年代,张春生;抗战前期,蒋益;1942年后至开国,梅蕙兰。

秋子下午返郑,付她洋40元,让代购赴京的车票。

1月2日　　星期二　　晴

关于陪我去京的同志一直还未定下来。早饭后,赵福生来说他愿意去京,但赵明同志已去征询王介平同志意见,还没回话,故无法决定。

在去学校的路上碰到张春生,他给学报的稿子已经写成,我便去学报把他的稿子交给了如法。如法说,我的那篇《章太炎文学简论》龚主任已看过,认为不错,学报拟于本年2月号采用。

1月3日　　星期三　　晴

上午,在小礼堂听徐书记传达省教委会议精神。至12点始散。

下午,系里开会,至6点散。

接屈正平函及所汇内蒙古师院《语文函授》稿费35元。

1月4日　　星期四　　晴

上午,与鸿毅去鼓楼街,在一个小理发店理了发。本想看电影《追捕》,而大众影院今天不演。

买3斤元宵,鸿毅提着回家了。我把给屈正平的复函,及赠他的两本学报投邮后,乘公交车去小南门外中医院分院看望信春同志,至11时回来。

下午,杨书记来家,谈了半个多小时,辞去。休息一会儿,去鼓楼街银行取钱,为明日赴京旅费。

1月5日　　星期五　　晴

下午,乘校车偕王介平同志至南关汽车站。1时许,乘长途汽车赴郑。4时到达秋子家,晚饭后,恭夫送我们上火车,19点15分开。

1月6日　　星期六　　晴

晨6时许抵京。下车后,坐出租车去蕤儿家。吃过早饭,他们夫妇上班后,我与介平到双榆树,给孩子们买包水果糖和鸡蛋糕。送回后,我们才到北大北招待所报到,被安排到2楼15号。

在北大职工食堂用了午餐,到海淀浴池洗过澡,又到书店买了几本书。约5时许,介平去访他的亲戚,我去蕤儿家。

1月7日　　星期日　　晴

早饭后,蕤儿陪我到王府井买大衣。百货大楼、东风市场人群拥挤,真可谓摩肩接踵。所要买的大衣根本没有。后来到书店买了几本书,算是略有收获。

12点,乘汽车去王路家吃饺子,3时许回西颐宾馆北馆。

晚饭后,蕤儿陪我到北大招待所。我们的房间由15号调到9号室内,住3人,我同介平外,还有安徽大学的方敏同志。

9时即就寝。

1月8日　　星期一　　晴

上午,大会开幕。高教一司负责同志讲话,上海教育出版社同志谈承印这部书的一些情况,并希望早日交稿。最后,我也发了言。

下午,看资料选目。

晚看电影《早春二月》,至11时始就寝。

发信给鸿毅。

1月9日　　星期二　　晴

上午,讨论师大编的《文学论争史料》,进行了一天。

晚看苏联电影至11时,就寝时已快12点了。

1月10日　　星期三　　晴

上午,与介平、方敏一起去访商鸿逵同志。他住在燕东园 28 号楼。鸿逵去学校了,他爱人在家。我同他爱人谈了很长时间,他还未回来,我们遂告别而去。

下午,讨论北大编选的小说部分。

晚饭后,与方敏、介平访吴组缃同志。1972 年,我来北京曾与他晤面,这次见到他比过去瘦多了,但精神还好。他还打算于二三月份到昆明参加一个有关中国文学批评的讨论会。

1月11日　　星期四　　晴

下午,讨论散文选。碰到师大老同学吴伯箫同志。他于 1931 年英文系毕业,1938 年去的延安,现任文研所副所长。他谈了隋树森同志的最近情况。

晚,很疲乏,8 时许即就寝。

1月12日　　星期五　　晴

北师大老蔡同志约我去师大给中文系讲次演,我定了个《从文学改良到文学革命》的题目。

晨起,准备讲演稿,写成了第一部分:晚清文学改良运动。

上午,商鸿逵兄来访,谈至 11 时许。

下午,讨论诗歌选。

1月13日　　星期六　　晴

晨起,继续写讲演稿,基本写就。

上午,与介平同志去海淀浴池洗澡,并到书店买了些书。

下午,讨论戏剧。

晚饭后,乘北师院小车顺路去蕤儿家。王路说,蕤去北大接我了。约有半个小时,她才回来。

1月14日　　星期日　　晴　　风

早饭后,路婿去海淀代我买件驼绒里,的卡面的棉大衣。

田零同志9时许来蕤儿家,谈了一个多小时,因为约定去姚雪垠同志那里,10时许与蕤儿出发,田零陪我们到动物园,便分手了。中间转了两次车,才到朝阳门外幸福村。

雪垠同志精神很好,还是很健谈。谈到他的《李自成》第三卷,他拟于今年在上海《收获》上陆续发表。说到他最近给《文艺报》写了篇文章,说的是要吸取历史教训。屈原、司马迁,以及建安文学,唐代盛唐,文学上之所以有如此伟大成就,原因是当时没有文网。真是慨乎言之。

3时许,别去。回到蕤儿家,已近5点,觉得非常疲劳,睡了一觉。

给蕤儿洋40元。

1月15日　　星期一　　晴

早饭后,路婿送我回北大招待所。

上午开会。

11时许,与介平去鸿逵兄家,因他邀我去吃饺子。饭前漫谈一阵,他告诉我,有位老同志给他讲,老年人想要多活几年,须要做到两点:1.不要过问家务,应当把家务委之老伴。2.不要过于劳累,即劳逸适度。他现在便是这样做的。有约他去开会或去讲学,他一概谢绝。

因师大约我下午两点半去讲演,所以饭后便告辞而去。

2时许,乘师大车到师大,在一个能容纳几百人的大教室内,虽有麦克风,但仍须大声讲。讲了两个半小时。中文系主任作了介绍,结束后,回北大招待所时,与汪玢玲不期邂逅,她说她是来搞民间文学的。她陪我到北大招待所。路上她谈到自己的情况,当说到她在开封时,对我对她的关照非常感激。因为她初到我们现代文学教研室时,曾因与"胡风分子"某某有过通信联系而遭到审查。审查结束后,别人都不敢接近她,而我对她并无丝毫的歧视,使她精神上得到安慰。后来,她调回东北后,还经常惦记着我。我们一起吃过晚饭,她乘北师院车返师大。

1 月 16 日　　星期二　　晴
下午,陈荒煤同志来谈当代文学中的一些问题。

1 月 17 日　　星期三　　晴
上午,与介平去海淀买些糖果。
下午,陈荒煤同志来谈现代文学中的几个问题。
由这次参与审稿会的同志发起,成立了中国现代文学研究会。
晚,去蕤儿家休息。

1 月 18 日　　星期四　　晴
上午,乘北师院汽车,把提包送至车站,放到存储处。与介平在车站吃了午餐。
下午,与介平回到蕤儿那里,睡了午觉。晚饭后,近 8 点时,到火车站取出提包,于 10 时进站,10 时 55 分开车。

1 月 19 日　　星期五　　晴
晨,7 时半抵郑。恭夫在站内接到我们,便在站内等往东去的火车。10 时许,坐上由西安至商丘的火车。下午 1 时许抵汴。
此次去北京开会,往返费时两周,总算顺利。
晚,光儿来。

1 月 20 日　　星期六　　晴
早饭后,到增杰家,谈这次到京参加审稿会的经过情况。
上午,去学校,向杨书记汇报赴京开会情况。
下午,平权、振犁来谈。

曹增渝送来《章太炎文学简论》的稿子,让修改。
晚,与小厚看电影《家》。

1月21日　星期日　晴
晨起,修改《章太炎文学简论》。
下午,与鸿毅到东司门买春节食品。
晚,光儿一家来,8时许辞去。

1月22日　星期一　晴
看鹤壁市第二轻工业局许毅的论文《鲁迅思想发展浅析》。觉其新见解不多,同时受当前对鲁迅前期思想拔高派的影响,竭力来说明鲁迅在五四时期已深受马克思主义的影响,所以有些不免近于牵强附会。对30年代,过多谈鲁迅所进行的思想领域方面的斗争,对鲁迅后期的思想发展未作任何分析。不过统看全文,对鲁迅还是有一定程度理解的,没有发现常识性的错误,以及荒谬的见解。这已经是很不错了。
晚,春祥同志来,谈至9时半辞去。

1月23日　星期二　晴
上午,参加院部召开的茶话会,到12时始散。
下午,增杰、宗棠等同志来送慰问品。
晚,麟儿、明凰来。

1月24日　星期三　晴
上午,乘校车与周守正、王寿庭同志去参加市统战部举办的春节联欢会。会上不少同志念诵了自己所写的诗。我在发言后也念了写的一首诗:"我年已老近无能,精力虽疲心更红。秣马厉兵速整装,愿随领袖新长征。"
最后有余兴,豫剧名演员王敬先、王秀兰,曲艺名演员徐宝红分别献艺,而后由我院二胡专家王寿庭、手风琴名家老林各演奏一曲。散会时已12点了。

晚,很疲惫,一早就休息了。

将鹤壁二轻局政工组许毅的文稿和写给他的信投邮。

1月25日　星期四　晴

上午9时许,参加院里召开的民主党派成员座谈会。我在会上发了言,主要内容:①希望领导能给从事教学科研的教师以更多的时间,使他们能坐下来读书、钻研。②把图书馆整顿一下,在图书资料方面能给教师以更多的方便。

给蘷寄去大枣5斤。

1月26日　星期五　晴

上午,与鸿毅买年货。

下午,杨书记来。晚,平权来。

服食参杞糖浆,觉有效。

1月27日　星期六　阴　大风

上午,去鼓楼街、马道街买了茶杯、酒杯各四只,又买些元宵便回来了。

下午,信春来,送来几张电影票。

1月28日　星期日　大风雪　气温骤降

上午,系里不少同志冒着风雪来贺新年。

下午,洛师的同学李正省等来。

晚,看赵福生所写考卷,能把陈(独秀)文产生的来龙去脉作较详细的论述,尚有个人见解。惟对陈文内容分析不够。对陈文的作用应作专文提出讨论。

1月29日　　星期一　　多云

上午,与高先生一起去学校甲三排,看望系里的同志。

下午,看电影朝鲜片《空中楼阁》。

1月30日　　星期二　　阴

上午,仍飘雪花,气温下降甚多,室内也在零下10度左右。

早饭后,去高先生家。他还未吃饭,等他吃过后,一块到河西看望介平、老华、老黄同老陈。仅老华在家,其余同志均不在家。

午饭前,陈治华来,约我去他家吃饭,我谢绝了。

下午,法周同严铮来。

1月31日　　星期三　　晴

改写《梁启超及其所倡导的晚清文学改良运动》。

2月1日

改写文章。

下午,增杰来谈关于《近代散文选》的编注问题,详细谈了谈人民文学出版所提出的要求。

晚饭后,冯辉来,永茂来,孔繁铎夫妇来。

接赵福生来函、方敏函。

复福生同志函。给武汉华中师大黄曼君同志寄去《野玫瑰》一册。

2月2日　　星期五　　多云

下午,信春同春祥来,要我去昆明参加科学院文学科研规划会。当时,我没有很好考虑就漫然答应了。系里安排春祥陪我去。信春走后,春祥同我商量到院里借钱以及买票等事项。

冯辉来,吃罢晚饭后回去。晚饭后,看她写的《评陈独秀的〈文学革命论〉》的期考论文。觉其头绪稍多,有些问题没有讲清楚,有些问题还讲得有错误。须告她说要认真修改一下。

晚,写信给安大方铭(原写作敏),并附给王气中一函,为介绍方君去南大任教事。

2月3日　　星期六　　多云

早饭后,去增杰那里,告诉他我决定不去昆明了。而后又去春祥家,告知此事。然后,与增杰去信春家,说明不去的原因,让系里另派人去。

下午,与鸿毅去看冯辉。到那里后,知道梅蕙兰已经回校。

看鲁迅的《译文序跋集》,这是鲁迅翻译外国文学作品时所写的序、跋,从这里可以看到鲁迅在文艺思想上是如何接受外国文学影响的,以及他对外国文学作品与文艺思想的介绍与评论。

2月4日　　星期日　　下午晴

上午,去看溶池,他夫妇都不在家。只刘林、玲玲在家。坐了半个多小时即回。又去赵明同志家,谈了个把钟头,已近11点,辞去。

笑薇、笑菡来。

2月5日　　星期一　　晴　气温逐渐回升

上午,去学校向杨书记反映永茂同志所谈关于中义同志提及问题。谈次,永茂也来了,遂由他详细谈了一下。

下午,风和日丽,天气转暖,遂去看望绳武。他爱人在家,说绳武春节去洛阳的一个女儿家了,只好告辞而归。

2月6日　　星期二　　晴

上午,增杰来。他说去年去桂林开会的账已结算,把剩余的17元送来。他准备明天坐火车去开会,谈了十几分钟,即辞去。

下午,一位考进我院历史系的南召同学捎来德泓的一封信。他在这里谈了一个多钟头。

晚,再看研究生的期考试卷。

2月7日　　星期三　　晴

上午,看研究生们的期考试卷。

下午,系里召开关于提级的评议会。

晚,冯辉来,谈她的期考卷子在内容上的有关问题。

接冯光廉自济南来函、赵福生自上海来函。

2月8日　　星期四　　晴

上午,看魏源同龚自珍文。

下午,到系里开会。

晚,光儿送来誊清的有关袁中郎的一文。

2月9日　　星期五　　多云

校对光儿誊写的《袁中郎和他所倡导的文学革新运动》。

上午,系评议组开会。

下午,在大礼堂听市委副书记关于形势的报告。

振寰甥的二儿明瑄同爱人段心敏来汴作旅行结婚。

2月10日　　星期六　　晴

晨起,校对《袁中郎和他所倡导的文学革新运动》一文,并草写与上海《中华文史丛刊》主编朱东润先生一函。

下午,赵明、黄平权同志来,讨论增杰、振犁两同志的教学、科研的说明问题。

2月11日　　星期日　　晴

看《章太炎政论选集》。

下午,麟儿来。

与冯光廉函,未发。

与德泓函并赠书一册,未发。

2月12日　　星期一　　晴

晨起,应体育系一同志约,写了篇《坚持锻炼,焕发青春》一文,约五百字。

发信致冯光廉,把给德泓媳妇的书投邮。

下午,赵福生同学自上海回校,捎来物品及书籍。

2月13日　　星期二　　大风多云　气温骤降

上下午均在礼堂听传达三中全会文件。

2月14日　　星期三　　多云

上午,明瑄同他媳妇回南召。送他10元钱,作为给他结婚的礼物,另送他两瓶酒、一包糖、两合点心。

鸿毅累得头晕,起不了床,我也因之未去听传达报告。郑州师专罗忠顺同学(69届毕业生)来,借给他《现代文学史》部分讲义。

下午,崔进平、王运钧来。

改写发言稿。

2月15日　　星期四　　多云

上下午,都参加系里讨论会。上午,李林书记参加了我们组。我本不拟发言,后来他指定我来谈谈,我也只好谈几句。我主要讲了讲民主与法治的问题。

上午,把给市里大会的发言稿送院部统战部,交给李凤梧同志。

晚,看《严几道文钞》,拟注他写的《吴芝瑛传》。

2月16日　　星期五　　大风多云　下午转晴

上午,研究生来,给他们谈谈上学期结束时所写论文中存在的问题。然后,转达了春节前在北京开会时陈荒煤的讲话,但未讲完,快吃午饭了,于是暂告结束。

下午,去医院看牙。这两天,牙一直疼,舌头也受了影响。大夫开了六针庆大霉素,打了一针,并给开了常效璜胺四片。

晚,赵明同志来,谈暑间招考研究生考试科目问题,并送来两封信:1.上海古籍出版社说寄去的论文已收到。2.屈正平的。

2月17日　　星期六　　晴
上午,在系办公室商议有关研究生招考问题。

下午,邹同庆、王芸两同志来。把系总支写的《关于改正任访秋错划为右派分子的报告》,让我看,并让我签个意见。我看后觉得大致不错。内容说,1957年鸣放时,我的言论虽有些尖锐,但不属于右派言论。当时划为右派分子是错误的,应予以纠正。我签的意见是:"看了报告后,心中非常激动,感谢华主席、党中央和省市院系各级领导本着实事求是的精神,对我57年问题作了纠正。我完全同意报告的内容,以后要更努力工作,以报答党对我的关怀与爱护。"

2月18日　　星期日　　晴
上午,景昌父子来。

下午,午休时明凰来,小简告她说,她奶奶去看电影了,爷爷在睡觉,她便走了。

2月19日　　星期一　　晴
7时许,去洗澡,人还不太多。

上午,耀钦来,说系里开讨论会,让我去参加。到了杨书记办公室,李书记也在。讨论徐书记关于重点转移后,对教学、科研方面的设想与所应采取的措施。

下午,到街上去理发。

晚,省里教学通讯编辑部来两位同志,谈了半个多钟头。

2月20日　　星期二　　晴

晨,写信两封:1.致胡梅村,感谢他赠给保温杯。2.致李允文函。关于让我指导他写诗的事。两信一并发出。

上午,去图书馆借到《严几道文钞》一部。

下午,注释严复的《原强》。

晚看电影《桃花扇》,王丹凤饰李香君。电影根据孔尚任原作,结尾稍有不同。

2月21日　　星期三　　大风　雨

没去学校。晚饭前去段家取报纸和牛奶。

注释严复散文。

2月22日　　星期四　　阴天　仍有风

上下午,注释严复文《论世变之亟》。

收到本年第2期《人民文学》。

晚,张春生同学来,谈至8点多辞去。

2月23日　　星期五　　晴

上午,注毕《论世变之亟》。

下午,参加市委统战部召开的各界爱国人士同各民主党派人士的平反昭雪大会。我也发了言。

绳武及稽道之来,因我要去市里开会,没多谈,他们即告辞了。

晚,怀通来,谈至8时半。

2月24日　　星期六　　多云

注释章太炎的《谢本师》一文。

上午,稽道之来,午上在这里吃过饭后,又谈了一个多钟头,他才辞去。

赵明同志来,带来增杰函。省文联王大海来,让写篇学习周总理讲话后的笔谈。

2月25日　　星期日　　晴

晨起写文,早饭后到系主任办公室继续写,10时许写成草稿,下午又用了两个小时修改誊清。

笑薇、笑菡姐妹来,晚饭后回校。

2月26日　　星期一　　晴

早饭后,把昨天写的稿子送给王大海同志。

洗澡。

访平权和梦隐。

送还所借历史研究所资料室的《饮冰室合集》一册。

2月27日　　星期二　　晴

注释章太炎的《邹容传》一文。

上午,陈治华同志来。说他才从南京回来。他这次到那里,问题(平反)解决得很顺利,因为当时的一些当事人都在。

接南京大学王气中同志寄来的学报一册,里边有他论司马迁《史记·自序》的一篇文章,让我提意见。

接李允久同志函。

2月28日　　星期三　　晴

注毕《邹容传》。

接王气中同志函。

广东鲁迅研究室寄来《鲁迅和我们同在》一册。

黄曼君同志自北京大学专家招待所来函。

3月1日　　星期四　　晴

把章太炎《致□□二子书》注释毕。

鸿毅上午由必妞伴她去拔牙。

下午,分教研室讨论李书记在全院作的关于重点转移的报告。

3月2日　　星期五　　晴

上午,看教研室几位同志写的当代文学作品分析教材。有《天安门诗抄》中的几首诗,有李准的短篇小说《耘耘记》,系王文金、刘文田、杜运通三位同志写的。

下午,注释章太炎写的《与谭献书》。

3月3日　　星期六　　晴

继续注释章太炎的《与谭献书》。

接姚景韶函。

看严复译的《天演论》,拟注释他的《译天演论序》。

3月4日　　星期日　　多云　　温度下降

上午,看电影《五朵金花》。

下午,看电影《宝莲灯》。

3月5日　　星期一　　晴

午饭后洗澡。

邹文生偕其同事张梓藻来访。

接秋子函、嵇道之函。

3月6日　　星期二　　晴

早饭后,去看增杰的孩子。谁知一敲门,增杰出来了。他昨天下午才到家,谈了谈他在昆明开会的大致情况。我走时,他送我云南茶叶两盒。

下午,发信四封:①李允久(本市),②秋子儿,③王气中,④姚景韶。

下午,看《上海文艺》里的几篇学习周总理1961年讲话的文章,其中谈到上海当时头号长官执行了一条极左路线。姚棍子就是在他支持下东挥西舞,把有些作品给扼杀的。又看了其中几篇小说,反映了四人帮时期知识分子的惨痛情况。

下午,省人民出版社来了三位同志:一、熊章(熊伯履的大姑娘),二、梁起昌,三、谢美光。他们都是文教编辑室的,准备出版我的《聊斋志异选讲》,打算明年(1980)第二季度出书,我已答应了他们。

晚,光儿来,我同他谈了谈这件事。

3月7日　　星期三　　多云

上午,去历史研究所借到梁启超1902年(壬辰)在日本东京编的《新民丛报》合订本四册。回来后,翻阅到该报第1号上曾介绍严复所译亚当斯密的《原富》一书,并对其译文渊雅,使一般读者难以读懂有所批评。对此,严复写了封《答梁任公关于所译〈原富〉》一信。

《新民丛报》中绝大部分像梁任公所写的学术的与时事的论文,足证他的精力充沛,集中全力从事写作。

晚饭后,周自生同学来。他是1957年以"向左"的笔名在《中国青年》上发表小说而被划为右派的,现在得到了纠正。他现在在鹤壁市委宣传部创作组工作,专门从事剧本与电影剧本的写作。

接恭夫函。

3月8日　　星期四　　多云

晨,给恭夫一函。

上午,把《饮冰室文集类编》与《新民丛报》对照,把《类编》中的文章最早发表于《丛报》的标出。

下午去学校,因"三八"妇女节放假,政治学习也停了。

晚,光儿全家来,决定让光儿把所选《聊斋》的篇子进行注释,并把这里的一套石印的《聊斋》拿去。

3月9日　　星期五　　多云

上午,修改《聊斋志异选讲》中的《促织》、《席方平》等篇。

下午,光儿送来电影票,3点半与鸿毅、小厚一块去工人电影院看卓别麟的《摩登时代》。

晚,看《新文学史资料》。

3月10日　　星期六　　阴　大风

修改1958年所写《聊斋》选篇的分析。

看严几道文。

下午,光儿来,到师院礼堂听张志公先生讲演。

看今年的《文学评论》中《论瞿秋白的〈鲁迅杂感序言〉不容否定》一文,颇有见地。

3月11日　　星期日　　多云

上午,与鸿毅看电影《尤三姐》、《华主席访罗马尼亚》。

麟儿、明凰来,也是看电影的。

寇志英同志来,谈东北情况。

3月12日　　星期一　　晴

上午,给研究生讲1928年革命文学论争问题。

下午,去学校统战部与杜立同志谈关于纠正1957年光儿被株连的问题。

接冯光廉寄来的文稿,让评阅。

修改《聊斋选讲》。

3月13日　星期二　晴

上午,洛阳李冷文同志来,谈郑州文联几位熟人情况,以及洛阳的情况。

下午,在系里杨书记办公室听增杰同志汇报昆明文科科研规划会议的情况,传达了陈荒煤的报告,及顾骏等人的发言。

今年学报第1期刊发了我的《章太炎文学简论》一文。

3月14日　星期三　晴

上午,修改《聊斋志异选讲》。

下午,治平爱人刘桂兰同志来。

寄给恭夫、气中今年学报第1期各一份。

晚,光儿来,谈注释《聊斋》篇子事。

3月15日　星期四　晴

上午,去历史研究所还《新民丛报》合订本四册,又借到《严几道年谱》、《严复诗文选》各一册。

把《聊斋》选讲的篇子修改一过。最近拟抽时间把又选的几篇如《画皮》、《续黄粱》、《王桂菴》、《阿绣》等加以分析。

3月16日　星期五　晴

上午,系总支召开科研规划会,由增杰汇报昆明会议情况,继而让古代、现代、文艺理论、写作各教研室讨论提出项目。

下午,读《严幼陵文抄》,对严幼陵的文学观及政治思想逐渐有了较清楚的认识。

3月17日　星期六　晴

看《严幼陵文抄》及其年谱。

接语言学院《中国文学家辞典》编委会来函,把我的小传已打印出小样,让校对后马上寄回。我看后,只改了几个错字,即寄走。

鲁迅受晚清作家影响最深的有三人,即章太炎、严复同梁任公。

1. 章太炎

鲁迅在日本留学时,最早读到章氏《驳康有为论革命书》,以及又读到他被捕入狱后所写的《狱中赠邹容》、《狱中闻沈禹希见杀》等诗,深受感动。知道他是一个有学问的革命家。到后来,章出狱后即到东京,主持《民报》,他就爱读《民报》,接着便从章氏问学。鲁迅受章氏影响,主要有这几方面:

(一)不屈不挠,始终不与反动势力妥协的革命精神。所谓七被追捕,三入牢狱,而革命之志不懈。以及后来敢于同袁氏斗争精神。

(二)早期批判孔教的思想。如《诸子学略说》、《驳建立孔教议》等批判文章。

(三)严肃认真,实事求是的清代朴学家的治学精神。鲁迅的《中国小说史略》以及对中国古代作家作品的评论,在方法上都受到章氏的影响。鲁迅早期在写作上也深受章氏文风艰深古奥的影响。

(四)在受章氏影响的同时,鲁迅也批判了章氏晚年的复古思想,及脱离群众不再进步的错误与缺点。

2. 严复

(一)鲁迅在南京念书时,最早接受西方的哲学思想著作,即是严复译的赫胥黎的《天演论》。这对鲁迅影响极大,后来形成了鲁迅前期世界观的主导方面,并成为鲁迅批判中国封建文化和一切旧风俗习惯的武器。

(二)严复在戊戌前发表的具有强烈的反封建传统的思想与政治制度的论文,而提出要向西方学习,主要的是民主同科学。这在当时来说的确是对症之药。鲁迅当时深受其影响。后来鲁迅甚至提出多读外国书,少读或不读中国书,应该说是严复的影响。

(三)严复在译介西洋资产阶级学术名著时,经常把著作内容结合中国现实的历史情况,写出按语式的短文,一面介绍或称赞西方思想,以及社会的进步情况,同时抨击中国的落后愚昧。语言是沉痛的、愤激的,表现了严复为了救亡图存的高度爱国主义精神。

这种短文,应该说是有思想,有热情的文艺性杂文。用瞿秋白的话来说,也就是战斗的阜利通。鲁迅的杂文,实受严复的影响很大。

(四)严复是精通西方资产阶级学术的,他翻译西方学术的态度是极其认真的。在这种精神上,鲁迅也深受影响,他把赵景深同鲁迅的翻译,比作虎狗之差。

但鲁迅对严复的改良主义及其与反动势力妥协的态度是不取的。(见鲁迅评论刘半农时联系到严复。)

3. 梁任公

鲁迅在南京读书时,正是戊戌变法时期。那时梁启超任《时务报》编辑,鲁迅读到不少梁的文章。后来鲁迅到日本留学,梁启超也因变法失败而逃亡东京,创办《清议报》、《新民丛报》的同时,还主编《新小说》杂志,并发表《论小说与群治的关系》。当时的鲁迅在文学观上深受梁的影响。鲁迅后来从事文艺运动,把文学作为改变国民精神的重要手段。这种看法都是源于梁启超。

鲁迅对这些作家善于采取批判的态度,学习他们正确的方面,批判他们错误的一面。所以他能成为我国文学史上最伟大的作家。

4. 林纾

在接触外国文学方面,鲁迅最早阅读的就是林译的小说。

3月18日　　星期日　　晴

上午,看完《严几道年谱》。

下午,仍读有关评论严复文学及思想的文章。

晚饭后,华公夫妇来,接着刘溶父子来。

晚看胡汉民与章太炎评严复译著的文章。两人观点大有不同,鲁迅当时对严复的看法是颇受章太炎影响的。

3月19日　　星期一　　晴

上午,增杰、赵明两同志来,谈关于教研室的科研规划问题。

下午,教研室会议,讨论科研规划。

接秋子函,说她去北京开会,问买什么东西不买。

晚,光儿来,送来他的《聊斋》注释四篇。

3月20日　　星期二　　晴

上午,写《严复文学略论》,拟分为:(一)传略及思想发展,(二)文学观,(三)散文与杂文,(四)译文,(五)诗歌。

发信:(1)给蕤儿及秋子函,(2)给冯光廉寄学报一册,附函一件。

把冯光廉的文章送到学报,如法不在,交给周观武转。

3月21日　　星期三　　晴

写《严复文学略论》中文学论部分。

下午,增杰来,谈科研规划问题。

晚饭后,赵福生同学来谈学习问题。

3月22日　　星期四　　大风降温　　晚雨转雪

上午去学校,学报送到系里稿费108元,扣去9元抄稿费,尚余99元。

下午,去市统战部,听传达21号中央文件,系关于此次对越自卫反击战取得巨大胜利的具体情况与伟大意义。

晚,看《严几道文抄》。

3月23日　　星期五　　晴　　昨夜雪

上午,写严复的文学部分。

光一来,谈了近两个小时,关于河南五四运动的情况。

下午,参加学习,让群众评议双突的党员。大家都不说话。的确有的是不了解情况,有的可能有顾虑。

毕桂发同志陪同省广播电台李贞洁来。李同志说,郑大李济献同志让她来一定看看我,同时征询关于河南作家研究的意见。我回答说,一定给他写信谈谈我的意见。最后她又约我写篇文章,我坚辞。她说,时间可以长一些,只要在文学范围内,不论古今都可以。我说,关于《聊斋》的是否可以?她说,可以。我便答应了下来。

因牙痛,吃了两片止痛片,夜间睡的还好。

3月24日　　星期六　　晴

上午,到校医院看牙,据大夫说下周可以把这个坏牙拔掉。

下午,在杨书记办公室召开到外边参加过学术会议的同志汇报会。庸懋讲了近两个钟头。散会前,孟宪法同志又谈了谈在武汉参加马列文艺理论研讨会的情况。

接绳武自郑州来函。

郑州四十四中一位谢老师持恭夫函来访,她想找点高中语文教材,我给明凰一函,让她去二十六中看看有没有这方面的教材。

3月25日　　星期日　　晴

上午,看电影上党梆子《三关排筵》,是赵树理根据旧剧《四郎探母》改写而成的悲剧。上党梆子音调高亢,与豫剧迥然不同。

下午,写文。

历史系刚复职的教授梁养生先生搬在一单元一楼,来这里谈了一些他与叶帅的关系。

3月26日　　星期一　　晴

上午,俊山来。接着化学系一位马同志偕同乡邢树仁来。邢系洛阳师范毕业生。洛师曾与河大都迁校苏州,我曾在洛师兼课,他那时听过我的课。苏州解放时,他参了军,1976年转业,现任开封豫剧团党支部书记。

下午,在杨书记办公室继续举行汇报会。文田谈他在武汉听姚雪垠报告:"李自成为什么会失败?"怀通汇报在上海参加文艺理论讨论会时的一些报告内容,如复旦大学党委书记夏征农关于民主问题。另外,上海拟重印以群的文艺理论教材,和为此到北京请示周扬、陈荒煤,以及他们所提的意见。接着平权、永江、天福三同志也都分别谈了谈他们所参加会议的情况。直到6时才散会。

晚,更夫的女儿李颖来。继之,吉欣夫妇来。他们走后,已9点了。

3月27日　　星期二　　晴

早饭后去理发,听老郭师傅讲,张柏园同志来理过发去了西一斋。我去看他,他的精神很好,谈了半个小时,张秉仁也来了,又谈了一会儿,我说要到校医院拔牙,即辞去。

下午写文。

晚饭后,赵明来。

接到《奔流》的校样,系上次王大海同志拿走的那篇短文。其中引姚雪垠的一段话被删去了,因为是批评臧克家的。删去这段话,与后边的话就连不起来了,只得又作些修改才寄走。

3月28日　　星期三　　晴

继续写严复。

去校医院看牙。

赵俪生夫妇来,他是应历史系之邀来这里讲学的。晚饭后,与鸿毅一同去西一斋招待所看望赵俪生夫妇。

接嵇道之函。

天津人民出版社李福田同志寄来陈漱瑜的《鲁迅在北京》一册。

3月29日　　星期四　　晴

发信致李福田,问他们出版社是否承印论文集一类的书(附《中国古典文学研究论文二集》目录)。

下午,参加宋松筠同志追悼会,会后,在杨书记办公室内召开系评议会,由高先生汇报院学术委员会开会情况。

3月30日　　星期五　　晴　晚阴半夜雨

早饭后,与鸿毅、光儿去西一斋约俪生夫妇出去玩,拟于午上请他们在街上吃饭。不料他们已与一位陶同志有约。后来商定礼拜日,他们到我家,再一块上街。

下午,参加系里几位同志的汇报会。

晚,增杰陪同广西师院刘奉隆同志及一位曹同志来谈培养研究生经验。实际上并没什么经验,不过把去年招生的计划,考试的情况,以及研究生入校后,给他们上课和考察、考试的情况谈了谈。约9时许,他们辞去。本来与增杰、赵明商定,明天上午请他们去第一楼午餐,他们坚决谢绝,也只有作罢。

客人走后,刚要就寝,启祥来了。又谈了近一个钟头,10时许,他辞去。

3月31日　　星期六　　阴雨

上午,写严复的文学部分。

晚去增杰家,参与招待广西师院两位同志的晚餐。

4月1日　　星期日　　多云转晴

上午,与鸿毅、光儿、明凰、小厚陪赵俪生夫妇游相国寺,看了陕西美院郑玉昆的画展,有一定水平,特别是农村风景与农民生活的画幅,令人感到心旷神怡;又看了宋代的工艺品展览同千手千眼佛。11时许,到又一新饭店午餐。饭后,他们夫妇去南关看望亲戚,我们也就回寓了。

下午睡了一觉,又上了一趟街。

4月2日　　星期一　　晴

下午,李根红与毛炳文两同志来,谈话近两个小时。根红为纠正

1957年事来河南偃师,他现在济南市文联编辑刊物。

上午,为研究生讲鲁迅与晚清严复、梁启超、章太炎诸人在学术思想上的关系。

晚停电。冯辉来谈她近来的学习情况。

4月3日　　星期二　　晴

下午,杨书记召开系主任会议,谈工作中心转移后,系里在教学、科研等方面如何改进、提高与发展问题。然后作了分工,信春负责教学,我负责研究生,增杰负责科研、教师进修、资料等工作。

晚饭后,赵福生同志来。

发信致中山大学陈则光教授。

4月4日　　星期三　　晴

大致写成《严复文学略论》,还须要很好修改。

下午,发薪。

4月5日　　星期四　　阴　　晚雨

上午,修改《严复文学略论》,觉须删削的地方还不少。

下午,参加系总支会议。

晚有电影。鸿毅与小厚去看了,片子是《悼念周总理》。

4月6日　　星期五　　阴　　温度降低

上午,去历史研究所还《严复散文选》及《严复年谱》。又借了严复的译著《原富》与《群学肄言》。

如法送来他写的关于秋瑾的论文。

下午,听院部传达省委文件。

看《群学肄言·情瞀第七》,写拿破仑执政后发动了多次战争,使欧洲人民死亡近200万人,但是有不少人还歌颂他。作者认为这是群众认识的错误,因而使我联想到鲁迅的一篇文章《拿破仑与隋那》,

拿破仑杀死了千百人,人们反而都崇敬他;隋那发明用牛痘来预防天花,救了亿万人,但许多人都不知道他的名字。鲁迅说对于杀人者的敬畏,就如中国民间之敬火神,因为怕他,所以才敬他。

4月7日　　星期六　　阴转晴

上午,修改《晚清文学改良与五四文学革命》。

下午,去院招待所访俪生夫妇。

4月8日　　星期日　　阴

上午,看美国影片《未来世界》,内容表现机器人的操作活动,简直可以代替真人的活动。

下午,本要去市统战部开会,因说定校车在南边桥头等候,但到那儿以后并没有车,只有作罢。

给崔进平同志函,说明未去开会的原因,并把写成的发言稿寄去。

上午,笑薇来,说笑菡回郑州了。下午,笑菡从郑州来,带来她家的鸡蛋几十个和她妈从北京捎回的茶叶一盒。

晚上从书架上找到了《严复年谱》。原来找不到以为丢了,找到后极为高兴。

4月9日　　星期一　　晴

上午,修改文稿。

下午,系里开会。

接天津市人民出版社李福田同志函。

晚,冯辉来,谈至9时许辞去。

4月10日　　星期二　　晴

上午,与鸿毅访陈治华同志,回来时在马道街做上衣一件。

下午,誊写文稿。麟儿来,庸懋来谈。

晚,信春、增杰来,谈系里关于教学及科研,以及同学报考研究生考试问题。

王广西来谈报考研究生事。

4月11日　　星期三　　晴

下午,周口师范邹文生及其同事张梓灿来找,送来他们写的关于瞿秋白的论文让我看,同他们谈了半个多小时。

看如法的论秋瑾的一文,内容大致还好,没发现什么问题。

晚饭后,与鸿毅去院招待所看望俪生夫妇,那里人说他们到陈梓北家去了。我们又到梓北家,他们正在吃饭。吃饭中间,俪生让文光去找阿建来照像。于是在苍茫中,我们同俪生夫妇,梓北夫妇照了几张。由于光线太弱,未必照好。谈至8时半散去。

4月12日　　星期四　　雨

修改《严复论》。

晚,光儿来,谈注解《聊斋》所发现的问题。

4月13日　　星期五　　阴转多云

上午,曹增瑜来,送来南京师院陈美林写的关于吴敬梓的文章,让审阅。

下午,如法来,把文研所谭君的关于刘禹锡时空观,及他所写的论秋瑾诗歌的两篇文章拿去。

接陈治华信,谈他的工作问题。

修改《严复论》。

4月14日　　星期六　　晴

上午,去七号楼图书馆,后又到六号楼借到万有文库中严译《法意》六册。

下午,溶池、耀钦来,谈关于成立当代教研室问题。

接王气中、魏绍馨、嵇道之信各一封。
嵇道之函上写我和毛健予两人名字,下午把信转给毛。

4月15日　　星期日　　晴
上午看电影。
下午,与鸿毅去看志华夫妇。
与晨风函,详述不能介绍他来这里工作的原因。
启祥来谈。
阅严译《法意》。

4月16日　　星期一　　晴
上午,看《法意》。
接到《奔流》第3期。
下午,召集研究生座谈。
晚,治平来,为儿媳转系事。
接大海信。

4月17日　　星期二　　阴
上午,民盟市委许光华同志来,谈本周六开会事。
增杰同志来谈系里有关问题。
下午,将昨天研究生提出的问题向杨书记汇报,并决定明日下午召开教研室主任会议。
晚,梅蕙兰来谈学习问题。
发信:①嵇道之,②周自生。

4月18日　　星期三　　晴
上午,听老黄的课,讲郭沫若的《女神》。
下午,院部召开关于提级的会议。
晚,看邹文生两人写的关于瞿秋白的论文。

4月19日　　星期四　　晴

上午,誊写《论严复》。

张春生同学来,说他接到家中来电,母亲病重入院,拟于明天回去,特来请假。

下午,系里召开教研室主任会议。

晚看《新文学史料》有周总理论鲁迅同郭沫若的,讲得很好。

关同志约我五四那天,给同学们讲讲鲁迅,我已答应。

接中山大学王起函,说他同陈则光同志到6月中旬可能来汴。

复王起函。

4月20日　　星期五　　晴

修改《论严复》。

下午,在系里开会。

接陈则光同志函。

晚,赵福生来。

4月21日　　星期六　　多云

去袁宅街盟市委开了一天会。

上午,贾子云部长讲了话。下午,会议将结束时,崔进平部长讲了话。

4月22日　　星期日　　晴　气温骤升

上午,偕鸿毅去开封一高,午饭在麟儿家吃的。见到了明凰的二哥、三哥。

下午,三时回去。

光儿全家来,晚饭后离去。

4月23日　　星期一　　多云转晴

上午,誊写《论严复》,把文学论部分誊完。

关仁训同志偕一位同学来,让给同学们讲一次关于鲁迅的问题,我答应了他,定在本周五上午。

晚,去看袭依群主任。

4月24日　　星期二　　晴

上午,誊写《论鲁迅五四时期小说的历史意义》。

下午,参加院学术委员会议,讨论讲师的晋级问题。

4月25日　　星期三　　雨

上午,把文稿改写誊抄毕。

4月26日　　星期四　　晴

整日修改《严复论》。

给秋子写了封信,因忙也未发。

4月27日　　星期五　　晨雨下午晴

上午给一二年级讲《鲁迅五四时期小说的伟大历史意义》,地址大礼堂,讲至11时。

下午,麟儿来。

写《陈独秀与鲁迅五四前夕的小说创作》。

4月28日　　星期六　　多云下午晴

上午,在124教室听(何)法周课《烛之武退秦师》,讲了三节。第一节,讲春秋晋楚争霸与郑国所处的地位。讲得比较清楚,但时代背景讲得稍嫌多些。二、三两节,讲课文。总之,讲得比较算是成功,条理清晰,要言不烦,词句解释亦极细致。

下午,召开参加选注《近代散文选》的同志的会议,有增杰、如法、治平。增杰传达了一下关于注释的要求。然后讨论了分工问题。大致是治平注龚自珍部分,如法注秋瑾的,增杰注梁启超的,我注严复同章太炎的。

接嵇道之寄来嵇志的《王船山学术论丛》两册,一是送我的,一是送毛健予的。

上午,启祥来,送来他的文章两篇。

4月29日　　星期日　　多云

上午,去学校。院里老苗同志找我说,牛庸懋同志的外甥女报考中文系外国文学专业,牛先生出题不合适,须换人出题。我去找中义同严铮两人,请他们重新出题。

接张春生自津来函及周自生自京来函。

发信给嵇道之、秋子恭夫。

4月30日　　星期一　　晴

今日放假,麟一家来。笑菡未回郑,同明凤侄女广宁一起来。他们吃过晚饭回去。

晚饭后,(李)静之,(郭)海长来。

5月1日　　星期二　　晴

上午,去交际处访海长、静之不遇,到国际服装店取衣服,未开门。便在街上买些点心,就回家了。

下午,看墨西哥电影《拉托拇》。

光儿一家来,晚9时许他们才走。

发信致周自生。

5月2日　　星期三　　多云

改写《严复论》。

下午,参加法周同志的讲课评议会。

《奔流》汇来稿费14元。

接嵇道之同志函,说嵇老的《晚明思想史论》已投邮。

5月3日　　星期四　　晴

誊改《严复论》。

上午去街取衣服,国际服装店不开门,空跑一趟。

下午,周自生来,和他一块访毛健予不值。

晚,毛来家。

晚誊抄《严复论》,至9时就寝。

5月4日　　星期五　　晴

上午,把《严复论》改写毕,并收拾衣物准备赴郑。

下午1时乘学校小车启程,2时半抵郑,住文化路文化局招待所209室,与杨子固同室。

晚,举行预备会,由于黑丁同志主持。此次会议主要解决参加全国文代会代表问题。

碰到不少熟人。散会后,栾星和郑克西两同志到住室,谈至10时半辞去。

5月5日　　星期六　　阴　大风降温

上午,举行全体会。省委宋玉玺部长出席讲话。于黑丁同志讲了这次会议的主要内容。下午,常委会开会,酝酿了一下出席全国文代会人员名单。

晚,看郑州市话剧团演出的《雷雨》。饰演繁漪的演员陆丽珠,演得还不坏。

5月6日　　星期日　　上午雨下午晴

上午,开全体会,黑丁同志谈了选举代表的办法,散会。

会后,去小赵砦看恭夫。11时返寓,路上遇到嵇道之同志。

5月7日　　星期一　　晴

上午开全体会,继而分组,11时散。

下午,省委领导在体育馆接见大会同志。会后摄影。

恭夫来招待所。

晚,看卓别麟的《舞台生涯》。

5月8日　　星期二　　晴

上午,学校汽车司机小王来招待所,告我说,昨晚送李书记到郑开会,因时间已晚,未通知我,让我下午两点在招待所等候。我觉得上午没事,便到百货大楼买了些糖果,又去新华书店买了几本书。

下午,司机小王准时接我回汴,李书记爱人徐秀也同车返回。

晚,地理系学生李君来,谈至9时多才走。

到家后,看到党若平同志信,并附孔某论《歧路灯》的论文一篇,让向师院学报推荐。

光儿晚上来,未多谈,我因很疲劳,即上床休息了。

5月9日　　星期三　　晴转多云

上午,标点《严复论》。

下午,去学校向杨书记汇报在郑开会情况。

许光华同志来,谈北京民盟总部召开全国代表大会,开封市代表一人。我告他说,我可能参加文代大会,民盟代表可另选别人。

发信致郑《教学通讯》。

晚,(王)宗棠同志让讲《清儒》中前边一段《序文》,至9时许才去。

5月10日　　星期四　　多云转晴

上午,参加程代熙同志的座谈会。

下午,系总支召开教研室主任会议,至 6 时许始散。

上午散会后,杨书记把市委批下的关于纠正我五七年错划右派的文件给我看。

晚,介平来。

5月11日　　星期五　　多云转阴小雨

上午去街取衣服,并买些零用品。

下午,系务会议,杨书记、系主任、教研室主任及系务人员均参加,至 7 时许始散。

晚饭后,疲劳已甚,8 时半即就寝。

5月12日　　星期六　　阵雨

上午,系里请程代熙同志在大礼堂作学术报告,题目是《关于批判继承问题》,由我主持会议,至 11 时半结束。

下午,去市民盟选举出席全国盟代会代表。确定我去,但又恐与文代会冲突,又选王文先同志为后补。

晚,省青年杂志编辑伍海光同志持介绍信来,约我为他们的刊物写稿。我答应他写篇关于鲁迅的文章,题目是《鲁迅是怎样走上文学道路的》。

5月13日　　星期日　　晴

上午,王寿庭同志来,问询关于选举出席全国文代会代表的选举情况。

改写补充《严复论》。

发信:1.党若平,2.魏绍馨。

下午,光儿来。

5月14日　　星期一　　晴转多云

上午,修改《严复论》。

午间,系里宴请程代熙同志,约我作陪。

下午,去校医院检查身体,心脏不太好,作了作心电图,到明日下午看结果。

晚饭后,把稿子送光儿那里,让他誊写。他同淑惠去看电影了。开开他的门,进屋休息一会儿,他们还未回来。接着又停了电,于是把稿子放下,留了字条,同小厚一块回来。

5月15日　　星期二　　晴

上午理发。

下午,系总支召开五七年被错划右派,现已予以纠正的同志座谈,与会的有何权衡、张锡智、刘绍亭、宋景昌、周启祥等,我也参加了。会议由杨瑾书记主持。参加会议的还有信春副书记和系总支为此事作具体工作的王芸、邹同庆、关淑惠三同志。

晚,平权、介平来谈。而后陈大嫂领卢思邈同志来,谈至10点才辞去。

接陈则光同志函,说王起同志被选为出席全国文代会代表,不能来这里了。而他也应邀到海南岛参加一个学术会议,也不来了。

5月16日　　星期三　　晴

上午,客人接连不断,计有1.何权衡,2.研究生赵福生和张春生,3.民盟许光华,4.(陈)信春。最后的客人走后,已经11点了,什么也干不了啦。

下午,参加系里落实政策大会。由信春宣布党对被纠正的几位同志的决定文件,我是第一个。宣布完后,由宋景昌同志代表被纠正错划右派的同志发言。接着是教师代表刘溶发言,最后由杨书记讲话。大会结束后,分教研室座谈。在现代文学教研室会上,我先发言,以后有周启祥、增杰、平权、赵明等同志发言。

晚,麟儿、明凰来家。

5月17日　　星期四　　晴

晨,去光儿那里取回文稿10页,到北道门买点菜。

早饭后,赵福生同志来,把文稿交给他誊写。

下午,市里让推荐文联理事,给了4个名额。(陈)信春、(刘)增杰只同意刘溶,其余三人,认为不合适。后来,我同他二人商量,确定为:刘溶、(何)法周、(卢)庸懋同增杰。

《鲁迅是怎样走上文学道路的》一文初稿写成。

晚,光儿送来誊写的一部分《严复论》,我统一校正了一下。

接王起教授函,谈他来讲学事。

接邢桂轮同志函,为《教学通讯》征稿事。

5月18日　　星期五　　晴

上午,去市里参加市社联的筹备会。

下午,学校举行运动会,各系下午都停止了学习。

前天作心电图的结果是,右心束完全性的传导阻滞,给我思想上添了一个包袱。如何治疗,只有请大夫决定。

发信致邢桂轮,把《明清的文学改良与五四文学革命》一文寄给他。

《严复论》已誊清。

5月19日　　星期六　　晴

上午,杨书记来,说系里接到院里文件,增补高(文)、华(钟彦)二先生为副系主任,下周拟召开会议谈谈分工问题。

下午,李白凤的爱人刘老师来家,说山东人民出版社拟出版白凤的著作《东夷杂考》等,来了位编辑苏昭民同志欲与我谈一谈。她走后,我到系里,苏同志已来,我们谈了半个钟头。

晚看汉剧电影《闯王旗》,演得还不错。

5 月 20 日　　星期日　　晴

早饭后,与鸿毅去光儿家后,又到北道门赶集。

看了两篇托尔斯泰的短篇小说(《外国短篇小说集》下)同契诃夫的《套中人》,受到极大启发,毕竟是伟大的作家,思想是深邃的,胸襟是广阔的,给读者教育也是很大的。

5 月 21 日　　星期一　　晴

上午,杨书记召集系主任会议,主要谈分工问题。大家都发了言,主要是要搞好团结,同心同德把中文系教学、科研工作搞上去。至 12 时散。

下午,去校医院,徐士珍大夫看了心电图,给开了一些药。

晚,冯辉、赵福生来,他们走后,就灯下看《文艺报》,至 9 时许就寝。

发信致伍海光,把《鲁迅是怎样走上文学道路的》一文挂号寄去。

5 月 22 日　　星期二　　晴

上午,精神很疲乏,大概夜间没睡好之故。

下午,去系里与增杰、华、高二公开一小会,关于河南的语言文学学会事。

晚饭后,老黄来,谈至 9 点。所谈不外乎前些时关于提级问题,没有人提到他,感到领导处事不公。

接蒋秉南同志寄来《中华文史论丛》一册,和他著的《楚辞新注导论》。

5 月 23 日　　星期三　　晴

早饭后去看光儿,他已去学校,给他留了个字条,到北道门买了点菜。

上午 10 时许,在杨书记办公室,举行系主任分工会。下午,看

《中华文史论丛》中胡适的关于《水经注》的考订文章和顾颉刚的关于中国古神话发展演变的文章。

晚,客人络绎而来,直至10时许才就寝。

5月24日　　星期四　　晴

上午,备课,准备下一周给研究生讲鲁迅后期杂文。

下午,看《近代思想史论文集》。

晚,与鸿毅去看光儿。

5月25日　　星期五　　晴

上午开始誊写修改《梁启超和他所倡导的文学改良运动》。

下午,举行全系教师会。我讲了讲教学、科研、教师进修、研究生培养等问题,及今后采取的措施。(范)登高汇报了七七届一个班的调查情况。最后是杨书记讲话。散会时已6点。

5月26日　　星期六　　晴

上午,统战部召开老教师会,传达华主席和邓副主席讲话,至12时散。

下午,誊改梁启超一文。

5月27日　　星期日　　晴

晨去北道门购物。

上午,誊写梁启超一文。

笑薇、笑菌来。

晚,看京剧《铡美案》。

9时许,宋景昌来,查《陶潜诗注》。

5月28日　　星期一　　晴

上午,给研究生讲鲁迅后期杂文。

下午,誊写《梁启超》一文。

5月29日　　星期二　　晴

上午,誊改《梁启超》。

下午,市里一些中学语文教师到系里参加语文学会会议。我参加了会议,讨论了章程。

晚饭时,陈晨风来。

5月30日　　星期三　　晴

今天是旧历端午节。早饭时,赵君送来代购的《五四回忆录》,并他家包的粽子10个。

上午,曹增渝送来我的《论严复》,说篇幅太长,须要压缩。

下午,启祥偕同孔宪易君来。他说,过去河大毕业的孔宪荷是他的胞妹,他与(党)若平同志小学同班。

4时许,参加现代文学教研室讨论会。

5月31日　　星期四　　晴

早晨写了两封信:1.致复旦蒋秉南兄,2.致鸿毅五妹鸿范。上午发出。

把《梁启超及其倡导的文学改良运动》一文写毕。

下午,光儿来。他已注完《聊斋志异选讲》的25篇。

6月1日　　星期五　　阴小雨

上午,听文艺理论教研室袁喜生同志讲文艺批评的标准。

下午,参加现代文学教研室学习讨论华主席、邓副主席的报告。

接中山大学王起同志来信,并所寄之文稿。

6月2日　　星期六　　晴

上午,删改《论严复》。张春生来,拿他的文稿读了近一个钟头。

接着张俊山来,也是拿他的文稿一直读到12点。
下午,召开系行政会议,一直到6点。疲惫不堪,晚很早就休息了。

6月3日　星期日　晴
上午,修改《严复论》,把第三部分中的引文尽可能地删去一部分。
晚,看美国电影《车队》,对资产阶级选举的虚伪性作了一些揭露。

6月4日　星期一　雨
修改《严复论》,下午结束。删去多余的引文和不必要的论述约4千字左右。
上午,杨书记来,谈几个教师往教研室分配的问题。

6月5日　星期二　晴
上午,在系主任办公室值班。
下午,参加文艺理论教研室对拜宝宣同志讲评的评议会。

6月6日　星期三　晴
接鸿毅三嫂杨承献函,说他同马树都已回济南。她原来任课的学校济南铁路机械学校给她一楼一间房,18平方米,还比较安静。
复承献三嫂函。
复王起函。
晚,赵明同志来,谈关于注释《近代散文选》事。他拟先注康有为的《强学会序》。
看《苏曼殊全集》。

6月7日　　星期四　　晴

上午,曹增渝同志来,谈了一个多钟头,临走把《严复论》带走了。

(谢)励武来,谈他去四川乐山参加郭老学术研讨会情况。

去学校见杨书记,谈到入党问题。我说自己感到条件不够,今后要努力创造条件。

下午,看过去写的读《野草》札记,拟就中选几篇,再补充修改一下。

6月8日　　星期五　　晴

上午,整理读《野草》札记。

(王)文金同志来,送来《中国通史》第三册,并谈了他去重庆开会时听到的一些消息。

下午,全系教师会。我把修改了的教学、科研,及青年教师培养等方面的要求、条件向同志们谈了谈。

晚,冯辉来,谈她最近学习情况。

6月9日　　星期六　　晴

上午,去七号楼,借到《苏曼殊全集》三册。

接梧师《教学》约稿函,拟将《鲁迅与庄子》一文寄去。

致上海古籍出版社,问袁中郎一书如何处理。

6月10日　　星期日　　晴

晨,去北道门买菜。

8点,与鸿毅看电影《风筝》。

10点多,河南日报社于昂同志偕其女来访。

下午,看邹文生的《论瞿秋白》。

晚饭后,老鞠及其夫人来访。

6月11日　　星期一　　晴

上午,增杰来。他刚从天津回来,说他母亲的病仍不好,但不能再在那里呆了,回来后准备让他爱人去帮助看护。

下午,修改《论鲁迅对敌斗争的战略与战术》一文。拟寄给梧州师院《教学》。

梅蕙兰来,谈她对觉新形象的看法。

接陈则光同志函。

6月12日　　星期二　　晴

上午,在总支参加会议。

下午,仍然有会。

发信,把《论鲁迅对敌斗争的战略与战术》寄给梧师《教学》。

晚,赵明同志来,继而(宋)景昌来。

6月13日　　星期三　　晴

看《苏曼殊小说集》。

上午10时,与杨书记、(张)玉林、高先生一同乘车去宾馆看望徐中玉教授。徐,华东师大中文系主任,最近在西安参加文艺理论讨论会,因邀他来我院讲学。

下午,仍看曼殊小说。

晚,王广西来。

发信致武柏林局长,为李书智工作事。

6月14日　　星期四　　晴

上午,增杰来谈关于教学与科研的汇报问题。

下午,在总支办公室,我与老杨向李书记汇报系里各方面的情况,直至6点始散。

6月15日　　星期五　　晴

上午,继续请徐中玉教授给同学们作学术报告,题目是《古代文论与现代创作》。讲至11点半,由我主持大会。午餐,陪徐教授在食堂吃的。下午,邀徐教授到系里座谈。他介绍了上海师大教学、科研同培养研究生等方面的情况。

座谈会结束后,又举行了关于评阅研究生试卷的会议。

6月16日　　星期六　　晴

上午,看王基、韩玉生等同志的文章,王对中学语文教学所提出的问题,还是很有意义的。

修改我写的《试论〈文心雕龙〉对齐梁以前文论的批判继承》。上午,光儿来。他走时,让他拿去誊抄。

下午,看曼殊的小说。

6月17日　　星期日　　晴

晨,去北道门买菜。

上午,看曼殊小说。

麟与明凰来。

下午,看电影《激战之前》。

6月18日　　星期一　　下午小雨

上下午,阅研究生试卷。

晚,蒋益陪他父亲蒋静来,他是去济南参加山东大学当代文学史研讨会途经这里,来看看。

6月19日　　星期二　　阴

上下午,阅研究生试卷。

6月20日　　星期三　　晴

上午,看完研究生试卷,成绩不佳。

接蒋秉南同志函。

晚饭后,学生曾广开来,光儿来。

6月21日　　星期四　　晴

上午,在小礼堂东头,参加李书记召集的中文系老教师及系领导座谈会。

下午,写《野草·希望》一文的分析。

6月22日　　星期五　　晴

上午,去历史研究所借到《曼殊全集》四、五两册。

下午,阅读《曼殊全集》。

曼殊小说,人谓其属于鸳鸯蝴蝶派。对此周岂明也认为不错。至该派在民元以后到民十之间所以盛行一时,原因是政治的腐败,士大夫对辛亥革命失望而走向颓废的结果。

曼殊的小说虽写男女爱情,但也揭露了社会的黑暗与封建婚姻制度的弊害,同时文字亦冷隽可诵,同其他鸳鸯蝴蝶派作者稍有不同。

6月23日　　星期六　　雨

上午,看《曼殊全集》。

下午,看研究生的文章。

冯辉这次写关于巴金《家》、《春》、《秋》是一部封建大家庭的崩溃灭亡史,还颇费一番功夫,但如要发表,还须加以修改。

6月24日　　星期日　　晴

上午,看香港影片《生死搏斗》。

下午,看国产电影《报童》,里边出现了周总理的形象。

从大礼堂回来,李多领着一位吴同志在家门口等我。吴是研究鲁迅在美术方面的一些论述和见解的,打算对此进行注释。谈了一个多小时后,辞去。

晚上,袁俊峰来,谈至10时许辞去。

6月25日　　星期一　　晴

上午,去系资料室借到几本书,并校对一下文章。

下午,看《曼殊全集》。

晚饭后,去招待所看俊峰。

6月26日　　星期二　　晴

上午,系行政会议,各教研室主任汇报下学期教学、科研、进修等工作安排问题,其次讨论研究生初试录取标准。

下午,教研室会议。在现代文学研究生录取问题上,与增杰、赵明两同志商议,决定按宁缺勿滥的原则,录取两名:王广西、陈韶林。

接李允久函、王季洪函。

6月27日　　星期三　　晴

下午,写章太炎小传。

6月28日　　星期四　　晴

上午,老华来谈录取研究生问题。10时,在系里举行会议,由系主任、教研室主任及导师组成评议会,初步录取研究生十三、四名。

下午在家看书,晚,商君来谈他姐考学事。

6月30日　　星期六　　晴

上午,增杰、赵明两同志来,讨论现代文学教研室问题。

下午,增杰、赵明、(邢)治平、(张)如法来,讨论关于《近代散文选》注释问题。

7月1日　　星期日　　晴转多云

上午8时,看电影高尔基《我的大学》。片子已很老,有些地方模糊不清。从片子中可以看到沙俄时代俄国社会的落后,人民群众生活的艰苦。在这种情况下,人民革命的爆发已是必然的了。

王广西同志来。

下午,看《鸳鸯蝴蝶派资料选辑》。

晚饭后,与鸿毅去铁塔公园乘凉,碰到两位七八届中文系同学。一位邓县籍姓彭的同学谈他们的学习情况。看来还是位比较用功的同学。

7月2日　　星期一　　上午小雨

9时许去学校,在系主任办公室召开系主任会议。老华汇报前天在院里参加教学工作会议的情况。接着又讨论系里问题,决定一、确定下学期的教学日历。二、审查初试录取的研究生的政治情况。三、最近应召开一次系行政会议。

看增杰注的梁任公的《少年中国说》。

下午,看张春生的读书笔记。

笑薇、笑菡两甥来,晚阴雨,住在这里。

7月3日　　星期二　　阴雨

因雨,早晨未跑步。

上午,教研室会议,谈关于编辑抗日战争时期解放区的文艺资料问题。

7月4日　　星期三　　阴,时有小雨

下午,增杰、赵明、文金三同志来,文金谈他在重庆参加毛主席诗词讨论会中听到的关于务虚会议上的情况,及讨论的十个问题。

7月5日　　星期四　　晴

晨四时起床,六时乘学校面包车赴郑,参加王毅老的追悼会。同行的有毛健予、张秉仁、段先生、黄元起、梁建堂等。八时抵郑,在二七宾馆稍事休息,即往省政协。在那里碰到不少熟人。九时大会开始,这次追悼的有王毅斋、张仲鲁、郭仲隗等四人。赵文甫主持会议,张柏园宣读前两人的悼词,金少英宣读后两人的悼词。会后,去二七宾馆休息。午餐后,与秉仁去新华书店,没看到什么可买的书,又到百货楼转了转,即回宾馆。四时乘车返汴。

7月6日　　星期五　　晴

上午,与增杰同志谈《近代散文选注》及关于研究生考试问题。

下午,系里举行奖励三好学生,积极分子标兵大会。杨书记讲话后,我也谈了谈感想,然后宣布了名单。

杨书记让我抓紧时间写入党申请书。回来与光儿谈,他说当前国家大搞四化,要吸收一部分专家入党,报纸上也宣布了一批,这是大势所趋,也应积极一点。

7月7日　　星期六　　晴

上午写入党申请书。

下午,高先生来,谈研究生考试还须笔试。我觉得院里既通知要用笔试,就笔试好了。

光儿来,我把申请书给他念了念。他认为个人历史写得过多,须加以精简。其次,对党的认识,以及被批准后,自己如何按照党章来要求自己,提高自己,和自己应注意的事项须要补充进去。

发信致嵇道之。

7月8日　　星期日　　多云　晚雨

上午,携小厚看《一江春水向东流》上下集,演了三个钟头。这是一部解放前的电影,在一定程度上揭露了国民党统治时期所谓上流社会的腐化堕落,及抗日战争时期日寇的凶残和广大人民所遭受的痛苦与压迫。

下午,写入党申请书,并注释章太炎的《书苏玄瑛事》。

7月9日　　星期一　　多云转晴

上午,誊写申请书。

下午,增杰来,并让五位研究生来座谈这一年学习中存在的问题,及下学期如何学习的打算。5点多结束后,与增杰研究今年研究生复试的试题,并请他看看我的入党申请书,请他提意见。根据他的意见,晚饭后又作了修改。

接济南杨承献三嫂信。山东师院冯光廉寄来他与另一个同志合写的《叶绍钧著作系年》。

7月10日　　星期二　　晴　大热

上午,去自由路人民会场听市全国人大代表传达五届二次人代会议情况及精神。

下午学习。

晚,光儿来。

7月11日　　星期三　　晴　大热

上午,去学校资料室查阅"太炎丛书",校对文集中的《书苏玄瑛事》。

下午,看《曼殊全集》,查出太炎说,曼殊习《珊斯克利多》书一名,在曼殊《答玛德利鹏湘处士论佛教书》中有详论,不过曼殊文中作《三斯克烈多》,此中译音只要音同即不为过。此问题一解决即可着手注解此篇矣。

晚饭后,赵福生同志来,谈及梅蕙兰考取研究生事。有人说我曾带着人到文艺理论教研室,让那边教师为梅蕙兰加分数。此种流言蜚语,不知从何而来? 赵还问我在学校有没有对立面? 我说,我过去一直未作领导工作,且不管人事,不知曾开罪过什么人? 中国社会,人心叵测。在旧社会,这种造谣诬蔑经常发生。鲁迅《答杨邨人先生的公开信的公开信》中讲杨对他的造谣诬蔑,有些真令人发指。此类妖孽到新社会还有,恐怕将来还会有,所以必须加以注意。

为光儿拟赴广州,给陈则光同志一函,让他带去。

7月12日　　星期四　　晴

上午,注释太炎的《书苏玄瑛事》。

下午,在系总支办公室听取外出参加会议同志的汇报:重庆毛主席诗词教材讨论会(文金);乐山郭老学术讨论会(励武、启祥);庐山当代文学教材定稿会(文田);西安文艺理论讨论会(桂发、连波)。会一直开到6点半。

晚看电影《停战前后》。

接郑州《教学通讯》来信。

7月13日　　星期五　　晴

上午理发。

今天研究生复试,王广西8点多还未到,给开一高连续打了两次电话,快9点了他才到。

下午,与增杰、赵明口试研究生。口试后又与增杰评阅陈绍林、王广西的卷子。两人在笔试上,王超过陈,王的80,陈的70;口试王78,陈68,都及格了。

7月14日　　星期六　　晴

上午,与增杰去市图书馆,如法已在那里等待。我们看了《河南》同《豫报》,都是晚清河南革命党人在东京出的刊物。鲁迅在《河南》上发了不少长篇论文。此外,还刊印了苏曼殊的几幅画,有《嵩山雪月》、《白马寺》、《潼关》等极可珍贵者。这些均未见于柳亚子所辑的苏曼殊画集中。另外有署名百哀的几幅画,风格极似曼殊,我想可能是何震画的。"百哀"出于元稹诗"贫贱夫妻百事哀"诗句。其时,刘师培、何震夫妇初到东京,经济可能比较困窘。刘师培编辑《河南》,所以向鲁迅、周作人约稿,并约曼殊画稿。曼殊同刘氏夫妇住在一起,何震拜曼殊为师,向他学画。她的画酷似曼殊,也是有原因的。

下午,省委文教书记张树德偕同冯登紫部长、刘澜波局长等来校检查工作,并在小礼堂接见老教师及干部,他们讲了讲话,约一小时散去。

晚,张春生同志来,送来他与蒋益的论文并告辞,拟15号晚返津。

7月15日　　星期日　　小雨转晴

晨,去北道门赶集。

上午,光儿来。付予他赴广州的川资70元。

从刘绍亭那里领取卡片600张,稿纸600张。

晚饭后,冯辉来,谈至9时辞去。

7月16日　　星期一　　晴

接到《教育通讯》社寄来五、六两期刊物。六期上刊有我的《重读〈病梅馆记〉》,看后未发现有错字,校的还是比较好的。

晚,梅蕙兰来,送交论文一篇,谈至9点辞去。

7月17日　　星期二　　晴

上午,与鸿毅去马道街,撕了一件上衣和一条裤子的布料,国际服装店未开门,只有回来了。

小厚姊妹来。

下午,看《辛亥革命前时论选集》第一卷,梁启超的文章还可以补选几篇。

晚饭后,宋尔康来。

发信：一、车桂轮。二、罗绳武（寄学报一期）。

7月18日　　星期三　　晴

上午，与鸿毅把昨天撕的布料送到国际服装店，8月2日取。

下午，去系里，信春谈他最近在院里参加两次会议的内容。

看《革命逸史》，抄些卡片。

7月19日　　星期四　　晴

晨起，与鸿毅看5点半的电影《王子复仇记》，即莎翁的《哈姆雷特》。真是一个大悲剧，由于主人公的犹疑不决，而终酿成两家都走向灭亡的结局。

接德泓信，说他见到南召县教育局长，要邀我回去给县里中学教师讲一段课。我如不能回去，是否可让系里其他同志去。

《教育通讯》汇来稿费25元。

上、下午，去七号楼地下室，看林纾《畏庐文集》及续集，选了八、九篇。

晚饭后，赵福生同志来，送来学年论文。

7月20日　　星期五　　多云

上午，去历史研究所资料室，阅《南社丛刊》。南社诗人中如柳亚子、高天梅、陈佩忍等人的散文也须要选一点。

从《南社丛刊》第十集中发现曾约鲁迅、周作人兄弟为《河南》杂志写文的孙竹丹也是南社成员。十集中有他的照片，名元，字竹丹，别号同仁子，更名负沉，字幼符，安徽寿州人。

下午，看《辛亥革命前时论选集》第三集，其中有周作人的《论文章之意义及其使命因及中国近时论文之失》（原载《河南》第四、五期），因而想到可以写一篇晚清文学思想的流派：（一）正统派则有林纾、严复。（二）揭出文学应为政治服务的有梁启超、夏曾佑。（三）借文艺发抒个人抑郁不平之气的有南社作家苏曼殊、柳亚子等。

（四）主张为艺术而艺术，受到西方康德思想影响的有王国维。
（五）主张为人生的则有周氏兄弟。

下午，鸿毅与小厚去买了七个西瓜。

7月21日　　星期六　　晴

上午到系主任办公室，关起门来写申请书的补充材料，下午誊写。

接天津人民出版社李福田寄来《鲁迅作品教学初探》七册。两年前，薛绥之同志约我写篇分析评论鲁迅的《论辱骂和恐吓决不是战斗》一文，说准备搞个集子，让天津人民出版社印行。我原以为不可能出版了，今天竟然出了，可谓出乎意外。

下午，赵福生来，赠他一册《鲁迅作品教学初探》。

7月22日　　星期日　　晴

上午，看赵福生的学年论文《曹禺笔下的三女性》。下午，把对赵文的意见写了下来。

发信致德泓侄，说明不能回县讲学。

7月23日　　星期一　　晴

上午去学校，会见鹤壁来的同学贾平章等。

把写好的申请书交给杨书记。

接彭占宇函。

7月24日　　星期二　　阴

上午，在系总支办公室开会，讨论对外边转来的第二志愿的研究生考生的审查和复试问题，及对古代文学研究生杨君的学籍处理问题。

晚，黄平权同志来，谈到有新文件对右派改正工作有新的指示，因而联系到我的级别还没有恢复，原因究竟何在？

7月25日　　星期三　　晴

下午,看香港片子《三笑》。

晚,赵福生同志来,谈至9时许。

7月26日　　星期四　　晴

上午,光儿带三个孩子来。他是昨天从广州回来的。谈他在广州时,陈则光教授盛情接待他同大头、必妞的情况。他们在广州住了几天,只是为了接淑惠的三姐。接到后,即带着她送的电视机回来了。

下午,光儿走后,睡了一觉。麟儿来了。4点钟时,秋子带笑凯来了。

接到《河南青年》第二期,内有我的《鲁迅是怎样走上文学道路的》一文。

7月27日　　星期五　　晴

下午去七号楼图书馆看书。

晚,冯辉来谈她的论文。

7月28日　　星期六　　晴

上午九时,偕鸿毅看香港影片《审妻》,内容写隋炀帝荒淫纵欲,杀戮大臣,任用群小,结果被刺,而又未抓到刺客的事。

下午,鸿毅去开封一高。我在家看梅蕙兰的学年论文《觉新形象试析》。她忽略从阶级上分析。觉新实际上是封建阶级的成员,他为了维护行将崩溃的封建大家庭,竭力地执行长辈要求他的那一套封建礼教,其结果是个人成为不幸者。他为了阶级的利益,即令个人遭到不幸,似乎也并不怎样怨尤。小梅未能从这方面来分析,因而过多地给他以同情,并为他进行辩解。

7月29日　　星期日　　晴　极热

上午,看蒋益的学年论文《李玉亭形象简析》,写的比较好。能紧紧扣着李所代表的阶级的利益,和当时中国社会的性质,以及李玉亭由民族资产阶级转向买办资产阶级的过程。这样分析,是符合作者茅盾的意图的。

下午,看张春生对《骆驼祥子》的分析。文章从当时中国社会的性质来说明祥子性格的发展变化及其走向悲剧的必然性。这是对的,但认为这部书是革命文学,是无产阶级文学,因为它预示了旧社会崩溃和社会主义到来的必然性,这种提法显然是不符合实际的。

晚饭后,与秋子、笑凯、鸿毅去铁塔公园乘凉。

7月30日　　星期一　　晴

下午,光儿带着三个孩子来了,笑薇姊妹、麟儿也来了,乱哄哄地什么也没干。切了三个西瓜,一个是白脸。

因没睡成午觉,很疲劳,晚上很早就休息了。

7月31日　　星期二　　阵雨转阴

上午,偕鸿毅及秋子、笑凯去国际照相馆与光、麟两家照合家像。除蕤儿在北京未能参加,其余的是恭夫未来,合起来共15人。

下午,去高先生家,谈及H君事,觉得真令人惊诧。

8月1日　　星期三　　晴

上午,到财务科领取补发工资,共11个月676.5元。

秋子同笑凯6点返郑,给她洋百元。

接到天津人民出版社汇来稿费22.8元。

接恭夫函。

8月2日　　星期四　　晴
上午与鸿毅去街,取回所做衣服。
下午,去七号楼看《民报》。

8月3日　　星期五　　晴
上午,去七号楼地下室看《民报》。
光、麟两儿来。
看冯辉学年论文,对《家》、《春》、《秋》激流三部曲中所写高家的崩溃,只偏重内部的原因,如财产的争夺,新旧思想的矛盾,而对当时中国社会的发展几乎没有涉及。篇中也曾联系到《红楼梦》,但高家的崩溃与贾家的崩溃二者究竟有何不同,亦未能从客观的现实中提出问题并予以解答。

8月4日　　星期六　　晴　大热
上午,去马道街修理表,15日取,5元8角。
下午,去学校领八月份工资。
晚,光儿携小简来,晚饭后到操场乘凉,9时许,他们才走。
光儿把誊清的《试论〈文心雕龙〉对齐梁以前文论的批判继承》一文送来,我校了一下,没几个错字。有两段没注出处,须要查对一下。

8月5日　　星期日　　晴　酷热
上午看哲学史。
下午看《国粹学报》,晚清一些具有旧学根底的革命家认为:从事排满,必须唤醒知识分子的民族思想。如何唤醒人们的民族思想?则须要从历史上说明满人入主中国,对中国人民的残酷镇压与统治,以及明清之际汉民族的反清运动。于是大谈晚明抗清的死节之臣的英雄事迹,和宋末中国士大夫以及群众的抗元英雄事迹。就当时来说,貌似复古,而其目的乃在以复古为革命。

8月6日　　星期一　　阴转雨

看《国粹学报》,刘师培在上面发表不少早年参加革命时的文章同诗词。当时,他的民族思想表现得非常突出,诗词也写得有深挚的情感。后来受其老婆何震、亲戚汪公权的蛊惑而叛变了革命,投降了满清,从此声名扫地。从刘师培的变节联系到周作人的接受伪命,令人想到女人的影响。如果刘没有何震那样的老婆,他不会投降满清;周作人如果没有羽太信子这样的女人,他也决不会成为汉奸。古往今来,帝王将相因老婆的品质恶劣而搞得身败名裂者真是指不胜屈。可见人们在选取对象时是不能马虎从事的。

8月7日　　星期二　　晴

早晨饭后,去看增杰同志。

上午,写严复小传,天还很热,挥汗工作。

8月8日　　星期三　　晴　酷热(立秋)

上下午,均抄写严复的《辟韩》。

看《莎氏乐府故事集》,从中可以了解到欧洲中世纪的政治社会风尚,以及其他方面的情况。

8月9日　　星期四　　晴

誊写《辟韩》注释。

看《莎氏乐府故事集》。

8月10日　　星期五　　晴　酷热

上午在系里开会,讨论关于研究生问题。

发信致恭夫,托他购买《文史资料》。

看《散文选注》。

8月11日　　星期六　　晴　酷热

上午,增杰、赵明、治平三同志来,确定《晚清散文选》的篇目,至12点才散。

下午,老华来谈关于葛景春的录取问题,至6时辞去。

光儿下午来,后来淑惠也来了,他们晚饭后辞去。

8月12日　　星期日　　晴

上午,(魏)太星的小女儿魏经建,偕朋友吴永辉持其父的信来,说吴君今年高考,一般大学第一志愿为我院中文系,总分312,体检没问题,拟让注意一下,予以录取。他们坐到12点左右辞去。

下午,访信春,把他们教研室关于录取李一平的意见报告交还给他,并告以吴永辉报考我系的情况。

晚,平权来,谈至10时许。

8月13日　　星期一　　阵雨

上午去历史研究所,看章士钊主编的,1914年在日本出版的《甲寅》杂志,其中也载有陈独秀的文章。下午又去七号楼地下室看《民报》。

选了一篇章士钊的散文《自觉》(《甲寅》一卷三号)

接省哲学社会科学研究所征稿函,该所出版刊物为《中州学刊》。

8月14日　　星期二　　阴

晨,把光儿誊写的《试论〈文心雕龙〉对齐梁以前文论的批判继承》加以校对,上午把它并附一函寄往郑州《中州学刊》编辑部(挂号)。

下午在七号楼地下室看王国维的《王忠悫公遗书》,选了两篇散文。

晚,赵吏之同志来。

8月15日　　星期三　　晴

上午八时半,乘车去郑。学校开了一部大轿车和一部面包车,同行者28人。到郑后,在河南饭店休息。下午四时,在省人委礼堂参加文甫先生的平反昭雪及骨灰安葬,同杜孟模平反昭雪追悼会仪式。大会由刘杰书记主持,由戴苏理、李庆伟两书记分别致悼词。五时许结束,即乘车返汴,七时到家。

8月16日　　星期四　　晴

写明天去市里参加学习会的发言稿,约两千字。

接恭夫函。

8月17日　　星期五　　晴

上午去盟市委参加学习五届人大二次会议文件的座谈会。我发言的题目是《民主科学同法制》。

8月18日　　星期六　　晴

晨,到北道门赶集。

上午,8点多开始,接连开了三个会:一、确定《近代散文选》的篇目问题。二、关于解放区文学参考资料的编选问题。三、关于纪念建国30周年,系里举办科研讨论会问题。

下午,又看了一次卓别麟的《舞台生涯》。这次坐的离银幕较近,看的比较清晰,对整个故事情节有一个清楚的理解,这是一部有深刻思想的影片。

8月19日　　星期日　　晴

上午,去街取修理的表。在公交车上碰到李晓华同志。他代我买了车票,我还不认识他,直到他说了自己的名字,我才把他的名字同人合在了一起。回来时,又碰到系里的学生薛建军(卢氏人),他把座位让给我。问起来,才知道他是中文系人。

晚上笑薇走时,让她把关于梁启超的文章带去让她爸爸恭夫抄写,因为她的妹妹笑菡23号要返郑。

8月20日　　星期一　　晴

上午,光儿全家来,买来肉同韭菜,准备中午吃饺子。

看光儿为《聊斋选讲》所选篇子作的注释。

晚饭后,冯辉与梅蕙兰来,谈至9点半始去。

接蕤儿信,复她一信(未投邮)。

8月21日　　星期二　　晴

上午,开《近代散文选注》审稿讨论会,至11点半散会。

下午,在系总支办公室召开教研室主任会。

晚,老黄来,坐至9时辞去。

8月22日　　星期三　　晴

早晨4时起床,修改严复的《辟韩》注。上、下午又搞至5时许才完成。

11时许,去鼓楼街照像,并把上次与秋子、光、麟照的合家像加洗三张。

8月23日　　星期四　　晴

把注的《辟韩》稿子送给光儿誊抄。

看光儿注释的《聊斋》篇子。

晚饭后,来客不断,什么也没干。

8月24日　　星期五　　晴

上午,准备写关于苏曼殊的文章,尚未动笔。

下午学习。

晚饭后,偕鸿毅去看刘溶、友梅。

8月25日　　星期六　　晴

开始写《苏曼殊论》,把小传同诗歌部分大致写了写。后一部分还未写成。在写的过程中发现些问题,但也一一地解决了。

上午,增杰来谈,他最近拟去武汉参与校改文学史稿子事,因把《近代散文选》目录送来,其中关于陈独秀还须增加两篇。

(周)启祥送来他写的《何其芳传》,约四万字。我看了一小部分,文字还是流畅的,也还有些内容。

8月26日　　星期日　　阴转小雨

看毕周启祥的《何其芳传》,行文流畅,能把何其芳一生的经历和在文学创作上的变化作出描述,对初学文学史的人还是有帮助的。感到不足的是,对何其芳文艺思想的变化,及在创作上的分期,以及各个时期思想内容与风格的不同均未涉及。如能进一步地作出补充、修正,就更好了。

8月27日　　星期一　　晴

上午,与增杰、老赵开会,研究《近代散文选》的目录,及教研室的其他事项。

下午,上街取照片,单人照的坏了,又重照一张。

许光华同志来,商议盟市委开会讨论盟中央发下来的盟的章程和报告一事,大致定在星期六。

接张春生函,因搬家请假一周。

8月28日　　星期二　　晴转阴

看曼殊小说。

《河南青年》杂志社汇来稿费40元。

增杰要去武汉,我去看他,托他买茶叶,付洋10元。

下午,政治学习。补去年的"实践是检验真理的唯一标准"课,大家讨论得异常热烈,认为院里工作转移没有明显表现。

接秋子函,说她从哈尔滨已返郑。

拟写一篇《如何评价历史上的作家和作品》的文章,根据马克思主义的立场、观点、方法结合实际说明问题。

8月29日　　星期三　　小雨转阴

上午,在小礼堂参加院工作会议,由李书记传达中央文件及胡耀邦同志的报告。

下午,在系总支办公室参加讨论会。

8月30日　　星期四　　阴转雨

上午,参加院里会议,听徐书记、郭副院长报告。下午,听冯副书记报告。

晚,高先生夫妇,(黄)平权夫妇来。

8月31日　　星期五　　小雨转阴

上午,在系总支参加讨论会。

下午,参加《社会科学战线》编辑王庆祥召开的座谈会。据他讲,关梦觉现任吉林大学经济系主任。

笑菡来,把她爸爸代我誊抄的稿子带了来。

晚上很疲乏,8点即就寝了。赵明同志来,看我已就寝便走了。

9月1日　　星期六　　晴

上午,去市里参加盟市委召集的盟员干部会议,为盟中央代表大会的报告和新的盟章提意见。上午讨论报告,下午讨论盟章。5时许结束。

晚饭后,赵福生来。看电视《画皮》。

9月2日　　星期日　　晴

上午,与鸿毅去人民会场看省豫剧三团演的《朝阳沟》,至12时散场,乘学校车回来。

下午,张俊山,陈治华等来。

晚,张春生、蒋益两同学来。

9月3日　　星期一　　晴

写《苏曼殊论》的小说部分。

下午,上街取相片,并到新华书店购到范老的《中国历史研究论文选集》和《周总理的青少年时代》。

9月4日　　星期二　　晴转阴

上午,刘绍亭同志来,把系办公室工作人员的分工一览表给我看,让提意见,我也没啥意见。而后,小杨送来省文联开会通知,并送来北大寄来的《文学史参考资料》六册。

绍亭把写鲁迅的那篇稿子带去誊抄。

因要去郑参加批判《纪要》座谈会,于是到系资料室借来该书看了一遍,并摘录了几页卡片。

下午,系领导在全系教工大会上宣布了我的系主任任命通知,杨书记一定要我在会上表了表态。

下午会后,写发言稿。

接周自生函。

发信:一,广州中山大学王季思、陈则光。二、增杰。三、北京语言学院中国文学家编辑委员会(内附相片两张)。

9月5日　　星期三　　多云

晨4时半起床。早饭后乘车赴郑,到省文联参加《纪要》批判会。这是省委宣传部指示文联召开的。会议由于黑丁同志主持,宣传部于大申部长参加了会。我在会上也发了言,题目是《〈纪要〉是反马列主义毛泽东文艺思想的文艺纲领》。

会上,龚依群同志作了较长时间的讲话。有位女同志讲的也很有条理,道理说得也很明白。

午上,文联在文化局招待所设便筵,由王大海、朱恪先两同志陪同。

遇到钱继扬,他是来郑交涉调动工作的。饭后,睡了一觉,精神好多了。

下午,继续参加会议,金伞同志、余昂同志都作了较长的发言。5时,学校车来,未等会议结束,我即告辞,乘车返汴。

9月6日　　星期四　　晴

晨起,继续写《苏曼殊论》的小说部分。

上午,给研究生讲这学期的学习事项:(一)补上学期未讲完的作品。(二)分段编写现代文学年表。(三)对新研究的作家,编写出当前有关研究他们的论文索引及摘要。最后谈了谈如何评价作家与作品的问题。

下午,参加教研室学习会。

晚,高先生夫妇来。

9月7日　　星期五　　晴

晨起,续写《苏曼殊论》小说部分。

上午,校阅刘绍亭同志誊写的《论鲁迅五四时期小说的伟大意义》一文,并交打印。

把有关梁启超的一文寄往长春《社会科学战线》编辑部。

下午,继续写《苏曼殊论》。

9月8日　　星期六　　晴转阴雨

上午,作赴郑参加省政协会议准备。

下午,乘校车到市统战部,休息半小时后,乘统战部车赴郑。7时半始到,因路上耽误停留了40分钟。

到郑后,住河南饭店北楼二楼215号房间。

9月9日　　星期日　　晴

上午,乘2路公交车到车站,买了两斤月饼和一斤广州水果糖。又乘6路车到小赵砦,恭夫在家。把月饼、水果糖留下,并把《聊斋选讲》的引言及五篇分析交给他誊写。10点半即乘6路车返寓。

下午,全体开预备会。

晚看电影《蔡文姬》。

看了电影回来,已快11点。老丁来访,至12点才辞去。

9月10日　　星期一　　晴

上午,小组会上,一位领导宣布了有关学习文件及大会纪律等注意事项。散会后,阅读文件。

去三楼看望李俊甫同志。

下午,师院未参加会的同志在张淑民同志住室讨论提案。

晚饭后,去工人新村590号看(罗)兴武、郑灵夫妇。谈至8时许回来,他二人一直送到十字路口马路这边,才回去。

魁五同志来,谈至10点半辞去。

9月11日　　星期二　　多云　夜雨

上午,组里开会,我发了言。

下午,在饭店内澡塘洗澡。

看《李大钊传》。

晚,看墨西哥电影《冷酷的心》。

9月12日　　星期三　　阴　晚雨

上午,政协举行开幕式。

下午,小组讨论。

晚饭后,与魏太星、张静吾同志乘电车去医学院。我去看望党若平同志。8时许,与太星同志返回河南饭店。

9月13日　　星期四　　中雨

早饭后,大家冒雨上汽车,去郑纺机礼堂列席省人大代表会。段君毅同志致开幕词,刘杰同志作工作报告,至12时左右散会。

下午,小组讨论。

晚看话剧《一双绣花鞋》,散场时已11点。

9月14日　　星期五　　阴　时有小雨

上午,10点前准备,10点后集合讨论。

下午,午睡未睡着,精神很坏。

《河南日报》记者来访。

晚,到东方红剧院看陈素真演出《宇宙锋》,至10时半散场。

睡前服两片安眠药,睡得较好。

9月15日　　星期六　　雨

上午讨论政府工作报告。

河南电视台摄影记者来采访,先是采访吴雪莉同志,然后拍摄了王寿庭同志和我讨论对话的镜头。

下午继续讨论。

晚,去人民剧院看省豫剧团演出的《假婿乘龙》,即山东吕剧的《春草闯堂》。演得一般化,春草道白,听不太清。

9月16日　　星期日　　阴

上午讨论会,我发了40分钟言,主要内容:①实现四化的伟大意义。②机关人员要量才录用。③师大的情况。④河南人民出版社工作要赶上去。

下午,继续讨论。市委邵裘书记和一位李书记来看我们。

恭夫、秋子和笑凯来,在门口会见。秋子是礼拜六从许昌返郑的,恭夫拟明日去许昌。

晚,感冒发作,未参加晚会,吃了些羚翘解毒丸。

9月17日　　星期一　　晴

今日大会休息。

晨,初次去紫荆山公园跑步。

饭后,到纬五路教育学院访龚依群院长。他正在上课,未晤。出来,乘6路汽车至铁路南,下车到小赵砦看秋子,并在这里吃了午饭。

下午,返饭店。

晚,到中州剧院看常香玉同志演《拷红》。其演技与唱腔仍不减当年,观众掌声不断,真不愧为豫剧状元。

9月18日　　星期二　　阴

上午,自学。静之来谈半小时,辞去。

下午,省委召开广播大会,宣布对申茂功等人处分决定。最后由段君毅书记讲话。会后演电影《保密局的枪声》,至12时散场。

9月19日　　星期三　　阴

上午,自由活动。

下午,参加省人大二次会闭幕式。

晚看电影《从奴隶到将军》。

9月20日　　星期四　　雨

上午,政协举行选举及闭幕式。我被选为常委,本拟下午返汴,但又得留下。

下午参加政协常委会,由主席赵文甫同志主持。开至6点散会。

晚,看张新芳的《秦香莲》,回饭店已11点。

9月21日　　星期五　　晴

早饭后,因等学校车,哪里都没去。在室内看《新文学史料》第四期中茅盾的自传体文章。

11时,校车才到。同司机周开山师傅吃了午饭,即动身到金水饭店,接到参加人大会的周守正、刘海澜两同志,另有校医院的崔大夫。1时许开车,约3时抵校。

结束了十几天的开会生活,回来后等着作的事很多,需要抓紧时间处理。

9月22日　　星期六　　多云

晨起,着手写准备赴京参加盟代会的发言稿。

早饭后,去看增杰。

下午,去校医院拿药。

晚,与鸿毅、小厚看电影《甲午风云》。

9月23日　　星期日　　雨

晨起,把赴京参加盟代会的发言稿写成。早饭后,誊写发言稿,题目为《愿为四化贡献毕生精力》。到下午誊毕,约三千字。

9月24日　　星期一　　晴

上午,系里召开系领导、导师与本届录取的研究生见面会。我表示了对他们被录取的祝贺,并希望他们在德、智、体三方面能得到全面发展,将来成为一个合格的高等学校教师与科研工作者。

下午,许光华偕王同志来,讨论我写的发言稿。

晚看电视《珊瑚岛上的死光》。

9月25日　　星期二　　晴

上午,到系里值班。

周自生同志寄来《当代》杂志一册,内有他写的中篇小说《路》。我看了一遍,觉得写的还不错,他是有才华的。

中山大学王起同志来函,说他10月上旬要去北京参加盟代会与文代会,陈则光同志可能先期来汴。我把信交给增杰,请他答复。

下午,修改发言稿。

晚,赵福生等五位研究生来。

9月26日　　星期三　　多云

上午,偕鸿毅上马道街买过节物品,回来已11点多了。

下午去校医院拿点穿心莲及甘草合剂。

晚,写向院里汇报政协会议情况的发言稿。

接北京民盟总部通知:下月上旬召开代表大会,让作准备。

9月27日　　星期四　　多云

上午,写毕《论苏曼殊》的第一稿,仍须很好的补充修改。

下午,去市政协参加建国30周年庆祝会。

9月28日　　星期五　　阴

上午,平顶山大专班教师谢照明同志来,谈关于五四时期河南新诗人徐玉诺同志的有关问题。

下午,参加院统战部召开的庆祝建国30周年老教师茶话会。由周守正同志传达省人大四届二次会议精神,由我传达省政协四届二次会议精神。接着同志们相继发言,大谈关于华罗庚为清华熊庆来教授所赏识提拔的事。最后由李书记讲解放思想问题,批判了"凡是派"。近六时结束。

发信:①周自生。②刘永艇。

9月29日　　星期六　　晴

上午,去人民会场听邵裘书记庆祝建国30周年报告会。会后,演电影《保密局的枪声》。11点半散场后,乘公交车返家。

下午,增杰同志来谈,孟庆扬来函说寄去的样稿质量差,决定取消过去的协定。增杰提出今后如何办问题,我说必须大家商量,不是我一人所能决定的。

9月30日　星期日　晴

早晨,去北道门赶集,买几斤葱和冬瓜。

上午,麟儿带两个孩子来,午饭时明凰来。

下午看电影《蔡文姬》。

吏之同志捎来嵇道之函,说10月10日为文甫师逝世周年纪念,让我写篇文章。文甫先生去世后,我没写过一篇文章,这既有主观原因,也有客观原因。此次既蒙道之以纪念文相嘱,对我来说可谓义不容辞,只有写了。

10月1日　星期一　晴

上午,去系主任办公室写了篇纪念文甫师逝世16周年的小文,约两千字左右,题目为《忆先师嵇文甫先生》。

下午,把草稿誊了一遍。

访(毛)健予,谈文甫先生生前在河南给青年们的巨大影响。

10月2日　星期二　晴

上午,把忆文甫师的文章进行修改、誊写后,邮给嵇道之同志。

开封师范时的同班周时雨来谈。

下午,光儿来。

晚看艺术系表演的晚会。

10月3日　星期三　晴

未记。

10月4日　　星期四　　晴

上午,去增杰家。他上课去了,他爱人说老赵的爱人病了,老赵不在家,已给他发了电报。我于是去老赵家,他爱人小郭在床上躺着。(刘)文田、(岳)耀钦都在这里。她把发病情况谈了一下,说现在已经好了。我坐了一会儿,嘱她好好休息,即辞去。到一号楼看研究生,只有赵福生在,其余都去上英语课了,谈了一会儿。

下午,就有关科研报告问题召开了系主任、教研室主任会议。

10月5日　　星期五　　晴

下午,去盟市委访许光华同志。

统战部贾子云部长来。

晚,研究生来,因是中秋节,飨以苹果、柿子、月饼同花生。

9点半就寝。

10月6日　　星期六　　晴转阴

上午去东司门银行取钱,作赴京路费。

民盟许光华同志来谈。

绍亭同志送来150元,为去京川资。

下午,在大礼堂宣讲论文《划时代的作品》,论鲁迅五四时期的小说。讲了近两个小时。

10月7日　　星期日　　晴

上午,乘市统战部车赴郑。11时抵郑,下榻河南饭店。

下午,去省政协,晤进平、平一、静之等。

晚,乘车赴京。

10月8日　　星期一　　晴

晨,5点57分抵京。下车后,乘民盟总部派来的汽车到国务院第一招待所(文兴街一号),住4楼42号。给蕤儿打电话,约定午饭去她那里。饭后即去西颐宾馆蕤儿住处,因我在农科院下车,她在人大站接我,所以没有碰上。我到她家后,停了半个小时她才回来。

把给孩子们买的炒花生米和水果糖放下,并给她洋50元,让她把鸿毅的表拿街上修理。下午2时,返招待所。

发信致鸿毅。

10月9日　　星期二　　晴
晨起,跑步20分钟。

上午,集体去纪念堂,瞻仰毛主席遗容。纪念堂内庄严肃穆,主席遗体用党旗复盖,能看到面容。

晚饭前,到动物园外走了走,买了些鸭梨。

10月10日　　星期三　　晴
上午8时半,结队乘车赴香山赏玩秋色。回忆1934年,我还在师大念书,暑期没有回家,与燕大同乡赵君在香山之麓租了三间民房,并在一个小饭铺搭伙。在这里住了一个多月,中间同乡罗君也曾来玩了两天。转眼将近50年了。这次旧地重游,景物虽未全非,但也起了很大变化。过去四周的景物纯属自然,没有人工的修饰。现在不然了,修了马路,筑了围墙,沿路摆满了各种花卉,尤其是色彩各异的菊花,把秋色妆点得分外艳丽。过去由于交通不便,来这里的游客或骑毛驴,或坐人力车。而现在汽车畅通,真是游人如织。那时觉得这里幽静,是读书的好地方,所以住下后也很少到别处游览。即如所谓西山八大处也者,我们只到过碧云寺、双清别墅等处,连卧佛寺都未去过。而这次乘车居然得一游卧佛寺。由于同行人太多,时间又极短暂,只能匆匆忙忙,走马观花,毫无悠闲自得赏玩景物的乐趣。同游的河南代表为吴平一、吴绍骙两同志,我们参观了碧云寺中孙中山先生的纪念堂和左侧下面的罗汉堂后,就走出香山公园,坐上车已近12点了,回到招待所已快下一点了。

下午休息后,洗了洗衣服。

从书亭购得《当代文学》杂志二期、《英汉小词典》和莱蒙托夫《当代英雄》各一册。

10月11日　　星期四　　晴

上午9时,举行预备会。10时举行开幕式,由史良同志作报告。接着由萨空了同志传达乌兰夫同志对各民主党派及工商联负责人的讲话。

下午,高天同志在招待所饭厅传达胡乔木对草拟叶剑英同志国庆讲话稿子时,所涉及的有关重大问题的意见。我简单地作了笔录。散会后举行小组会。我们河南代表和湖南、湖北分在一组,共50人左右。会上不少同志发言,后来我也谈了几句。

晚,看电影《小花》,9时半散场。

10月12日　　星期五　　晴

上午,小组集体自学,并讨论。

下午,小组继续讨论。我因要检查眼睛请假了,与田平一(四川人),还有一位陈同志(河南人,在西安工作)由医务处开介绍信乘车去北大医院(府右街附近)。检查后,大夫说右眼可以动手术,但效果也不是太好,左眼也有白内障。她给我开了几瓶药。

从医院回来,休息中看《当代》中黎之写的刘禹锡的故事《秦娘歌》。写得不错,刘禹锡的思想、性格都有所体现,也涉及到他所交往的一些朋友。这种把历史人物用小说体裁予以描绘,进行创作的人并不多。这个领域还是大有发展空间的。

晚看电影《农家女》,是美国30年前拍的旧电影。

10月13日　　星期六　　阴转阵雨

上午,大组集体自学叶帅国庆节讲话。下午分组讨论。河南组为一组,在一个小会议室内,大家都敞开思想,发言非常热烈。盟中央的一位同志参加我们组讨论,他讲了我们过去没有听到过的消息和情况。

晚,洗澡后,和许多同志聚在吴绍㙯室内谈天。后来,武汉大学中文系一位叫周大瑛(河南固始人)的来访平一同志,他谈了不少关于武大的情况。

10月14日　星期日　晴

上午,大组汇报发言。

下午,去蕤儿家。

晚,集体到青年艺术剧院看话剧《归航》。故事写解放战争时期逃亡台湾的一个国民党警备司令,回归大陆和妻子、女儿团聚,服务于祖国的历程。

发信:(一)鸿毅。(二)杨书记及华、高、陈、刘诸同志。

10月15日　星期一　晴转阴

上午,全会。听胡愈之同志关于三届中央委员会的工作报告。报告中,对三届会议所受"左"的思潮影响,以及所犯反右扩大化的错误作了说明,并作了自我批评。

李文宜同志继而作了修改盟章的说明。

下午,小组讨论。

晚,蕤儿来,送来帽子一顶,鞋一双。

海长同志来,谈及文代会将于本月二十七、八号召开的消息。

发信致雪垠。

10月16日　星期二　阴

上下午均开小组会。河南组七八个人,大家随意而谈,较能畅所欲言。

下午谈五七年反右问题,讨论比较热烈深入。

晚,看电影《囚徒》,希腊故事片。揭露白人到非洲贩卖武器,使黑人自相残杀的罪恶活动。故事以夫妇团圆结局,很有些中国传奇故事的意味。

10月17日　　星期三　　晴

上下午,大组讨论,对五七年反右问题及盟的性质问题谈的较多。

发信致河南省文联于黑丁、苏金伞两同志。

10月18日　　星期四　　晴

上午7时,乘车去八达岭游览长城。9时半到达,游人甚多。我随一般游人登上长城,虽未上到最高峰,但已望到峰峦叠嶂,部分山上红叶如霞,幽谷深处杂树黄叶间以青松,亦颇有致。因考虑自身体力,只是远望一番,即从城上下来,在三号休息用午餐,11时半返京。

接雪垠函,说他正在搬家,约我于25号后去看他。

10月19日　　星期五　　晴

上午大组讨论,关于盟的性质,大家发言较多。

下午,乘车到人民大会堂,中央首长叶帅与邓副总理及其他领导接见,并照像。

中央统战部设晚筵招待与会同志,会上邓副总理讲了话。7时许散。

下午,启祥同志来。他是前几天来京的,晚上住在朋友家中。

10月20日　　星期六　　晴

上午,小组讨论邓小平副总理在招待会上的讲话。

下午,酝酿讨论中委名单。

接鸿毅挂号信,让给笑薇姊妹买绒裤。

晚,原开封师范时的同学,现任长春师大教授何善周同志来访,谈了近两个钟头,辞去。

10月21日　　星期日　　晴

早饭后洗衣服。8时半乘公交车去蕤儿家,全家包饺子。

下午,4时许返寓。恰巧鸿毅寄的衣服寄到。蕤儿当即取出,回来时即换上寄来的衣服。

晚,看《大风歌》。

接(徐)缵武信。

10月22日　　星期一　　晴

上午,河南组小组会,讨论回去后如何传达大会精神问题。

下午,全体会议,选举中委。

晚看京剧《群英会》等。

10月23日　　星期二　　晴

早饭后,去西单手帕胡同81号访老友徐缵武。他在家中,人已经老了许多。我们7年未见面了,不过他的精神还好。谈次,知他的大儿一家三口在唐山地震时都罹浩劫。他爱人说他命里儿子就很少,所幸二儿子已从胜利油田调回,结婚后生3个男孩,现在都在一起住。另外,谈了些有关熟人的近况,午饭后即告辞返寓。

下午,举行业务上对口座谈会。到的人不多,不过发言也还热烈。5时许散。

10月24日　　星期三　　晴

上午,与李平一同志去琉璃厂荣宝斋与中国书店(原海王村公雷园)看书。买了几部急切需要的书,如《章太炎政论选集》、《魏源集》、《鲁迅研究资料》三集。至10时半返寓。

下午,启祥来,说他明天回沪,谈了会。他走时,托他给鸿毅带封信和保温杯一个。

晚看香港、台湾合拍的影片《一代猛龙》。

10月25日　　星期四　　晴

晨起,给洛阳三中董校长送行。

发信致增杰。

给于黑丁同志联系,得知河南文代会代表团分到北京四所。

10时许,独自去游动物园。逛了一大圈,累得汗流浃背。至11时40分回寓。

下午2时许,蕤儿来。一块去王府井买衣服,没有合适的。给笑薇、笑菡买了绒裤,100公分,12元。另外,买了个儿童用的望远镜。

晚,平一、治国、吴院长等一齐返豫。

10月26日　　星期五　　晴

上午,从国务院第一招待所搬到百万庄北京市第四招待所。因还未分房子,把东西暂放到主楼202文代会办事处。

10时半,去蕤儿家。蕤不在家,便在邻居董家屋内坐了个把钟头,与董家的三女儿谈她的学习与升学问题。后来,王路和蕤儿先后回来,他们在友谊宾馆餐厅请我同王路的爸爸吃饭。饭后,回到蕤儿那里,王路陪他爸爸走了。我睡了一觉,即回四所。我被安排到西楼191房间与苏金伞同志一室。

晚,于黑丁同志来谈。

10月27日　　星期六　　晴

上午,去东楼访王起同志,回来后看书。

下午2时许,蕤儿来,一同去访姚雪垠同志,谈至5时许,告辞返寓。

发信致鸿毅,信中把我住的房间号码错写为194。

10月28日　　星期日　　晴

上午,与蕤儿全家乘103路电车去逛北海公园。计游了团城,看玉佛,并远望中南海,翁郁苍翠,水面碧绿。继而进北海,在白塔前摄影。登白塔东望故宫与景山。下来后稍事休息,吃了些点心,乘船到五龙亭时,已12点。在一个小卖部前喝了汽水,又看九龙壁。下午2时许乘车返寓。

晚,李蕤、吉学霈等同志来。7时许,与金伞去看刘岘(木刻家),谈了些文艺界的情况。9时许告辞。今日跑了许多路,非常疲乏,10时许就寝。

10月29日　　星期一　　晴

上午,与金伞、青勃、香玉,还有金伞的女儿一起去访雪垠。

下午,看书。

晚,荒芜同志来。此君系北大历史系毕业,非常健谈,所谈涉及美国科学的进步、美人对沈从文的研究等等。

访王起同志,不在。问与他同室的一位老先生贵姓,始知为梁宗岱。已老态龙钟,行动不便,他的爱人为他从厨房弄饭。据说他在文革中受到极大冲击,但还是坚持活了下来。他译的《浮士德》上部将出版,还译有《歌德与贝多芬》,将有音乐出版社出版。

10月30日　　星期二　　阴

上午,到人民大会堂参加文代会的预备会,通过主席团名单及会议日程安排。

下午,举行开幕式。由周扬主持会议,茅盾致开幕词。邓副主席致贺词,另外还有其他各界致祝词。至5时许散会。

晚,参加由解放军歌舞团演出的晚会。女高音马玉涛尤受欢迎,场上掌声不断。至10时半散场。

10月31日　　星期三　　阴

上午,河南代表团分组讨论邓副主席的祝辞。文学组共十余人发言,相当热烈。认为文字虽少,但言简意赅。是根据新时期新任务对毛主席文艺讲话的进一步发展。大家特别对祝词中提出的文艺部门领导不应对创作横加干涉尤为关注,认为是对今后文艺创作民主的有力保证。

下午,继续讨论。

晚,到京西宾馆看广州部队战士话剧团演出的《神州风雷》。观后,大家对该剧评论不太一致。

11月1日　　星期四　　阴

上午,小组讨论。

下午,到人民大会堂听周扬同志报告。

晚,到音乐学院礼堂看话剧《报春花》。该剧所表达思想相当深刻,博得不断的掌声。

在剧场中,发现我的座位后边坐着的是过去的同事汪玢玲同志。她住在向阳二所,她说要到我的住处看我。

11月2日　　星期五　　多云

上午讨论周扬同志报告。李季同志参加了讨论会,他对李准同志不写小说,专搞电影剧本大加批评,甚至说他是两栖动物。

发信:①致增杰。②致鸿毅。

接鸿毅函。

晚,在后勤学院礼堂看电影,日本的《人证》,美国的《魂断蓝桥》。

11月3日　　星期六　　多云

上午,小组讨论,谈写历史人物问题。李准说他准备写谭嗣同。他认为解放后电影方面拍过200多部服务于现实政治任务的片子,现在检查起来,只有四、五部还可以重新放映,其余的都过时了。但是属于历史人物与故事的片子,如《林则徐》、《甲午风云》还是为观众所欢迎。说明这些历史片子,如果剧本写得好、拍得好,寿命还是比较长的,就是小说、诗歌何尝不是如此。没有真情实感,没有反映时代真实的作品,也同样不过是时过境迁,成为明日黄花。

下午,在人民大会堂听茅盾副主席和阳翰笙的报告。他们年纪都大了,连印成的发言稿都不能从头念到尾,都是由自己开了头后,让别人代读,到快结尾时再由自己来读。茅盾在报告中非常注意在艺术技巧上对中外遗产的借鉴。他列举了汉乐府《陌上桑》中对罗敷美的写法,和《荷马史诗》中的《伊利亚特》写希腊勇士如苍蝇一样的写法。另外,他对柳亚子评价很高,今后我应着手收集柳亚子的材料。散会时已5点多。

晚,看京剧杜近芳的《断桥》和袁世海的《九江口》。

蕤儿午饭后来寓,送来衣服与鸿毅寄来的洋100元。

11月4日　　星期日　　晴　有风

上午,在西苑饭店举行作协开幕式。刘白羽致开幕词,李季代张光年作关于作协工作的报告。

下午,大会发言。第一个是白桦,他用散文诗的体裁,对文艺界的过去、现在和未来作了真实的概括,说出了大家想说而还未完说出的话,而博得听众的阵阵掌声。

肖三已83岁,四人帮时期坐了7年监牢。他发言时老泪纵横,泣不成声,台下人也都为之黯然泪下。这是对文革中残酷迫害老作家最沉痛的控诉。

接着发言的是徐迟,最后发言的是王蒙,也同样对文艺界的官僚主义,长官命令扼杀创作,进行了有力的鞭笞。

上午,遇到过去在洛师教书时的学生张羽,同他谈了过去的情况。

晚饭后,蕤儿来,送来毛衣与小大衣各一件。

晚,看英国与意大利合拍的电影《卡梅林》,系一个爱情故事片。与会的一些演员同志看不懂,认为没意思。李准认为这些同志应多读一些文学作品,开扩一些眼界,提高思想和艺术的理论水平。

11月5日　　星期一　　晴

上午,大会继续发言。先是香港代表何达谈香港文学的国际性,接着是四川雁翼谈《星星》诗刊的恢复经过。第三个发言的是柯岩(贺敬之爱人),现任诗刊副总编。她谈了四个问题:(一)为新诗说几句话。(二)诗歌是深入人心的(天安门诗抄等)。(三)我们的队伍。(四)向文艺界领导进一言。她的讲话可谓是慷慨陈词,甚至声泪俱下。特别是在引用一些诗作时,富于感情的朗诵,使听众往往报以雷鸣般的掌声,同时也引人流下不少的眼泪。大家都认为在这两天的发言中,柯岩同志的发言要算最精彩的了,因为她确实是说出了人们心中想说而未能说出的话。

下边发言的有塞先艾和写《第二次握手》的张扬(湖南人)。

会上,遇到魏巍,我告他说托他买电视机的钱已经汇来。

午饭后,雪垠来。谈至下午2时,一起去开会。

11月6日　　星期二　　晴

早饭后,等蕤儿来,准备上街购物。金伞和我一样,等他女儿燕平来了,蕤儿接着也来了。我们一起刚出楼门,魏巍同志来看我们,于是又回到屋里,谈了一支烟时间。魏巍同志要走,他看我们都要去前门,便用他的小车送我们到前门,才告别而去。

在前门大栅栏商店走了一趟,人非常多,没买到衣服,只买了瓶白内停眼药。又与蕤儿去王府井买了件毛衣,30元零2角。在百货大楼买了件华达呢上衣62元。然后到东风市场吃了些点心,即返寓。

接增杰函,谈系里情况。又接启祥函。

11月7日　　星期三　　晴

上午大会发言,有:①姚雪垠谈关于现实主义问题。②刘心武。③王若望。④刘宾雁。四人中,后三位博得听众不断的掌声。

下午,参加吴小武(肖也牧)的追悼会。乘中国青年出版社的车去八宝山,仅25分钟就到了。4点多返寓。

晚看话剧《权与法》。

晚饭时张振犁同志来。

11月8日　　星期四　　晴

上午,仍是大会发言:

(一)丁玲痛斥几十年来宗派主义给文艺界所造成的危害。(二)杨志杰,是在《上海文学》上发表《反官僚主义是社会主义文艺的重要途径》的作者,系《文学评论》编辑部的。(三)陈登科。

下午,发言的有:(一)香港代表罗承勋。(二)魏巍。(三)《乔厂长上任记》的作者蒋子龙。(四)刘绍棠。(五)大会执行主席艾青也讲了几句,其中有对周扬报告初稿批评的话:"遮遮掩掩,欲盖弥彰。"

晚看日本影片《战争与人》。

接到系里汇来洋百元。

11月9日　　星期五　　阴有小雨

上午10时许,因没会,抽空去海淀市场购物。计买了几本书、南糖、茶叶、口蘑等。回来恰好12点,没耽误午饭。

下午,大会发言:(一)公木,大骂过去蓄意整人的人不能赖账,否则就是混账。(二)秦兆阳,谈现实主义与浪漫主义的消长,反映了中国30年来社会生活的升降情况。(三)刘真,揭发了河北省政治与文艺的不正常情况。(四)萧军。

晚,看西双版纳傣族自治州文工团演出的《召树屯与婻木诺娜》。扮演婻木诺娜的杨丽萍(白族)真是年轻漂亮,舞蹈纯熟,姿态优美。曹植《洛神赋》中形容洛神"翩如惊鸿,婉如游龙……"几句话,可以说明她的体态。观后,观众无不啧啧称赞。

11月10日　　星期六　　晴

上午,大会发言。发言的有:(一)理由,为作家的生活条件差,特别是住房狭窄妨碍创作而大力呼吁。(二)铁衣甫江·艾里耶夫(新疆维族),发言题目《让各民族文艺之花开得更美丽吧》。(三)张锲。(四)邓友梅(刘真的爱人)反映了现实中许多阴暗的东西。提出政治上如没有民主,歌德也不能随心所欲。李建彤歌颂刘志丹,杜鹏程歌颂彭德怀,不是都受到了残酷地打击吗?造神运动,我们都参与过。(五)吴强号召大家要团结。(六)李何林谈关于《鲁迅全集》的注释问题。

下午,通过作协章程并选举理事。

晚,看曲艺。

接到盟中央邀请函。时间在12号的中午,地址东城金鱼胡同和平宾馆。

晨,发信致魏巍,谈对他大会发言的看法,并烦他把代购的电视机带到他的寓所,以便去取。

11月11日　　星期日　　晴

上午,大会举行闭幕式。首先宣布昨天选举的理事名单。听说上海代表团团长陈沂落选了。说明王若望的发言起了作用。

继而周扬同志讲话,承认了五六年把丁玲、陈企霞打成反党集团是错误的,五七年所划的右派绝大部分是划错了的。同时宣布为丁、陈两同志平反,并向她们,以及经他手所划的文艺界的右派如艾青、冯雪峰、秦兆阳、刘宾雁、王蒙等同志表示道歉。这时群众热烈鼓掌,说明了大家对他的承认错误是赞扬的。

最后,由巴金同志致闭幕词。

接鸿毅、启祥函。

11月12日　　星期一　　晴

上午,小组会议通过全国文联章程。散会后,去一所看田仲济同志,并和他一道去看钱谷融同志。

上午,11时半与四所其他盟的同志乘车去和平宾馆(王府井附近)参加盟中央的招待会。筵会上,史良、胡愈之两同志分别讲了话。与我同席的有沈兹九、闻家驷两同志,他们是常务委员,作为主人招待我们的。会上还见了许杰、钱谷融同志。二时许散。

下午,一位河大老同学赵镇南同志来谈。

接增杰电。接魏巍同志电话,说13日下午1时,他爱人送电视机来。

晚,看电影《战争与人》第一部。

11月13日　　星期二　　晴

上午,在大会堂听钱学森的科技与文艺的报告。

下午,魏巍爱人把电视机送来,并把余款交付给我。

晚,张钦逸来谈,关于张长弓研究南阳鼓子曲的经过。

11月14日　　星期三　　晴

上午,讨论党中央关于邓小平同志在文代会上的祝词及周扬同志的报告,对全国各级党组织今后所应执行文艺方针政策的批示。

河南代表团摄影,河南作协成员摄影。

下午,到西苑旅舍参加鲁迅研究会的成立大会。会上陈荒煤、周扬、李何林等都讲了话。而后通过了章程,选举了会长及理事。

晚,看电影《绑架》、《丹凤朝阳》。返寓后,看到蕤儿留的字条,知她和王路把我存在她家的东西送来了。

11月15日　　星期四　　晴

上午,去人大会堂选举文联全国委员会委员。下午,看电影《一个美好的女人》、《空闺泪痕》。

晚,蕤儿同王路来,帮我整理衣物。9时许辞去。

洛师毕业同学赵慎应同志来。他与我别后40年未见面,他现在新华社担任重要负责工作。他本拟来此访金伞同志,不意见到了我,感到非常高兴。相与谈及文革中的遭遇。11时许辞去。

11月16日　　星期五　　阴

上午,去大会堂听取文联选举结果及文联章程。下午,举行闭幕式。夏衍致闭幕词。接着华主席接见并照像。继而举行茶会并演出节目。结束后演电影,至11时半始散。

11月17日　　星期六　　阴

上午到蕤儿家,吃过午饭又睡了一觉。晚饭后回寓。7时许,蕤儿和王路来,他们骑车到车站送我。我们上车后,他们辞去。

11月18日　　星期日　　晴

上午10时半抵郑,学校派车来接。因路上经过两个集贸市场,影响汽车通行,到下午2时才抵家。

晚,增杰、赵明、介平几位同志来。

光儿全家来,晚10时许始去。

11月19日　　星期一　　晴

上午9时许,邀钱谷融同志与文艺理论、现代文学教研室的同志们座谈。

下午,钱谷融同志给全系师生作学术报告,题目是《文学的魅力》。听众一直保持倾听的神情,有时轰然大笑。散会后,都认为讲得还不错。

11月20日　　星期二　　晴

上午去学校,在办公室接待鲁枢元同志。

下午,在大礼堂听钱谷融讲曹禺的《雷雨》。我听了一会儿,出来遇到如法,和他到系办公室谈至5时。

发信致蕤儿。

11月21日　　星期三　　阴

上午看文代会材料,准备作传达。

章秀定同志来,谈她的教课情况,及教研室同志间的一些意见。接着杨书记来,谈我在京开会期间系里教学、科研,以及人事变动的情况,至11时半辞去。

院统战部杜明同志来,约我下午参加院民盟健全支部推选新的执委会会议,并让我传达盟代会的新精神,鼓舞一下同志们对盟的工作的信心。

下午,在小礼堂东头会议室举行盟执委会会议。我传达了盟代会的情况,着重传达了邓副主席的讲话。5时半散会。

晚,平权来。接陈治华信。

11月22日　　星期四　　晴

上午,在杨书记办公室内召开系主任会议。5时许,与杨书记,华、高、刘三主任到开封宾馆看望广州的客人王季思、陈则光两同志,并看望上海客人钱谷融同志。

晚,春祥陪同郑大中文系教师陈同志来,蒙他赠送郑大学报一册,内有他写的《己亥杂诗札记》。接着孔凡铎来,至8时半辞去。

11月23日　　星期五　　晴

上午看文代会简报,准备传达文代会精神。

中午李林校长在小餐厅宴请王季思、陈则光、钱谷融三教授及山东大学物理系某教授,系里让我作陪。另外作陪的还有物理系总支张书记等。下午1时散。

晚,我和华、高、刘、李、赵六人作东在开封饭店宴请钱、王、陈三教授。饭做得不错,客人还相当满意。

回家时,在楼西头不小心,碰着预制板,跌了一交。眼镜掉了还不知道。到家后,光儿来家闲话。停了一会儿,才发现眼镜没了。到处找也未找到,忽然想起是否摔交时掉了,让光儿去找,幸喜未让路人拾走或踩坏,被找了回来,否则是不堪设想的。

11月24日　　星期六　　晴

写传达文代会的提纲。

下午,举行当代文学教材讨论会的筹备会。

晚,赵福生、张春生、蒋益三位研究生来。光儿来。

11月25日　　星期日　　晴

上午,看电视《丫丫》。写西藏一位女奴丫丫的遭遇。她和一位年青木匠相爱,结婚后生了一个女儿。他们想一块逃走,被奴隶主发现。男的跑掉了,女的被处死,小女儿被卖掉。小女儿没有名字,仍被呼之丫丫。后来,解放军到了西藏。逃走了的木匠由于投奔了解放军,现在已经成了副师长。为了争夺女儿丫丫,经历了一番波折。丫丫在当地党的帮助下提高了觉悟,成为当地的群众领袖。当奴隶主发动叛乱时,她协助解放军建立了功绩,终于同她的父亲团圆了。

准备传达文代会的稿子。

下午,接二连三地来客。平权、启祥带来一位五八年中文系毕业的杨某,现在七中任教。送我一本李白凤著的《古铜韵语》。他们走后,晨风同志来,说他准备到29中任教。

11月26日　　星期一　　晴

早饭后,8时许去院宣传部,同李部长商量向院领导汇报文代会的情况和精神。

下午,校对研究生誊抄的《聊斋志异选讲》中的《胭脂》,没校完。溶池来了,一直谈到吃饭时候,辞去。

11月27日　星期二　晴

上午到系办公室值班,并校对研究生誊抄的《聊斋志异选讲》的稿子。

下午,在院党委李书记办公室汇报文代会的精神,艺术系武秀芝、王威也参加了汇报。

11月28日　星期三　晴

上午,杨书记召开系主任与教研室主任会议,传达省里关于高等学校教师提职提薪的规定。

下午,现代文学教研室邀请陈则光教授座谈。他谈了几个问题:(一)国外研究中国现代文学的情况。谈到国内一向不注意或不够重视的作家,如徐志摩、沈从文等,而国外却在进行大力研究。(二)过去一直对其持批判态的作家,如陈独秀、胡适、周作人、林语堂等人,今后也应当用历史唯物主义的观点,对他们在理论和创作上曾产生过的积极影响予以适当的肯定,而不应一概抹杀。(三)广州"四·一五"后的大屠杀,是促使鲁迅思想发生质变的开端,即批判了他一向相信的进化论而接受了阶级论,并且认清当时国民党反动,反革命的本质,而只有共产党是革命的。陈则光教授的看法,我基本上是同意的。

晚,去学校招待所,看望赵镇南同志。

11月29日　星期四　晴

晨起,校对研究生同学抄写的《聊斋志异选讲》的稿子。

上午,陪王季思教授给全系师生讲关汉卿的《赵盼儿风月救风尘》。

下午,在新办公楼三楼会议室给学校盟员同志传达北京四次盟代会精神。

11月30日　　星期五　　晴

上午,与赵明同志陪陈则光教授座谈,并参观六号楼同七号楼的藏书室。

下午,请王季思同志在市委统战部会议室与市民盟基层领导同志进行座谈。

晚,市民盟在开封宾馆为王、陈二教授饯行。7时许,郑大何均地同志陪他们启程赴郑大。

晚,在学校礼堂观看戏剧片张君秋演的《望江亭》。

12月1日　　星期六　　晴

上午,系总支召开系主任会议,学习学校下发的几种文件,如系主任的职责,教研室主任的职责等。接着讨论了近期要举行当代文学教材讨论会的有关事宜。

下午,杨书记召集全系教职工会议,传达关于提职补课及明年元月份提薪问题。

晚,冯辉,赵福生来,孙占白来。

12月2日　　星期日　　晴

早饭后,与鸿毅上街做衣服。近12点时才找到一家做中式成衣的裁缝店,但已下班。只好撕了两丈一的确良。

下午,尔康、启祥等来。晚饭后,梅蕙兰,还有更夫的女儿来。

发信:①恭夫。②金伞。③平一。

12月3日　　星期一　　小雨

上午,10时在现代文学教研室举行当代文学教材讨论会,与古汉语教材讨论会的筹备会。

下午,修改《苏曼殊论》。

晚,赵明同志来,托他给蕤儿捎去小磨油五斤。

学报两份,寄①李平一。②恭夫。

12月4日　　星期二　　阴

誊改《苏曼殊论》。

下午,系教师举行实践是检验真理的唯一标准讨论会。严铮发言,大家都热烈鼓掌。接着刘溶发言。我听了一半,许光华、韩玉生找我,我就离开了会场。韩是谈关于语文学会成立的事,已确定礼拜五、六两天举行会议。许谈召开市盟委员会事。

晚,来人不断,计有阎季昌、小梅、周启祥,牛庸懋、王某等。王坐到10点才走。

给蕤儿寄去花生米四斤。

12月5日　　星期三　　阴

上午,修改《苏曼殊论》。

下午,接省里长途电话,通知6号赴郑开会。

12月6日　　星期四　　阴转晴

上午,誊改《苏曼殊论》。

下午1时,与周守正同志乘校车赴郑参加会议。3时半至郑州第三招待所,住九号楼224室,与许凌青老先生同室。

12月7日　　星期五　　晴

晨起跑步。明月照着这一位居乡间的园林,参天的白杨立在道路两旁,四周笼罩着一层薄雾,像透明的轻纱,空气异常新鲜。路上时时碰到其他晨跑的同志。守正同志讲,在这里早晨活动,大有用武之地。

上午,胡立教书记主持会议,由盛婉同志作关于参加全国人大常委会会议情况的汇报。继由白均厅长谈本年 10 个月治安情况。

下午小组讨论。

晚看电影,没看完,就同静吾一块回宿舍了。

12 月 8 日　　星期六　　晴

上午,小组讨论关于青年教育的问题。大家谈的较多的,也是最根本的是就业问题,这是个釜底抽薪的办法。其次是家庭教育,学校教育与社会教育相结合等。

下午,从三所去秋子家。

12 月 9 日　　星期日　　晴

上午和秋子去车站买返汴的车票,顺便买点水果。

下午 1 时半,秋子送我去车站,上车时碰见常香玉同志的女儿如玉。我上车后,秋子回去。3 时许开车,5 时许抵汴。出站时碰见赵福生,他正在接待参加当代文学讨论会的兄弟院校的来宾。有校车在站外等着,我便乘校车至宾馆,同来宾见了见面。系里接待来宾的同志一定留我在那里吃饭,之后才乘车回家。

12 月 10 日　　星期一　　晴

上午 8 时许,去开封宾馆参加当代文学和古代汉语教材讨论会的开幕式。由我主持会议,由吕副院长致开幕词。接着由市委文教书记和科教办主任先后讲话,最后由来宾致词。散会。

把《苏曼殊论》誊改毕。

12 月 11 日　　星期二　　晴

上午,在系总支办公室开会,各教研室汇报讨论有关同志提级的意见,至 12 时散。

下午,去大礼堂听"实践是检验真理的唯一标准"的发言。第一位是申志诚,所谈大意为全国几十个著名大学对 30 年教育路线的评价。听完后,即回来。

晚,李颖琰来。

校对恭夫所抄《聊斋志异选讲》的稿子。

接苏金伞、陈则光两同志函。

12月12日　　星期三　　晴

上午,与鸿毅上街做衣服,回来已整12点。

下午2时半,市统战部来车接,与九三学社的一位同志前去汇报在京开会的情况。会后被邀到又一新就餐。7时许还家。

12月13日　　星期四　　晴

上午去开封宾馆,为参加当代文学教材研讨会的同志们传达第四次全国文代会的精神,约讲了两个多小时。

下午,准备写对《画皮》的分析。

发信致刘延钊,关于李颖琰爱人所写的书稿出版事。

12月14日　　星期五　　晴

晨,写《画皮》篇的分析,至上午10时许写成初稿。

市民盟王同志来,谈盟工作问题,我让他代我向贾部长请假,下午的会我不能去参加了。

下午,老许来谈下礼拜二开会事。

晨风来,谈他在29中教课情况,并说他拟听赵吏之同志的《说文》课。

接到省文联寄来的全国文代会的第二批材料。

接南阳15中张紫茗来函。

12月15日　　星期六　　晴

晨起跑步时,把给刘延钊同志的信投邮。

写《王十》篇的分析。

上午,杨书记来,谈系评议小组讨论关于讲师提名的情况。

午饭时,光儿来谈关于《聊斋》篇子的分析问题。

下午,作《聂小倩》篇的分析札记。

12月16日　　星期日　　晴

上午8时,看朝鲜影片《战友重逢》。

看电影回来,就有人来访,有广西人民出版社的程兴业,还有两个过去的学生。

下午,明凰、笑菡来。

接蕤儿函,捎去的花生米同油均已收到。

12月17日　　星期一　　上午晴下午阴夜雨

上午写毕《聂小倩》的分析。

下午写《续黄粱》的分析提纲。

晚,曹增渝同志来谈,领导上要他离开学校,他谈了今后的打算。

12月18日　　星期二　　全天小雨

上午,去马道街工商联会议室向盟市委及基层干部传达全国盟代会精神。下午讨论,晚饭后回来。

12月19日　　星期四　　晴

写《续黄粱》篇分析。

下午5时许,与杨书记、信春去开封宾馆为参加当代文学教材与古汉语教材讨论会的同志们饯别。晚餐在开封饭店,院里来参加的有李书记、吕校长、徐书记、韩景琦处长、赵帆声处长,至7时许散。

接恭夫函,说他已从广州返郑,并讲述了在广州游览情况。

12月20日　　星期四　　阴下午小雨

修改最近所写《聊斋》篇子的分析。

上午,到系里参加系主任会议。讨论对三个学生的处分问题。一个是拿了别人家的提包;一个是行为不检点,与男同学有暧昧关系;一个是考进大学后,抛弃农村的爱人。前一个悔改较好,根据团小组意见,给予通告批评。后两个给以记过处分。

晚,写复信:(一)侯廷章(南阳师专)。(二)单成仁(沈丘高中)。(三)郝蜀山(商丘师范大专班)。

12月21日　　星期五　　晴
修改分析《聊斋》的篇子。
看《柳亚子诗词选》。
下午,去市工商联,给市盟员传达盟代会精神,5时许结束。
晚,感到疲乏,看看报纸,9时许就寝。
发信:(一)南阳师专侯廷章。(二)沈丘城关高中单成仁。

12月22日　　星期六　　阴大雾天气阴冷
上午,修改《画皮》篇的分析。
去学校,把郝属山的文稿《关于两个口号论争问题》用挂号寄走。
去七号楼借到《文史资料》五本。
晚,看梁启勋发表在《文史资料》25期上的《万木草堂回忆》。文章写康南海当时讲学的内容和方法。内容上,一面谈经史和宋元以来理学方面的书籍,同时也谈当时所谓时务方面的书籍,特别是翻译西方科学、哲学及政治方面的书籍。方法上,以自学为主,在阅读中提出问题,由他批阅解答。其次,让学生搜集资料,他的《孔子改制考》,就是由学生搜集资料写成的。

梁启勋也是当时康的弟子,他认为后来从事政治而没有专力于学术,是非常可惜的。这个看法显然是错误的。戊戌变法虽然失败了,但却有其历史的巨大意义。它使许多从事改良运动的人觉悟起来,走向革命。可是康并未从此汲取教训,而对载湉忠心耿耿,一味保皇,走向反动,这是值得惋惜的。

晚,看电视,中国女排与日本女排比赛,四场下来,中国以3∶1取胜。

12月23日　　星期日　　阴晚小雪

上午,在家看光儿注释的《聊斋》中的篇子。下午,去启祥家谈一小时许。

晚,与鸿毅去看电影《神圣的使命》。故事以王公伯的牺牲结束,也未交待白舜问题的结果,给观众留下了一个疑问。

12月24日　　星期一　　晴

上午邀集研究生谈这一段的学习情况,张春生、赵福生两人成绩比较显著,蒋益次之,梅、冯不如他们。冯脸色憔悴,思想上有问题,遇机会须对她进行帮助。

下午,参加系总支评选副教授、教授问题。各教研室一致通过的有吕、滕、赵、张、李,得到较多数同意的有宋景昌、严铮、吴君恒。关于周启祥,他请求审查他的作品。

12月25日　　星期二　　晴

上午10时许,与李林书记、周守正教授赴郑州,住友谊宾馆。下午,应省委宣传部与文教部的邀请,参加辞旧迎新座谈会,遇到不少熟人。党若平同志主持会议,非让我发言不可,我只得讲上几句。

晚,看电影:(一)朝鲜故事片《硬的翅膀》,(二)国产故事片《挺进大别山》。11时散,晚宿河南宾馆(即中国旅行社)。

12月26日　　星期三　　晴

上午,哪里也没去,与守正同志聊天,等李书记向张树德书记汇报过工作一起回去。11时半,李书记才转来,午饭后没休息即乘车返汴,2时半抵家。

晚,光儿来。

12月27日　　星期四　　晴

晨起,开始写《谈谈〈左派王学〉》。

上午,到系里向杨书记汇报这次去省里开会的情况。

下午,在系总支参加听取关于教师提级的汇报会。

晚,李颖琰同学来,赵明同志来。

12月28日　　星期五　　晴

上午,如法来,把《苏曼殊论》带走。

下午,向全系师生传达四次文代会精神,至5时许散。

12月29日　　星期六　　晴

继续写《谈谈〈左派王学〉》,上午写竟。

下午,文艺理论教研室一位同志来,讲他对蔡仪和以群所写的教材在教学程序上的想法。我基本同意他的看法,但重要的是要取得教研室同志们的同意。

增杰来,谈教研室的有关问题。

晚,冯辉、小梅来,赠挂历一本。当时电视正在演播豫剧《权与法》,她们也坐下观看,至10时半演毕。

发信:一、恭夫,二、陈韶林。

12月30日　　星期日　　晴

上午,看刘宾雁的《人妖之间》。

12点半,看电影戏曲片《卷席筒》。

下午,邢治平夫妇来。

晚,光儿来。

接汪玢玲同志函,并寄来《民间文学》一册,和我与她的合影照片一帧。

玢玲同志是在五六年新乡师院文科合并到这里时,来到中文系现代文学教研室任教的。在此前,她曾因与"胡风分子"××有过往来而被审查了几个月。我因担任教研室主任,并未因此而对她有所歧视,和对待其他同志一样,在教学和科研上对她予以帮助。一年后,她调回东北长春师大。她的论文《鲁迅与民间文学》经我审阅后在师院学报上发表,稿费也由我经手汇给她的。为此,她对我抱有感激之情,念念不忘。去年春节前我去北京开会,曾在北师大讲过一次演。她当时刚好有事到师大,得以晤面。前两个月,我去北京开文代会,她也是代表,我们见了面。一次,她到政协开会的礼堂听大会发言,我们坐在一起。恰巧一位报社记者在那里摄像,她请他给我们照了张合影。这次她寄来的照片就是那时拍的。她在信中拳拳于过去对她的关照。我觉得自己对她并没多少帮助,她这样反而使我很不安。

12月31日　　星期一　　阴冷

早晨有风,温度甚低,但仍冒寒去学校跑步。

上午,审阅昨天高文同志送来孟宪法的一篇文章。看后,惟觉有一句话措词不太妥当,其余都没什么。11时许,把文章送还高文同志,他谈到刘溶的一篇论元曲方言问题的文章,其中有两个问题:一、把王季思未同意的一种解释,硬说成王是同意的。二、说明代的王伯良不赞成近人黎锦熙的看法。这真是一极大错误。可知读书作文必须十分审慎。另外引前人的话不注明出处,也是极不应该的。这就说明过去,他没有经过严格的作学问的训练,否则决不至如此。

下午,写《聊斋》中《王者》篇中的分析大纲。

发信:一、熊章(谈关于《聊斋志异选讲》的稿子问题),二、汪玢玲。

1980 年

1月1日　　星期二　　雪

晨起,分析《聊斋》中的《王者》,到10时许写毕。

张春生、蒋益两同学来贺年。

麟儿全家来,笑薇、笑菡姐妹来。

光儿晚饭前来。

1月2日　　星期三　　晴

关于批判继承问题,拟于中国文学史上找一些实例给研究生们讲一讲。

下午系里开会,宣布这次批准提为教授和副教授的名单。

1月3日　　星期四　　阴转晴

上午,继续收集关于批判继承问题的资料。

下午,在系总支召开新提为教授和副教授同志们的座谈会,至5时始散。

晚,看电视《红与黑》上集,冯辉、梅蕙兰带一位女同学来看,10时许结束,她们才走。

接省人民出版社熊章同志复函。

光儿来,晚饭后把《苏曼殊论》拿去誊写。

1月4日　　星期五　　晴

上午一、二节课,听(周)启祥讲郭老的《屈原》。三、四节,召集系主任会议,讨论放假前在教学上有待解决的问题,和下学期如何改进教学的问题。

下午,誊写《谈谈〈左派王学〉》。

晚,看电视播放的《红与黑》,冯辉同小梅来。临走,让小梅把五篇分析《聊斋》的文章带回誊抄。

1月5日　　星期六　　晴

上午,把《谈谈〈左派王学〉》一文誊清。

收到省社科所送来《学术研究辑刊》第一期,上边发表了我的《试论〈文心雕龙〉对齐梁以前文论的批判与继承》。

下午,去学校领工资。

1月6日　　星期日　　晴

上午,赵福生来,谈至10时许辞去。

下午,省人民出版社古籍编辑室来两位同志:(一)周畅中(唐河人)、(二)徐澄平。他们是来约稿的。我把过去写的古典文学论文集第二部给他们看,并把1956年出版的第一集也给他们看了看。那位徐同志很感兴趣,他从营业角度考虑,说印出后一定会受欢迎,并力主把两者合在一起印,即可成为较厚一点的书。他们把目录抄去,说回郑后研究一下即通知我。

送赵福生同志大米30斤。

1月7日　　星期一　　晴

上午,给研究生谈批判继承问题,至11时许结束。

下午,在家看《聊斋志异选讲》所选篇子的注释。

刘绍亭来,把我去年出差的报销单送来,除应报外,尚欠学校101.7元,将在二月份工资中全部扣除。

接杨旭村函,让写篇短文,内容为对80年代的展望。

晚饭后,到光儿家,把《学术研究丛刊》送他一本。另把他作的《聊斋》注稿本还给他。临行给他留下10元。

1月8日　　星期二　　晴

上午,举行系行政会议,系主任、教研室主任,还有两位书记都参加了。讨论考试问题、下学期的教学改革问题,以及年终总结问题。

下午,先去化学系阶梯教室参加赵丰田同志的追悼会。回系里后,又召集全体教师会议,由我和杨书记谈了谈上午系行政会议所讨论的几个问题。

1月9日　　星期三　　晴

晨起,誊改应《奔流》之约所写的《充满信心,奋勇前进》,10时许誊毕,即投邮。

下午,看李伯元的《文明小史》。

把《关于袁中郎和他所倡导的文学革新》一文重读一遍,拟寄给《文学遗产》。

发信致杨旭村同志(附文稿)。

1月10日　　星期四　　阴冷

拟修改《李伯元论》,重读他的《文明小史》。

下午,把《关于袁中郎……》一文寄给《文学遗产》编辑部。到外语系办公室参加张炳寰先生治丧委员会会议。

晚,光儿来,送来他誊抄的《苏曼殊论》。

接陈韶林自沪来函。

1月11日　　星期五　　晴

晨起,把《苏曼殊论》校正一遍,上午送学报编辑部。

开始誊改《李伯元论》。

下午,张明宇为其父张炳寰先生追悼会来汴。

1月12日　　星期六　　晴

誊改《李伯元论》。

上午,曾令铎同志的爱人携同三个孩子来。她姓封,河北安国人,现任洛阳19中副校长,因去郑开会,顺便来看看这里的两个孩子:一是地理系学生,一是历史系学生。坐到10时许辞去。

午饭后,没有休息去洗澡,水也太热。我泡的时间稍长些,便微微感到不舒服,即赶快出来,结果还是晕倒了。整个下午都感到很难受。以后必须随时注意,不能不服老了。

接到上海人民教育出版社寄来《现代文学史参考资料》六册。晚,很早就休息了。

1月13日　　星期日　　晴

上午,看日本故事片《生死恋》。

下午,誊改《李伯元论》。

晚饭前,增杰来谈关于科研问题。

晚看电视话剧《救救她》,是揭露"四人帮"时期对青年一代的严重毒害,真可以发人深醒。

1月14日　　星期一　　晴

上下午,均修改《李伯元论》。

重读《日知录》和《人间词话》,最近打算写篇文艺论方面的文章,即关于写真实的问题。

1月15日　　星期二　　晴

上午,参加系学术委员会会议。

《李伯元论》已写成,但发表仍须再加润色。

下午,地区刊物《遍地红花》负责人屈春山来,他是六年前中文系毕业生,要我为他们创刊号写篇文章。

晚,李颖琰、常如玉两同学来。

1月16日　　星期三　　晴

上午,校正《李伯元论》。

下午,看平权同增杰两人的文章。

晚,赵福生来。

1月17日　　星期四　　晴

上午理发。

麟儿夫妇来,午饭后辞去。把《李伯元论》交他带走誊抄。

下午,校正恭夫抄的《梁启超和他所倡导的文学革新运动》一文。

晚,增杰来,谈他的科研计划,把"梁文"交给他。

1月18日　　星期五　　阴,偶而飘几片干雪花

上午,系行政会议。由(陈)信春同志传达院里有关教学问题的指示,由高先生传达科研方面的指示。

下午,王基、韩玉生两同志来访。王基把他写的关于语文教学方面的论文送我两本打印稿,并要我推荐给师大学报。

1月19日　　星期六　　晴

上午,应《遍地红花》所约,撰写《创作与学习》一文。

下午,参加系务会,为古代文学招收研究生事,老华与何法周、高文两同志大吵。会后又举行关于《近代散文选注》是否继续进行的问题的讨论,除张振犁外,治平、赵明、如法、增杰都参加了,决定继续搞下去。

1月20日　　星期日　　晴

晨起,修改《创作与学习》。

上午9时许偕鸿毅去人民会场看河南省歌舞团演出的《货郎与小姐》,是译苏联阿塞拜疆地区的故事,四幕喜剧。至12点半才散场,到家已经2点了。

晚,光儿带小简、小满来。

陈韶林从上海回来。

1月21日　　星期一　　晴

上午修改《创作与学习》。

下午,一直有人来,最初是老黄,一坐两个钟头。接着是老谢同增杰,他们走后已到吃晚饭时候了。

晚饭后找启祥谈。

1月22日　　星期二　　晴

上午,把《创作与学习》修改毕,拟再誊清一下。

下午,在系总支办公室,听张玉林同志汇报在桂林、广州参加文艺理论教材讨论会情况。

晚,小梅同冯辉来。

1月23日　　星期三　　晴

上午誊改《创作与学习》,下午完成。麟儿来,送来誊好的《李伯元论》。晚饭后回去,让他把《创作与学习》带回誊写。

晚饭时,介平、文田来。

冯辉来,谈到他们的学习情况。临走时,带走胡适的《白话文学史》一册。

1月24日　　星期四　　晴

上午,去学校取到《辞源》第一册,定价25元。共四大本,先付款,以后陆续取以下几册。

把南阳师专侯廷章的两篇文章送交学报(宋)应离同志。

写《鲁迅与几位晚清作者——严复、梁启超、章太炎》。

晚看电视剧《有一个青年》。

1月25日　　星期五　　晴

上午,召集研究生会,谈他们下学期的学习问题:一是写上课的讲稿,二是确定毕业论文题目。大家发了言后,给他们布置了学期考试题,即分析鲁迅小说《彷徨》中的篇子,任择一篇。张春生选《伤逝》、赵福生选《孤独者》、梅蕙兰选《离婚》、蒋益选《肥皂》、冯辉选《在酒楼上》。近11点左右散去。

下午,写《鲁迅与几位晚清作者》,把鲁迅与严复在思想上的关系写毕。

1月26日　　星期六　　晴

上午,写《鲁迅与晚清几位作者》。

下午去市委参加社联成立筹备会。

晚,(王)介平来谈,光儿来谈。

接姚雪垠函,并附有他给茅盾关于编写文学史的信,征求我的意见。恰巧如法来,他说可以给姚去信,问他是否可以在师大学报上发表。

接河南人民出版社古籍编辑室徐澄平同志函,拟看看我在古典文学方面的论文。

1月27日　　星期日　　阴转小雪

上午,去行宫角裁缝店取回我和鸿毅的上衣罩褂。

下午看电影《青春之歌》。谢芳演林道静,演得很不错。

晚,赵明同志来,谈周启祥同志拒不接受任务事。

拟出给雪垠同志复函的草稿。

1月28日　　星期一　　小雪

上下午参加系务会议,总结1979年的工作成绩和出现的问题。而后选出写作教研室为先进集体。

晚,丁云青来。

发信致省人民出版社徐澄平同志。

1月29日　　星期二　　昙

上午,系里继续召开系主任与总支委员会议,由杨书记主持。H君在会上大发脾气,最后愤愤而去。

下午到院里听郭副校长传达邓小平副主席元月18日讲话。

晚,王振铎同志来取他的《论王国维境界说》的文章,我给他提了点意见。

1月30日　　星期三　　晴　冷甚

草就《鲁迅与晚清几位作者》。

上午,一高校长王基同韩玉生来,谈语文学会八〇年上半年工作计划问题。

下午,盟市委许光华同志送来盟市委八〇年工作计划。

晚,李颖琰同学来。

看电视播出的广东话剧团演的《日出》,看完第三幕即休息。

发信致雪垠。

1月31日　　星期四　　昙

上午,把昨天写的讲稿标点,修改一下。

下午,修改《胡适〈五十年来之中国文学〉批判》一文。

晚饭后,赵明、增杰来谈现代文学教研室下学期工作安排情况。

2月1日　　星期五　　晴

整理旧稿《〈金瓶梅〉的艺术成就》、《〈今古奇观〉的思想与艺术》。

校对麟儿抄的稿子《李伯元论》、《创作与学习》。

拟写篇《被贬到黄州时期的苏东坡》。

2月2日　　星期六　　晴

晨,继续跑步。

上午到系里,收到上海古籍出版社王海根函,说听说我正在写《近代文学作家论》和《袁中郎研究》,想了解一下我写的提纲,并希望以后多联系。

接北京语言学院寄来的《中国文学作家传》试印本,征求意见。

下午去看信春(他又伤风了),从他那里出来,又去看老华,谈了一会,又到赵希鼎同志家坐了坐。回到家,老黄正等我,要拿他的《论巴金的〈家〉》的稿子。他这篇文章不免有一点一般化,新意不多。这类文章不太好写。

晚,光儿来。

2月3日　　星期日　　晴

上午,去学校看电影,香港片《势不两立》。看完电影,去启祥家。同他们夫妇谈至12点。

下午,校对梅蕙兰、冯辉抄写的《聊斋选讲》的稿子。

晚饭后,整理《聊斋志异选讲》的稿子,共25篇,加上引言共26篇,约10万字。

看《谭嗣同年谱》。

2月4日　　星期一　　晴

上午,去图书馆还书,并从七号楼借到《孽海花》同《古典文学研究论集》。

下午,与增杰、文田两同志乘车赴郑,晚宿开封地区郑州办事处招待所。来听报告的各地区大专班的语文教师代表也都到了,遇到不少河大同师院中文系毕业的同学。

2月5日　　星期二　　晴

晨起,(何)权衡同志陪我到一个公园走了一趟。月色朦胧,树影参差,来散步和晨练的络绎不绝。我们循着大路走了15分钟即转回。

上午,给到会的同志讲《鲁迅与晚清几位作家——严复、梁启超、章太炎》。从8时半开始,中间休息一次,至12点几分结束。

下午,乘车去秋子家。她刚从许昌返郑,坐了一个小时,权衡乘车来接。五时许回到招待所。

晚,在体育馆观看北京杂技团演出。

2月6日　　星期三　　晴

上午,去省人民出版社古籍编辑室,见到徐澄平、高要持等同志,把《古典文学研究论文集》的稿子交给了他们。

下午,到刘延钊同志家访问,他说熊章同志不在家,因托他把《聊斋志异选讲》的稿子代转。临要走时,望见熊章同志家的灯开了,一扣门,她出来了。遂把稿子交给了她,稍谈了一会儿,即乘车返寓。

晚,龚副院长,郭厅长来谈,适值《河南日报》社编辑来,把所写的这次学术报告会的情况的报道拿来征求意见,经过大家从内容到字句的斟酌,才算定稿。他们走时已快10点。

2月7日　　星期四　　晴

上午,教育厅派车送我和增杰、文田返汴。10点半至寺后街,我们请司机王师傅在第一楼吃了顿包子,饭后送我们到家。

下午,午睡起来,看《谭嗣同诗文集》及其年谱。

晚饭前光儿来。

看电视豫剧《桃李梅》,至11时结束。

2月8日　　星期五　　晴

看谭嗣同年谱和他的集子。

2月9日　　星期六　　晴

早饭后,去光儿家。他不在,只有小厚和她的两个妹妹在家,淑惠也去学校了。给他们留下洋十元,糕点一包。而后,到北道门市场买鸡蛋30枚。

下午,同鸿毅上街,取回她与小厚的相片,并到寺后街、鼓楼街买了些糖果和零用品。

看谭嗣同年谱及其所著《仁学》与其他散文。

2月10日　星期日　晴

晚看电视剧《美人计》,即原来的《甘露寺》,系刘备东吴招亲事,至10时结束。

2月11日　星期一　晴

下午,到盟市委参加春节茶会。崔进平同志与会,请他传达了邓副主席最近讲话,至5时许散会。

2月12日　星期二　晴

晨起,写市广播站所约《春节杂感》,上午誊清。

11时去街,取回蕤寄来的小包水果糖,并到光儿家,同他一块回来吃午饭。

午睡起来,整理光儿所抄所选《聊斋》篇子的原文及其注释。

晚看南京越剧团演出的电视戏曲片《莫愁女》。

接雪垠函。

2月13日　星期三　阴　大风降温

上午,市广播站来为春节讲话录音。

看光儿誊抄的所选《聊斋》篇子的注释。

2月14日　星期四　晴

上下午,校对光儿抄写的所选《聊斋》篇子的注释。

看《张载集》,有张岱年所写的"序",对宋代理学方面的宗派有所论述,有些看法还是比较精当的。

下午,陈治华同志来,(宋)景昌来,陈韶林来。

2月15日　　星期五　　晴

上午,把所选《聊斋》的篇子及注释看完。

下午,麟儿及光儿来,笑菡及小倩来。

晚看电视剧《彩云归》。

2月16日,旧历初一日　　星期六　　晴

晨起,打扫房间。

上午,系里许多同志来祝贺春节。因高文同志来,我遂陪他到河西去走了几家。

下午,看电视剧《钗头凤》。内容与历史事实大有出入。原故事说陆游与唐氏本已结婚,但剧本说他们没有结婚。原因是陆游母亲给唐氏算命,说她命中克夫,坚决反对他们的婚姻,并送唐氏到尼姑庵出家,后又几经波折,到了赵士程家,最后与赵结婚。

晚看电视剧《彩云归》下集。

2月17日　　星期日　　多云

八时许,与高文同志到学校甲排房去看望中文系同志们。最后到刘溶同志那里,今天他设家筵请客,也约了我。来的客人有周守正夫妇,陈德尚校长,还有我40年前的洛师同事刘秀峰夫妇。饭吃到下午3时才散。

晚看香港电影《雷雨》,演得并不怎样好。

2月18日　　星期一　　晴

上午,陆续来了不少客人,有王大海、毛炳文等同志。

下午,看《严复文选》,拟选几则《法意》、《天演论》等书中的按语,加以注释。

晚高文同志夫妇来。看电视剧《清宫秘史》。

2月19日　　星期二　　多云

下午,鸿毅与秋子去看友梅。我去看看梓北、武君正、春祥。

晚饭,(郝)立本同志请客,被邀的还有郭人民、宋景昌两同志。

晚看香港电视片《湖山盟》,系由《聊斋》中《连琐》篇改编而成。

2月20日　　星期三　　晴

上午,去系资料室借书。

开始写《真与诚》,谈古典文论中的写真实论。

2月21日　　星期四　　晴

上午,鸿毅陪秋子、笑凯去开一高,秋子拟于下午由那里返郑。

上午,光一来,为介绍吴书声到中文系事。

继续写《谈真与诚》。

晚,光儿带小满来,送来誉清所选的《聊斋》的篇子。

晚,茛立来,说郑州汇来稿费,在东大街银行。她的女儿在那里工作,我把图章和工作证交给她,让她女儿代取。

2月22日　　星期五　　晴

晨起,继续写《真与诚》。

上午,在小礼堂听传达中央计划会议与省四级干部会议的文件,至12点始散。

下午,在系总支讨论。

接蕤儿函、张明宇函。

晚,光儿来,拿去青木正儿的《中国近代戏曲史》同王国维的《宋元戏曲考》。

陈韶林来,谈他怎样准备研究"鲁迅与周作人"这一科研题目。

2月23日　　星期六　　晴

上午,继续在小礼堂听报告,下午在系总支办公室学习邓副主席的报告《目前形势与任务》。

晚,麟儿来。

苌立送来代取的稿费50元。

2月24日　　星期日　　晴　下午阴

上午,在小礼堂继续听传达省四级干部会议文件。下午讨论。

光儿把誊清的所选《聊斋》篇子全部送来。

郑州市体委杨秉礼同志来,持老友丁轸宇兄的手书拟让我写篇文章,只好答应了。

2月25日　　星期一　　阴转多云

上下午,在小礼堂听学校李、赵、吕、徐诸位书记和校长报告。

下午,许光华同志到小礼堂找我,拟在本周五下午在市民盟举行学习邓副主席讲话的座谈会。

晚,光儿来。

2月26日　　星期二　　气温又降低

连日来开会,牙又痛起来。上午去校医院看牙,并开了些常效磺胺。

在系总支又开了一天讨论会。

省人民出版社古籍编辑组来人,嘱为《古典文学论文集》写篇《序》或《跋》,并把印刷不清的字校补一下。

晚,睡得很早。

2月27日　　星期三　　晴

上午,带着文稿到七号楼借到《金瓶梅词话》,校对学报曾印出的

《论金瓶梅人物形象》部分,11时半回去。

下午,重新审阅《论〈儒林外史〉》一文的后半部分。

接内蒙师院屈正平函,邀我七月份去他那里讲学。接秋子函。

晚看电视,放映的是河北梆子《蝴蝶杯》。

2月28日　　星期四　　晴

上午,去七号楼校对《论〈金瓶梅〉》一文。

开始写《中国古典文学论文集》的《后记》。

接严家炎信。

2月29日　　星期五　　扬沙

晨起,把《中国古典文学论文集·后记》写竟。

上午,写了篇《谈文艺与政治关系》。

下午,去盟市委参加学习邓副主席讲话的座谈会,5时半散。

3月1日　　星期六　　晴

上午,誊写《中国古典文学论文集·后记》,未誊完。十时半去校医院补牙,后又到七号楼地下室还书,又借到《世界文库》一、二、三册。

下午,把《后记》誊完。

麟儿送来所誊抄的《谈谈〈左派王学〉》,并代买花生米10斤。

3月2日　　星期日　　多云　　东北风

上午,整理所选的《聊斋》原文及注释,中缺两篇《侠女》、《王十》。早饭后去光儿家,嘱他把这两篇补注出来。

下午,乘校车与周守正、王寿庭诸同志去市统战部参加关于五中全会公报座谈会。

晚看电视《王老虎抢亲》,系写明末祝枝山与周文宾的故事。

3月3日　　星期一　　晴

上午,审阅研究生去年考试试卷,一般都在良上、优下,没有特别突出的,但也没有很差的。陈韶林是本校七七届中文系毕业后考取的,但并不亚于那几个大学毕业的同学。我准备把他们的文章发给他们互相看看,再找个时间在一起谈谈。

10时许,去七号楼地下室还、借书后,到一号楼看研究生,只有张春生未来。我把试卷发给他们。蒋益谈长沙的情况,至12点才回去。

下午,统战部王同志来,说市里准备举行学习五中全会公报的座谈会,时间定于本周六下午。

写信三封:一、复严家炎,二、复屈正平,三、周口技工学校的张老师。

晚,李颖琰同志来,说她已与韩结婚,并送来了喜糖。

3月4日　　星期二　　多云转晴

上午,到系里值班。

省文联朱恪先同志偕另一位同志来访,由信春、振铎同志在办公室同他们谈了一会儿。

下午,参加现代文学教研室会,补选岳耀钦为副主任。

晚饭前,宋天仓来,约我给市文联同志作关于四次文代会的报告,并说他们明天还要来,只好约定明日上午10时。

3月5日　　星期三　　晴转阴

上午,注解严复的《法意·按语》。

10时许,任启祥局长、杨明、宋天仓等同志来,邀我下礼拜二出席市文联扩大会。

下午2时许,赵明、增杰两同志来,谈今年研究生学习计划。

晚,光儿来,25中潘万岭来。

3月6日　　星期四　　多云

上午,在小礼堂参加院党委召开的学习五中全会公报讨论会。

下午,看潘万岭同志的稿子。

写两封信:一、致熊章,二、致徐澄平。

麟儿送来电扇一台,价162元。

3月7日　　星期五　　阴

早晨,为校广播站撰写学习五中全会公报的发言稿。

上午,去校医院住院部看望王梦隐同志。

下午,去校广播站录音。

晚看电视剧《西出阳关》,写唐太宗贞观时忠奸斗争事。

3月8日　　星期六　　小雨

上午,修改上月写的《文艺与政治》的短文,拟作为下礼拜二市文联会议上的发言稿。

下午,许光华同志来,谈他与姚桂月同志去郑参加民盟省委工作会议情况和所作的决定。

注严复《法意·按语》。

3月9日　　星期日　　晴

上午,安徽滁县文化馆吴腾凰君来访。他是研究蒋光慈的,对蒋氏生平和与其有关的人,如他的第一个爱人宋若瑜,后来的爱人吴仙鸣都作了调查。他因蒋的有些著作找不到,特别是他的第一部诗集《新梦》,在上海、南京都未查到,想到这里找找看。我给他写了封介绍信,让他明天去找学校图书馆主任王立权同志。

过去洛师的同学常德华来,为他的工作问题让我写信给崔进平部长。

晚看电影《桃李劫》,系30年代的老片子,反映当时正直的人活不下去的黑暗现实。

3月10日　　星期一　　小雪

上午,研究生来,讨论他们对鲁迅《彷徨》中作品分析里的一些人物的评价,如涓生、魏连殳、四铭、爱姑等。

上午,增杰送来两篇论文让审阅。一是新诗改进的意见,一是谈鲁迅《祝福》中的祭祀。第一篇写得较好,有论有据,言之有故,持之成理。文字也很流畅。第二篇也还有个人见地,惟专谈封建礼教,对封建迷信与封建礼教二者的关系没谈,所以不够全面。

接上海古籍出版社王海根函,说希望将来《近代文学作家论》及《袁中郎研究》定稿后,把稿子给他们。

晨,把《坚持锻炼,焕发青春》一文改写了一下,题目改为《坚持运动,健康长寿》。改好后,寄给郑州河南省体委群体处杨秉礼、武忠恕两同志收。

3月11日　　星期二　　阴

上午,在系里值班。

下午,看谭嗣同的诗歌,和近人对其思想的论述。

晚,潘万岭同志来,景昌来。

看电视豫剧《秦雪梅》。

3月12日　　星期三　　晴

增杰同志要赴京,路过郑州时拟停一两天,因托他把《古典文学论文集》的稿子和《聊斋志异选讲》中所选篇子原文及注释25篇带给河南人民出版社徐澄平、熊章两同志。

上午写了三封信:一、吴伯箫,二、徐澄平,三、熊章。

下午,一直有客人来。计徐光华、黄平权、刘增杰诸同志。增杰把文稿及信带走。

晚,陈韶林偕吴腾凰同志来还所借书,他所需要看的蒋光慈的

《新梦》、《纪念碑》等作品,在七号楼图书室都已找到,一再表示感谢。他还向五位研究生谈了谈他调查蒋光慈生平的经过。

3月13日　　星期四　　小雨

上午,看有关谭嗣同的材料。

陈韶林来,说申请赴南方考察的款项已批准,问他何时可以先走。

省人民出版社熊章、梁起昌来函,说《聊斋志异选讲》已正式列入今年选题,嘱将未寄去稿子赶快寄去。

下午,看任继愈《中国哲学史简编》中关于谭嗣同部分,并读谭的《报贝元征书》,谈他的哲学思想和他的变法主张非常详尽。复生对客观事物是一个唯物主义者,他称道王船山的:"道在器中,器外无道。有斯器始有斯道,无斯器即无斯道。"同时,"器变而道亦随之而变。"这种见解是唯物主义的,而他变法的理论就是以此为基础而建立起来的。但他所说的"以太",本是指客观的物质,而他最后却把"以太"作为人的精神意识,这样就把存在与意识混同起来,分不出孰先孰后,孰是第一性,孰是第二性。这样就又堕入唯心主义的泥潭中了。这是他受阶级局限的结果。他在哲学上的不彻底性,造成了他政治主张的不彻底性,最后遭到惨痛的失败。

赵明送来论文,启祥送来他的诗作,都让我看。现在光看文章就忙得不亦乐乎。

3月14日　　星期五　　晴

下午,把给潘万岭同志所写的《各类散文例析》一书的《序》草就。

晚饭前,不断有客人来访。

接蕤儿信。

3月15日　　星期六　　晴

晨,把《序》誊改一遍,才比较满意。近午饭时,潘万岭同志来,把《序》带走。

下午,在系总支办公室参加会议,至5时结束。

晚,看了一个小时电视,因疲倦即就寝。

夜凌晨3时许,出了一身汗,觉得很不舒服。

3月16日　　星期日　　晴

上午,看香港故事片《群芳谱》,写资本主义社会青年女子离开家庭,被坏人引诱以致堕落而不能自拔的情况。

下午,看复生的文集,由于他的思想受王船山影响,因读嵇文甫先生的《王船山学术论丛》。文甫先生对明末清初诸大师的学术思想的确很有自己的独到见解。

3月17日　　星期一　　晴

看《谭嗣同集》。

下午,去七号楼借到《谭嗣同全集》,系解放后出版的。

从学校书亭购到《近代史研究》,其中有论到同盟会分裂的情况,特别论到刘师培、张继、章太炎等人一度宣传无政府主义,这种思想与孙中山的革命理论是矛盾的。这就是后来光复会所以重新打出旗号反对孙中山的思想原因。

又接刘文金自光山来函,因将他的文章寄回,并致函说明不能给他向师大学报介绍的原因。

复刘文金函。

3月18日　　星期二　　阴转晴

上午在系办公室值班。

市语文学会秘书韩玉生同志来,邀我给市语文学会作一次学术报告,商定本周五下午,题目是《鲁迅论章太炎》。

下午,盟市委召开座谈会,讨论党中央五中全会公报精神,最后由老许同志谈选举省盟代会代表条件,及选举办法。

晚看电视港片《至爱亲朋》,揭露资产阶级的极端自私自利,不论是什么关系,都是互相倾轧。生活在这样家庭的青年女子也从老一辈身上学会了刻薄自私,唯利是图。这是个揭露的片子,还是有一定积极意义的。

发信致蕤儿,并寄给她花生米三斤。

3月19日　　星期三　　晴

上午,读《谭嗣同集》和他有关的一些论著。

下午,去系总支办公室,与杨、陈、高三同志向吕校长、张处长汇报本期教学科研等方面的计划。

3月20日　　星期四　　小雨

上午,看《谭嗣同集》。

10时许,(黄)平权来,接着(宋)景昌、李博来,送来毛炳文的《河南历代名作家传》,让看后给作篇《序》。

下午,盟小组会。到会的有历史系郝立本、毛健予、郭予才三同志,外语系戴水祥同志,讨论五中全会公报,和酝酿出席省盟代会代表。五时许散。

晚看电视,省曲剧团演出的《乔太守乱点鸳鸯谱》。

3月21日　　星期五　　雨夹雪

上午,为下午给市语文学会讲演作准备。

下午,韩玉生同志到十号楼接我,到理事厅教师进修学院讲《鲁迅论章太谈》,从3时半到5时40分。由于灯光不亮,看讲稿颇吃力。

晚,因疲劳8点即休息。

3月22日　　星期六　　多云

晨起,着手写《谭嗣同论》。

10时,翟杨君同志来,谈古代文学研究生学习情况。

下午,继续写《谭嗣同论》。

晚看电影《泪痕》。

3月23日　　星期日　　阴转晴

上午,许光华同志来,谈盟的选举问题。接着陈治华来。

下午,写关于鲁迅思想发展的大纲。

发信:一、恭夫,二、熊章,三、徐澄平。

3月24日　　星期一　　阴

上午,给研究生讲鲁迅的思想发展,讲了两个半钟头。接着讲了讲下月去南方访学的纪律及其有关问题。

下午,去小礼堂参加院、系两级干部会,传达上级对此次调资的精神。

晚,麟儿来。

3月25日　　星期二　　晴

上午,在院部参加吕副校长召集的有关招收研究生考试试题方面的会议。

下午,在系主任办公室召集外国文学、汉语和文艺理论三教研室出题老师会,传达上午会议精神。

晚看电视,曲剧团演出的《报春花》。

3月26日　　星期三　　晴

上午10时许,与高文同志在杨书记办公室谈论系里调资问题。

下午,为毛炳文同志的《河南历代名作家小传》作《序》,草稿已就。

接秋子儿函。

3月27日　　星期四　　晴
晨起,把为毛君书所写的《序》誊了一下。
上午,写《谭嗣同论》。
下午,黄平权、周启祥两同志来。

3月28日　　星期五　　晴
上午,去大礼堂听关于调资问题的传达报告。
去老华家看望,老华到牙科医院去了。和他爱人聊了一会儿,即告辞而回。
写《谭嗣同论》。
晚看电视戏曲片《群英会》、《借东风》,未看完即休息了。

3月29日　　星期六　　晴
草就《谭嗣同论》的第一部分(传)。
上午去学校,把《苏曼殊合集》四、五两册还历史所。把《李伯元论》交给如法。
晚看电影《毛于佩闯宫》。

3月30日　　星期日　　阴雨
上下午,把谭嗣同的诗集和《仁学》下卷又重新看了一遍。
晚看电视日本电影《白衣少女》,写一对相恋的年轻人,对于爱情都非常真挚。男的是位业余画家,但因患了败血症,造成了他们精神上的压力。男的病情时好时坏,可他仍坚持完成了对恋人的画像,并得到了美术界的称赞。在人们祝贺他艺术上成功的会上,他和恋人举行了婚礼。但过不久,他的病情恶化,终于不起。这和《醒世恒言》中的一篇《陈多寿生死夫妻》,在情节上颇有近似之处。一个写资本主义社会的自由恋爱,一个写封建社会的父母之命。两个故事中的男主角都是得了不治之症,而女方都不愿意抛弃男方。一个是忠于爱情,一个是忠于封建道德;一个是男方终于死去,一个是服砒霜自杀反而治愈了病,终以喜剧结局。中国的文学总要带点浪漫的意味,而日本的这个故事还是现实主义的。

3月31日　　星期一　　晴

下午,与师大民盟代表到市统战部,又转车赴郑,晚住河南饭店。

4月1日　　星期二　　晴

上午,段君毅书记为首的省委领导接见河南省民主党派代表,并讲了话,最后摄影留念。

下午2时半,民盟预备会,通过主席团名单及会议日程。董民声、吴绍骙同志传达第二次科协大会情况。

晚看电影《这不是爱情》、《405事件》。第二个片子演了一半已快10点,因同(张)熙天返寓。

4月2日　　星期三　　晴

上午,盟代会正式开幕。散会后,与平一、以文去花园路买服用药两瓶。后到政协平一处坐到11点40分回饭店。

下午,小组讨论。晚饭后,乘车去看党若平同志。

4月3日　　星期四　　晴

上午,小组讨论。

下午,若平同志来访,5时许辞去。

晚看豫剧《断桥》、《拷红》等。

4月4日　　星期五　　阴转小雨

上午,小组酝酿民盟省委后选人名单。

把零星物品整理一下,准备返汴。

11时许,在省人民会堂前与开封代表一起合影。

3时半,韶亭同志来说,学校车子已到,3时40分出发。郊外细雨濛濛,春色宜人,因成一诗:

四野濛濛雨,路坦车行疾。菜花灿若金,麦苗似碧玉。春色诚明媚,心神自旷怡。忽念岁迟暮,光阴更应惜。

6时许抵家。晚看电视剧《柳暗花明》。

4月5日　　星期六　　雨

校订光儿所誊抄的《谈真与诚》。

发信致严家炎,向北京召开的现代文学研究会请假。

下午,参加系务会议。

晚看电影《冷酷的心》。

4月6日　　星期日　　晴

上午,整理行装。

《遍地红花》印的稿子大样送来,校了一下。

晚9时,乘车赴上海。

4月7日　　星期一　　晴

下午1点半抵上海,住南京西路华山饭店四楼311号。

晚饭后,大家商议近几天参观访问的日程。

4月8日　　星期二　　阴

上午,和同学们到山阴路大陆新村九号鲁迅故居访问。故居是一座三层的小楼,底层为会客室,二楼为鲁迅寝室和工作室。三楼为海婴和保姆住室。而后去虹口公园参观展览馆。午餐是在公园内餐厅吃的。饭后到鲁迅墓地瞻仰,墓碑上镌刻着毛主席题写的:"鲁迅先生之墓。"墓前有鲁迅先生的座像。我和六位同学在墓前摄影留念。

4月9日　　星期三　　晴

早饭后,和韶林乘出租车去上海师大。在师大门口遇见孟宪法同志,他陪我们去找徐中玉和钱谷融两教授。到师大第二宿舍,两人均不在家。后又乘公共汽车到师大前门,到中文系见到了他二位,还有许杰先生。约定明后两日上午,由他们给研究生讲课。在与徐、钱、许谈话时,秀定同志也来了。临走时,她一定要送我们上车。

下午,钱谷融同志来访,并约我明日午间到他家进餐,还让我给师大研究生讲一次课。

晚,张炳隅同志(韶林中学的老师)来谈,详述了鲁迅到上海后几次迁居,以及与内山完造的关系。

4月10日　　星期四　　多云

上午,去上海师大。钱谷融和许杰两教授给两校研究生讲课。钱的题目为《真诚和真实》。许讲的是《文学是人为,作家应注意品格的修养》。

午餐在钱先生家吃,并由徐中玉主任、许杰教授作陪。

下午返寓休息后,由韶林陪同访胡梅邨兄。恰巧他在家,畅叙旧事,并坚留晚饭。饭后回寓。

4月11日　　星期五　　阴

上午,徐中玉教授给研究生谈当前文艺方面的有关问题,传达了胡耀邦同志在戏曲座谈会上的讲话及周扬同志的讲话精神。

午餐,由徐主任邀请去他家,有钱、许二教授作陪。

下午,与陈韶林同学乘车去复旦一宿舍访秉南,晚饭后返寓。

4月12日　　星期六　　阴

上午,去上海师大,给那里的研究生讲《鲁迅与晚清的几个作者》。

下午,赵福生同学邀请任钧同志来,谈左联时期的有关问题。

晚,由陈韶林陪同,去拜访他的岳父。坐了半个多小时先辞出来。又到外滩黄浦江边,看吴淞口夜景。在长长的江堤上,伏在石栏干上的尽是一对对鸳鸯在谈情说爱,这是其他城市所不多见的。

4月13日　　星期日　　时有小雨

上午,由福生作向导游豫园。虽是风雨天,游人仍然如织。11时许,福生邀至他家,并请我和其他五位同学午餐。下午,到南京路商店购些什物。

晚,韶林从家带来副麻将牌,玩了几圈即就寝。

4月14日　　星期一　　晴

上午,与春生、福生、蒋益去电影院看《蝴蝶梦》。

下午,与韶林、春生、蒋益去古籍书店购书20几元,交书局邮寄。

4月15日　　星期二　　晴

上午,与福生去看任钧同志。

下午,在寓看书,钱谷融同志来访。

4月16日　　星期三　　晴

上午9时,与小梅去南京路大光明看电影《玫瑰花与水晶鞋》,系英国片。散场后,又到商店买些零碎物品才转回。

下午,赵福生与小蒋等把行李包送到福生家。

4月17日　　星期四　　晴

上午6时乘车至杭州,又转车至绍兴,11时5分抵达,下榻绍兴饭店。

下午,睡至4时起床,晚饭后散步,登府山。

4月18日　　星期五　　晴

上午,乘车去鲁迅路。到鲁迅展览馆,见到该馆工作人员裘同志。他领我们先去参观鲁迅故居。这处房子即所谓新台门,于1919年鲁迅从北京返回绍兴后,与族人协议把它卖给一个大地主朱阆仙。朱家曾把这处房子进行了改造。解放后,地方政府又作了些整修,有的建筑已非原貌,但其中的堂屋,据周建人讲还是原来的样子。我们看了鲁迅的卧室与读书的地方,以及他母亲的卧室和祖母的卧室。堂屋后边的厨房是幼年鲁迅与闰土常在一起玩耍的所在,再往后边即为百草园。据说这里已没有原来大了,花坛还依然存在,野草与杂花覆盖了坛面,青翠葱茏。

从故居出来,又参观了寿镜吾训学的三味书屋。室内正面挂了幅松鹿图。书房后面为一天井,有桂花、梅花数株。据说是后来补种的。

从三味书屋出来,到展览馆只看了一部分,因快到午饭时间,即乘车返寓。

下午,步行到市里,乘公共汽车去游东湖。湖很小,东边为一石山,山上松林茂密。我们乘小船直抵山脚,拾级登山。山高约数百米,站在山顶举目远眺,除错落的村庄外,旷野上全是灿烂的菜花和青翠的麦苗,恰似一幅无边无际的绣花地毯。可谓祖国山河处处锦绣。4时半乘车返寓。

晚,向同学们简单评述了胡适的学术思想。

4月19日　　星期六　　小雨

早饭后,乘车去鲁迅纪念馆,适遇上闰土的孙儿章贵(现为鲁迅纪念馆负责人),同他漫谈了一个多小时。他对绍兴的风物民情,以及习俗讲了很多,大有助于进一步理解鲁迅的小说。结束谈话后,同学们抄了些有关资料,即返寓。

下午,冒雨乘公共汽车去兰亭。群山环抱,清爽宜人。羲之《兰亭集序》所谓"此处有崇山峻岭,茂林修竹,又有清流激湍,映带左右",今亲临其境,始信其为真实景物的写照。又有鹅池亭、御碑亭、曲水流觞处等遗址。时光荏苒,瞬已千载。晋人风流,犹可想见。《兰亭集序》中所言"后之视今,亦犹今之视昔者",可谓达人之言也已。5时许又乘车返寓。

次日晨,写诗一首,略述所感,题为《会稽怀古》:

晚年始作东南游,先哲遗迹穷探求。
百草三味鲁迅居,东湖仙桃陶公舟。
禹陵巍峨思理水,曲水兰亭忆风流。
一从血溅轩亭后,地覆天翻新神州。
(东湖有仙桃、陶公二洞,皆可通舟)

4月20日　星期日　阴

晨起,与韶林登府山望海亭。这个亭建在府山最高处,名为望海,实际只能望到绍兴城外的广阔郊原,是望不到海的。

早饭后,乘公共汽车去大禹陵。下车后,走很长一段路才到。有禹庙和大禹陵。我们七人在大殿中禹的塑像前照了张合影。后又到大禹陵,在陵前又留了张合影。10时许回城。

下午,参观秋瑾烈士故居。

4月21日　星期一　晴

早饭后,韶林打前站,动身去杭州。我们乘车去沈园。进去一看,大失所望。不过几亩荒园中间有一半亩大的池塘,水极浑浊。墙角堆满断石残碑,惟树木葱郁。有数株桃花,烂漫如锦,垂柳已吐丝成阴。从放翁《沈园》诗和《钗头凤》词中所能想像出的亭台阁树以及小桥流水,均已不可复睹矣。因与同游者怅惘久之,遂成二绝以寄慨:

放翁豪气世代传,沈园旧事实堪怜。
《钗头凤》里声声泪,洒上枝头化杜鹃。

桃屠柳丝醉东风,沈园春色古今同。

曾是惊鸿照影处,残碣断碑草芃芃。

下午,又与同学去游鉴湖,并访放翁故居。步行至偏门外,租一小船,由舟子顺流划去。约十几分钟,泊舟上岸。岸上有一村落,村人称放翁旧居为姚家。舟子引我们到一废址,据说房屋被拆,山夷为平地。此处前临鉴湖,北为连绵陂陀的小山。四野为菜花,金色灿烂。放翁旧居,竟成废墟,令人浩叹。返而登舟,舟子划船至西边桥头,绕湖中小渚而返。

4月22日　　星期二　　晴

上午,在寓看书,哪里也没去。

下午午睡起床后,整理衣物。4时半乘车去车站。6时许乘火车去杭州。晚宿湖滨旅馆,嘈杂不堪,夜不成眠。

4月23日　　星期三　　晴

上午,乘车去灵隐寺。善男信女进香者络绎于道。下午去杭大,与中文系副系主任吕漠野、郑择魁和他们的研究生座谈。

晚去青年宫看电影,法国片子《疯狂的贵族》。

9时许从湖滨旅馆迁到华侨饭店,由于这里房租太贵,恐回去报不上账,大家决定明天再想法搬家。

4月24日　　星期四　　雨

上午,为了房租问题,牵涉到是否要马上离开杭州。后来,大家商定退掉两间房子,留一间,有三位同学住通铺,两位女同学另想办法。梅蕙兰出去找到了房子,便决定仍按原计划进行。

下午,冒雨去岳坟,并游览风雨亭同曲苑荷风等处。文革中,秋瑾的墓已一无所有,只剩下一片荒地,四周不少花木尚依然如故,令人慨然。

写信致鸿毅。

4月25日　　星期五　　阵雨

上午,与韶林、春生、冯辉、小梅、小蒋租一小舟在湖内荡桨。经过平湖秋月,又到三潭印月,并上岸游览。岸上又有小湖,大家都说这是湖中还有湖啊!跨湖有石栏桥,曲折纵横,并有亭台阁榭种种古式建筑。奇树异花,多不能名。时适有机舟靠岸,一时游人蜂拥而至。岸边有小卖部,春生等买了几盒龙井茶。我买了包糖,上船请他们吃。由三潭印月,又划至柳浪闻莺。我同春生、小梅、冯辉上岸游览,小蒋同韶林划船返回租船的地方。柳浪闻莺现为一公园,树木葱郁,有白色绣球花,异常美丽,远望如雪球累累缀于枝头,堪称奇观。园中心有日本某市长的"中日不再战"碑。我们走了一圈,即到外边马路上乘公共汽车返寓。

下午又去孤山,现为中山公园。访(林)处士遗迹,现尚有放鹤亭,山的北麓,面临湖滨,又从山角小路绕道至西泠印社。再登山,沿山路有红黄各色小花,其尤艳丽者为杜鹃花。山上多石刻。至山顶,遥望湖面,洵为壮观。雨又下起来了,因为还要去看电影,于是匆匆下山。

5时许,去电影院看电影,英国故事片《虎口余生》,写纳粹迫害犹太人事,7时半散场。

4月26日　　星期六　　上午晴傍晚雨

上午,看电影《蝙蝠》。散场后去杭州市立一中参观鲁迅纪念室。这里原是浙江两级师范,鲁迅1909年从日本回国后曾在此任教。展览室设在楼上一个小屋内,是鲁迅当年的住室。里边没什么内容,只有一个过去毕业生的毕业文凭,上面有鲁迅任课的科目及名字,另外即两级师范的同学录和一张大的照片,还有鲁迅带学生采集的标本。

下午,去六和塔,买了两盒龙井茶。一阵雨把衣裳都淋湿了。

杭州的任务已毕,明日上午即离杭州往上海去南京。

4月27日　　星期日　　晴转阴

上午8时乘车来上海,在车厢里遇见诗人严辰夫妇和两位年轻的华侨夫妇。那位男士还给我同严辰夫妇照了张合影,下车时又与我同五位同学照了合影。

下车出站后,韶林在等我们,一块到北站旅馆。晚宿北站旅馆,同房间有位西峡同乡李林同志,他是商城教育局长兼商城高中校长,晚上谈了很长时间。

4月28日　　星期一　　雨转多云

下午,乘1点40分由上海去南京的车。不到一个半小时,经过苏州。因回忆起1948年河大迁苏州时的情况,不觉已30多年。中国的变化,当年中文系同仁的变化,令人思绪万千。

7时许抵南京,宿大桥饭店。

4月29日　　星期二　　阴

上午,与韶林去南京大学访老友王气中。会见后,互道契阔。等他用过早餐后,去南大中文系,商谈请陈白尘主任同叶子铭教授给同学作报告问题。时间定到30号上午。

由气中作向导在校园内走了一趟,看了原金陵大学校址。气中回家后,又去找陈瘦竹谈与南大现代文学研究生座谈问题。他们又一起去看我们,于是决定明日在南大中文系座谈。

午饭后,午休起床后,与气中、韶林乘车去玄武湖游览了两小时,看了盆景展览,即乘车返寓。

4月30日　　星期三　　晴

早饭后,和同学们一起到南大中文系。气中在胡同口等我们。到他们办公室等了一会儿,叶子铭同志来了。他是一个非常精明的人。由气中介绍,他客气了一阵。于是介绍他们这里四位研究生的学习情况。接着他说9点半还有会,不能不参加,只有一个多钟头时间。他介绍自己研究茅盾生平的情况,一共有以下几个问题:(一)他的生卒年月的考订。(二)他的入党的年月大致在1920的下半年或1921的上半年,他是曾参加过一大的(张国焘的回忆录,约百万字,在香港出版)。1925年到1927年这一段的工作,主要是参加北伐革命。他的三部曲(《幻灭》、《动摇》、《追求》)有许多是反映当时的历史情况的。后来,汪精卫叛变了革命,武汉形势吃紧,他去庐山牯岭。本拟去南昌,由于路途隔绝,没办法,在那里住了一个时期又回上海,又由上海赴日本。(四)抗日战争时期,他曾一度在香港,后又去新疆。当时盛世才表面"左倾",联共联俄,实际是虚伪的。到那里后,他就感到情况不妙,他与张仲实一同去的,后来两人都借办理丧事离开了那里。他离开新疆后,由兰州转赴延安。在延安一个时期又去重庆。子铭同志谈时不住看表,后来第二节课铃响了,他就告辞而去。

气中把他带的研究生,还有位现代文学研究生都叫来和同学们座谈学习的情况。我们座谈当中,气中还把程千帆请了来,我们会了会面,仅仅寒暄一下,他看情况不便多谈,就告辞而去。

11时许,我们告辞返寓。气中又送我们上车才回去。

下午与小蒋游中山陵。回来到新街口用了晚餐。又坐车到长江大桥看江上夜景。7时许回寓。

5月1日　　星期四　　晴

早饭后,和同学们去玄武门。下车后,气中同志早已在那里等候。我们一起去陈白尘同志家。大家寒暄之后,冯辉提出《骗子》这个剧本究竟应该怎样评价。他于是提出他的看法。他谈到当前文艺界,特别在电影、戏剧方面的不良倾向。他认为电影有点崇洋,而戏剧则有点复古。他对中国的大学研究中国文学感到悲观,认为中国在研究自己方面已经落后于西方。他说法国大学中的中文系有1600多人的,而且在收集资料方面运用电子计算机贮存资料,是我们望尘莫及的。他又谈到上海的海派就是风派,而我也是风派……至10时半,我们就告辞而去。

下午,午休起来,即整理衣物。3时半乘车去火车站。气中同志已在那里等着,他送我上车,直到车开动后,他才回去。

老友盛情,令人深为感动。

5月2日　星期五　晴
晨6时许抵汴,乘三轮车回家。
看栾星的来函,及《公孙龙子长笺》的跋语。

5月3日　星期六　多云
上午去学校,并到校医院取药。
下午,听春生同学试讲,教材为未央的《祖国我回来了》。
发信致王气中同志,并寄给他学报两册。

5月4日　星期日　大风
上午,平权来谈。接着信春来谈系内工作。而后,到学校理发,回来已12点。
下午,看谭嗣同的诗,拟继续写《谭嗣同论》。
晚饭时,光儿来,把他的《聊斋》注释的稿子带走。

5月5日　星期一　晴
上午,到系里给杨书记汇报这次到上海、绍兴、杭州、南京各地参观学习情况。
下午领工资,并作去郑州参加文代会的准备。

5月6日　星期二　阴
晨7时乘车赴郑,寓二七宾馆。
下午参加省作协会议,晤许多老朋友。

晚看电影《山本五十六》。

5月7日　　星期三　　晴

上午9时参加代表团团长会议,由冯部长主持,宣布会议延长一天,至10号结束。

晚看电影《静静的顿河》,看了第二集的一部分即返宾馆。

5月8日　　星期四　　阴

上午,作协选举主席和副主席。接着到中州剧院照像。

下午,代表团活动,讨论省文联委员名单同文联章程。

5月9日　　星期五　　晴

上午选举省文联委员。

下午宣布选举结果。接着当选的委员继续开会。选出主席、副主席后散会。

晚看英国电影《孤星血泪》。

5月10日　　星期六　　晴

早晨跑步到大会堂,后到政协访李平一同志。

上午,大会举行闭幕式,接着去体育馆照全体像。

下午,作协举行座谈会。由金伞同志主持,先是李准同志发言。我也接着谈了几句,题目是《解放思想与文艺创作》。而后龚依群同志谈了谈文学批评落后于创作的问题。最后由杨建中同志谈作家批评家对文艺应持的态度。末了金伞同志谈了谈自己的感怀。

晚上茶会,见到了党若平同志。茶会上演出了许多游艺项目,有些还是相当精彩的。至10时半散会。

5月11日　　星期日　　晴

早晨,去紫荆山公园跑步。

早饭后,去政协看望(李)静之夫妇。

上午,举行讨论会。与会同志就教育问题各抒己见,发言非常热烈。

下午,与省人民出版社周畅中同志电话,约他晚上到河南饭店晤谈。

购得《元曲选》一部,价6元4角。

晚7时半,周同志来,嘱为《文论集》写一提要,并写一内容介绍。

若平送来毛尖一盒。

5月13日　　星期二　　上午晴晚大雨

上下午举行会议。

下午5时许,从政协回来。恭夫送来麦乳精一小桶,花生米一包。

晚饭后,去政协与平一谈关于《红楼梦》的一些问题。

5月14日　　星期三　　晴

上午,等学校的车一直等到11点多才到。由于郑州省直机关要在下午送刘少奇同志的骨灰,届时街道一定非常拥挤。所以我们吃过午饭即起程,下午2时到家。

晚,冯辉、梅蕙兰来,至9时许才走。

5月15日　　星期四　　晴

上午,校对袁中郎一文的原稿。

下午,到系里参加接待聂华苓(美籍华人)的筹备小组会。

晚,陈韶林,张春生两同学来。

光儿来。

接《文学遗产》编辑部函。

5月16日　　星期五　　晴

晨,去学校招待所回看刘文金同志,赠他书两部。

下午,听小梅试讲。

发信,并把校对过的稿子寄回《文学遗产》编辑部。

5月17日　　星期六　　晴

上午,在教务处参加有关本届研究生考试阅卷问题的会议。

下午,向有关教研室主任布置阅卷任务。

发信致周畅中(挂号)。

5月18日　　星期日　　多云

上午,中文系请美籍华人聂华苓女士(原湖北宜昌人)及其美国丈夫保罗·安格尔来校作报告。聂讲的题目《美国与台湾文学的现状》,实际上基本讲的是台湾文学的流派。安格尔朗诵了他自己的诗作。而后,李凖也讲了几句。10点半又到小礼堂座谈,安格尔讲的主要是美国文学的流派。12点结束,学校请他们午餐。

下午3时半,看电影《蝴蝶梦》,接着又看了场《武松》。8点散场,搞得非常疲倦。

5月19日　　星期一　　晴

上下午,均在家修改《李伯元论》的第二部分。

发信致屈正平。

阅读陈则光同志关于夏衍《赛金花》的评论。写得很好,拟写信给他,谈谈自己读后的意见。

5月20日　　星期二　　晴

上午,在系里值班。

下午,在家修改《李伯元论》。

晚8时就寝,感到十分疲劳。

发信致屈正平。

5月21日　　星期三　　晴

8时,听小梅试讲。讲得还可以,有层次,有条理,不过声音稍低,态度太拘束。

校对两篇文章:《梁启超和他所倡导的文学改良运动》、《鲁迅五四时期小说的伟大意义》。这两篇文章被科研处收入所编印的去秋科研论文集中。

5月22日　　星期四　　晴

4月间,乘车去杭州往上海,在车上遇到《诗刊》编辑严辰及其夫人,还有九龙华侨王希琛(山东黄县人)夫妇。谈话间,知道王君的内兄是诗人周良沛,和严辰是老朋友,大家情绪极为欢洽。临别前,王君为我和严辰夫妇摄合影照二帧,到上海后又为我和五位同学照了合影像。今天收到了他寄来的这些照片。王君盛谊,至堪感谢。

《遍地红花》编辑部寄来稿费25元。

下午,院学术委员会举行会议,讨论教授、副教授的提级问题。

接嵇道之函。

接华侨王希琛君寄来照片数帧。(地址:九龙美孚新村荔湾道12B十六楼)

5月23日　　星期五　　晴

上午,从资料室借到《电影创作》合订本一册。10时,在系总支办公室与杨书记、高先生开会。

下午,院学术委员会开会。

晚,看电视《白蛇传》,南阳豫剧团演出。

5月24日　　星期六　　晴

上午,写了几封待复的信。

下午,在院部参加学术委员会审查职称晋级的教师,先由(张)熙天谈外语系几位教师的情况,接着由朱少侯谈历史系几位教师的情况。

发信:(一)陈则光,(二)嵇道之,(三)王希琛。

5月25日　　星期日　　阴转晴

上午看电影《疯狂的贵族》。

光儿带几个孩子来。

下午,看《人民文学》五月号,把大部分短篇小说都看了。其中王希坚的《李有才之死》颇有意思,读后不觉想起赵树理来。

晚看电视播出的话剧,叙述一个老专家在文革中被打成"现行反革命","四人帮"被粉碎后,仍迟迟不予平反。后来由于国家建设的需要,中央的催促,在平反时还打算给他留个尾巴。最后还是由于一位新领导的坚持,才算给他彻底平了反。

5月26日　　星期一　　晴

上午,大体写就《解放思想与文学创新》,约三千字,还须要修改。

下午,参加院学术委员会会议。

晚看电视故事片《玫瑰花与水晶鞋》。

5月27日　　星期二　　晴

上午在系办公室值班,与信春、增杰谈系里工作。

下午,参加院学术委员会会议,把请求晋级的47位同志在政治、教学、科研等方面的成绩与表现审查了一遍。

晚,誊抄文章。

5月28日　　星期三　　晴

上午,誊改《解放思想与文学创新》。

下午,读谭嗣同的诗,并加以分类,拟着手写他的诗歌部分。

看赵福生对鲁迅《圣武》一文的质疑,认为这不一定指的苏联十月革命。这个怀疑,我觉得很有道理。鲁迅在五四时期,甚至在1925年以前还没有接受马克思主义。他的思想渊源比较复杂,而在文学上所表现的人道主义思想是比较突出的,如他的创作《狂人日记》、《鸭的喜剧》就很明显,至于他翻译日人武者小路实笃、有岛武郎以及俄国爱罗先珂等人的作品,在内容上也都是人道主义的。同时从《热风》中也可以看出他的思想还是比较复杂的。解放后,对鲁迅一致推尊,因而逐渐把他加以神化。特别是胡风认为鲁迅在五四时期已经是一个马克思主义者了。这种倾向到"四人帮"时期达到高峰。由于批判人道主义,因而不敢说鲁迅前期思想中有人道主义。我认为这是荒谬的,不是实事求是的研究一个伟大作家的态度。说鲁迅在前期文艺思想中存在着人道主义,应该说丝毫无损于鲁迅的伟大,我觉得可以写一篇鲁迅前期文艺思想中的人道主义一文,以阐明鲁迅前期思想的真实情况。

5月29日　　星期四　　晴

下午,写《谭嗣同论》,把诗歌部分写竟。

晚看电视故事片《聂耳》。这个片子还不错,过去没有看过。

接蕤儿函。

5月31日　　星期六　　阴转小雨

上午,看谭嗣同的散文。

下午,盟小组会,参加的有历史系的郭豫才、毛健予、郝立本,中文系有景昌和我。后来,春祥从北京回来,来这里看我,于是就散会了。

6月1日　　星期日　　晴转小雨

上午在家看书。

下午,去省府前街看望一位老乡。5时许,回来路上遇雨,碰到一位女学生,她知我系师大教师,因用伞帮我同行。

发信:(一)蕤儿,(二)姚景韶。

6月2日　　星期一　　晴

继续写《谭嗣同论》。

《教学通讯》函汇来稿费伍拾贰圆。

下午,赵明、周启祥、谢励武同志来。

晚饭后,陈韶林来,王宛偕两位七七届同学来,他们想写柳亚子,问是否值得写?我答以当然值得写。

购得《陈望道文集》一册。看了一部分,觉得他在解放前是一位进步人士,对现实的看法,有些还是正确的,但有些短文似乎没说清道理就结束了,给人以朦胧含混之感。

6月3日　　星期二　　晴

上午,看复生的《仁学》,觉得后人把他列为戊戌变法运动中的左派,不是没有原因的。他的思想水平确切超过了同时期维新派中的其他人物。他不反对孔子,当然是受康氏《孔子改制考》说的影响,他尊重孟子,但却不推重陆、王,他反对荀子,但却对后来的唯物主义者张横渠与王船山大加推重,这又是与康、梁不同之处。他攻击儒家"三纲"和"五伦"的种种不平等的规定。他极力攻击君权,攻击满人的统治,攻击湘军的为虎作伥。对"中兴"诸公,他认为是孟子所谓应服上刑者。他要人们作陈涉与杨玄感。这都是革命的思想,是突破改良主义局限的见解。梁启超逃亡东京后,曾一度提倡破坏,主张暗杀,当系受复生的影响。此外,五四时期钱玄同、鲁迅等人,特别是钱,在文章中经常使用"独夫民贼"这个词,它虽源于《孟子》,但在谭复生的文章中却经常出现。可知复生的《仁学》在当时思想界的影响的确不能予以低估。

下午,到教研室参加学习。

晚,周小明同其爱人带着孩子楠楠来,至9时半辞去。

接陈则光同志函。

6月4日　　星期三　　晴

上午,春祥来,捎来信阳同学朱君赠送的毛尖一包,接着卢永茂同志来,带来刘思谦同志的信一封。

写《谭嗣同论》议论文部分。

下午,参加系务会议,吕校长、韩靖琦都参加了。

接秋子函。

6月5日　　星期四　　晴

上午,把《谭嗣同论》匆匆结束,还须要大加删正。

下午,参加宋泽生的追悼会。他于1971年12月去世,转眼已近10年,按照古人有坟墓的话,应该说是墓木已拱了,可是到了今天才开追悼会,有些人对他已经淡忘了。

晚,修改《鲁迅论钱玄同》,题目可改为《鲁迅与钱玄同》。

6月6日　　星期五　　下午雨

上午去历史研究所资料室查《语丝》中钱玄同的文章。

下午到院部向常委汇报教学检查情况。

6月7日　　星期六　　晴

晨起备课,下周拟给研究生讲钱玄同。

下午去系里向杨书记汇报昨天在院里向党委常委汇报教学检查情况后,李书记与吕校长的讲话。

下午,看电影《不是为了爱情》。

治平同志来,谈在京访问几个红学家的情况。

6月8日　　星期日　　晴

早饭后九时许,同鸿毅上街买了几盒蚊香,及枕头席。回来已近12点。

下午,看电影《警察与小偷》。

6月9日　　星期一　　晴

上午,给研究生讲钱玄同,分三部分:(一)简历。(二)文学。主要是在五四时期,他对思想革命与文学革命方面的贡献。(三)历史方面。治史学的态度,实事求是,疑古。治学务求其真,致用务求其适。到11点半结束。

早饭后,(谢)励武同志陪同禹县黄舜同志来。黄曾写过分析《朝花夕拾》的文章,让我看过。这次来主要是看望并表示倾慕之意。谈半个小时,辞去。

下午,复信两件:(一)恭夫,(二)《中国现代作家传》编辑处(北京语言学院)。

晚,赵明同志来,送还《清代学术概论》并谈到郑州讲课内容问题。

晚看电视剧《苦难的心》。

6月10日　　星期二　　晴

上午,参加杨书记召集的(张)豫林、(毕)桂发、(刘)溶池三人的谈心会,至12点半才散。

下午,参加师大盟支部扩大会。

收到,张春生函(要鉴定),《遍地红花》编辑部汇来稿费洋百元。

6月11日　　星期三　　晴

上午,把《四十无闻,已不足畏》一文写就。

接兰大孙艺秋及复大蒋秉南两同志函。

下午,去访老华,因为找错了地方,找到郭光家,只有在他那儿谈了会。后又到老华家,从他那里出来,到赵希鼎同志那里。

晚,系总支孙先方同志邀请八九位同志给王文金、毕桂发、王绍龄三同志提意见,我于9时许即先行回来,严铮同志一定要陪我到家。到家后,他看光儿在这里,便坐下说了一会儿话辞去。

6月12日　　星期四　　晴

上午,誊改《李伯元论》。

下午,平权来谈他去广州开会事。接着光一来谈刘纵一同白菊如的事。

麟儿来,把《解放思想与文学创新》一文拿去誊抄。

晚看电视《霓虹灯下的哨兵》。

6月13日　　星期五　　晴

上午,阅读《吕氏春秋》。其中讲到养生,认为生活不应享受太过,同时情感也不应过分激动。特别是讲到要经常活动,"户枢不蠹,流水不腐",这是很有道理的。

下午,李颖琰来,谈了两个钟头。她走后已5点多了。

晚看《近代文论选》。

6月14日　　星期六　　晴

上午,修改《谭嗣同论》。

下午,到盟市委开会,商议市盟员大会的报告。

平权、文田赴广州开会,托他们给陈则光同志捎去小磨油一桶(二斤半)、变蛋40个,并信一封。

6月15日　　星期日　　阴　热甚,正酝酿大雨

上午到市统战部开会,崔进平同志主持,邀各民主党派负责人参加市选举委员会,我代表民盟参加。后又谈了谈民主党派在 7 月份举行选举成立机构事宜。

晚,大雨滂沱。

6 月 16 日　　星期一　　阴

下午,参加系总支接纳新党员的会议,开到 6 点多。晚饭后又接着开到 11 点多。因小厚来接我,便提前离开了会场。这次接纳的党员有三位:王绍龄、王文金、毕桂发。

6 月 17 日　　星期二　　晴

上午在系里值班。

晚,小梅来,邀我去听她的课。

修改盟务工作报告。

6 月 18 日　　星期三　　阴,有零星小雨

上午去学校,听小梅一堂课,讲的是郭小川的诗。

接恭夫函。

省人民出版社周畅中同志来,送来一包稿子,说书稿已发出,但不知已发排否?

开始写《钱玄同论》。

晚,觉得非常疲劳,8 时即就寝。

6 月 19 日　　星期四　　上午晴

上午,在市工商联会议室参加盟市委召集的基层领导会议,讨论工作报告。

下午,到市委参加市选举委员会会议。

晚,很疲倦,8 时即就寝。

6月20日　　星期五　　晴

继续写《钱玄同论》。

把《解放思想与文学创新》一文修改后,寄给洛阳《牡丹》杂志,并与李冷文同志一函。

复兰大孙艺秋函。

晚,陈韶林、赵福生两同学来问问题。

6月21日　　星期六　　晴

继续写《钱玄同论》。

晚,看《收获》中的《人到中年》,小说写一个女眼科大夫,工作态度认真,不顾一切非议,仍全心全意为患者治疗,终因劳累过度而心脏病发作,几乎不起。这的确是社会主义的英雄典范。

6月22日　　星期日　　晴

下午,把《钱玄同论》的文学部分写毕。

晚看电影《半张订婚照片》。

发信致秋子、蕤两儿。

6月23日　　星期一　　下午阴

写《钱玄同论》中关于历史部分。

看王若望的小说《饥饿三部曲》。

校报让我写篇文章,下午起来后草了个大纲。

6月24日　　星期二　　雨

《钱玄同论》第四部分写毕,只剩下最后结尾了。

听说系里搞了次民意测验,从未担任职务的同志中推选出可以作为系领导的三位同志,将来予以培养。

6月25日　　星期三　　晴

上午,把《钱玄同论》的初稿写竟。

接包头来函,中国现代文学研究会定于7月11日召开,邀我与赵明同志前往参加,我决定不去。

下午,董希谦同志自北京回来,捎来《古代文选》及人民大学出版的《大学俄语》两册。

把省民盟寄来的关于文教工作的方案寄回。

晚停电,9时即休息。

6月26日　　星期四　　晴

晨起,在跑步的当儿到赵明同志家谈关于参加包头会议的事。

上午,把给校报约的短文草就。

下午,读《世说新语》及《全晋诗》,搜集关于《兰亭集序》及王羲之的有关材料。

6月27日　　星期五　　晴

上午8时,到院办公楼会议室参加有关教师晋级问题的座谈会,与会的仅中文系学术委员及教研室代表。至10时散。

到历史研究所,借《湖南近代史资料》一册。

下午,校阅光儿誊抄的《鲁迅与晚清几个作家——严复、梁启超、章太炎》。

看《湖南近代史资料》(1959年第4期)中谭嗣同未刊稿。

6月28日　　星期六　　下午阴

上午,誊改《怎样度假》。

下午,开始写《兰亭与〈兰亭集序〉》。

晚,看电影《待到枫叶再红时》。

6月29日　　星期日　　多云

10时许,与鸿毅去开封一高,在那里吃的午饭。下午麟儿与我们一起回来,让他修理躺椅。

晚看电视越调《李天保娶亲》。

6月30日　　星期一　　晴

早饭后去学校,路上碰到老黄同志。他刚从广州回来,捎来中山大学陈则光同志托他带给我的食品。于是一同回家,坐了一会儿,他谈了谈这次当代文学学会开会的情况,我们又一块去学校。

下午去学校,把《怎样度假》一文交给宣传部一位同志,然后到资料室抄了些王羲之的材料。

晚饭后,郑州教育学院李保和同志来,谈至9时许辞去。

7月1日　　星期二　　阴

上午去学校。

下午,参加系里会议。回来后,把《兰亭与〈兰亭集序〉》一文写毕。

晚看电视,系省电视台与上海、广西交换的电视节目:一、《三家福》,二、剧目已忘。写一位五七年被冤枉的女歌唱家,在她的问题未纠正前,她的女儿连报考文工团的资格都没有。剧中还贬斥了那位嫁祸于人的卞主任的卑鄙人格。

7月2日　　星期三　　晴转阴

上午,去七号楼看《刘申叔遗书》,把钱先生为该书写的《序》中的一段话抄了下来。

下午,盟市委许光华、王运钧同志来,谈关于盟市委委员候选人问题。

晚饭后,赵福生同志来。

发信致陈则光同志。

7月3日　　星期四　　小雨

上午到七号楼,继续看钱玄同给《刘申叔遗书》所作的《序》,并择要抄录,至10时半回来。

下午,系里召集出外参加学术会议的几位同志的汇报会。牛庸懋同志对在杭州召开的外国文学讨论会,张中义同志对在北京召开的儿童文学教材编辑会,刘文田、黄平权同志对在广州召开的当代文学讨论会都作了扼要的汇报。

晚,李式金同志带他的三姑娘来,嘱我给开封一高校长王基写封信,请他放三姑娘到师大来工作。

7月4日　　星期五　　晴

上午,校对《鲁迅与晚清几位作家——严复、梁启超、章太炎》。

下午,到院统战部参加会议,听取60号文件关于1957年反右派斗争问题的传达,并进行了座谈,我也发了言。

晚,小梅及李颖琰来谈。

7月5日　　星期六　　晴

上下午,都在盟市委讨论四届委员会的工作报告,及五届大会的开幕词、闭幕词。午饭是在又一新吃的小笼包子。

7月6日　　星期日　　晴

上午,去丁折桂同志家,访潘获君。

下午,看电影《不夜城》。系写民族资本家在国民党统治时期濒于破产,解放后经过"五反"后参加公私合营的过程。

晚,古代文学研究生某君来谈,至9时许辞去。在谈话中使我想起应写一文,题为《政治倾向与文艺思想》,说明有什么政治倾向就会产生什么文艺思想。文艺思想往往受到政治倾向的制约。可举晚清刘师培由早年参加革命到后来叛变革命在文艺思想上的巨大变化，和40年代闻一多由政治上的国家主义派转向同情共产党而在文艺思想上所发生的巨大变化作为证明，用以说明立场是决定观点的，有什么政治立场就有什么文艺观点。

7月7日　　星期一　　晴

上午，为赵福生陪同增杰同志去包头参加中国现代文学研究会年会事，去院教务处与张综同志商谈，问题总算解决了。

下午，与鸿毅一道去看李颖琰君，并送她结婚礼品。她不在寝室，让鸿毅留下等她。我到七号楼地下室抄了点资料，又借到我在1953年出版的《中国现代文学史》，里边有论闻一多的一章。这本书我现在一本也没有了。又借到《刘申叔遗书》一函。

晚看刘申叔的诗集。

7月8日　　星期二　　晴

上午，到东三斋组织系里研究生选举组长。

下午，去系里参加人大代表选举。

看《刘申叔遗书》。

7月9日　　星期三　　晴

上午，到历史研究所查看《语丝》。

申志诚、侯志英两同志来，嘱为报纸写篇文章。下午午睡起来，用两个多小时草成，但仍须修改。

7月10日　　星期四　　阴

秋子同笑薇、笑菡上午回郑州。

去市里参加盟市委扩大会议，传达中央统战部的60号文件，并讨论五届市委委员人选问题。10时半散会，趁机去和平街访晨风（陈治华），告诉他市进修学院请他讲课事。

下午,誊改《半个世纪来教书生涯的感受》。
接陈则光同志函。

7月11日　　星期五　　阴

上午,开始写《作家的政治立场与文艺思想》,不到一千字。

北京人民出版社来了位编辑陈有和同志,谈关于嵇文甫先生遗著的编辑问题,直至11时许才辞去。午饭后,胡思庸同志来,又谈此问题,并谈到嵇道之对写文甫先生小传的态度,1点半始去。

下午,去系里开会。

晚,陈有和又来,非让参与编辑文甫先生遗著不可。我声明我可以帮胡同志点忙,主要由胡同志负责,如有问题可直接与胡同志联系。他都答应了。

《奔流》编辑部把前次给它的稿子退回,说是内容较深,恐读者不易看懂。

7月12日　　星期六　　有零星小雨

上下午都在写《作家的政治立场和文艺思想》。举了两个例子:一、刘师培,二、闻一多。刘的已写毕。

7月13日　　星期日　　多云

早晨,写出以往想写的一篇短文《从晚清到三十年代中国知识分子的三次分化》的初稿,以后还要将它再充实一下。

上下午继续写《试论作家的文艺观与政治立场》,下午5时许草就。

晚去学校看电影《北斗》。

7月14日　　星期一　　阴转晴

到资料室查阅《闻一多全集》。

下午,看《鲁迅研究资料》第四册,里边有不少资料,解决了我思想上存在的关于鲁迅的问题。

晚,郑大中文系新闻专业的同学王至明与冯鸣二位来访,询及解放前河南的报刊都有哪些以及我和这些报刊的关系。

7月15日　　星期二　　晴

上午去七号楼地下室还书,又借到三函《刘申叔遗书》。刘氏在晚清的确是一个天才,对中国学术,不论"经、子"、"小学",史学、文学都达到了淹贯博通的境地,又由于他当时接受了西方资产阶级的科学、民主思想,使他能以用新的武器去分析观察评价中国的文化遗产,所以能发前人之所未发。尤其是能从进化论中理解到事物发展的规律,用发展的观点看问题,批判过去保守的观点,因而所提出的主张往往是符合发展规律的。但到他变节后,观点完全不同了。由此可知政治是灵魂是统帅。政治一失足,正如古人所说:"立身一败,万事瓦裂。"由于他精神上的崩溃,所以一切都失去了灵魂。这真是历史上知识分子在政治上的堕落而反映到学术上停滞的一个惨痛教训。

7月16日　　星期三　　阴

下午,王运钧同志来,说市民盟盟员大会定于23日(下周二)在柳园饭店召开,为时约四天。

系里送来系科研论文年刊十二本。

7月17日　　星期四　　多云转晴

开始写《刘师培论》。

上午,把系科研年刊寄赠陈则光同志一册。

下午,张春生来,送来论文一篇,兼辞行。他拟一、二日内返天津。

7月18日　　星期五　　晴

上午去市统战部,汇报召开盟员大会的筹备情况。与会的有民建、工商联、民革及九三学社等党派的召集人,崔部长讲了话,10时许散。

写《刘师培论》,下午把他的《论文杂记》、与《周末学术史总序》又大致看了一遍。

陈韶林同志送来论文《周作人与〈语丝〉》,并说他明天要去宿县。晚饭后,冯辉同她母亲来。她们走后,我同鸿毅及笑薇、笑菡去学校看电影《龙子太郎》,系日本拍的神话故事片。内容有一定的人民性,反映了劳动人民的愿望。

7月19日　　星期六　　晴

写《刘师培论》。

下午,王玉静来。晚饭时,小梅送来论文一篇,说她晚上拟乘车回家。

发信致姚雪垠同志,并寄给他年刊及学报各一册。

7月20日　　星期日　　晴

早饭后,看电影《十天》,写广西解放前夕,国民党部队司令部捉拿三个共产党情报员的故事。系广西电影制片厂摄制,情节曲折,颇能吸引观众。

下午,写《刘师培论》中的文学部分。

晚看电视剧《李四光》。

熙天偕其小女儿张四茹来,为四茹上中文系夜大事。

7月21日　　星期一　　晴

写《刘师培论》,把文艺观部分写毕,开始写诗歌部分。

7月22日　　星期二　　晴

上午盟市委来车接,到柳园饭店。省盟委卢治国、郑洪魁同志前来指导此次市盟员大会。小组临时召集人与王、许两同志举行了一次小会,散会后回去。

下午乘校车到柳园饭店,晚上与(李)静之、(罗)东峰晤谈,至11时始就寝。

7月23日　　星期三　　晴

热流来了,古人所谓烁石流金,今天天气足以当之。

上午,市委领导接见各民主党派成员,并由副书记张长江同志讲话,接着照全体像。

下午,市民盟全体会在物资局小礼堂召开,由我宣读开幕词,(王)文先同志宣读四届委员会的工作报告。

7月24日　　星期四　　晴　酷热

上午,举行主席团会议,讨论委员候选人名单。下午,主席团听各小组组长汇报讨论情况,至6时半才散。

晚,又举行主席团会议,至9时散。

7月25日　　星期五　　晴

晨起,到汴京公园散步。这里同郑州一样,有不少老年人、年轻人打太极拳、作操。我走到河边的一个石台上坐下,这里比较凉快,尤其是顺河风吹着,感到非常舒服。看看快开早饭了,即回到柳园饭店。

上午,由武柏林同志传达党中央统战部80年60号文件。内容是关于右派改正问题和章罗联盟真相。传达后,小组进行讨论。

下午,大会选举后,由张明旭同志致闭幕词。会后,新选出的开封市盟市委委员照像。

7月26日　　星期六　　晴

上午,在柳园饭店五楼举行盟市委第一次委员会议。进行了分工,并讨论了今后盟的工作问题。11点散会。

下午,在饭店休息。5时许,统战部崔进平部长与各民主党派新产生的领导人会见。散会后,吃过晚饭,整个大会算开完了。

7月27日　　星期日　　酷热　晚雷阵雨

下午,修改文章。

7月28日　　星期一　　多云

整日誊写文稿。

下午,先是启祥同志来,继而老黄来。

7月29日　　星期二　　阵雨

上午,把《作家的文艺观与政治立场》一文誊改完毕后,到图书馆借出《闻一多全集》进行校对。

下午,看陈韶林同学写的《周作人和〈语丝〉》一文。这篇文章写得不错,他颇下了一番功夫。在"前言"中指出在已出版的《中国现代文学史》中很少提到周作人的,认为这是错误的。接着根据所搜集的资料说明《语丝》在北京出版时期,实际的编辑是周作人。至于《语丝》的性质及战斗功绩,则引了鲁迅的文章与书信。中间部分,分析周作人在1924年到1928年之间发表在《语丝》上的文章,其内容有反对日本帝国主义的,对《顺天时报》的揭露与抨击,和对北洋军阀的揭露,对蒋介石屠杀共产党人的揭露,同鲁迅并肩与《现代评论》派的战斗。从而说明周作人当时在反帝反封的斗争中是有着功绩的。最后指出周作人在1929年后到30年代渐趋消极的思想根源:①不愿再谈政治,实际是为了明哲保身。②不信任群众,轻视群众。③与鲁迅不同,不能自我剖析,自我改造。这些看法大致都是很有道理的。

文章的不足之处：

①题目是《周作人与〈语丝〉》,而内容分析了周作人主编《语丝》的思想,题目不完全恰切。

②对周作人这一段思想的分析稍嫌粗略。

③对周作人思想中的消极因素讲的有些一般化。没有从阶级根源,以及受中国文学、外国文学的思想影响来作进一步的说明。

这些只有等待以后再探讨了。

7月30日　　星期三　　晴

上午,赵福生来,谈他去包头开会的大致情况。听说他在市里住家离开封一中很近,因托他把我给《梁园》写的一篇稿子誊清后,交给一中的陈雨门,并给雨门一函,请他一并带去。

秋子自郑来,为笑薇、笑菡报志愿事。午饭时,麟儿也来了。大家商定,笑薇第一志愿报师大数理化均可,笑菡第一志愿报医学院。

阅王宛磐送来的《柳亚子论》,内容大致还可以,惟有些提法不够恰当。我写了几条意见,待他再来时告诉他。

7月31日　　星期四　　晴

给《笔名考释》编辑小组联系人丁国成函。

下午,点改《刘师培论》。

8月1日　　星期五　　晴

写《刘师培论》。

下午,张综同志来,谈关于《聊斋》方面的问题。她最近写了篇关于《聊斋》的论文,拟在学报上发表。她走后,晨风来。晚饭时,周时雨来。

晚看电视剧《冲向云天》,写空军领导中进步与保守两种思想的斗争。

8月2日　　星期六　　晴

看刘师培几种论著,准备写他散文的特点。

晚看电视剧《深情》。

8月3日　　星期日　　晴

上午,陈雨门、任启祥、杨明等同志来访,启祥邀至他家,谈了一个多钟头,散去。

下午,王鼎九、刘淑琴来访,他们都是郑州五中教师。王是我在师大时的同学,当时师大有几位安高毕业的同学,现在大半都已作古。5时许,他们辞去。

8月4日　　星期一　　晴

上午,写《刘师培论》关于散文部分。

晚看电视,河北乱弹剧团演出的《王怀女》。写宋时与辽国对峙,王为宋家女将,其父叛国,她与敌人交锋,因寡不敌众被俘后,坚贞不屈,被囚十年。由于其母深明大义,设计使她逃回祖国,但又遭到怀疑,几乎被置于死地。终赖佘太君明察,得以不死。适逢辽人寇边。王作先行,在战场上命人将其父杀死。其母被辽人缚置城头,竟以死劝女儿忠于祖国。王遂大败辽兵,后与杨六郎结婚。

8月5日　　星期二　　晴

上午,去大街修理手表,并买到白内停眼药两瓶。

《刘师培论》初稿写毕。

晚看开封市豫剧团演出的《窦娥冤》,直至11时才结束。

8月6日　　星期三　　晴

上午,把《刘师培论》初稿完成。

下午,阅读党章草案和邓力群同志关于修改党章草案的报告。

晚饭后,(罗)东峰夫妇来,未坐多时即辞去,我送他们到豆芽街汽车站。

发信致潘万岭。

8月7日　　星期四　　晴

修改《谭嗣同论》。

8月8日　　星期五　　晴

上午6时,到学校看美国电影《噩梦》。故事写两个女大学生暑假外出旅游,途中因车轮出了故障,请过路的一位汽车司机代为修理。却碰到了当地的一个保长,他不允许这个司机随便给别人修车,因为会妨碍他们镇上汽车修理铺的营业。两个女大学生便顶撞了这个保长。但车开到镇上,车轮又出了毛病,当天又修理不好,两人只得在树林子里露宿了一夜。第二天,保长以她们侵犯别人的土地罪向法庭起诉。她们因败诉被关进当地的监狱。黑人女大学生被强奸,白人女大学生被罚作苦役。后来两人逃走,黑人女大学生被打死,白人女大学生因给父亲打了电话才获救。

这个片子对资本主义社会农村的黑暗揭露得至为深刻。当地保长与农场主、法庭、警察勾结起来形成独立王国。所谓法律只不过是为有权有钱人服务的,小百姓饮恨吞声,死亦无处投诉。所以人类社会进到合理,尚不知几百千年也。

整日读《魏源集》。此人思想远远不如龚自珍。过去龚、魏并称,原因是魏主张向西方学习。就其世界观来说,纯然是孔孟一套,间杂以老子。对清王朝歌功颂德,对农民起义则视之为贼。所以,魏不过是洋务派的先驱。

8月9日　　星期六　　晴

上下午看《魏源集》,对魏源的世界观、诗文作初步的分析并写出读书札记。

下午,春祥来,谈他在哈尔滨参加《红楼梦》讨论会的情况。

8月10日　　星期日　　晴

下午,历史系七八届同学韩得民来,他刚从南召返校,捎来德泓的信一封,并谈到南召人民生产生活情况。

8月11日　　星期一　　晴

上午,看范老的《近代史论文集》。

修改《钱玄同论》。

下午,张静吾同志的女儿张宏锦与其爱人任德东来,张拟明年报考师大现代文学研究生,询问考什么科目并有关参考书。他们4点左右辞去。

接上海古籍出版社王海根函,托购河南人民出版社印的《歧路灯》。此书尚未出版,何时能印出尚未可知。

8月12日　　星期二　　晴

上午,作去郑州的准备。

下午2时,到院办公楼会议室,等待一同赴郑的同志到齐。徐脉胜书记谈了谈这次去郑,评审大专院校教师晋级问题的注意事项。同行者:外语系张明旭、地理系李式金,历史系郭豫才,数学系赵鸿勋,体育系关雨人,另有院部干部康永彪等同志。坐的是面包车,机器有问题,路上多次停车修理,3时出发,抵郑已6点半了。

住省委招待一所107房间,与郭同志同室。

发信致上海古籍出版社王海根,关于购买《歧路灯》事。

8月13日　　星期三　　晴

上午8时,乘车去教育厅三楼会议室开会,由董副厅长和王燕生主任讲了讲高等院校教师晋升职称评审的意义及评审的标准与程序等问题。

下午,小组开会。文史两组在我和郭豫才同志住室开会,至 6 时结束。

晚饭后,与赵鸿勋、张明旭一块去友谊宾馆看增杰等。

8 月 14 日　　星期四　　晴

上午,由教育厅袁处长主持召开组长汇报会。下午,小组讨论"工作意见",提出修改意见,同时对教学及科研评阅的标准也进行了议论。

晚看豫剧《李十郎》,系根据《续水浒》中的故事改编而成的。

发信致鸿毅。

8 月 15 日　　星期五　　晴

早饭后,去省社科院文研所访孙广举,未遇,碰到 1960 年中文系毕业的同学徐必珍(山西人),同他谈了会儿。后来社科院领导杨同志来到接待室,和我说了会儿话,派车送我到小赵砦附近。下车后,买了些点心去秋子家,午饭后,恭夫送我到火车站,乘 2 路车返回招待所。

下午参加会议,仍然讨论评审标准问题。

8 月 16 日　　星期六　　晴

上午,开始审阅材料。看了洛阳师专叶鹏的论文《论陶渊明》、《论〈阿 Q 正传〉》。这是他在复旦读书时发表在《文史哲》和《文艺报》上的论文。1957 年,他被划为右派,分配到孟津教中学,沉埋了近 20 年。此人在大学时已具有相当水平,如果不受打击,则当前成就是大有可观的,惜哉!

下午,学校来车。我通知恭夫把菜柜送到招待所,笑凯也想到开封玩玩。晚饭后,即乘车返汴,晚 9 时半抵家。

看到李何林同志的来信。

8月17日　　星期日　　晴

晨起,给李何林写回信,并将《鲁迅与晚清几个作者》一文校正一遍。上午把信与文一并挂号寄给何林同志。

上午,访赵希鼎同志。

下午,读连日来的报纸。

8月18日　　星期一　　晴

早饭后,与恭夫、笑凯一起乘校车赴郑。

上午,看于佑民的材料。他原系旧河大中文系学生,四九年未毕业即参加了工作。现在教育学院任教。

下午仍看于佑民的材料。

8月19日　　星期二　　多云

上午,看于佑民的论文。下午,看春祥的论文。

8月20日　　星期三　　晴

上午,把宋景昌的材料看毕。接着看张忠义的材料。下午,继续看忠义的材料。

8月21日　　星期四　　晴

上午,董副厅长召集组长开会,向他汇报了评审的进度。董副厅长提出最近可分为大组(文、理、工、农、医)讨论一下评审的标准。

下午,仍看忠义的论文。

8月22日　　星期五　　晴

上午,看赵明的论文。

下午,着手写评审意见。由赵以文同志写宋景昌同叶鹏的,我写赵明、张中义、李春祥的,已把赵明的写出。

8月23日　　星期六　　阴,晚小雨

上午,草写李春祥的评语,并把已写成的赵明的评语加以补充。

午饭后,听说又放假了。于是大家决定回开封,由老康同志买汽车票,5时乘长途车返汴,8时许抵家。

8月24日　　星期日　　阴

上午,与鸿毅去看房,顺路去看溶池。又同溶池去学校找到傅刚同志,谈关于房子问题。

下午没出门,不断有人来访。

春生、小梅已来校,晚到家晤谈。

8月25日　　星期一　　晴

晨5时半,去学校乘车,8时半抵郑。

上午,誊改评审意见。

下午,由王同志召集会议,谈一些有关问题审例,至6时许散。

晚,访静之、廷玢夫妇,熙天也在那里,9时许返寓。(罗)兴武来访,不值。

接蕤儿自京来函。

8月26日　　星期二　　晴

上午,与赵以文同志对我们所写的评审意见又作了研究。以文同志还谈到了郑大的情况。

下午,看《文艺报》。

晚访刘延钊和熊章两同志。

接鸣毅电报,说房子已定,让请假回去搬家。

8月27日　　星期三　　阴转雨

上午,去省人民出版社古籍编辑部看高要特同志,托他买《歧路灯》一书。返寓时过新华书店,购到汤志钧的《章太炎年谱长编》。

下午,参加领导小组会,通过农、林专业一些教师的职称评定。

8月28日　　星期四　　晴

上午,中文组开会。与会的有张静、赵以文(郑大)、赵吏之(师大)等同志,把所评出的十位同志又统一了一下意见,准备向领导组汇报。

上午,袁宝岱来访,他在新乡工作,他谈了一些熟人的情况。

下午,参加领导小组评审会。开会时,洛师同学刘秉钊来访。他曾去开封家中看我,家里正在搬家,听说我在郑州,于是又来这里找我。他在武汉军区后勤部工作,现已退休。他的同班李师钊也在那里工作。他还谈到田零、曾令铎(高展思)等同学。谈了半小时辞去。接着陈宪章来访,谈他多年来的情况,并送我他写的豫剧剧本《冰水春山》一册。

晚,静之来访,在熙天室内谈了会儿。

8月29日　　星期五　　晴

上午,我代表中文组向领导组汇报,所评定的十人全部通过。

计文学:一、宋景昌,二、赵明,三、张中义,四、李春祥,以上师大中文系。五、叶鹏,洛阳师专。六、郭兆儒,郑大中文系。七、于佑民,教育学院。汉语:一、吕景先,二、许钦承,三、滕画昌,师大中文系。均晋升为副教授。

下午,休息后起来太猛,忽然头晕起来,心里很难受,休息一会儿,渐渐好了,没参加汇报会。

晚,同志们都去看申凤梅的《收姜维》,我没去,在寓洗洗澡,洗洗衣服就睡了。

8月30日　　星期六　　晴,晚阵雨

上午,参加评审会。

下午,秋子、恭夫来,秋子明天拟去许昌学校。他们把笑薇的一包行李送来。

发信给杨书记、信春同增杰。

8月31日　　星期日　　晴

上下午,参加汇报讨论会。直到晚饭时大致搞完,尚余一些遗留问题,须明天上午开会讨论。

晚有电影,我没去看。何权衡同志来谈,至10时半辞去。

刘文田同志来,誊写评审意见。

下午,陈宪章同志来,送来一包苹果及水果刀一把,留了个字条。

9月1日　　星期一　　晴

上下午,参加汇报讨论会。下午结束前,大家对今后如何发展河南高等教育,以及对这次评审工作的看法作了发言。后来,我也谈了几句。

下午,恭夫来,把笑薇转的粮食关系及她的零用品交我带走。(笑薇考上了师大物理系)。

晚,(刘)文田同志来谈。

9月2日　　星期二　　晴

早饭后去八中看罗兴武君,与他同斋房的涂君系河大教育系毕业,与中义是小同乡,我们谈了会儿即辞去。

下午5时许,乘校车返汴,8时许抵家。

9月3日　　星期三　　晴

刚迁到新居,书斋内书籍都在麻袋内,堆在地上。书桌旁连放椅子的地方都没有。只好把桌子近处的麻袋打开,将书籍散乱地暂放在书架上,空出的地方才能放下张椅子。

上午,去学校,见到杨书记及信春同志,谈了谈在郑评审职称工作的情况。

下午,胡思庸同志来,谈关于嵇先生遗著整理的问题。

下午没出门,看张春生的论文《论李准的小说》。

晚看电视豫剧《御河桥》。

9月4日　　星期四　　雨

一天没出门,在家整理书籍,笑薇帮了大忙。晚饭前,如法送来《李伯元论》的校样。

光儿来,把书斋的电灯改装了一下。

晚看电视剧《黑面人》,写解放战争时期边区妇女的斗争情况。

9月5日　　星期五　　晴

上午,客人不断来。10时许,到校医院开了点药。

下午,去系里参加进修生会。领工资。

晚,刘溶、友梅、刘林来。

研究生张春生、蒋益、陈韶林来,后来冯辉也来了,至10时才去。

9月6日　　星期六　　晴

市文联宋天仓来谈。

继续整理书籍,略有头绪。

下午,胡思庸同志来说他另有事,决计不参加整理嵇老遗著。这样胡也打了退堂鼓,原因是嵇道之有什么想法,他也不清楚。

晚看电视《劳山道士》。

9月7日　　星期日　　多云

上午,继续整理书籍。盟市委许光华同志来,谈了一会儿。又一起去看张明旭同志,而后又去看了老华。

下午,未出门。冯辉来,借去《中国话剧五十年》。

9月8日　　星期一　　多云

整天看研究生的期考论文。

发信:(一)杨旭村。(二)姚景韶。

看郭沫若的《文艺论集》。想写篇《女神》中所反映的儒道两家的泛神论思想。

9月9日　　星期二　　多云

上午,收到省人民出版社寄来的《中国古典文学论文集》的校样,开始进行校对。

下午,春祥来,谈及在郑职称评审工作情况。他送来人民文学出版社的书目,我选了几种,约合10元钱,因把钱交他代购。

晚,董奇峰厅长来访。

9月10日　　星期三　　晴

校对《中国古典文学论文集》。

下午,到盟市委参加常委会。

9月11日　　星期四　　晴

上午,校稿子。韩玉生和他的同班周君来谈。周是新疆师大中文系主任,因出席山东蒲松龄讨论会,路过开封来看看同学及老师。

下午,去系里参加系主任会议。

9月12日　　星期五　　晴

上午,参加学校统战部召开的学习人大五届三次会议的有关文件,并进行座谈。至11时半结束。

下午校对"论文集"。

9月13日　　星期六　　多云

校清样。

《牡丹》杂志社汇来稿费28元。

北京鲁研室来函告知我的《鲁迅与晚清的几个作者》已收入《鲁迅研究》第八辑,刊出在半年之后。

下午去系里与杨书记参加中文系迎新会,我也讲了话。

晚看电视剧《卖纸花的故娘》,系根据法国巴尔扎克原著改编而成。

9月14日　　星期日　　多云

晨起,去学校招待所看周畅中同志。

上午,与鸿毅上街买些月饼、苹果去看东峰夫妇。

下午,校清样。

9月15日　　星期一　　阴转小雨

把清样校毕。

下午,开始修改《袁中郎研究》的文学部分。

收到赠阅的一些刊物《戏剧艺术》、《奔流》、《学术研究》。

9月16日　　星期二　　晴

修改《袁中郎研究》的文学部分。这部稿子写于几十年前,当时的看法不够深刻,如果打算发表,就必须大加修改才行。

晚饭后,把校好的清样(《中国古典文学论文集》)送给周畅中同志,他说原稿还须交给他。

9月17日　　星期三　　晴

上午,给研究生谈如何写毕业论文的问题。赵福生因病未来,他拟写三十年代的诗歌。张春生拟写中国小说中的反封建思想。蒋益拟写周立波。小梅拟写李准。冯辉拟写田汉。陈韶林拟写周作人，今天他把廖子东写的《周作人晚年的辩解》一文的打印稿拿来了。

下午，与鸿毅去自由路东段西口购沙发一套，两个单人的连一个茶几，付洋一百二拾五元四角。说定明日送到。

9月18日　　星期四　　晴
上午，修改《袁中郎研究》。
下午，家俱店送来沙发一套。

9月19日　　星期五　　晴
修改《袁中郎研究》。
看王宛磐等三人写的《柳亚子简论》，并加上评语。
晚，周畅中同志来，把他写的关于《老子》中无为等词的新看法让我看，同他谈了一个多小时，他感到自己写文章有词不达意的苦恼。

9月20日　　星期六　　晴
上午，修改《袁中郎研究》。
下午，开始写《〈女神〉的泛神论思想与中国文化之传统精神》。

9月21日　　星期日　　多云
上午，继续写《〈女神〉的泛神论思想……》
晚，与鸿毅看电影《诸葛亮吊孝》。

9月22日　　星期一　　晴
上午，到学校访如法，不遇。
下午，写《〈女神〉的泛神论思想……》，写毕。

9月23日　　星期二　　晴　阴历中秋节
上午，如法来，把陈韶林的《周作人与〈语丝〉》一文交给了他。

誊改《〈女神〉中的泛神论思想与中国文化的传统精神》,下午5时许誊出了10页。

9月24日　　星期三　　晴

上午,把《〈女神〉中的泛神论思想与中国文化的传统精神》誊改毕。

下午,到市统战部听守正同志传达五届人大三次会议的精神,并由崔进平同志传达中共中央66号文件即邓小平在政治局扩大会议上的讲话,至6时半尚未传达完,明日继续传达。

9月25日　　星期四　　晴

上午,去统战部继续听崔部长传达邓小平在政治局扩大会议上的报告。传达结束后,分组讨论至11时半结束。

下午,修改《〈女神〉中的泛神论思想……》。

晚,陈韶林同志来。

9月26日　　星期五　　晴

早饭后,去(罗)绳武家。想像中,他身体一定很不好,但看起来他的精神还好。谈了近两个钟头,10时半,我辞别回来。

下午,去马道街工商联参加盟市委纪念国庆31周年会。

9月27日　　星期六　　晴

上午,与周守正、张明旭、孟宪德诸同志乘车到市统战部参加国庆座谈会。

晚,看电视剧《娜拉》。开始前,放映了曹禺同志的谈话。他说他是易卜生的崇拜者,1926年,他曾扮演剧中的娜拉,因为那时候男女还不能同台演戏。他对易卜生的思想以及他的剧作对欧洲的影响,作了扼要简捷的介绍。

过去只读过这个剧本而未看过演出。这个电视剧是挪威大使馆提供的片子,其中的演员自然是该国的名演员,演得的确不错。结束时已快11点了。

9月28日　　星期日　　晴

上午7时半去学校看电影《一个美国飞行员》,散场后去增杰家看了看。

下午,老黄、老赵同志来谈。老黄走时,已快吃晚饭了。

9月29日　　星期一　　晴

修改《袁中郎研究》。

接到杨旭村、车桂轮等人来信。车信说,他们编的《教学通讯》,明年要在全国发行第一期,向我征稿。

看第九期《人民文学》,载有河南作家乔典运的《驴子的喜剧》,写得非常幽默,反映了农村的社会面貌。

9月30日　　星期二　　晴

上午去学校。前两个小时,听赵福生同志试讲。讲的是叶绍钧,对教材的组织还恰当,教态也很自然。上课问题不大。后两个小时参加系里会议,研究了科研讨论会与邀请两位专家讲学事。

下午,看关于袁中郎的文章。

接北京《中国文学》杂志函、蒋秉南兄函及所寄的糖果包裹。

10月1日　　星期三　　晴

修改论袁中郎的文章。

上午,光儿同麟儿带孩子们来。光儿把《射阳光生存稿》送来。

接省政协电报,通知四号报到,五号开会。

发信:①《中国文学》杂志社。②市政协。

10月2日　　星期四　　晴

上午,增杰来谈关于(王)宽行孩子户口的迁转问题。

下午,与赵吏之、牛庸懋两同志一行乘车赴郑,参加语言文学学会成立筹备会,下榻大同路军区第二招待所。我把东西放下即去小赵砦秋子家,晚宿那里。

10月3日　　星期五　　晴

上午8时开会,由社联秘书长刘靖宇同志主持,孙广举同志参加了会议。上午没开完,下午继续开,讨论了几个问题:①文学学会与外国文学学会合着成立或同时成立两个。②理事人选问题。③论文问题。④章程问题。⑤开会日期问题。六时许结束。

我的钢笔被压断了,没有笔就像战士丢了枪。所以晚饭后决定上街买只钢笔。7点半回招待所。

10月4日　　星期六　　多云

上午与庸懋一起去医学院,访魏太星大夫,不值。又去访张静吾院长,他住楼上,楼门关着,叫也叫不应。只得去访党部长,他在家。谈次,刘兰坡厅长来了。10时半,趁刘厅长的车回军区二所。

下午,与庸懋、天吏一道访王砚生同志,谈关于宽行同志的问题。他的意思是先让李书记给开封市公安局谈一下,看能否转迁户口,如果不行,俟张书记回来后,由学校打个报告,请张书记批一下。从王主任办公室出来,又乘省委车到河南宾馆报到,住206六室,与张静吾一起。

看李准同志写的电影剧本《中州七梦》。

10月5日　　星期日　　多云转晴

在寓修改《袁中郎论》,到晚竣工。

10月6日　　星期一　　晴

早饭后发信两封:一、鸿毅,二、杨书记。

上午,到中州宾馆参加大会,10时半结束。

下午,小组讨论。我被分到第二组,但因未看分组名单,参加了一组讨论。会议内容是关于审判林彪与四人帮两个反革命集团问题。大家进行了热烈讨论,我也讲了几句。

晚看电影:一、《古堡的幽灵》,二、《马陵道》。回来时走错了大门,几乎掉了车。到宾馆已12时了。

10月7日　　星期二　　晴

上午去中州宾馆,听关于人大代表的选举细则的报告。下午讨论。

晚,誊写《袁中郎论》。

10月8日　　星期三　　上午多云,晚雨

上午,在政协礼堂听金少英部长传达全国政协五届三次会议精神。散会后,到邮局把《袁中郎论》寄给北京《中国文学》杂志社,并到新华书店买了两本书。

下午,在河南宾馆二楼会议室举行全会,由赵文甫书记主持会议,通过11月份召开全省政协会议的决定。

晚看电影,一个美国片,一个日本片。前一个没什么意义,后一个名《绝唱》,写一个出身高门的大学生爱上了给他家打工的女儿,遭到父亲的反对,于是两人逃离了家庭。大学生参加劳动自谋生计,又因战争而被征入伍,女的只有自谋生活。后来从她丈夫朋友那里听说,丈夫已经不爱自己的假消息后,精神受到沉重打击,而终患上肺结核,一病不起。当她弥留之际,丈夫回来与其相会。此时男的父亲已经去世,他遂宣布与妻子的婚礼和葬礼同时举行。这个片子还是有一定思想性的。

10月9日　　星期四　　中雨

上午,在省政协听吴雪莉同志出游美英两国的感受。

下午,学校汽车来时已2点多。两位青年司机喝了点水,少事休息即出发上路,4点左右到家。

晚饭后很疲劳,即躺下睡了一觉,已近8点。鸿毅在看电视,说演的是故事片《忠诚》。不久前在学校演过,小厚去看了,我和鸿毅都未去看,大家都说不错。我于是起来看演出,演的是埃及的故事。一位医生爱上了一个出身低微的姑娘,他抵制了父亲的阻挠和她结了婚。后来,男的摔折了腿,不能行医,生活发生困难。他的妻子只好出外给一位失明的富人打针,得到一些报酬以资家用。后来,由于丈夫的表妹从中挑拨,使丈夫怀疑妻子有了外遇,而造成夫妻仳离。

后来,失明的富人到英国动了手术,眼睛得以复明。当他得知这对夫妻分离的消息后,心中很不安,便挺身向医生证明他妻子的清白。医生十分懊悔,到处寻找妻子,最终得以破镜重圆。故事情节比较曲折,结局像中国的戏剧一样以大团圆收尾。

10月10日　　星期五　　晴

上午,乘车去开封宾馆与王瑶、冯其庸两教授晤面,稍谈片刻,即陪冯教授返校,今天由他讲述国际红学会开会情况。

下午,两教授来,分别参加现代文学和古代文学教研室的座谈会。我参加现代文学教研室的座谈。晚饭,由吕副院长出面宴请他们二位,我与杨书记、高、华二公作陪。至7时半散。

《史学月刊》送来稿酬41元。

10月11日　　星期六　　阴转雨

上午,主持王瑶教授的学术报告会,题目是《民族传统与外来影响》。

10月12日　　星期日　　阴转晴

上午,春祥来,谈他们教研室的情况。

中午,在又一新饭店宴请王瑶、冯其庸两教授,与宴者有华、高、邢、赵、黄、刘诸同志。饭后,由春祥陪同王、冯两教授去黄河边游览。我同治平返寓。

10月13日　　星期一　　晴

看张之洞的《劝学篇》。拟写一篇《从〈劝学篇〉看洋务派的中体西用论》的文章。

7时许,与高、华二公乘车到开封宾馆为王、冯二教授送行。归来途中,出了很多虚汗,下午到校医院取了点药。

晚,周守正、刘溶两同志来谈。

赵福生同志来谈。

10月14日　　星期二　　晴

早晨忽然泻起肚来,从5时到8时泻了三次,觉得精神很疲惫。于是到校医院取些药,回来即服用。而后躺下睡觉,总算不坏,泻止住了。

接《中国文学》杂志社侯善祥同志函,还是催要文稿事。我9号寄去的稿子他还没收到,他的信是10号发出的。

廖立来函,谈到五七年事,向我表示歉意,同时他想回师大来,让我给李林书记谈一下。我还不晓得怎样对待这件事。

10月15日　　星期三　　阴

上午,看《孽海花》。下午,给《袁中郎研究》中补充王船山论明代诗歌一节,根据旧作作了些修改。

下午,陈韶林来,送来周作人的《知堂回想录》,实际是他的自叙传,其中有许多有用的资料。陈说书只能留下一天,后天即要寄走,我拟把它的目录抄下。

市委送来市人大代表证一纸,并通知本月 20 日开会。

发信:(一)《中国文学》杂志社侯善祥同志。(二)汪玢玲,另寄《史学月刊》、《师大学报》两册。

10 月 16 日　　星期四　　多云

上午看《知堂回想录》,并将其目录抄下。

发信致盟省委请假。

晚,(张)锡智与叶鹏同志来,周启祥同志来。

10 月 17 日　　星期五　　多云转晴

上午,把《知堂回想录》中少许可参考的资料抄了一下,陈韶林来,即将把此书带走。

增杰来,我向他谈及廖立想来这里任教问题,他没有直接表态,但说过去总支谈过此事。曾向院里反映,倾向是不接受。另外,他送来福利费 25 元,扣除上次就餐费余 19 元。

启祥来,送来《梁园》稿费 49 元。

下午,修改《袁中郎研究》,将船山论明代诗歌部分誊抄毕。

10 月 18 日　　星期六　　晴

上午看鲁迅在《河南》上发表的杂文及周作人在《河南》上发表的论文。

下午,誊改《袁中郎研究》。

发信:①廖立,②王燕生(把华公为李准的《中州七梦》所写的意见两纸附上)。

下午到校办公楼报刊订购处,订 81 年杂志七种:计①《历史研究》②《新文学史料》③《文学评论》④《世界文学》⑤《上海文学》⑥《人民文学》⑦《文艺报》。均为半年,共洋 14.79 元。

10月19日　　星期日　　多云转晴

上午,去柳园饭店参加市人民代表大会,暂住202号房间。我属于顺河区代表团,共百余人,我所分的小组皆是文教界人士,大家共推25中特级教师杨辉为组长。而后又通过了主席团及其他一系列工作人员名单。

下午,在大众影剧院举行预备会,把上午酝酿通过的名单又在全体会上举手表决,我被列入主席团成员。晚饭后,乘车返校,到家已8点。

10月20日　　星期一　　大风降温

上午,市人代会正式开幕,由邵裘书记致开幕词,吕锡田副书记作开封市革委会近几年的工作报告,至10时半休会。

下午,分组讨论。

10月21日　　星期二　　晴

上午,到校科委找李玉林主任,谈关于明日下午大会进行科研论文讨论问题。又乘车去柳园饭店参加市人大会议。上下午讨论,晚看电影罗马尼亚片《复仇》,9时半返家。

发信致中国作协创作联络部,内装相片两张及简历一份。

10月22日　　星期三　　阵雨

上午参加市人大全体会议,我担任执行主席。下午参加主席团会议,讨论选举办法。

晚饭后即乘车回来。

开始写《晚清二次文学革命运动与五四文学革命运动——兼论鲁迅在这两次运动中的主导作用》。

10月23日　　星期四　　晴

上午,市政协举行协商会,通过本届政协的主席、副主席及常委名单。

下午,主席团听取各区代表团团长汇报对大会报告所提意见。吃过晚饭后即返寓。

早晨,绍亭来,送来《文学遗产》两册,关于袁中郎一文在这期刊出来了,读后觉得还没什么错字。

接信两件:①蒋秉南兄,②一位青年。

10月24日　　星期五　　晴

上下午,酝酿市长、副市长及人大常委主任、副主任及委员人选。

10月25日　　星期六　　晴

上午,主席团听取各代表团对酝酿的人选的汇报会。

下午小组二次酝酿候选人名单,我参加的顺河区第三组,结果仍和第一次提名一样。

晚在大众影剧院看宋桂玲演出的《抬花轿》。此剧原名《香囊记》,因剧中有武状元娶亲时,其新娘乘花轿一场,用舞蹈和音乐配合,颇博得观众的称赏,因易名《抬花轿》,就剧的主题思想来说应为《香囊记》。

复唐河一位女青年郝芳荣函。

10月26日　　星期日　　晴

上下午,均酝酿领导人员的提名。

晚看电视《孟丽君》,系上海电视台录制的越剧。

10月27日　　星期一　　晴

上午与老孟逛汴京公园。看了看菊花圃和花房。园中梧桐叶落,满目秋色,游人稀疏。11点左右回柳园饭店。

下午,连续开了两次主席团会议。

晚看电视《李师师》。把李师师写成一个有爱国思想与民族气节的女子,揭露了北宋末年在皇帝荒淫,权奸卖国的情况下,终至于国破家亡,人民涂炭。

10月28日　星期二　晴

上午,市人代会开始选举。选正职,邵袭书记当选人大常委会主任委员,吕锡田当选为市长,王怀中当选为中级法院院长,纪发祥当选为检察院检察长。

下午,选副职,我以398票当选为人大常委会副主任(共出席434人)。

接方国瑜函、《文学遗产》杂志社函,中国作协函。

10月29日　星期三　晴

上午,大会选举市人大常委会委员,共选出28人。下午举行闭幕式,由邵书记致闭幕词。

下午因照像没有休息,晚上看电影未结束时,感到心里很不舒服,便赶紧走出影院,稍微好一点。

接《中国文学》杂志社函。

10月30日　星期四　多云

上午,去学校。先到医院找徐士珍大夫看看病,开了药方。药房的同志说明天才能取。遂又到系里,与增杰谈了谈关于科研方面的情况。

冯辉送来她写的论文草稿。

下午,赵福生来,说他拟赴沪查阅论文资料。

发信:①《中国文学》杂志社吴善祥,②中国作协创联部。

10月31日　　星期五　　阵雨

上午去系里。

下午,到市里参加市人大常委主任、副主任会议,讨论建立机构问题,4点半结束。

晚,觉得很疲惫,没吃饭,只喝点牛奶。

11月1日　　星期六　　晴

早晨觉得肚子有些不适,去校医院请徐士珍大夫诊诊脉,开了三副药。

开始写《晚清第二次文学运动》。

11月2日　　星期日　　晴

早晨跑步,遇到溶池,说到煎药需大枣作引子,不知容易买否?他说他家晒的有,于是他回去拿了一包。

继续写论文。

下午,陈治华来。

11月3日　　星期一　　晴

科研处李玉林同志来,让我在周三下午主持教学讨论与科研讨论大会。

上午去系里。

继续写论文,初稿写竟,仍须很好补充与修改。

11月4日　　星期二　　晴

上午9时,在系总支参加关于科研问题的讨论会。

下午修改《晚清第二次文学运动》。

接德重函,他现在同德强合伙经营,很能赚钱。儿子订了婚,女儿也有了婆家。又说他母亲于8月份去世了。我的这位嫂子非常聪明能干,但没文化,又太自私。解放前的确积累了一些家私,革命来了,她的一切打算都破灭了。可她竟然又熬过了30年。现在农村情况好转了,她也享受不到了。

11月5日　　星期三　　晴

上午,誊改文章。10时许去校医院请徐士珍大夫看病,又开了三副药。

下午参加校教学、科研讨论会闭幕式,由我主持会议。开始由张国善、黄以柱作报告,最后由吕校长致闭幕词。

接到《文学遗产》汇来稿费112元。

11月6日　　星期四　　晴

下午,参加系里七七级科研讨论闭幕会,庾懋和我都讲了话。

晚,誊写修改文章。

11月7日　　星期五　　晴

上午,去东大街银行取出稿费后,到新华书店访陈尔庄,由她领我到购书处买了几部书,即由鼓楼街返寓。

下午誊改文章。

刘思谦同张永江同志来。刘刚调到现代文学教研室。1960年从这里毕业后,在东北工作一段时间,调到郑州大学。因为不愿搞写作,才要求调到这里的。其父刘潇然,其母周小沛均系我省知名人士。

晚看电视戏剧片《郑盈盈》,系烟台吕剧团根据孔尚任《小忽雷》改编而成的。

接秋子函、恭夫函。

11月8日　　星期六　　晴

上午,把《晚清第二次文学运动》誊改毕。

看冯辉的论文,觉得是读书札记而不是论文,主要是缺乏分析。

11月9日　　星期日　　晴

上下午,在家看书。下午,七七届四位同学林坚、李光等来访,接着王基校长与韩玉生同志来,同学们辞去。与他们二位谈至6点。

11月10日　　星期一　　晴

修改毕《袁中郎研究》。

发信致省政协秘书处请假,致贾子云部长请假。

11月11日　　星期二　　晴

今天开始修改《袁中郎年谱》。

读中郎诗,他有许多忧国忧民的作品。在当时来说,他确是一位有进步思想的知识分子,虽曾做官,但为官清廉。觉得环境恶劣,即急流勇退。这同那些贪恋禄位同流合污者真有天壤之别。

11月12日　　星期三　　晴

修改《袁中郎年谱》。

下午,陈韶林偕其爱人来。韶林把其亲戚从香港买得的曹聚仁的《文坛五十年》拿来让我看,觉其见解不无可取之处,但其立场则为资产阶级的。他毕业于浙江一师,是朱自清的学生,可知他的年岁并不太大。

接省人民出版社梁启昌函,说《聊斋志异选讲》所以未能早日发排,是由于别的任务把它给挤掉了。

11月13日　　星期四　　晴

上午修改《袁中郎年谱》。

下午,去市里参加人大常委会。周畅中同志来,我不在家,他把《中国古典文学论文集》的二校稿留下。晚饭后,让小厚把光儿叫来,把校样交给他一大部分，让他校一下。

晚，9时许即就寝。

鸿毅把胡二姐辞了，又请了一个保姆，姓张，方城博望人。

11月14日　　星期五　　晴

上午，看《中国古典文学论文集》部分校样。

郑州摄影协会一位吴同志来为我摄影。

下午，把《袁中郎年谱》修改毕。

发信致上海古籍出版社王海根。

11月15日　　星期六　　晴

校《论文集》大样，至下午校毕。

王振铎来借清华出的《纪念王国维专号》这本杂志，因搬家不知弄到哪里了，回头找找。

11月16日　　星期日　　晴

上午，修改《刘师培论》。

一师同班同学周大化来，谈半小时辞去。

下午，看《孽海花》。

晚，光儿送来他校毕的大样。

11月17日　　星期一　　晴

市统战部通知我和张明旭同志明日赴郑参加省政协会议。

晚，启祥、振铎来，振铎借去《纪念王国维专号》。

上午，与明旭同志一直等到11点，统战部的车才来。出城后又遇到堵车，车子绕弯走了近一个小时才上公路。到中牟时，同行的小韩（友谊宾馆女服务员）要去看一位朋友，车又停了半个多小时，到下午3时才抵郑，到宾馆吃饭时已4点了。我被安排在南楼408号，与一位范同志同室。

接汪玢玲信、叶鹏信。

11月19日　　星期三　　阴

早饭后,碰到绳武、太星,于是到绳武住室去。他与郑大碧岑、秦佩珩住一间房,谈了一会儿,又去隔壁太星的住室,恰值有人找他看病,于是略谈几句,便告辞了。

午饭后,在张静吾、谢瑞阶室内洗澡。

参加开封市小组会,至5时散。

晚,未去参加晚会。恭夫、秋子7点来,恭夫把誊清的《袁中郎研究》部分稿子送来,我把剩余的部分又交给他,并付他洋百元。8时半他们辞去。

11月20日　　星期四　　多云转晴

上午,常委到政协礼堂,听秘书长武璇声把这几天各地区小组讨论内容作了分类综合的传达报告,11时许结束。

新华书店来宾馆卖书,买了几部小说。

下午,参加开封市小组讨论,讨论对决议草案的意见。

发信:①孙广举,②恭夫(把笑薇的信转给他)。

11月21日　　星期五　　阴转晴

今天大会休息。

下午,与熙天去政协大院看静之与廷玢夫妇。廷玢患冠心病,近来加剧。

晚看审判江青等人的电视录像。然后,又去看电影越剧《王老虎抢亲》,11时散场。

11月22日　　星期六　　晴

上午,到大会礼堂列席听报告,10时结束。

散会后,去54号楼访古籍编辑室周畅中同志,他说校样(《中国古典文论文集》)已收到,送印刷厂了。与他辞别后,又到新华书店购到蒋良骐的《东华录》一册,即返宾馆。

社联一位刘同志来,拟于25号上午在54号楼一楼社联会议室,举行文学学会筹备会第二次会议,届时让我出席。

下午,小组讨论。

11月23日　　星期日　　多云

上午,小组讨论。

下午,到政协礼堂参加常委会讨论,通过了三个文件,至6时许散会。

晚看由法国雨果著名小说《悲惨世界》改编的电影片子,共上下两集,至10时20分结束。这个片子拍得确实不错。

11月24日　　星期一　　晴

上午,胡立教副书记召集民主党派及无党派的政协委员讨论关于人大常委副主任和副省长事宜。

下午,小组讨论对公审"四人帮"的看法。

11月25日　　星期二　　晴

上下午,均在行政区54号楼一楼社联办公室参加河南省文学学会筹备会第二次会议。与会的有省社联刘、程二同志,师大除我外,增杰同志由开封赶来。郑大有赵宜文、何均地。郑州《百花园》编辑部于同志。郑师段佩蘅同志。会议讨论了章程,理事人选及举行成立大会时各项有关事宜。

晚看日本电影《野麦岭》。写日本明治维新后,丝织业小工厂对女工的残酷压榨及女工的不幸遭遇。看后使人深感地主阶级与资产阶级都是非常残无人性的。看到丝厂中的女工,不能不令人想起夏衍的《包身工》,同时又联想到《红楼梦》中大观园里那些丫头们的悲惨遭遇。

11月26日　　星期三　　晴

上午,省政协举行闭幕式。

下午,2时乘车返汴,6时抵家。

晚,看近一周来的来信。

11月27日　　星期四　　晴

校对恭夫抄写的《袁中郎研究》。

上午,盟市委老许来,谈礼拜六开会事。

科研处付稿费105元。

11月28日　　星期五　　晴

恭夫抄的稿子已校完,接着把《袁中郎年谱》又重订了一下,俟恭夫把最后一部分稿子抄完后寄来,即可寄给上海古籍出版社。

11月29日　　星期六　　晴

上午,到盟市委开会,听传达中共中央77号文件,内容是揭露康生、谢富治在文化大革命中所犯下的罪行。

复山东师院聊城分院张俊才同志函,关于询问林纾的研究资料问题。

11月30日　　星期日　　晴

上午,在家看《孽海花》,到下午才算把它重看了一遍。

下午不断来客,先是(陈)雨门、启祥、景昌,继之是平权,最后是广西,直至吃晚饭时。和客人谈话,的确很费精力,所以晚饭后很疲倦,八点多就就寝了。

12月1日　　星期一　　多云

晨起,写《晚清以来知识分子集团的分化》。10时许到系里,与增杰同志谈了很长时间。

到图书馆借出《中国古代教育史》、《近代教育史》各一部，借期到明年2月，拟寄给张静吾院长。同时又借到《孽海花资料》一册，拟修改《曾朴及其〈孽海花〉》一文。

下午，看78届4班同学彭乃坤的《夜夜梦台湾——试论丘逢甲的诗作》，并提了几条意见。又看刘溶同的《相互影响，相互作用的平等关系》，是谈文艺与政治关系的一篇论文。我觉得题目用"平等"二字不如用"对等"二字较合适。

晚看魏绍昌的《孽海花资料》，准备修改1964年所写关于《孽海花》一文。

12月2日　　星期二　　晴

上午，去学校将我写的一篇论文同增杰写的一篇论文交给绍亭送科研处打印。

把所借的两本书挂号寄给张静吾院长，并信一封。

下午参加院教务处研究生科召开的关于研究生培养问题的会议，凡系主任及研究生指导小组的同志都参加了。至5时半散会。

12月3日　　星期三　　晴

上下午，写《晚清以来中国知识分子的分化》，已完成十之六七。

华公为研究生培养问题，上午来一趟，晚饭时又来一趟。

接晨风函，他拟去开封高中，不知如何。

12月4日　　星期四　　晴

上午，把《晚清以来中国知识分子的分化》一文写毕，把开始近千字的帽子删掉了。

下午去系里参加讨论关于研究生培养问题的会议，至5时半结束。

晚饭时，翻找杨书记给我的一份征求意见的党章，翻遍了抽屉及书堆都没找到。晚饭后,想起方桌上的一摞杂志,不知其中有否?谁知一翻正在那里,真是"踏破铁鞋无觅处,得来全不费功夫"。否则,真是不好交待。

找到后,又把这份党章看了一遍,觉得提不出什么意见。

12月5日　　星期五　　晴

上午,去总支,把党章还给杨瑾书记,并谈了谈入党的事。

下午誊写文章。前一部分交给了赵福生代为誊抄。4点钟时他来,我把还未誊完的部分又交他带走了。

4点半,我正要去系里领工资,小厚放学回来了,我便让她去代领。她回来,除领回工资外,还领回本年度烤火费10元。

接杨旭村寄来资料一册,并短函一纸。

12月6日　　星期六　　晴

上午,10时许,在现代文学教研室召开研究生论文写作会议。与会者赵明、增杰两同志及78届五位研究生。12时散会。

下午,参加盟小组会议,至四时散。

上午把上海师院王杏根论文转交给学报编辑王振铎。

12月7日　　星期日　　晴

晨起,校阅赵福生同志誊写的文稿。

早饭后,与鸿毅、笑薇去大街购物。

下午4时许,蕤儿从京来家。

5时半,到学校看印度电影《大蓬车》,写吉卜赛人所过的流浪生活和他们的道德品质。7点50分结束。

12月8日　　星期一　　晴

上午,到系里,把文稿交杨书记,托他送印刷厂打印。而后到医院取些药。

下午,到市里参加人大办公室会议,至 4 时半散。
晚,麟儿来。
发信致恭夫、秋子。

12 月 9 日　　星期二　　晴

早饭后,振铎送来《静庵文集》一册,谈了一个多钟头。学生彭某来。

抄《静庵文集》中论文学的一段文字。

下午,开系务会议,至 5 点半。回家吃晚饭时觉得头晕,心里不舒服,晚 8 时即就寝。

发信致上海师院王杏根。

12 月 10 日　　星期三　　晴

上午,把校毕的打印稿子送印刷厂,顺便去段先生家看了看。

下午,彭乃坤又来谈一个小时辞去。

开始誊改《曾朴与孽海花》。

12 月 11 日　　星期四　　晴

上午,与蕤儿去卧龙街 160 号访开封名医郭西斋,请他给蕤儿看病。从他那回来已 11 点半。

下午,到系里参加会议。

誊改《曾朴和他的孽海花》。

12 月 12 日　　星期五　　晴　大风

上午,看《孽海花》有关资料。

下午,去教研室听冯辉试讲,大致还好。

晚饭时,麟儿来。

电视播放审判江青的现场,廖沫沙出庭控诉江青。江青说他们是特务集团,声色俱厉。审判长命其退庭。

12月13日　　星期六　　晴　大风降温

下午,去市进修学校参加语文学会理事会。王基校长未出席,由我主持会议。议程共四项:①总结今年工作,②调整理事,③对明年工作的意见及计划,④补选增杰同志为副理事长,赵明与许钦承两同志为理事。

蕤儿下午动身过郑返京,由笑薇送她,笑薇拟回家看看。

发信:①吴绍骥(关于孟淑英工作事)。②齐子义(把他寄的文稿璧还)。

12月14日　　星期日　　晴

下午,梅蕙兰来,把我给李准的信带走。

刘毅敏同志带几个工人来装烟筒。

12月15日　　星期一　　多云

上午,去市政府参加人大常委会。

下午,看《孽海花》。

接到西北大学鲁研室阎愈新寄来他们新编印的《鲁迅研究年刊》一册,并向索稿。阎为鸿毅亲戚,称她为姨。最近拟复他一函。

接上海音乐学院音乐研究室蔡国梁同志函,询问如何研究《金瓶梅》的问题。

晚,笑薇来。把恭夫抄写的文稿带来,并秋子买的花生米十斤,桔子若干。

12月16日　　星期二　　晴

从资料室借到《沫若文集》(4)送与赵希鼎同志。

下午,把恭夫誊抄的《袁中郎研究》文学部分校毕,拟不日寄给上海古籍出版社。

《袁中郎研究》文学部分共142页,每页612字,合计8万6千字左右;年谱部分137页,每页500字,约6万9千字,共15万5千字左右。

晚,光儿来。

接到聂华苓著作一部《失去的金铃子》。

晚,77级五位同学来,说他们编纂了本《箴言》,拟让我作序。我也不好推辞,等他们把稿子拿来看看再说。

12月17日　　星期三　　晴

上午,把《袁中郎研究》之文学部分包装好投邮,寄上海古籍出版社编辑部。

发信两件:①上海古籍出版社编辑王海根。②上海音乐学院音乐研究室蔡国梁,谈关于《金瓶梅》研究问题。

看《小说月报》转载《十月》1980年第3期的小说《春雪》(作者余易木)。小说用第一称,写一对青年恋人由于1957年反右而造成的不幸,男的被女的遗弃而被遣送到青海劳动。后来与一个农村姑娘结了婚,但两人不过是名义上的夫妻,实际彼此不了解,心灵不相通。而那位女的在1959年也栽了跟头,男朋友也同她散了伙。五年后,两人又在北京相遇,两人在饭馆共同用过晚餐后,男的送女的回家。两人追忆往事,男的对当初女方所作的决绝仍不谅解。女方尽力解释,说自己那时很年轻,把什么事都看得非常真,后来才深深醒悟到自己当时的错误。但是两人中间的伤痕以及五年后彼此情况的变化,已不可能再恢复往日的关系了。这篇小说,用中国古人评《诗》的话说是"怨而不怒,婉而多讽"。其中有些极其深刻的话,真能令千百读者为之同声一哭。

12月18日　　星期四　　晴

上午在家看书。

下午去学校参加政治学习。

增杰同志和我谈,我的组织问题可能很快就能解决。

12月19日　　星期五　　晴

晨起,给西北大学鲁研室阎愈新写了封致谢信,并送他两本书。

下午看《孽海花》。

接省文联函,转寄中国作协会员证一个。

12月20日　　星期六　　晴

早饭后,看开高校长王基的论文《关于〈红楼梦〉后四十回的评价问题》。文章对于近来贬低并诋訾后四十回的论者深致非议,并予以驳斥。虽然对后四十回的肯定有些过头,但还是有自己独到见解的。不少看法我是同意的,因写六、七条意见,请他参考。

下午,许光华同志来,谈在省里参加盟省委召集的经验交流会的情况。

12月21日　　星期日　　晴

早饭后,与鸿毅去学校看电影《海之恋》。下午,看《孽海花》的有关资料。上次在郑州开会,买的《慈禧太后演义》一书,还颇有一读的必要。

12月22日　　星期一　　晴　今日冬至

早饭去学校,听冯辉试讲巴金,第三节在教研室评议。

下午,看《孽海花》及《慈禧太后演义》。

12月23日　　星期三　　晴

上午,赵明、增杰及五位研究生来家开会。商议研究生确定论文题目问题。等研究生走后,我们商量一下如何分工指导,梅蕙兰由增杰指导,蒋益由老赵指导,张春生、赵福生和冯辉由我指导。

下午,室内生了火,比较暖和。执笔写《曾朴和他的〈孽海花〉》时,觉得有点头晕,心里很不舒服,便停下来休息,晚饭时才好一点。

晚上8时便就寝了。

12月24日　　星期三　　多云

上午去医院看病。

下午去医院做心电图。

晚，刘溶同志来，谈他近几年的工作，并对这次未予他提薪表示不满。

系里新到任的副书记来，谈他是59届中文系毕业生，一直搞行政工作，现在回到系里想把业务抓一抓。

接上海音乐学院蔡国梁函，他想对《金瓶梅》进行研究。

把《试论晚清以来中国知识分子几次分化》一文送给赵希鼎同志。

12月25日　　星期四　　晴

继续写《曾朴和他的〈孽海花〉》一文。

晚饭前，刘毅敏同志来，说后勤民盟小组拟在元旦前举行一次茶话会，借以谈谈心。想邀我与明旭同志参加。我辞以病，后来说，到时看情况能去就去。

12月26日　　星期五　　晴

上午，把《曾朴和他的〈孽海花〉》一文写毕。下午看点书。

给复旦蒋秉南（天枢）兄寄去花生米、大枣各三斤。

12月27日　　星期六　　晴

上午，与鸿毅去毛健予同志家慰问他夫妇，最近，他的老四因患心脏病过世。

下午，把《曾朴和他的〈孽海花〉》一文又重看了一遍。

接上海古籍出版社通知，说寄去的稿子已收到。

晚接《晋阳学刊》两册，并约请写个《自传》。

接广西人民出版社寄来林焕平（凡尼）写的《闻一多诗歌欣赏》的稿子，令审阅，内附程兴业的信。

今天，将已发表和未发表的关于中国近代作家论的文章统计一下，已经有了十三篇。其目次如下：

1. 龚定庵　　　　2. 梁启超
3. 严复　　　　　4. 黄遵宪
5. 章太炎　　　　6. 苏曼殊
7. 林纾　　　　　8. 王国维
9. 李伯元

以上九篇均已发表。

10. 刘师培　　　　11. 谭嗣同
12. 曾朴　　　　　13. 钱玄同

以上四篇尚未发表。

12月28日　　星期日　　晴

上午，把林焕平君的《闻一多诗歌欣赏》的《导言》部分看毕，并写出了个人意见。

10时许，到景昌家看看他的新居。

下午，看《晋阳学刊》中陈援庵的传，他在北平沦陷于日本后，也未离开。不过他一直任辅仁大学（教会学校）校长，未出任伪职。北京解放时，他也没有离开，因他与国民党没有什么密切的关系。解放后，他很为党所重视，后来还加入了共产党。周作人由于出任伪职，结果身败名裂。一失足而成千古恨，真是一点也不错。

发信致蒋秉南兄。

12月29日　　星期一　　晴

晨起写《自传》。

上午去系里还书并借书。

北京图书馆征文，邀写《自传》，拟于他们出版的《文献》上发表。

下午,继续写文章。

12月30日　　星期二　　晴
上午,去市里参加人大常委办公会议。
下午,参加系务会议。
看林焕平君的《闻一多诗歌欣赏》。
接聊城师院张俊才函。

12月31日　　星期三　　多云
早饭后,德重侄自南召来。
上午,本来要把《自传》写成,因事搁下,去学校一趟。
晚,光儿、麟儿夫妇来。
一九八〇年已过去,迎来了一九八一年。但愿国运更加昌盛,个人身体康健,能够继续搞出点科研成果,为四化作出点贡献。

1981 年

1月1日　　星期四　　晴
上午10时许,去北道门购物,遇到外语系刘炳善君,谈到写纪念万曼同志的文章事,他说准备写篇文章。
下午写文章,看了一会儿电视。

1月2日　　星期五　　晴
上午,把《自传》写毕,下午又作了修改。
下午五时许,去老华家送还《红楼梦》,并谈了一会儿。

1月3日　　星期六　　晴
德重侄上午去焦作看德刚,拟从那里直接返乡。临行,送他20元路费。

下午,王振铎、张永江两同志来。振铎刚从北京回来,捎来增杰的信。

赵福生同学来,赠他挂历一份、《宋文选》一部。把《曾朴和他的〈孽海花〉》一文交他誊抄。

发信山东师院聊城分院张俊才君,并附《林纾论》一文。

1月4日　　星期日　　晴

上午,把《自传》又作了补充。

下午,看关于闻一多《死水》的解释。

发信致增杰。

1月5日　　星期一　　多云

上午,把《钱玄同论》仔细校读一遍。

下午,领工资。

晚,小梅、陈韶林来。把《钱玄同论》交陈誊抄。光儿来,把《我怎样走上文学道路》的文章交他誊抄。

丁承运陪同美术系一位教提琴的王老师来,送来《艺谭》两册,并附有编辑王建新的信,约我为他们的刊物写稿。

1月6日　　星期二　　夜小雪

上午,看曹聚仁的《鲁迅评传》。

下午,看《闻一多诗歌欣赏》中的两篇,对其中一篇提了点意见。

接蒋秉南兄函,寄去的花生米与大枣均已收到。

拟着手写《晚清文艺思想的流派及其论争》。

1月7日　　星期三　　晴

晨,写信致《艺谭》编辑王建新,上午发出。

又致函于黑丁,为介绍刘绍亭同志去省文联工作事,下午刘来拿去。

下午,洛师同学尚寅宾、张天福来家。尚是 1938 年到延安参加革命的老干部,现在西安市委工作。张在开封二中教书。谈了近两个钟头,他们辞去。

1月8日　　星期日　　多云
上午,把《谭嗣同论》重看了一遍,拟让麟儿誊抄。
下午,参加教研室会议。

1月9日　　星期五　　多云
修改《刘师培论》。
看《鲁迅评传》。

1月10日　　星期六　　晴
上午,去大街买了点零用品,从旧书铺里买到一本新印的《千家诗》。
下午,现代文学教研室欢送王钦韶、谢励武两同志。钦韶调到省教育学院,励武调到教育系。大家都讲了讲话,表示惜别之情。

1月11日　　星期日　　晴
上午,校正《钱玄同论》。
午饭,多少作点准备,请钦韶来,算作饯行。
下午,校稿,黄平权同志来。

1月12日　　星期一　　晴
早饭后,云阳中学校长刘涛来访。他是来看外甥吉欣的,顺便来我这里坐坐。我们正谈着,系里通知开会。于是到系办公室,已坐满了人。杨书记谈了谈学生罢课情况,又传达了邓副主席关于学生闹事问题的讲话。而后总支委员留下开会,我便回来了。
下午,去东三斋看看研究生们的情况。在冯辉、小梅室内,张春生、赵福生也都过来了。谈了谈他们的论文写作问题。听说小蒋已返湘。坐了一个多钟头,便回来了。

晚饭后,到外语系宿舍楼吉欣住室看望刘涛同志。

1月14日　　星期三　　晴　晚大风降温
上午在家看书。

下午去市委开会。系省委张树德、赵文甫两书记接见我校校系两级负责同志。先由中文、政教、外语、美术四系党总支书记汇报此次学生罢课游行的经过及具体情况,另外还有一些负责同志补充了一些情况。然后由张书记讲话,分析了这次事件的性质,及今后应采取的措施。接着,赵书记结合邓副主席讲话与这次事件发生的严重性,认为不能等闲视之,更不能掉以轻心。必须把这次事件的是非搞清。至于对参与此事的为首的学生,要看其态度如何,再决定处理办法,而大多数属于受蒙蔽的,只要提高认识,承认错误,也就算啦!会开至7时许始散。

1月15日　　星期四　　晴
上午,去市政府二楼小会议室参加接见人大代表座谈会。与会的系部分中小学校长,有25中的梁建堂,5中的朱中华,北道门小学的李兰芳。另外还有不太熟识的教师,则有杨辉。机关领导有教育局徐副局长、公安局李副局长,还有城建局等。汇报问题主要为社会治安问题、教师住房问题,还有小学教育经费问题等等,至12时半结束。

下午,参加学校召开的教职员大会,仍是关于学生罢课游行问题。

1月16日　　星期五　　晴
上午,陈韶林来,他准备请假,提前几天回上海。他写了个申请,让我批了一下。

下午,看《老残游记》,打算寒假中写篇《刘鹗和他的〈老残游记〉》。

中文系南召同乡同学李捷来。

北京《中国文学》杂志社汇来稿费 30 元,系为它写的一篇《袁中郎简论》。

1 月 17 日　　星期六　　晴

发信,把《钱玄同论》寄给《艺谭》杂志社。下午,洗澡回来,碰到赵福生,一块到家,让他把《刘师培论》拿去誊抄。

接①秋子,②张俊才,③德重函。

1 月 18 日　　星期日　　晴

为陈韶林借书事,给上海师大许杰先生一函,由陈韶林带走。

整日看《老残游记》。

1 月 19 日　　星期一　　晴

下午,去七号楼借到魏绍昌编的《老残游记资料》一册。

增杰来,谈他这次去京抄资料的事,工作基本告一段落,下面须要誊写,可出三册《抗战期间解放区文艺运动资料》。另外,他编写的《鲁迅与河南》,由曹靖华先生题写书名,他把它改为《鲁迅在河南》。稿子整理好后,拟让我写篇《序》。

晚看《老残游记资料》。

接信阳师院函,邀请王怀通同志去讲课。

1 月 20 日　　星期二　　小雪

看《刘铁云年谱》、胡廷《老残游记》标点本《序》,及张毕来批判该《序》的文章。

1月21日　　星期三　　雪停

上午,开始写《刘鹗和他的〈老残游记〉》,把第一部分"生平"写毕。

下午,参加系务会议,听各教研室主任汇报小结情况,至6时许散。

麟儿下午来,把《谭嗣同论》拿去誊抄。

1月22日　　星期四　　阴

上午,张春生、冯辉两同学来请假,拟先期回家,已答应了他们。

上午,系里开会。信春传达了校部两次会议情况。增杰对科研作了小结。教学、科研情况由刘绍亭同志把昨天各教研室汇报的情况整理一下,再由我向全体教职员宣读。

1月23日　　星期五　　小雪

昨晚开始下雪,直至上午仍然在飘雪花,四面皓白。下午雪住。

全天写《刘鹗及其〈老残游记〉》。

接《晋阳学刊》编辑高增德同志寄来《当代十部文学名著是怎样写成的》一书,并附信一纸,说寄去的稿子已收到,认为还有些特点,已决定采用,并嘱寄去生活照片及著作目录。

1月24日　　星期六　　多云

上午,把《刘鹗及其〈老残游记〉》一文写竟。

刘溶同志送来他的文章让看看。

下午,复《晋阳学刊》编辑高增德同志函。

1月25日　　星期日　　零星小雪

晨,起草《鲁迅在河南》的序文。

1月26日　　星期一　　晴

上午去图书馆历史书库借书。

增杰送来《鲁迅在河南》的稿子。

刘思谦同志来,谈她最近将去京参加中篇小说讨论会。临走时,把她的文稿交还给了她。

下午,校统战部召开各系老教师座谈会,关于对林、江反革命集团的宣判事。

晚,张鸿锦来,陪她去看孟宪德同志。

刘亚兴同志带一学生来,拟考研究生,问如何准备。

接盟省委通知,让去郑开会。

安徽张建新同志来,谓寄去文稿已收到。

1月27日　　星期二　　晴

上午,到系里告诉杨书记、增杰,我下午赴郑开会事。

下午1时半,乘校车抵郑,住河南饭店工字楼二楼九号。

晚,卢治国、李平一两同志先后来,谈至9时许辞去。

1月28日　　星期三　　晴

上午,到中州宾馆听传达中央文件。由赵书记传达,内容是华国锋辞去主席职务的原因和中央政治局会议的决议。结束后,到省政协开会,由卢治国传达北京盟中央会议的情况及统战部李维汉同志的报告。

下午,继续开会。传达统战部副部长平法三及刘澜涛的讲话,及盟中央此次会议纪要和1981年全国盟务工作计划要点。

晚饭后,与张静吾院长乘车去医学院。在静吾院长家少坐片刻,便去访魏太星大夫,请他看看心电图。他说最近的情况比过去的还要好,这给我以极大安慰。从魏大夫家出来,又到党部长家坐了一会儿,至9时许返寓。

1月29日　　星期四　　晴

上午,举行会议,对1981年省盟务工作事项进行了讨论,12时结束。

下午学校车来,与孙心一同志,和另一位《史学月刊》社的同志一起返汴。1时动身,2时半抵家。

接广西人民出版社程兴业函,并寄来他们新出的书一册,且询及《闻一多作品欣赏》是否已阅毕,因复他一函。

1月30日　　星期五　　晴

晨起,着手写《鲁迅在河南·序》。上午10时许写竟,后又誊改一遍。下午,把文稿及《序》一并送给增杰。他不在家,因同他爱人谈了一会儿话。

上午,刘溶同志来,借《诗品》,未能找到。他上次送来的一篇论曹丕《典论·论文》的文章,还没顾得看。下午把这篇文章看了一下,把几个有错误的地方改了改。

接陈韶林函。

1月31日　　星期六　　晴

上午,去光儿家。出来,与小厚到北道门市场买了只鸡和30个鸡蛋。

下午,参加校部召开的春节座谈会。

2月1日　　星期日　　晴

上午,与小厚到省府前街去看东峰。10时20分,又一同去相国寺剧场看电影《法庭内外》。

下午,在家看书。

2月2日　　星期一　　晴

下午,王初夏同志来,接着李书记、戴部长、赵处长来。

看《闻一多作品欣赏》书稿。

2月3日　　星期二　　晴

上午,与市委邵书记和市政府的其他局长到西郊老干部休养所慰问一部分老干部。见到了王子珍同郭有义同志,至12时回来。

下午,看《闻一多作品欣赏》中的散文部分。

2月4日　　星期三　　晴

上午,许光华同志来。

下午,刘毅敏来。

接《晋阳学刊》来函。

2月5日　　星期四　　晴

今日春节。

昨晚爆竹之声不绝于耳,6时起床,也在晾台上燃放了一挂鞭炮。

还未吃早饭,就有人来拜年,以后络绎不绝。8时半,与华公等去系里参加团拜会。

下午,没出门,招待几位客人,并就近看梓北、明旭等同志。

光儿夫妇及小孩子们上午来,吃过午饭即回去了。晚饭前麟儿全家来此,饭后即回去。

晚上,电视没什么好节目,9时许便就寝了。

2月6日　　星期五　　晴

早饭后,到"军属院"看杨书记同增杰等。回家后,(黄)平权、(王)介平来,接着(韩)玉生、王基来。

看《十月》中的小说与评论文章。
晚,(李)春祥来。

2月7日　　星期六　　晴
晨起,拟《人生珍言录》的《序言》大纲。
9时许,与鸿毅去鼓楼街看电影,因开演时间尚早,便到老宝泰买了斤麻糖。街上人熙熙攘攘,春节的气氛极浓。今天的电影为《神女峰的迷雾》。11点50分散场,到家快12点半。
晚上,又去学校看电影《包青天》。

2月8日　　星期日　　晴
上午,把《人生珍言录》的《序》草就。
午饭前,光儿带小厚姊妹来,麟儿与明凤来。2时许,秋子自郑州来。
下午4时许,去看刘溶,他对这次没有提薪深为不满。
接蕤儿函。

2月9日　　星期一　　晴
晨起,把《人生珍言录》的《序》作了修正。上午,誊写给《闻一多作品欣赏》一书的文稿提的意见。
冯辉、章秀定两同志来。
晚饭时,头忽然发晕,晚上休息很早。

2月10日　　星期二　　晴
上午去校医院量血压,杜大夫量了两次说,高压140,低压80,正常,便拿点药回来了。
把给包头师专教师凡尼、鲁非二人写的《闻一多作品欣赏》提的意见誊清,并与广西人民出版社编辑程兴业一函装到纸袋里投邮。
取回《文艺报》与《上海文学》各一册。

2月11日　　星期三　　晴

上午,把《人生珍言录·序》誊清。

下午,去盟市委参加常委会。

晚,到大礼堂看《白蛇传》,这是田汉新编的,最后以大团圆结束。这本是一场悲剧,而改为大团圆,固然能满足群众的欣赏习惯,但戏剧的反封建效果却减弱了。

接程兴业函。

2月12日　　星期四　　多云有风

上午,去学校,拟到资料室借书,但未开门,因与(陈)信春谈了很长时候。又准备去增杰家,恰巧碰到他。问他爱人病的情况,他说已稳定了一点,等几天再作全面检查。

下午,访郭豫才同志。谈到他的工作计划,他说过去写的《中国土地制度史》(先秦部分)已有底稿,还须再整理一下。同时,也谈到了他的入党问题。

接到《艺谭》编辑王建新同志寄来记事手册一本。

2月13日　　星期五　　晴

上午,秋子返郑,小厚用车送她到公共汽车站。

下午,看电影《假婿乘龙》。

2月15日　　星期日　　多云大风

上午,郝同易与其弟绿园来家。绿园系送他母亲返汴,趁机来看望一下。

从箱底翻出几篇论鲁迅的文章,其中有篇系驳斥周扬认为鲁迅是拜伦主义者,还有陈鸣树附和他的说法。我认为这是错误的,这篇文章略加修改,便可发表。

2月16日　　星期一　　小雪转阴

整天在家校阅赵福生同志誊抄的《刘师培论》的稿子。

2月17日　　星期二　　晴

早饭后,溶池来谈他所写的关于陆机《文赋》的文章。我觉得他的文章内容涉及面较广,提出的问题也多,但每一个问题都没有讲透。我建议这篇文章应该改写:(一)《文赋》内容概述。(二)对《文赋》中所提出主要问题的阐发。(三)《文赋》在中国中古文学批评史上的地位:①它所起的承先启后的作用。②对后来文风,特别是齐、梁文风的影响。

送刘溶走后,去北道门买点鸡蛋同其他用品。

下午,把《刘鹗及其〈老残游记〉》一文校完,拟寄给《晋阳学刊》。

晚饭时,小梅来,送来小米及绿豆两包。

2月18日　　星期三　　阴

上午去学校,把《刘鹗及其〈老残游记〉》一文寄给《晋阳学刊》,并附致高增德同志函。到七号楼借到《吴趼人参考资料》。

下午,(罗)东峰夫妇来,(周)笑薇来。

2月19日　　星期四　　零星小雨雪

看《二十年目睹之怪现状》,除吴沃尧此书外,还将论述其《恨海》与《九命奇冤》,最后一部书为胡适所推重。胡为形式主义者,他认为这部书在结构上受有西方小说的影响,因之誉其为全德的小说。至于此书内容不过是一公案,并没有什么出色的地方。

下午去学校,听杨书记及苏副书记传达中央两个文件,至5时许散会。

周畅中同志来家,我因在学校未能晤面,他告鸿毅说我的书稿已经付印。

2月20日　　星期五　　晴

上午,冯辉来说,为搜集论文材料,她已向研究生处提出要到北京去,让我签个意见。她打算明天就动身。

下午,省社科院《中州学刊》编辑部冷柯君来,让我把年前打印过的《试论晚清第二次文学运动》一文校对一下,令她带走。冷君走后,我即找出一份进行校对,里边有部分错字或漏字,下午6时许校毕。

2月21日　　星期六　　多云

晨起,对晚清的文艺思想拟出一个大纲,准备最近动笔写这篇文章。

上午,赵福生、蒋益来,送来他们毕业分配的志愿表。

下午,参加校部研究生科召开的会议,会上由吕副校长介绍去年参观南方几个大学培养研究生的经验。而后讨论了七八届毕业研究生论文答辩的问题。

发信致秋子、蕤儿。(关于她们所在单位对她们的评语,答复这里组织部的函询问题。)

2月22日　　星期日　　多云

晨起,写关于论《野草》的文章提纲。

上午,小梅来谈她毕业分配志愿问题。她想到科研部门,因为教书非其所长,所以决定:一、到科研部门,二、留校,三、服从分配。

晚,麟儿来,让他催一下他所在单位快些回复这边学校的询问函(关于他的工作情况)。

2月23日　　星期一　　阴

开笔写《晚清文学思潮的流派及其论争》,上午10时许,把第一部分时代背景写毕。

收到来信:(一)西北大学鲁研室阎愈新函,(二)太原机械学校杭世金函,(三)安徽大学方铭函,(四)郑州省社联函。

晚,感到很疲乏,8时即就寝。

2月24日　　星期二　　阴大风

晨起写文。

上午去系里,后到增杰家,不值。

下午到系里开会。

2月25日　　星期三　　晴

上午,听蒋益试教,讲郭沫若的《屈原》。评议后,又与赵明、增杰两同志讨论对本届五位研究生在政治与业务方面的考核评语。

下午,草拟明天中文系颁奖大会的发言稿。去学校取回《历史研究》第一期和《文艺报》第三期。

发信致安徽大学方铭(附副教授推荐书)。又致郝同易。

2月26日　　星期四　　晴

上午,参加校党委召开的工作会议,由冯书记传达胡耀邦同志在军政法工作会议上的讲话。

下午,参加系召开的单科竞赛授奖大会。

发信致西北大学阎愈新同志。

2月27日　　星期五　　晴

上午,在系总支进行小组讨论。校部吕副校长,教务处张综同志,教育系李丹阳同志都参加了会,至12时散。

下午,在小礼堂听大会发言。增杰和朱少侯等都先后发了言,5时半散。

晚,看电视剧《响铃公主》,写一个蒙古王爷的独生女儿与其汉人奶妈的儿子刘刚自幼相爱。后来奶妈去世,刘刚流落到草原上。他们长大后,又邂逅相逢。公主请求王爷让刘刚作自己的马夫,从此他们重叙旧情,誓同生死。但草原上一个王子要娶公主,公主坚决不许,而她与刘刚的关系也被王爷察觉。于是,王爷设计,让大管家射死了刘刚,公主也因之自杀以殉。这是一个有传奇色彩的,蒙汉青年冲破阶级偏见相爱的故事。最后以悲剧结尾,是符合生活逻辑的。

接屈正平函。

2月28日　　星期六　　晴

上午与鸿毅去北道门赶集。

下午写文。

晚,麟儿来,把誊抄的《鲁迅与庄子》送来。

发信:(一)屈正平,(二)张宏锦。

3月1日　　星期日　　多云

晨起,匆匆吃了饭,便赶到学校看8时的电影《悲惨世界》,10时半散场。这个片子我已看过两回,雨果毕竟是大作家,思想深刻。

下午,郝同易与其母亲来。

校《鲁迅与庄子》。

3月2日　　星期一　　阴转小雨

上午,听蒋益试教,听了两节、三、四节评议。大家认为虽然有些缺点,但总的还是比较成功的。至12点才散。

下午,写章太炎的文学观,这是《晚清文学思潮的流派与论争》中的一部分。

把《袁中郎研究》的《年谱》部分挂号寄上海古籍出版社编辑王海根同志,并附一函。

洗澡回来后,鸿毅说党若平同志来访,住河南饭店。

3月3日　　星期二　　晴

上午到市人大,办公室同志说,常委会改到12号了。一位秘书向我汇报了昨天办公室会议内容，便乘车返校了。

写刘师培的文学论，未写完，到学校取钱，准备明天赴郑的费用。

下午，参加系里学习。

晚，党若平同志来家，谈至8时半，启祥也来家，他们一起走的。

3月4日　　星期三　　晴

晨4时起床，鸿毅也跟着起来。吃了早饭已5点半，笑薇送我到学校南大门等车。6时许，与（刘）增杰、（陈）信春、（赵）天吏、（牛）庸懋一起赴郑，7点40抵达。8时半开会，社联刘靖宇秘书长主持会议，讨论了成立会的日期，大会程序、内容及理事名额与人选。12时许结束。到河南饭店用过午餐后，上街买点东西，2点钟即乘车返汴。

3月5日　　星期四　　晴

9时许，去学校领工资。回来后，把有关刘师培部分写毕，下午写柳亚子。

接隋树森同志函，几十年没通信。看信后，知他现患脑血栓，有点偏瘫。信中托我查一个明代的作曲家，系开封人。一、二日当去七号楼查查《祥符县志》。

3月6日　　星期五　　晴

上午去七号楼，拟查《开封府志》和《祥符县志》，谁知图书馆人员正在开会，只好回来。下午又到七号楼翻阅这两部书，翻遍人物部分也没有查到雪舟老人王彦贞其人。晚给隋树森（育楠）函，告诉他查找的情况。

3月7日　　星期六　　晴　晚大风

上午，把鲁迅与周作人在晚清时的文艺观写毕。

下午。到大礼堂听郭副校长传达党中央九号文件，散会后又到教研室座谈。

接晨风函。滁州师专寄来校刊《酿泉》两期,向我索稿。

发信致隋树森学长。

3月8日　　星期日　　大风

写信致雪垠,以河南省文学学会名义请他回豫讲学。

看《中国新文学史料》王西彦写的纪念吴检斋先生的文章,写的很生动感人,吴先生的面貌跃然纸上。

吴检斋先生也是我的老师,我在师大念书时,他教我们《经典叙录》。上课时总是坐下讲,他的年龄比钱玄同先生大一些。钱先生上课总是精神充沛,在讲台上来回走着,滔滔不绝,而吴先生则是嘴里噙着一个大烟斗,在慢慢地讲。因为先生是讲经学的,所以课外同他接触很少。他讲课非常认真,上课后总要点一次名,而且从不缺课,他和马幼渔先生大大不同。在课外与他接触只有一件事,即在三三年暑前,我的岳父去世了,我爱人的哥哥们一定要我给岳父写篇行述,这种文章我没写过,但也不好推辞,只怕写出来不合这种文体的体例,我根据他家的"哀启"写了篇行述,呈请吴先生指正,他慨然应允,不几天便把行述仔细地改过。从这里使我感到他是怎样地诲人不倦啊!

吴先生是治经学的,特别专长于《三礼》。他曾开《三礼》名物这个课,我因是搞文学的,所以没有选修。但我知道他是太炎先生的大弟子,太炎先生的《菿汉微言》,就是太炎先生被袁世凯软禁时,他常到太炎先生那里,由太炎口述,他记录下的。但决没有想到,他后来参加了共产党,并且在抗战初期被日寇所杀害。太炎先生一向称道过去一些卓绝敢死的人,他自己就是一个不怕死的革命战士,而检斋先生为人民革命、民族存亡献出了自己的生命,正是太炎先生革命精神的继承与发扬者,堪与鲁迅先生比美了。

由于先生治经学,不像鲁迅先生从事文学而为广大的知识分子所熟知,但他佩服太炎同鲁迅,这是他走向革命而不惜殉之的思想所由来。

太炎先生的弟子分左、中、右三派：鲁迅、吴检斋可谓左派，钱玄同、朱遏先可谓中派，而黄季刚则为典型的右派。

3月9日　　星期一　　晴

接西北大学阎愈新函，嘱把有关鲁迅的论文稿子寄去。下午翻阅以往所写的研究鲁迅的文章。

晚，(陈)天福来，陪同王宗柏(人大文字改革研究所所长)同志来，谈了一个小时左右。

发信致晨风，约他来一谈。

3月10日　　星期二　　晴

上午，请厦门大学黄典诚教授给同学们讲学，题目为《古音韵中的几个问题》，11点结束。午上李式金教授请他吃饭，因我同李教授家是只隔两个门的近邻，所以我同他一块回来了。

西安阎愈新同志要我把《鲁迅散论》的稿子寄去。这两天把过去写的关于鲁迅的文章整理一下，共有以下14篇：

《鲁迅散论》目次

一、鲁迅与晚清几个作者

二、试论晚清第二次文学运动

三、中国文学划时代的作品

四、"革命文学"论争述评

五、略论鲁迅对敌斗争的战略与战术

六、鲁迅对中国文学遗产是怎样评价的

七、略谈鲁迅杂文的艺术特色

八、鲁迅论庄子

九、鲁迅论章太炎

十、鲁迅论钱玄同

十一、不许借批儒评法歪曲鲁迅

十二、从《过客》中看鲁迅先生思想的发展

十三、《希望》浅析

十四、一篇具有浓厚诗意的儿童文学作品——《从百草园到三味书屋》

3月11日　　星期三　　晴

晨起,誊抄《希望》浅析,到午上誊就,连同其他13篇投邮,寄西北大学鲁研室,并发信致阎愈新同志。

午餐,由系里宴请王宗柏、黄典诚两同志。约我作陪外,还有高文、赵天吏、董希谦、陈天福诸同志。食堂小卖部掌勺的侯师傅做的菜很不错,散席时已下午1点了。

3月12日　　星期四　　晴

早晨,草就省文学学会开会时的发言稿。

上午,去校医院看眼,要了点药。

下午,乘车去三所,参加市人大常委会,晚饭后回来。

因非常疲乏,8点多即就寝了。

3月13日　　星期五　　晴

上下午,参加市人大常委会小组讨论,与会的同志有负责郊区农业的,对农村农业情况谈的比较多。因为新的政策落实的较好,所以农产品产量也大大提高了。晚饭后,乘车回来。

守正同志晚上来家,问我去郑不去,我说晚一晚才能去。因而谈到各方面的情况,坐了近一个小时辞去。

接省社会科学院函,通知我所寄去的《晚清第二次文学运动》已经发稿。

3月14日　　星期六　　晴

上午,参加市人大会。下午,参加吕锡田市长召开的座谈会。

晚到工人影院看《白蛇传》。
接冯辉函。

3月15日　　星期日　　晴
上午乘政协车去大众影剧院看郑州话剧团演出的《神秘的古城》,饰演女主角的演员是陆丽珠。
下午写晚清文学流派中的林纾部分。
五时半,看电影《天云山传奇》。散场后回来,光儿送来他所誊抄的《〈希望〉浅析》。因与滁州师专校刊《酿泉》编辑袁戈风一函,将此稿给他寄去。

3月16日　　星期一　　晴
上午到三所开会,人大常委会于上午结束,午饭后返家。
下午,到学校李书记办公室开会,与会的有信春、郑子祯、刘海澜,至5时许散会。而后去看望高文同志,又到增杰家,回来已6点。

3月17日　　星期二　　晴
上午准备一些零用物品。
下午抵郑,参加省文学学会成立大会,住河南饭店南楼一楼41号。
晚,参加筹备会。商议会议的日程及有关事项。

3月18日　　星期三　　晴
上午,在人民会堂会议室举行省文学学会的开幕式,由社联副主任邵文杰同志致词,接着由我及张静同志讲话,继而由来宾张志公、黄典诚致词。11时许散会。
下午,在政协礼堂听张志公先生作语言美方面的报告。5时散会。

3月19日　　星期四　　晴

晨起,去省政协访李平一同志,谈了一个小时。

上午,省文学学会举行全体会议。我在会上以《试论晚清以来中国知识分子的几次分化》为题作了演讲。接着何均地、耿恭让同志相继讲了话。

下午,小组会。我参加了现代文学组的讨论。叶鹏同志就《阿Q正传》中阿Q精神胜利法的产生根源问题作了发言。

晚饭后,校《试论晚清第二次文学运动》的清样。

3月20日　　星期五　　小雨转晴

上午大会,龚依群同志讲《周总理的文学批评》,牛庸懋同志讲《关于国内研究外国文学的现状》。

3月21日　　星期六　　晴

上午,赵益闻同志作《关于当代文艺理论上的几个问题》的报告。接着分组讨论学会的规划及理事名单。

下午,选出理事,从理事中又选出会长、副会长及秘书长。

3月22日　　星期日　　晴

上午,文学学会闭幕。省委领导张树德书记、宋玉玺部长及与会同志摄影留念。而后在座谈会上,我把文学学会会议情况及今后计划向省领导同志作了汇报。

下午,乘长途车返汴。

回家后,看到姚雪垠同志及陈韶林同学来信。

3月23日　　星期一　　阴转小雨

上午,把评《恨海》一文修改毕,拟让麟儿誊抄,给他打电话未打通。

下午,参加校部召开的关于审查研究生论文与成立答辩委员会问题的会议。

晚看电视《陈三两爬堂》,这个剧浪漫主义气味太浓厚了。

3月24日　　星期二　　晴

继续写《晚清文学思潮流派及其论争》,把王国维部分写了大半。

接阎愈新函,说已收到《鲁迅散论》书稿,拟交出版社。俟以后有何情况再函告我。

接李允久函,问《老子》一书有哪些注释。

发信:一、熊章,二、北京《哲学史研究》编辑部。

晚冯辉、小梅来。

3月25日　　星期三　　晴　大风

写《晚清文学思潮流派及其论争》,把王国维部分写毕。

下午,把已写出的部分进行标点、修改。

3月26日　　星期四　　晴

上午,老友刘纵一的夫人白菊如同志来访,她坐了一个多小时即辞去。

下午,系里开会,讨论关于应届研究生毕业论文审查与答辩问题。

3月27日　　星期五　　小雨

上午,把《晚清文学思潮流派及其论争》一文写竟。下面拟动笔写《〈野草〉浅论》。

修改《谈真与诚》,拟让赵福生同志誊抄。

接陈韶林自南京来函,接《酿泉》编辑部函说《〈希望〉分析》已编入该刊第六期。

3月28日　　星期六　　多云

上午,赵福生来,送来他的论文《论新诗歌派》,并送来李何林的《鲁迅〈野草〉注释》。

下午,校学术委员会开会,通过中文、历史、外语、数学等系招收授予硕士学位研究生的决定。

光儿送来淑惠三姐文淑静寄来的《知堂回想录》一册。

3月29日　　星期日　　多云

午饭前,晨风送来刘永平(曾在河大中文系读书)的信,他在北京社会路第四十二中任教,信中说他后来转四川大学毕业,并附有诗两首。午上,留晨风在家吃饭。他拟翻译《韩诗外传》中的诗本事,我将马瑞辰的《毛诗传笺通释》一部(十二本)借给他。饭后他即辞去。

下午,誊改《兰亭与〈兰亭集序〉》。

晚饭前,何大明来,谈他的舅父王般若的情况。般若学问极扎实,有根底,对英国文学造诣甚深。但胆子极小,只怕犯错误,因而与人很少往来,妻子多病,女儿下放密云,至今未抽回北京。去年他的妻子去世,他亦年老多病。1957年,我被错划为右派后,曾与他去信,未接复函,从此断绝音问。1972年、1978年两次去京,我的女儿任蕤和他住的很近,但我不愿去看他。今天听何大明谈他的情况,知其过于小心,当时不能怪他,所以打算再去北京时去看看他。

3月30日　　星期一　　多云

上午,把《兰亭与〈兰亭集序〉》修改毕,并将其中引文与原文校正一过,拟让光儿誊抄一份。

看赵福生论文,觉大致还好,惟觉抽象的评论多而引原作少,同时分析、比较也嫌不够,因而说服力不强,仍须重新加工。

3月31日　　星期二　　阴冷

上午,盟市委老许来,谈本礼拜六拟召开常委扩大会,为期两天,我同意他的意见。

晚饭后,陈韶林来,我要去礼堂听传达文件,便和他一起去了学校。

接省人民出版社函,说《〈聊斋志异〉选讲》已经发排。

4月1日　　星期三　　多云

早饭后,张春生同学来谈他的论文是准备如何写的,说10号左右可以交来。

下午,看《知堂回想录》。

接《中国文学》杂志社寄来第2期杂志两册,刊有《A Byief Intyoduction to Yuan Hong-dao》。

张俊才来函,把《林纾论》寄还。

4月2日　　星期四　　多云

上午,赵福生送来所抄的稿子。我对他的论文提些意见,并借给他书三本。

下午,参加教研室学习会,听刘思谦同志汇报她在京参加中篇小说评论会的情况。

发信致邢桂轮。

4月3日　　星期五　　晴

上午,把蒋益的论文看毕,下午交给赵明同志。

下午,召开新晋级为副教授的几位同志座谈。杨书记参加了会议,席间吕景先、宋景昌、赵明、滕画昌、李春祥五位同志都谈了谈个人的感想,中义因去北京开会,没有参加。

晚饭前,赵希鼎同志来,以赵纪彬问题已得到解决事相告,同时又谈及他所介绍的赵敏同志,希望我再给系里谈谈。

4月4日　　星期六　　晴

上午到盟市委开会,传达盟中央及盟省委工作会议精神。下午,传达廖益隆同志关于党史若干问题的漫谈。

晚,陈韶林同志来,并以《南社》一册见赠。

4月5日　　星期日　　晴

上午到盟市委开会,午饭后返寓。

下午看《南社》一书。

晚,常如玉和她同班的一位女同学来。

写信致李冷文,并将《兰亭与〈兰亭集序〉》一文寄去。

4月6日　　星期一　　晴

上午发信:一、李允久,二、刘永平(北京四二中),三、李冷文。

到系里,与增杰谈关于研究生事。

下午,开笔写《〈野草〉的思想与艺术》。

4月7日　　星期二　　多云

晨起,写关于《野草》的文章。

下午去系里参加学习。

晚,接明日赴郑开会的通知。

4月8日　　星期三　　小雨

6时许乘学校面包车赴郑。同行的有周守正夫妇、刘亚星、朱少侯,还有几位趁车的。车在路上出了几次故障,抵郑时已8点40。

会议极简单,是关于申请授予招收硕士研究生权限的报表填写问题。教育部最近通知,认为有些报表填得不够细,不符合要求,须要重新补充。这样的事让一位行政人员来开会就可以了,竟然兴师动众,花去我们这么多时间。会议结束时,周守正同志给主持会议的提了意见。

在行政区大街一个小饭铺里喝了碗馄饨,吃两个糖糕。其他同志有的吃了点东西,有的没吃,于是即乘车返汴,2时半抵家。

4月9日　　星期四　　晴

晨起誊写在郑州参加省文学学会开幕时的发言稿。7时许,孙荣光同志来,至12时许才辞去,借走《十月》一册。

下午参加系、室主任会,由各教研室汇报开学后教学与科研进行情况。

接到姚雪垠、隋树森两兄手教。

4月10日　　星期五　　晴

上午,市文联李怀发、宋天仓来,谈金伞陪雪垠来汴讲学时,如何接待问题,并约为悼念茅盾给《梁园》写稿事。

下午,赵明、增杰两同志和五位78届研究生来家开会,至5时许散。

发信致省社联,把前些时在省文学学会成立大会上的发言稿寄去。

购得《鲁迅全集》新版第一册。

4月11日　　星期六　　晴

晨起写了篇悼念茅盾的文章,约1500字左右。

上午10时许去系里开系主任分工会。因(何)法周刚提为副系主任,需要重新分下工。事先在系总支已经有过酝酿,所以没有什么争议。信春分管行政工作,法周分管教学,增杰、高先生负责科研和青年教师培养,华先生负责研究生工作,至11时许散。

下午,看梅蕙兰评论李凖《大河东流去》的文章。

4月12日　　星期日　　晴

晨起,把下礼拜四给学生讲话的大纲写出,题目是《关于治学的立场观点方法问题》。

下午蒋益来。

晚,梅蕙兰来,把她的论文取去。

4月13日　　星期一　　阴

上午参加系里汇报会。

下午写《〈野草〉的思想和艺术》。

接(张)振寰函。

4月14日　　星期二　　阴转多云

上午,写关于《野草》的论文。

(王)文金赴京迎接姚雪垠同志,付他40元,托买尼龙帐子一个。

下午参加校部召集的关于落实政策的座谈会,省委派人来检查这项工作。

接(任)德重函。

4月15日　　星期三　　晴

写关于《野草》的论文。

看冯辉的毕业论文。

上午,买到《歧路灯》上册一本,下午寄给上海古籍出版社王海根,并附信一纸。

致振寰、德重各一函。

晚看电视,省曲剧团演的《风雪配》,系由《今古奇观》中《钱秀才错占凤凰俦》改编而成。

4月16日　　星期四　　晴

晨起誊抄《悼念茅盾先生》一文,约1500余字。

上午去东三斋,把冯辉的论文交她修改。

下午,听工学院一位日裔华籍女讲师讲其回日本工作一年的印象与感想。她把资本主义国家工人生活与中国的作对比,从而说明我国社会主义制度的优越性。她很能讲,也很会讲,从2点讲到6点多,几乎没有休息。散会后,听众对她的讲话评论很不错。

上午,德盛侄的大儿子来,下午辞去。

接李冷文函。

4月17日　　星期五　　阴转小雨

上午,把关于《野草》和思想部分写毕,下午开始写艺术部分。

接西安尚寅宾函。

《艺谭》将《钱玄同论》寄回,让修改。

学报第二期出版,送来稿费陆拾叁元。

4月18日　　星期六　　晴

上午,参加市人大办公会议。

下午,补充悼念茅盾先生的文章。

4月19日　　星期日　　晴

春生与李君来,把修改好的《悼念茅盾先生》一文交春生带走誊抄。

下午,写《〈野草〉的思想与艺术》,至6时许写毕,约两万字。

4月20日　　星期一　　多云

上午,把《〈野草〉的思想和艺术》一文标点一过,接着修改《钱玄同论》。

接巩县二中刘会文函、医学院张静吾函。

4月21日　　星期二　　晴转雷阵雨

上午,把《钱玄同论》修改毕,寄合肥《艺谭》杂志,并附函一件。

发信:①李德新,问若平同志病。②张静吾,答复他关于严寿椿事。

下午到系里开会。

4月22日　　星期三　　晴

上午,到学校会议室,参加30年以上教龄的老教师座谈会。下午又在小礼堂会议室参加统战部召开的座谈会。

接刘永平函。

接汪玢玲函,并寄来她的文章两篇,载《民间文学》与《长春师大学报》。

4月23日　　星期四　　晴

上午去学校理发,路过东三斋,把文艺理论题目送交研究生。

福生送来评陈雨门的诗一首,看后给杨旭村写封推荐信,他想把稿子投寄《奔流》杂志。

下午,再看《〈野草〉的思想和艺术》一文。

发信:(一)李冷文(附艺术系招生简章一份),(二)寄汪玢玲学报两册(内有我的文章两篇:①《李伯元论》,②《曾朴和他的〈孽海花〉》)。

4月24日　　星期五　　晴

上午,听(章)秀定讲周立波的《暴风骤雨》。她的教学内容和教学方法的确大有提高,对人物分析很细致,有时也很生动,同学们听着很感兴趣。由此说明一个人只要努力,在教学上是会逐步提高的。

接《教学通讯》邢桂轮函,并将寄去关于郭老一文退回,令压缩。

这给我一个很深刻的教训,即令外来索稿时,也需详加考虑,不能冒然寄出。

下午看春生的论文,一下午只看了四分之一。

4月25日　　星期六　　晴

上午,看张春生的论文,并对他所论到的爱情小说与评论爱情小说的论文从《人民文学》中找出参阅一下。因而把保存十几年的《人民文学》作了一番整理。

下午参加校学术委员会会议,批准了五个系招收硕士研究生所提出的名额。

4月26日　　星期日　　晴

上午,把学校准备召开30年教龄教师庆祝大会上的发言稿写成。

下午看电影《残雪》。

看张春生的论文。

4月27日　　星期一　　晴

上下午,看春生的论文。

上午,冯辉、小梅与赵福生同学先后连续来谈问题,下午又有刘毅敏、孙荣光、春祥同志来访,因此春生的论文还没看完。

春祥送来四本书:《桃花扇》、《长生殿》、《源氏物语》、《浮生六记》。

4月28日　　星期二　　晴

上午把春生及永江两同志的论文看完,并写出了修改的意见。

下午,参加系总支召开的全系大会,由我与吕景先、高文、华钟彦诸同志向同学们讲述新旧时代知识分子处境的对比,从而说明为什么要坚持四项基本原则。结束时已6点。

接到科学院文研所通知,让 5 月 20 日去天津参加现代文学理事会会议。

4 月 29 日　　星期三　　晴

上午,郭副校长邀请老高、老华和我在系办公室商议给王婉顺(钱天起夫人)作思想工作事,至 10 时散去。

下午发信致何权衡并附文稿《谈真与诚》。致文研所马良春函。

4 月 30 日　　星期四　　晴

看《吴沃尧资料》,其中载有研究他的小说的论文目录。我于 57 年写的《吴沃尧及其〈二十年目睹之怪现状〉》一文的篇目也在其中。这篇文章刊于该年《语文学习》第十期。我到七号楼资料室寻找这篇文章,结果没找到。

下午,系里举行全体会。

晚看电影《屠夫状元》,系由香港拍摄的陕西郿鄠戏,是一个具有浪漫主义色彩的喜剧片。

发信致晨风,请他代问《金瓶梅》一书事。

5 月 1 日　　星期五　　多云

上午没出门,光儿带小简、小满来。

下午看《二十年目睹之怪现状》及《吴沃尧参考资料》。

5 月 2 日　　星期六　　阴转晴

早饭后,与鸿毅上街并去看望东峰夫妇。回来时已 12 点。

5 月 3 日　　星期日　　大风降温

晨起写吴沃尧的生平。

上午去七号楼查《月月小说》(学校共有四本)。看了看其中所载吴沃尧的《上海游骖录》。又找《人间世》,小梁说拿去装订了,只好等等再查。

上午在系总支开会,关于接待姚雪垠来讲学事。

下午写吴沃尧的思想及文学观。

蒋益来,我不在家,送来他的论文,并赠我以赵孟頫书写的《兰亭集序》。

5月4日　　星期一　　大风降温

整日没出门,阅读有关吴沃尧的小说及有关资料。下午继续写《吴沃尧论》。

5月5日　　星期二　　晴

上午,继续写《吴沃尧论》。

下午,参加教研室庆贺30年教龄教师的座谈会。我在发言中谈了三个问题:(一)专业思想问题,即要终生忠于党的教育事业。(二)在教学上对待同学要认真负责,做到学而不厌,诲人不倦。(三)在科研上要有锲而不舍的精神。作学问,要有一定的广度,才能有一定的深度。广度与深度是相辅相成的,没有广度就很难有深度。相反的没有深度,那么广度也就是泛泛的知识,是不能在学术上有所贡献的。

冷文同志的亲戚孟同志来,谈他的女孩来这里考美术系,并捎来冷文的信。

5月6日　　星期三　　晴

上午,写《吴沃尧论》竟。

下午,到校医院取冠心宁,大夫说没了这种药,让上街购买。到报刊订阅处,订下半年期刊9种,共洋19元零1分。

开始读《魏源集》。此公喜游历,国内名山胜水几乎都曾游过,并都有诗记游。

5月7日　　星期四　　晴　高温34℃

上午把《吴沃尧论》修改一过。

看《魏源集》。

下午,学校举办庆贺30年教龄的老教师、干部、职工大会,我作为老教师、干部、职工代表向校领导致谢词。

5月8日　　星期五　　晴　酷热

上午,《晋阳学刊》屈毓秀来访,询及李嘉言、于赓虞的情况,并问能为李写传的人。

下午,四位进修生来谈,从4点谈至6点辞去。晚饭后,与鸿毅去访钱太太,谈钱(天起)先生事。钱太太坚持要赔偿她家的损失,否则开了追悼会也没意思。

发信:(一)蕤儿,(二)呼和浩特林文堂。

5月9日　　星期六　　晴

上午,到市人大开会。

下午,系里举行接待姚雪垠同志事宜会议。接张俊才函,询问过去研究林纾一些学者的情况。

5月10日　　星期日　　小雨

看《魏源集》。

5月11日　　星期一　　晴

上午,看毕蒋益的论文。

看《魏源集》。

兰大历史系李天祐教授与安澜来访。

《中州学刊》第一期出版,寄来五册,并稿费104元。

《史学月刊》送来《晚清以来中国知识分子的几次分化》一文的

校样。下午校毕,晚饭后送给赵希鼎同志。

5月12日　　星期二　　晴

看《魏源集》。

发信致廖子东,并将《中州学刊》寄给他一册。

下午,与校领导到招待所看由外地来校准备听姚雪垠讲学的河南文学学会的会员们。

4时半,与校领导乘车去宾馆迎接雪垠同志,市里的一些领导已在那里等候。至6时许才到,因车子在路上抛了锚。雪垠留我在宾馆吃饭,并谈谈关于学术报告的内容。7时许,与增杰、文金返校。

因停电,回来后也不能工作,9时许就寝。

5月13日　　星期三　　晴

上午,请雪垠同志在十号楼124教室作学术报告。高先生主持会议,由我致《欢迎辞》。《欢迎辞》是我一早起来费一个多小时写的。雪垠今天讲的是个绪论,即他对历史小说的看法。结束后,陪他在校园内转转,看了看六号楼北边的花圃和七号楼地下的藏书。午餐由学校宴请。

下午午觉后,北京图书馆一位同志刘君来此,约为他们写《自传》,至5时许辞去。

5月14日　　星期四　　晴

上午,把赵福生同学誊抄的《〈野草〉的思想与艺术》校阅了一下。

看(张)春生同学的论文。

下午,在大礼堂主持雪垠同志的学术报告会,题目是《向母校汇报工作》。谈他在这里预科读书时接触到地下党,开始阅读马列著作。虽然后来被逮捕,学校也开除了他,但这里却对他学习马克思主义起到了启蒙作用。其次,也是在这里使他开始接触到古典文学和史学。所以他对这个学校还是非常怀念的。接着,他谈了自己的学习经验:(一)目的要对人民做出有益的事情,(二)要有正确的立场、观点、方法,即要学习马列主义,(三)要刻苦努力。他最后总结为四句话:加强责任感,打破条件论,下苦功夫,要抓今天。

接(陈)雨门及地区师范毛炳身函。

晚,(宋)应离、(王)宗棠偕郑大几位同志来谈。

5月15日　　星期五　　晴

上午,雪垠继续在大礼堂作学术报告。题目是《历史与历史小说》。10点半结束后,请他在大礼堂前与中文系全体教师合影。

下午,看春生的论文。

接西北大学鲁迅研究室函,邀请我去他们那里参加6月份举行的鲁迅百周年诞辰纪念会。

5月16日　　星期六　　晴

上午,陪雪垠在大礼堂讲学。把《历史与历史小说》一章讲毕,下面就现实主义问题讲了一部分。11时许,与增杰同志陪他去附中,同该校师生见面,他讲了些对同学们勉励的话。而后又到开封一高,同在附中一样。结束后,回来已12点。

接陕西人民出版社文艺编辑部函,决定把《鲁迅散论》发排,让写篇《序言》或《后记》。下午从旧稿中找出一篇《鲁迅参加旧民主主义革命对他的思想与创作的影响》,修改后,晚上让小厚带给光儿誊抄。

晚饭后,(张)永江来谈。

5月17日　　星期日　　晴

上午,雪垠同志继续讲现实主义问题。因为今天要结束,一直讲了三个钟头,到11时半才结束。

下午去宾馆。同去的有增杰、刘溶、高、华等同志,还有外单位的陈雨门。大家共同宴请雪垠夫妇及其助手。饭前,讨论了成立研究

《李自成》的组织问题,饭后又漫谈了一阵,至7时散。

5月18日　　星期一　　晴

上午,把《鲁迅散论》的《后记》写成,交给张春生同学誊抄。

下午,去大众影剧院陪雪垠给市教育界讲演。内容谈他去日本参观的所见所闻,以及开国后教条主义与极左思潮对文艺的干扰,和他在创作上所吃的苦头。最后谈他写《李自成》的经过和毛主席对他写《李自成》的支持。3时开始,5时结束。

晚餐在宾馆由市委邵球书记和吕(锡田)市长请客。回来后,到招待所看望北京图书馆《文献》编辑部刘宣同志。

接北京文研所及鲁迅研究会函,都是通知开会的。

5月19日　　星期二　　晴

7时半,去宾馆给雪垠夫妇送行。

把给陕西人民出版社写的《鲁迅散论·后记》投邮。

下午写信:①张俊才,②屈正平,③阎愈新。

晚,商氏兄妹和商的女友来访,谈至9时许。

5月20日　　星期三　　晴

上午到银行取钱,作赴天津再到大连开会的费用。

看冯辉的论文《田汉对中国早期话剧的贡献》,下午看毕并提了点意见。晚饭后她来家,把稿子交给了她。

上午把昨天写的三封信投邮。

5月21日　　星期四　　晴

上午去学校,把《歧路灯》(中、下)两册并函一件寄给上海古籍出版社王海根同志。

到系里与杨书记辞行。

收到王海根函。

接广州中山大学当代文学学会函,通知 7 月初去庐山开会。

下午,整理衣物,准备赴津。

5 月 22 日　　星期五　　晴

7 点,与增杰、春生乘校车赴郑。同行的有郭副校长等一行 8 人。9 时许抵郑,下榻河南宾馆 123 号。

下午,(文学学会)举行小会,商议雪垠演讲稿的整理问题和成立《李自成》研究组织问题。

晚饭后,与增杰去河医医院病房大楼内——149 号房间,看望党若平同志,他因去南阳视察,突患脑溢血至半身不遂,住院两月,已有明显好转。坐有半小时即返寓。

5 月 23 日　　星期六　　晴

上午,文学学会举行常务理事会。到会的有赵明文、孙广举、增杰和出版社余同志。会议讨论了下半年工作安排,决定于 9 月中旬举行鲁迅纪念会,并出版图书一册。另外,准备举行《歧路灯》讨论会。11 时散。

午餐,常香玉、陈宪章夫妇宴请雪垠夫妇,约我和金伞夫妇作陪。1 时许散。

因赴京的火车票没买到,由刘济献同志设法买到硬卧,6 时到车站,7 点开车。

5 月 24 日　　星期日　　晴

车于 6 时许抵京。我与春生未离开车站,先到楼上餐厅吃了 20 个水饺,春生去票房买票,8 点多,乘上开往天津的快车。在车上碰见李何林、吴奔星、单演义等同志,11 时许抵津。会议派车接我们到天津宾馆,我被安排在三楼 16 号。

下午,见到钱谷融、薛绥之同志。

晚 9 时许就寝。

春生下午回家探亲。

5月25日　　星期一　　晴

上午,大会开幕式。由天津市各方面领导致欢迎辞。然后由南开大学李霁野和社科院鲁迅研究室李何林讲话。

下午,由李何林、鲍晶作鲁迅改变国民性问题的发言。

发信致鸿毅。

5月26日　　星期二　　晴

上午小组讨论,我也发了言。

5月27日　　星期三　　雨转晴

上下午大会发言。我在下午也作了发言,题目是《对鲁迅改造国民性问题的粗浅体会》。

5月28日　　星期四　　晴

早饭后,春生来。同他一块到市中心区参观市容,并到劝业场为鸿毅买条裤子,为笑薇、小厚各买一件的确良上衣,又到新华书店买了11块多的书,当即邮寄回开封。

11时许,到春生家看望他父母亲和他的妻女。饭后小休,3时许辞去。乘公共汽车到水上公园游览。公园中是一望无际的湖水,水上有长廊、阁榭等建筑,大似北京北海的风物。6时许离开,在公园外边同春生合影一帧。又乘车至佟楼餐厅用晚餐,饭后乘车返寓。

发信致杨书记及高、华二同志。

5月29日　　星期五　　晴

上午,大会讨论。王瑶、陈则光等同志发言。

下午,闭幕式。南开大学中文系系主任致闭幕词,王瑶作《鲁迅——清醒的现实主义》的报告。

晚,天津社科院文研所某同志来谈关于近代文学问题。

5月30日　　星期六　　晴

上午,汇报各地现代文学研究情况,与有关学会组织情况。

下午,讨论对会员(现代文学学会)登记表的审查批准入会问题,散会。搬家,住五楼26号,与蒋锡金同志同屋,他系东北师大教授。

5月31日　　星期日　　晴

上午,讨论明年年会开会的地点、时间、经费,以及参加代表的名额与名额分配,会议的中心议题等问题。决定时间5月,地点海南岛。东道主海南师专,并由广州各大学协办,代表150人。根据会员人数确定代表名额,中心议题:(一)毛主席讲话的影响与作用。(二)现代文学在发展中出现的思潮与流派。

下午讨论如提高《中国现代文研究丛刊》的质量及扩大印数问题。

6月1日　　星期一　　晴

晨起,整理行囊。5时半,乘车去车站,坐6时40分车往北戴河。12时到达,下车后找不到去休养地的车子,在一个小饭馆吃了面条。2时许乘公共汽车到休养地,住天津市老干部休养所。

晚饭后,去海边看海。9时许休息。

6月2日　　星期二　　晴

早起,与春生到海边,拟观海上日出。没想到到海边,已日上三竿。同时,日出处为一座山,在这里根本看不到日出。海滩上不少人在拾海白菜、蚌壳。我们也想捡些贝壳,但却没什么好看的。后来看到对面高处有座亭子,我们便登上去,远望茫茫大海,波澜壮阔,引起无限遐想。因系凌晨,也没看到什么船影。从亭子上下来,即顺海滨公路返寓。

早饭后,同来的 10 人中有 4 位要离开这里,遂在海滨摄影留念,我与春生又单独摄影留念。

从海滨返寓,都觉得昨日劳顿尚未恢复,即行休息。

下午午休后,剩下的 6 人同游北戴河大街,市容整洁,店铺中商品品种丰富,有不少系供应外宾及华侨旅游者的。在新华书店买到《鲁迅诗歌注》一册,又买到一个用贝壳装饰成画幅的镜框,拟作为送给蒋益结婚的礼品。

晚在吴奔星同志室内品茗清谈,真是海阔天空,谈到文艺界领导间的思想矛盾,而造成文艺界的紧张局面,大家都不胜感慨,至 9 时半散去。

发信:①鸿毅,②增杰。

6月3日　　星期三　　晴

早饭后,乘车经秦皇岛、山海关,到孟姜女庙游览一下。庙中有塑像,壁上嵌着石刻多块,多系前人歌颂孟姜女与痛斥秦皇无道的诗。览毕,乘车返回山海关。登上城楼远眺,始知山海关之名系就长城而言。因其一头临海,一头临山,故以山海为关名。遂与春生摄影留念。回来,将到北戴河时,又至东边鸽子窝海滨,登上望海亭望海,海上风平浪静,海水碧蓝。据云《青春之歌》中林道静即在此处投海为余永泽救起的。离此返寓已 12 点。

下午到街上又买点糖果,晚饭后又到海滨观潮汐。海水冲击岸边礁石,波涛汹涌,浪花飞溅,蔚为奇观。8 时许回寓,与旅馆主人告别。

6月4日　　星期四　　晴

晨四时起床,4 时半乘车去车站,5 时半搭上去大连的直快,晚 7 时许抵大连。下车后乘无轨到辽宁师院,找到中文系主任吴先生。承他热情帮助,用校车送我们到黑石礁别墅,已近 9 点。晚餐时间已过,只好大嚼所带的点心。10 时许就寝。

6月5日　　星期五　　晴

早饭后,我们一行四人同到星海公园。这是海滨的一角,可以远望苍茫的海面。近处有玩帆板的,也有几只游艇。我们坐在石磴上休息一阵,就回来了。

下午,乘2路汽车又转2路无轨到老虎滩,攀上一座山,俯瞰海面别有一种况味。据说山脚有老虎洞,因以为名。4时半回来,由于归客甚多,等车等了很长时间,加上中途转车,抵寓已6时许。饭已开过,好在服务员还留的有饭,不过米已有点冷了。

晚上,辽师戴翼同志来访,谈此地可以游玩的地方。

6月6日　　星期六　　阵雨转晴

晨起,到星海公园跑步。

早饭后,与吴、钱、张三同志去天津街购物,并到新华书店,什么书也没买到。回来时,上汽车把眼镜挤掉了,幸亏后边一位老先生接着还了我,否则真不堪设想。

晚饭后,又与上边的三位同志散步到星海公园。

6月7日　　星期日　　晴

早饭后,与春生到对面的浴池洗澡。设备非常简陋,草草了事。回寓后已近10点,漫谈一阵,又看了会儿书,已近中午。

下午午睡起来,谷融同志来问是否准备去符家庄,我和春生同意前往。于是乘2路汽车到车站,又转无轨,再转汽车才到。这里是郊外农村海滨,有许多垂钓者。波涛汹涌,一片汪洋,海风阵阵,冷气袭人。坐在山角的礁石上,休息了半小时。因时间不早,即乘车返寓,已5时许。

6月8日　　星期一　　晴转阴

晨起,到星海公园,跑到东山头上望海。这里确是观海的最好地方,东望南望,一片汪洋,浩淼无际,海风吹来,沁人心脾。

上午没出门,下午与吴、钱二公及春生到车站附近自由市场购物,买得虾米二斤、紫菜三两。

晚饭时,大批参加会议(纪念鲁迅诞辰100周年学术研讨会)的同志到来,互相访问座谈,至9时许就寝。

接增杰函。

因要我明天发言,于是匆促间写了两千多字的发言稿。

6月9日　星期二　阴

上午,举行开幕式。下午,与会同志汇报论文提纲。

已买到12号下午四时启碇的船票。

6月10日　星期三　阴

上午发言,把《〈野草〉的思想和艺术》的内容大致在会上作了概述。

《〈野草〉的思想和艺术》打印本已寄来,共20份。留下一份,其余的交大会秘书处。

下午,接蕤儿自京来信。

6月11日　星期四　小雨转晴

上下午,分两组讨论,我参加第二组。发言都很踊跃,讨论人道主义及《野草》的创作方法等问题。

6月12日　星期五　晴

早饭后,与会同志在别墅楼前合影留念。然后乘车去旅顺口。约9时许抵旅顺,先参观东鸡冠山北堡垒,这是俄国人修筑的。1904年日俄战争,日本在此进攻俄国人的阵地,打败了俄国,于是就在这个山的高峰修筑了忠灵碑。日本人抓了两万多中国劳工修建了这个巍峨的高塔,解放后改名为白玉山塔。站在塔前,俯瞰旅顺口,真是天造地设的一个最优良的军港。港湾四周为群山环抱,只在东南方向留出一个缺口,与大海相接。港内严冬也不结冰,可容纳许多军舰。军舰从缺口出,可以驶向大海。在港口两侧设立炮台,敌人决难侵入。但因现代飞机的进步,可往港内投掷炸弹,所以我们把港口与海相隔的山均已挖空,军舰均进入山洞借以避免轰炸。从白玉山塔下来,乘车至市内参观博物馆,看了从新疆挖掘出的几具木乃伊。有一个女的面目如生,其余的下肢已成骷髅。11时去市委招待所午餐。

午饭后才12点,我同吴奔星、张春生两同志去汽车站,一点乘长途汽车返大连黑石礁,2点45分乘出租汽车赴港口码头,登上开往青岛的"天湖"号船一等舱。

7时半,在餐厅观看南京杂技团的旅客演出的节目。8时半结束。

在别墅临走前,接到光儿的信。

6月13日　　星期六　　晴

晨6时许,船抵石岛,并未入港停泊。约两小时,等小船载乘客来上船后,始又启航。船航行大海中,水天一色,诚为大观。下午3时半抵青岛,当即买开往兰州的102次车到开封的票。8点55分上车后即就寝。

6月14日　　星期日　　晴

上午10时半,车抵徐州。吴奔星同志下车,送他到站台,他的小儿子和两个研究生把他接回去了。

在车上无聊,看《小说月报》,不知不觉车已抵开封,时间为4点10分。出站后,与春生雇机动三轮回家。

9时许,光儿来,我已睡了一觉,他走后即就寝。

6月15日　　星期一　　晴

上午,增杰、张俊山来,劝我去庐山参加当代文学学会,我心有点动。

下午,去系里参加系学术委员会扩大会议讨论部分教师提升副教授问题。

会后,杨书记告诉我关于我的组织问题,说去年中央有文件,说省、市民主党派领导参加组织,不如不参加起的作用大,这同我在大连时蕤儿的来信中说的一样,这使我的心凉了半截。后来,杨书记告我可以再写一个申请,并可与李书记直接谈一下。我同意他的意见,晚上即草拟了一份申请书。

晚,张春生、梅蕙兰来,我给春生20元,作为他随我出差的经济帮助。

发信两件:(一)阎愈新,(二)(任)德昭。

6月16日　　星期二　　晴

早饭后去军属院看增杰与杨书记,并把申请书交给杨书记。

8时许,在教研室与增杰、赵明讨论冯辉论文的修改问题。散后,我到东三斋把论文交给冯辉,并同她谈了如何修改的问题。

下午,参加系里大会。

把张建章的论文《论金和》交还给他,并谈了谈我的意见。

6月17日　　星期三　　晴

上午,写《鲁迅评论人物的标准》。

下午,继续写文。

接姚雪垠邀我去庐山参加会议的信函。

发信:(一)北图刘泉,并寄去《〈野草〉的思想与艺术》一文,(二)复姚雪垠。

6月18日　　星期四　　晴　酷热

上午,把《鲁迅是怎样评价人物》的一文写竟。

赵福生同志来,让他把寄给穆国正的一篇稿子投邮。

下午系主任会议,讨论关于布置七七级同学写毕业论文的问题。

发信给北京出版社穆国正,将论郭沫若早年泛神论思想一文寄给他。

6月19日　　星期五　　晚大雨

上午看冯辉的论文。

下午,把冯辉的论文看完,并提出修改意见,题目改为《论田汉早期的话剧创作》。

接刘宣、吴奔星等同志函,复吴一函。

晚,张俊山同志来,谈去庐山事,同时也谈关于《野草》的研究问题。

6月20日　　星期六　　晴

昨晚大雨,从宿舍到学校的路有部分已被水淹。

上午去学校没碰到增杰,杨书记也不在总支办公室,托刘国英向杨书记说一下。

下午,到盟市委听卢治国同志的讲话录音,我因事没听完,5点10分即乘车回来。

6月21日　　星期日　　晴

上午,与张俊山同志乘杨章武同志小车去郑州,在河南宾馆休息,晚乘车赴武汉。

6月22日　　星期一　　多云

早晨到武汉,暂住汉口民生路民生旅社。下午,通知武汉军区后勤部刘秉钊与李师钊两同志来。他们到旅舍后,畅谈了几个小时。李是荥阳人,1935年离开洛阳师范去的延安。

晚7时,乘长江轮东方红一号驶向九江,睡至5时始醒。

6月23日　　星期二　　晴

晨抵九江,乘公共汽车上山,到牯岭饭店报到。下午参加大会预备会,让我作关于鲁迅专题的发言。

6月24日　　星期三　　多云

上午,大会举行开幕式。先由江西的同志致辞,接着九江市委负责同志向大会致贺词,而后宣读作家丁玲、艾青的贺信与贺电,最后姚雪垠同志讲话。

下午,与雪垠夫妇和康濯、魏猛克夫妇、秦似等七八位同志,乘面包车游览名胜。计有芦林一号(毛主席别墅)、庐山林场、含鄱口、三宝树,回来时经仙人洞。车到寓所已5点半。景物中以含鄱口最为壮观。从两个山峰的缺口望鄱阳湖,一条长长而边缘不整齐的湖面发出玻璃一样光彩,天上云彩浓淡交错,令人精神为之一振。深叹祖国的伟大,像这样雄伟而壮丽的景物,在大好河山的姿容中,真是不胜枚举。

晚看电影《南昌起义》。

6月25日　　星期四　　晴

上午乘车到空疗礼堂,听大会发言。其中一位王镜同志评《三里湾》、《山乡巨变》、《创业史》及《艳阳天》四部写农业合作化的长篇小说,颇有见地。

下午,乘车逛庐山名胜。最先到花径花园。据说园中一块石碑上所刻"花径"二字,系白居易手迹。今此碑尚存,碑横卧地上,上边筑一小亭。字写得并不怎么美,是否为乐天所写,颇为可疑。园中为养花之所,但名贵异种并不多见。

离开花径花园,又到仙人洞。江青曾在此地照像,毛主席并为她题诗。过去未来过此地,认为诗中"天生一个仙人洞,无限风光在险峰",意思是相关联的,即仙人洞在险峰之上,从洞远望有无限的风光。现在亲临此地,始知二者是无关的。仙人洞所在之地极宽阔,洞也极大,洞外有空地,数十尺之外有石栏,栏外青松耸翠。所谓"无限风光在险峰"者,乃系泛说。由此可见,读咏景物的诗,如果不亲临此景,仅从诗人在诗中的想像,往往是不符合实际的。

车开到大天池,从这里下去为龙首崖。下去的石级约三四百级,可以看到山岩如龙首形。下临千丈深渊。同游者劝我和雪垠不要下去,后来我们还是下去了。稍憩之后,又拾级而登,中间休息几次,上到大天池。同游者都还认为我们的身体还不错。所谓的天池,不过是一长方水池。据说,无论如何干旱,池水也不干涸。水的比重较大,游人为看其能否将硬币分钱浮起,所以池底落有不少分钱。

由大天池还寓已近5点半。

晚参加当代文学学会理事会议。

发信致鸿毅。

6月26日　　星期五　　多云

上午,在空疗礼堂听康濯同志作报告。

下午,写文章,题为《继承并发扬鲁迅的现实主义创作精神》。

6月27日　　星期六　　多云

早饭后,与雪垠夫妇,还有其他与会的如秦似、杨樾、舒信波等同志乘车下山。先去参观朱熹讲学的白鹿洞书院,继而到秀峰寺,碑刻如林,寺里有号称南唐中主李璟的读书台,风景特别秀丽。从山上下来一股清瀑,沿着两边山岩曲折回旋而下,在中间平坦处汇为一清澈的水潭,再向下弯转迂回,顺着山岩泻下。两侧的岩石,镌刻有许多游客的题词,有高雅的也有庸俗的。同行某君带有照像机,为大家摄影留念。11时半,又驱车到星子县温泉疗养院。在这里用了午餐,洗了温泉澡。泉水太热,不敢下到池子里,仅仅用毛巾擦了擦。由于空气太热,加上温泉也是热的,所以身上直冒汗。

这里距渊明故里栗里很近,听说姓陶的还不少,但渊明遗迹已很少了。

　　午后3时许,乘车游东林寺。这是一座荒芜的废寺,最近因适应旅游,才重新修葺。据说这是东晋高僧慧远传道之所,附近有虎溪桥。慧远曾组织莲社研讨佛法,渊明曾同他往还,不知确实否?对此古迹,缅怀先贤,难免不发怀古之情。

　　离开东林寺,车子即向返回的路上开去。虽然是上坡,但开得很快,6点到寓所。

6月28日　　星期日　　大雨

　　上午修改文章。

　　下午,河南同乡来看望雪垠同志。我与俊山、如法商量回汴问题。

　　誊写文章。

6月29日　　星期一　　晴

　　上午,听广州中山大学一位同志报告港台文学。我听了一半,9点半休息时返寓,把给《星火》写的文章誊清。

　　下午,参加广西人民出版社程兴业同志召集的关于编写现当代文学作家作品欣赏丛书的座谈会。我因曾审阅林焕标(凡尼)与鲁其飞(鲁非)两人合写的《闻一多诗文欣赏》,所以我也参加了会,并发了言。

6月30日　　星期二　　大雨

　　上午,在寓看《文艺报》。

　　把文稿交给苏清波同志。

　　下午,给大会作《学习鲁迅治学精神》的报告,讲了近两个小时。

7月1日　　星期三　　大雨

　　看电影剧本《女贼》,所塑造的人物都是有血有肉的,老公安人员陈一潭的思想品质都是很优秀的,黄毛的思想发展也是符合其生活逻辑的。但不知为什么没有被拍成电影。

下午,与上海艺术研究所汤竹园一块上大街购物,买得带盖景德镇瓷茶杯一对及其他零用品。

晚大会聚餐。

夜用杜甫诗韵诌诗一首:

> 晦翁遗踪何处寻,匡庐依是树森森。
> 白鹿论坛非昔时,天道讲说犹余音。
> 东原"斥理"诚卓识,复生"批纲"启民心。
> "吃人"史册多少恨,能不教人泪沾襟。

7月2日　　星期四　　阴转晴

下午,与雪垠夫妇、秦似夫妇去参观蒋介石在庐山的别墅。据说这个地方现在是招待副总理与副委员长的所在,班禅额尔德尼曾在这里住过。本来还要去参观博物馆,因看到天上的云块越来越多,大有山雨欲来之势,于是就回寓了。回寓后也没有下雨,便把这次大会发的材料包装毕送往邮局投邮。

晚饭后,大会举行了简单的闭幕式。去影院看电影《飞燕曲》。

7月3日　　星期五　　晴

8点20分乘公共汽车,与(张)俊山下山至九江,到九江饭店三楼一间小房休息。11点半吃过中餐,到九江市购物。因买西红柿,把钱拿出被小偷看见。在回寓的路上,钱被小偷掏去,约丢失20余元并八九斤粮票。这次被偷全由于自己大意,忘掉了小偷,不能怨别人。出门稍一丧失警惕,就会出漏子。这是一个很好的教训。

下午4点,登上东方红一号客轮,4点半启航,上行到汉口。买的二等舱,我的房间只我一个,倒也清静。

隔壁李耿教授(广西师院)找我谈天,并将其发表于《广西文艺》中的旧体诗送来让我评论。我看他悼茅公的诗,把他与鲁迅相比,稍有些过头,但也不好批评。后来又到他的房间坐了一会儿,作了些不着边际的评论。

晚 7 时许即就寝。

7 月 4 日　　星期六　　晴

晨 7 时许,船抵汉口码头。武汉军区后勤部刘秉钊同志已在那里迎接。下船后,与俊山乘刘的车到后勤部招待所休息,住四楼 201 号。洗了洗澡,与俊山到大街看了看。在新华书店买了本赵景深的《中国小说丛考》,又买了点其余东西回寓。

晚 7 时,秉钊同志来寓谈了一会儿,乘他的车去火车站,8 点 18 分开车。

7 月 5 日　　星期日　　晴

晨,4 时半抵郑,在车站乘旅游车返汴。回家看到些来信,有两封系嘱写纪念鲁迅文章的。

7 月 6 日　　星期一　　多云

晨起着手写纪念鲁迅的文章《神化既无助于伟大,诋毁亦何伤于日月》。未竟。

9 时许,去系里。

下午看《鲁迅书信集》,找所找的话。

7 月 7 日　　星期二　　晴

晨起继续写纪念鲁迅论文。

上午赵福生、冯辉来。冯送毕业论文让审阅。

下午把论文草就,冯辉文看毕。

在灯下看谌容的小说《褪色的信》。

7月8日　　星期三　　晴

晨起去军属院看增杰同杨瑾书记。

下午在学报开会,谈编选当代旧体诗词事。到会者有高(文)、华(钟彦)二公及应离、振铎等。

发信致凯梅、天津鲍晶。

把《吴沃尧论》交校学报。

晚看电影回来,商展思(曾令铎)与其儿子来,谈至12时始去。

7月9日　　星期四　　晴

把给南昌《星火》写的《继承发扬鲁迅创作上现实主义精神》一文中引鲁迅的诗文句子抄出。

励武来,把河南人民出版社已经印出的我的《中国古典文学论文集》从雨门那里带来。共印1万册,约25万字。我看了几篇还没发现错字。

发信给(一)王季思、(二)天津文研所鲍晶同志、(三)南昌文联舒信波同志。

晚,光儿来,付他15元购买菜蔬及酒,拟明日请姚景韶、曾令铎来吃饭。

接天津文研所王昌定函。

7月10日　　星期五　　多云

昨天决定邀几个学生来家吃饭。今晨到(姚)景韶、(何)权衡及(张)俊山住处跑了一趟。

发信给恭夫(内附与周畅中函),让他找河南人民出版社周畅中,把《中国古典文学论文集》一书取出一部分,遇便人带来。

6点多景韶等来,晚饭后一直坐到10点多才散。

7月11日　　星期六　　晴

上午补正《学习鲁迅的治学精神》一文。

下午去学校,把旅游通知交给杨瑾书记,我决计不去了。

把鲁迅的《汉文学史纲要》仔细读了一遍,一二日内拟写篇从《汉文学史纲要》中看鲁迅写文学史的体例。

7月12日　　星期日　　晴

上下午写《读〈汉文学史纲要〉》,尽6页。

晚饭前给笑薇、小厚讲杜牧的《阿房宫赋》。觉此文确具有人民性。文中揭露统治者对人民的剥削无所不用其极,但他们的生活则穷奢极欲,任意挥霍浪费。这就是取之尽锱铢,用之如泥沙。但这种不顾人民死活的统治者最后还是被人民推翻,实际是自取灭亡。所谓"灭六国者,六国也,非秦也;族秦者,秦也,非天下也。""使六国各爱其人,则足以拒秦。秦复爱六国之人,则递三世可至万世而为君,谁得而族灭也?"这都是非常精辟的见解。末了"秦人不暇自哀,而后人哀之。后人哀之而不鉴之,亦使后人而复哀后人也。"但这种历史的循环是已成为规律,只有到了真正的共产主义才可能使这一规律消亡。

7月13日　　星期一　　多云,下午阵雨

把《读〈汉文学史纲要〉》一文写就。

把为《长江日报》纪念鲁迅写的文章投邮。

下午启祥来,他晚上要招待曾令铎约我作陪。6点半去他家,景韶也在那里,至9时许笑薇、小厚来接,遂辞去。

7月14日　　星期二　　多云

晨起草拟《理解鲁迅学习鲁迅》的大纲。此文是应《河南日报》之约而写。

下午看张舜徽著的《清人文集别录》。著者知识相当渊博,思想也比较新,给过去学者的评论一般也还很中肯綮。

7月15日　　星期三　　阴雨,气温降低

接上海古籍出版社王海根同志寄来的陈寅恪著《柳如是别传》三册并信一件。

安阳师专连波来函,邀去安阳讲一讲鲁迅。

把《读〈汉文学史纲要〉》又看一遍,把难认的字改了改。晚饭前光儿来,交他带去誊写。

7月16日　　星期四　　晴

发信致刘秉钊并赠书两册:一册送他,一册让他转交李师钊。

下午看《历史研究》。

晚饭后去增杰家。

7月17日　　星期五　　晴

晨起写《理解鲁迅学习鲁迅》,下午继续写,尽12页。因有人过访,未竟。

接到学报转来的王气中老兄寄来的旧体诗作。

7月18日　　星期六　　晴,最高温度35℃

把《理解鲁迅学习鲁迅》一文写竟并修改。

写信四封:(一)雪垠(赠书一册),(二)气中(赠书一册),(三)余昂,(四)连波。

晚曾令铎同志与其子来家辞行。

7月19日　　星期日　　晴,最高温度38℃

下午把赠姚雪垠、王气中的书寄出。

上午(靳)安民夫妇来。接陈韶麟、张春生函。

7月20日　　星期一　　晴,最高温度38℃

上午增杰来,谈关于鲁迅论文送往郑州问题。

校《〈野草〉的思想与艺术》一文。

以现代文学研究生指导小组名义,给张春生写一书面鉴定。寄给天津社会科学院文学所鲍晶,同时复春生一函。

接陕西人民出版社寄来《陕西书讯》一份。我的《鲁迅散论》一书的广告已发出,把它列入鲁迅研究丛书中,惟把"访秋"错写成"芳秋"。我立即去函更正。信已发出。

晚光儿、麟儿来。

7月21日　　星期二　　晴

上午把《理解鲁迅学习鲁迅》一文寄给《河南日报》。

下午看《章太炎年谱长编》。

7月22日　　星期三　　晴,最高温度37℃

上午看陈炳堃的《中国近三十年文学史》。所谓三十年系从晚清甲午(1894)到五四后的1925年。里边还有些正确的见解,作者的立场还是新文学的立场。

下午光儿把抄毕的《读〈汉文学史纲要〉》一文送来。

晚刘家骥、梁建堂、张绚三同志来访。张绚已调到安大,他爱人还在汴,是暑假来过夏的。

7月23日　　星期四　　晴,气温仍很高

上午发信致陕西社会科学院《人文》杂志编辑叶迈同志(原名张荣甫),并将纪念鲁迅的文章《读〈汉文学史纲要〉》寄去。

关于纪念鲁迅的有关文债基本上已偿清,可以抽暇读读有关晚清文学的书籍了。

晚饭后王钦韶同志来。他是来阅高考卷子的,今天已结束,明日拟返郑。他谈到党（若平）部长的一个儿子（解放前寄养在一农村老太太家）的爱人与养母感情不合，竟愤而服毒自杀。这对党部长又是一个大的打击。数年来，他一直逢一些不幸和不愉快的事，他身体出问题未始不是这种事情由以致之。

7月24日　　星期五　　晴，晚大雨

上午俊山来，把他的《论〈野草〉》一文拿走。我给他提了点意见。

法周同志来，让下午参加系里召开的中文系校友座谈会。我发了言。

晚看电视《七品芝麻官》，原为《唐知县审诰命》。

接恭夫函。

7月25日　　星期六　　阴

早饭后访范廉卿同志，把《学习鲁迅的治学精神》一文交他。

从范君家出来又去看信春，他去学校了，把书交给他爱人即辞去。

看曾国藩《曾文正集》，觉得此人于学术源流，于人情世故均极通晓，虽宗法程朱理学，但决不迂腐。惜乎其忠于清王朝，对汉民族来说是很对不起的，但对此人应该分别评论。

晚信春来，谈光儿事及文淑慧工作调动事。

7月26日　　星期日　　晴

看《吴敬梓传》。

上午晨风来，把《论文集》送他一册。

下午（赵）帆声同志来，谈鲁迅纪念会事。

晚看电视剧《恩与仇》，写执法者不应徇情枉法。

7月27日　　星期一　　晴,天气又热起来

上午光儿来,谈给嵇(文甫)老写传的问题。

下午秋子来,带来《论文集》20册。

接省政府通知,让29日去省里开会。

春生来函。

7月28日　　星期二　　酷热

上午访法周、高先生,到系里又见到增杰。

下午准备衣物明日去郑开会。

7月29日　　星期三　　上午雨

早饭后与守正同志乘车去郑州。

下午乘省政协大轿车到三所。这里比城里稍凉爽一点。

7月30日　　星期四　　晴

上午开大会,不到一小时即结束。

下午参加人大常委会。

晚看电影《冤家路宽》。

7月31日　　星期五　　晴

上午分组讨论昨天省经委副主任的报告,对经济调整问题大家提了意见。

下午分组讨论《工厂法》。

晚看电影《小城春秋》,写厦门在抗战初期在党领导下革命青年与蒋介石反动派的斗争。

8月1日　　星期六　　晴

全天小组讨论《工厂法》及《合同法》。

晚看电影《风流千古》,写放翁和他夫人唐琬爱情的悲剧故事,内容比较丰富,故事以两人在沈园相会后唐琬抑郁以卒而告终。

8月2日　　星期日　　晴

上午开大会,赵文甫书记对会议讨论事项作了总结后即宣布散会。

晚9时许乘车抵家。

8月3日　　星期一　　晴

发信致(一)阎愈新(附书一册)、(二)陈宪章(附书一册)、(三)李平一(顾贞观《赠吴汉槎金缕曲》二首)。

接长春《社会科学战线》函约稿,决定把前所写的《晚清文学思潮的流派及其论争》一文应命,拟再修改一下,交人誊抄。

晚,余昂及刘祖望来,约我给省委宣传部办的文艺训练班讲一讲鲁迅。我已答应。

赠溶池书一册。

8月4日　　星期二　　大风降温

上午赵福生来。

修改稿子。

下午参加系学术委员会会议,研究关于晋级副教授、教授问题。

8月5日　　星期三　　晴

早饭后,人民出版社张君来谈召开讨论《歧路灯》的会议事,并送来《歧路灯》一部。

上午参加校学术委员会,通过9名同志晋级为副教授,其中有我系的黄平权同志。

下午把《晚清文学思潮流派及其论争》一文修改毕,福生同志来,让他带去誊抄。

接丁池函。《长江日报》文艺编辑部徐怀坤同志函谈给他写稿事。

8月6日　　星期四　　晴

今天开始看《歧路灯》,觉此书还有可取之处,如写三月三禹王台的庙会,写地方推荐贤良方正的过程,都反映出了当时社会生活、政治生活的情况,有一定的认识意义。此书(故事发生的)时间仍是写明代嘉靖,作者不敢把时间放到当时。

下午赵明同志来,送他书一册。

8月7日　　星期五　　晴,极热,立秋

整日看《歧路灯》。

8月8日　　星期六　　晴,酷热

看《歧路灯》。

接《星火》编辑寄来文章大样让校对,当即校对毕并写复信寄出。

陕西人民出版社寄来《鲁迅散论》编辑成的稿子让审阅,下午审阅后寄出。

接到屈正平、何权衡等人函。

8月9日　　星期日　　晴,晚雨

整日看《歧路灯》。

8月10日　　星期一　　阴,有时零星小雨

上午参加研究生招生委员会会议,由张综同志主持讨论今年研究生招生出题事。

下午蕤儿由京回来。

接栾星函,同意为研究生论文答辩委员。

8月11日　　星期二　　晴

晨起给招考研究生出题。

下午到系主任办公室开会,与赵明、刘增杰两同志谈关于题目的修改问题,并把研究生论文分送给校外参加答辩的教授问题。

8月12日　　星期三　　晴

上午参加省教育厅与校人事处召开的关于这次提级问题的座谈会。

午饭后秋子与蕤儿偕同返郑。

发信致叶鹏、吴奔星。

8月13日　　星期四　　晴

晨把贺信写出。上午作试题答案。下午增杰来把试题及答案拿走。晚看电影《梅花巾》。

8月14日　　星期五　　晴

下午把试题送研究生科。春生从天津来。

鲁迅先生同日寇斗争的决心。1936年10月17日,日本医生奥田杏花同鲁迅谈到中日关系。鲁迅说:"中国弱,日本强,中日关系肯定要不断恶化下去的,只有中国也强大起来,两国才能睦邻合作。"

8月15日　　星期六　　多云

上午把《晚清文学思潮流派及其论争》一文校毕,寄给《社会科学战线》。

下午到市委参加市人大办公室会议。

晚看电视《李清照》和《丝绸之路》。

接陈宪章函。陈韶麟寄来帐子一顶。

8月16日　　星期日　　晨雨

按15号的《光明日报》第4版,载姜殿铭、刘宗孟写的《松本重治先生回忆晚年的鲁迅》中,鲁迅曾于1936年10月逝世前见到日本经济学家山崎靖纯说过如下的一段话:"为了解放我被压迫的民族和同胞,即使祖国中华变成一片沙漠,也决不停止同日本帝国主义的战斗。"

8月17日　　星期一　　晴

早饭后去学校给文艺短训班讲鲁迅并与学员照像。

下午准备出版社同志提出的问题。

接滁县吴腾凰同志函及吴奔星同志函。

8月18日　　星期二　　多云

上午在小礼堂参加校党委扩大会议。

下午在家阅读文件,看决议及戴苏理传达六中全会精神的文件,主要是对毛主席及毛泽东思想的历史地位的评价问题和华国锋由主席改为副主席的原因。

晚省出版社王家新同志来,谈了两个多小时,9点半辞去。

笑薇从郑州来,带来文学论集15册。

8月19日　　星期三　　早晨雨旋住

在家看文件。上午读决议及戴苏理对六中全会精神的报告。下午看胡耀邦在党的60周年大会上的报告。

晚看电视《天云山传奇》,看至一半时孙荣光同志来。

8月20日　　星期四　　晴

上午到礼堂参加会并发了言。9时许同增杰去办公楼封研究生试题。

写《从不悔少作到修改旧作》谈起,未写毕。
下午看《春觉斋论文》及桐城派研究论集。
晚看《斯大林格勒战役(上集)》。
接阎愈新函。

8月21日　　星期五　　多云
下午开始写关于《歧路灯》的文章。姚、栾两同志对这部书的评价都未免稍高,这也是无足怪的。不过这部书也有其可取之处,但决难如《外史》与《红楼》那样为读者所传诵也。

8月22日　　星期六　　多云
上午写对《歧路灯》的看法。
看牛梦祺的论文《韩愈柳宗元与中唐古文运动》。这篇论文写得有一定的质量,对韩柳二人在哲学思想、政治倾向以及文艺观上作了对比,并且联系进了中唐以前及中唐以后在思想文章上与他们二人的关系,从而指出韩柳二人在立场上的分歧,批判韩愈颂扬了柳宗元。

8月23日　　星期日　　阴,晚雨
把对《歧路灯》的发言稿写竟。
看龚自珍的《己亥杂诗注》。
晚刘一林来,拿走龚自珍的诗文选注。

8月24日　　星期一　　多云
上午给市人大常委张进主任写信谈关于麟儿的事。信已发出。
下午杨瑾书记来,馈以山西陈醋一瓶、蝴蝶杯两个。
接张静吾函,谈他的房子事。

8月25日　　星期二　　晴
　　看《歧路灯》。接省人民出版社函,邀去参加《歧路灯》讨论会。我决计把发言稿寄去,不去与会。

8月26日　　星期三　　晴
　　誊写《歧路灯》讨论会发言提纲,约3000字,寄给栾星同志。
　　接禹县黄舜函,欲借阅《试论晚清以来知识分子的几次分化》一文,因找到本年第3期《史学月刊》,拟给他寄去。
　　看《魏源集》。

8月27日　　星期四　　晴
　　看《魏源集》。接叶鹏函。
　　晚,景昌、尔康父子来,谈关于尔康报考中山大学研究生未准事。

8月28日　　星期五　　晴
　　晨去增杰处谈下月初举行研究生毕业论文答辩事宜。
　　早饭后去东三斋,见到春生、福生,让给蒋益发电报促其返校。
　　着手写魏源年表。
　　下午参加开封市人大常委会。
　　晚看电视《玉堂春》。接气中函。

8月29日　　星期六　　阴
　　上午系党总支开扩大会,由杨瑾书记、高先生、信春作传达报告。下午分组讨论。
　　接北京鲁迅研究室函,北京纪念鲁迅诞辰百周年大会定于9月17日至25日。与会报到时间15日、16日。
　　写魏源年表。

8月30日　　星期日　　晴

晨起把《魏源论》小传部分写毕。

下午与鸿毅去学校看电影《花墙会》。

8月31日　　星期一　　晴

上午与增杰商量研究生毕业论文答辩事,定于9月8日开始答辩,为期4天;同时马上给约定的校外几位教授发函,请他们届时莅校。

下午将给吴奔星同志的函交校部科研处发出。

接陈则光同志函。晚陈韶麟送来月饼一盒。

9月1日　　星期二　　晴

上午写《魏源论》。

蒋益来,送弥勒佛像——西湖产品,又绍兴花雕两瓶。我把在北戴河买的美术镜框一个和论文集一册送他。

下午读《魏源集》诗歌部分与李瑚的《魏源诗文系年》。《系年》中有不少可贵的资料,里边引《甲寅》杂志中刊的龚自珍给魏源的信,现出版的《龚自珍全集》即未刊载。

9月2日　　星期三　　晴

上午到系里与增杰谈研究生毕业论文答辩事。

下午参加学校召开的关于研究生毕业论文答辩会议。

接张静吾函。

9月3日　　星期四　　晴

上午8时与刘增杰、赵明两同志开小会,9时许5位研究生也来参加,对他们讲了关于答辩的安排,及他们要作的各方面的准备。

从学校回来,看冯辉的毕业论文。下午写对她的论文的评语。

晚在学校小礼堂听传达邓小平、胡耀邦的讲话。

9月4日　　星期五　　晴

尽一日之力把(研究生)张春生的论文《三十年来中国的爱情小说》仔细看了一遍,并写它的优缺点。晚光儿来,李颖琰来。

9月5日　　星期六　　多云

上下午开会,均关于研究生论文答辩事。

接吴奔星同志函,说他不能来参加研究生论文答辩。晚麟儿来。

9月6日　　星期日　　多云转阴,有时雨

早饭后与鸿毅去大街购得月饼、酒、苹果,去看东峰夫妇。

看宗璞的《三生石》,小说中写梅芳与方知两人,由患病与诊治的关系而互相爱慕最后结婚的故事,反映文化大革命初期知识分子被斗被揍以至于死的惨象。当时滔滔者天下皆是,回忆起来真令人胆战心惊。

9月7日　　星期一　　阴,小雨

上午在系办公室与增杰、赵明举行有关(研究生毕业论文)答辩准备会。

下午原要写文章,但一直有客人来访:(一)王运钧来谈关于千家驹同志来汴讲演事,让我到11日去主持报告会。(二)春祥同志来谈张建君论文关于对金和的评价问题。(三)陈韶麟来谈他拟定要写的《周作人前期思想问题》。客人走后已6点多了。

晚饭后由孙女小厚陪同去学校招待所看望栾星、叶鹏两同志。他们是我们邀请来参加研究生答辩会的。我来后接着增杰、赵明也来了;接着研究生也都来看他俩了。

9月8日　　星期二　　晴

上午在校招待所栾星同志室内开答辩委员会预备会。

下午举行张春生的答辩会,3时开始到5时结束,通过了他的答辩。

晚又与高(文)、华(钟彦)二公及吕校长去看请来的来宾,古代文学的有何均地、姚英中、魏绍昌诸先生。

9月9日　　星期三　　晴

上午举行梅蕙兰的答辩会,下午是蒋益答辩。

小梅在回答问题时有些胆怯,但对问题基本答的都还准确。蒋益对问题答的比较全面圆满,因此决议对他的评语最好。

9月10日　　星期四　　晴

上午举行赵福生的答辩,还好。

下午是冯辉答辩。她毫不胆怯,能够侃侃而言,但对问题答的不全面,有时也不够准确,因此决议中评语最差,但也总算通过了。

接人大王松茂函并文稿,让转张如法同志。

蕤儿来函说她已回京。

晚陪栾星、叶鹏等看曲剧《状元与乞丐》,完全是个闹剧。

9月11日　　星期五　　晴

上午在开封市人民会场主持千家驹同志的报告会,至11时半结束,在开封宾馆午餐。

下午到系里找刘绍亭,让他办去北京开会的有关事宜。

接到美籍华人聂华苓让北京出版社寄来她编的《美国小说选》。

9月12日　　星期六　　晴,中秋节

早饭后与鸿毅去北道门赶集,并到银行取钱作去北京路费。

下午连续有客人来。5时半看电影《皆大欢喜》。
光儿全家来吃晚餐。

9月13日　　星期日　　多云
晨起去看增杰。上午整理衣物作赴京的准备。
发电报给蕤儿,告诉她我到北京的时间。

9月14日　　星期一　　多云
晨7时许乘车去郑州到女儿秋子家,晚乘16次快车自郑赴京。

9月15日　　星期二　　晴
晨6时40分抵京,蕤儿即在站台上迎接,出站后乘出租车到国务院招待所,见到钱谷融同志。上午报到住602室。
下午到蕤儿家。晚,她同王路以鸡鱼招待,夜宿她家。

9月16日　　星期三　　晴
早饭后回招待所。上午写四封信给鸿毅、杨瑾书记、孙广举、姚雪垠。下午访问了一些熟朋友。

9月17日　　星期四　　晴
上午,在人民大会堂举行开幕式。首先是照相,然后到小礼堂开会。由梅益致开幕词,接着读贺电,随即休会。
下午,大会报告。先由李何林作"三个伟大"的报告,后由陈涌作鲁迅创作方法的报告。他说明鲁迅在创作方法上也有大量的浪漫主义,而对《唐代传奇》中《任氏传》同《湘中怨》,认为都是浪漫主义的,特别是第一篇塑造了一个理想的女性,尤不易得。后来又谈到鲁迅的旧体诗。他对鲁迅的诗不太熟,引了一首《无题》(按,后收入《集外集拾遗》,题曰《赠画师》),把"只研朱墨作春山"说成是"作青山",还说什么青山绿水。而对鲁迅在创作上的浪漫主义与现实主义的关系也讲得很乱。这个报告不是一个好的报告,不过提出一些问题是值得进一步研究的。

按:陈涌所报告的问题,先生在1951年《新中华》半月刊第14卷20期上就曾作过简明的论述,题目为《鲁迅先生在创作上是怎样把现实主义与浪漫主义统一起来的》。

9月18日　　星期五　　晴,晚阵雨

上午,大会学术报告。有王瑶、钟敬文等作报告。

下午,由唐弢、林非作报告。

晚看陈白尘编的《阿Q正传》话剧的演出。

蕤儿来,我不在,她留字而去。

9月19日　　星期六　　晴

上午去鲁迅博物馆参加剪彩典礼,看到了周海婴夫妇。在参观鲁迅生平展览馆里遇到曹靖华同胡愈之同志,同他们讲了话。后来又参观了纪念鲁迅的绘画与书法展览。回一招已12时了。

下午又去中南海参观毛主席故居,他住在丰泽园。另外中央领导又经常在与该园毗邻的春耦斋开会办公。下午游览与廖子东同志同行,他处处关心我的行止,只怕在游览假山时因道路崎岖以致跌坏,行走扶持,至可感也。

9月20日　　星期日　　晴

早饭后去蕤儿家,由王路陪同到海淀购书及其他物品,并给外孙女妞妞和童童各买上衣一件。

下午参加创作二组对《野草》的讨论,我简单地发了言。会上虽略有交锋,但并无绝对的分歧意见。

准备睡觉时接到增杰电话。

9月21日　　星期一　　晴

上午小组讨论,主要谈《野草》和杂文。但《野草》谈者不多,大半都在谈论杂文。

下午听各组汇报,进行了两组。

晚去师大,参加校党委召开的此次纪念鲁迅诞辰百周年纪念会的与会校友座谈会,会后合影,9时半散。

9月22日　　星期二　　晴

上午参加大会汇报会。

下午由王士菁、林非作会务及选举事宜的报告。大会休会后,举行地区小组会,推举本地区的理事候选人,中南区推选了10名。

晚看歌舞剧《伤逝》,回来已10点。

9月23日　　星期三　　多云

上午大会小组汇报。

下午到师大,与吴奔星同志一起与师大中文系进修生和研究生座谈。我讲了鲁迅与钱玄同的关系。吴奔星同志讲鲁迅为中国新文学的奠基人。

晚到首都剧院看《咸亨酒店》。

9月24日　　星期四　　晴

上午大会选举。散会后,参加现代文学学会理事会,讨论刊物销路问题及明年年会的经费问题。王瑶因有事走后,由田仲济主持。

下午参加鲁迅研究会理事会。

蕤儿来,晚饭后她把会议材料、书籍带走,准备寄回开封。

9月25日　　星期五　　晴

上午,去人民大会堂参加中央召开的鲁迅诞辰百周年纪念大会。

在开会前碰到何望贤同志。

  大会由邓颖超副委员长主持,由胡耀邦主席作报告。在讲话中博得多次的热烈掌声。后由周扬作报告,结束后散会。

  下午,鲁迅学术研究会举行闭幕式。

  晚饭后,蕤儿来接我去她家。

9月26日　　星期六　　晴

  上午与蕤儿去王府井购物。

  下午写发言大纲,准备回郑后给河南鲁迅学术研究会作传达。

  晚9时乘车去车站,陪我一块回去的有耿恭让同志。

9月27日　　星期日　　午饭后大风,气候顿冷

  8时50分抵郑。下车后出站,赵福生来接。一块乘车去省文化局招待所,大会正在进行。发言讲话的为刘家骥同志。他讲完后,即由我传达北京学术讨论会及纪念大会的情况。接着由耿恭让同志详细传达学术讨论会的主要议题。最后由赵益闻同志致闭幕词。

  下午去女儿秋子家。

9月28日　　星期一　　雨

  上午乘车回到家中。

  下午看寄来的信件及刊物。江西的《星火》载有我的《继承并发扬鲁迅现实主义精神的优良传统——纪念鲁迅先生百周年诞辰》一文;《牡丹》载有我的《兰亭纪行》;河南师大《函授通讯》载有我的《学习鲁迅的治学精神——鲁迅诞辰百周年纪念》。

  赵帆声同志来,谈明天纪念会报告事。

9月29日　　星期二　　晴

  上午,小梅(蕙兰)来,谈她的工作分配问题。

  修改《鲁迅评论人物浅谈》。

下午,在校大礼堂作"全校师生纪念鲁迅诞辰一百周年"的学术报告,题目是《向伟大的文学家思想家革命家鲁迅先生学习》。讲了近两个小时,结束后感到非常疲倦。

9月30日　　星期三　　晴
晨起开始修改《鲁迅评论人物浅谈》。
在系资料室看25日《河南日报》,载有我的《理解鲁迅学习鲁迅》一文。

10月1日　　星期四　　晴
晨起去北道门赶集买菜。
麟儿夫妇、光儿夫妇来包饺子。

10月2日　　星期五　　多云
上午把《鲁迅评论人物浅谈》写竟,并交小梅誊抄。
下午看《蔡元培选集》与《胡适文存》。

10月3日　　星期六　　气温极低
上午,增杰送来他新出版的《鲁迅与河南》三本。我为此书写了《序》。
小梅送来她誊抄完的《鲁迅评论人物浅谈》。
看胡适《论学近著》。

10月4日　　星期日　　晴,下午雨
上下午看本年招收研究生的试卷,共6份,与增杰、赵明同志批阅。

10月5日　　星期一　　晴
上午继续阅卷,至10时许结束。

下午到小礼堂,参加对叶(剑英)帅对台讲话的座谈会。

晚,刘绍亭送来七七级学生的论文两篇。看李慈健的《南社的文学思想》。

10月6日　　星期二　　晴

上午到教研室听陈韶麟试讲鲁迅(上)。

下午写《自传》。发信致郑学康。

10月7日　　星期三　　多云

上午修改《自传》。

如法偕矫桂堂和另一《百花园》的编辑来访,约我写篇关于文学史须要学习和如何学习的文章,限期下月初。

下午参加系主任会议,讨论处分几个旷课的同学。

10月8日　　星期四　　晴,大风降温,穿上薄棉袄

上午把《七十自述》一文写竟。

下午去民盟市委会开会。

晚郑大史春强同志来。

接西安《人文》杂志函,让填作家卡片。北京《历史年鉴》来函,让写嵇(文甫)老的小传。

10月9日　　星期五　　晴

上午在系主任办公室举行开封市语文学会理事会,讨论纪念鲁迅事宜,时间定于下礼拜五,一天时间。由我来谈一下北京的纪念情况,增杰谈谈鲁迅与河南,王基谈谈鲁迅的人道主义。

接陈则光同志函。发信致北京《历史年鉴》。

与党若平部长函,并寄论文集一册。

将《谭嗣同论》寄给《中州学刊》。

10月10日　　星期六　　晴

上午福生来,将《七十自述》带去誊抄。写《须要向文学遗产学习和如何学习》,尽十纸。

晚看红线女与马师曾合演的《关汉卿》,剧本为田汉所写。

10月11日　　星期日　　晴

下午写《中国文学史的学习及有关的几个问题》,晚饭前结束。

10月12日　　星期一　　晴

上午准备星期五市语文学会上的发言稿。

开封市人大常委会赵兰如秘书长来,谈接待市人大代表事。

接到雪垠寄来《李自成》一部(三卷三册)。

天津人民出版社李福田寄来《鲁迅研究资料》八辑两册。

北图寄来《〈野草〉的思想与艺术》一文的校样,下午至晚校毕。

接李湘函。

10月13日　　星期二　　晴

下午看严几道的《原强》。

10月14日　　星期三　　多云

上午关爱和来,将我的论文《谭嗣同论》与李慈健的《南社的文学思想》一文拿走。

下午看《严几道诗文集》。

接《晋阳学刊》寄来文章一篇。

10月15日　　星期四　　晴

上午参加市人大办公室接待市人大代表座谈会。下午理论学习。

10月16日　　星期五　　晴

早饭后乘车去进修学院。今天是开封市语文学会举行鲁迅先生诞辰一百周年纪念会,我汇报参加北京纪念会议的情况,讲了一个多小时。接着由增杰讲鲁迅与河南。

河南人民出版社托人送来《〈聊斋志异〉选讲》20册。这个书迟至今天才算出版。

下午修改《关于学习〈中国文学史〉的若干问题》。

晚看电视《打金枝》。

10月17日　　星期六　　多云

上午给七七级讲近现代文学专题课。

下午晨风来,他带来给师大分校讲黄宗羲的《明夷待访录》中的《原君》与《明儒学案》中的《东林学案》的节抄,不懂其中"明夷"一词,后来查《易经》才知"夷"为卦名。

10月18日　　星期日　　多云

全天未出门,写文章。上午,吴君恒夫妇来。

10月19日　　星期一　　晴

上午把《关于学习〈中国文学史〉的若干问题》一文修改完毕。

下午看(刘)文田等写的《李准作品欣赏》中关于《王结实》一文的评论,觉得文风那样的不自然,有点矫糅造作,读起来不甚愉快。

10月20日　　星期二　　多云

继续写《魏源论》。这篇文章过去写了两部分中止了。

静之寄来《文史资料》第7集一本。

10月21日　　星期三　　晨小雨

写《魏源论》诗歌抒怀部分。

刘易之送来《今昔谈》第2期,代约论《歧路灯》的稿子。

华(钟彦)公来谈他目前的情况,我也很难置可否。

晚,陈韶麟来谈他的课已讲毕,自己还比较满意。他拟赴穗,写请假条一纸让我签字。

10月22日　　星期四　　晴

上午把《魏源论》的诗歌部分写毕。

下午政治学习,听杨瑾书记传达胡乔木在思想战线会议上的讲话。

接张春生函。

10月23日　　星期五　　晴

上午写《魏源论》,未竟。

下午参加开封市人大办公室主任会议。

10月24日　　星期六　　晴

上午给七七级上课将严复讲毕。晨风来,还了几种书,又借去《读通鉴论》三册、《王船山学术论丛》一册、《毛主席诗词注》一册。

晚溶池来,借去《鲁迅与报刊》一册。

10月25日　　星期日　　晴

上午修改毕《魏源论》。这样《近代文学作家论》已完成的计有:龚自珍、魏源、谭嗣同、黄遵宪(须修改补充)、梁启超、严复、章太炎、刘师培、苏曼殊、林纾、王国维、李伯元、吴沃尧、曾朴、刘鹗、钱玄同共十六人。今年如果能将康有为、胡适写出,即可付印了。

下午去郑州参加大专院校教师职称评审工作。

晚(何)权衡同志送来《郑州师专学报》并稿费150元。

10月26日　　星期一　　晴

上午在省教育学院听韩劲草书记和王金才主任作关于这次教师评审工作事宜的报告。

下午举行文科评审委员会议,讨论评审工作中的有关问题。

10月27日　　星期二　　阴,晚小雨

上午参加领导小组会,由王金才主任主持。

下午,王金才主任将领导小组讨论的问题向全体评审委员作报告。

发信给鸿毅、栾星、张春生、增杰。看李准的小说。

10月28日　　星期三　　晴

上午看材料。晚饭后去秋子儿家。

10月29日　　星期四　　晴

看材料。

10月30日　　星期五　　晴

上午看(何)权衡同志的材料,他写的有关《红楼梦》的两篇文章,是比较有质量的。

下午,乘校车返汴。

10月31日　　星期六　　晴

上午给七七级上课,讲章炳麟,省电视台拍摄几张教学片。

下午看《歧路灯》。

接社会科学院函,当代文学研究会成立大会邀请参加。

与鸿毅去学校看电影《知音》,演蔡松坡与小凤仙的交往,与蔡设计逃出京津到云南发动起义反袁事。

11月1日　　星期日　　阴,小雨

上午张国臣来,张去,张永江同志来谈组织问题。

下午看意大利电影《警察局长的自由》,反映资本主义社会的黑暗现实。所谓法律并不能保护一般被害的人民群众,并不能维护所谓正义。

写关于《歧路灯》的论文,仅写了两页,因事放下了。

11月2日　　星期一　　晴

晨乘车去郑。

上午看安阳师专连波的论文《论陶潜的躬耕与乞食》和《论杜甫的〈饮中八仙歌〉》,均有新意,与一般人云亦云者不同。

下午看信阳师院李叔毅的《论公孙龙的指物论》。

11月3日　　星期二　　晴

上午领导小组会议,由王培玉主任讲评审的意义、态度与方法,后讨论有关问题。

下午分大组开会。我与张静同志主持文科组会议。

11月4日　　星期三　　阴,小雨

上午小梅(蕙兰)来谈她的分配问题。看材料。写关于《歧路灯》的论文。

从张某送的材料中,发现了1957年《语文教学通讯》第5、6两期中我写的《吴沃尧和他的〈二十年目睹之怪现状〉》一文,拟找人把它抄一下。

11月5日　　星期四　　小雨,气温骤降

晨起继续写关于《歧路灯》的论文。

上下午看材料。
晚看电影《小街》。女主角为演《知音》中小凤仙的张瑜。

11月6日　　星期五　　阴
上午看材料。
下午参加领导小组会,由王主任报告评审标准。
晚看南阳曲子《杨家将》。

11月7日　　星期六　　晴
上午中文组对被评审的31人进行初步评议,并把合格的与不合格的划分了一下,对合格的又作了初步排队。

11月8日　　星期日　　晴
上午与秋子去医学院看党若平同志的病。

11月9日　　星期一　　晴
晨起写讲演稿《鲁迅从晚清到五四对中国文学发展所作的伟大贡献》。
上午对师专被评教师进行排队,分三类:合标准的6人;稍弱的4人;暂缓的6人。
下午把师大、郑大两校的被评审者排了排队。
晚饭后王钦韶来。

11月10日　　星期二　　晴
上午领导组开会,政法组汇报评审情况。
下午写师大被评同志的评审汇报时的考语,写了四人:赵天吏、严铮、温绎之、黄平权。

11月11日　　星期三　　晴

上午参加领导组汇报会,讨论经、政、法大组讨论会。

下午参加文科大组讨论会。教育5名,通过2名;体育11名,通过5名。

11月12日　　星期四　　晴

上下午参加领导组汇报会,今天为医科。

11月13日　　星期五　　晴

上午文科大组汇报中文系文学、汉语两类情况。师大的由我汇报,郑大的由赵以文汇报,师专及信阳师院的由邢治平汇报。

下午写材料。

11月14日　　星期六　　多云

上午文科大组汇报会。

下午乘车返汴到家,看收到的书籍、刊物和信札。

11月15日　　星期日　　晴

早饭后去军属院看增杰及杨瑾书记,谈在郑评审工作的情况。

下午不断有人来访。七七级学生南召同乡李红(女)研究中国古典文学,我送她《郑州师专学报》一本,内有我的论文《谈"真"与"诚"——中国古典文论中的"写真实论"》。洛阳师范时的同事王景秀,让我写信向开封地区文化局长周鸿俊介绍他写的两个剧本《梁红玉》《范蠡与西施》,拟在地区剧团演出,请他同意。

赵福生、梅蕙兰来。

校光儿抄写的《魏源论》。

发信致:天津李福田、合肥王建新。

11月16日　　星期一　　晴

晨乘车赴郑,上午参加领导组会。

下午文科大组汇报。张同善汇报教育、心理两科,通过2人。体育教师方同志汇报体育科,共11人,选定7人。

5时许看电视中日女排决赛,真是惊心动魄,终以3:2胜日本队。

上海古籍出版社第一编辑室李学颖(女)、曹光甫两同志来访。李谈了最近党中央文件关于加强与加快整理古籍的工作问题有七项指示,并希望向他们提出建议。洛阳师专校长来谈朱秉章的职称问题。

11月17日　　星期二　　晴

上午领导组讨论体育同教育两个专业的被评教师,体育专业通过7位,教育专业通过2位。

下午领导组讨论采煤、化工及音美几个专业被评教师,美术专业通过了王威、王儒伯,音乐专业通过了武秀芝,其余杜鹤鸣、黄彦如待定。

11月18日　　星期三　　晴

把《晚清文学思潮的流派及其论争》一文删改毕,寄给《社会科学战线》。

11月19日　　星期四　　晴

上下午参加领导组会。上午讨论工科机械部分,下午讨论文科中外语部分。

11月20日　　星期五　　晴

上午参加领导组会,通过外语专业的评选。

晚饭后栾星同志送来复印的《吴沃尧和他的〈二十年目睹之怪现

状〉》,并谈了多时。冯辉来。

11月21日　　星期六　　阴
上午看《康有为诗文选》,下午返汴。

11月22日　　星期日　　阴,晚小雨
上午看电影《包公误》,内容有一定的教育意义,演得也不错。
下午看书。发信给:蕤儿、晨风。

11月23日　　星期一　　晴
晨乘车赴郑。上午汇报中文科评审情况。下午讨论。
晚饭前(王)钦韶来,约为省教育学院讲演事。
冯辉来约星期二晚去她大姐家(她住在那里)吃晚饭。

11月24日　　星期二　　阴
参加领导组会议,由历史专业汇报。
早饭后上街买糖果点心准备送冯辉家。
发信给:《长江日报》文艺部徐怀坤;《郑州晚报》社苏勇。
电话约中州书画社张弦生同志来把《漫谈〈歧路灯〉》一文拿走。

11月25日　　星期三　　阴,雨雪
上午文科大组开会。有人想压下几个人,后来外文组提出排列一二三的次序,将来领导如果要压,可以从后边的刷掉。各组一致同意这个办法。
上下午草写被评上同志的评语。

11月26日　　星期四　　晴
上午参加领导组会,数学专业汇报。
下午给省教育学院学生讲《鲁迅从晚清到五四对中国文学发展

所作的伟大贡献》,约两小时。讲毕后与龚依群同志见了面。

晚,冯辉大姐和大姐丈来,邀星期六午上去他家便餐。

11月27日　　星期五　　晴

上午写评语。下午与治平同志整理被评同志交来的材料。

11月28日　　星期六　　晴

上下午开领导组会。

午上冯辉接我到她大姐家吃午饭。主人杨文杰、冯珺英两同志殷勤招待,至可感也。

晚看日本影片《风雪黄昏》,男女主角都是演《绝唱》的主角。这两部影片主题思想一样,意义不深,但在反对战争上会起一定影响。

11月29日　　星期日　　晴

上下午参加领导组会。在对待定的被评审教师评议时,评到赵吏之同志,我以最大的努力说明他应该晋升的理由。但一则张静同志认为他的科研成绩平平,过去教学效果也不太好;而领导组其他同志也都认为他没有论著,最后终于被否定了。

晚上张弦生来,送来《中州书林》两份。里边11月16日的刊有袁健同志写的《喜读任访秋先生的〈中国古典文学论文集〉》一文,对这部著作指出其三个特点,还是有些见解的,但对晚明以来中国小说戏曲发展的思想根源与当时时代思潮的关系,他没有理解到,这多少有点不足。

11月30日　　星期一　　晴

上下午参加领导组会。

同行是冤家。吾于Z君的表现得到了充分的证明,当他把对手打下后,即不再参加会了。

12月1日　　星期二　　晴

上下午参加领导组会议。

12月2日　　星期三　　晴

上午参加领导组会议。新乡李新田主任提出数学小组没通过的几位同志,后来在大组马虎通过,必须再复议一下。复议结果有位被刷了下来,师院数学系就有郭朋来。

下午自郑返汴。

12月3日　　星期四　　晴

晨起修改《谈谈我国古代哲人论养生》。

上午与杨瑾书记谈这次职称评审的情况,后又到增杰处谈半小时。

晚陈韶麟夫妇来,借走《羽书集》一册。刘溶池还《新文学大系·诗选》一册。

12月4日　　星期五　　晴

备课。数学系赵鸿勋主任来,探询评定职称最后的结果。

看《胡适文存》。

12月5日　　星期六　　晴

上午给七七级学生讲了两节课,把章太炎讲完。

下午参加市人大常委会办公室会议,蔬菜供应问题讨论很长时间。

12月6日　　星期日　　晴

晨起誊改《谈谈我国古代哲人论养生》,到早饭后写竟,拟寄给《今昔谈》。

12月7日　　星期一　　晴

晨写成小文一篇《谈读书》。

上午参加系总支扩大会议。

下午与鸿毅去看东峰夫妇,他们的女儿宛馨调到开封市人民医院了。

发信致张弦生同辛发林,为《今昔谈》寄去《谈谈我国古代哲人论养生》一文,另外照片一帧。

与史景苑函,关于为嵇(文甫)老写小传事。

12月8日　　星期二　　晴

上午许光华、王运钧两同志来,汇报近月余来的工作,并拟本星期六下午召开民盟市委常委会。

春生来校与蒋益一起来访,因许、王两同志在座未细谈即辞去。

下午看《胡适文存》,拟着手写《胡适论》。

12月9日　　星期三　　晴

晨起写《胡适论》简介部分,下午继续写。

下午去七号楼借《胡适文选》及《康南海文集》。

12月10日　　星期四　　晴

上午把《胡适论》简介部分写毕。

下午去十号楼,给政治系教师政治学习(决议)作辅导报告,124、121两个大教室座无虚席。

12月11日　　星期五　　晴

整日写《胡适论》,把简介与思想及政治倾向两部分写毕。

晚七八级学生彭乃坤和张九州来谈台湾作家丘逢甲的情况。他二人合写的关于丘逢甲的论文已寄给《中州学刊》。

12月12日　　星期六　　晴

继续写《胡适论》，把文学部分写毕。

因伤风未参加市人大常委会。

12月13日　　星期日　　晴

写《胡适论》。晚，外甥张振环来。

12月14日　　星期一　　晴

上午写《胡适论》。接李湘函。

下午，(按，为先生申请加入共产党事)杨书记、戴鸿儒、侯志英三同志来，拿来省委文件。说明为了党与民主党派长期共存、互相监督的政策，在党外比在党内作用更大。同时党内有关会议可以邀请参加，重要文件可以阅读。我表示今后仍当努力工作，决不因为未能参加组织而产生消极思想。

因写论文，参阅《蔡元培文选》，觉蔡公论者尚少。此公学识弘通渊博，在国民党中实为左派。他在晚年与孙夫人、杨杏佛、鲁迅组织人权保障同盟；鲁迅逝世，又参加并主持鲁迅治丧事宜。为《鲁迅全集》作"序"，称鲁迅为中国新文学的开山，都说明其识见极其超卓，而且有勇气反对蒋介石的法西斯统治。对中国时代潮流的发展，他有较清醒的认识与理解。他对学术思想的流派，当他任北大校长时采取兼容并包的态度。这是学术民主，容许百家争鸣的思想体现。且其本人赞成进步的思潮，并促进其发展。五四时期他是站在文化革命派一边的，而在30年代又是站在反蒋介石法西斯统治一边的。从这一点说，蔡公确实是了不起的。

12月15日　　星期二　　阴

上午市人大常委会办公室来几位同志问病并送来常委会的文件。

下午参加系、室主任会议。
晚饭后张春生、蒋益、陈韶麟三同学来,谈至9时辞去。

12月16日　星期三　晴
写《胡适论》,全部写竟,约万余字。
拟继续写《鲁迅与蔡元培》。

12月17日　星期四　多云
上午把《胡适论》修改毕,约一万四千字。下午参加系政治学习。
陈韶麟同志送来邮件几份,有华南师院廖子东教授函,约我明年参加他的研究生论文答辩。丁尔纲函,关于他校派同志来进修外国文学事。

12月18日　星期五　晴
把关爱和的《论谭嗣同文学》一文看毕。他因对晚清学术流派不清楚,所以文中前一部分涉及到谭的思想,以及他以前的一些人的思想时,措辞多有谬误;后一部分——论文学部分较好。
上午李慈健送来他的论文《南社文学思想初探》。
发信致丁尔纲(关于进修生事)。
看托翁的《安娜·卡列尼娜》。
开封日报社副刊编辑李允久来约稿。几年前我们已通信,但始终没见到他本人。今日一见,使我想到齐国的晏平仲。他既矮而且驼背,但其人非常诚挚,学问造诣也不错,是一个不修边幅而努力钻研的人。

12月19日　星期六　晴
上午上课讲梁启超。
下午看李慈健的论文《南社文学思想初探》,和彭乃坤、张九州合写的《爱国诗人丘逢甲》。

看《安娜·卡列尼娜》。

12月20日　　星期日　　晴
上午与鸿毅到学校看电影《柳毅传书》与《铡美案》。
午上麟儿来把《胡适论》带走誊抄。
下午看书。《现代》中有篇写彭德怀的电影剧本,题为《大业维艰》,反映了大跃进的情况,彭因说真话而被罢官。

12月21日　　星期一　　晴
看彭乃坤论丘逢甲的诗。看《蔡元培选集》,写几页卡片。发信致张弦生。

12月22日　　星期二　　晴
上午杨瑾书记来谈关于本年研究生录取事。他说关爱和的分数外语差一点,如果争取一下,可能录取。
下午开系主任会,讨论明年招研究生事。

12月23日　　星期三　　晴
上午韶麟来谈关于周作人所受道家思想影响的问题。
下午参加市民盟欢迎新盟员大会。
晚梅蕙兰、王介平同志来访。王介平借去《新文学大系·建设理论集》。

12月24日　　星期四　　晴
上午春生、蒋益来谈他们的工作分配问题,走时托他们把几个书包投邮给:一、廖子东函并刊物两册;二、吴奔星;三、孙昌熙;四、阎愈新。
下午到系里参加个人总结会,我简单谈了一点。

12月25日　　星期五　　晴

看孟祥才的《梁启超传》。孟系一年轻学者,所写还有一些新见地,并参考了不少有关资料。

接陈则光同志函,谈他率研究生去南京、泰山等地参观游览。他的病由于运动而大见好转。

12月26日　　星期六　　晴

上午给七七级上最后两节课。第一节课结束时,《梁启超》还余部分未讲毕。课间休息时,有位同学让给他们以临别赠言。当第二节课把《梁启超》讲完时,还剩半个钟头,于是给他们作一临别赠言。告诉他们要有雄心壮志,在实现自己的目的时要有锲而不舍的精神。同时还谈一些读书研究应注意的几个方面:一是有所专,但又不能只看一方面的书。知识面要宽一点,只有这样,才能作到参照比较。二是要勤于学有心得,即能写短文就写短文,要有一个长期积累过程,最后才能融会贯通。

下午彭乃坤同学来谈他写的关于丘逢甲的论文。接杨子固函。

晚光、麟两儿来。麟将他誊抄的《胡适论》送来。

12月27日　　星期日　　晴

上午春祥同志来谈至11时,所谈大抵关于他们教研室同志之间的矛盾情况。他走后接着从菏泽来了一位客人,系1955年中文系毕业的同学孟伯英。他远道而来并带一些礼品,而家中没有什么菜,只好凑合请他吃午餐,饭后送他到招待所休息。

下午(张)春生来。晚(刘)文田来,送来《冯雪峰论文集》一部三册。

12月28日　　星期一　　大风降温

晨起去学校买肉,并邀孟伯英同志来家吃晚饭。

上午接《社会科学战线》寄来文稿让修改。

下午到市里参加新年座谈会。晚看电视《墙头马上》,系根据元杂剧改编。

12月29日　星期二　晴

修改《晚清文学思潮的流派及其论争》。

晚,蒋益来把改好的稿子拿去誊写。

接蕤儿函,说她已到海南岛,到明年二月底或三月初才能返京。

12月30日　星期三　晴

上午参加系里各教研室年终工作总结汇报会。

下午看《鲁迅日记》,拟写《鲁迅与胡适》。

接安阳师专连波函,为他们的学报约稿。

12月31日　星期四　晴

上午偕鸿毅去北道门赶集,回来时她被一位乡下人的自行车碰倒,经门诊部检查还没出大问题。

下午七七级五位女同学送来年画一幅。蒋益、陈韶麟来,蒋益抄的稿子已抄完。梅蕙兰来。秋子儿从郑来。接辛发林函,把相片寄回。

1982年

1月1日　星期五　晴

把《晚清文学思潮的流派及其论事》及《刘鹗及其〈老残游记〉》两文分别挂号寄给长春《社会科学战线》与《安阳师专学报》编辑部。

上午孙荣光同志来,谈至12时辞去。光儿全家来。麟儿与明凰来。

晚看《蔡元培文选》。他对鲁迅是有比较全面而正确的认识的,给《鲁迅文集》的《序》中称鲁迅为(中国)新文学的开山。这个评价是正确的。

1月2日　　星期六　　多云

下午赵明、李春祥同志来。春祥送来书两部:《邵荃麟论文集》,狄更斯的《大卫·科波费尔》。

晚读《文史资料》,有沈尹默的《我和北大》,写蔡元培如何长北大及五四运动文化革命等情况。

1月3日　　星期日　　多云、降温

晨起为《开封日报》复刊写祝词,早饭前写竟,饭后又誊清付邮。

下午到校参加研究生毕业分配会议。现代文学专业毕业5名:赵福生、张春生留校,郑州河南省委党校梅蕙兰,郑州大学冯辉,浙江绍兴蒋益。

发信《开封日报》副刊编辑部。

1月4日　　星期一　　晴

上午到系主任办公室开会,传达研究生分配及离校前办理各种手续事宜。

接景韶、权衡、济献等同志函。晚饭前冯辉来,饭后韶麟来。

1月5日　　星期二　　晴

秋子上午返郑。下午参加系里会议。

接李允久函要文章。我寄去的一篇文章他还没收到。

晚王世声来谈郑大中文系情况。

1月6日　　星期三　　晴、大风

晨起开始写《鲁迅与胡适》。下午与七七级中文系毕业同学合影。

晚写信四封分别致:何权衡、李允久、孟伯英、姚景韶。

1月7日　　星期四　　晴
上午欢送毕业研究生,在大礼堂前摄影。
下午主持系里教学经验交流会。

1月8日　　星期五　　晴
因泻肚未参加上午系里的会和下午校部的会。
接鹤壁一位六六级毕业同学靳景贤函,谈关于鲁迅《雪》的主题思想问题。

1月9日　　星期六　　晴
晨起写《鲁迅与胡适》。
上午(张)春生、黄平权同志来。关于张春生的分配问题只有等增杰回来后才能商定。

1月10日　　星期日　　晴
晨起继续写《鲁迅与胡适》。
下午与鸿毅到学校看电影《特高课在行动》,写抗日战争时期,沦陷后的苏州,中国地下工作人员与日寇特务机关关于为苏北新四军购药事双方的斗争情况。
晚蒋益夫妇来辞行,明日他们要去杭州。我不免鼓励他一番。

1月11日　　星期一　　晴
尽全日之力把《鲁迅与胡适》一文写竟。
下午(张)春生来。晚增杰与赵明两同志来谈几个问题:一、参加海南岛现代文学年会的名额分配问题;二、(张)春生的分配问题;三、七十年校庆时是否进行一次关于鲁迅学术研究的讨论问题。

1月12日　　星期二　　晴

上午王运钧同志来,谈春节前民盟市委关于救济同慰问等工作。

接到合肥王建新同志函,寄来《艺谭》两册。

发信给:一、华南师院钟贤培;二、郑大刘济献。

1月13日　　星期三　　晴

晨起把《鲁迅与胡适》一文修改毕。上午把《胡适论》一文送给校学报,后到七号楼查到《王国维〈人间词话〉与胡适〈词选〉》一文,又检《师友》中我的短文也有十几篇。拟不日让陈韶麟把能查到的论文加以复印。

看振铎、文田两人的文章,最近拟给他们的书写篇序。

接阎愈新函、民盟市委函。

晚陈韶麟来。

1月14日　　星期四　　晴

看振铎、文田两人分析李准小说的文章。上午春祥偕信阳师院一位教师来,拟邀他同严铮等去那边讲课。

发信致鹤壁进修学院靳景贤。

1月15日　　星期五　　晴

为王(振铎)、刘(文田)两同志的《李准小说欣赏》一书写序。

上午看《历代名人嵩山诗选》,校正了几个错误。

看电视《洛阳女儿》。

1月16日　　星期六　　晴

上午客人像流水一样不断地来,几个钟头都在谈话中消磨过去了。

下午参加市文联新春茶会。

《关于中国文学史上的几个问题》发表在郑州《百花园》今年一月号上。

1月17日　　星期日　　晴,大风降温

把《李准小说欣赏》的序再作修改。

晚重看电视《状元与乞丐》。

1月18日　　星期一　　晴冷

上午到系里与刘(增杰)、赵(明)两同志谈关于冯辉的分配问题。

1月19日　　星期二　　晴

上午去系里,杨书记、老苏均不在。又去找张春生,问他回天津需要多少路费,他说20元,即行,让他下午到家去拿。

下午市里送来烟酒鱼等票证。晚春生来,付他洋20元。

看康南海诗。

1月20日　　星期三　　晴

下午与笑薇去省府前街看东峰夫妇。

晚,省社科院吴秘书长来。他是来汴看望各学会负责人的。增杰陪他来并邀请赵希鼎、胡思庸、牛庸懋诸同志到我家来一同见见,免得再往他们家跑,谈了半个钟头。吴说张树德同志快回来了,同时今年四月份要召开社联代表大会,预计参加人为六百人。

发信致冯辉。

1月21日　　星期四　　上午阴,下午晴

下午去民盟市委参加茶会。

晚,文田、振铎来,把他们的稿子同我写的《序》带走,谈至9时许辞去。

1月22日　　星期五　　晴

陈韶麟来还书,并告以他返沪的日期。他的论文二稿已写成,约四万字。他说他春节后回来,拟在南京、徐州两地停一下。我嘱他到徐师后见见吴奔星老师,顺便约他来参加他的论文答辩。

1月23日　　星期六　　阴

晨开始写《谈谈批判继承》。

上午市人大送来鲤鱼四条及假鱼肚一包,命笑薇送两条给杨书记。

发信给蕤儿。笑薇午饭后返郑。

1月24日　　星期日　　多云

上午继续写批判继承问题。11时许,秋子、恭夫来。

下午麟儿与明凰来。除夕看电视迎春晚会。

1月25日　　星期一　　上午阴,下午转晴

今天是旧历82年元旦,晨起在晾台上放鞭炮。

上午9时许,去系里参加全系教职员工团拜。未终席,因市文联任启祥、杨明来访,我与高、华二公先离席。因他们到高公家,所以先到高先生家见面道贺节之意。他们走后,我与华公又到段老先生那里看看。段已89岁,真可谓高寿矣,同段太太谈了几分钟即辞去。

下午陆续来了些客人。

1月26日　　星期二　　晴

上午内侄女马凯梅带儿子杜扬从洛阳来。下午王广西来。晚去学校看电影。

接冯辉函。

1月27日　　星期三　　阴,气温降低

早饭后去访孙荣光同志,他还未起床。回来后碰到老华,于是一块在院内走了几家,计韩靖琦副校长、孟宪德、张明旭、赵希鼎等同志。分手后,我又访郭豫才同志。

下午麟儿与明凰来,全家与凯梅母子在学校七号楼和大礼堂前照相。

孙荣光同志来邀去他家晚餐。发信致冯辉。恭夫返郑。

1月28日　　星期四　　晴

上午修改文章。看周鸿俊等人写的《包公误》。晚看京剧《吕布与貂婵》。

1月29日　　星期五　　晴

修改文章,因有客人干扰,未竟。

上午光儿来,偕春厚陪凯梅去相国寺参观。

接梅蕙兰函、广东梅县图书馆一位吴君函。

1月30日　　星期六　　阴,晚雪

上午徐脉胜、杨瑾两书记来,李钟祺来,郭象天校长来。

秋子和凯梅母子走,我送他们到西边桥头。

修改《历代名人嵩山诗选·序》并审阅其中部分注释有不妥与错误处。

1月31日　　星期日　　晴

上午景昌送来信四件。两件系长春《社会科学战线》的:一、说明我的稿子编到本年第二期,已经发排;二、本年该刊编辑计划。另一封为中大陈则光同志函。第四封为购买《谠言录》的信。

把张国臣送来的《历代名人嵩山诗选》部分注释的稿子看毕。

下午到军属院拜访杨书记、徐书记、刘英、增杰、春祥各同志。
晚看电视剧《安娜·卡列尼娜》三、四两集。

2月1日　　星期一　　多云
上午将《历代名人嵩山诗选·序》修改誊写毕。
开始看《康南海集》。晚看电视剧《小城春秋》。

2月2日　　星期二　　阴,晚雪
上下午看康有为的诗集,并写部分札记。
下午赵明夫妇来,春祥来。晚钱梦乔来。
接屈正平函,并寄来他写的关于阿Q正传的论文。

2月3日　　星期三　　小雪
气温甚低,整天没出门。
看梁启超《清代学述概论》。
准备给关爱和讲课,打算先从治学方法。从乾嘉以来直到五四胡适、梁启超以及郭沫若、范文澜等人研究历史方法大致讲一下。然后把我最近那篇在《百花园》刊出的关于研究中国文学史几个问题讲一下。最后对鸦片战争后中国近代文学的发展讲一下。
讲授方法:
1.写出讲授大纲。
2.指出参考书:必读的,参考的。
3.习作:写出短篇的札记与论文。
拟让他拟定论文的题目,试写一近代文学作家年谱长编。
发信:一、李湘,二、屈正平。

2月4日　　星期四　　晴,立春
昨晚又下了雪。晨起扫雪,梓北帮忙把门前的通道扫开。古人云"各人自扫门前雪",一点也不错。

上下午没出门,看康有为诗文。

下午系里罗主任来,通知省委宣传部召开优秀作品评选委员会,让我和增杰去参加。

增杰来谈去省开会事,并准备开各研究会委员会。

晚庸懋来,谈他要辞去教研室主任职务事。

2月5日　　星期五　　晴

上午去七号楼地下室,查王维咏《红豆》(《相思》)那篇诗,找四部丛刊本王右丞集没有找到。

下午与增杰乘车去郑州,参加省委宣传部召开的优秀作品评审委员会会议,住省文化局招待所。

晚看《文艺报》与《人民文学》。

2月6日　　星期六　　晴

上午在省文联会议室,参加1981年河南优秀作品评审委员会会议,由冯部长主持会议,11时半结束。

下午在招待所召开文学学会会长、副会长和秘书长、副秘书长会议。到会的有龚依群、栾星、何均地、于友先、赵以文等同志。

晚梅蕙兰来。

2月7日　　星期日　　多云

上午由郑返汴。下午与鸿毅去学校看电影《元帅与士兵》,写贺龙培养乒乓健将的故事。

接到一批信,计有李湘、德重、王路、陈韶麟、凯梅等人函。有的需要作速答复。

2月8日　　星期一　　晴

早饭后去学校洗澡,10时许到系总支办公室向杨瑾书记谈去郑州开会情况,接着举行七七级留系任教和任职同学座谈会。开始由杨书记讲话,接着我讲了讲,最后由(陈)信春、(苏)文魁两同志讲了讲,散会。

下午写信五封:1.赵自立(新疆奎屯师院),2.孟伯英,3.刘运亭(解答王维诗句),4.赵力军(投考研究生事),5.王路(内附给童童、妞妞两外孙女函)。

2月9日　　星期二　　晴

上下午备课。拟给研究生讲《近代学者论清儒的治学方法》。主要谈三个人的看法:章太炎的《清儒》,梁启超的《清代学术概论》同胡适的《清代学者的治学方法》。费一日之力,把章、胡的文章重点作了摘录。

下午平权来,赵福生来。

接中国作家协会调查表一份。《中州书林》寄来刊物四份,里边第二期对我作了介绍。

2月10日　　星期三　　晴

上午陪鸿毅去市人民医院检查身体。下午看《太炎文录》。晚孙荣光同志来,谈到9点辞去。

2月11日　　星期四　　晴

上午杨书记来,谈系里中年骨干教师在科研上的提高问题,打算在本周六下午召开一次老教师与中年教师会议,大家谈谈今后如何树雄心立壮志,争取在最近几年内搞出点像样的论著问题。后来文魁同志来找杨书记,谈省里来人要叫给何副省长从七七级毕业生中选调一个秘书。到11时许,他们辞去。

下午看书,有了一个新的发现。过去对柳宗元的人民思想,没有注意到它的来源,及读《论嵇康阮籍》一文,谈到嵇康的反司马氏政权,又谈到他在《太史箴》中对于统治者残害压迫人民的抨击,使我联想到柳宗元的《送薛存义之任序》以及《捕蛇者说》的民主思想实继承了嵇康的思想,而嵇康的思想又渊源于先秦的老、庄,他自称"老子、庄周吾之师也"。而嵇康的"非汤、武而薄周、孔"的思想亦渊源于庄子。庄子在《胠箧篇》中称当时统治者为大盗,老子称"圣人不死,大盗不止",说明儒与道的最大差别,一个是要为统治者服务,维护当时统治者的政治统治;而另一个是揭露统治者,反对统治者,并且给为统治者服务的儒家以无情的抨击。

柳宗元对历史的看法,对统治者与被统治者的看法都渊源于道家,同时又上承嵇康之绪,所以他与韩愈站在统治者的立场而以继承儒家道统自居是完全处在对立的方面。

这种人民思想,到晚明李贽进一步作了发挥。同时,明末四大儒中的黄宗羲实继承发扬了这种民主思想。他的《原君》同《原臣》,可以说系统地指出了君臣的地位与他们之间的关系,而抨击封建统治者的自私残酷,指出一般小儒实为助纣为虐。

到了清末,西方的民主思想输入到中国,卢梭的《民约论》被介绍到中国。当时革命派中刘师培根据卢梭的论点,来搜集中国历史上思想家中在言论上与之相近的加以摘录,并与卢梭论点相比较作了评语,把该书名为《中国民约精义》,来为当时中国的旧民主主义革命制造舆论。

这一系列思想实为中国思想史上民主性的精华,这一传统是代表人民利益的,而具有这种思想的立场是人民的立场。他们对历史的看法是符合历史发展实际的。

另一派即儒家思想体系,是为统治者服务的,与柳宗元同时的韩愈可为典型。到清末受西方民主思想影响较深的严复,在甲午之后为了宣传西方的民主与科学,首先发表了《辟韩》,向为封建统治阶级服务的儒家思想发出了最有力的一击。

鲁迅是推赞嵇康的,同时他是彻底地、始终如一地反对儒家思想的。他说孔子的一套政治设计都是为权势者着想的。(《论现代中国的孔夫子》)这真是马克思主义观点,一语破的地道出了儒家思想的阶级本质。

晚,(张)春生自天津来,至10时许辞去。

2月12日　　星期五　　晴

上下午没出门,写《民主性的精华与封建性的糟粕》一文。

包头师专进修教师闻同志来,并带来丁尔纲同志的信。

下午春生来。

接吴奔星同志函,并寄来打印文稿几份。南阳师专寄来学报两册,附函索稿。

2月13日　　星期六　　多云

上午把《民主性的精华与封建性的糟粕》一文写竟。

下午参加系务会议(关于(王)宽行、(章)秀定等同志申请调走问题)。

晚看电视,映安阳豫剧团演出的《下陈州》。

2月14日　　星期日　　晴

费一日之力把康有为年谱看毕。

发信致:一、吴奔星,二、姜民生(陕西人民出版社,寄给他《〈聊斋志异〉选讲》一册,并问《鲁迅散论》的印刷情况)。

晚看电视《安娜·卡列尼娜》第七、八集。

2月15日　　星期一　　晴

上午戴鸿儒、郭鸿章同志来,谈关于提升职称,有几位同志水平较高而未被提升,希望开会时提一下,俾能争取提上。

下午参加校部召开的座谈会。李林书记调走,新任书记为韩靖琦,新任校长为李润田。

晚看电视《唐太宗与魏征》。

2月16日　　星期二　　晴

上午整理衣物。下午与周守正同志乘车去郑州参加高校教师职称评审工作，住省教育厅招待所223室。

2月17日　　星期三　　晴

上午评审会开始，由王金才主任讲去年评审工作进展情况。会上给每人发一份去年初评审上的名单，共181人，让散会后对照名单提意见。

下午由郑大、师大、新乡师院三院校的评审工作负责人汇报对初审的意见。

晚看电影《审奸记》，写林彪阴谋篡权的事。

2月18日　　星期四　　晴

上下午参加几个师专和农学院的汇报会。

晚冯辉、梅蕙兰来。出版局周约三局长要梅到出版社文艺编辑室参加编辑《文学知识》，她很踌躇，让我替她拿主意，我也很难为她决定。冯辉分到社科院情报研究所。

开封市民盟在河南饭店参加省民盟委员扩大会，晚上来看我的有王文先、许光华、王运钧、姚桂月、马超然诸同志。

2月19日　　星期五　　晴

上午赵厅长向到会同志传达去年教育部关于评审职称座谈会的情况。王主任提出下一步评审的两种办法，让大家讨论，看采取哪种办法好。

下午大会讨论下一步如何评审。大家一致同意王主任提出的第二种办法。最后仍分两组，让没有汇报的几个院校分头汇报。第一组有南阳师专、郑州牧专、豫西农专三个学校。南阳师专汇报的同志系由郑大调去的，对郑大教师情况比较熟悉，曾提出被评上的较差的名字。豫西农专汇报的同志对农学院比较熟悉,也提出几个并无特殊表现属于双新的,其辞语锋利,对农学院负责评审的深表不满。

2月20日　　星期六　　晴

早饭后去河南饭店看望开封市民盟来开会的同志,后又到省政协看望卢治国同志。

上午参加汇报会。下午开全体会,由王主任、赵厅长讲话。

晚去秋子家。

2月21日　　星期日　　阴

上午看电视《好事多磨》,还有点意思。晚看电视《安娜·卡列尼娜》。

2月22日　　星期一　　多云

早饭后秋子送我回教育厅招待所。

上下午均开领导小组会,讨论下一阶段如何进行评审。

上午电大教师王黎(七七届外语系毕业)来访。她从开封捎来屈光让我转给栾星同志函及学报一册和春生的信。

看新买到的严(复)译《名学浅说》。

2月23日　　星期二　　阴,小雨

上下午举行领导小组讨论会。

晚与守正同志谈天。他讲到马克思的《资本论》四卷,主要讲的是资本主义学术思想的发展史,对英国早期的经济学家如李嘉图、马尔萨斯,在批判上都是根据历史唯物主义实事求是地给以分析评价。

2月24日　　星期三　　晴

午饭后栾星同志来把学报带走。

下午正开会时梅蕙兰来,说她已决定去出版社。我陪她与出版局周约三局长打个电话。周让她明天去他那里谈工作调动问题。

文联杨旭村来,嘱为写纪念《讲话》的笔谈稿,约 500 字即行。

晚看电视《武松》,从发配孟州到血溅鸳鸯楼共三集。

2月25日　　星期四　　晴

晨起写纪念《讲话》的笔谈稿。

上午参加会议,理科的进行完毕。

下午请假,修改誊写纪念《讲话》的稿子,约 1000 字。

晚看豫剧《百岁挂帅》即《十二寡妇征西》。演员纯系郑州实验剧团的学生。其中扮演穆桂英的,唱腔完全是学常香玉的。

2月26日　　星期五　　晴

上下午参加评审会。文科组提出上与下的共 24 人,其中有中文、历史、外语、美术、音乐等学科。经过讨论,中文、历史和个别外语作出了统一的决定。有人提出,已经在 181 人名单中评上的,有三人主张下的计王振铎、陈天福、许成章。经过讨论,维持原案不下。各院校提出要上的,中文学科的赵天吏由副教授提为教授,讨论通过;郑大的田泽芝由讲师提为副教授,讨论通过,其余院校信阳师院上了李叔仪,南阳师专上了武安国,安阳师专上连波,郑州师专上朱炜。历史学科,师大的两位和郑大的两位均未通过。

晚饭后冯辉来谈她的工作。

2月27日　　星期六　　晴

上午开会。下午参加会议,至 4 点半与守正同志返汴。

晚看各处来信。

2月28日　　星期日　　晴

上午陈韶麟、张春生来。

去周守正教授家,送他《〈聊斋志异〉选讲》一册,借来硕士同博士授予单位及个人名册两册。

校阅麟儿眷抄的《鲁迅与胡适》一文。

晚光儿同淑惠来,谈光的工作调动问题。

3月1日　　星期一　　晴

上午去学校与增杰谈梅县纪念黄遵宪会议,商定让赵福生去参加。

韶麟来,送来《胡适书信选集》(下)。我原有上、中,得到这部书算是完全了。

下午写信:(一)致廖子东,(二)梁通(并送他《中国古典文学论文集》一册),(三)人大王松茂,(四)梅蕙兰。

4时许孙荣光同志来,谈至6时许辞去。

3月2日　　星期二　　晴

晨起着手写《康有为论》传略部分。

上午去系里,与杨瑾书记谈在省里参加高校教师职称评审会的情况。

下午在小礼堂听韩靖琦书记作校党委扩大会议的总结报告。

发信到山(东)大(学)孙昌熙同志,并送他《中国古典文学论文集》一册。

3月3日　　星期三　　晴

上午七八级两位同学来,都是关于将来工作分配问题。

接陕西人民出版社寄来《鲁迅散论》的清样,开始校阅。

下午去市盟委开会。有点感冒、咳嗽、吐痰。

3月4日　　星期四　　多云

上午到医院取药。蕤儿从海南岛回来,顺便来家探望。

校《鲁迅散论》清样。

3月5日　　星期五　　多云

伤风仍未好。上午将《鲁迅散论》校毕并写给姜民生一信。

3月6日　　星期六　　晴

上午由蕤儿陪同到校医院拿药。

晨风来,送来他与刘永平写的《韩诗外传》中故事的译文。

3月7日　　星期日　　晴

下午发低烧。

3月8日　　星期一　　晴

早饭后由蕤儿陪同去校医院注射链霉素。下午又注射,并拍肺部 X 光片,觉得很不舒服,体温又高了起来。

晚饭时光儿夫妇、麟儿夫妇都来家。

3月9日　　星期二　　晴

上下午继续注射治疗。经徐士珍大夫诊治,肺部没大毛病,气管有点粗糙,开了三副中药。

发信致省文联李爱云(内附纪念《讲话》文章一篇)。

3月10日　　星期三　　晴

徐大夫开的中药吃了两剂,觉得效果极佳。

发信致西北大学中文系唐代文学研究会筹备组。

3月11日　　星期四　　晴

上午去校医院打针。下午体温又有点高,这是因为没有注意休息以致出现反复。

3月12日　　星期五　　晴

上午(张)如法来,送来(黄)平权论五四文学运动性质的文章。他说他拿不准,让我看看。

下午去校医院打针碰见增杰,他要来找我谈星期六去郑州开会事。

3月13日　　星期六　　晴

把黄平权同志的论文看了一下,觉得还是有些见解,唯中间用词有不当之处。下午如法来,同他谈了我的看法。他把论文带走。

3月14日　　星期日　　晴

昨天下午和晚上,因太累以致晚上睡不着觉,吃了安眠药。今天决定要好好休息。

上午随便看了点书,后来看电视《简·爱》。

晚陈韶麟夫妇来,陈送来他的毕业论文。

病已大好,不大咳嗽了,下午低潮似已截止。

3月15日　　星期一　　晴,大风

写《康有为论》的思想部分。看电视《检察官》。

3月16日　　星期二　　小雨,晚雪

写《康有为论》的思想部分。

下午看《南阳师专学报》中齐子义同志的《论〈祝福〉》,并对李何林同志的看法表示不同意见。我觉得大致是正确的,惟其中对柳妈的看法有点不妥,因在应该学报编辑部约稿的回信中附带谈谈我的看法。把评《恨海》(按,晚清一部宣扬封建婚姻观的小说)一文寄给了该学报。

3月17日　　星期三　　晴,路途泥泞难行

上午去学校访文教部老邢同志,不遇。到校医院拿药。

看陈韶麟论文。

下午写《康有为论》,将思想部分结束。

晚看电视《虎符》,沫若的剧本与《信陵君传》颇有出入。

3月18日　　星期四　　阴,晚雨

写《康有为论》的诗歌部分。

系里杨瑾书记陪文教部老邢同志来,谈关于调光儿来校以及配助手问题。

晚看电视《棋魂》,系把《小道人一着饶天下　女棋童两局注终身》(见《二刻拍案惊奇》)这篇小说改编的,编的比原作要好一点。

《今昔谈》编者把我写的《谈谈我国古代哲人论养生》一文的清样寄来让校对。

3月19日　　星期五　　晴

写《康有为论》的诗歌部分。

上午,给研究生关爱和、陈韶麟两同学讲近代学者论清儒治学方法,从9点讲到11点半,把章太炎《清儒》、《说林》和梁启超《清代学术概论》中有关这方面的文字给他们讲了讲。

接《文献》编辑部刘宣同志寄来《文献》一册,还有《〈野草〉的思想与艺术》一文的抽印本。此文去年春季交给他,时隔一年才印出来。这一期本是纪念鲁迅诞辰百周年纪念的,至今真成了明日黄花了。

接孟伯英函,还是问他到这里工作的问题。

发信:1.《今昔谈》《谈谈我国古代哲人论养生》的清样。

2.《南阳师专学报》编辑部,附有对齐子义同志文章的意见和我的评《恨海》一文。

3月20日　　星期六　　晴

上午在学校小礼堂听校领导传达中央三个文件。

下午写《康有为论》诗歌部分,思路甚为迟滞。

如法送来我写的《胡适论》校样,明日下午来取,时间紧迫,于是马上校对,至晚7时许校毕。

3月21日　　星期日　　晴

上午继续写《康有为论》诗歌部分,至下午写毕,并拟出散文部分的大纲。

下午如法来,把《胡适论》的校样拿去。

接山东大学孙昌熙教授函,说他对周作人没研究,不愿意来参加陈韶麟的毕业答辩。

看电视《山中的风妹子》、《武松》。

3月22日　　星期一　　晴

继续写《康有为论》散文部分。

下午在校小礼堂参加学位审定委员会。晚看电视《喜盈门》。

3月23日　　星期二　　阴,大风降温

一整天在家没出门,尽一日之力把《康有为论》的初稿完成,下边须要修改《黄遵宪论》。

接开封市人大通知,本月26日报到开会。

晚看电视——巴基斯坦电影《生命》。

3月24日　　星期三　　阴,风稍息

上午到系里,杨书记开会去了,与苏书记谈关于学位审定委员会的名单问题。拟将系学术委员会再增添两人报上去,并让他与杨书记商量一下。

下午看陈韶麟的论文。

接河南人民出版社周畅中函,说已决定再版《中国古典文学论文集》,问有否修改之处。

发信:1.孟伯英。2.《文献》稿费收据。

3月25日　　星期四　　阴

上午把陈韶麟的论文看毕给提了一些意见。

接《社会科学战线》寄来文章清样,校对一过,并装入信封。

下午给陈(韶麟)、关(爱和)还有一位进修旁听生,继续讲胡适对乾嘉朴学家治学方法的看法,5时结束。把装清样的信件交陈韶麟带走投邮。

晚王振铎等同志来,谈关于评选当代作家的古体诗选事。

3月26日　　星期五　　多云

早饭后即去柳园饭店(参加市人大会议),住405室,与辛捷同志同室。

下午参加预备会,会址在大众电影院。

晚看电视《今日我休息》。

晨风同志在北道门代我买到《段氏〈说文解字〉注》。

3月27日　　星期六　　晴

上午去市里参加市人大大会,由吕锡田市长作市政府工作报告,赵经同志作市财政预算与决算报告。

下午小组讨论。晚去人民会场看杂技(南京市的)。

3月28日　　星期日　　晴

今天请假,没参加大会。

上午李光一同志来访。下午看文学论集。

人大常委会送来电影票两张。晚饭后与鸿毅去大众电影院看电影。

3月29日　　星期一　　多云
上午参加各区代表团团长的汇报会。下午参加大会。
接廖子东同志函、耿恭让同志函。

3月30日　　星期二　　晴
上午参加小组讨论。下午参加主席团听取各组讨论汇报会。

3月31日　　星期三　　晴
春生来。赵福生来,送来钱谷融寄来的《文学即是人学》的小册子。
下午参加市人大会议闭幕式。
晚看电影《崂山道士》、《回头一笑》。
接钱谷融同志寄来书一册。

4月1日　　星期四　　多云
早饭后去北道门,到书店检了几本书,让经理王德华送到家付款。
从北道门回来很疲乏,休息一会,接着就有客人来,计有孙荣光、张春生、尚立邦,还有院部一位要给我照相的等。所有客人走后,已11点半了。
下午去学校,到教研室参加学习会。
晚饭后,市人大常委会高广安来。看电视——印度故事片《奴里》。
发李湘函。

4月2日　　星期五　　阴
早饭后去系里,今天韩靖琦书记来系里了解情况,杨瑾同志让同他谈谈系里问题。因为9点还要给研究生上课,所以一开始我谈了一下,至8时50分就先去了。

9时给研究生讲文学史研究中有关的几个问题,至11时许结束。

下午,参加教务处召开的有关应届研究生毕业论文写作情况汇报,及答辩问题会议。

接廊坊师专魏东朝索稿信,和河南社科院让写《歧路灯》论文的信。

4月3日　星期六　晴

上午张春生来。下午去系里开会。从学校书店购到《全元散曲》等五六册书。接南阳师专函。

4月4日　星期日　晴

上午修改《鲁迅与胡适》一文,拟交系里打印。

另外翻阅"文革"前写的《论毛泽东同志文艺思想》旧稿,拟在旧稿基础上写篇《毛泽东同志论创作,坚持了马列主义的反映论》,作为对《讲话》发表四十周年的纪念。

下午赵明同志来,送来他的论鲁迅思想的论文一篇。

4月5日　星期一　晴

上午写《毛泽东同志论创作,坚持了马列主义的反映论》。

下午一连串有人来访,计有许光华、乔景楼、赵新民、赵吏之等同志。最后一位走时已近6点了。

开始阅晨风的《韩诗外传选译》一书。此书共300多页,今天才看了30多页,约十分之一。

接王建新同志函向我约稿。

4月6日　星期二　晴

上午写文章。

下午到系里参加全体教师会。信春讲了关于教学方面的问题，增杰讲了关于科研方面的问题，我最后讲了去年到今年两次评审职称的情况，和今后同志们在教学科研上应注意的问题。

4月7日　　星期三　　晴

今天一天没去学校,把纪念《讲话》一文写就。

下午李润田校长来,讲他最近一段工作是每晚到同学宿舍了解情况。他把学位委员会各系分会名单送来,征询我的意见。

晚看电视《毕昇》,写宋代印刷活字版的发明者毕昇一生的不幸遭遇。

4月8日　　星期四　　晴

下午到民盟市委参加会议。

开始读黄遵宪的有关资料。

4月9日　　星期五　　晴

上午给研究生上课。下午刘(增杰)、赵(明)两同志来讨论陈韶麟的论文。

旧河大在潭头时的同学徐明威来,他是潭头时河大经济系同学。那里地下党组织是郭晓棠去让成立的党小组,在党小组的领导下旧河大开展了学生运动。徐同志应学校七十年校庆纪念会之约,追写当时的学运情况,他写的基本上是符合当时实际的。

晚,张荷来,孙荣光来;老华夫妇来,他们刚从西安归来。

4月10日　　星期六　　晴

上午去小礼堂听校部传达中央关于统战政策的文件。

下午看晨风译的《韩诗外传选译》故事。

晚看埃及影片《征服黑暗的人》。

接华中师院丘铸昌函,并寄来所发表的关于分析丘逢甲作品的论文。

接（河南省）社科院寄来的紧急通知。

4月11日　　星期日　　晴

早饭后去找增杰,商定12日上午去郑。下午平权来谈。

晚看电影《玉碎宫倾》,写少数民族的故事。

4月12日　　星期一　　晴

上午与增杰来郑,参加河南省社联大会,住河南宾馆10号。

下午参加预备会。

晚在郑州影剧院开大会,通过主席团名单。会后看法国电影《虎口脱险》。

4月13日　　星期二　　晴

上午开大会,由宋玉玺部长致开幕词,张树德书记讲话,下面是工青妇等团体致贺词。

下午由前任负责同志魏钦公同志作社联工作报告,接着又传达了王任重、胡乔木两位中央领导同志的讲话。

晚去秋子家。

4月14日　　星期三　　晴

上下午举行小组讨论。

4月15日　　星期四　　晴

上午大会发言,听尹达同志关于历史研究方面三个问题的报告。

下午与秋子去河南医学院看党若平同志、张静吾同志。晚饭后到省政协碰到杨章武同志,一块到（李）静之家谈了会儿,他派车送我们回来。

4月16日　　星期五　　晴

上午大会听报告。校对文稿。

下午参加小组会,继而又参加主席团会。

民盟省委卢治国同志来谈关于开封办外语夜大分校事。

4月17日　　星期六　　多云

早饭后接省政协电话,说已确定让我参加他们所组织的赴安徽、江苏等地的参观团,19日上午9时一刻,到郑州火车站贵宾室等候上车。

上午到会场听省委刘杰书记报告。

下午大会举行选举。我被选为省社联副主席,在闭幕式上致闭幕词。散会后即由恭夫陪我乘车返汴,8时半抵家。

4月18日　　星期日　　晴

早饭后,去军属院杨书记家,向他汇报在郑开会情况与明日到南方参观事。

下午与恭夫一起来郑,晚宿恭夫家。

发函致王海根,并送给他《学习与纪念》、《〈聊斋志异〉选讲》各一册。

4月19日　　星期一　　晴,晚到合肥,小雨

上午8时,恭夫送我到火车站贵宾室,参观团的其他同志陆续到达后,团长讲了话。10点15分开车,我与静之、秦佩珩同志一个车厢,晚11时45分抵合肥,下榻江淮饭店,与秦公住同一房间。

4月20日　　星期二　　阴,小雨

上午,安徽省委杨维屏同志来看望参观团同志。杨书记在"文化革命"前曾任河南省委书记,因此特来接见。

下午,冒雨去游览包公河公园、曹操的教弩台和逍遥津。据说逍遥津是三国时张辽大战孙权的地方。5时许回饭店。

(安徽)省委第一书记周同志,还有其他省委领导和省政协领导均来接见参观团。晚上并设宴招待,宴席非常丰盛,上了十九道菜,从6时起直到8时才散。

4月21日　星期三　晴

上午参观工艺美术社同手表厂。

下午参观科技大学。给我印象较深的是该校准备安装同步辐射加速器和招的少年班。

4月22日　星期四　晴

上午乘车到郊区,参观东方红公社,看了三个社办工厂,并到一家社员家里访问。回来后,给《艺谭》编辑部王建新同志打电话。他已下班,另外一位同志接的电话,约他下午来会见。

下午安徽省政协负责同志来座谈工作经验。4时许我离开会场与王建新同志打电话。这次打通了,他说马上就来。5时许,他和一位编辑部同志刘永康来。过去一直通信,但未见过面。王同志年纪才50岁左右,正是年富力强搞事业的时候。他是湖北老河口人,1948年来安徽工作,一直到现在。临行,送他我写的两本书:《中国古典文学论文集》和《〈聊斋志异〉选讲》。

4月23日　星期五　晴

早饭后与董民生、魏太星、吴国祯等同志去安徽民盟省委座谈。盟省委以茶点招待,谈至11时许始返回旅社。

王建新同志来,送来《艺谭》十套,让分送给参观团同志。因送给秦佩珩、李静之、杨章武三同志各一套(共5册),其余送给参观团团长,请他分配。

下午1时乘车去芜湖。芜湖在长江南岸,渡江即至。晚,芜湖市领导设宴招待参观团。

4月24日　　星期六　　晴

早晨7时开车,11时抵泾县吃午饭。下午开车行约一小时至一个宣纸厂,参观造纸工序。晚抵黄山疗养院。

4月25日　　星期日　　雨

早饭后(由黄山疗养院出发),乘车冒雨至云谷寺。本拟在那里左近游览一下风光,但雨一直未住。于是有人倡议返回疗养院。同行者较为年轻力壮的都前往攀高峰去了,我们年老体弱的只有乘车返回,原地休息。在返回途中,看到了瀑布百丈泉。

下午又乘车到前山慈光阁。据云在过去是一个大庙,有石垒的千僧灶遗迹。其他遗迹已荡然无存。再向上攀登约一里许,有亭翼然,为群峰环绕之地,满山苍翠,松树亭亭如盖,杜鹃花明艳宜人。下边山泉琤琤,山峰云雾缭绕,景物清幽明艳,已觉胸怀为之一爽。同行的胡锡光(安徽省政协副主席)的公子携有照相机,为几人摄影留念。

因天色不早,云彩转浓,濛濛细雨又下起来,遂拾级下山。沿途经桃源亭、观瀑楼,均停车登眺。桃源亭位于桃花峰下,峰下有溪名桃花溪。因而筑此亭名曰桃花亭,意即桃花溪之源也。亭最上层有郭沫若题额。远望峰峦耸翠,由山上倾泻下的瀑布如垂千尺白练,真奇观也。观瀑楼,未能进去,此为观瀑最佳处。据云邓副主席来黄山时曾在此居住。下山到寓所已5时许。

4月26日　　星期一　　晴

上午乘车去太平县,准备游太平湖。11时许抵县,在县委休息。午饭后即乘车到太平湖。坐汽轮历一时半至大坝,并登坝远眺,旋即返回。回到黄山宾馆已7时许。

4月27日　　星期二　　晴

上午8时许出发去杭州,下午4时半抵达,由浙江省政协安排暂住新新饭店。

晚饭后与秦佩珩同志在湖滨石磴坐观夜景,暮色苍茫,沿湖灯光如明星照耀,惜无月色,湖面昏沉沉的,时见夜鸟飞翔。坐至7时许返寓所。

4月28日　　星期三　　晴

早饭后集体游灵隐寺、玉泉及岳坟。住所由新新饭店迁至大华饭店,与秦君住212房间。

下午游六和塔、虎跑,并在茶室饮茶。虎跑泉水甘美,泡以今年的新茶龙井,茶味清香甘美,实过去所未品尝。离虎跑,拟去参观动物园,园门已关闭,又去柳浪闻莺。4时半返旅馆。

写信致:一、鸿毅。二、杨瑾书记。

4月29日　　星期四　　晴

上午集体到黄龙洞。门前有副对联"黄泽不竭,老子其犹"。最初对上联不大理解,后来才恍然于黄乃指黄帝。此处所信奉者乃黄老道。此地风物清幽,极堪一游。离此到花港观鱼,又到三潭印月,最后乘汽艇游湖。11点20分返旅馆。

下午参观杭州织锦厂,买了两个被面。又去参观双峰大队,这是制龙井茶的大队。出来后又游龙井及烟霞洞。

晚看电影《牧马人》。李准编剧有一定思想性,但人物近于虚构。

4月30日　　星期五　　时时有小雨

早饭后,静之来我同秦公住的房间,谈至9时,偕同上街购物。

下午5时许,浙江省政协毛主席及何副主席来看我们,谈至5时半辞去。

5月1日　　星期六　　阴，下午晴

早饭后，7时乘车离杭，经嘉兴、湖州至苏州，寓观前街乐新饭店。

下午，又乘车游狮子林同拙政园。游人如织，摩肩接踵，几乎随着人流在流，感到万分无意思，5时返寓。

5月2日　　星期日　　晴

上午游虎丘、寒山寺同西园寺等处。回寓已12点。因系星期日，游人如赶庙会，熙熙攘攘，只感到紧迫匆促，毫无观赏景物之乐趣。

下午3时半，乘车至无锡，寓太湖饭店。7时半，市委负责同志会见来游诸同志。

发信致增杰。

5月3日　　星期一　　昨晚大雨，今天晴

上午乘汽轮游太湖。先到三山，后又到鼋头渚。

下午参观泥人厂，买了两个泥人。后又去惠山寺游览。

5月4日　　星期二　　晴

上午游蠡园。这是无锡比较大的公园，是由蠡园、渔庄合并而成。里边一部分属于湖滨饭店。饭店是座有十层楼的新建筑。听说现在已受到批判，因为这个高大的新式建筑破坏了蠡园的自然风光，西式建筑与中国式的园林建筑极不协调的缘故。园中有春夏秋冬四季亭子，均位于湖滨。园中的湖水与太湖相接，一望浩淼。比着北方各种园林中的湖大多了。湖中小舟三五出没于烟波之中，令人有自然图画之感。大家都认为无锡的自然风物比苏州的人工园亭宁静幽美得多。

下午乘车至常州，下榻常州饭店。此处以轻工业的成绩知名全国,同时又是革命先烈张太雷、恽代英与瞿秋白的家乡。

晚市政协招待看电影,我因肚子不好有痢疾的样子,在寓休息。

5月5日　　星期三　　多云

因痢疾未痊,精力疲惫,上下午参观工厂均请假。

晨起修改《韩诗外传选译·序》。

下午看关于黄遵宪的几篇论文,有一篇是对(我)往年一篇论黄后期诗歌的反动性而发的,系为黄辩护的文章。里边说到黄称赞唐才常的诗,认为黄是赞成唐的起义的。殊不知唐的起义是为了反对慈禧,而拥戴载湉,仍是为了保皇。唐的起义是为了勤王,所以革命派章太炎初则不明真相,表示赞同,后来了解真实情况后即断然与之决绝。因而不能认为黄赞颂唐才常即赞成起义运动。

5月6日　　星期四　　晴

早饭后乘车经金坛、丹阳、句容,历时3个多小时到达南京,住中山陵附近11号招待所,与秦佩珩、何家泌两同志住一个房间。

下午2时,到江苏政协参加此地政协领导及各民主党派的领导所举行的茶会。会后参观西花园。按,江苏省政府所在地为蒋介石的总统府。这个衙署在清乾隆时为江南织造局,是曹雪芹之祖曹寅居官之地,后改为制台衙门。太平天国时为天王府。南京被曾国荃攻破后又改为制台衙署。辛亥革命后一度为临时总统府,孙中山的办公处。现为历史陈列馆。沧桑变迁,令人不胜感慨。

西花园中有石舫,乾隆曾题为"不系舟",另外有俞樾所题的唐人张继《枫桥夜泊》一诗的刻石。

从江苏省政府出来,乘车参观梅园新村。这里有17号、30号、35号三个革命陈列馆,是在抗战胜利后蒋介石发动内战时,我方以周总理、董必武两同志率领的中共代表团的住所。30号为周总理与夫人邓颖超同志的住处,35号为董必武同志一家的住处,17号为代表团成员的住处。在参观中令人感到当时斗争的紧张情形和周总理夫妇生活艰苦朴素的作风,令人肃然起敬。

5月7日　　星期五　　晴

上午参观南京无线电厂。这里生产收音机、电视机,熊猫牌在全国比赛中名列前茅。又参观江苏地面卫星接收站,并看其收到的卫星转播的新闻图像。

下午参观团全体同志到雨花台向烈士们献花圈。恽代英、邓中夏等革命先烈均系在南京被杀害的。"到处青山可埋骨,烈士精神永不没"可为烈士咏。

5月8日　　星期六　　晴

上午集体乘车参观清凉山扫叶楼。这是明清之际一位具有民族思想的书画家龚贤所居。龚于明亡后,曾浪游十余年后返回南京,即居于此,以卖书画为生。与《桃花扇》作者孔尚任有文字的往来。后人纪念他,把他的旧居重加修葺。现陈列有他往日的书画复制品。

离扫叶楼又去莫愁湖。这个地方比较偏僻。游人不像其他地方那样拥挤。"文革"后又为莫愁塑像。湖中满种芰荷,夹岸长堤高杨成行,景物清幽宜人。从公园返寓已近12点。

下午与民盟其他三位同志董民生、魏太星、吴国祯等到江苏盟省委座谈。江苏盟省委副主委陈明之同志、王气中同志,还有其他几位同志谈了这里的情况。董同我大体谈了河南民盟工作情况,至5时许辞去。这次有机会得与气中同志晤面,实出意外,非常高兴,感到解决我心中一大问题。

晚看电视《李世民(四)》,演得很不错。

5月9日　　星期日　　晴

上午集体谒中山先生陵墓。同行者列队向中山遗像行三鞠躬礼,并瞻仰其遗体雕像。

在中山陵前太星为我照像。

参观灵谷寺中的无梁殿。

下午自由活动,与秦佩珩同志到新街口购物。

晚看电视《落榜以后》。

5月10日　　星期一　　晴

上午参观团分小组座谈个人的体会收获,直到吃午饭时才散。

下午整装乘车至南京车站。江苏省政协孔顺卿同志一直帮我拿行李包,令我深为感激。4时半我们都登上软席车厢。

5月11日　　星期二　　晴

凌晨4点40分火车抵汴。参观团的两位女同志宋向捷大夫、温敏副处长帮我把大行李包拿下车,并送得很远,看到关爱和来接,才把包放下,令人深为感动。

上午增杰同志来,麟儿来。

下午整理书信,拆阅并检出需要答复的函件。

5月12日　　星期三　　阴雨

上午到学校校部,了解一下外国留学生来我校参观与听课情况。见到了汤同志,告诉他我讲的题目是《晚清文学改良运动与五四文学革命运动》。

下午备课。发信致:(一)《文献》编辑部刘宣(著作目录与像片一帧)。(二)钱谷融(《学习与纪念》一册,近代文学论文一篇)。

5月13日　　星期四　　晴

上午去北道门邮局,路上碰到民盟市委许光华同志,谈了今后盟的工作问题。在小书店买部《聊斋》同《李长吉评传》。

下午看光儿誊抄的《康有为论》。如法来,送来上海来信,指出我写的《胡适论》中有几点与事实不符之处。

晚,韶麟来,送来一本《胡适自传》。

发信致:(一)周畅中(校改过的论文集)。(二)姜民生(陕西人民出版社,询问《鲁迅散论》的印刷情况)。

5月14日　　星期五　　晴

上午给关爱和等上课,中间有王振铎、晨风、赵希鼎来访。

下午去增杰家谈了不少事。订下半年杂志:《人民文学》、《文艺报》、《文学评论》、《新文学史料》、《小说选刊》、《哲学研究》、《中国哲学史研究》。

5月15日　　星期六　　晴

上午参加校部召开的学位委员会,讨论硕士学位与学士学位授予的标准问题。

接福建师大俞元桂主任来函。

《今昔谈》第2期已出版,寄来2本。这期有我的《谈谈我国古代哲人论养生》。

5月16日　　星期日　　晴

上午在家校正《鲁迅与胡适》的打印稿子的错误。晨风来,把给他与刘永平两人选译的《韩诗外传》写的《序》拿走。

下午孙先方同志来,说施蛰存来汴,现在高先生家,邀我去。孙走后,张永江同志来,谈了会。张走后,去高文同志家,会见施君。晚上高先生留他吃饭,并让我作陪。

晚看电视京剧《孔雀东南飞》。

5月17日　　星期一　　晴

上午修改光儿誊写的《康有为论》。

关仁训、张永江两同志来,(谈)关于落实知识分子政策问题。

下午看《人境庐诗草》,拟修改对黄遵宪过去写的一篇文章。

晚饭后去学校小礼堂小会议室,与北大中文系的夏主任等四位同志谈给北大外国留学生讲课事。我校参加会议的有历史系王云海（讲宋代的汴梁情况）和张综同志等。

5月18日　　星期二　　晴

上午在小礼堂接待北大中文系由陈贻焮与孙庆升二教授带领的十三国留学生。先由张综同志向来客介绍本校情况。接着分为两组，一组是搞古代的，请历史系王云海同志讲北宋时期汴梁情况；另一组是搞现代的，让我讲现代文学。我的题目是《晚清文学改良运动与五四文学革命运动》。讲了一个半钟头，至10点。下边提问题，至11时结束。

下午参加系主任、教研室主任会议，一直开到6点多才散。

5月19日　　星期三　　晴

上午校阅论《歧路灯》的稿子。此文似经栾星删削，将开始一段指出这部小说为当时文学思潮的逆流删去。这段对该书发行甚为不利，故被删亦有由也。

看《近代文学论文集》，其中关于分期问题有新争论。有四期说，有三期说，而断限也各有不同。其中分三期的认为，从1840年到1873年即从鸦片战争到太平天国的覆灭为第一期；从1873年到1905年为第二期，即维新派文学运动时期；从1905年到1919年为革命派文学运动时期。对这个分期，我大致同意，惟把第二期下限到1905年我不同意。我认为应在1900年庚子之役，因为革命派文学从1900年以后已开始发展起来。从政治运动来看，孙中山早有推翻清王朝的活动。庚子以后先进人士认为清廷已不足以与图治，而它已成为帝国主义在中国的代理人，所以要坚决推翻它，于是革命浪潮汹涌澎湃，而在文学上最突出的，如章炳麟的散文，邹容的《革命军》，刘师培的诗与散文。

维新派在1902年虽曾出过新小说杂志，一时影响甚大，但其作品在思想上对革命是反对的，它们是为洋务派与维新派服务的。所以从进步的文学思潮来看,应该从1900年后为革命派文学运动时期。

下午参加校庆筹委会。

发信致:(一)中州书画社。(二)李湘。

5月20日　　星期四　　晴

上午晨风来,将我为《韩诗外传选译》题写的书名带走。

下午到系里,(大家)都到大礼堂听杨基柱的报告了。碰见增杰,他将社科院文学研究所近代文学研究组牛仰山同志的信交给我。让我复他一信,确定近代文学学术会议日期定在10月11日至17日,预备会放在10月8日至10日。

陈韶麟来家,把让他誊写的《谭嗣同论》的二、三、四部分文稿带走。

5月21日　　星期五　　晴

上午给研究生讲课,旁听者有赵福生、王文金、刘绍亭等同志。

下午看《人境庐诗草》,最近拟将《黄遵宪论》改写一下。

发信致近代文学研究组牛仰山同志,同意他们提出的会议日期10月11日至17日。

5月22日　　星期六　　晴,干热风

上午去七号楼地下室看黄遵宪的《日本国志》与魏源的《海国图志》。下午看赵福生评老舍的《四世同堂》一文。

最近拟改写《黄遵宪论》,并把关于近代文学史上其他作家已写成的,不论是否发表过,都一一仔细读一遍,加以修改,然后再写篇"后记",在暑前能把稿子交出。

5月23日　　星期日　　晴

把《严复论》、《苏曼殊论》、《吴沃尧论》重新仔细看了一遍,校正了其中的错字。

下午6时许与鸿毅到学校看电影《李慧娘》。

光儿来,送来他的论《西游记》的文章。

5月24日　　星期一　　晴

上午写《黄遵宪论》,把小传部分写毕。

下午去市里参加人大办公室会议,结束后又到市民盟参加常委会。

5月25日　　星期二　　晴

写《黄遵宪论》,把第二部分文艺思想写毕,第三部分诗歌分析写了一小部分。

上午永江、老关来谈了近两个钟头,还是关于落实知识分子政策问题,我提出辞去系主任及市民盟主委的职务问题。

晚饭时,王建新同志偕其弟王建奇来访。

5月26日　　星期三　　晴

早饭后,市里来车接,到开封宾馆参加市人大常委会,与辛捷同志住同一房间。晚到开封剧场看电影《赛虎》。

5月27日　　星期四　　晴

上下午讨论城市规划问题。

晚饭后来家,《中州学刊》寄来《谭嗣同论》(上)的清样,校了一下。

5月28日　　星期五　　小雨

上午给关爱和、陈韶麟讲课。

下午到开封宾馆参加小组会,讨论宪法草案。

晚看电影《西安事变》。

5月29日　　星期六　　阴,晚雨

上午小组讨论,继而参加由人委主任听取的各组汇报会。

衡阳参观团(政协)来汴,市政协招待他们吃午餐,邀我参加。

下午大会通过几个决议,最后由邵球书记对会上所提意见作了解答。

晚饭后回家。春生来,他拟明日返津。

5月30日　　星期日　　阴,昨晚下了一夜雨

上午看《人境庐诗草》。

下午到民盟市委参加座谈,系衡阳民盟主委陈同志等几位民盟同志来汴参观,特邀请座谈。

光儿晚上来谈他的工作事。

发信致连波。春生回津路过郑州,托他把陈韶麟誊写的《谭嗣同论》部分稿子捎到社科院交李湘同志。

5月31日　　星期一　　多云,晚阴

全天没出门,算是把《黄遵宪论》写毕。

接北京刘永平函,对给他和晨风两人合写的《韩诗外传选译》一书审阅并写《序》表示感谢。

6月1日　　星期二　　晴

上午把《黄遵宪论》写毕,并作了若干修改。

下午去系里参加会。晚守正同志来。

徐州师院寄来研究生论文一篇,系写的刘半农。

6月2日　　星期三　　晴

(校)科研处薛处长来,让明天去省参加(省)社联主席团会议。我本已请假,但只好去了。

下午在小礼堂听韩书记、李校长传达邓力群、胡耀邦的讲话。听到5点半,杨瑾书记约我一块去学校招待所,看从华中师大与华东师大来参加(研究生毕业论文)答辩的傅教授等。

晚饭时韶麟同侯红光两同学来。

发信致孟伯英。

6月3日　星期四　晴

晨与周守正、胡思庸两同志乘车赴郑,在河南饭店工字楼参加(省)社联主席团会。到会者有张树德书记、邵文杰主任、冯登紫部长等共十余人。由张书记主持会议,开至12时许散会。

下午社科院吴清波院长到我们住室谈了近两小时。5时许返汴。

6月4日　星期五　晴

上午把《中国近代文学作家论》的《后记》草成,仍需大大补充修正。

下午给研究生上课。晚看电视《红娘》。

6月5日　星期六　晴

今天一整天都在历史系参加硕士学位授予问题的讨论会。

接春生、武国华信(内附在郑参加社联代表会时,与师大同学在一起的摄影像片)。

6月6日　星期日　晴

晚王婉顺来,又谈钱天起事。此事一直拖着至今不能解决,主要是因为钱的数目问题,一方想多要,一方想少给。这样就拖下来了。

6月7日　星期一　晴

上午到系里,让发通知,明日下午3时召开系学位委员会会议。

公室碰到赵明同志,他于昨日到家。同他一起去增杰家谈对去年毕业的五位研究生的学位授予问题。

下午修改《中国近代文学作家论》的《后记》一文。赵明同志来,送我一个椰子小壶,并谈及在海南开会情况。这次选举因要年轻一点的担任理事,我因两次未参加年会,决定让我不必担此名义。我认为这倒很好。赵明同志对刘泰隆颇有意见,认为他对自己不够近人情,到桂林时连请下来玩玩的客气话都没说,心中甚不愉快。此亦人情之常,我已久不以为怪了。

6月8日　　星期二　　晴

上午麟儿来。将《中国近代文学作家论》的《后记》修改毕交他誊写。

上午景昌来,让给尔康写考试分数证明。

下午去系里主持系学位委员会会议,讨论对七八级毕业研究生授硕士学位、对七七级本科毕业生授学士学位问题。

看《河大简史》。

6月9日　　星期三　　昨晚雨,晨晴

上午到学校书亭购到《朱舜水全集》一部。看舜水全集觉其文辞清丽见解弘通,同晚明其他大师,如顾、黄之辈比起来并无逊色。

将《河大校史》看毕,提了几条意见。

发信给:(一)(李)静之。(二)王文先。

6月10日　　星期四　　晴

上午在现代文学教研室举行关于《近代散文选注》的会议,决定把过去放下的工作重新拾起来。与会的有(刘)增杰、赵明、(张)振犁、(邢)治平、(张)如法和我。会后如法到我家把《康有为论》拿走。

下午与增杰同乘车赴郑州,参加优秀作品评选会议,住文化局招待所。

6月11日　　星期五　　晴

上午参加(优秀作品)评选会,于大申部长主持会议。到11时半,给每位评选委员发了几包作品,分三组让审阅。

下午到河南宾馆举行《文学研究论丛》编委会,至6时散。

晚栾星、冯辉到寓所谈。栾星同志谈关于嵇老遗著的编纂问题,拟成立一个编辑组,拟定师大方面有我,历史系的胡思庸、姚瀛艇,郑大的史苏苑,社科所的栾星。10时许,他们辞去。

6月12日　　星期六　　晴

上午乘省文联车返汴。下午麟送来所誊抄的稿子。晚光儿来。

6月13日　　星期日　　晴

上午去马道街换眼镜框。

下午把赵明同志《论鲁迅前期文艺思想》一文看毕,并写了几条意见。

6月14日　　星期一　　晴

上午到校医院看牙。

接静之函,催稿子。这次南行回来曾写了个文章提纲,因找出动笔写了两段。

6月15日　　星期二　　上午阴,雷阵雨

给陈韶麟、关爱和讲课,把《晚清文学思潮的流派及其论争》讲毕。

写《东南行纪》。发信致静之。

下午在政教系大教室听韩、李二位校领导传达中央文件。

晚孟伯英来,谈他上街钱被扒手偷去,没交伙食钱,借给他拾圆。

6月16日　　星期三　　昨晚雨

早饭后去学校,在系资料室拍电视片,内容为我与赵明、增杰给陈韶麟讨论其论文的情况。

把《东南行纪》写成,并进行修改。

下午孙荣光同志来。他最近也到南方一趟,谈他所看到景物的感想。

接秋子儿自天津来函。

6月17日　　星期四　　晴

誊写《东南行纪》。

下午,郑州第二砂轮厂一位翻译人员梁平甫同志来访。他带了一本1944年我在南阳出版的《中国现代文学史》上册,让我题词。他说在"文化大革命"中,把它藏在箱底,因而未丢失。我感于其对拙作的重视,因为其书题词以作纪念。并请他到书斋稍坐,赠送他一本去年出版的《中国古典文学论文集》。在漫谈中,知他为镇平人。解放后1955年南(阳)中(学)毕业,曾从事技术资料翻译工作,但喜欢文学并文学史。所学系德语,亦曾试译德文短篇小说,觉文学作品比资料难译得多。后来赵福生来、光儿来,他才辞去。

晚8时许,郑大耿元瑞、何均地两同志来,谈郑大最近举行民意测验,并谈及中文系张某人的为人。他们于9时许辞去。

按:先生为梁平甫所保存的《中国现代文学史》上册的题词是:

今天下午,在郑州工作的梁平甫同志来访,我们是过去不相识的。据平甫同志讲,他平生喜爱文学,尤其对现代文学极感兴趣,出示其往年所购的拙著《中国现代文学史》上卷,在"文革"时置于箧底,得以保存至今。我看到后,也不胜感慨,这样疏略的著作蒙平甫如此珍惜,深感惭愧,但此书已不易得,因书此以为纪念。

6月18日　　星期五　　晴

把《东南行纪》誊改毕。

上午徐瑞岳从徐州来，带来吴奔星同志的口信，商量我去徐州的时间。后来确定20号我去徐州，他们于21、22两日进行（研究生毕业）答辩。结束后，我同奔星同志一块来汴。商定后，他即随陈韶麟到招待所休息。

下午抓紧时间看孙晨的论文《臧克家的长篇叙事诗论》。

孙荣光同志来，谈两小时辞去。

6月19日　　星期六　　酷热，俨然盛夏

把孙晨的论文评语写出，还有徐瑞岳的没写出来。下午继续看徐的《刘半农论》。

晚与鸿毅去大礼堂看法国影片《虎口脱险记》。

6月20日　　星期日　　晴

上午作去徐州的准备。下午2时陈韶麟同志来，一块去车站乘车赴徐州。9时许抵徐。吴奔星同志偕其弟子车站迎接，下榻徐州宾馆。

6月21日　　星期一　　阴

山东师大田仲济已到，山（东）大（学）孙昌熙尚未到，所以答辩会未能举行。

下午孙（昌熙）教授抵徐。3时许，由吴奔星同志陪同，田、孙和我去淮海大战纪念堂参观。

6月22日　　星期二　　雨，天气骤凉

上午举行答辩会。研究生孙晨论文题目为《臧克家的长篇叙事诗论》。在答辩中孙君对所提问题答的不够圆满，最后大家还是通过了他的答辩。

下午又由吴教授陪同,我们参观了市容。

6月23日　　星期三　　多云旋晴

上午继续进行答辩会。研究生徐瑞岳的论文题目为《刘半农论》,答辩中对所提问题能作较系统并详细的答复,因此大家对他的答辩稍感满意。

午餐后即乘车返汴。

6月24日　　星期四　　晴

下午到系里举行学位委员会,通过张春生、赵福生(现代文学),李贤臣、王世声、张家顺、米寿顺(古代文学)等授予硕士学位;蒋益等到明年再授予。另外古代(文学的)翟相君应将其论文再加补充修正后授予。还有两位俟对其政治情况作调查后再处理。

付陈韶麟洋三十元,作宴请吴奔星的费用。

6月25日　　星期五　　晴

上午把陈韶麟在答辩时,我对他学习情况及论文写作经过的介绍写成。

赵福生、陈韶麟、刘绍亭等来。

下午参加校学术委员会。五时许与增杰、赵明、陈韶麟乘车去车站接吴奔星同志,把他同他的研究生徐瑞岳二人安排在开封宾馆。我陪他们在宾馆吃过晚饭,饭后增杰、赵明同他商量明天答辩程序。

发信致于黑丁(关于评选优秀作品问题)。

6月26日　　星期六　　多云

上午在小礼堂举行陈韶麟的(毕业论文)答辩会。大家对他的论文与答辩比较满意,评价较高。

下午邀请吴奔星同志与现代文学教研室同志座谈。奔星同志谈关于文学流派问题,颇有不少独到见解,能予人以启发。

座谈结束后,到食堂我与增杰、赵明设便宴招待吴与他的研究生徐瑞岳同志。

接到安阳师专寄来《(安阳师专)学报》两册,我的《刘鹗及其〈老残游记〉》一文已发表。

6月27日　星期日　晴

晨起为郑州刊授大学的刊物写一短文,题为《谈谈学习的规律》。

下午三点左右与刘(增杰)、赵(明)两同志乘车去宾馆送吴奔星同志。

晚看电视豫剧《胡四娘》。

6月28日　星期一　晴

晨起把《谈谈学习的规律》一文誊改一遍并写信一封。

早饭后到系里,又到七号楼善本室看书。

下午孙荣光同志来,至6时许辞去。

发信致:(一)(郑州)刊授大学赵兰英。(二)魏太星。(三)蕤儿。

晚与鸿毅看电影《阿Q正传》。

6月29日　星期二　晴

上下午均未出门,看时论文选中关于批孔孟的论文。

上午麟儿来,让他誊抄光儿抄过的《魏源论》。

接春生函。

6月30日　星期三　晴

上午去七号楼地下室,借到《独秀文存》一部。下午看《独秀文存》中关于五四前夕陈独秀所发表的批孔文章。其中对康有为的《共和评议》作了极详细的驳斥,另外还有对《东方杂志》记者质问的文章,可以看到他当时对复古主义、封建主义深恶痛绝的情况。

7月1日　　星期四　　晴

上午到校医院作超声波检查肝脏,情况正常。

拟写《晚清文学革新与五四文学革命》,对清末的批孔运动的有关文献重行加以研讨。

下午拟出论文提纲。

7月2日　　星期五　　晴

看《刘申叔遗书》。关于晚清的批孔运动,刘申叔亦与有力焉。

接恭夫函,说《东南纪行》一文已誊清交给静之。

发信致冯辉与梅蕙兰,告她们以这边系学位委员会开会情况。

7月3日　　星期六　　多云,晚雷阵雨

上午到系里参加对七八级同学的发奖与宣布分配方案的大会。

下午参加宣传部召开的与《中州学刊》两位编辑的座谈会。与会者有增杰、郭仁民、马佩和我。谈至五点散会。

7月4日　　星期日　　晴

上午写文章。

七九级同学来问有关系史资料。孙荣光同志来。

下午看蔡元培选集。

晚,乘车去大众电影院,参加欢迎日本访汴代表团晚会。开封市杂技团演出。

7月5日　　星期一　　晴

上午去市民盟参加会议,由许光华同志传达省委关于落实知识分子政策会议的精神。

下午看《蔡元培选集》。晚陈韶麟来,谈至9时许辞去。

7月6日　　星期二　　晴

写论文。看蔡孑民（元培）的《中国伦理学史》，最近拟写《鲁迅与蔡元培》。

7月7日　　星期三　　晴

把论文第三部分写毕。

下午陈韶麟来，谈本届毕业生中有两位表现特殊的人：一位是专事拉拢送礼；一位是生活散漫不修边幅。

晚看电视豫剧《樊梨花与陈定金》。

7月8日　　星期四　　多云，酷热，傍晚大雨倾盆

上午去校医院看心电图结果，医生说需到市医院作心向量图，才能确诊是否系冠心病。

继续写论文，但因太热进度较慢。

晚饭前，(陈)梓北来。把他忆起的在潭头时纪念鲁迅周年所写的歌辞与歌谱拿来。又谈起在日本时的情况，时大雨滂沱，后雨势稍减即辞去。

纪念鲁迅先生逝世五周年

五年前的今天，暴风雨的前夕，先生您，像颗陨星从天边沦亡！

您的眼，像爱可司光似的，照穿人类的腑脏。

您的笔，像投枪似的，刺进那敌人的胸膛。

骆驼比不上您，从荆棘中，走出的道路，那样明光。

那母牛更不胜您，吃的是干草，喷出来那么多的奶浆。

您的一字一句，洪钟般响，

促我们觉醒，

促我们团结，

促我们坚韧自强！

踏倒敌人，踏倒敌人，争取民族的自由解放！

踏倒敌人,踏倒敌人,争取民族的自由解放!

这里我写的是歌词,由梓北谱曲。为适应曲调,在歌词上我们也商量着作了一些修改。当时曾经在纪念会上演唱。油印的歌词歌谱,我本来保存了一份,但在"文化大革命"初期,被我爱人连同日记一起烧掉了。现在由于中文系要写系史,同学们访问我和梓北,于是两人重新回忆,算又把它想起来了。

7月9日　　星期五　　晨阴,上午晴,晚阵雨

上午写论文至10点。

下午看脂砚斋评《红楼梦》。

7月10日　　星期六　　多云

将《晚清文学革新与五四文学革命》一文写毕。

看脂砚斋评《红楼梦》。

接到(省)政协的开会通知与文学学会的征稿通知。

7月11日　　星期日　　晴

上午看脂砚斋评《红楼梦》。

下午编次《中国近代文学作家论》,并校麟儿所抄的《魏源论》。14日赴郑时拟将《作家论》带去。

7月12日　　星期一　　多云,晚雨

下午在家看书。晚饭后南阳师专教师陈长生同志来,送来《南阳师专学报》1982年第1期两册,并希望能到南阳讲学。

7月13日　　星期二　　多云

早饭后去访增杰,谈了个把钟头。他拟写梁启超散文。到系里看到寄来的三期《中州学刊》,还有屈正平的信。

看刘心皇的《现代中国文学史话》。他这部书把我在1944年出版的《中国现代文学史》上卷还列为参考书。该书体例杂乱,即如对鲁迅、郁达夫,把许多人评论他们的文章都搜罗了进去。这近乎史料的罗列,无怪其命名为《史话》也。

按:刘心皇《现代中国文学史话》,引先生《中国现代文学史》上卷处,见第一卷《新文学运动前夕》页二〇,第四卷《抗战时期文艺述评》页八〇一。

7月14日　　星期三　　晴

上午10时许,乘车赴郑州,参加省政协常委会。住中州宾馆。

下午河南人民出版社武国华接到电话后,到宾馆取走《中国近代文学作家论》书稿。随后去秋子儿家。

7月15日　　星期四　　晴

上午9时开会,由张增敬副主席传达政协章程修改草案的说明和修改草案,10时半即休会。

下午小组讨论,讨论总纲部分。晚饭后去看静之同廷玢。

7月16日　　星期五　　晴

上下午均讨论政协章程。

7月17日　　星期六　　晴

上午参加主席扩大会议,讨论增补政协委员49人的名单,10时结束。随后到行政区新华书店购得《元明清三代禁毁小说戏曲史料》一册。

下午自由阅读材料。张柏园同志来,谈至晚饭时辞去。

晚郑灵、(罗)兴武夫妇陪(郑)学康来,谈了一个多小时辞去。

7月18日　　星期日　　晴

早饭后秋子儿来,同她一起去访党(若平)部长。他比过去大有进步,能够独自站立起来。至 10 时半辞别了他。到新华书店买了《李劼人小说选集》第一集(内为《死水微澜》同《暴风雨前》)。

下午大会。

7月19日　　星期一　　晴

上午的全体会不到半个钟头就结束了,共有两项议程;(1)通过增补的 49 人政协委员名单;(2)通过政协全会下次会议日程为 8 月中旬。

下午同秋子儿一同返汴。晚连波同志来,赠以人工水仙两盆。

接陈则光同志函、鲁迅研究室函。

7月20日　　星期二　　晴

上午到系里见到杨书记,谈及光儿问题。我告他目前暂时到药管局的电大,在那里工作一段以后再说。

写《从〈进学解〉的评论谈起》一文,驳中央广播电台对韩愈的不切实际的赞扬。

接(姚)雪垠函。

7月21日　　星期三　　阴,晨有小雨

上午到系里查《旧唐书·韩愈传》。

把《从〈进学解〉的评论谈起》一文脱稿。

复陈则光函、鲁迅研究室函。

7月22日　　星期四　　阴,有时小雨

上午去系里找到连波同志,约他晚上到家吃便饭,并邀陈韶麟作陪。

着手搜集有关鲁迅与蔡元培的材料。从《鲁迅全集》中的《书信》与《日记》中找到不少资料,特别是《日记》,拟抄出来。

下午客人络绎而至:孙荣光与其妻叔来,问写医药志的问题;增杰来谈他明日去郑州,问有事没有;6时半,韶麟与连波来;饭未吃完,从内蒙来的屈正平同他的学生来;接着南阳师专的陈长生同志来,说他想参加省文学学会,我已答应给他寄(申请)表。

发信致:陈则光,鲁迅研究室潘鸣鸾。

7月23日　　星期五　　晴

晨去访赵明同志,谈屈正平来汴,我两人拟招待他的事。

上午将屈的论文看了一遍,写出评语草稿。10时许赵明来,谈已约定12点请屈到校小吃部吃午饭。午与赵明宴请屈正平。

发信致:(1)孙广举,请他给南阳师专陈长生寄入(文学学会)会申请表。(2)市人大办公室,寄去像片一帧。(3)托(孟)宪德给高仰元捎去宣纸一束。

7月24日　　星期六　　上午小雨,下午晴

将内蒙师院梁仲仁君的《赵树理和〈李有才板话〉》的评语写出。

将《鲁迅日记》中与蔡元培的交往逐年抄出,下午又将《日记》中他与胡适的交往逐年抄出。

7月25日　　星期日　　晴

上午把内蒙师院屈正平与梁仲仁的评语誊抄一遍。

下午客人纷至:地理系王新光来,把杨子固咏歌中岳胜景的诗和他的插图拿来,拟让我给杨兰春函,请他推荐给出版社印行。《开封日报》记者李某(民盟盟员)来,拟用中国的成语编为短小的电视片,让我同意用民盟的名义。孟伯英来,还过去所借的洋拾圆,并向我辞行。陈韶麟来,谈他去郑办他的分配的事的情况。

麟儿夫妇带两个小孩来,并携照像机给全家照像。光儿带三个孩子来。小厚从家搬来。

7月26日　　星期一　　晴

感冒咳嗽,服麟儿送来的复方感冒冲剂已大见轻。

晚饭后孙荣光同志来,陈韶麟同志来。

发信将论文评语及书寄给屈正平。

7月27日　　星期二　　多云

早饭后去七号楼地下室把《独秀文存》送还,又借到《蔡元培年谱》(高平叔编著)、《蔡孑民先生言行录》、《蔡元培教育文选》。

到系里与增杰、赵明、韶麟在资料室录像。

看蔡年谱。

晚饭前麟儿来,送来所誊文稿。

7月28日　　星期三　　晴

上午开始写《鲁迅与蔡元培》。

接到李湘同志寄来的《谭嗣同论》的二、三、四部分的校样,至午饭后校毕。

增杰同志从郑州回来,说他见到武国华同志。国华同志讲双面印的稿子印刷工人认为排印不方便。因将所有之杂志裁下来十几篇,拟寄给他。

晚饭后看电影《山菊花》。

7月29日　　星期四　　晴

写《鲁迅与蔡元培》。新乡师院一位同志寄来论《聊斋》的文章。

发信致:李湘(寄的清样)、武国华(寄的稿子)。

7月30日　　星期五　　晴

继续写《鲁迅与蔡元培》。

张国臣来,送来新出版的《人生珍言录》一册。

7月31日　　星期六　　阴,晚大雨

晨起写《鲁迅与蔡元培》。

早饭后参加市人大办公室会议,商谈下月4、5两日举行常委会的议程。

下午写《鲁迅与蔡元培》。

8月1日　　星期日　　阴天有时雨

写《鲁迅与蔡元培》。

下午老黄来谈他的工作调动,由现代(文学)到近代(文学),让我为他拿主意。我说我拿不了主意,我代他分析了利弊,最后请他自己拿主意。

接周畅中函。收到山东社科院郭延礼寄赠所著《秋瑾诗文选》一部。

8月2日　　星期一　　阴,有时雨

晨起把《鲁迅与蔡元培》一文写毕。

访增杰,谈关于近代文学研究室问题。

修改《从〈进学解〉的评论谈起》。

下午把评韩愈一文寄给《教学通讯》。

晚看电视剧《暖流》。

8月3日　　星期二　　阴,有时有小雨

上午把《鲁迅与蔡元培》一文修改毕。

开始着手写《旅游与文学》,阅读有关文学作品。

市人大常委会来人通知说,这几天黄河防汛任务紧迫,市委领导均到黄河大堤领导防汛,因此预定的4日常委会停开。

晚饭前,任岗一位族孙任行民持德重的函,说他的妹妹行霞今年高考总分为396分,已超过分数线,拟报考师大中文系,想请说说情面,俾能录取。他连晚饭也没吃就走了。

晚看电视《挺进中原》。

8月4日　　星期三　　多云,傍晚阵雨

上午陈韶麟来,把《鲁迅与蔡元培》一文拿走请他誊写。

8月5日　　星期四　　晴

上午领到赴泰安的车票,准备明日出发。

下午韶麟来,老黄来,他们也去泰山。

8月6日　　星期五　　晴

晨6点半乘一号车出发赴泰山,晚6时抵曲阜,宿县招待所。

8月7日　　星期六　　晴

上午看了三个主要的地方:孔庙、孔府、孔林。孔庙的规模不算很大,同我们老家南召县的文庙也差不多。大成殿值得注意的是前面石雕的柱子。这是别的孔庙所不及的。殿内陈列一些古乐器钟磬之类,这恐怕也是重新摆到那里的。听说原有孔子的塑像"文革"中被打掉了,现在挂在神座上的乃是幅画像。孔府据说是历代衍圣公的府邸,但并不怎样富丽,比着封建时代那些达官贵人的府邸简陋多了。后边也有花园,也有流水曲栏、花卉林木,但比着苏、扬二州那些寓公们的园亭真有点小巫见大巫了。

至于孔林,不过有一些古柏,至于翁仲之类,也没多少可观的。总之历代统治者对孔子虽然推崇,但不过利用一下而已。要说花很多钱来装点,那他们是不肯干的。这恐怕比着西方基督教的教堂,那就差得远了。

下午乘车去泰安。途中大雨滂沱。傍晚到泰安东站,宿东风旅社,条件也很坏。原来安排在二楼,后又迁到三楼,蚊子少点,又吃了两片镇定剂,睡得还好。

8月8日　　星期日　　晨雨

　　早饭后,冒雨乘旅游车至中天门。文魁同志让慈健和七九级同学田君来照顾我上山,同时又与平权一起。我空手拄着拐杖,二位年轻人轮流扶着我的左臂,层层攀登上去。16岁时曾登过泰山,那时年龄小,也没注意到沿途的风光。这次走一段歇息歇息,欣赏山上的胜景,特别是五松亭,云步桥景物优美。东坡诗"足力尽处山更佳"的确不错。越往上攀,景物即更引人入胜。到了南天门下,即过了升仙坊往上望去,层层阶梯直上云端。往上攀登共约500级。田君扶着我,右手握着铁栏往上攀登,每次历百余阶始休息一次,三气登上南天门,略事喘息,即又向临顶宾馆进发,又走了不少路,上了些台阶才到达。

　　下午睡了一觉起来,与平权到上边照像,系校报一位同志专来摄影的,照了个人的,同时又与系里来的几位同志合影。我同平权登上玉皇顶并附近可去的地方,游览了一下。日观峰有拱北石,许多人爬上石的尖顶摄影。我们已没这样的勇气了。

　　晚上休息很早。

8月9日　　星期一　　晴

　　4时半起床,大家到日观峰看日出。但远望黑云一片。直到5点多,大家都很扫兴回到宾馆。6时许即下山,至南天门一小饭馆吃碗面条同面包。到南天门外又照了几张像,开始下山。至中天门又乘车到车站,取出存件后,乘三路汽车至泰安地区第二招待所。

　　下午游岱庙,天贶殿的壁画很有价值,画的是泰岳神出巡图。另外,还有明代的铜亭,汉代的古柏也都值得观赏。5时回宾馆。

8月10日　　星期二　　晨雨

　　5时乘车回开封,车开得很快,12点左右即到菏泽,下午6时抵家。这次出游身体还好,对我是一次健康的考验,也是一次意志的考验,增加了我的信心同勇气。

8月11日　　星期三　　阴,晚雨

上午去誊杰家,把恭夫誊抄的《晚清文学革新与五四文学革命》一文交给他。

下午鸿毅身体不舒服,不能去郑,因向省政协常委发一电报请假。

接北京市社会科学院刘邦烈同志函,向我约稿。

8月12日　　星期四　　雨

上午光儿来,陪鸿毅到校医院看病。徐士珍大夫讲系脑血管硬化,不宜针灸,开了点药。

拟写嵇文甫先生治学方法的文章。看他的《船山哲学论丛》同《左派王学》。

发信致:(一)北京市社科院刘邦烈。(二)武国华。

晚陈韶麟来。

8月13日　　星期五　　阴雨连绵

看嵇老的《春秋战国思想史话》。

8月14日　　星期六　　下午放晴,晚又阴

一边读文甫先生著作,一边写他的治学方法,到晚只剩下一个尾巴。

接南阳11中一位教师李庚的信,提出了几个问题让我解答,主要是关于纳兰性德与顾贞观的。

8月15日　　星期日　　晴

上午复南阳11中李庚函。

把《学习嵇文甫先生治学方法》一文写成,下午把它从本子上誊改在稿纸上。

8月16日　　星期一　　晴

把《学习嵇文甫先生治学方法》一文誊写毕。

陈韶麟来,说他父亲病危,决定下午返沪。

晚看抚顺话剧团演的《战犯》,还很不错。

8月17日　　星期二　　晴

下午介平、永江来,谈他们的工作调动事(从现代文学教研室到近代文学研究室)。

尚立邦同志来,送来福建师大研究生毕业论文两本。

赵明同志来,送来邮包一件、信一件:(邮包系)俞元桂同志将其所带研究生毕业论文两本寄来(与尚送来的同);(信系)北京出版社函,关于我前年寄去的论郭老思想的一文,原为方某处理,方患癌症,因此文章放到他那里,最近方去世,整理方的东西始发现此文。他们拟在第4辑上刊出此文。

晚看林焱君的论文《〈语丝〉对中国现代文学的贡献》。

8月18日　　星期三　　晴

上午看福建师大研究生张国桢的《我国现代抒情性乡土小说初探》。

下午酷热,在楼下开着电扇写《人化与物化》一文。

接屈正平函。

8月19日　　星期四　　晴

上午在小礼堂参加校党委工作会议,由韩靖琦书记讲下半年工作要点及精神,后由赵副书记又讲了讲,散会。

下午小组讨论。

接何善周同志函。

8月20日　　星期五　　多云

在小礼堂会议室举行了一天小组会议,基本是讨论系里的一些具体问题。

8月21日　　星期六　　上午小雨,下午晴

把《中国作家对大自然的认识——兼论对自然景物的写法》一文进行誊写,未竟。

接《教学通讯》编辑部函。

8月22日　　星期日　　晴

上午把文章誊改完毕,并与武国华同志写了封信托他转交。

下午发信致武国华(内附文章一篇)。

平权来。晚饭后孙荣光同志来。

8月23日　　星期一　　晴

开始写《白居易〈忆江南〉赏析》。

下午工会姚淑莲同志来,让我写信给罗东峰,请他给罗梦册函敦促他回国参加师大七十(周年)校庆。我草了一纸付给她。

接何望贤函,为托我和庸懋对他的职称副编审评审事。另外还接两封投考研究生的信,已交(赵)福生代为答复。

8月24日　　星期二　　多云

早饭后到系里参加系主任教研室会议。

把《鲁迅与蔡元培》一文交给增杰打印。

下午继续写《白居易〈忆江南〉赏析》,写竟。

屈正平来函,约我九月份去他们学校参加三十年校庆学术讨论会,决定回信谢辞,因与这里校庆冲突也。

8月25日　　星期三　　晴

上午把《白居易〈忆江南〉赏析》一文誊写毕,拟即付邮。

接韶麟函,说他父亲已病故。决定送给他一个挽幛。

下午看沈从文小说,把《边城》看毕。

发信给:(一)屈正平(说明不能参加他们的校庆);(二)陈韶麟。

8月26日　　星期四　　晴

晨起为何望贤同志写职称评语。

上午发信给:(一)何望贤。(二)《教学通讯》(稿件《白居易〈忆江南〉赏析》)。(三)给韶麟(寄挽幛)。(四)《红旗》杂志评审职称委员会(何望贤的评语)。

下午参加系里大会。

晚饭时李慈健来。今天杨书记宣布他作我的助手,他说他来报到的。

曾令铎同他的女儿来,并送赠杭州茶叶两盒,谈至10时告辞。

8月27日　　星期五　　晴

上午看如法的论文《论〈老残游记〉的艺术》。增杰的《论梁启超的散文》也读了一遍,作了些字句上的修改。

下午看福建师大现代文学专业毕业研究生林焱的论文《〈语丝〉对中国现代文学的贡献》。已看了两遍,提出一些意见,还没形成系统的文字。

段再丕先生逝世。早饭后与(张)熙天同志去他家向他夫人进行吊唁。

晚春祥来。

8月28日　　星期六　　多云

早晨把林焱论文的评语初步写了出来。此文问题较多,但不能尽写。

看张国桢的《我国现代抒情性小说初探》，并阅读萧红的作品。张君把萧红的小说捧得有点过高。萧红的小说在写景抒情以及语言上确有其个人独特的风格。当时一般作家称她为才女，的确是不算过誉。但从小说而论，人物故事都多少有些不够集中，令人觉得有点散漫。她的小说像是故事，看起来也好像故事。这一方面可以说是优点，近于抒情散文，但从小说来说也是缺点。

上午如法来。下午福生来。

8月29日　　星期日　　阴，有时小雨

上午看沈从文的小说。

下午去学校看《R_4之秘密》。关爱和来，送来他评陈衍的论文一篇。

8月30日　　星期一　　阴，有零星小雨

上午看关爱和的论文。

下午参加韩靖琦书记召开的老系主任座谈会。会上由组织部长老戴传达了省委文教书记韩劲草关于组织工作座谈会的讲话，主要为关于大专院校的体制改革问题。传达后，我首先发言，提出个人辞去系主任的意见。以后周守正、黄元起、张明旭、赵敏政、戴利修、安得生等同志都相继发言，说明非常同意韩书记讲话，同时并表示个人愿意退下把中青年同志提上去。6时散会。

接张春生同志函。

8月31日　　星期二　　阴，小雨

早晨，把福建师大两位研究生林焱、张国桢二人论文的评语誊写出。

发信致张春生。

接北京社科院刘邦烈函，索稿问题。

今天大部分时间看《歧路灯》。觉此书在内容上大有可取之处。作者思想是正统的儒家思想，他的世界观是比较复杂的，有唯物主义也有唯心主义。其反对堪舆，认为祸福无门，惟人自招。这就是章太炎说的中国哲学是依自不依他。这一点确有唯物主义的倾向。他这种观点远远比魏源高明。而魏源的思想深受西汉董仲舒的天人感应说的影响。他相信数术，相信堪舆，而李绿园则不然。不过绿园相信积善之家必有余庆，善人总可以得好报，这又是唯心主义。另外，绿园对市井中一些流氓无赖们的种种鬼蜮伎俩相当熟悉。书中对他们的语言行径刻画得惟妙惟肖，这也确是不易得的。

9月1日　　星期三　　多云,有时有小雨

今天是党的十二大开幕的日子。早起听《人民日报》社论，非常鼓舞人心。

看《歧路灯》下册，已看了大部分，最近拟写出篇关于作者李绿园的文章。

上午因找旧稿，在写字台小柜中发现了李蕤从昆明寄来的一篇《回忆母校》。我赶快把它送到学报。恰巧振铎同志在那里，我们谈到《歧路灯》、《红楼梦》两书的问题。有些人没有详细阅读，即横加批评贬得一文不值，这是不符合实际的。当然这部小说不能与《儒林外史》、《聊斋志异》、《红楼梦》比肩，但与《镜花缘》、《儿女英雄传》等比起来，并不愧色。

下午许光华同志来。

9月2日　　星期四　　阴

晨起，复李蕤同志函。

下午在小礼堂东小会议室，参加对十二大的座谈会，4点半后又到系里参加总支与系主任联席会议。

晚看过去所写的《刘师培论》，拟让李慈健誊抄。

把《歧路灯》看毕。

关于嵇老一文,慈健已誊出,拟最近寄往郑州。

9月3日　　星期五　　阴

上午慈健、绍亭、春祥、平权来。春祥谈古代(文学)教研室研究生的指导老师问题,说高、华二人互推,后来华、何两人又互推。一个研究生就这样推来推去,解决不了。最后他说他没办法,矛盾只有上交了。他们走后,我去访老华,他不在。午饭前,他来了。我给他讲讲道理,他最后有些首肯啦。

下午参加段再丕先生的追悼会,享年88岁,其可谓高龄了。

发信给:(一)市人大常委会。(二)《今昔谈》编辑部。

晚看电视《泥土》。

9月4日　　星期六　　晴

上午开始写《从〈歧路灯〉看李绿园的思想》一文,从上午到下午写了近8页。

赵福生同志来,送来陈韶麟自合肥来函,说他到那边文研所的希望已不能实现。另外,关于我托他要《袁中郎研究》的稿子,他说王海根因回家没见到,后来见到他们的组长,说已经同意发排。

接郑大刘家骥同志函。

9月5日　　星期日　　晴

下午任行霞同另一个中文系81级同学余君来。

与刘家骥函。

9月6日　　星期一　　晴

继续写关于《歧路灯》的文章。

接王海根同志函,说我的《袁中郎研究》已经发排。

接《教学通讯》编辑林从龙函,说前寄去的文章《从〈进学解〉的思想评论内容谈起》已排到12期。

下午与杨书记及其他各位系领导去82级新生宿舍看新同学。

晚饭前东北师大教授吴伯威由老华同志陪着来访,为其子桑吴缙上电大事。我与市统战部长崔进平同志一函,让他找他商谈解决办法。

发信致:(一)俞元桂。(二)福建师大教务处(内附研究生毕业论文审查意见书两份)。(三)刘家骥。

9月7日　　星期二　　阴

上午韶麟自合肥来校,谈到他的工作问题,科技大学愿意接收他。

下午文金同志让我去教研室照相,到那里照了几张。

晚看郑孝胥的《海藏楼诗钞》。郑早年似乎也参加了维新运动。他本福建人,与严复交谊至深。他的诗写得也还有他个人的特色,惜乎后来到满洲国作了汉奸。

9月8日　　星期三　　晴

晨起誊改《〈歧路灯〉思想简论》。

早饭后与鸿毅去省府西街48号看东峰夫妇,婉馨刚从昆明回来,坐了约一个钟头即辞去。

下午誊改文章。陈韶麟与系里几位同学来照相。

晚看郑孝胥《海藏楼诗钞》。郑与严复、罗振玉、陈衍等往来极密。郑之附逆作满州国的大臣,从他的诗看来一点也不足怪。辛亥革命后清室覆灭,这些忠于清室的遗老最初企图搞复辟,但失败了。可是仍不甘心,希望清室的中兴,但因国内找不到支持他们的军阀,后来就把希望寄托日本帝国主义。郑孝胥的诗对于这种卖国行径似乎讲得冠冕堂皇,一点也不惭愧,可知汉奸自有汉奸的逻辑。

9月9日　　星期四　　晴

上午去(市)政协,后又到开封宾馆迎接杭州来汴的政协参观团。

下午参加系里迎新会,并致欢迎辞。
晚春祥来,谈去洛阳参加《歧路灯》讨论会的问题。
接晨风函。

9月10日　　星期五　　晴
早饭后吴伯威同志与许光华同志来,邀我陪他们去见郭象天校长,还是为吴的儿子桑吴缙的事,谈了谈没什么结果。
午饭前市统战部、市政协来车让我陪客,到宾馆陪杭州市政协参观团同志吃了顿饭,饭后即回来。
下午系里来人为我和陈韶麟、关爱和两人照相。老黄来。
晚校《鲁迅与蔡元培》打印校样。
接春生函。发致栾星函。

9月11日　　星期六　　晴
下午,去市里参加民盟市委委员座谈对十二大文件学习的心得体会。

9月12日　　星期日　　晴
下午孙荣光来。光儿来。发信致王海根。

9月13日　　星期一　　晴
上午校《鲁迅与蔡元培》。
下午看新乡师院外语系谭、丁二同志论《聊斋》写作技巧的文章,复他们一函。
晚春祥来,问能否赴洛。我说可以去。

9月14日　　星期二　　晴
上午与治平、春祥、(袁)喜生三同志还有80级同学朱朝阳一块乘火车去洛阳,下午1点55分到,下榻国际旅社,与龚依群院长住一个房间。

9月15日　　星期三　　晴

上午举行开幕式,由龚依群同志致开幕辞。接着大会开始宣读论文,有邢治平同志的《〈歧路灯〉的现实主义成就》,江苏文研所欧阳健的《〈歧路灯〉在文学史上的地位》。

下午继续大会发言,进行了四位。

发信致鸿毅。

与(内侄女女婿)杜新去电话,他不在教研室。后来他来电话约定明日晚饭后去看他同(马)凯梅。

9月16日　　星期四　　晴,晚阵雨

上午大会发言。我谈了《歧路灯》的思想。另外有廖高群(洛阳教育学院)、范宁(北京社科院)、张国光(湖北武汉师院)几个同志发言。

下午小组讨论。我参加的第一组发言也很热烈。中间何均地的有些看法与上午张国光的有些不同。何不认为这是一部教育小说,后来张又申述了他的意见,直到6时始散。

晚饭后,廖志高和另一位58级师院毕业同学(现在洛阳教育学院)一块来看我;还有位林坚同志,她在《牡丹》编辑室,也来看我,谈了会儿。汽车已准备好,我与朱朝阳同学去(洛阳)农机学院看凯梅同杜新。

9月17日　　星期五　　晨阴小雨

上午乘车去游香山,至白居易墓。香山寺现为疗养院未能去。从香山下来,又乘车至龙门看石窟及雕像,过去在洛阳教书时曾多次观看。别来已近五十年,洛阳市面貌已大异于昔,而龙门仍无大异于往日。过去旧日与同游者多已成为古人。在九间房前摄了影,别龙门后又去关林。返寓已12点多了。

下午仍进行小组讨论。
晚领导小组会。

9月18日　　星期六　　多云
上午大会讨论,有王昌定、何均地等同志发言。
下午看电影《蛇》,写苏联的特务在西欧的活动情况。正片之前加演了关于纪念何香凝的纪录片。散场后到附近新华书店买了本《续孽海花》。
晚访王昌定同志。

9月19日　　星期日　　晴
上下午大会发言。上午发言的有张鸿魁、王鸿芦、李春祥、张国光。下午有吴志达、霍松林等。
晚饭后,凯梅、杜新携蓓蓓来,坐至8时半辞去。

9月20日　　星期一　　晴
上午大会进行闭幕式,由我发言。
下午与王基、廖高群、陈美林、吴达志等同志参观历史博物馆并参观了汉墓同晋墓。
晚,王基、廖高群、简梧秋三同志来谈。
《洛阳日报》副刊科编辑朱永祥、梁良两同志来,嘱为其副刊写稿。

9月21日　　星期二　　晨阴,小雨,午间晴
乘车参观少林寺,看到了达摩的面壁石和宋人米芾的"天下第一山"的石刻。寺中有壁画,其中有十二武僧救唐王的故事,电影《少林寺》曾演绎此事。另外有塔林,均为历代寺中高僧及方丈、主持埋骨之所。
下午去中岳庙。庙在登封城外,庙中古柏林立,中有合抱的三扭柏,此树树纹都是扭曲着向上长的,直至树梢无不如此,此种品种实为罕见。庙中的古石刻有北魏的、金元的,而元碑则白话碑。3时半回洛,过白马寺又重游了一下。庙中房屋建筑无大破坏,过去曾有贝叶经一部,听一位和尚印智讲"文化大革命"中都已烧掉。我问到王德浩和尚,听说早已走了。王为国民党时代重建白马寺的倡议者与主持者。30年代,我曾和一位姓褚的同乡来白马寺,蒙德浩和尚的盛情接待。那时我还在洛阳师范任教,转瞬将近五十年。褚君与德浩和尚均已作古,人事变迁令人慨然。

从白马寺回来已快6点,又与孔宪易同志去新华书店购到《陶巷梦忆》、《马可勃罗游记》等书,回来始进晚餐。

9月22日　　星期三　　晴

上午8时乘火车返汴。下午5时许增杰来谈校庆学术报告事。接到一些信用刊物。

《中岳》编辑屈春山来,要我为他写的一本旅游散文写序。

9月23日　　星期四　　晴

上午在贮柜中找书,找到了郑珍的《巢经巢诗文集》,最末几卷是他的儿子郑知同的诗集。

下午到系里参加关于安排近代文学研究会开会的准备会。

晚守正同志来,谈25日(校庆)全校大会让我宣读论文的事,每人时间为40分钟,共三人。我是最后一个。

9月24日　　星期五　　晴

上午看屈春山写的关于开封名胜古迹方面的散文。

下午去图书馆查书。

晚去学校,陪同系里其他领导,到招待所看来这里的校友,见到了何权衡、牛建钊、牛维鼎、朱伯福等。从招待所出来又到专家楼看白寿彝。回来权衡在家等候,又谈至10时半。

发信致:(一)社科院马良春。(二)南召一中(任)德澍。

9月25日　　星期六　　晴

上午,参加(校庆)全校学术报告会。大会由周守正同志主持,我是最后一个宣读论文的,题目为《鲁迅与蔡元培》。

下午,参加全系教学经验交流大会,由刘思谦、宋景昌二同志发言,谈得都很不错。

晚,又去学校看(白)寿彝。

9月26日　　星期日　　小雨

上午,中国女排与秘鲁女排争夺冠军比赛。光儿全家来,笑薇也带她的同学唐仪来看电视,至12点多才结束。中国以三比〇获胜夺得了冠军。

下午看电影《一盘没下完的棋》,写日本侵华战争给中国人民同时也给日本人民造成了极可悲的惨剧。

晚,牛维鼎、朱伯福及他们的女儿来访,庸懋陪他们来的,坐至9时许散去。

9月27日　　星期一　　晴

早晨,鸿毅忽然头晕起来,同时煤火也灭了,于是又生火又照顾鸿毅,弄得非常狼狈。一会,光儿来了,他算把火生着了,草草地吃了顿早饭。

上午10时,参加系校友座谈会,并摄了影。

下午正睡午觉,朱绍侯同志来说白寿彝4点要走,要我去送行。我于3点半去专家楼,楼下客厅已有历史系张秉仁等在座。过了会儿,朱绍侯、胡思庸、赵希鼎、郭豫才和韩、赵两书记都来了。4时寿彝同他的秘书一起乘车去郑。

晚,招待(何)权衡同志吃晚饭。饭后谈至9时辞去。

9月28日　　星期二　　降温,多云

为屈春山的《开封画卷录》作序。看《续孽海花》。

下午福生来,说李慈健去洛阳。

接王邦烈信,问我的文稿字数。

9月29日　　星期三　　阴,小雨

上午,把给屈春山同志写的《开封画卷录·序》誊改毕。

下午,校改《刘师培论》。

发信致北京市社(会)科(学)院刘邦烈。

晨风上午来,送来节礼。

9月30日　　星期四　　阴,小雨

上午屈春山来,把我给他的《开封画卷录》写的《序》拿走。

准备修改《〈歧路灯〉思想简论》。阅读《陆象山集》、《朱子语类》及李绿园的诗文。朱、陆二人在他们的语录文集中,彼此互相抨击。陆讥刺朱的学问为破碎支离,朱讥刺陆为诞妄空疏。他二人尚且如此,无怪他们的后学各立门户,以致水火不相容也。(章)实斋在《朱陆篇》中谓他们两派为"千古不可有之同异,亦千古不可无之同异也"。这是有见之言。

10月1日　　星期五　　中雨

上下午在家看《朱子语类》,觉其评论历史人物有不少极有见地处,论韩愈有些看法与陆象山颇相似。他认为他之论道只是为了写文章。晦庵极瞧不起扬雄,但对王通则认为他有才能,惜其死得太早。

晚看船山《读通鉴论》。船山的确有卓识。我感到看前人论历史人物与自己看法相印证,有相同者亦有相异者,也有会心之处,深觉愉快。

今日《光明日报》有宋振庭写的一篇答青年的一封信,谈到平生最崇拜谁,他答以不能用崇拜而应用崇敬。他平生最崇敬鲁迅。他说:

"我极崇敬鲁迅,因为他是把自己的人格、思想、语言、文章、道义、心灵凝聚在一起的人。我拿起鲁迅的书就放不下。"(1982年9月29日4版《光明日报》)

10月2日　　星期六　　晴

昨天下了一天雨,想不到今天晴得这样好,真是万里无云,真是天高气爽。上午光儿一家来。

屈春山同志来,送来我给他(的书)写的序的复写稿。溶池来,送来他的关于陆机《文赋》的论文。

孙荣光同志来。晚麟儿夫妇来。

10月3日　　星期日　　晴

早饭后去刘溶家,把他的文章(关于陆机《文赋》的论文)还给他,提了点意见:(1)时代背景要与陆机的切合。(2)黄老与老庄的不同。(3)老庄思想不是形式主义产生的根源。(4)汉末以来文学之趋于绮丽的原因:(A)辞赋家文艺观的影响。(B)曹氏父子提倡文学,把文学从儒家实用主义思想中解放了出来。曹丕主张诗赋欲丽,于是陆机提出"诗缘情而绮靡",到齐梁就达到了高峰。

下午平权来。

10月4日　　星期一　　晴

晨开始写《〈歧路灯〉作者李绿园的思想》。

早饭后去学校,回来时碰到李慈健,谈他去洛阳的情况。

市文联宋天仓找我,让写几百字表态的小文。

下午看刘绍亭编的《近代文学论文索引》。

10月5日　　星期二　　晴

晨起写《〈歧路灯〉作者李绿园的思想》。

下午到市里参加(市)人大常委办公室会议。

晚看电视播演的《子夜》电影片。

发信:(一)吴奔星,(二)姜民生,(三)张春生,(四)刘邦烈(把《刘师培论》一文寄给他,他的刊物名《学海》)。

10月6日　　星期三　　晴

上午参加河南外国文学研究会的开幕式,照相并讲了话。

下午系里开书记与主任会议。

接山西大学靳极苍函,索要本期《师大学报》。

10月7日　　星期四　　晴

早饭后,人大来车接我到东司门汴京饭店开会。这是市人大常委十三次会议,时间共三天。上午大会,邵球书记传达这次十二大的会议盛况及精神,还有几个报纸上没有公布的中央领导的讲话。会议至11时半结束。

下午小组会议。我参加的是第二组,从小组会上许多同志的发言中,了解到本市及国内在工农业上的生产情况。大家都谈到如能把农业上的生产责任制的办法同精神,适当地运用到工业上,那么到2000年我国国民经济生产总值翻两番并不是办不到的。

晚看电影《飞向太平洋》,写一个在国外的学者,在解放战争结束后,为了祖国的强大,回国从事科学事业的故事。

10月8日　　星期五　　晴

上午全体会,下午小组讨论。

晚约麟儿来,一同去解放剧场看北京曲剧团演出的《珍妃泪》。大家认为演得还不坏。

10月9日　　星期六　　晴

早晨从东司门（汴京）饭店步行经双龙巷，沿着惠济河东岸回家，到家后看到吴奔星同志函。

早饭前，人大的车子又来接回饭店。上午小组讨论，下午听三个小组长的汇报。5点举行全体会，通过决议及审议的几个办法，会议结束。晚饭后回家。

（晚）读《儒林外史》的文，如读渊明的诗，令人鄙吝之气尽消。吴敬梓的人品足可上比渊明。由于他有如此清风朗月的胸襟，与光明洒落的品质，才能写出那样清澈幽美，如"清水出芙蓉、天然去雕饰"的散文来。

10月10日　　星期日　　晴

从书架的角落里找到了《文木山房集》，重读此编，对吴敬梓又有了进一步地了解。

午饭时增杰来，谈北京文研所同志已来，约定晚饭后去开封宾馆看他们。

晚饭后，与增杰乘车去宾馆，与牛仰山还有《文学遗产》的编辑、华南师院一位老师，共六人举行预备会的预备会。9时许返校。

10月11日　　星期一　　晴

晨起修改《〈歧路灯〉思想简论》。

上午去开封宾馆，参加（中国近代文学学会会议）筹备小组会，直到近12点，午饭后返校。下午又去学校向李润田校长汇报大会筹备情况。

10月12日　　星期二　　晴

早饭后到书亭买了几本书，又找到（王）振铎拿了几本第5期《学报》。

下午去小礼堂听郭副校长与杜部长传达学习十二大（文件）辅导材料。

晚去学校参加学位会议。

发信致靳极苍（附第5期《学报》一册。）

10月13日　　星期三　　晴，晚雨

上午去（民）盟市委会开会。

下午去开封宾馆，住111房间。

三时许参加近代文学学术研讨会领导小组会议。

晚饭后李、吕两校长与杨书记来，陪他们一块去看来参加会的同志。在邓绍基副所长室坐了会，又到魏绍昌室坐了会，其他各室均走了走，他们就回去了。

接《文献》刘宣同志函并送书数册；陈则光同志函并月饼一盒、柚精一包；卜林扉同志函。

10月14日　　星期四　　晴

上午大会举行开幕式。下午小组讨论，我参加了诗文组。

10月15日　　星期五　　晴

上午大会讨论，主要对梁启超的散文以及评价问题谈的较多。主要发言的有牛仰山、王杏根、陈少松，我也谈了几句。

下午大会发言。我宣读了我的论文《晚清文学革新与五四文学革命》。下边是魏绍昌谈他对整辑四部小说及鸳鸯蝴蝶派资料的工作体会和对鸳鸯蝴蝶派的看法。

晚饭后，北京社科院余顺尧同志来谈（北师大1960年毕业）。

接王海根函。

10月16日　　星期六　　多云

上午外地来的与会同志参观开封的名胜古迹。

下午大会发言。由(社科院)邓副所长绍基同志讲《五四以来继承文学遗产问题的回顾和探讨》。我主持会议,至5时许结束。

晚去邓同志室内访问,并赠以《中国古典文学论文集》一册。

文研所近代文学研究室主任王俊年与副主任牛仰山,还有中国社会科学出版社编辑余顺尧同志来我室谈关于编选中国近代散文选问题。文研所计划编一部近代文学作品选,有诗文、小说、戏曲等,现决定由我们承担散文部分,今后编选与出版均与余同志直接联系。

10月17日　　星期日　　晴

上午,由邓绍基同志(继昨天)给大会作报告,题目为《五四以来继承文学遗产问题的回顾和探讨》。由我主持会议,结束时已11时半。

下午,王俊年同志讲六十年来中国对近代文学整理与研究的概况。

晚,在(河南省社科院)胡世厚同志室内商议举行(河南)文学学会年会的有关事宜。8时乘车回家。

10月18日　　星期一　　晴

上午整理关于《歧路灯》的论文。

收拾去杭州(参加鲁迅研究会年会)需要带的衣物。

下午5时许吃晚饭后,乘公共汽车回宾馆。

10月19日　　星期二　　晴

上午回家,整理去杭州所带衣物。12时许,华锋邀我到他家去陪邓绍基与章正续(《光明日报》编辑)午餐。

下午,中文系请邓(绍基)给学生作报告,题目为《〈三侠五义〉的评价问题》,由我主持会议。结束后,在学校招待所食堂晚餐。饭后即乘车回宾馆。八时许,与增杰去看刘岘同志。他住宾馆三号楼210室。

10月20日　　星期三　　晴

上午,大会继续发言。10时许,我宣读了大会闭幕词,并宣布大会胜利闭幕。

下午2时半,与慈健乘车去火车站,赴杭州参加鲁迅研究会年会。

10月21日　　星期四　　多云

上午7时抵上海,转乘上海至厦门的火车,下午1时10分抵杭州,住新新饭店中楼303房间。

10月22日　　星期五　　晴

上午参观杭州第一中学。此校在清末为两级师范学校,鲁迅1909年从日本回国后曾在这个学校任教。现在这个学校设有鲁迅纪念室。我在1979年曾同几位研究生来这里参观过。现在搜集的历史资料较过去丰富了点,有鲁迅带领学生采集的植物标本,还有一大张鲁迅与其同事在驱逐了监学夏震武后的集体照片,至今仍非常清晰。

从一中出来,到杭州美院参观。该校师生为铸鲁迅铜像所制的石膏像让大家提意见。

又到六和塔、灵隐寺游览,至11时半返寓。

下午乘大船游湖,在三潭印月看了看即返寓。又与李何林、王瑶两同志一块乘车到市区买东西。在新华书店买了十几本书,花去13元1分。回来过马路时,与他们二位走散。我在街上找他们,他们又找我,最后还是碰到了。

晚与慈健谈晚清文学,龚、魏所处的地位。

发信致鸿毅。

10月23日　　星期六　　多云

上午小组讨论。我参加第四组,组中比较熟悉的有李何林、廖子东、陈安湖诸同志。会上我介绍了近代文学研讨会的情况。后来有位青年同志谈关于鲁迅精神及毛主席对鲁迅评价问题。李、廖和我对鲁迅精神都又发了言。

下午大会发言,一共四位:(一)李霁野读鲁迅在《曹靖华译〈苏联作家七人集〉序》中提到的"新式炸弹"这件事的始末。(二)楼适夷讲对两个口号论争的评价问题。(三)王瑶谈如何像鲁迅那样看待今天的青年。(四)戈宝权谈国外对鲁迅研究的情况,主要讲了日本、美国、法国等国。最后讲了罗曼·罗兰对鲁迅《阿Q正传》的评价,说他已找到罗兰给《欧罗巴》杂志编辑写的信,介绍敬隐渔用法文译的《阿Q正传》和该刊准备发表时对这篇小说的称赞。至于说罗兰给鲁迅写信一事,尚未找到这方面的资料。

今天由(李)慈健与上海(陈)韶麟的岳母打电话,很快就打通了,托她找旅馆并买回汴的火车票。

发信致蒋益。

10月24日　　星期日　　晨跑遇雨,冒雨而归

上午在西子楼举行理事会,讨论下次会议的时间同地点问题。时间仍为10月,地点暂拟西安。单演义同志不敢承担可否,答应回去后与西安省委汇报后才能作决定。

下午仍为理事会,讨论通过申请入会会员的条件问题。

晚,浙江新安江二中教师李丹同志来谈,询问他的外祖父吴检斋的事迹,并嘱为其外祖父写一回忆的文章。

访徐中玉同志。

10月25日　　星期一　　晴

上午大会发言。最后廖子东同志谈到当前文艺界为鲁迅所批判抨击的人进行翻案,如周作人、徐志摩、梁实秋以及第三种人等,因此他深为将来文学界忧。另外薛绥之同志又认为在文学研究中仍需批判左的倾向。他举陈独秀的例子,过去对陈独秀不愿提及,一提及就进行批判。但是毛主席在七中全会时曾对陈独秀在五四时期领导文化革命的功绩给以肯定,文见1981年7月各大报。由此可知当前文艺界与学术界既有极左的流毒,同时也有资产阶级思想的泛滥,因而不仅要批"极左",也要批极右。

下午闭幕式,王士菁、彭定安两人发言。

晚看电影,系法国的推理电影,根据推理来破获一桩人命案件。

10月26日　　星期二　　晨小雨,旋住

7时许乘车去绍兴,9时许到。在鲁迅展览馆见到蒋益,又去鲁迅故居同三昧书屋看了看,到展览馆走了一下,即又乘车去东湖,11时返回到绍兴饭店午餐。

下午到咸亨酒店坐了坐,蒋益为代购酒六瓶并在店里购茴香豆两袋。一时许乘车游大禹陵,与(李)慈健合摄影。又乘车去兰亭,在右军祠饮茶。4时许返杭,5点半抵新新饭店。

10月27日　　星期三　　阴,小雨

上午9时半,乘杭州至南京的直快(列车)去上海,下午1时到达。由上海市民政局张竹天局长派丁科长带我们到陕西北路申江饭店,因当时还没有(空)房间,须等到6点钟以后。我同慈健先到张局长家,张出院不久,接待很热情。我以绍兴酒两瓶、杭州小核桃两包作礼品。晚张局长请我们吃便饭,饭后由其公子送我们乘公共汽车去申江饭店。丁科长在等我们,我们被安排在703房间,总算找到了住宿之地。

10月28日　　星期四　　阴,雨止

上午上海市民政局张国才同志来,拿来在这个饭店订的车票单,又陪我们去南京路一家眼镜店给鸿毅定制了老花镜。把眼镜单据交给张国才同志,请他取出后寄给我。

到新华书店选了二百多元的书,待回去款汇到后,书店发书。

下午又去南京路买了些衣物。

10月29日　　星期五　　多云,有时小雨

上午10时,古籍出版社编辑王海根同志来,过去通过多次信但从未见过面。这次一见,觉得他虽系南方人,但从容貌气度上看却像是北方人那样温厚恳挚,谈了个把钟头辞去。他送我书籍两册。我送他绍兴加饭酒两瓶。

下午又与慈健到南京路走了一下,买点面包作明天上车时的干粮。

晚看电视评剧《状元打更》。

10月30日　　星期六　　晴

上午乘火车返汴。途中阅《道咸以来朝野杂记》。

10月31日　　星期日　　晴

晨4时40分抵开封车站,关爱和来车站接,5时半抵家。

上午与光儿到大礼堂看美国电影《山谷抢险队》。

校《教学通讯》寄来的关于韩愈一文的大样,并将校样寄回《教学通讯》。

校麟儿抄的《〈歧路灯〉作者李绿园的思想》。

11月1日　　星期一　　晴

早饭后去军属院看杨书记及增杰,从他们那里出来又到系里,刘瑛把发下的国库券500元交给我。

看出门这十多天的报纸,从中了解了国际同国内的许多情况。

发信致刘邦烈,询问寄给他的稿子问题。

把《学习与纪念》寄给单演义。

11月2日　　星期二　　晴

上午(宋)景昌偕李一民、张仲杰来,拟让我给张写一个晋升副教授的推荐书,后来决定由景昌代为起草。

下午,参加系召开的关于81级毕业的研究生学位授予问题会议。

11月3日　　星期三　　晴

晨起写《继承和发扬鲁迅精神为建设社会主义精神文明而奋斗》的大纲。

上午去学校给张春生汇去洋40元,托他在天津买《全唐诗》及《己亥杂诗注》。

下午,为去年毕业的研究生评审学位,整理并填写有关材料。

发信致(张)春生。

11月4日　　星期四　　晴

上午,去学校参加学位委员会副主任委员会会议。

下午2时许与增杰、春祥去郑,住友谊宾馆东楼407房间。

11月5日　　星期五　　多云

上午,《文学论丛》编委会开会,讨论《论丛》的编辑事宜,同时还讨论了从8号开始的(河南省)文学(学会)年会的日程。

下午,与增杰乘车去(河南省)社科院,向社联负责同志汇报年会有关一切事宜。最后到栾星同志家坐了坐。

晚饭后,(李)春祥来,谈至10时半辞去。

11月6日　　星期六　　多云

上下午看现代文学的论文。

11月7日　　　星期日　　　多云

上午举行编委会,确定各组选定的论文约10万字左右。下余10万字(即准备出20万字),拟从未审阅的理论文章七篇中,选出一两篇,外国文学中选出几篇,从这次参加会的所带来的论文中选出几篇。这样就不难再凑出10万字。

午饭后睡了一觉,与慈健去小赵寨看秋子,恭夫,想不到大门锁着。我们又到农学院,笑菡同笑凯在家,秋子同恭夫6时左右才从外边回来,在他那里吃过晚饭回宾馆。

发信致春生,请他在天津买书。

11月8日　　　星期一　　　阴,有时有小雨

上下午参加理事会。晚作明日开幕词的准备。

11月9日　　　星期二　　　晴

上午,河南省文学学会年会举行开幕式,由栾星同志主持会议。我致了开幕词。接着请刘文式院长传达北京社会科学规划会的精神。

下午分组讨论。我与慈健去省文联看苏金伞,他的精神很好,谈了半个小时即兴辞而去。又去省政协见了卢治国同志同静之。

晚写明日的发言稿。

11月10日　　　星期三　　　大风降温

上午给大会作报告,题目为《发扬鲁迅精神与建设精神文明》。

下午参加小组会,又传达了杭州鲁迅研究会年会的情况。

晚看电影《晨曲》、《犟小子》、《阳光下的黑暗》。

11月11日　　　星期四　　　晴

昨晚洗澡有点感冒,晨起觉四肢无力,在室内休息并让慈健买了盒羚翘解毒丸服用。

下午去看党若平同志。

晚冯辉、梅蕙兰来,谈关于她们的学位事。让她们再写篇质量较高的论文。

权衡来,以药一盒与香蕉一束见赠。

11月12日　　星期五　　多云

上午休息没参加小组会。

下午秋子来送桔子数斤。

在我住的房间举行常务理事会,决定明年学会工作计划。

11月13日　　星期六　　晴

上午大会举行闭幕式。我主持会议。孙广举同志传达南京当代（文学）会议情况,接着四个专业组的代表发言,谈讨论的概况与明年活动规划。最后由栾星同志作总结,接着由我宣布大会胜利闭幕。时已近12点。

下午冯辉、梅蕙兰两人来,谈她们的论文修改问题。她们走后已一点半,接着又开编委会,4时半结束,即乘校车返汴。

11月14日　　星期日　　多云

阅近日来的《光明日报》及《参考消息》。

下午与鸿毅去学校看电影《台岛遗恨》,系四川峨眉电影制片厂摄制,写甲午后清廷把台湾割给日本,台湾人民抗日的故事。

麟儿夫妇来。写信给蕤儿。

11月15日　　星期一　　晴

感冒还没痊可。上午处理答复一些信件。

下午不断来人。校报有两个工作同志来了解我的科研情况。80级同学朱朝阳来,约我为校学生会办的《生活园地》创刊号写篇文章。

11月16日　　星期二　　晴

全天没出门,在家休息看《鲁迅书信集》,想找一下(刘)延钊同志指出的鲁迅一段话,但没找到。于是忽然想到写信给薛绥之问一问,看他知道否,同时对他在杭州会议上的发言,表示一下我是同意的。

接单演义同志寄来小说一册并附有信一件,说明年的鲁迅(研究会)年会已经给西安有关单位讲妥,十月份在西安开。

发信给薛绥之,张锦江(武汉市铁路中学)。

晚饭后慈健来,说他已参加十二大文件学习班,非常忙。上海寄的书已取回。把从杭州买的被面送给他一个,作为他结婚的礼品。

11月17日　　星期三　　晴

今天没出门。早饭后尚立邦同志来,问上午研究生座谈会能否参加。我告以不能参加。

下午如法来,送来牛仰山文让审阅。

关爱和、李慈健来,谈张春生已寄来书几包。我让他把书送来。

《今昔谈》将关于嵇老一文的校样寄来,看后没啥错误即寄回。

看王先谦选的《古文辞类纂续编》中梅曾亮的散文,没什么特色。

11月18日　　星期四　　多云,阴冷

上午在家看书。

下午到系里参加古代文学导师对所指导的研究生提出授予硕士学位的座谈会,直至6时许始散。

11月19日　　星期五　　晴

看《汉学商兑》。从这部书中可以了解到在嘉道时期汉学与宋学的斗争。这个斗争不单纯为学术的论争,也是汉学中某些学者在思想上受到市民思想的影响而与代表地主阶级保守派在意识形态上的分歧与论争。

春生代购的《全唐诗》及《己亥杂诗注》都已收到。

11月20日　　星期六　　阴,有时有小雨

下午有两个会,我以后参加一个就可以了。于是到办公楼二楼会议室,会议已开始,韩靖琦书记在讲这次会议的目的。系里老关来说系里人已到齐,非要我去不行。于是我只得又到系里。这是系学位委员会,先由信春念文件,继由导师汇报去年毕业研究生的政治、业务、论文答辩情况,导师介绍后即退席。最后由委员投票,共十三人,通过七人,其余六人有的缓授有的不授。回来时天已黑,恰巧到大礼堂外碰见笑薇,她陪我回家。

接春生函。发春生函、陈国才函。

11月21日　　星期日　　上午小雨,晚霁

晨起写讲演稿,题目为《学习与研究》,拟为中文系二、三、四年级同学讲。

上下午没出门,在家看书。

晚饭后去学校看电影《骆驼祥子》。8点光儿来,谈至9点半。

11月22日　　星期一　　晴

早饭后去系总支办公室,老杨同志没在。关于孟伯英同志事,我同老苏同志谈了谈。

高文同志来访,接着慈健来。

下午写讲演稿,已写就。

看钱穆的《近三百年学术史》关于论毛西河、李穆堂两人的部分。

11月23日　　星期二　　晴

今天一天没出门,在家看书并整理书架上的书,找出《戴东原集》第一册,并把借资料室的书如《读通鉴论》、《闻一多全集》、《诗广传》、《十月》等让慈健归还。

接韶麟信。上次给他的信他没收到。

11月24日　星期三　晴

本拟上午去公费医疗门诊部看增杰爱人,赵明同志来说增杰此时不在那里,不如下午去,因打消去意,在家看书。

下午参加校部召开的传达教育部一位副司长对办高等师范院校的指示。

接黄曼君信,并其所著《论沙汀现实主义创作》一书。

接廖高群、简梧秋两同志函。他们都是这里中文系同学,因1957年被划成右派,命途坎坷。三中全会后才改正,现任教洛阳教育学院。

11月25日　星期四　多云

早饭后去东司门公费医疗门诊部看增杰同志爱人的病。她因肠坏死开刀了。恰巧一进门就碰到增杰要回家,同时(岳)耀钦夫妇也去探望,于是增杰引我们到二楼病房看了看。回来时增杰送我上了汽车才骑车回去。

下午参加系里关于开创新局面搞规划的座谈会。

11月26日　星期五　多云

晨起。草拟《桐城派与程朱理学》的论文提纲。

看《朱子语类》,里边论韩愈,认为他为写文而学道,对他的《原道》有肯定也有批评。朱子的看法与陆象山颇有近似之处。

发信(一)洛阳教育学院廖高群、简梧秋;(二)黄罗君(附《中国古典文学论文集》一册)。

11月27日　星期六　阴,下午雨

看曾国藩的文集。此人,过去都骂他为汉奸刽子手,但他以一书生与农民起义军相抗,最后勾结帝国主义势力把起义军镇压了下去,其立场为清室的立场,也可以说是死心塌地的顽固的保皇派。但他毕竟有他一套学术,所以对此人仍应研究。

下午给系里三个年级同学讲《学习与研究》,讲了两个多钟头。

接张俊才信。

11月28日　　星期日　　竟日小雨

四点即起,看《刘孟涂文集》。这个人一生同黄仲则近似,家庭贫婆,科名蹭蹬,一生潦倒,终于四十几岁就去世了。但其天才横溢,诗文均极奔放,并卓有个人见地。其文曾为同时桐城派文士所称道,但后人多忽略之,颇可惜也。

下午看电影《魂飞蓝天》,写一个飞机总设计师如何忠于科学、忠于职责,丈夫为试飞而牺牲,仍刻苦努力,最后终于把蓝天号搞成功了。

晚光儿来,把书房煤火安上了烟囱。

11月29日　　星期一　　晴

上下午没出门,在家看书。

上午慈健来,送来外边寄来的信和书刊。天津社科院鲍晶同志寄来《鲁迅国民性思想讨论集》一册并附一函,里边有我在天津开会时的一篇发言。

简梧秋寄来他参加编写的外国文学教材一册。陈韶麟信一件。

11月30日　　星期二　　晴

上午翻阅写论文的有关书籍。

下午去市里参加市人大主任办公室会议,决定下月上旬(8、9、10日)在八层楼举行常委会议。

晚看电视《知音》,写蔡松坡在北京借小凤仙的帮助脱离袁氏的羁縻回到云南,举行护国之役的事。

12月1日　　星期三　　晴

上午去东司门银行取钱,并给鸿毅买药。

下午写文章。

晚看电视剧《觅路》。

12月2日　　星期四　　晴

看欧阳修的文章,写论文中涉及欧的部分。

下午增杰来,谈关于计划问题。

12月3日　　星期五　　晴

看(方)望溪、(姚)惜抱等人的集子,写论文。发信致春生。

12月4日　　星期六　　晴

没出门,在家写论文《桐城派与程朱理学》,把方苞部分写毕。

接张俊才同志(薛绥之先生的研究生)函,关于(刘)延钊让查关于鲁迅一段语录的出处(先生曾于上月16日寄函薛绥之询问),函中说已查出,系出于《且介亭杂文》中《论俗人应避雅人》篇。下午即写信给延钊。

接北京社科院刘邦烈同志函,说寄去的论文已收到,他们的编辑部已通过,但还需要上级审批,现尚未发排。

接现代文学研究会函,说讨论流派的会议已向后推迟。

12月5日　　星期日　　大风降温,室外已上冻

上午光儿来,洗衣服。

下午整理旧信札,找出中国现代文学学会拟召开的学术讨论会的通知。根据里边所拟的题目,我拟了一个《文学研究会给中国现代文学在发展上的贡献》,因拟出一个简单的大纲,一俟目前的文章写就后即着手写这篇文章。

发信:(一)刘延钊;(二)《教学通讯》稿费单。

12月6日　　星期一　　晴

上午省文委主任刘峰同志与李春祥同志来。刘主任谈到他早年即喜读通讯作品,同时在中学时还深受郭老与蒋光慈作品的影响。

下午与郭象天、孟宪德同志去市政协参加关于新宪法的座谈会。

接薛绥之函,拟约我参加他的研究生张俊才同志的论文答辩。

12月7日　　星期二　　阴,温度降至零度,室外已滴水成冰

早饭后,带已发表的几篇论文,去开封宾馆访刘峰主任(省文委)。谈了会儿,他要来师大,我于是乘他的车回来。

整日看曾国藩的论文文章。室内生上了火温煦如春,还能作工作。

12月8日　　星期三　　阴,下午转晴

早饭后乘车来宋都宾馆(参加市人大常委会议),下榻203号房间,与宋聿修同志同屋。

八时开会,听取市科委、公安局及市政府负责同志有关工作及拟定的有关法规的汇报,结束时已11点多。休会。

下午阅读新颁布的《中华人民共和国宪法》。

晚看电影《开枪给他送行》。

12月9日　　星期四　　多云

上午讨论《宪法》。下午讨论市科委主任的报告。

晚看电影《欢欢喜喜两家人》,散场后乘车回家,又看电视《潜网》。

12月10日　　星期五　　多云

晨7时半来宋都宾馆,上下午小组讨论。

12月11日　　星期六　　晴

晨起,写给同学们讲的《我的思想及治学发展》讲稿。

上下午开会。

晚6时许,去开封饭店会新疆财经学院教授祝锦之。他是那边民盟组织部部长,原系1951年河大毕业,灵宝人,毕业后分配到新疆。那边想招研究生,拟初步让这边政教系培训。(开封民)盟市委招待他,并邀主委及副主委同他座谈。饭后返家。

接延钊函。

12月12日　　星期日　　晴

没出门。上下午写论文,把曾国藩部分写毕。

下午孙荣光同志来,晚饭时辞去。

12月13日　　星期一　　晴

上午写论文(《清代桐城派的兴起、发展与衰歇》之三)方苞卫护程、朱在《与李刚主书》中说什么訾謷程朱的都会绝嗣,并举毛西河同颜习斋为例。

下午去学校统战部,王婉顺没去,到校医院拿点药。

徐志学、周大化两同学来访。

接冯辉函,说她很快就要结婚,关于申请学位事拟作罢。

12月14日　　星期二　　晴

上午写论文。

下午到系里,给82年级同学对个人思想发展及研究工作作了简介。

接辽宁《社会科学集刊》编辑宁殿弼同志函。

12月15日　　星期三　　阴,小雨

晨起写信给(一)宁殿弼,(二)王广西(附文稿)。

上午写论文。今天把姚鼐及方植之之攻击汉学部分写毕。

上午(宋)景昌与王立群来谈关于79级毕业研究生的学位授予问题。

下午到系里找杨书记与增杰谈关于79级毕业研究生的学位授予问题。

接到周畅中同志寄来再版的《中国古典文学论文集》三册并函一件。

省政协常委会来函,通知20日开会。

晚79级两位同学来,谈他们编选的《僧侣诗集》有关苏曼殊的问题。

12月16日　　星期四　　晴

早饭后去学校洗澡,浴后到书亭买了三本书,其中有《小说月报》12卷10—12期。看里边茅盾的文章,说明当时文学研究会的一致的创作思想及创作方法——为人生而文学,现实主义的创作方法。(当时称之为写实主义或自然主义)

下午去系里,为陈韶麟学位事与增杰、赵明两同志填写关于他的学习成绩等的表格。

致周畅中同志函。

晚,(张)如法来,谈他去北京看曹靖华先生的情况,他在北京医院住院,饮食不行,但精神甚佳。

晚极疲乏,很早即就寝。

12月17日　　星期五　　晴

写论文,把第二部分写毕。

下午黄文同志来,托查郭绍虞先生1925年在河大任教时,曾在

《文艺》上发表的三篇文章。如有时希望能复印一下。

12月18日　　星期六　　晴

上午去系里,让小黄通知系学位委员会委员。下午举行系学位委员会,通过了四名毕业研究生授予硕士学位。这四人是:古代(文学)康保成、王立群、何根德;现代(文学)陈韶麟。

晚慈健来,送来陕西人民出版社寄来的二十册《鲁迅散论》。这部书交稿一年多,到现在才算出来,真可谓难产矣。

12月19日　　星期日　　晴

上午整理衣物,作赴郑的准备。

82级4班同学李惠彬来,询我今后在研究上的打算。他才16岁,很聪明,谈一会儿即辞去。

发信致陕西人民出版社姜民生。

下午乘车来郑州(参加省政协常委会),住中州宾馆3015房间,与秦佩珩同志同屋。

12月20日　　星期一　　晴

上午在西楼14楼会议室开会。赵文甫书记主持会议。金少英部长传达北京政协会议情况。

丁轸宇同志来谈。另外还有马振西、马基明两同志来室内座,他二人与老秦熟识。

与老秦去行政区新华书店买了几本书。

下午休息。发信致(一)冯辉、王广西,(二)周畅中、张弦生。

12月21日　　星期二　　晴

上午列席省人大常委会议,听刘杰主任报告。下午小组讨论。

晚冯辉与其爱人石飞来。石为其中学同班,人恂恂为一极老实的青年,虽其学历不如冯辉,但她最后能同这样的青年结婚可以说很不错了。我把从杭州买的丝织被面送她,作为贺礼。

12月22日　　星期三　　晴

上下午小组会。会上谢瑞阶、郭月华、丁轸宇几位同志的发言都有很好的内容,有些情况是过去所没听到的。

下午散会后,乘公共汽车去农学院,在新通桥转车的时候人挤得要死,我当时有点后悔不应去农学院,以后个人乘公共汽车要注意。

晚宿(农学院)秋子家。

12月23日　　星期四　　晴

早饭后与秋子去(河南)社科院看栾星同志后,他向社联要车送我回寓。

上下午小组讨论。谢瑞阶、李静之两位同志的发言深为大家所欣赏。谢谈到《宪法》中保障女权问题时,他说他一生中一直担任女子学校(北仓女中、女师等校)教师。以及从幼年在家庭中,所目击妇女的遭遇,所以为女子的平等与争取解放非常关心。他谈到徐霞客一生的成就,就由于他母亲对他周游各地非常支持。

静之谈到南阳一带目前溺女婴之风仍极盛。

下午周畅中同志来。

晚去黄委会礼堂看电影《诱捕》。

接周守正同志函,说学校明天下午来车接我们返校。想是关于学位(授予)问题。

12月24日　　星期五　　多云

上午大会有两个报告。

秋子送来一点吃的东西,让带回去。

下午冯辉同她爱人来,送来喜糖一包及长寿晶两盒。

3时许乘学校来车返汴,5时许抵家。

晚看栾星写的丛刊后记。他的文章写得不那么流利,不知何故;用词亦新旧堆砌,想系长期写考证文字之故。

12月25日　　星期六　　晴

上午,在校办公楼二楼,参加李润田校长召集的学位委员会,讨论研究生的硕士学位授予问题。

下午在家校慈健誊写的稿子。

发信致:(一)中州宾馆,(二)秦佩珩,(三)恭夫。

12月26日　　星期日　　晴

早晨访信春,告以礼拜六关于学位问题校部开会的情况。

下午看电影《人世间》,巴基斯坦的影片。此片受《悲惨世界》的影响,雨果写一个善良的男人受到社会的攻击与诬蔑。而这个片子写一个女子也同样如此。该影片揭露了资本主义社会舆论与法律的不合理。

午间,光儿带春简及春满来。

12月27日　　星期一　　晴

晨,开始为邢治平《〈红楼梦〉十讲》写《序》。下午继续写《序》。

早饭后,到系里为研究生的学位问题进行补选事。因第一次会议高文、赵天吏两教授没参加,于是又邀请他们再投一次票。

12月28日　　星期二　　晴

上午到小礼堂参加校学位委员会。首先讨论我系现代文学研究生,申请学位的共四名:张春生、赵福生、蒋益、陈韶麟。他们都获通过。蒋益比其余三位少一票。

下午继续在办公楼三楼会议室开会,通过了我系古代文学研究生共八名;其余为历史系六名,政教系四名(共五名,一名没通过)。

孟伯英从菏泽来,关于他的工作不太好办。

晚极疲劳,很早就休息。

12月29日　　星期三　　晴

把治平的《〈红楼梦〉十讲》的《序》写毕。

上午去学校,在大门口碰到李润田校长和尚立邦科长,他们正要找我。于是同他们一块到周守正教授家。关于明天如何进行学位评议问题开了个小会。

下午到系里举行系学位委员会,至6时方散。

接(姚)雪垠同志函。

12月30日　　星期四　　多云,有风

上下午均在校办公楼三楼会议室参加校学位委员会。学位授予表决结果证明,参加表决的委员同志态度是严肃的,而且投票是认真的。政教系三年制(研究生)五位仅通过四位,而哲学专业二年制五位仅通过两位,政经专业二年制三位只通过一位,逻辑专业一位通过。

接钱谷融同志寄来他的著作《〈雷雨〉人物谈》。

接秦佩珩同志函。

12月31日　　星期五　　多云

晨起,为慈健的爱人姬荷的工作分配事,给(张)静吾院长与(魏)太星教授各书一函,恳其向(河南)医学院负责分配的同志反映情况。

上午,王广西来,送来《中原文学论丛》第一期稿子,让最后审阅。

下午,把给治平写的《〈红楼梦〉十讲·序》又加修改,交给慈健誊抄。

麟儿夫妇来,洗衣服,晚饭后回去。

晚看电视剧《山道弯弯》,写一个姓慕容的青年自学成才,被一位昆虫学专家所赏识,给以帮助培养,终于考取留学。这个电视剧写得还是有一定质量的。

今天是 1982 年最后一天。这一年我究竟写了多少文章,作了些什么成绩,并未总结,需要总结一下。

怪談抄

编委会

主 任 关爱和　刘增杰

委 员（以姓氏笔画为序）

马小泉　白春超
关爱和　任　光
刘增杰　刘进才
刘　涛　刘小敏
朱秀梅　张云鹏
张先飞　李国平
李　敏　沈红芳
杨萌芽　杨站军
孟庆澍　侯运华
胡全章　郝魁峰
高恒文　袁喜生
解志熙　靳宇峰

总校阅 任　光

任访秋文集 ⑫

日记 中

河南大学出版社
·郑州·

中　卷

1983 年

1月1日　　星期六

晨起写了两封信:(一)蒋益,(二)余顺尧。

上午看(王)广西送来的稿子。看电视《陌生的朋友》。

下午看电视《苏小妹》,京剧,演了三个钟头。把《苏小妹三难新郎》这篇小说又加以发展。说当时湖南长沙一歌妓爱慕秦少游的才华,发誓不见秦一面决不嫁人。后来秦因反对新法被贬至湖南郴州,通过长沙时得与歌妓文娟相会。后小妹去其夫任所,女扮男装冒名秦少游亦与文娟相会,至引起文的疑惑,竟认为前一少游为假的,而此人为真的。后来王安石下台,少游官复原职,小妹遂派人将文娟接到京师相聚。

下午光儿全家来,晚饭后始去。

1月2日　　星期日　　晴

开始写《从文学流派看文学研究会与中国现代文学》。

上午去访赵明同志,赠他一册《鲁迅散论》。

下午增杰来,把《文学论丛》稿带走。

1月3日　　星期一　　晴

上午去学校,为孟伯英事去找杨书记没见到,又去找孙先方。据谈人事科对他的工资问题没多少办法。同时唐诗研究室对他的工作也不甚满意。所以看情况他只有返回原籍了。

陕西人民出版社汇来稿费1930余元。

下午平权来,谈至5时许。

晚春祥来,谈至8时许。

1月4日　　星期二　　晴

上午参加校党委韩书记传达胡耀邦同志讲话,冯书记传达省委刘杰书记讲话。最后韩又谈了我校最近工作情况。

下午看新来的杂志。《中国哲学史研究》中关于程朱理学,和《哲学研究》中关于理学与反理学的思想上的分界,主要为对人欲的看法问题。

晚孟伯英来,聂世闻来。

看电视《笔中情》。

1月5日　　星期三　　多云转晴

写《从文学流派看文学研究会与中国现代文学》。

发信给秋子、蕤儿。

1月6日　　星期四　　多云

上午继续写论文。

下午,在小礼堂东头会议室参加人大代表小组会,到会的有刘海澜、孟宪德、郑子祯,还有市里的宋聿修、于守洁等。

治平夫妇来。治平谈我给他的《〈红楼梦〉十讲》写的《序》中的问题。

春祥来,谈接受郑大委托,为他们的研究生授予硕士学位举行论文答辩的问题。

发信致北京文研所马良春。

1月7日　　星期五　　多云,大风降温

上午到校部参加校学位委员会主席、副主席扩大会议,讨论去年学位委员会决定78、79两级毕业研究生学位授予的遗留问题。

下午在家写论文。

接张春生函。

1月8日　　星期六　　晴

上午赵明、增杰两同志来,谈给研究生出试题事。下午吕文源来,送来他出的写作试题(即综合题的一部分)。

发信给:(一)钱谷融(附《鲁迅散论》一册),(二)李何林,(三)薛绥之(仅书一册)。

拟将《中国文学史散论》一书向陕人民出版社去函,问他们接受否,与姜民生函。

晚看电视《闹市的一角》。

1月9日　　星期日　　晴

一天没出门,在家看书。上午接蕤儿函,谈她的近况。

发信:(一)姜民生,(二)《教学通讯》(校样)

1月10日　　星期一　　晴

上午去北道门,到那边书店买到《校笺袁宏道集》一部、《新校〈红楼梦〉》一部、《诗比兴笺》一部。

下午看《校笺袁宏道集》。

晚看郑州曲剧团王秀玲主演的《风雪配》(电视),系本《今古奇观》中《钱秀才错占凤凰俦》的故事而编成的剧本。

发信致蕤儿并汇去150元。接德宏、韶麟、何望贤等来函。

1月11日　　星期二　　晴

上下午没出门,写文章。

休息时看中郎全集,系古籍出版社出的。此集与其他中郎全集不同,是依照他不同时期出的集子,保持其原来的编排印刷的,因此可以看出其作品产生的时间,近似编年的办法。中郎毕竟为一代才人,有胆量、有见解,因而在文坛上能有如此卓越之贡献。这部书的校笺者在前边所写的《序言》极肤浅,但其校笺之功还是极其可取的。

第 6 期《今昔谈》已出版,寄来我那篇《嵇文甫先生的治学方法》,印得还没什么错误。

1月12日　　星期三　　晴

早饭后与鸿毅一块到马道街买了点杞县呢子,打算做身衣服。

下午参加院党委召开的民主党派座谈会,讨论院党委拟出的开创新局面的计划。

1月13日　　星期四　　晴

下午到系里,为给招收研究生出题事,直到6点多才散。

发信给陈韶林、何望贤。

1月14日　　星期五　　晴

重读前些天写的《桐城派与程朱理学》一文,字句上作点修正。

上午增杰来,送阅研究生试题,并约定明日去马道街国际(服装店)量衣服。

下午吕文源同志来,送阅试题。孟伯英来,说他后日返菏泽。

1月15日　　星期六

上午与鸿毅去马道街国际服装店量衣服。增杰已先去代为接洽。量毕又去访东峰夫妇。

下午,在招待所参加由叶鹏主持的(洛阳)师专现代文学科目教材编写会议,至5时半散,回来匆匆吃过晚饭,又去看电影《翔》。

接陈韶林函。

1月16日　　星期日　　晴

晨起修改《桐城派与程朱理学》一文。

下午看电影《茶馆》。剧编得好,演得也好,看后许多人认为极好。但有些年青同学不太感兴趣。他们不了解这个电影的意义。

看《高山上的花环》,写对越自卫反击战斗的一个九连战士中的几个英雄人物,如连长、副连长和临时参加进去的一位北京部队的战士,当时都称之为北京,实际他是雷军长的儿子。这部小说写连长与指导员间的关系。最后颇带点戏剧性,他二人竟是王大娘两个奶头养大的。篇中写王三喜连长及其母亲王大娘的劳动人民的崇高品质,令读者不能自己的感动得为之泪下,的确是一篇好作品。晚上,因看这篇小说不忍释卷,至10点半才就寝。

1月17日　　星期一　　多云

上下午,均在学校参加师专老师的关于现代文学简明教程大纲讨论会。

晚看电视剧《爱人》与《绿色窗口》。

1月18日　　星期二　　多云

上午去学校储蓄所存洋四百元。到书亭购书两册:莫泊桑的《漂亮朋友》、《美学问题》。

下午看莫泊桑小说对法国中上流社会生活的揭露。

晚关爱和来,王婉顺来。

1月19日　　星期三　　晴

把《从文学流派看文学研究会与中国现代文学》一文写竟,觉不太满意,还需充实修改。

看莫泊桑的《漂亮朋友》,文笔细致委婉绚丽,刻画人物的心理状态及其言谈活动,无不栩栩如生,的确是大家之作。文中主要揭露法国当时上流社会男女关系的淫荡,所谓贵族夫人几乎无不有情夫,另外人与人的关系纯系互相利用。过去曾有人译过此书,名为《俊友》,这本译为《漂亮朋友》。过去看过那本印象不深,不如这个译本的流利畅达、引人入胜。

下午杜明同志来,邀我去统战部,与王婉顺谈对她的问题解决的三点意见。她基本上已同意其丈夫钱天起的追悼会拟在春节前举行。

1月20日　　星期四　　晴

上午看《龚定庵诗选》。看《漂亮朋友》,阅竟。

民盟杨同志来,约定25日下午2时半,来车接我同他一块去郑。

1月21日　　星期五　　晴

上午关爱和来,送来他的试卷。他说他最近拟回汝南探亲,临走时留下四幅画屏。

看章太炎所著书及谭嗣同的《仁学》,拟写一篇晚清种族主义者与民主主义者在学术思想上观点的对立。

1月22日　　星期六　　晴

下午,在教务处讨论关于接受外校委托授予硕士学位事。

晚饭后,去学校看电影《梨园传奇》。写晚清梨园艺人受地方恶霸欺凌,终于消灭了他们的故事。

下午,外国文学教研室袁若娟同志来,持陈韶麟函取走《花城》一册。

发信致陈韶麟。

1月23日　　星期日　　晴

上午孙荣光来,谈至吃中饭时。下午看电影《诱捕之后》。

读夏曾佑《中国古代史》及梁任公《饮冰室文集》。

晚光儿来,他拟明日去郑州阅卷。

1月24日　　星期一　　晴

今天没到学校,读龚定庵《己亥杂诗注》与其全集。

下午光儿来把小收音机带走。麟儿来洗衣服。

1月25日　　星期二　　晴

上午去校医院拿白内停两瓶,并到病房看温绎之。

下午与慈健乘政协车赴郑州,住河南饭店南楼124房间与慈健住在一起。

晚饭后去政协看静之,谈至9时许回寓。

1月26日　　星期三　　晴

晨,到教育厅招待所看光儿。

上下午参加会议,由卢治国、段宗三两同志传达民盟中央召开的关于组织及落实知识分子政策座谈会的情况和领导同志的讲话。

晚光儿来,至9时半辞去。

1月27日　　星期四　　晴

上午参加讨论会。下午听统战部武副部长讲话。

下午乘学校车回汴。

1月28日　　星期五　　晴

上午10时去系参加学位委员会分会,11时到校部参加校学位委员会正、副主任会议。

下午参加校学位委员会。

1月29日　　星期六　　阴,大风

上午参加学位委员会,继续评外校委托我校授予硕士学位的研究生的成绩,至11时半结束。

下午在家看《定庵全集》,读他的散文。

晚看西藏电视台录制的《还愿》。写老年藏民的迷信,搞得妻女离散,其妻子为其病女医病到拉萨拜佛,以致死于中途。其本人因为还愿也去拉萨,后来也死到那里。藏民之酷信佛教,其迷信达于极点。其无知愚昧正如鲁迅所说是统治者治成的。现在应该要好一点,但教育的普及与提高仍为目前当务之急。

1月30日　　星期日　　晴
上午,在家读太炎的《菿汉微言》。

1月31日　　星期一　　阴,小雪
上午到汴京饭店参加市人大常委会,住一楼26号。
下午讨论。晚看开封豫剧团的《火焰驹》。

2月1日　　星期二　　晴
上午,小组讨论。关于计划生育问题及宪法实施贯彻问题,讨论都非常的热烈。尤其是张进主任谈到一些干部违法犯法的情况真是令人可惊,不参加这样的会,是不可能了解社会上这种情况的。
下午大会4时半即结束。
晚饭后,去大众(影剧院)看《烦恼的婚事》,8时许散场回家。

2月2日　　星期三　　晴
下午,去民盟市委参加常委会。
晚,孙荣光同志来,赠以古典文论一册。
(于)安澜转来张子英给他的信,长八页,叙述他抗战发生后直到解放以来三十多年的不平凡的经历,令人感慨万端。子英在学校读书时系高材生,如果从事研究一定也会有所成就,惟当时要走政治的道路,于是不能不加入反动组织,因而解放后备受冲击。不过这还是受到阶级出身的影响,另外即对当时形势认识错误,以致走上了反动的道路。

2月3日　　星期四　　晴
上午增杰来,以后慈健也来了,任务是填申请学位研究生的表。

下午看丁晏的《曹集铨评》。麟儿夫妇来。

2月4日　　星期五　　晴

写《论鲁迅杂文中几篇纪念性的作品》。

看《曹集诠评》。

2月5日　　星期六　　晴

整日在家,把《论鲁迅杂文中几篇纪念性的作品》写毕。

接隋树森兄函,问开封在修建时曾从地下发现宋词的稿本,据说是在《北京晚报》上看到的消息,唐圭璋托他打探,拟誊抄或复印一份。另外他有部《雍熙乐府曲文作者考》,约20万字,请代问中州书画社是否愿意出此书。

2月6日　　星期日　　晴

下午,晨风来。晚,张森春及其儿子由王帆舟同志陪同来,张为其子拟考研究生来问如何准备问题。

发信:(一)隋育楠,(二)王鸿芦。

2月7日　　星期一　　晴

上午去系里拿回一些信件,西安的书寄来了,寄到南关车站,还得到那里去取。

下午去民盟市委会参加迎春茶会。崔进平同志参加了会。

接牛仰山、孙艺秋等人函。

2月8日　　星期二　　晴

上午,去车站把书取回。

下午,崔进平、何瑞西等部长来。

2月9日　　星期三　　晴

上午,省社科院刘、吴二位领导,来校看几位老头先到我家,由增杰同志陪同。后又邀周守正、郭豫才、胡思庸诸同志来,谈了片刻,他们即辞去。由历史系靳德行同志给他们安排到招待所休息。

下午为赵吏之房子问题找韩书记,没有见到,与李校长谈了谈。晚上韩来家,我把情况告诉了他。

接梅蕙兰函。蕤儿寄来糖果三斤。

2月10日　　星期四　　晴

下午,商丘师专郝蜀山同志,托这里77级毕业同学谢景和送来小磨油二斤、黑豆一包、花生米一包。

晚乘校车与鸿毅去大众影剧院看《火焰驹》。

2月11日　　星期五　　晴

上午团拜并会餐。年青人闹酒闹得很厉害,直到下午2点才散。

下午艺术系王建奇同志来访。

接何善周、王昌定两同志函。

2月12日　　星期六　　晴

上午,与鸿毅、(保姆)胡二姨到曹门自由市场购买过年用品。

午餐是全系在铁塔餐厅会餐。年青人都在闹酒,气氛非常热烈愉快,至下午2时许散。

下午,在家看书。晚饭前,麟儿夫妇来,没吃晚饭即辞去。

晚,看中央台播放的新春晚会,至12点始结束。

2月13日　　星期日　　阴,晚雨,今日春节

上午,现代文学教研室诸同志来。我也到附近几家走了走。

下午孙占白同志来。晚与鸿毅看电影《家务清官》

2月14日　　星期一　　晴

上午,与鸿毅到附近几家同志看看。后来王基、启祥同志来,谈了一个多小时,他们走后李博也来了,至中午始辞去。

下午秋子、恭夫来。晚饭时光儿夫妇来。

晚饭,荣光同志请客。他约的除我外,尚有宋都宾馆贾书记、严同志与卢同志。席面还是比较丰盛,至8时始散。

2月15日　　星期二　　晴

早饭后,到王寿廷、赵明两同志那里看了看,在赵明处碰见增杰夫妇。他们要到我家来,后来同他们还有赵明同志一块到家又坐了坐。本意要去杨书记那里,增杰说他值班不在家,因而没有去。

下午永江同志来,谈同(章)秀定、(杜)运通、(赵)福生等拟搞国统区文艺资料的打算。

晚看电视《武松》。

2月16日　　星期三　　晴

把写就的《文学研会与中国现代文学》、《鲁迅杂文中几篇纪念性的作品》两文又看了一遍,恭夫走时让他拿去誊写一下。

早饭后去看杨书记,并将王基、孙艺秋等拟到中文系工作的事告诉了他;顺便又去看看刘瑛与梁建堂,刘瑛值班,建堂在家谈些往事。

今天来信很多,还需要一一答复,大有集腋劳形之慨。

下午恭夫、秋子回郑。接着钱梦乔来,午睡也没睡好。

看电视剧《家风》,写一个工程师的女儿张绪喜欢一个二级工刘某。但刘兄弟姊妹多,祖母又多病,父母双亡,家道贫寒。张绪最初去他家看到那种情况,心里热乎劲儿凉了半截。后来写封信告诉刘,她的工作要调走,但心情非常痛苦。她父母了解情况后,以他们过去家庭情况来说服张绪。张绪决计又去看刘,自己甘心吃苦为刘主持家务,代他操劳分忧,最后家庭情况逐渐好转。这个剧确是一个好的剧。张绪的确是具有崇高的心灵美的典范女子,而这个剧也是值得赞扬的作品。

接隋树森、张春生、张静吾、(任)德重等人函。

2月17日　　星期四　　晴

早饭后,去访信春同志;又去看(何)法周,他不在家。

到学校,发信给王昌定(并寄书一册)。晚看电影《太阳的女儿》。

2月18日　　星期五　　晴

早饭后,与老郭、老孟乘车去市委参加王子珍同志治丧委员会。王于1937年参加中国共产党,后曾到延安,一直从事教育工作。解放后历任开封市教育局长及副市长等职,现任市政协副主席,享年82岁。在会上,(政协)主席谈他的一生的道德功业。最后让政协秘书长高仰元读讣告。大家议论一番。有人认为写的太平淡,应再补充修改一下。会后全体与会同志乘车到西郊王宅,对其家属进行慰问。从他家出来后,即与郭、孟两同志返校。

上午李光乙同志来。

下午去学校发信:(一)郝蜀山(书三本),(二)陈韶麟(书一包),(三)王海根(书一包)。

晚饭后看《白桦林中的哨所》,没多大意义。

2月19日　　星期六　　大风降温

大风降温,较三九、四九时还要冷得多。晚与鸿毅去学校看电影,一冬没穿过的大衣就都从箱子中拿出来,我的皮帽也从衣柜中找了出来。过去所谓倒春寒,真是倒春寒。

上下午备课,把过去写的《龚定庵文学略论》又仔细地看了一遍,并把里边所引的诗文也都一一地仔细读了一下,再写出个大纲,即可以给研究生讲课了。

2月20日　　星期日　　晴

全日在家,看夏穗卿《中国古代史》。这部书我读了多遍,觉作者用资产阶级人性论,同科学与民主思想对中国历史发展规律进行探索,因而有不少新颖的创见。最近拟开始写晚清的排荀运动,而夏为抨击荀学的最有力的学者,其抨击的原因即在荀(子)是提倡封建专制主义的最早的思想家,为了排击封建专制主义,所以对荀学进行抨击。

晚春祥来。

发信致(马)凯梅。

2月21日　　星期一　　晴,仍极冷

早饭后去省府西街看望东峰夫妇,看到梦册给他们的信。

下午睡起来已近4点,仍读夏曾佑《中国古代史》。此书之特点:(一)接受了西方达尔文的进化论同马尔萨斯的人口论。(二)接受了西方民主科学的新思想,通过对历史人物事件以及学术思想发展的评述,批判封建专制主义,批判提倡此种主义的荀子思想和为此思想之祖师的孔子学说。(三)批判方士思想,认为此为祸于中国至深且巨。(四)用西方的人性论阐明学派盛衰的原因以及秦皇、汉武两人思想有许多相似的原因。(五)以实事求是的态度,从人性上、从政治制度上,说明外戚宦官之为祸于中国历时两千余年的原因。此虽系用资产阶级的观点与方法来研讨并评论中国历史,但在当时来说是非常先进的,而见解也是极精辟的。

2月22日　　星期二　　晴,温度仍未回升

早饭后,听校党委传达胡耀邦主席及邓老的讲话,散会时已近11点,去邮局寄邮件:(一)王瑶(书两册、信一封),(二)钟敬文(书两册、信一封),(三)陈则光(书一册、信一封)。

下午东峰夫妇来,旋即辞去。

晚光儿来,送来代买的《带经堂诗话》。
接余顺尧函。

2月23日　　星期三　　上午阴,风,下午晴
下午开始写《晚清维新派的排荀运动》。
发致苏金伞(书一包、信一件)。

2月24日　　星期四　　晴
晨起继续写文章。下午到系里参加会议。

2月25日　　星期五　　晴
上午,感到非常疲劳,下午仍觉精神不振。晚饭后,量体温,竟发热到38.2℃。鸿毅出去找大夫。后来赵明同志到校医院请来个大夫打打针。

2月26日　　星期六　　晴
晨,体温降低到37.2℃,吃午饭后又升至38℃。下午光儿陪我去校医院诊病,徐大夫让住院,住12号病房,与图书馆王守亮同志同屋。
注射柴胡同青霉素,夜间出了许多汗,衬衣都湿了。

2月27日　　星期日　　阴
体温降低,晨36℃。翟大夫同徐大夫认为我的眼睛有点黄,怀疑是否肝脏有问题。
晚上失眠。由于深恐肝病复发,所以联想很多,以至从11点半以后直到天明没入梦。

2月28日　　星期一　　雪交雨
我深怕失眠后会使体温增高,但没增高,可是食欲不振。

下午,增杰来医院看我,谈到楼下太乱影响睡觉。他与医院领导交涉,迁到14号楼上。恰巧慈健同他爱人姬荷来看我,帮我搬到楼上。下午睡了一觉精神好多了。

晚上,慈健陪我住了一夜。

3月1日　　星期二　　阴,小雨

因怀疑肝脏有问题,决定验血看看肝功能如何。晨起校医院抽血,由李式金教授的儿子送到传染病院。

上午杜运通同志来,系里让他来陪我。我因他很忙,而我在医院也没啥事需要他护理,所以让他提前走。他说下午他去传染病院取化验结果。

下午睡了一觉。杜运通同志把化验结果取回,交给校医院办公室。他告诉我化验结果:我的肝功能完全正常。因此我决定明天一定出院。

3月2日　　星期三　　雨住,阴

晨起整理衣物。7点左右笑薇来了,接着关爱和也来了,由他二人帮助把衣物行李带回家。

上午文金同志来,把取衣服的条子交给他。另外还有一套单衣衣料也托他带到国际(服装店),按原来作呢子衣服的尺寸再作一套。送他书三册,完全是我写的。

下午老华、老高来。

3月3日　　星期四　　上午晴

上下午均没出门,看《鲁迅研究动态》里边有纪念许寿裳的几篇文章,是他的儿子们写的。

下午原洛阳毕业同学汪荣春来访。他一直在新疆工作,最近拟回河南,听他谈到他县(荥阳)丁云青的后来情况。丁是在日本参加的党,回国后曾在上海工作,1957年被划为右派,在"文化大革命"中去世。在(北京)师大,我们同过一年学,他去日本留学前,曾以赵瓯北《廿二史札记》等书相赠,因此对他印象甚深。

接钟敬文先生寄来他去年出版的《关于鲁迅的论考与回想》一书。

接何望贤函。

3月4日　　星期五　　晴

写论文。在写中间又有一些新发现,觉夏曾佑与谭、梁都曾抨击荀学,但夏对今文学和公羊学的看法与谭、梁却不尽相同。原因即谭、梁二人均受康有为大同说的影响,借公羊三世之说以实现其托古改制的政治目的。而夏氏则比较客观地,从历史的发展上来对今古文进行评价,认为古文系刘歆伪造,借以助王莽的篡窃。另外,今文经杂以方士家言,荒唐不经,而晚清言公羊者则对此并不进行批判;而夏氏则在其历史教科书中直书儒家与方士之糅合,后边又直书儒家与方士之分离,即道教之原始。这种实事求是的科学态度实为谭、梁所不及。

晚解学东来,谈至9时许始辞去。

接苏金伞函。

3月5日　　星期六　　晴

把《晚清维新派排荀运动》一文写竟。

上午到七号楼地下室查阅书报。

接韶麟两位朋友各从上海寄来《章太炎全集》第一册,同时又接韶麟函。

下午点校论文。

3月6日　　星期日　　晴

早饭后去访信春,把廖立的信交给他,不料他上街买菜去了,他爱人在家,把信留到那里。

下午恭夫从郑州来,把誊抄的文稿送来。他要去苏州开会。

拟写太炎论桐城派。

发信给:(一)崔进平部长,(二)蕤儿。

3月7日　星期一　晴

早饭后,去系里领工资,并给许光华同志电话,告以上午不能参加政协会议。

校阅恭夫所誊的两篇稿子。

下午恭夫去上海,付他洋百元为鸿毅买药,及她和我的衬衫钱。

接现代文学研究会函。

3月8日　星期二　阴,气温骤降

上午,参加校党委召开的落实83年工作的计划会议,先由韩靖琦书记讲话,最后由赵文山书记结尾,11时半结束。

下午看梁启超《饮冰室诗话》,里边大半论其师友的诗歌为多,即康有为、夏曾佑、谭嗣同、黄遵宪、严幼陵等。

发信致陈韶麟,并给他汇去洋5.5元,偿其代购《章太炎全集》第一册(两册)的书价。

3月9日　星期三　晴,气温仍低

早饭后,到邮局发三件邮件:(一)《文史知识》杂志(附《谈谈鲁迅几篇纪念性的杂文》),(二)王广西(附《文学研究会与中国现代文学》),(三)廖立(附《鲁迅散论》一册)。

下午看《清人文集叙录》。此书对清人文集一一进行评述,论学术渊源及师承,评观点的正确与否,以及见解有无创造发明。但有时失之于滥,似乎有集必论。有的学识既庸陋,见解又顽固迂腐,此类文集只有被淘汰,而亦不惜用去篇幅加以论述,实属浪费笔墨。

晚看电视剧《庭长》。

3月10日　　星期四　　晴

上下午,把《近代文选》准备选的作家,同他们的生卒及文集开列了一下,并将编选的标准也写了七条。

下午郭校长陪(省教育厅)董副厅长来访。董说在他交班之前来师大看看。

接(苏)金伞与(赵)青勃函,拟将其转给(张)如法。

3月11日　　星期五　　多云

上下午参加市人大常委会,为21日市人大代表大会作准备。下午4时结束即回来。

晚看日本影片(电视)《远山在召唤》。

接薛绥之函,关于他的研究生张俊才答辩事。

3月12日　　星期六　　晴,北风

上午,系里会请假。到校医院看病、验尿。翟大夫开了点药。

午饭前,(何)法周来,拿去昨天他送来的几张表格。

下午,慈健领几位同学在院里修花池。

接陈则光、李颖琰等同志函。

3月13日　　星期日　　晴

尿道炎仍未愈,整天在家看报同《龚定庵集》。晚饭后光儿夫妇来。

3月14日　　星期一　　大风降温

早饭后,去校医院让翟大夫开药打青霉素。

午饭前慈健来,送来他誊写的文章,约二万四千字;另外有隋育楠的信一件,内有答复春祥同志信,让慈健转交给他。

下午又去打针,回来后校阅慈健誊写的论文。

晚饭前,如法来,送来《魏源论》的清样让校对。苏金伞、赵青勃二人的文章他已看到,他说他看后拟复他们信。

发信致:(一)金伞、青勃,(二)陈则光(附《〈歧路灯〉论丛》一册)。

3月15日　　星期二　　晴

校阅慈健所誊抄的论文。

下午去校医院打针,回来后从刊物订购处取到《人民文学》两册、《哲学研究》两册。接李何林同志函,还有电力学校的一位本校毕业生的信。

3月16日　　星期三　　晴,仍有风

上午去校医院打针,并请徐士珍大夫诊脉,开一中药方后交慈健到街上买药。

发信致:(一)隋育楠,(二)王鸿芦。

3月17日　　星期四　　晴

晨,恭夫自苏州来,给我代买到衬衣两件、汗衫两件。

病未见痊可,仍去校医院打针。晚光儿夫妇来。

看电视播放残疾青年张海迪的讲话。她的事迹的确感人。北京市团委书记誉之为当代中国的保尔,她确实受之无愧。她既努力有坚强的意志,同时她也很聪明,学什么会什么,而尤其可贵的是她立志为人们作好事。她自己学会针灸,在农村医疗病人达一万余人次;她学会英语、日语,能译科学资料达十余万字;参加高考总分达460分;她帮助许多精神颓唐下去的青年又重新振作起来从事学习与工作。这样的残疾女青年作出如此可惊的贡献,真可谓旷世难遇的。

3月18日　　星期五　　晴,风

上下午仍去校医院打针,两个屁股打得非常疼痛,又让徐大夫开了三副中药。

上午校人事处王金宝与另外一位同志来,了解中文系领导班子情况。

3月19日　　星期六　　晴

上午去学校打针,并看尿液化验结果。徐大夫讲尿已没有问题,青霉素无须打了。

看定庵文集。

晚,慈健来,送来外边寄来印刷品两件,并请他吃晚饭,只有素包子。

3月20日　　星期日　　晴

整天没出门,屁股上的湿疹仍未愈,上午躺床上看电视《冰山上的来客》,下午看电视芭蕾舞《睡美人》。晚饭时光儿全家来。

发信致郝蜀山。

3月21日　　星期一　　多云

上午市人大派车来,我因病未能出席此次人代会。

下午市人大邵球主任,白安平、马如腾副主任,赵烂如秘书长来家探望。

看《胡适书信集》,里边有许多材料对40年代与胡适有关的史事可以了解到很多。

晚关爱和来。

3月22日　　星期二　　阴,中雨

全日没出门,清理一些信债:(一)梅蕙兰,(二)张春生,(三)刘延钊、武国华(附《鲁迅散论》两册与《津门文艺论丛》一册)。

上午爱和与慈健来家拆去了火炉。

看《己亥杂诗》。

3月23日　　星期三　　雨住转多云

看《己亥杂诗注》及《龚自珍全集》。

上午慈健来,送来郑州饮食业公司寄来的《河南名菜谱》一册,广西人民出版社寄来的再版《闻一多作品欣赏》一册。

晚饭时,赵明同志来谈。

3月24日　　星期四　　晴

早饭后,去市委参加开封市出席省人大代表候选人的协商会议。

下午在家看书。文金来。慈健同他的爱人来。晚看电视《此处通向海洋》。

发信致:(一)本市马致远,(二)张静吾。

3月25日　　星期五　　晴

上午把论龚自珍准备了一下,下周拟给关爱和与李慈健讲课。

下午由慈健作陪、鸿毅也作伴,乘学校车去山货店街职工医院看病。大夫看后说是痔疮,告以治疗方法即离开那里,又到马道街国际服装店试了试上次做的衣服,即返家。

接隋育楠同志函,并刊授大学寄来的两包书。

3月26日　　星期六　　晴

接到隋育楠同志寄来《乐府粹玉》一册。

上午许钦承同志偕洛阳函授站主讲教师刘国城同志来,为审阅刘的论文报请提升职称事。

3月27日　　星期日　　晴

上午将给《中国烹饪》杂志写的《中国烹饪学将出现一个百花齐放的新局面》一文修改了一遍,约1700字左右。

上午光儿全家来,接着麟儿夫妇来洗衣服。

3月28日　　星期一　　晴

上午给关爱和、李慈健讲龚自珍。

下午光儿去学校人事处报到。

郑州黄委会牛绍东同志来,他系1956年师院中文系专科毕业,现在郑州黄委会政治部工作,出差来汴看看老师,并送我一本黄河风光图册。

晚郭象天同志来谈关于王婉顺事。

接到中州书画社寄来《古典文学名篇赏析》第二辑。编者为林从龙,中有我分析的白居易的《忆江南》一文。

3月29日　　星期二　　晴

接沈阳《社会科学辑刊》编辑部宁殿弼同志函,说我的《鲁迅与胡适》一文已决定在他们刊物第三期发表,约到6月份可见到。

晚,增杰来,谈他去郑州开会情况,并送来补发参加答辩报酬20元。

3月30日　　星期三　　晴

着手写《晚清维新派的排荀与革命派的批孔与五四思想革命》一文中的第二部分。

发信致冯辉,请她在历史研究所查阅那边所藏的《年鉴》中刊载的吴虞的《辛亥杂诗》(原载《甲寅杂志》第七号)。

3月31日　　星期四　　多云

上午把《论桐城派》一文寄交郑州《中州学刊》编辑部李湘同志。

给《中国烹饪》杂志写的短文,慈健已誊清。

下午信春同志来,对光到系里工作,已安排他到中国近代文学研究室。

晚,邻人张淑民同志的儿子偕一位田君来,捎来上海苗迪青同志的一短笺。苗系40年代河大在潭头时的同事,当时住在一个小院里,经常在一起谈天。自潭头沦陷各自西东,迄今已转眼近40年,往日同人多已物故,而苗君尚在,当给他一函以表怀念之意。

4月1日　　星期五　　晴,大风

晚艺术系王建奇同志来,送来他的论文一篇。王是拉小提琴的,但他对中国古代的音乐理论饶有兴趣,谈了近一小时辞去。

发信致苗迪青。

4月2日　　星期六　　晴

上午,前后院邻人白天被盗。现在小偷集团猖獗,必须提高警惕。

钱梦乔来,谈关于他父亲钱天起的追悼会事,已决定在最近举行。

下午在家举行《中国近代散文选》编选工作第一次会议,参加会议的有增杰、赵明、振犁、如法,另外光儿与慈健也都参加了。会上讨论了编选说明,以及以后工作进行的步骤。

4月3日　　星期日　　晴

上午看关爱和的论文《陈衍的诗论》,觉得还有自己的见解,其中在时间上有疏忽之处。如说明清两代历时800年,实际两代650年都不到。这就是因为是以意估计,而没有查阅历史的原故。

下午与鸿毅、笑薇去学校看电影《独立与灭亡》,系巴西电影。写巴西一个国王最初励精图治,脱离了葡萄牙的殖民统治取得了独立,后来沉湎女色,为人民所攻击。其大臣劝他不听,并免了这位有才能的大臣之职,因而国内叛乱发生,民怨沸腾。最后他有点觉悟,决计让位于他的儿子,并把辅佐国君的重任又托给他过去已免去其职的大臣。

4月4日　　星期一　　晴

　　晨,到南边散步遇(陈)梓北,绕水潭走了一周,谈到"文革"时清(理)阶级队(伍)事。他说他之所以挨打,是由于当时他被分到外系,学生对他丝毫不了解,因而往往用逼供方法进行鞭打。

　　上午爱和与慈健来,继续为他们讲龚定庵,把《病梅馆记》与《己亥六月重过扬州记》两文,连系定庵思想的渊源谈了谈。

　　许光华同志来,谈举行盟市委常委会的开会时间问题。

　　接中州书画社寄来短文校样一份。

4月5日　　星期二　　晴

　　上午参加系主任会议,散会后到校医院拿点药。

　　下午发工资,让慈健带回来。付慈健50元作为他结婚时的贺礼。

　　发信给《旅游文学》编辑部易殿选,把校样寄还。

4月6日　　星期三　　晴

　　上午王建新、建奇两兄弟来访。我赠建新《鲁迅散论》一册,他向我约稿。由于卢治国同志与市民盟几位同志来访,他们告辞而去。

　　继续写论文中革命派批孔运动,把凡人及鲁迅、周作人的批孔部分写毕。

　　晚看电视,系平顶山豫剧团的《母与子》。剧情相当曲折,塑造了一个后母的典型正面形象,具有一定的教育意义。

4月7日　　星期四　　晴

　　上午继续写论文,把革命派批孔部分写竟。下边只剩最后一部分,即五四思想革命。

　　下午参加钱天起的追悼会,见到外边来的一些河南部分知名人士。

发信致王昌定(关于张宜雷来此进修事)。

晚看电视《黑十字军》一、二、三集。

4月8日　　星期五　　晴

上午,去北道门书店买了几本书,计有苏轼、辛稼轩两人诗词选注,《牡丹亭》等。

下午,到7号楼借到《独秀文存》一部。看《独秀文存》中批孔方面的论文。

接张春生函。

4月9日　　星期六　　晴

上午,与郭象天副校长去开封宾馆,参加市委统战部召开的省五届政协委员座谈会,12点左右结束。统战部在宾馆设午宴招待与会者。

下午又到民盟市委参加常委会。

4月10日　　星期日　　上午晴,晚阴小雨

上午光、麟两家都来。把论文写竟。下午看电影《张铁匠的罗曼史》。

这期《文学遗产》已寄来。我的文章完全按原来打印印出。

4月11日　　星期一　　晨雨,上午转晴

上午8时许与增杰、春祥乘车来郑,参加社科院文研所召开的《文学论丛》编委会,下榻社科院附近的西藏军区干休所。

下午看现代文学文稿。

晚饭后去农学院看秋子,晚宿农学院。

4月12日　　星期二　　晴

上下午均看文稿。我与广西同志分看一部分稿子。两人看后交换了意见,决定取舍。

晚饭后与增杰、春祥到外边散步,到省委党校访小梅(蕙兰)。

4月13日　　星期三　　小雨

上午,在社科院举行编委会。各组把决定采用的稿子交换意见后,作了最后的决定。接着各组把决定采用的稿子的篇目及字数,以及被否定的稿子的篇目、字数,还有采用与否定的原因作说明。大家通过的稿子约二十余篇,近二十二三万字。

下午,继续开会。编委会结束后,又举行理事扩大会,讨论今年学会活动的有关问题,5点半散会。

晚看电影《城南旧事》,散场后,来中州宾馆向省政协大会报到。

4月14日　　星期四　　下午阴,晚雨

上午在人大会堂举行第五届省政协预备会,省委统战部部长宋玉玺主持会议。后又参加主席团会议。

下午举行小组会,学习政协章程的总纲部分。结束后,参加第二组的民盟同志,由卢治国同志一一作了介绍。

4月15日　　星期五　　晴

上午,省政协大会开幕,由宋玉玺部长致开幕词,王化云副主席作四届政协工作报告,10时许即散会。

下午小组座谈。

4月16日　　星期六　　晴

晨起跑步。上午参加小组会。

下午秋子来,同她一块去看党若平同志。从他那里出来后,又一起去农学院。

4月17日　　星期日　　晴

上午8时,乘车到大会堂列席省人大会议开幕式,由代省长何竹康作政府工作报告,财政厅长常保琦作河南省1982年财经决算与1983年财政预算报告,11时休会。

下午,阅读文件。静之来我室谈天,至4点40分辞去。距晚饭还有一个多钟头,即到花园路购买用品,并到新华书店买书两本。

晚,张静吾院长来我室谈天,直至10时许辞去。

4月18日　　星期一　　晴

上下午,小组讨论何竹康代省长关于六五计划的报告,发言者极踊跃。

早饭后与孟宪德、王寿廷两同志到黄委会招待所访杜明部长,关于向学校要车明日返校事。

晚饭后与何家泌、张静吾乘车去中州影院看电影。

4月19日　　星期二　　晴

上午10时许,乘学校面包车返汴。下午修改论文。晚光儿来。

4月20日　　星期三　　多云,晚零星小雨

上午到系里拿回信件,碰到增杰,谈明日上午8时半去开封宾馆看武国华同志。

看老黄关于茅盾在五四时期提倡现实主义,认为他奠定了现实主义的基础的论文。看后,觉得他的立论不易站住脚。文中有些根据,他把作者是谁都弄错了。即如《文学研究会宣言》本为周作人起草的,而在宣言中连沈雁冰的名字都没列进去,如何能根据宣言来论茅盾当时的文艺思想呢?

另外,在文学革命时期,胡适、陈独秀、周作人、鲁迅都曾提出写实主义的创作精神,虽然不像20年代初期,茅盾论写实主义那样系统,但不论从理论同创作上,当时提倡文学革命的,其文艺思想都倾向于写实主义,特别在创作上鲁迅实为运用写实主义创作方法最成功的大作家,因此决难称茅盾为五四时期现实主义创作方法的奠基人。

我拟写篇《文学革命运动中革命派所提倡的创作思想与创作方法》。

下午写了三封信:(一)刘邦烈,(二)北京出版社《现代文学丛刊》的编者,(三)陈韶麟(内附相片两帧)。

4月21日　　星期四　　晴

上午与增杰去开封宾馆看武国华同志。国华同志为编我的《中国近代文学作家论》一书,他看后有些内容、字句问题须同我商量。光儿也去了。谈至10时半,宋应离、王振铎,另外还有一位女同志来看国华。我约他们去第一楼便餐,让光儿先去安排了一下。

下午国华来,又谈至5时许辞去。

晚慈健、姬荷夫妇来。

4月22日　　星期五　　晴

晨起,校阅《作家论》的稿子,校阅毕。

上午,武国华同志来将稿子带走,并约定明日八时,他在开封宾馆门前候车,我们一同赴郑。

下午去北道门新苑书店买了六种书,并托王经理代购《拍案惊奇》一书。我给新华书店陈尔庄同志一信让他带走。5时许我回家来。晚饭前王经理把书送来,《拍案惊奇》也送来了。

晚饭前,慈健送来从系里拿到的邮件,内有《文学遗产》两册。

上午,盟市委老杨同志同我约定,五月初为市里中学教师作学术讲演。我决定讲《从晚清的文学革新到五四文学革命》这个题目,并让他把《文学遗产》中这篇文章打印一下。讲演具体时间另定。

4月23日　　星期六　　晴

上午乘学校车来郑,仍住中州宾馆,继续参加省政协会议。在宾馆一楼书店买了部《红与黑》。看《红与黑》。

下午参加小组讨论。

晚看豫剧《百岁挂帅》。在剧场见到贾部长,说明天准时去巩县参观。

接蕤儿自北京来函。

4月24日　　星期日　　晴

晨6时20分与贾子云部长、地委统战部张部长,还有王文先、宋聿修、杨溯汾等同志乘车去巩县参观,在巩县宾馆休息,参观了宋陵的昭陵园真宗陵。午饭后,少事休息即乘车去参观寺湾石窟,里边的造像系北魏唐宋几代雕塑的,但因过去未能妥为保护以致损毁太甚,有不少像都是断头折臂残缺不全,惟窟顶的雕刻如飞天以及墙壁下边的礼佛图有的还很完好,是极可宝贵的。

回郑的途中又去参观了康百万的庄园。建筑完全是过去北方土地主所要求的款式,多半都是两层楼房,后边傍山,大门有一门洞像城门洞一样,上边有雉堞可以防御寇盗,但样式极笨拙,光线不足,比着苏杭一带明清时期达官贵人的园林,相去不可以道里计了。

晚饭是在上街一个小饭馆吃的,到郑时已7点多,车直开到中州影院,又看了场大梅(申凤梅)的《诸葛亮出山》,至10时半散场。跑了一天,又看场戏,真够疲累了。

4月25日　　星期一　　上午多云,下午雷阵雨

上午参加(列席)人大代表的选举。在大会堂休息室,叶鹏同志介绍认识了打虎英雄何广位老先生。他原籍安徽宿县,后在河南孟县定居,74岁。他生平捕捉了上百只豹子、老虎与狼。他的体质异常,每餐能吃两三斤粮食,每三日始解大手一次。他曾与一极大的豹子搏斗被抓伤,但终打死了那只豹子。他对捕捉这些猛兽已有一整套办法。他掌握它们的生活习性的规律,所以不捉则已,一捉即可捉到。他的三个儿子都能继承他的家学,同时他还训练他的五岁的孙女。

同他谈了后,始知过去《水浒》中写武松打虎与李逵打虎的故事,决非子虚乌有,而是确有这种人。

下午参加常务主席与主席团两个会议,通过候选人名单及选举办法以及监票计票人名单。

晚看电影:(一)《祸起萧墙》,(二)《夺标》,系对亚运会的纪录片。

4月26日　　星期二　　晴

上午列席人大会,宣布选举出席全国人大代表的结果。散会后到新华书店购书五册。回宾馆后,静之来谈。

下午政协主席团会议,通过几个决议草案。

晚饭后,乘车至(豫剧)二团排练场看电影《奇迹会出现吗》、《热娜的婚礼》。前一个电影系受娜拉的影响,写一个有理想有事业心的中年女子,决心要摆脱丈夫的羁绊,要独自搞自己的专业,其丈夫最初反对,并摆出了封建家长的姿态,但她坚决地走了。最后她丈夫看了他女儿演出的话剧《奇迹会出现吗》而有了觉悟。

4月27日　　星期三　　晴

上下午,小组会,酝酿讨论候选人名单及决议草案。

整日的休息时间看《红与黑》。

晚饭后,冯辉、梅蕙兰二君来谈。

4月28日　　星期四　　大风,尘土飞扬

晨起,去友谊宾馆访黄声球同志,谈关于麟儿到煤田学院担任教学工作事。回来时,在花园路口一饭铺吃早点,餐后徒步到大会堂。

上午选举。余以597票(共出席600人)当选为第五届省政协副主席。

下午列席人大。选举省级领导,我请了假。4时许到花园路买点糖果点心。

晚看电影:(一)《贺龙将军》,(二)外国影片,反映二次世界大战时,挪威抵抗者与英人合作,破坏纳粹在挪威山中制造重水工厂的斗争。

4月29日　星期五　晴

上午列席人大闭幕式。

下午政协举行闭幕式,3点半即结束。

秋子、恭夫来宾馆,晚餐后始去。广西来。

晚看电视,系吴祖光的《风雪夜归人》。此剧在国内久已不演,最近香港重演此剧,曾轰动一时。电视中演出剧团为北京青年话剧团,各个脚色演得都还不错。

4月30日　星期六　多云

上午参加省政协常委会第一次会议,很快就结束了。

午饭后,广西来,吴雪莉来,1时许乘车返校,5时抵家。

接张安、张俊才、刘邦烈、《现代文学丛刊》编辑部的来信。

5月1日　星期日　晴

上午没出门,同学李惠彬来。他写篇《关于鲁迅思想发展的分期问题》让我看。我说我没时间,让他把文章内容谈一下。后来我同他谈关于研究一个作家的思想发展,应重视他自己对自己思想变化的叙述,自然也应从他的作品反映的内容,作为分析说明的依据。

李走后,韩靖琦书记来,谈节后拟召集一个老教师座谈会,让对整党提提意见。

看陈寅恪《金明馆丛稿二编》。

晚与鸿毅、光儿看电影《逆光》。

发信致北京出版社、《现代文学丛刊》编辑部。

5月2日　　星期一　　晴

下午平权来,谈他在京参加茅盾创作讨论会的情况。

晚宋尔康来,关爱和来。

看陈寅恪的《金明馆丛稿二编》。这是一部辑录其在30年代前后所发表文章的文集,有序跋及论文。从这部文集中可以理解到,陈氏为熟于佛典与魏晋南北朝、隋唐的政治思想以及文学发展的史学家,其治学态度是严谨的,同时能够深思自得,有所发明与创造的大师。但其思想及政治倾向是比较保守的。他自称:

> 寅恪平生为不古不今之学,思想囿于咸丰、同治之世,议论近乎曾湘乡、张南皮之间(《冯友兰〈中国哲学史〉下册审查报告》)。

可知他受其家学影响之深。按,陈氏为湖南巡抚陈宝箴之孙,诗人陈三立之子,早年曾留学欧美,其思想基本属于洋务派的"中学为体,西学为用"论的体系。他对五四的思想革命与文学革命尚且不甚赞同,因而对马克思主义就更加不满了。不过他不加以批评,这是他的高明之处。他认为王国维的自杀,系求得精神上之自由。他在《清华大学王观堂先生纪念碑铭》中说:

> 先生以一死,见其独立自由之意志,非所论于一人之恩怨一姓之兴亡。

可知他对王氏之自杀,不但极端同情,而且是深有理解的。但也可以看到他们在思想倾向上有其一致之处了。

5月3日　　星期二　　晴,晚阴

上午应校韩靖琦书记之邀参加关于整党座谈会。与会者有位丁立同志,据他讲他调来已一年,宝丰人,现年65岁,开(封)高(中)毕业,曾上武汉大学,1957年就要出国,因鸣放被划为右派,现任学校图书馆副馆长,此人颇有头脑,发言颇有见地。

下午写论文。参加复试的重庆师院毕业生黄硕来谈。赵明同志来谈。

晚看电视,系中国与瑞典进行乒乓球男团决赛,以五比一获得胜利;女队与日本决赛,以三比零也取得了胜利。

5月4日　　星期三　　阴,小雨,晚加大

上午给爱和、慈健两人上课,将龚自珍讲毕。

写《关于写学术论文的点滴体会》,完稿。

启祥、赵明等同志来访。

看陈寅恪《寒柳堂文集》。

5月5日　　星期四　　晴

郑州饮食业公司一位女同志来,把过去拿走的那篇稿子(《中国烹饪学将出现一个百花齐放的局面》)带来,让把文中所引《招魂》及《七发》中关于写饮食的两段话注释一下。下午光儿来,让他拿去注一下。

拟着手写《夏曾佑论》。他的卒年,辞典中所载,与他儿子夏之璨所写的他的传略年份不一致,因此须要很好地研究一下。

5月6日　　星期五　　晴

上午到学校图书馆查资料,李湍波同志告诉我,学校最近在香港买到一部近代史丛书。他带我到七号楼二楼编目室,果然几个书架上摆满了红皮的精装新书,真可谓琳琅满目,里边有许多书是过去不曾见过的,今后有暇当来此阅读。

上午10点,增杰、老赵来,为研究生复试出古代文学与现代文学试题。

下午盟市委王运钧同志来,谈明日下午关于授予周承袭模范盟员称号的开会事宜。我告以因复试研究生不能参加的原因。

朱中华偕其洛师同班张学礼来访。张 30 年代到陕北参加革命，现在重庆政法学院工作，已退休任顾问。

5月7日　　星期六　　晴

上午召集复试的研究生，在 10 号楼现代文学教研室宣布复试的科目及办法，增杰、赵明、王文金、杜运通等同志参加了会议。

散会后，与增杰谈中文系新的领导班子组成问题，后来信春也来了，我仍提出从德才两方面，从系里中年同志中物色人物。

从学校取回两月来的刊物十余册。

下午又去学校订下半年刊物，用洋 12 元余。

5月8日　　星期日　　晴

上午写了几封信。

下午午睡没睡熟，起来看《红与黑》。

晚饭后，看电影《大泽龙蛇》，写安源煤矿工人在 1927 年北伐革命失败后，继续团结斗争，起义奔赴井冈山事。

5月9日　　星期一　　晴

上下午，均在系现代文学教研室对复试的七名研究生进行复试，其中答得比较好的为谢伟民。此人性格深沉，对问题的解答清晰而有条理，没有废话。

上午，麟儿来洗衣服，下午辞去。

晚爱和来，谈去四川参观事。

光儿来，嘱其每日到系近代文学研究室坐班事。

发信：（一）郑州饮食业公司（论文），（二）曾耘，（三）（任）德澍。

5月10日　　星期二　　晴

上午，到系里给复试研究生讲讲古代文学题的题意，后到三楼资料室。赵明在查书，他告我从报上看到全国政协委员名单中有我的名字,在社会科学界中。回来后拿到今天来的《光明日报》,上边印有(全国政协委员)名单,果如他所说的。福生来,送来试卷一袋。

下午3时,赵明同志来,一同看试卷。结果,昨天口试中谢伟民答的不错,而今天考的古代文学极差,竟然不及格,可知他没上过大学,因此凭一时看点有关书籍毕竟是不行的。

5月11日　　星期三　　晴,气温甚高

上午,赵明、增杰、文金三同志来,研究这次研究生复试的录取问题,共七名,决定录取四名,即袁凯声、李天明、章罗生、解志熙。

下午去市政协,在大会议室作学术报告,题目为《晚清文学革新与五四文学革命》,共五大节,讲了两节已5点半,只得再讲一次。

晚餐在又一新饭庄,同餐者有市政协高秘书长、宋聿修、王文先及民盟市委工作诸同志。

看电视,南斯拉夫故事片《瓦尔特保卫撒拉热窝》。

5月12日　　星期四　　晴

上午,参加由省教育厅老孙同志召开的师专现代文学教材编辑会议,在学校招待所219号。叶鹏同志为编写组长,我与增杰同志为顾问。由于省人民出版社老谢同志未到,所以大家随便谈谈即散会。

下午,增杰因系里有会,不能参加,我又去他们那里,谢同志已到。我谈了几句,因要准备去四川,所以就提前走了。

5月13日　　星期五　　晴

上午参加系总支召开的关于整党座谈会。

下午增杰、赵明、振犁、慈健到家举行关于《近代散文选》编选会。

整理衣物,准备带爱和等出发到陕西、四川等地参观游学。

5月14日　　星期六　　阴,大雨

晨4时许即起床,5时用早餐,6时开车,同行者有(牛)庸懋、

（袁）洪军、（关）爱和、（吕）伟民已先期去郑。

8时到郑，住国际饭店912室。

上午访民盟省委卢治国同志、民革静之兄及海长同志。

晚11时乘113次列车去西安，买的硬卧，上车后换为软卧。

5月15日　　星期日　　晴

上午11时许车抵西安。省政协刘副秘书长（永瑞），还有王处长（政卿）、郭联络员（延光）去车站接我们。引我们到人民大厦住下。下午，王处长作向导，到大雁塔同陕西历史博物馆看了一下。博物馆陈列的古代器物真是琳琅满目，美不胜收。周代的青铜器、汉代的鎏金马和石刻翁仲，还有唐代的石刻，真是国家的瑰宝。惜时间太仓促，不及仔细参阅研究。

从博物馆回来后，付车费20余元，同时大家谈到房租每间30余元，都感到太贵，回去如何报销？这时想到尚寅宾同志（按，先生在洛阳师范教书时的学生，早年参加革命，任西安市委书记），不知他是否还在西安。于是用电话联系，居然电话打通了。我告他我们上午到这里，并谈到房子问题。他答应代我们联系一下房子，还说晚上来看我。9时许，他来大厦，谈至11点始辞去，并确定明日上午让我们搬家，且给我们派辆面包车去游临潼、华清池及兵马俑。他临走时，我把所写的三部书送给他。

5月16日　　星期一　　多云转晴

早饭后，西安市委派来一辆面包车，送我们到红湖路警备区招待所。途中过陕西省政协，会见王处长，谈我们搬家的情况，并说明计划的改变。到招待所把什物放下后，即乘车去临潼，司机赵同志为我们作向导。先去看兵马俑，后到临潼县吃了午饭，即开始爬山。游览了华清池及民族复兴亭（又名捉蒋亭），还有蒋介石在双十二事变中住的房子及向山上逃跑时翻越的窗子。另外还照了些像。3点半回城。

晚饭后,陕西省政协副主席、民盟省委副主席胡景儒同志偕民盟省委秘书长及政协王主任来访,彼此交换了关于盟务工作的大致情况。10时许就寝。

5月17日　星期二　晴

晨7时半,省政协派车接我们去陕西牛羊肉饭馆,吃羊肉烩馍,的确是具有地方风味。饭后送我们到陕西师大。只见到了教外国文学的周骏章教授。又因访霍松林教授,昔日北师大同学耿其辉来看我。他在洛师教过数学,一别数十年,见面已经不认识了。谈到底华甫的情况,都不胜感慨。另外,要访的高人白,到北京开会尚未归来,霍松林外出亦不在家。我们在周教授那里坐到10点多,即返寓。

下午3点,政协车又送我们到西北大学,见到了单演义同志。5点多回城,在一个小饭馆请司机及联络员郭延光同志吃便饭。饭后车又送我们到市委访尚寅宾书记,谈了一个多小时即返寓。

5月18日　星期三　晴

上午市委派车送我们到茂陵游览。参观了展览馆,并登上霍去病墓顶,走马观花,统共不到一个小时,也照了几张照片。返回寓所已近12点。

下午,政协派车送我们去车站。送行的有刘副秘书长、王主任和郭延光同志。2点零5分开车,过秦岭时天还未黑。

5月19日　星期四　晴

上午11时45分抵成都。四川省政协吴秘书长到车站迎接,住锦江宾馆535号。

下午4时许,与爱和到北站荷花池八幢楼(现改为一幢)看彭占宇(按,彭占宇系先生的连襟)、鸿范夫妇。费了很大事,跑了许多路才算找到。晚,他们请我们到附近饭馆用餐。而后又到他们家谈了一个小时,八点多乘16路公共汽车回寓。

5月20日　　星期五　　晴,俨然盛夏天气

早饭后,乘公共汽车转了两次车,又走了一段路才到四川大学。庸懋偕袁洪军、吕伟民两同学与石瑛教授座谈,我与爱和同现代文学教研室主任李同志座谈。11时许,李同志陪我们去望江楼游览。这里离川大极近,也是一个小公园。有古式建筑,花木很多,惜花期已过。里边也有花展,但均系草本,大半都近凋谢。出了园子已12点多。在一家包子铺午餐,而后乘公共汽车回宾馆。

下午,四川省政协秘书长带一位干部来看我。3时许,由政协派车送我们游王建墓同杜甫草堂。

王建系五代十国时期割据蜀地的前蜀国的国王。他的墓是1942年被发掘的。建筑很堂皇,与北京十三陵朱翊钧的陵墓极不相同。这是地上的建筑,那是地下的建筑。这些帝王都没想到他们的墓道后来被发掘,他们的尸骨亦被抛掷而消亡。

杜甫草堂树木蓊郁,竹子尤其茂密。有草堂遗址,立有石刻。另有杜甫祠,古今名士达官贵人多题有楹联,不外对诗人的赞颂。当年诗人侨居成都,生活潦倒,寄人篱下,精神极其痛苦,但在此时却写出了二百多篇感时伤事的杰作,即如《茅屋为秋风所破歌》,被广大读者所传诵。从草堂返寓已近6点。

5月21日　　星期六　　雨,晚住

上午,乘车游武侯祠及附近的花坛公园,并摄了几张影。到青羊宫时已快12点,且雨下得又大,我同庸懋进去没有看就出来了。

下午1时许,彭占宇兄来,鸿范因不能坐汽车没有来。他们又送来糖果及蜀锦被面。2时许占宇兄辞去。我将所带之书送他三本。

3时许,四川盟省委吴秘书长来,邀我去座谈。罗迪先主委、潘大逵副主委均参加。吴秘书长将四川工作情况作了简要介绍,我也略谈了河南盟务情况。5时许一同去锦江宾馆晚餐,酒席相当丰盛。饭后又去看川戏,潘吴两同志陪同看了《独木关》、《秋江》、《双蝴蝶》、《走雪》等几出折子戏。10时散场。

  5月22日　　星期日　　晴
  上午由省政协派车送我们去灌县,先游览离堆公园,看了看宝瓶口。后到县委招待所午餐。下午略事休息即去参观都江堰。又在铁索桥(安澜桥)上走了走。此处风景壮丽,确为四川的大观。4时许乘车返寓。7时许去车站,8时许车开赴渝。

  5月23日　　星期一　　阴,下午雨
  上午7时许抵重庆,市政协刘秘书长及民盟市委会副秘书长去车站迎接,住重庆市委第二招待所。
  下午参观了红岩村及几处革命博物馆。晚,市政协及盟市委领导宴请,晚餐7时许散。

  5月24日　　星期二　　阴,有时有小雨
  上午乘面包车去北碚西南师院,会见了教现代文学的耿振华同志,由他陪同去访问了阔别四十多年的老同学黄天朋同志。又到陈承之家,见了彭希青和她的弟弟心之,还有她的17岁的女儿。
  午饭后去北温泉,并洗了个澡。回城已5时半。
  晚,刘秘书长及其他工作人员送我们上船时,乘车顺便看了长江大桥,并登上枇杷山上的红心亭(八角亭)。这是重庆市的最高点所在。俯瞰重庆的夜景,真是如群星闪烁。看嘉陵江两岸,方圆数十里一片辉煌,可谓见所未见。
  上船已7时半。重庆市政协及盟市委负责接待的同志殷勤招待,令人感激不尽。

  5月25日　　星期三　　晴
  晨7时开航,下午5时许抵万县,即停泊。我们上岸买了些零用什物。爱和用4斤全国粮票换了两个小竹篮。

船上无事,看《南亭笔记》,卷十六中记张之洞曾语人云:我办事有一定的宗旨,即启沃君心,恪守臣节,力行新政,不背旧章。这就是洋务派代表人物的办事宗旨。他们只为忠君而做官,根本不知为人民利益工作,同时国家、民族利益也不在话下。洋务派政治倾向之反动于此可见。

5月26日　　星期四　　阴,有时小雨
　　船经三峡:瞿塘峡、巫峡、西陵峡。久所渴望一游的三峡,这次夙愿得偿,欣快之至。晚,船未停泊,进入湖北省境。

5月27日　　星期五　　晴
　　在船上无事,看李伯元《南亭笔记》与龚定庵的《己亥杂诗》。其《呓词》中写妓女灵萧的性格非常突出,定庵不愧为近代诗坛上的名家。
　　下午5时许始抵汉口码头。武汉市政协姜成富秘书长与吴梅林处长及一位女同志来接,下榻于空军招待所。

5月28日　　星期六　　晴
　　上午,庸懋与袁洪军、吕伟民三人由市政协吴梅林处长陪同去游东湖。他们走后,约半小时,政协姜秘书长(成富)偕市民盟赵文光同志来,约我去看李蕤同志。路上经售车票处买到车票两张,系明天8点开往北京的车。到市作协见到李蕤同志,谈话约一小时即返寓。
　　下午3时,市民盟赵文光同志来,约去座谈。与会的有市委统战部李部长、市民盟侯副主委与张副主委、省民盟秘书长,谈约两小时。5时半去饭店晚餐,酒席相当丰盛,7时许始散。

5月29日　　星期日　　阴
　　晨7时许,市政协姜成富秘书长、盟市委赵文光两同志来招待所,送我与爱和去火车站。8时许开车,下午5时许抵郑。学校派司机王师傅来接,爱和留郑,7时半抵家。

晚看最近两周我离家后外边的来函。

5月30日　　星期一　　晴

上午,赵明、增杰两同志来,商谈关于聊城师院薛绥之同志的研究生张俊才的毕业论文答辩的时间安排问题。

下午,系里举行系主任会议,讨论科研经费分配与教学经费分配等问题。

晚看电视剧,关于张少帅在其父张作霖被日本人炸死后,如何与日本人展开斗争,最后将受日本人支持,蓄意推翻他的张宇霆干掉的事。这说明张之能接替其父统帅东北军,还是有他的才智同果断的领导能力的。

5月31日　　星期二　　晴

上午不断有客人来访。

下午2点,市政协高仰元秘书长乘车来接,后又去接曾友山主教,至市委统战部稍坐,即乘车去郑,在国际饭店报到。(准备赴京参加第六届全国政协会议)

晚七时上火车赴京(参加第六届全国政协会议),总共二十六七人一行。

6月1日　　星期三　　晴

晨5时45分抵北京车站,京丰宾馆有车来接。这个宾馆在丰台区,离市区相当远。报到后,分住在1135号房间,同屋还有邬沧萍同志尚未报到。

下午2点多,蕤儿来,同她一块去她家。路上转了两次车才到她家,足足用了一个半钟头。晚宿蕤儿家。

6月2日　　星期四　　晴

早饭后与蕤儿去海甸新华书店买了几部书,个别非自己所要买的,另外,还买了一件绸衫同一本日记本。

午饭后休息一会,3点与蕤儿回宾馆。

晚看电影《甜女》,回来后遇见李子纯同志。

6月3日　　星期五　　晴

上午去访1132室商承祚先生,他的同屋张容若先生系1928年北师大毕业同学。商先生今年81岁,精神还非常好。

下午去人民大会堂开预备会,只通过了一个主席团名单。

发信致:(一)鸿毅,(二)把《晚清的排荀批孔与五四思想革命》一文挂号寄给《社会科学战线》。

6月4日　　星期六　　多云

上午看张俊才(聊城师院薛绥之先生的研究生)的论文。作者用力甚勤,但对林纾往往不免于褒扬过当,特别是说他提倡现实主义的创作方法,在创作上也时时表现出现实主义的创作精神,这种看法是不十分恰当的。所谓现实主义,首先应该从作品中反映出时代的精神和历史发展的趋向,像古典小说中的《儒林外史》、《聊斋志异》、《红楼梦》,不仅较为真实地再现了现实生活,同时在作品中所塑造的人物,正面的代表了当时时代的先进思想,而反面的确实为人民群众所鄙弃痛恨,但林纾的作品是同这个距离很远的。其原因是林纾的主导思想是中国传统的儒家思想,在儒家思想中又属于极其保守的顽固的程朱派,是代表封建统治阶级的思想。因此他对晚清时代的巨变很难有正确的认识。他的是非善恶的标准往往是颠倒的。在这样的情况下,他决不可能正确地反映现实生活与时代精神,所以他的作品很难说是现实主义作品,实际上往往是反现实主义的。

其次,文中说林氏思想的倒退是在辛亥革命以后,这对林氏未免太过奖了。林氏的思想基本是属于洋务派的思想,也就是张之洞的"中学为体,西学为用"论。他是死抱着纲常不放的人。在这一点上他远远不及维新派谭嗣同、夏曾佑、梁启超等人,因为他们毕竟接受了西方的民主主义,在中国学术思想中也接受了陆王一派思想,比较解放。至于革命派的排孔,林氏更认为是大逆不道了。林氏早已落后于时代,所以他的反动并不始于辛亥革命,而是在20世纪初已趋于反动了。

总之,论文作者对晚清思想流派缺乏清楚的分析与理解,因而对林氏当时所表现的思想与行动理解不够全面正确。

下午开大会,由邓颖超同志致开幕词。

晚接(罗)昭武电话。

6月5日　星期日　晴

上午小组会。发言的人都集中到台湾归回祖国的问题上。

下午罗高与许剑两同志来。他们都是过去在洛阳师范我曾教过的学生,现在他们都已离休,谈到40多年前洛师时代的往事,都不胜慨叹。

晚看电影,系埃及影片。

6月6日　星期一　晴

上午小组讨论。我在最后也发了言。

下午稍事休息,于1点45分乘车去人民大会堂列席人大会议开幕式,由彭真致开幕词,接着赵紫阳总理作《政府工作报告》,掌声不断。《报告》共52页,一气宣读完毕,结束时已5点多。

6月7日　星期二　晴

上午去人民大会堂列席大会,听姚依林与王炳乾的报告。接着是人大代表选举几个委员会的主任、副主任与委员。结束时已11点多,回寓已近12点。

下午接光儿挂号信,说上海古籍出版社将《袁中郎研究》一书大样寄来,让从速校对寄还。我复函让他先校一下再寄给我。

晚看电影《少林子弟》。

发信:(一)光儿。(二)王海根同志。

6月8日　　星期三　　晴

上下午讨论赵总理《政府工作报告》。

发信致:(一)增杰。(二)关爱和。(三)牛仰山。

买了一些准备送人的礼品。

6月9日　　星期四　　晴

上午小组会。陕西历史博物馆何正璜同志谈关于西安古文物的发掘、保护及外宾参观时感情激动的情况,引起与会同志的兴趣。(他说)有一位研究中国书法的日本人,到碑林看到唐代颜、柳、欧等人的碑刻,不觉要拥抱它们,有的甚至流下泪来。这种情感中国人是很少有的。由于他们从幼年临帖,久已渴望见到原来的碑刻,现在远道而来居然能够见到,因而不能自已地激动起来。

下午,商老谈到辨别古器物与古字画问题,讲他个人的经验。

我也发了言,谈出版问题与智力投资以及扩大就业问题。

北大邓广铭教授谈北大历史系教师队伍的情况。中青年中教中国史的不能读中国古书,教外国史的不能读原文,更令人惊诧的是图书馆对地方志保密,不准借阅,真可为怪事。

晚看电影《光身汉的快乐》。

接光儿及刘增杰同志函。李慈健汇来250元。我把汇款单及工作证交服务员代取。

6月10日　　星期五　　晴

上下午,大小组又分为小小组,即博物馆、图书馆与考古为一组,社会科学为一组,教育为一组。我参加了教育组,在组长刘导生住室的会客厅开会。上午漫谈,下午具体列出几条提案,由多人负责起草,我与陈征同志负责大学教授人员交流的提案。

晚,去人民剧场看《高山下的花环》。

学校汇来的 250 元已取出。

6月11日　　星期六　　多云

多数委员都去游八达岭同十三陵,我因曾去过,不愿多跑,决定去访姚雪垠同志。上午与蕤儿到她那里(木樨地 22 号楼 2 门 10 号),谈到 12 点。吃过午饭即与蕤儿辞去,我回宾馆,蕤儿回她家。

与雪垠谈他同李蕤两人的矛盾。李蕤一直在反对他,攻击他。"文化大革命"初期贴他的大字报,并写文章交给武汉市委批判他。他认为李蕤创作不成,所以对他非常嫉恨。他又谈他曾对郭老批评,引起许多人对他起哄。他后来写信给党中央,对郭老创作、学问以及为人都作了评论,要求党中央把这篇文章公布。后来一次开会时,胡乔木见他曾论及郭老,说他也认为郭老有问题。对郭老死后评价,他也不尽同意,但也不好完全反对。

6月12日　　星期日　　晴

早饭后,蕤儿来,同她一块去她家。10 时半陈承志(按,先生内外甥女女婿)也去了,这是前几天约定的。吃了午饭,陈即辞去,将我给他岳母及他的小孩买的礼品带走。3 时许蕤儿送我回宾馆,晚饭后她回家,付她 100 元。

致魏太星函(关于他的女婿关永辉分配事)。

6月13日　　星期一　　晴

上午看电视,演选举办法与应注意事项。看候选人生平简介。

下午张春生同志自天津来看我,谈他家庭情形和他工作情况及个人打算,他并以照像本相赠。他走时我在下边小卖部买二斤糖果让他带给他的小孩。

接光儿函,爱和函。

6月14日　　星期二　　晴

上午写提案,并看《文化史料》关于周作人投敌始末。周死于1967年,卒于北京,终年84岁。

下午不少同志去看电影。我因口腔发炎需要休息没去。4时参加小组会。

晚看东方歌舞团演的芭蕾舞《文成公主》。

6月15日　　星期三　　晴

晨起,工作一会儿忽然觉得头晕,接着心里很难受,又接着全身出了阵冷汗,逐渐算平静下去了。上午作了心电图,大夫给了些药。

师大校史编写负责人麻星甫和一位女同志来访,让我谈谈30年代母校的情况。他谈到吴检斋先生晚年参加党的工作情况,并且说他的后人将其遗著及所保存的章太炎手札均交给了学校,学校拟给他出部集子。我向麻同志提出学校也应把钱玄同先生的遗著搜集整理,加以出版。谈到谷百川,说他在"四人帮"时期以反革命而被镇压,至今尚未平反。

下午写了个提案。

蕤儿从香山来电话,说我走时她来送我。

把书籍包了一大包,交服务员同志寄走。有位服务员同志极其热情,为我找纸和绳子并代我打包,真令人可感。

6月16日　　星期四　　晴,晚阵雨

上午给文研所打电话,王俊年、牛仰山都不在所内,礼拜二、五才去所里。接电话的是位工作人员,我问火车票买到否,她说还没拿到。我把我的情况告诉了她,让她转告王、牛两同志。

上午小组会,谈选举应注意事项。下午看简报。

接信两件:(一)笑薇函(鸿毅让给她买茶色眼镜及放大镜)。

（二）牛仰山函。

晚看京剧《三岔口》、《坐宫》、《铡美案》。

6 月 17 日　　星期五　　晴

上午在宾馆看文件，并阅读关于中国哲学史的论文。

下午去人民大会堂选举全国政协主席、副主席及常委，直至 5 时半才宣布结果。在会场上遇见李平一同曾友三两同志。

6 月 18 日　　星期六　　晴

上午整理衣物。

下午 3 时半，蕤儿从香山来（她脱产学习英语）。5 时与工作人员傅德惠同志乘车先到文研所裴效维家，裴同志以点心招待。休息了一会，又乘车去火车站（参加中国社科院在江苏常熟召开的中国近代文学史料工作会议）。7 点 10 分开车，蕤儿回去。

6 月 19 日　　星期日　　晴

这次车是从北京到杭州的，下午 4 时半我们从无锡下车，又转乘去常熟的班车，约 1 时半到达，住虞山宾馆 104 房间，与社科出版社杨铁英同志同屋。

杨同志在日伪时期在北大念书，因此他谈周作人、徐祖正、沈启元等的轶事不少。

6 月 20 日　　星期一　　雨

爱和从上海来，下午搬到 3 楼 12 号。晚仰山同志来谈，7 时许辞去。

6 月 21 日　　星期二　　阴

上午 9 时许，与爱和上街，在新华书店买了十几块钱的书，当即由书店包好投邮，寄回开封。

下午在寓看书。

晚,仰山同志来,让我明天在会上讲几句话。

6月22日　　星期三　　多云

上午会议开幕。会上(文研所)邓绍基副所长先讲了讲这次会议为工作会议,主要内容为:(一)确定《中国近代文学史料》丛书的项目。(二)分配各单位和个人承担的任务。最后提出要保证质量。然后,钱仲联先生谈了谈对工作的意见。接着我也谈了谈个人的希望与建议。散会时已11点多。

下午,乘苏州大学的车与邓绍基副所长、钱仲联先生出城游兴福寺。据说该寺是齐、梁时兴建的,为此地名胜古迹之一。"文革"中遭到极大破坏,最近由政府拨款40万元重新整修,寺中方丈并请钱先生为重修该寺撰一碑文。

游了兴福寺,又游城内的人民公园。林木蓊郁,亭榭桥廊回环曲折,令人有幽深冷寂之感,至4时半步行回寓。

6月23日　　星期四　　阴

上午参加讨论会。

下午没出席会议,看叶嘉莹的《王国维及其文学批评》。作者对王氏既有赞扬,也有批评。她对《红楼梦》以个人的分析理解批评王氏《〈红楼梦〉评论》一文的错误,的确有个人独到之见。不过关于王氏之自沉,她讲了许多,但终难驳倒王氏殉清之说。

晚饭后与爱和上街看电影《大泽龙蛇》。

6月24日　　星期五　　雨

上午参加全体会,讨论资料丛书的项目。最后让各单位自报,我与爱和商量在索引上承担散文;流派,承担文界革命与桐城派;作家,承担曾国藩、章太炎。

下午冒雨出去参观:(一)常熟画院。(二)常熟轻工业品展览馆,并乘电梯登上八层楼,俯瞰常熟全貌与虞山雨中的景色。(三)花边厂。该厂产品销往外国,每年为国家换取外汇两千余万元。(四)乘车至城郊,参观曾朴花园。花园现为常熟师专,亭台阁榭,石桥回廊,俨然旧家园亭,而廊下墙壁所嵌石刻,大抵为晚清名流与曾朴父辈有交谊者的笔迹,如翁同龢、李鸿章、李文田等。

从曾朴花园出来,即去虞山山麓,访钱牧斋及其夫人柳如是之墓。几经周折,终于找到,在马路旁边为蔓草所萦绕。钱墓前有碑为钱牧斋先生之墓。在钱墓的左边有数百步之远有柳如是之墓,有碑曰河东君之墓。这些墓碑当系后人所立,亦无年月。两人墓地相距遥遥,想系牧斋后人不愿把河东君葬于牧斋墓旁。遥想两人当年的风流韵事,而今为荒草覆盖,短碣书名,令人不胜慨然。最后车去兴福寺,因前日已与钱仲联先生、邓副所长去过,所以没下车,俟同游的人游过出来后,即返寓,已下午5点半。

晚,中山大学张正吾、浙江社科院陈铭两同志来,谈至9时辞去。

6月25日　　星期六　　阴,有时有小雨
上午没去参加会,在室内看杂志。
下午写出《鲁迅批孔思想的发展与时代思潮》的大纲。
晚,陈邦炎(上海古籍出版社文学部编辑主任)同志来辞行。

6月26日　　星期日　　阴,时有小雨
上午,乘车去长江边一个设有文娱中心的公社参观,回来时又参观了养殖鳗鱼的工场。
下午与广西、爱和上街购买物品。
晚饭为大会聚餐,席上有几种鱼,即甲鱼、鳗鱼、鲫鱼、鲥鱼,而以鲥鱼为最名贵。饭后看电影《少林子弟》。
睡觉前,裴效维同志来谈,这次决定由我们承担的项目为《散文目录索引》和《曾国藩资料汇编》。

6月27日　　星期一　　下午晴
　　上午参加大会,讨论明年近代文学会议应讨论的中心问题,最后由邓副所长作这次会议总结发言。10时半散会。

6月28日　　星期二　　多云
　　上午8时乘面包车与文研所、苏州大学诸同志去苏州。9点多到苏州,在苏大稍事休息,即乘该校校车去火车站,10点22分开车。

6月29日　　星期三　　晴
　　凌晨3时即起,准备下车。4点40分抵开封,慈健去车站接我们,6时许抵家。
　　上午看信件及邮件。
　　下午校《袁中郎研究》大样。
　　有许多信需要复。

6月30日　　星期四　　晴
　　上午光儿来,赵明、刘倩、慈健等来。
　　尽全日之力校《袁中郎研究》大样。
　　下午麟儿夫妇来,送来西瓜两个。
　　晚,春厚来,谈她准备高考的学习情况,对今年录取不抱希望。

7月1日　　星期五　　雨
　　晨起,继续校《袁中郎研究》大样,至午饭以前校毕。
　　下午睡起后,冒雨去学校邮亭邮寄:
　　一、《袁中郎研究》大样(挂号)
　　二、《中州学刊》编辑　李湘
　　三、古籍出版社　王海根
　　四、中华文学遗产稿费收据

7月2日　　星期六　　晴

灯下看陈子展的《中国近代文学之变迁》,是他30年代写的讲义。里边胜义不多,且有说法错误者。由于他对晚明文学一无所知,因而认为提倡宋诗自清曾国藩始,明人光知提倡唐诗,而不知公安派如伯修、中郎都曾盛赞东坡。其次,说批评小说,戏曲始于清初的金圣叹,而不知李卓吾、袁中郎早已盛赞《水浒》、《西厢》,圣叹不过拾李、袁的牙慧。此外所根据之资料如《清稗类钞》之类,也把它作为历史根据,其不谨严于此可知。

7月3日　　星期日　　晴

上午,到新华书店买书。
下午看买到的新书。

7月4日　　星期一　　晴

看张俊才论文,拟最近写出评语。

7月5日　　星期二　　晴

下午,看爱和送来的蒋湘南的《七经楼文钞》与《春晖阁诗钞》。蒋为河南固始人,嘉道年间作家,系治今文经的,同时也治天文舆地一类学问。他盛赞戴东原的学问文章,他说:

> 覃思于三代之上,析义于《六经》之内。精诚所积,幽微毕豁。故其文简而奥,醇而腴,雅而奇,道而穆;非好为艰深,乃不能为浅陋耳。(《文钞卷四》《与田叔子论古文第三书》)

另外,则推赞刘申甫、龚定庵与魏默深。说他们:

> 三君精西汉今文之家法,而又通本朝之掌故……刘君之文,子政、子云之流亚也;龚君之文,子长、孟坚之流亚也;魏君之文,管仲、孙武之流亚也。其于戴、钱法先生,不必相袭,而周情孔思,自能以真古文示天下。(《同上》)

他因受这几位学者的影响,所以他反对程朱派的理学,同时也反对桐城派,称他们为伪八家。蒋因太笃信今文学,因而相信谶纬之学,相信鬼神术数之说。这是他学问上的一个最大缺点。

7月6日　　星期三　　晴　气温35℃

上午看林纾的《剑腥录》。写庚子之役,北京在联军入侵后的情况,而把肇祸的责任归之团民与一些支持团民的满人中的大官们。小说中对慈禧虽有所不满,他也不敢有什么非议。

看蒋湘南的《游艺录》。书名当系本之《论语》中的"游于艺"一语而来。内容纯为论学的杂文。第一卷为天文、地理。第二卷论学术思想。三卷论宗教。此君系嘉道时人,其学术的方向道路,与早一点的朴学大师戴(东原)钱(竹汀)为近,与晚一点治今文的龚、魏契合。他不满于桐城古文,说他们是伪八家,不满于宋明理学,认为是伪孔子。他也搞方志,而称道章学诚。惜其识见不卓,而相信鬼神之说。从这一点来说,他就远不及龚自珍了。

7月7日　　星期四　　晴

上午开始写《鲁迅批孔思想的发展与时代思潮》。

爱和来,让他把蒋湘南的《七经楼文钞》等带走还图书馆。

下午慈健来,送来沈阳社科院出版的《社会科学辑刊》第三辑共三册。内有我的《鲁迅与胡适》一文。

看《邓小平文选》,里边极多精辟的话:他认为"从实际出发,实事求是"为马列主义的精髓,同时也是毛泽东思想的精髓。这是完全正确的,离开这一原则,不管你搞什么,没有不失败的。

7月8日　　星期五　　晴

上午写论文。下午爱和送试卷来。题目为《蒋湘南的文学思想》。

7月9日　　星期六　　多云

上午,参加外国文学研究生沈祎琴的论文答辩。

下午,爱和来谈关于报销事,令人甚不愉快。

接冯辉函,谈他的田汉、关汉卿的论文写作提纲。

苏州大学陈少松来函,仍系邀请参加他们下半年召开的清诗讨论会的问题。

7月10日　　星期日　　晴

上午写论文。

下午平权来,接着李光一同志来,谈及丁士昂故世。光一同他是同学又是好朋友,对他的去世甚是伤痛。现他为调其女儿到郑大工作,写了一个与郑大领导的意见书,征求丁同志的生前友好签名,我与丁无往来,但他系洛阳师范毕业,我曾教过他,有这段师生情谊,似不能推辞,所以也签了个名。

7月11日　　星期一　　晴

上午写论文。

下午到市委统战部参加座谈会,让全协委员及省协常务委员谈会议精神及情况,我与曾主教谈北京全协情况,杨溯芬、陈天佑两同志谈省政协常委会情况,5时许散去。

7月12日　　星期二　　多云

写论文,下午写成,须加以修正。

接凯梅自洛阳来函,说她暑假拟去西安看她的姐姐同弟弟。

7月13日　　星期三　　晴

陕西人民出版社汇来《鲁迅年刊》稿费50元。

《论鲁迅批孔思想的发展》一文写竟。

西安人文出版社将《鲁迅与蔡元培》一文退回令修改,我拟不再寄去。

看《水经注》,拟应《文史知识》之约,最近写篇《〈水经注〉与旅游文学》。

7月14日　　星期四　　晴

上午整理书报杂志,花去两个多小时。

晚,人大刘同志带他的女儿刘丽丽、男孩刘家红来问高考应注意事项,谈了几十分钟辞去。

晨起,拟出《〈水经注〉与游记文学》的大纲。

接鲁迅研究会函,谓因经费拮据而推迟今年的年会。

接王海根函,谓校稿已收到,下边再校已无需再寄给我了。

李湘把文稿寄来,决定把这篇文章分为两篇,一应广东陈正吾之约,一寄给《中州学刊》。

下午,赵明同志来,谈关于张俊才论文评语问题,老赵对林纾的看法基本与我的看法一致。

晚饭后,与老赵去访增杰。他今天上午已赴郑,为尹达骨灰撒向黄河事。

7月16日　　星期六　　晴

上午修改过去写的关于桐城派的一篇论文。

整理书籍及报刊杂志。

7月17日　　星期日　　晴

上午,陈晨风来,谈至11时辞去。

晚饭后,赵明、增杰来,谈张俊才论文答辩问题。

7月18日　　星期一　　阴小雨

上午,去学校把给李同志的一包书、一包杂志投邮,顺便到书亭买了几本书。又到七号楼地下室,阅从香港买到的台湾出版的近代史资料丛书目录。

下午阅聊城张俊才论文。

接:田仲济函,邀我参加9月份山东召开的水浒讨论会。

彭占宇兄函。

7月19日　　星期二　　阴终日小雨

上午,去七号楼,把蒋湘南的文集还了。另外借了刚从香港买到的台湾出版的《中国近代史料丛刊》,计为王森然的《近代二十家评传》、林纾的《畏庐文集、诗存、论文》,吴沃尧的《我佛山人笔记》、容闳的《西学东渐记》。

《西学东渐记》实际为容闳的自叙传。写他幼年家贫,从一女教士读书,后赴美留学。回国后适值太平军起义运动。当时太平军与曾国藩所率的官兵相持。他曾为外国商行购买绿茶,到过太平军的驻地。太平军的头头拟留他任职,他辞去了。后又到曾国藩营地,与曾见面。他对曾盛加称赞,并为曾赴美采办机器。曾死后,他又见过张之洞、李鸿章等要人。他对李、张评价均不高。他说李死的时候,积财四千万,而曾则家无余财。他是为清廷提出招派留学生,并被任为监督的第一人。这部书作者所站的是统治者的立场,但论太平军还比较平允。至其所见所闻与所感,颇具史料价值。

7月20日　　星期三　　阴　雨

上午修改论文《桐城派与程朱理学》下午投邮给《中州学刊》。

上午张俊才君来。

下午,发邮件,并到系里与增杰商谈关于张俊才的论文答辩问题。

晚德树侄来,至10时辞去。

7月21日　　星期四　　阴　有时有小雨

上午在家看书。

下午,薛绥之、赵明、王文金三同志来,在书斋举行答辩预备会,文金把明天的会议,校部批准的主席、副主席宣部了一下,并说明答辩会的程序,接着我同赵明同志谈谈对张俊才同志论文的意见,至6时许散。

7月22日　　星期五　　晴

上午,在校招待所会议室,为聊城师院张俊才同志举行答辩会。参加者为赵明、刘增杰、薛绥之、王文金和我。我为主席、赵为副主席。从9时开始至12点始结束。通过毕业,并建议授予学位,惟缓授半年,文章需要修改。

午餐,聊城师院假招待所餐厅宴请我们,表示谢意。

下午,赵明及张俊才同志来,为张的论文提修改意见,至6时许散,约两小时。

7月23日　　星期五　　晴

写《〈水经注〉与中国游记文学》。

下午去学校,送薛绥之及其研究生张俊才返聊城。

7月24日　　星期日　　晴

写论文《〈水经注〉与游记文学》把第一部分写毕,仍须修改。

《社会科学战线》退回那篇长文,从今天各刊物的情况看,要想发表,必须:一、题目决不能大。二、篇幅一定得短,否则是很难被选用的。

7月25日　　星期一　　晴　今天是高温天气

早饭后,人大来车接我到开封宾馆作关于全国政协六届一次会议精神的传达。

下午自学文件。

晚到人民会场,看了场电影回家。

7月26日　　星期二　　晴　高温天气

全天都在开封宾馆开会。

上午11时许,《开封日报》记者冯君,还有另外一位约我谈话,就在我所住的三号楼204室,内容:一、参加这次会的感想。二、履历,三、学术上的著作及成就。至12时许。

接郭延礼函,说《上海中华文史论丛》向他约稿,他转向我约稿。

7月27日　　星期三　　晴　酷热

仍在开封宾馆开会,下午通过新任代理市长方略及三位副市长。

发信致山东社科院郭延礼。

7月28日　　星期四　　晚阴　酷热

看有关与《水经注》有关文章。

《开封日报》记者冯福田将他写的访问记送来,让校阅。

7月29日　　星期五　　多云

写文。

晚饭后,人大来车,让去军分区参加八一建军节的庆祝会,与张进副主任一同前往,到那里大会已结束。看电影《贺龙将军》,8时半回来。

笑薇从郑州来,带来秋子及其同事宋铮的信。宋为邵子南的爱人,邵已故,他的《地雷阵》小说过去还是为人常谈的。他爱人搜集有他的资料,听说这里搞抗日战争时期解放区文学资料,因此来信问有没有关于她爱人这方面的资料。

7月30日　　星期六　　多云有风　气温稍低
下午整理杂志。

7月31日　　星期日　　阴晚雨
晨起,看嵇老的《晚明思想史论》。此书前三章在内容上与他写的《左派王学》有许多相同之处。盖嵇老在学术思想上比较倾向陆、王,而特别称道王学中的左派。原因即在于王学重个人思辩,重独立思考,相信个人的良知能辩析事物之是非善恶,即能发现真理,而反对人云亦云,跟人脚跟,这与程朱派主张对古圣贤亦步亦趋的,俯仰由人者大相径庭。这是思想界的一大解放。嵇老曾比之为中国的马丁·路德。这种思想实与五四时期的解放个性,提倡民主有相通之处。因此嵇老对左派王学评价极高。

今年为嵇老逝世二十周年,我想根据他的几部论学术思想的著作写篇纪念文章。

下午看《新文学史料》中刊登的《李劼人传》。

评阅梅蕙兰的论文《叶文玲小说的艺术特色》。

8月1日　　星期一　　多云
上午到系里,借了几本书,见到增杰。
下午写论文,仅写两页。

8月2日　　星期二　　晴　35℃
上午到七号楼地下室借《徐霞客游记》一部,《十叶旧闻》一部。
下午写《水经注》与中国游记文学一文,一直写到6点,才算写完,仍须很好修改。

8月3日　　星期三　　晴　36℃
上午去学校教务处,询问罗梅欣的毕业证书问题。

下午修改《〈水经注〉与游记文学》一文。

晚看恽敬的《大云山房集》，里边许多都是考订一类的文章。这一点和桐城派的文风稍有不同。

8月4日　　星期四　　晴　36℃

看嵇老的《晚明思想史论》，这部书前几章谈王学、谈狂禅、谈东林，比较好。后边谈佛门几个龙象以及谈古学的复兴，少逊于前。

下午看近代文论选。

发信致罗梅欣。

8月5日　　星期五　　晴　36℃

上午写了两封信。

8月6日　　星期六　　晴　36℃

上午，与老孟、老黄两同志乘车去统战部，听传达省委与市委工作会议的精神。

下午开始誊写《水经注》的论文。

发信致山东《大众日报》社李永先同志。

8月7日　　星期日　　晨小雨　上午雨住下午晴

今天气温较低，上午誊写论文《〈水经注〉与中国游记文学》。

看恽子居的《大云山房集》。恽与张惠言为乾、嘉时阳湖派的代表作家。他们在古文上究竟与桐城派同异若何，过去没有看到这方面的文章，近两日来读恽氏散文集，已略得其一二。

（1）在尊孔、尊奉儒家思想为正统这一点是相同的。不同者，恽氏自称其学既非汉学又非宋学，对理学中程朱、陆王两派也并不作左右袒。他认为陆王固偏，而程朱亦有得此遗传的地方。这同桐城派方、姚专宗程朱者大不相同了。另外，恽氏于儒家之外，并曾研治佛学，文章中经常引用佛家道理。此更为桐城派之大讳。这一点似乎他是受王学中左派的影响。他曾在文章中为赵大洲、陶石篑辩护,说他们杂则有之,但还说不上庸。特别是他提出自己学问要有个人道路,不能人云亦云,跟着别人走(大意)。这完全是左派王学的特点。在这些地方与桐城派方、姚就大不相同了。

(2)在论文上,恽氏不宗法桐城,对刘海峰、姚鼐均有微词。他在推崇《史记》同韩文上与桐城派同,但他绝不讲义法。

(3)在写景文上,颇受晚明作者影响。所以从恽文看来不像桐城派那样戒律森严。后人称他为阳湖派是完全正确的。

8月8日　　星期一　　阴、雨又转晴　31℃

上午把《〈水经注〉与中国游记文学》一文誊清,寄给《文史知识》。

读张惠言的《茗柯文集》。张是一个有才华的人。早年从事辞赋,继又对词进行研究,并选有《宋词选》,末后又致力于古文,惜其四十几岁就去世了,另外他还是虞氏《易》的研究者。他与恽子居同,古文上属阳湖派。他们写作上直接向司马迁和韩愈学习,不大批评方、姚。同时在思想上上承孔孟,也不大推尊程朱。这是与桐城派大异其趣的。惠言文也颇细腻委曲,状述物情。如《先妣事略》,写他母亲一生中不幸的遭遇和所受的贫苦,读之令人不禁泪下。原因是惠言是深于情者,这一点又是与一般古文作者所不同的。

8月9日　　星期二　　晴　比昨天稍热约33℃

看张惠言《茗柯文编》。

河南人民出版社寄来邢治平同志写的《红楼梦十讲》两册。因我给这本书写了序言。

张国臣同学从登封寄来《嵩山》一册,也因我给这部书中有关诗歌选部分写了序。

晚,同乡同学赵安义的二儿赵国章来,带来他的信,国章来师大查阅资料,明日拟去郑,我写信给(李)静之。请他给赵君以指导。

8月10日　　星期三　　阴　小雨

上午,省委宣传部王处长召集一部分老教师座谈对这次整党的意见,至11时散。

8月11日　　星期四　　阴　时有零星小雨 21℃

上下午,均在盟市委参加会议,由我传达了六届一次全国政协会议精神。

8月12日　　星期五　　多云

竟日在家看《大云山房集》。王先谦在《续古文辞类纂·序》中。认为阳湖派是从桐城派派生出来的,他不认为他们中间有什么歧异。这种看法足以证明他并没有很好地阅读恽敬的著作,因而有这样错误的看法。

8月13日　　星期六　　晴

上下午看冯辉的论文《试论田汉话剧〈关汉卿〉的艺术特色》文章先说结构,也就是选择关一生中的大事件来加以渲染,突出关的人格特点。这就是围绕关写《窦娥冤》一剧展开故事的矛盾斗争。接着谈剧情的波澜、人物的刻画与语言的运用。文中在评论关剧的人物刻画与语言的运用上,经常同田汉早期话剧进行比较,说明田汉在艺术上的发展和他晚年的艺术成就。所不足的:一、在结尾时写的太简单,至少须作一个总结式的评论。二、田汉这个剧本在60年代写出的现实意义。三、它在当时话剧创作界的所处的地位。四、就田汉一生的创作中,这部剧作为何堪称为他的创作高峰。

文中也还有些不足之处与错误之处,如通过剧本刻画歌颂过去的戏剧家并不始于田汉,早在清乾隆时的戏剧家、诗人蒋士铨就已写过《临川梦》歌颂了汤显祖,另外里边引用时人评关剧的话也嫌太多,总之这篇论文仍须修改。

8月14日　　星期日　　晴

晨起。把对冯辉的论文意见写到一个卡片上,拟到郑后,找到她谈谈修改意见。

把对恽敬的学术思想及文艺观,以及其与桐城派的关系,写了篇短文,将来再补充一下即可成为一篇论文。

接陈韶麟同张安信各一封。

复陈韶麟函。

8月15日　　星期一　　晴

下午3时20分,与马超然同志乘学校车赴郑,因下雨,路不好走,结果到河南饭店时已快7点了,宿南楼一楼12号。

8月16日　　星期二　　多云

上午,在政协礼堂听赵光厅长讲今年高招及教育会议的精神。因系政协组织的,所以非要让坐到主席台上不可,副主席到会的有张柏园、董民生等同志。

下午,举行对盟章及民盟中央工作报告草案的讨论,散会时与管敬窥同志一起到新华书店买了本《春渚纪闻》。

晚饭后冯辉与其爱人来,我对她的论文提了点意见,他们走后关爱和同他的爱人刘瑞芝来,并抱着他的四个月的小女孩。坐了会,刘抱着小孩走了,爱和陪我到甲院133号楼访党部长,谈至9点回来。

8月17日　　星期三　　晴

上午,酝酿出席盟代表大会名单,并选举。散会后,乘吴院长汽车去农学院看秋子。

午饭后休息一会,即由恭夫陪我返河南饭店,恭夫坐至6点回农学院。

8月18日　　星期四　　多云

上午8时许学校车来,一面送戴鸿儒同志,同时接我回去,车绕道新郑,至12点到家。

看张俊才寄来的论文修改提纲。

晚读《大云山房文集》。

8月19日　　星期五　　晴

上午去学校一趟,对张宜雷进修事,也没问出个结果。

开始写《恽敬的学术思想与文学观》,写竟五页。

8月20日　　星期六　　晴

继续写恽敬的论文。

8月21日　　星期日　　晴

五更梦回,远近鸡鸣,忽忆我与鸿毅结婚已半世纪矣。生也不辰,时当丧乱,家国多难,东西播迁,艰难困苦,备尝之矣。但我两人同甘共苦,相互扶将,爱情之坚,过于金石。所幸已垂老,而日月重光。我俩得与亿万人民沐浴清化,共享此尧天舜日之福,因感而赋此:

　　结缡转眼五十年,两情相爱金石坚。

　　八载颠沛流离日,十岁风雨晦冥天。

　　涸辙之鲋需以沫,饥寒交煎共吞毡。

　　堪庆老来国运转,千家万户喜开颜。

8月22日　　星期一　　小雨

上午到学校见尚立邦,谈关于张宜雷来此进修事。

把论恽敬的文章写毕,约八千字。

看《隋书·经济志》。

8月23日　　星期二　　晴

修改论文,题目易为《恽敬的古文文论及其与桐城派的关系》。

拟写篇《五四新文学与宋之以来市民文学的关系》。最近即搜集有关资料。

8月24日　　星期三　　上午晴晚阴夜阵雨

拟写《五四新文学的渊源》一文,着手搜集有关资料。

看鲁迅《中国小说史略》及杂文。

下午,看章学诚《文史通义》。此公要调停朱、陆两派之争,对戴震有所肯定,但又加以揭露。他认为戴学源于朱子,而戴又攻击朱子,是不应该的。这说明:(一)他的传统的旧观念还很浓厚,虽源于朱子,倘朱子有错误,为什么不能批判。(二)他对戴氏的哲学思想并不理解。(三)他对戴氏享大名,并成为一有力的学派,多少有点忌妒。所以在戴死后,对戴的言论加以揭发抨击。

实斋对汉学深有不满,其批评有些还是正确的。如说考证只是学术资料,而不能称为学术。指考据为学犹指秫秋以为酒,这是有道理的。他评汪中,认为《述学》一书没有中心思想,而把一些骈文也收到里边,更是不伦不类。也是很中肯的。

清代乾嘉时期,汉学日兴。我感到从思想界来说,是对程朱理学又一次的解放。特别是戴震从哲学上批判程朱,真能打中要害,其弟子焦循等继之。程朱理学在思想界的势力大为削弱。

其次,汉学家扩大研究范围,由经学而及于诸子。他们认识到诸子中,如老庄、荀子等在思想上的独到之处,为先秦诸子的研究开辟了一个新的时代。到晚清维新派的批荀和革命派的批孔,从而使思想界达到了空前大解放的时代。这的确是汉学家之功。

在文学上,汉学家一般都不满于桐城派的古文。如阮元、刘师培等则宗法魏晋六朝,提出文笔之辨。而龚、魏则上法先秦诸子,均不走桐城路。只有一部分走仕途道路的文人,则麕集于桐城派左右。

他们是政治上的当权派,思想上的保守派,乃是逆时代潮流而动的文人。就中只有严复介绍西方学术,宣扬民主与科学,其早年也是反儒家传统思想的。

为了了解晚清以来中国文学的发展,对乾嘉时期学术界大势的了解,是非常必要的。

8月25日　　星期四　　晴　晚雨

看戏曲小说,卷中关于晚清作者对中国小说的分析评价。

看新来的《文艺报》,里边有十几则对《人到中年》电影评论的短文,都是针对许春樵的文章,否定这篇影片的教育意义而发的。

8月26日　　星期五　　晴

下午仍看小说戏曲卷。

接山东社科院的邀请信,九月十几号在菏泽举行《水浒》讨论会,过去田仲济同志曾来函邀请,我也表示不能前往,方值谢绝,又来函,但仍不能去,拟答复之。

8月27日　　星期六　　晴

看李元度《国朝先正事略》中几位汉学家的传,如戴震、焦循、钱大昕等。李氏这部书写得不错,比《清史稿》要写得好。对一个学者,总是论其师友关系、学术成就、主要著作,有时还将其成就予以扼要概括。过去对此书的优点有些忽略,以后有时间应读之。

8月28日　　星期日　　晴

下午读焦循《雕菰楼集》。

8月29日　　星期一　　晴

上午增杰、老赵两同志来,商谈文学学会及几位研究生论文修改问题,10时结束。

接《中州学刊》通知,我的一篇论文编入该刊本年第五期。

下午看清代朴学家作的文集,把《述学》中重要文章又浏览一下。

8月30日　　星期二　　晴

上午系里开会,直至10时半始散。到三楼资料室看书,借了本十大悲剧与李贽的《四书评》。

《四书评》系四人帮批儒评法时搞的,前边说李贽如何批儒,但此书对孔孟均极称赞,对孟及其文章之妙,仅仅有一点不敬之处,即称孟子或称孟老、或称老孟耳,认为在这部书中,批儒者真睁着眼睛在说瞎话。

下午看李贽的《四书评》、《焚书》及关于李贽的资料。

校统战部王同志来说,郑州电话,让3号去郑参加副主席会。决定3号早6时半动身。

8月31日　　星期三　　晴

晚爱和来说,他从增杰那里来听说温绎之已病故,为之不怡者久之。

接《文史知识》编辑部函,谓稿子已收到,决定采用,俟决定何期刊出再通知。

9月1日　　星期四　　阴有时有阵雨

上午,黄平权同志来谈。

晚慈健、爱和偕今年考取的研究生袁凯声来,袁系西峡县袁店人,9点左右辞去。

9月2日　　星期五　　晴

上午去学校,在十号楼三楼近代文学研究室,举行本学期研究生第一次工作会议,对开展中国近代散文选工作作了一些安排。

北京《燕京学海》编辑部汇来洋叁拾肆圆。说是刘师培论的资料费,我很不懂,写了封信,给邦烈询问原因。

9月3日　　星期六　　晴

上午乘校车赴郑,9点10分左右抵郑,在国际饭店四楼开政协主席会议,我到后停了几分钟人才到齐,开了一个多钟头会议即散。

下午4时与中央统战部顾问平杰三同志座谈,晚上政协招待平杰三同志。

9月4日　　星期日　　晴

访吴绍骙院长,第一次去他不在,第二次恭夫陪我去,算是见到了他,谈及我辞去开封市民盟主委问题,希望他同卢治国同志商谈一下,到12点辞去。

下午与秋子、恭夫乘政协车去甲院133号楼,访党部长。去敲门没人应,后与秋子去访丁轸宇同志,谈了半小时,并见了他夫人宋大夫,坐了近半小时,即告辞而去。

回宾馆后,恭夫帮我从5016房间搬到6022房间。

9月5日　　星期一　　晴

上午列席省人大常委会,听取人大常委副主任传达中央对打击刑事犯罪的指示。

公安厅李厅长作关于打击刑事犯罪的情况汇报。

下午政协常委会大会,王化云主席作关于此次会议主要内容的讲话。

9月6日　　星期二　　晴

上下午小组会,讨论打击刑事犯罪问题。

9月7日　　星期三　　阴小雨　晚大雨

上午,政协大会,由民盟卢治国汇报民盟办学的经验总结,九三左民生汇报九三办学的经验。下午列席省人大常委会。

9月8日　　星期四　　晨阴转晴

看巴尔扎克的《贝姨》,傅雷译。

上午小组会,谈关于集中财力、物力搞重点建设问题,但许多同志所谈到的是智力开发问题,以及我省教育落后问题。

9月9日　　星期五　　阴　晚有小雨

上午,政协大会有三十个汇报,直到上午12点结束。

下午小组会,讨论上午的汇报。一、政协各工作组的计划。二、文史资料工作,三、蔬菜问题。大家说文史资料问题的较多。

晚饭前,广西来通知我下礼拜一开科学规划会议。

9月10日　　星期六　　晴

上午,由大会医务室王大夫陪同乘车去省人民医院,请该院眼科大夫杨同志看眼,她说白内障还不成熟,不能动手术,并嘱咐眼药不必点了,如果眼睛觉得发涨,注意量量眼压。

下午1时半乘开封市政协车返汴,绕道新郑,车行如飞,4点多一点抵汴家中。

看外边的来函。

9月11日　　星期日　　晴

看李卓吾《焚书》。

晚孙荣光同志来谈他的爱人缪丽川的工作调动问题。

9月12日　　星期一　　晴

看《中国思想史》第四卷关于李贽部分,看《藏书》。

上午赵明、李运乾同志来。

下午赵明、何德功为向国外购书,来圈写书目。

晚四位研究生来。

接刘永平、刊大、文学学会函。

9月13日　　星期二　　晴

上午校正慈健给抄写的《恽敬的古文文论及其与桐城派的关系》一文。

下午,荣光来。赵明、增杰两同志来,谈给新录取的研究生举行座谈的内容。

接北京环保研究所孙志清来函,询问秋子情况事。

林从龙函,征集唐代诗歌欣赏论文事。

9月14日　　星期三　　晴

上午九时,新入学的研究生袁凯声、章罗生(湘潭)、解志熙(环县)、李天明(长沙)四人来,接着增杰、赵明也来了。我们给他们讲了培养目标、课程设置并及学习应注意的事项。至11时许散。

9月15日　　星期四　　晴

上午9时,给研究生上第一次课,讲述近代学者章太炎、梁启超、胡适等论清代朴学家治学方法,讲两个小时,把章、梁二人讲毕,他们走时已11点多。下午看现代文学史稿子。

拟整理几年的旧稿,拟送湖南人民出版社出版。

9月16日　　星期五　　晴

早饭后,去市里参加人大主任办公会议,结束很早。

写李贽的生平简介,直到下午继续写,才把这一部分写毕。

晚光儿来,带来两封信,一、《信阳师院学报》编辑室要我为他们刊物撰稿,二、贵州一位学生要想考研究生,问我明年招不招。

9月17日　　星期六　　晴

上午去盟市委参加会议,主要讨论办学问题,12点结束,到又一新饭店午餐。

下午写文章。王德华书店送来两部辞书《经籍纂诂》与《中华大字典》。

9月18日　　星期日　　晴

下午(邢)治平来送钱,我没收。黄平权来,说他已填了申请入盟的表。

9月19日　　星期一　　晴

下午整理已发表的文章。已把目录搞出来,寄给长沙赵鸿亮君,问湖南人民出版社是否愿出。接张俊才、刘邦烈等人函。

看师专《现代文学史》教材稿子。

9月20日　　星期二　　阴

上午给研究生上课,把胡适论清代朴学家治学方法讲毕。

下午看《师专现代文学史》稿子。

9月21日　　星期三　　阴有时有小雨

上午到七号楼地下室,查阅焦循的《易余籥录》。这部书共二十卷(收在李盛铎所刻的《木樨轩丛书》中)。系读书札记一类著作。其中十五至十七卷系谈诗文词曲的。王国维《人间词语》所引他的一段话,即文学一代有一代之胜。他认为三百篇后为楚骚、汉赋、汉魏六朝的五言、唐律、宋词、元曲、明八股,拟就此搞一个选本。这个见解本于(顾)宁人,但有所发展。其重视词曲,开后来王国维研治词曲的先河,而认为明代应以八股为盛,这又开了周作人在《中国新文学的源流》中主张对八股也进行研究的先河。惟其批评王世贞,说他对三百篇中某些诗篇横加诋訾是不知天高地厚。这还是受韩退之所谓"一经圣人手,议论安敢道"的影响。其思想仍有点不太解放。难道三百篇中诗,从内容到形式都是完美无缺吗!宋人王柏要对三百篇进行再一次删削。其思想很迂腐,但也并不认为三百篇这个选本是完美无缺的。

9月22日　　星期四　　阴　小雨,晚转为中雨

晚,八零级学生来让给他编的爱国主义诗选作序,我辞以病。

9月23日　　星期五　　阴转多云

下午体温38℃,去校医院打青霉素,晚很早就寝。

9月24日　　星期六　　晴

上下午,均由光儿用自行车推着去校医院打青霉素,体温降低,睡眠也较好。

接苏州大学陈少松函,仍系邀请参加他们11月份举办的清朝诗歌讨论会。我过去不打算参加这个会,因为我的确对清代诗人很少研究,由于陈君一再敦促,不如写一篇《龚自珍与晚清诗坛》的文章。龚诗从内容到格式上给晚清诗坛以巨大影响。受其影响的如维新派康、梁、黄、谭等,还有革命派刘师培、柳亚子、鲁迅、沈尹默。直到民国的郁达夫。

其积极意义,正视现实、揭露现实、批判现实与忧国忧民、民胞物与思想,为近代诗坛开了一代新风。在形式上,自由抒写,不拘格套,而尤擅长绝句,绝句亦较自由。其《己亥杂诗》内容丰富,包罗万象,有抒写恋情,批评时政,揭露时政,抒写友情,谈玄说理等。其影响所及,黄遵宪也写了《己亥杂诗》。他们二人所作都等于个人的自序传。鲁迅晚年的旧体诗也大半为七言绝句,实亦受定庵影响。柳亚子亦有近于这类诗作。

9月25日　　星期日　　多云

晚,爱和来,让他给苏州大学陈少松复函,爱和送来他代誊抄的稿子。

9月26日　　星期一　　晴

校阅爱和誊抄的稿子《鲁迅批孔思想的发展》和光儿誊抄的《长恨歌主题思想之我见》。

拟写篇《龚定庵与晚清诗坛》一文,大纲已拟就,俟将有关资料抄出即可整理成文。

接《文学遗产》通知,寄去稿已收到。

9月27日　　星期二　　多云

发信致信阳师院校报编辑室。

晚关爱和来,说他的论文计划。

9月28日　　星期三　　晴

下午重看以前所写《晚清的排荀批孔与五四思想革命》,这篇文章引文太多,也太长,因而使文章不够精练,须要大大地删削一遍。

9月29日　　星期四　　晴

上午给研究生上课,把绪论讲了一部分。

下午修改文章。

关于《长恨歌》主题思想一文,明天由光儿发出寄给林从龙同志。

9月30日　　星期五　　晴

修改文章,篇幅太长,拟大加删削,但总是删不下去,说明决心还有点不够。

慈健上午送来李湘一函,内为《桐城派与程朱理学》一文的校样。

10月1日　　星期六　　晴　今日国庆节

早饭后光儿偕小简来看《武林志》,这是部多少具有爱国主义思想的武打片,10时许散。

10月2日　　星期日　　晴

晚看电视《华罗庚》一、二集,知其为金坛小商人家庭出身,幼年上学,因交不起学费而被勒令退学,赖其师王某爱才心切,对他多方帮助,才又复学,这位王老师的确堪称华的恩师。

把《中州学刊》寄来的大样付邮。

10月3日　　星期一　　阴　小雨

10时许,张振犁同志来,索要答应他为《方志民俗资料汇集》写的序,下午即写了一篇,至晚饭前写就。

晚看电视《华罗庚》三、四集。

10月4日　　星期二　　全日阴有时有小雨

集中精力备课,把17世纪初到18世纪中叶中国市民文学的繁荣发展的大纲写了出来。在备课中,翻阅了过去一些不曾看过的书。

接王海根函,寄来他们出版社编印的《古籍书讯》第十四期,刊有他介绍我写的《袁中郎研究》一书的短文。题目为《系统研究客观评价——简介〈袁中郎研究〉》。

10月5日　　星期三　　阴　下午雨

把给研究生讲的课,备了出来。

下午誊抄《河南方志民俗资料汇编》序,未誊毕。孙荣光同志来,谈至晚饭时才辞去。

10月6日　　星期四　　阴　有时有小雨

把所写的《河南方志民俗资料汇集·序》誊清,交慈健转振犁。

10月7日　　星期五　　晴

上午备课,把绪论中关于桐城派部分草拟出一个大纲。

下午省广播电台记者(党传聪、济源人)来,谈了一个下午,5时半他才辞去。

10月8日　　星期六　　晨雾转晴

上午,将下周课大纲备出。

10时许,赵福生同志陪天津社科院文研所张宜雷同志来,他是来此进修近代文学的。据他说,他们所长王昌定同志准许二年,如需要还可以延长。

10月9日　　星期日　　晴

上午,在家看钱宾四(穆)的《中国近三百年学术史》中戴东原一章,说明戴与朱学的关系,从宗法到批判的过程。

下午读太炎《说林》及《释戴》两文。论及桐城文派,及对戴氏思想的分析,认为戴之论理、欲的关系,实渊源于荀子。由于荀子主性恶,于是转而疏《孟》,实为有见之言。

10月10日　　星期一　　晴

上午,把绪论中公羊学派的政治改良与文学改良部分大纲写出。

下午读书。

晚关爱和来。找《汉学商兑》,没找到,把姚鼐的《惜抱轩文集》拿去看。

光儿来拿去《曾文正文集》。

发信,一、王海根,二、赵鸿亮(长沙冶金学校),把王海根论文及天吏同志评语让光儿送给如法同志。

10月11日　　星期二　　多云

上下午,写绪论中维新派与革命派的文学革新运动。

10月12日　　星期三　　阴小雨　晚中雨

晨起,拟出《龚自珍与晚清诗坛》的论文提纲。

上午,阅读关于定庵及晚清受他影响的维新派与革命派的诗作,找出例证,说明问题。

下午,读到刘师培关于对清代的论文。刘氏由于家学渊源,他对清代从初叶到末叶的学术流派,以及各派学者的师友关系和他们平时制行及艺术成就,都有比较详细的论述。这些都是任公的《清代学术概论》、章太炎的《清儒》以及钱宾四的《近三百年学术史》中所没谈论到,或论到而不详的。

10月13日　　星期四　　阴转多云

晨,将今日准备给研究生讲课的大纲又仔细看了看。

上午9时为研究生讲课,11时结束,将清初宋学及乾嘉时兴起的桐城派的发展、衰微部分讲毕。

下午查有关龚定庵的资料。

接福建师大俞之桂函。

10月14日　　星期五　　阴小雨竟日

下午去七号楼地下室,费很大功夫才找到俞樾的《小浮梅闲话》。在俞氏的《春在堂全书》中没找到,是在《清代笔记丛刊》第三函找到的。附在《春在堂随笔》的后边。内容不多,却都是有关《西游》、《隋唐演义》、《杨家将》、《包公案》、《红楼梦》等。不知鲁迅的《小说旧闻钞》中收了没有?

10月15日　　星期六　　晴

晨起,写龚自珍的论文,仅写了一半,觉得前边引文稍多,写成后须要大加修改。

关于张俊才论文,已让赵明同志给他复信。

10月16日　　星期日　　终日小雨

上午把《鲁迅与蔡元培》及《鲁迅批孔思想的发展》两文重新又看了一遍,有错误的地方作了些改正,把鲁蔡一文寄给《现代文学研究丛刊》,把后一文寄给《鲁迅研究》,还未投邮。

下午继续写龚文。

10月17日　　星期一　　终日小雨

写论文,将晚清改良派的诗人们所受定庵影响的情况论述毕。

10月18日　　星期二　　小雨竟日

把《龚自珍与晚清诗坛》一文写毕,下午从事标点与修改。

10月19日　　星期三　　小雨时停时下

上午看鸳鸯蝴蝶派的资料。

10月20日　　星期四　　晴

上午给研究生上课,讲清代朴学家学术思想与文学观的进步意义。

下午去学校,在小礼堂听学习《邓小平文选》的体会报告,计发言的有李润田校长、周守正教授、刘增杰主任,另外有物理系、体育系两位同志,5时半散。

10 月 21 日　　星期五　　晴

把辛亥革命后,封建主义的猖獗与文学革命的发生部分大纲写出。

省政协秘书长杨洪绶与统战部姜部长来,谈这次省政协落实政策检查工作。任命我们开封市检查组的组长、副组长有杨洪绶、宋聿修、王世清,组员有周怀实、李鸣吾、苏育先、丁心娥共八人。杨同志谈这次检查工作的意义、步骤及办法,后来商定明日在他们住的开封宾馆举行一次会议,商讨工作如何开展。

10 月 22 日　　星期六　　多云

上下午,均在市政协参加落实政策调查组会议。上午,是省政协组。下午,又与市政协组的三个组在一起讨论工作如何进行。

10 月 23 日　　星期日　　晴

下午,一位中文系女同学来,谈学习近代文学的问题。

10 月 24 日　　星期一　　多云

上午,校组织部王永忠同志来谈,关于落实政策问题,因谈起刘毅敏的问题以及右派改正在文件上遗留尾巴问题,他说他一定积极地办一办。

继续写李卓吾文。

10 月 25 日　　星期二　　阴有时有小雨

下午,到校小礼堂参加省政协落实政策检查组,听取师大校党委统战部汇报落实政策的情况。

接张春生函。

10月26日　　星期三　　晴

晨起,写李卓吾。

上午8时半去校小礼堂参加政协检查组邀请部分省市政协委员座谈会,11时半始散。

下午接连有客人来访:邢幼杰、李运乾、王运钧(为民盟办学事),晚李白凤爱人刘同志(为解决房子问题)。

接苏州大学清代诗歌讨论会的邀请信,于12月中旬在苏州召开。

10月27日　　星期四　　晴

上午给研究生上课,讲维新派与革命派提倡的文学革新运动。

下午,姚景韶同志偕两位中牟同志来访。

接慈健自京来函,说他见到何望贤同志,非常热情,让他住红旗杂志社招待所。

李嘉言同志的儿子李之禹寄来一个打印的通知,征集他父亲生前的事迹。王德华派人送来《资治通鉴》一部。

10月28日　　星期五　　晴

上午写对张璋编选的《历代诗萃》一书的评论。8时,去市人大参加主任办公室会议,10时即结束。

下午又参加校统战部召开的各民主党派的座谈会,谈对整党与消除精神污染的看法,五时结束。

晚饭前,孙荣光同志来,谈关于陈景润来校讲学的情况。

晚看《带经堂诗话》与《随园诗话》。

10月29日　　星期六　　晴

把评介张璋《历代词萃》一书的文章写毕。

10月30日　　星期日　　晴

上午把《历代词萃》的评介一文誊清并与徐澄平一函,拟明日投邮。

下午将前些日写的李贽一文的后一部分校点一下,下午拟写袁中郎,并读三十年代刘大杰校订袁的全集的各家序文。深有所启发。

晚看南阳豫剧团演的《破洪州》直至11点始散,这个剧编得很不错。里边要解决一个情与法二者的矛盾问题,从思想上是有一定教育意义的。

10月31日　　星期一　　晴

上午省政协杨、王两同志来,谈最近座谈情况。已有所了解,拟再开一次会。

下午荣光来。

看溶池写的录音稿,觉有不少错误地方。

接西安寄来当代文学年会的通知。

11月1日　　星期二　　晴

早饭后,去市人大参加五届二十次常委会,开了一天,午餐在一招用的,下午4时半结束。

11月2日　　星期三　　晴

永茂自郑州回来,捎来《中国近代文学作家论》大样,光儿来,他拿走一半校阅。

赵明、增杰、文金三同志来,讨论近现代教学及科研计划,11时许辞去。

下午到市政协参加落实政策座谈会。

晚,慈健夫妇来,慈健刚从北京购书归来,谈在京购书及查阅资料情况。

看大样《刘师培论》。

11月3日　　星期四　　晴
上午给研究生讲课,晚清的桐城派文学,辛亥革命后,封建复古主义的猖獗与文学上颓唐消极的鸳鸯蝴蝶派的滋长。
校阅大样,把一部分大样付爱和校阅。
阅福建师大研究生毕业论文《〈语丝〉对现代文学的贡献》看了三分之一。

11月4日　　星期五　　晴
上午,去市政协参加省政协检查组与市政协检查组,向市委负责同志关于检查情况的汇报会议。午上,市政协请客,在又一新午餐,饭后回来。
下午看福建师大研究生林焱的论文。
校阅《作家论》中的梁启超部分。

11月5日　　星期六　　晴
上午看林焱论文。
关爱和送来作家论的校样,下午我又重新看,觉得中间有些地方的错字没有改正。
接陕西师大函,当代文学学会已决定推迟开会时间。
省文学学会来信,约9号在郑州开会。
社联来函,约于11月中旬开会。

11月6日　　星期日　　晴
上午为福建师大研究生林焱的毕业论文《〈语丝〉对现代文学的贡献》写评语。

11月7日　　星期一　　多云
　　上午写袁中郎简介时,发现最近古籍出版的《袁宏道集笺校》中,对中郎去龙湖会见李贽,在年份上和我所写的《中郎年谱》不大相合,于是参阅(日)铃木虎雄的《李卓吾年谱》和容肇祖的《李贽年谱》,证明我写的《中郎年谱》所确定他们会晤次数,及年份还是正确的。

11月8日　　星期二　　阴下午雨
　　下午2时,乘校车赴郑。5时许抵郑,住河南宾馆。到时,增杰同郑一些文学学会的同志正在开第三期《文学论丛》的审稿会。

11月9日　　星期三　　多云　晨小雨
　　上午,(在郑州)举行文学学会常务理事会,解决三个问题:(一)关于论文评选。(二)本届各研究会的活动。(三)消除精神污染。至11时散。
　　刘延钊同志参加了会议,我将《近代文学作家论》校过的清样交给了他。
　　下午乘学校车返汴。

11月10日　　星期四　　晴
　　上午给研究生上课,把结论部分讲毕。
　　下午继续写袁中郎。

11月11日　　星期五　　晴　风
　　上下午均写袁中郎,把一、二两部分写毕。
　　接张春生、冯辉信,春生问硕士学位证为何一直没寄给他,冯辉关于论文问题。

11月12日　　星期六　　晴
下午乘车赴郑参加省政协常委会。至19日返汴。

11月13日　　星期日　　晴
上午列席省人大常委会,聆听岳肖峡副省长关于清除精神污染的报告。
下午政协开大会,传达邓小平、陈云两人的讲话。

11月14日　　星期一　　晴
上午小组会,讨论关于整党决定及清除精神污染问题。
下午列席省人大常委会,听取四个法规的制定与今后实施的说明。

11月15日　　星期二　　晴
上下午,参加小组会,讨论关于整党的决定与清除精神污染问题。
晨起,写论文,尽四张纸。

11月16日　　星期三　　晴
下午参加主席、副主席会议,散会后又参加小组会。
曹增瑜同志来,约我为他们新办的刊物《中学生阅读》作顾问。
晚饭后,去看党若平同志。

11月17日　　星期四　　晴
上午政协大会,由段宗三同志汇报检查组检查落实政策的情况,和文史资料组汇报国内各省关于文史资料工作的情况。
下午,小组会讨论,并谈个人有关政策落实情况。

11 月 18 日　　星期五　　晴

上下午,参加小组讨论会。

省计委梁居高同志嘱写几句歌颂三中全会以来的大好形势,因写对联一幅,用今昔对比法:

悲往日,黑云压城,浊浪排空,神州险遭陆沉厄。

喜今朝,丽日和风,万紫千红,禹城高歌中兴颂。

11 月 19 日　　星期六　　晴

上下午,参加大会。上午列席省人大常委会,听教育厅厅长曾宪荣关于河南教育工作报告,回来后小组讨论,下午省政协闭幕式。

五时乘开封市政协车返汴,到家时已 7 点左右。

11 月 20 日　　星期日　　晴

看冯辉的论文《田汉〈关汉卿〉的艺术特色》,到下午 5 时许,看完了三分之二(共约两万字),觉内容还可以,就已看过的写了几条意见。

11 月 21 日　　星期一　　阴

上下午写袁中郎,还剩下最后一部分。

上午慈健来,送来省社科院函,通知开社联主席团会议,决计请假。

晚六时,去学校看据王蒙小说改编的电影剧本《青春万岁》。写开国初期北京一个中学里学生学习生活的情况,反映出当时青年们如何天真纯洁而又愉快活泼,在新社会学校的大熔炉里,在具有共产主义理想而又乐意并善于帮助别人的革命青年带领下,终于让悲观的乐观起来,骄傲自足的虚心了起来;受教徒管制,在学习中,不愿与其他同学为伍的终于同大家团结起来,这是一个最近几年来最具有思想性电影,但有些人不爱看,或者看不懂,应该有人写文章,给它加以分析与介绍。

接薛绥之函。

11月22日　　星期二　　多云　昨晚雨

上午,把袁中郎章写毕,长达两万字,以后须加删削。

把李卓吾章重看一遍,因礼拜四须给研究生讲这一部分。遂读(袁)小修《柞林纪谭》,此当系袁氏弟兄三人访问卓吾时,与卓吾论学论人的语录。这是原始资料,是非常可贵的。

此外,又读汤临川(显祖)对卓吾的评语,两人都推尊罗近溪,其均为王学左派,故思想是相通的。

11月23日　　星期三　　晴

把《文史通讯》的发刊词写完,拟即寄出。

上午爱和来,还《严几道文钞》及《惜抱轩集》,又借走章实斋的《文史通义》。

搜集有关毛泽东主席关于论批判继承问题的文章,重阅列宁《青年团的任务》。

晚,溶池来,为传记事,提出过去谈的有些事情不够明白的地方。

11月24日　　星期四　　晴

上午给研究生上课,把李贽的生平同思想两部分讲毕,对思想部分讲的不够满意。

下午把张春生、赵福生、蒋益、陈韶麟四人的论文提要看了一遍,张春生的内容涉及到人性及异化问题,什么须加以修改,还须研究。

发省政协《文史资料》编辑室(挂号)。

11月25日　　星期五　　晴

应《河南日报》编辑余昂同志约,为纪念毛主席九十诞辰,尽一日之力,写成《毛泽东论批判继承》一文。

11月26日　　星期六　　晴

拟写《晚明的文化革命运动与十七、十八世纪的中国文学》。现在看起来,晚明的左派王学与公安派的文学革命汇合起来形成一个文化革命运动。它的影响,突出地表现在文学的创作上,而尤其以戏曲、小说及民间歌曲的整辑上。由于当时封建势力的强大与学术界儒家正统派思想还处于优势,他们对这种新文化运动竭力予以打击,企图予以扼杀,因而未能成为滔滔洪流。这与清王朝的统治是有关的。其在文学上的流风,直至乾隆时期的《红楼梦》,在创作上又放射出一束异彩。到嘉道时期,龚定庵虽系公羊学派,但其思想与晚明的新文化思潮实有其一致之处。他主张打破一切清规戒律,而主张解放个性,实与晚明精神若合符节。

11月27日　　星期日　　晴

今天倾全日之力,把《牡丹亭》看了一遍,这个剧有其独到之处,即写青年女子情之所钟,致可以死,又可以生,但也不免有落前人窠臼处,即最后以男方中状元得以团圆终。

11月28日　　星期一　　晴

去校医院看病。霍大夫让我住院。

11月29日　　星期二　　晴

病未愈,由医院住室北边迁到南边向阳室内,比较暖,光儿陪我在医院住。

11月30日　　星期三　　晴

上午看《红楼梦》。

接林从龙函,索稿,实际稿早已寄给他。

12月1日　　星期四　　晴

早饭后,出院回家。

下午看看报,精神仍觉疲劳,晚看电视剧至8时即就寝。

12月2日　　星期五　　晴

晨起,给张俊才复函(石家庄河北师大中文系)。

12月3日　　星期六　　晴

上午光儿来,送来昨天寄来的我的《七十自述》的文章,这是八一年寄给北京图书馆《文献》编辑部文章,不知为何辗转由吉林图书馆联合会印出寄来。想这抽印的,不知发表在哪个书刊上。

下午看《桃花扇》。

12月4日　　星期日　　晴

晨起,开始写《晚明文化革命与十七、十八世纪中国文学》一文。

12月5日　　星期一　　晴

上午到市人大参加常委会,食宿均在宋都宾馆。

晚看电影《野猪林》,此电影剧系1962年拍摄,主要演员为李少春(林冲)、袁世海(鲁智深)、杜近芳(林娘子),的确唱、念、作俱妙。

接信阳刘君函,又是催稿。

12月6日　　星期二　　晴

早晨,人大高师傅来接我到宋都宾馆用早餐。

上午小组会,主要谈清除精神污染问题。我作了比较系统的发言。

下午午休时,同乡郑学康(来参加电大会议)到我室话旧,坐了近一个小时辞去。

小组会讨论蔬菜问题。

发信致林从龙(附文稿一份)。

12月7日　　星期三　　晴

晨起,阅刘溶同志给我写的小传的草稿。

上午听各组汇报讨论情况,10时开大会。散会后乘车去武胜角古旧书店购得《陶渊明集》及《归潜志》各一本,见有《王国维遗著》我已令该书店售货员给我送一部(26元一部)。

下午,回来阅刘溶同志给我写的小传稿子。我将过去写的自传年谱交给他,并将《七十自述》送他一份。

12月8日　　星期四　　晴　今日大雪但气候异常的暖

晨起,将论文《晚清的排荀批孔与五四思想革命》一文大致又看了看,决定寄给《信阳师院学报》,给该学报一函,上午课后交李慈健投邮。

上午给研究生讲课,把《七十自述》一文每个人给他们一份,把李卓吾部分讲毕。

下午看新购到的《王国维遗著》,是昨天在武胜角新华古旧书店看到,让该店送来的,共十六册,价26元。

12月9日　　星期五　　晴

早饭后,到系里与增杰谈爱和去苏州开会事。

下午看梅蕙兰的论文。

接余昂函,催稿子。

12月10日　　星期六　　晴

下午看张宜雷在《津门文学论丛》中发表的两篇文章:《驳时萌的关于近代文学分期问题》和《论苏曼殊诗歌的风格》。两篇文章写的都不错,尤其是前一篇颇具见地。

晚饭前,爱和送来邮件三包:(一)书目文献出版社寄来的《中国当代社会科学家》第五辑一册,里边有我的《七十自述》。(二)省社联寄来的《中州学刊》,内有我写的《桐城派与程朱理学》一文。(三)《文史知识》。

12月11日　　星期日　　晴

晚饭后,刘溶来,谈关于写我的传记问题。

12月12日　　星期一　　晴

上午校统战部刘治华同志来,说省政协派检查组来我校,让我参加接见。到校停了一会,他们到了,共五位同志。其中我认识的为董岐峰(教育厅副厅长)同郭月华(省政协常委),其余三位都不认识,他们住在校招待所。

下午去盟市委会,参加欢迎新盟员的茶会,我致欢迎词,简单介绍了盟的历史同当前新时期的任务以及应努力的方向。

接福建师大俞之桂函,并汇来洋贰拾元(系研究生论文审稿费)。

武国华来函,谈关于写稿事。

12月13日　　星期二　　晴

下午写文章,孙荣光同志来,至晚饭前辞去。

几位研究生来。

12月14日　　星期三　　多云阴冷

上午到小礼堂参加教学经验交流会,林加坤同志谈他教西洋古代史的经验,关于讲宗教起源问题时,谈到目前乡村中,宗教思想的污染极为严重。据调查,方城博望有一个大村子千多户人家,只有几户不信基督教,其余的几乎全为教徒,这种情况的确是个问题。

下午写讲义。

晚董岐峰及牛同志来访。

12月15日　　星期四　　晴

上午给研究生上课,讲袁中郎生平及其在思想上与李卓吾的关系。

接林从龙函,说《长恨歌主题思想》的稿子已收到。

12月16日　　星期五　　多云

晨起,写文章尽三纸。

上午,看嵇老的《左派王学》及《晚明思想史论》并阅读《红楼梦》。

午餐与杜明同志陪客,请董副厅长为首的检查组一行,他们下午即返郑。

下午参加李校长召集的学位委员正副主任会议。

12月17日　　星期六　　晴

夜,五鼓梦回,作《忆西湖》二首:

一

湖山一别两茫茫,梦魂时时到钱塘。
孤山断桥苏堤路,红梅绿杨自成行。

二

西子盛名千古传,浓妆淡抹总天然。
多少美人英雄骨,尤令湖山增光妍。

12月18日　　星期日　　晴

早饭后乘车去宋都宾馆,参加开封市人代大会。

下午在电影院举行预备会。

12月19日　　星期一　　晴

上午大会举行开幕式,继而由方略市长及赵经局长作报告。

下午小组讨论,集中谈清除精神污染问题。

12月20日　　星期二　　多云

早4时起床写文章,上午又翻阅一些书籍,一直工作到12点。

下午睡午觉,醒来翻阅与写文有关的书籍。4时40分,人大高师傅来,乘车去宋都宾馆。

晚,在电影未放映前,于大众影院休息室遇新任宣传部长韩存钦,初次认识,韩系唐河人。六六届毕业于郑大外语系,年四十岁左右,人颇精干。

12月21日　　星期三　　上午多云

今天举行大会,有三个报告,先对选举办法的通过后,由我来主持会议。报告者有白安平副主任,王怀忠法院院长,纪发祥检察院检察长,10时半休会。

下午协商补选人大主任、副主任、政协副主席、常委及法院院长、检察院检察长名单。

晚李校长(润田)同李春祥同志来谈。

12月22日　　星期四　　阴转晴　　今日冬至

上午,到市政府礼堂参加主席团会议,10时许散会。到武胜角新华书店买了四本书,花去洋肆元贰角肆分,回来时因等不上人大的车,于是乘四路车返宾馆。

下午参加小组会,姚敏学谈地市合并后开封与郑州分家情况,归开封市的五县较归郑州市的五县穷得多,主要是工业不行。

12月23日　　星期五　　晴

上午主席团会议,通过正式候选人名单。

10时许回家一趟,换了件棉袄,看到爱和自苏州的来信。

下午大会选举,补选市人大常委主任委员吕锡田,副主任张文华、李天祥、李靖、刘裕民,市长方略。

12月24日　　星期六　　晴

上午9时,大会闭幕,通过几项决议,即宣告闭幕。

午饭后即返家。

下午如法来,还他过去借的《知堂回忆录》。晚饭后,赵明同志来,让为研究生考试出题。

12月25日　　星期日　　晴

上午,为研究生考试出题。

下午,为张俊才、冯辉论文写评语。

中文系三年级学生冯国彬来,谈他为苏金伞写年谱事,拟到北京图书馆查阅资料,让我给那边熟人写封介绍信。

12月26日　　星期一　　多云

被任命为中文系名誉系主任。

12月27日　　星期二　　晴

上午为研究生考试出题。

下午一连串的客人来访,一、华公偕何均地来,二、赵灿如来,三、梓北来,四、赵明、增杰两同志来。与赵、刘两同志研究了这次研究生考试的题目。

晚为考试题目作答案。

发函致陕西人民出版社文艺部。

12月28日　　星期三　　晴

上午参加校部会议,开始韩书记靖琦讲话,讲了两个多小时,下边接着是新上任的各系领导班子的头头谈个人的打算,先是增杰同志讲话,中间有历史系、地理系,末了是艺术系主任谢振川讲话,他讲话很幽默,惹得大家哄堂大笑。即如他讲,他听了老韩的讲话后,用艺术语言来说,深深地拨动了我的心弦。又说过去系里的种种矛盾得不到解决,人家说我和稀泥,今后我决定再不装软蛋了,听者都止不住着要笑出来。

下午没去参加会,在家抄试题答案,直至晚饭前才抄毕,晚饭后又抄份副题。

12月29日　　星期四　　晴

上午参加中文系新旧系领导班子座谈会。我在会上发了言,下午又参加系全体教职工大会,我又讲了一次,从此退出领导班子,会议会比较少一些。

12月30日　　星期五　　晴

上午举行系学位委员会分会,商议十位研究生授予硕士学位问题,讨论与投票结果:6位以多数(即过半数,委员十人,获得六票者为过半数)通过,即,一、李维新(郑大),二、陈柏松,三、张建军,四、翟相君(师大古代文学),五、梅蕙兰(师大现代文学),六、张俊才(聊城师院现代文学),这六位能否全部授予学位,要看校学位委员会能否通过了,以少数票未能通过的,为郑大两位(张而今,丁立群),师大两位(贾船棠、冯辉)。

下午看报刊论文。

12月31日　　星期六　　晴

家中遭遇一最大不幸,下午4时许,光儿被其邻人,一神经病患者从背上戳了一刀,送到市人民医院。(按,因伤及脊髓,后造成高位截瘫。)

1984 年

1 月 1 日　　星期日

凌晨,吃过早饭即去医院,光儿下肢失去知觉。后来,大夫认为须转院治疗,即与学校商定送到河南医学院医院。

下午 2 时许,由学校派车送往郑州医学院医院。所幸魏太星大夫及其长公子魏经汉在家,5 时许即住进脑外科病房。

晚来秋子家。

1 月 2 日　　星期一　　晴　大风稍息

早饭后,与秋子到社科院找栾星同志,搞了辆吉普车,送我们到医学院家属院,访张静吾同志。10 时半,我俩一块去病房大楼五楼看光儿。他的下肢已有点感觉,情况略有好转。据大夫讲,下午要进行穿刺,看骨髓上下通不通。12 时许,回秋子家。

晚恭夫回来,他在医学院看视光进行穿刺,据说上下通是通的,多少有点不顺利。等侧面片子洗出后,再研究如何治疗。

1 月 4 日　　星期三　　晴

上午 12 时许,笑菡骑车回到农学院家里说,大夫确定要给光动手术,她妗子拿不定主意。

让秋子给恭夫打电话,电话打通了。

下午又向政协要了辆车与秋子去医院,光儿于 4 时许进手术室,6 时半作完回到病房。麻药尚未过去,我同增杰等,恐晚了没车,就离开了医院,一同到河南宾馆。

1 月 5 日　　星期四　　晴

上午,举行文学学会常务理事会,讨论选优评奖问题。至 12 时始结束。

下午又去医学院看光儿病。

1月6日　　星期五　　晴

上午,到省政协看卢治国与李静之两同志,下午5时许,与增杰去医院看光儿,体温仍高。

下午武国华将《中国近代文学作家论》样书数本交给我。

1月7日　　星期六　　晴

上午,评奖会开了一个上午,选出七种书:一、《歧路灯》,二、《鲁迅散论》,三、《根据地文艺运动资料》,四、孙广举的《文学评论论文》,五、刘延钊的《培华集》,六、侯焕闳译的一部西方传说,七、(李)春祥的包公戏。

下午,乘学校派去郑州的车返汴。

晚上,看近日来信,有济南李士钊的来函。

1月8日　　星期日　　晴

上午写了四封信,打听上海有无较好的神经外科与显微外科。(一)徐中玉,(二)蒋秉南,(三)王海根,(四)胡梅村。

接王海根信,说《袁中郎研究》样书已出,不久即当寄来。

又写信致蕤儿、王松茂(问文学史丛书事)。

晚振铎、春祥两人来,至9时辞去。

1月9日　　星期一　　晴

上下午,均有人来访,问光儿的情况,特别在晚饭前后客人络绎不绝。感谢这些同志们的关心。计来人有孙荣光、四位研究生、李博、王宽行、陈江风等同志。

丁承运来,谈他拟参加民盟,我对他参加表示欢迎。他是艺术系教师,又娴于中医,谈到光儿的伤势,他主张服用云南白药,并为小厚的经期时肚痛开了个药方,即千年健60g,二剂浓煎,去渣,加红糖二两,日服一剂。

1月10日　　星期二　　晴

早饭后,访宋景昌,谈丁承运入盟事。上午,景昌来,付今年盟费6元。

下午,与何德功、陈江风、王刘纯三同志乘车来郑,先到医院看光儿,温度已恢复正常,已能吃饭。随后与秋子返农学院,留司机王师傅吃饭,他坚决不吃,回汴了。

晚淑惠来,商量出院后如何打算。

接到陈韶林、蕤儿等人的信。

1月11日　　星期三　　晴

早饭后,访栾星同志,请他找辆车去看苏金伞兄,又请他写封介绍信去访中医院外科大夫王庚贤同志。辞别金伞,又乘车到省政协看静之同海长,他们又安排了车,去中医院见了王大夫,又到河医。秋子去病房拿饭桶后,又回农学院,已近12点。

下午睡午觉,醒来已4点,写信两封,一、增杰,二、鸿毅。

1月12日　　星期四　　晴

早饭后给梅蕙兰打了个电话(党校理论教研室电话32104)。9时许,她来,谈至10时半辞去。

下午,看《近代文学论文集》。把邓绍基、王传年、章培恒等人的文章看了看。邓写的还是不错,王、章两人的文章对谴责小说有点过于一笔抹煞,认为所起的作用纯属消极的,这也未免有点偏颇。

接蕤儿函,上海王海根函。

1月13日　　星期五　　晴

上午,没出门在室内看书。

下午,到外边走走,买了两包麻糖点心。

秋子从医院送饭回来说,光儿已感到腿有点疼痛,说明神经有逐渐恢复之势。

晚饭时,爱和爱人刘瑞芝来,谈爱和现在开封,不时可能返郑。

因与政协打电话,询问宋部长号码,才知政协常委会于下周开会,星期六下午举行主席副主席会议。

1月14日　　星期六　　晴

上午,陪秋子到北边集贸市场买一点青菜。

下午,到省政协参加五次常委会、主席副主席会议,不到一个小时即结束。回来后,秋子给光送饭还没回来,我越等越心焦,心想不会再出啥事吧。后来笑凯回来了,她还没回来,我是个小心肠人,一直胡乱推测。直到7点多恭夫同秋子才回来,原来是给光灌肠了,因而回来很晚。

1月15日　　星期日　　晴

上午,去社科院访栾星同志,不值。

下午,政协派车到农学院家属院接我报到。我与秋子一起乘车先到医学院病房大楼,进去后在电梯旁见到大夫,后到病房,光儿肚胀得很难受,恭夫去找魏大夫去了,由于车在外边等着,不能多停,只得离开病房。

到国际饭店报到,住6021房间与段宗三同志住一起。秦佩珩同志来,一直谈他校高某人的事,喋喋不休,此公极热情,但极絮叨。

晚9时就寝。

接蕤儿自京来信。

1月16日　　星期一　　晴

上午列席人大常委会,晨起写文两页。

下午政协开大会。

晚,电影我没去看,恭夫来谈光的病情,今天没吃饭,仍输液,肚子仍有些胀。等魏太星张静吾看电影回来,同他们谈谈,魏大夫让找他的儿子经汉谈。

心情不宁,下午没睡着觉,精神疲惫。

与轸宇谈,他讲到省外贸部门的贪污,真令人触目惊心。

1月17日　　星期二　　晴

上下午,均参加第二组讨论会,上午讨论劳动法规与体育情况的报告,发言中谈体育的情况的较多,下午体委副主任马基明对河南体育情况作了长时间的发言,于是围绕这一问题一直谈了一个下午。

晚饭后,乘车来秋子家,淑惠也来了,谈下一步光在河医出院后怎么办,后决定如果中医院能接治好,即在中医院住一段,否则回开封住中医院。

来秋子家后,看到增杰的信、秉南的信同蕤儿的信。

1月18日　　星期三　　晴

早饭后,省政协车到农学院去接秋子陪我到花园路口给光买水果同巧克力糖,我到饭店已到开会时间,即匆匆回6021,又到七楼会议室开会。

爱和8时许在七楼会议室门口等我,我把拟好的电话内容交给他,让他给系里打电话,至11时许,他来电话说电话打不通。下午再去街上打,下午3时他来饭店找我,说还是不通。我于是找小丁,她让会上秘书处白同志代叫,但不知师大电话号码,后来爱和说有无师大的信,信封上边有电话号码。这样找到增杰的信,找到电话号码,最后算打通了,系里刘瑛同志接的。

晚有电影,我把票送给了爱和。

1月19日　　星期四　　晴

上午大会闭幕。

下午写《近代文学概述》第一讲,尽三纸。

学校来车接吴雪莉与刘海澜,刘治华陪同司机王师傅也来了。她听说周礼荣在这里开会并与吴雪莉很熟。于是她到后,就拉着吴去河南饭店找周礼荣,但未找到。她这样关心任光的病是可感的。

　　晚,秋子、恭夫来谈到光儿左腿神经恢复情况,认为还是快的,因此决定在河医再住一段,使之进一步恢复与巩固。她们走后,关爱和来,他下午也去医院了解这种情况,于是决定明天让爱和给增杰打电话说明不回开封的原因,并想法速派护理人员来接班。

　　发信致蕤、鸿毅、增杰。

1月20日　　星期五　　晴

　　早晨7时左右,轸宇帮我从国际饭店6021迁到中州宾馆的4041房间。

　　上午参加座谈会,我开始发言时,已近11点半,主持会议的同志说时间已到,下午让我第一个发言,于是休会。

　　午饭后,恭夫与麟来谈河医又催出院,于是,商量回开封后的住院问题。

　　下午,又开了一下午会,有些同志还没能够发言,主席当即宣布明天上午继续。

　　晚上看电影《英雄少年》又是武打类片,没多少意思,开演前,见到了周鸿俊同志。

1月21日　　星期六　　晴

　　早起写了两页文章,到外边做做操并跑了跑步。

　　上午,参加座谈会,至12点多才散。

　　下午,休息一会,乘政协车来秋子家,笑菡、笑凯两外孙在家,到5时许,秋子回来说明天学校来车接光回汴。

　　关于秋子入党问题,她说昨天支部已通过,报请院里批。

　　晚,不到9时即就寝。

1月22日　　星期日　　晴

上午据关爱和告诉秋子,今天上午学校来车接光回开封。我们想着不一定来小车,秋子、恭夫早饭后都去了河医。午饭是笑菡做的饭,饭后我正在休息,秋子回来了,说师大车已来,在下边等着,必妞也一同回去。于是秋子、必妞一起乘车回来。到北道门,碰见麟,后来又碰见增杰,他们都在接光的车,说已接洽光到开专医院,因为小车与救护车没有同时离郑,且小车开得较快,所以救护车未到,我同秋子就回家了。

晚饭后,麟与郭龙泉来,这次光儿住开专医院深得龙泉的帮忙,他们跑了一天,现在晚饭还没吃,吃过晚饭后,他们才离去。

在郑发信致蕤儿。

1月23日　　星期一　　晴

上午,与秋子乘车,同去的还有张文华、张华英两同志,到前营门开专医院看光儿,回来时碰到增杰、文魁、文金诸同志,溶池、友梅夫妇也去了。

下午,罗忠义同志来,送还文化大革命中所交待的材料。

发信致王海根,请将《袁中郎研究》样书寄来。

致人民大学王秋茂,并寄去1957年印出的《中国现代文学论稿》一册。

1月24日　　星期二　　晴

写论文。

上午,人大常委会张主任进及赵烂如秘书长来家探望。

下午,午睡没入梦,起来精神不佳,没继续写论文。笑薇与保真给光儿送东西,保真回来已快7点。

由于精神疲惫,8时许就寝。

1月25日　　星期三　　晴

写《中国近代文学史话》第一讲(应《文学知识》编辑之嘱)。可能字数稍多一点,现拟写第二讲,诗文。每天写点东西觉得生活较为充实,否则即觉光阴虚度,深感不安。

1月26日　　星期四　　阴冷

全日未出门,在家看书。

接信,大抵为约写文章的通知与开会通知。

1月27日　　星期五　　多云

上海寄来《袁中郎研究》20册,由笑薇、保真两人去邮局取来的。

1月28日　　星期六　　多云

发信致王海根。

1月29日　　星期日　　阴有时有零星小雪

发信:一,北京《文学遗产》编辑部。二,合肥《艺谭》编辑部。

1月30日　　星期一　　晨阴上午转晴

上午与秋子乘车去市人大常委会。

下午没出门。

1月31日　　星期二　　晴比昨天暖

晨风来,苏书记、王芸两同志来,苏捎来湖南人民出版社汇来稿费99元。

下午去邮局取出汇款。

2月1日　　星期三　　晴

上午,去李润田校长家。下午,去韩书记家,均为文淑惠的工作调动之事,所进行的拜访。

2月2日　　星期四　　晴　今日为春节

9点,去系里参加团拜。我首先发了言,即提出对1984年的三项良好的祝愿。

今天来拜年的客人非常的多,有些需要回拜的如赵文山书记、周守正夫妇。

接信:一、武国华,二、屈正平,三、张俊才,四、阎愈新等。

2月3日　　星期五　　晴

早饭后,去学校看吕寿与赵文山两同志,与赵谈及淑惠工作调动问题。

上午,丁力来,谈及民盟办学事。

下午去看周守正同志。

发信:一、张俊才,二、武国华,三、阎愈新。

晚看电视《西游记》猪八戒高老庄招亲。

2月4日　　星期六　　今日立春,天气并不太好

晨起,写近代诗文,把总论及龚自珍部分从早写到上午写毕。

刘毅敏来,下午马新高、王绍龄来,以后有省委侯志英部长、李校长等相继而来。

晚饭后解玉生来。

9时许就寝。

2月5日　　星期日　　大风飞沙扬尘,空中是灰蒙蒙的

上午没出门在家看书,郭象天同志来访。

看陈衍的《近代诗钞》,选陈三立的作品极多,对黄遵宪只选了几首,这就说明他对诗的看法了。又看北大1958级《近代诗选》,见解完全与我的看法相同。

2月6日　　星期一　　晴

上午吴川樾同志来,我不在家。下午2时许他又来,谈至晚上,在这吃了晚饭后辞去。

接(张)春生信,薛绥之寄来《鲁迅资料汇编》。

保真从邮局取回上海寄来的《袁中郎研究》五十册。

2月7日　　星期二　　晴

姚景韶寄来一包柿饼。

2月8日　　星期三

晨起写论文。

下午,吴川樾来辞行,他明天即返武汉。

写论文,把晚明文化革命与十七、十八世纪的中国文学一章写竟,下边拟将写清朴学家的进步思想与进步的文学观。

晚9时半就寝。

2月9日　　星期四　　多云

晨起,写信致姚景韶并附寄《袁中郎研究》一册。

2月10日　　星期五　　昨晚小雪,窗外一片白,天空仍阴沉沉的,到上午云散,天晴

写清代朴学家的进步思想与进步文学观。

2月11日　　星期六　　多云

上午到市人大参加办公室会议,11时半结束。

2月12日　　星期日　　晴
上午小黄送来几封信,其中有《文学遗产》寄来我的一篇关于恽敬的论文,编辑卢兴基同志提了点意见,让修改后寄回。
把刘溶同志写的我的传略送还给他,在他那里谈了个把钟头回来。
下午看王力的《古代汉语》。
研究生袁凯声与解志熙、李天明三同志来,送来他们的试卷,我把《袁中郎研究》每人送了一本,凯声并送来信阳茶叶一包。
接《文学遗产》卢兴基函。

2月13日　　星期一　　多云
早饭后,去系里见到增杰、王芸等同志。
从系里拿到几百张稿纸。
写讲稿,清代朴学家的先进思想与先进的文学观。
接隋树森函,问我能不能为教育出版社写一部较为通俗的《中国文学史》,我还没答复他。
晚关爱和、章罗生两同志来,每人送他们一册《袁中郎研究》。

2月14日　　星期二　　晴
晨写《中国新文学渊源》。
下午仍写论文。

2月15日　　星期三　　阴,气温下降
上午把《清代朴学家的进步思想与进步的文学观》一章写完。
爱和来,嘱以最近几天去系办公室拿信件,下午送来雪垠函。
晚8时半就寝。

2月16日　　星期四　　阴,有时有零星小雨

上午复姚雪垠同志函,并附《袁中郎研究》一册。

重阅所写《晚明文化革命与十七、十八世纪中国文学》一文,拟明日与研究生讲这一部分。

晚王广西同志来,赠给他《袁中郎研究》一册,并附予他另外三册带回郑州,赠给:(1)袭依群,(2)胡世厚,(3)孙广举三同志。

晚9时,即就寝。

2月17日　　星期五　　晴

上午给研究生上课,从9点到11点。

下午修改恽敬文论。

晚,看电视《鲁智深的故事》。

2月18日　　星期六　　晴

晨起,给《文学遗产》编辑卢兴基同志函,并赠他《袁中郎研究》一册,上午投邮。

下午看鲁迅《中国小说史略》,拟写近代小说的概况。清代从《红楼梦》以后,思想界反动思想逆流在封建统治者的提倡与支持下一时盛行。反动的封建官僚地主阶级对小说这种体裁也加以利用。在这种情况下,就出现了程朱思想体系为核心,宣扬封建礼教,排斥异端的小说,如《野叟曝言》、《歧路灯》和稍后的《荡寇志》之类相继出现。接着又有《儿女英雄传》这部代表封建官僚地主阶级的思想意识的作品。至于代表市民阶层思想的作品,则几乎绝迹了。其原因自与乾嘉时代的反动的文化统治政策,特别是残酷的文字狱有着密切的关系。

接秋子函。

2月19日　　星期日　　晴

在家看书。下午,正在睡午觉,有客人来访,只得起来。先是庞嘉季与省文联负责作协工作的一位同志来,说北京作协让他们写文报道一些老作家的研究情况,让我给他们谈一谈。

接着,有两位中年同志持静之介绍信来,一是童海天,一是赵天祥,谈他们对《红楼梦》的研究别有发现,即这部书全部是隐语。二人中童是北大哲学系毕业,现在南阳任文化馆一个刊物的编辑,这种发现与研究乃是童几年来探索的结果,而赵则是赞同与协助者。他们曾写了篇《秦可卿是怎样死的》一文,寄给北京《红楼梦学刊》被退回,以后就不曾向外投稿。我劝他们,对他们研究的成果,不妨多写几篇文章,复印一下,向国内学术刊物投寄,看看反响如何。他们似乎也同意了这个办法。

2月20日　　星期一　　多云

晨起,修改《近代文学概论》的第一章,即性质、分期,各个流派的文艺思想。

下午,增杰,文金来,谈系里今年计划:一、确定骨干教师,二、重点科研项目的确定,三、教学法的改革,四、办两个短训班。

接省文研所信,关于4月份到洛阳讲近代小说事,让在月底前把大纲寄出。

2月21日　　星期二　　多云

上午,慈健来谈他这次考试成绩还好。

下午盟市委李运乾、王运钧两同志来,谈举行常委会事。

市人大干部高国安送来任命表一份。

接胡梅村、姚景韶函。

与隋树森谈关于写《中国文学史》一事。

2月22日　　星期三　　多云

晨起,写晚清小说讲话大纲。

下午参加李式金的追悼会,先念外地及本校送来的唁电、挽联、挽幛,用了几十分钟,这对与会者是一个考验,我幸亏拿了一个手杖,就这样身上还出了汗。

晚,庸懋来,谈外国文学学会的独立问题。

2月23日　　星期四　　晴

晨起,写了两页近代小说大纲。

上午,写了几封早应回复的信,一、蒋秉南(附寄《袁中郎研究》一册),二、胡梅村,三、隋育楠,四、曹增瑜(附相片一张)。

下午参加师大盟支部的改选会,我代表市委讲了几句话。

2月24日　　星期五　　晴

上午,给研究生上课。

下午,一觉醒来已4点,起来写大纲。

晚看电视《霍元甲》。

与蕤儿函,还未发。

笑薇回郑。

2月25日　　星期六　　多云

上午,去盟市委会参加常委会,开至11点半结束。后到"又一新"午餐,饭后回家。

下午,起来后,何大明来谈他考试的情况。他说专业考试不怎么好,英文、政治还可以。谈到对文学的一些看法,有不少错误的见解。

晚看黄小配的《洪秀全演义》,作为宣传革命的作品还是有意义的,不过艺术水平不太高。接蒋益函,问硕士证为何没寄给他。

2月26日　　星期日　　晴

晨起,把《近代小说概述》的大纲写竟。

下午,重阅写竟的提纲,晚9时许就寝。

2月27日　　星期一　　晴

上午,去开封宾馆参加市人大常委会,听朱振澄副市长关于开封市八三年国民经济发展情况,与八四年计划的报告,吕锡田主任关于市人大工作的报告。

下午小组讨论。

晚看电影《沧桑》。

9时就寝。

2月28日　　星期二　　晴

晨起,写信两封,并看章罗生、解志熙的考试卷。跑步到马道街。

上午小组会,下午结束,晚饭后回来。

发信:一、蒋益,二、张春生。

接隋育楠兄函。

2月29日　　星期三　　晴

下午,写近代诗文,把魏源写毕。

慈健来,送来邮件并谈他的考试情况。

晚,爱和来,送来所誊的《近代小说概述》,他拟做为他讲课的教材用,让打印三百份。

3月1日　　星期四　　大风

上下午,均写近代诗文概述。

下午,赵明同志来,送来《鲁迅研究》一册,里边刊载有钱玄同给鲁迅、周作人的信,也有周建人给周作人的信,资料不少,特别是周建人给周作人信中,谈到30年代鲁迅对周作人的评论,是颇值得注意的。

晚,孙荣光来,谈至9时半始去。

接武大新闻系秦志希君函,询问关于于赓虞的事迹。

3月2日　　星期五　　晴

上下午,到盟市委参加了两次会,一、常委会,二、选举会。

接曹增瑜函。

3月3日　　星期六　　晴

上下午,写《近代诗文》,把诗歌部分写竟。

下午慈健来、爱和来。上午袁凯声来。

晚,正看电视犯了病,以后要特别注意。

3月4日　　星期日　　晴下午气温甚高

接蒋秉南兄函,寄来《楚辞论文集》,陕西人民出版社出版,责任编辑为姜民生同志,他也是我的《鲁迅散论》的责任编辑。

3月5日　　星期一　　晴

致陈韶麟函(附寄《袁中郎研究》一册)。

3月6日　　星期二　　阴,气温大降冷甚

上午给研究生上课。

感到有点感冒,吃一点药,晚上休息很早。

3月7日　　星期三　　晴　气温仍低

伤风未愈,早晨未去跑步。看俞正燮《癸巳类稿》。

下午,增杰、赵明、治平、如法、爱和、慈健来,举行关于《近代散文选》编选工作的会议。

晚,8时半即就寝。

3月8日　　星期四　　多云

8时,去小礼堂阅研究生近代文学试卷。共五份,有三份及格,最高的86,次的80,最次60,有两份不及格。

下午章罗生同学来,同他谈到我过去的事,从3时开始到5时,他方辞去。

3月9日　　星期五　　晴　气温仍低

上午为研究生上课。

下午看俞理初(正燮)的《癸巳存稿》。

晚9时许就寝。

3月10日　　星期六　　晴

上午,看龚自珍的散文。

张永江同志来,送来公共语文教研室编写的现代文学教材,让审阅。

下午,到系里开会。教育厅根据教育部的指示拟办助教培训班,研究我系有无力量来办。

晚看电视剧《霍元甲》。

3月11日　　星期日　　晴

晨起,为学校团委出版的《学讯》写创刊贺词为:

希望本刊能正确地反映我校师生员工在学习、工作、教学、科研以及生活等方面,踔厉风发,勇猛精进,为创建祖国的两个文明而忘我劳动的献身精神,表彰先进,启迪后进,使我校传统的优良学风更进一步地发扬光大。

任访秋八四、三、十一

3月12日　　星期一　　大风　气温骤降

因天气不佳,一日没出门。

上午看王先谦选的《续古文辞类纂》中所选的曾国藩的散文,王选的篇子比集选的要多的多,我又根据王选共选了22篇。

接郑州文研所函,邀请四月份参加在洛阳召开的《三国演义》讨论会。我没写过这方面的文章,但如果前往,势必得发言,所以关于这方面的论文须要读一读,因而捡郑振铎的,鲁迅的著述及论文看了看。初步想谈谈《三国演义》与儒家正统论历史观:一、论其产生的根源与发展,二、论对广大读者的影响,三、正统的得失与利弊。

接郑州文研所函,发春生函。

3月13日　　星期二　　阴　昨晚小雪

上下午,看关于《三国演义》的论文及有关资料,拟写篇《〈三国演义〉与正统思想》。

3月14日　　星期三　　阴　有时有小雨

看有关《三国演义》的资料。

下午,慈健来,爱和来。

接陈韶麟函,韩林元函(广东民族学院)。

3月15日　　星期四　　雪霁　气温少有回升

上午,爱和来,借来《全相三国志评话》系[元]至治年建安虞氏刊本。他因母亲肝病有三个"+"号,所以决计回去看看(汝南人)。

下午把张永江同志送来的关于现代文学教材大致看了一下。

接西安西北大学傅庚生与傅光打印函,让写唐代诗文的文章,想傅光系傅庚生之子,拟借此使其子出名,用心亦良苦矣。

3月16日　　星期五　　晴
上午给研究生上课,把《清代朴学家反理学思想与进步的文学观》一章讲毕。

3月17日　　星期六　　多云
9时许,与慈健乘车去市人大常委会,访吕锡田主任。

3月18日　　星期日　　阴上午有小雨
上午,去北楼二单元7号看信春,送他《袁中郎研究》一部。
晚饭后增杰夫妇来,增杰下周要去北京。

3月19日　　星期一　　晴
上午,写论文《〈三国演义〉与正统论》。

3月20日　　星期二　　大风,尘土飞扬,刮得天昏地暗
上午写论文。
下午继续写。

3月21日　　星期三　　上午晴,下午风
接王广西、张春生函。周畅中寄来他的批评别人读《庄子》的文章,让我看后加上评语,介绍到有关刊物披露。

3月22日　　星期四　　晴
上午写论文,到下午,把《三国演义与正统论》一文写就。
下午如法送来《龚自珍与晚清诗坛》一文校样,并校毕。
晚,艺术系王景奇同志来,把他论文关于《学记》中"教学相长"一句话的理解向我征询意见,至9时许辞去。
郑州社联陈真同志来,送来书两册。

社科院王进声同志晚上来,询问4月份去洛阳有无人陪着前往。

3月23日　　星期五　　晴

上午给研究生上课,讲桐城派的渊源、发展及衰竭。

下午看《中国通史》中南宋部分。

3月24日　　星期六　　晴

上午到七号楼地下室查阅朱熹的《资治通鉴纲目》。

广州韩林元寄来椰雕二个,一个是给我的,一个是给高公的,今天也接到了他寄来的著作。

3月25日　　星期日　　晴

下午写了几封信,并看韩林元注释的王桐乡的诗。

3月26日　　星期一　　晴

下午,慈健、景昌来。

省政协通知,29号举行常委会。

3月27日　　星期二　　晴,大风气温降低

全日在家读《章太炎政论集》。两日来因拟搞太炎文选,细读太炎早年论文及书札,理解以下几点:(一)戊戌前,他也是一个改良主义者,对革命也不赞同。庚子后,思想逐渐有所变化。(二)早期因在政治思想上与康梁一致,所以他们彼此间关系尚好。他的诗词同论文还经常在任公所办刊物,如《清议报》、《新民丛报》上发表。他去东京时,还曾在《新民丛报》社下榻,与任公还有书札往还。他与康梁师弟交恶,当在1903年他发表《驳康有为论革命书》之后。由于政见不同,以后彼此越离越远,因而成为水火。

太炎自述其早年最得力于的几部书为:《庄子》、《史记》和刘歆的著作。

3月28日　　星期三　　晴

下午乘车赴郑,4点20分到国际饭店报到,住9003房间。

3月29日　　星期四　　晴　气温甚高,晚脱掉棉上衣

上午,到政协礼堂听传达北京全国政协常委会精神,见到静之。

小组会,听王化云主席谈几十年来治黄的经验及关于今后如何治黄问题。

3月30日　　星期五　　晴

上午参加大会(列席人大会议,听报告),下午讨论公路条例。

3月31日　　星期六　　晴

早饭后去社科院,先去看奕星。8时许,参加社联主席团会议,由张树德书记主持会议。会上,由郭亚光汇报评选社会科学优秀论著经过,和中南五省社联联会,准备不久在我省召开的信息。11时半散会,社联派车送我到国际饭店。

下午小组会,晚看电视《霍元甲》。

4月1日　　星期日　　晴

上午,因盟省委让我代表民盟向民建、工商联代表大会致贺,8时半与秦佩珩教授前去大会堂与会。民建主席荣玉德致开幕词,省委统战部长宋玉玺致贺词后,大会休息,我同秦佩珩教授一块就回来了。

下午参加小组会,对落实政策问题谈了谈感想。

4月2日　　星期一　　多云

上午,政协常委会结束。结束后,请民革中央副主席贾亦斌讲台湾回归问题。至11时半散会。

下午,由国际饭店迁至河南饭店 2 字楼一号 39 号。

4 月 3 日　　星期二　　晴

上午,举行委员会,通过工作报告及主席团名单等。

下午,举行预备会通过主席团名单,因时间尚早,由卢治国同志传达中央李鹏部长关于中国经济形势及开发能源问题。

听郭海长说,李呈甫逝世,他家来了电报。民革派蔡芷生去苏州帮其家料理丧事。由静之起草,与海长和绍良及我联名,给他家发了唁电。

4 月 4 日　　星期三　　小雨竟日

上午,大会开幕式,省委宋部长讲话。休息后,由段宗三同志宣读第五届委员会工作报告。

下午,主席团会议。

托吴院长给秋子函。

4 月 5 日　　星期四　　晴

上午参加小组会,通过委员名单,10 时许散去。

下午,去大会堂,省委领导接见并照像。

4 月 6 日　　星期五　　阴

上午,大会选举。在计算票数时,由市曲剧团演出《黛玉愁秋》、《双枪老太婆》、《摘棉花》、《打渔杀家》等。

下午闭幕。

4 月 7 日　　星期六　　晴

晨起,跑步到教育学院宿舍,访关爱和,终于算找到了。我把文章交给他,让他转给武国华。他留我吃了早餐,并让他爱人刘瑞芝回家,让她父亲找了辆汽车,送我回饭店。

上午,选举盟省委主席,副主席及常委,主席仍为吴绍骙,副主席大体未变,换了两位。选举后,卢治国同志讲今年盟务工作的打算,盟委员们也都发表些意见,至 11 时 20 分散会。

下午,乘车返汴,笑菡一块来,不到 3 点即抵家。阅多天的来信,梅蕙兰已调到文研所报到。冯辉还想从情报所调到文研所,让我写信给社科院领导。

4 月 8 日　　星期日　　多云

下午永江来,慈健来。

发信致梅蕙兰、冯辉。

笑菡午后返郑,让她给小梅与冯辉各捎去《袁中郎研究》一本。

4 月 9 日　　星期一　　晴

上午商君来访,让谈洛师在 30 年代时的情况,一直到 11 点才辞去。

下午,校阅《鲁迅散论》。

4 月 10 日　　星期二　　晴

下午,赵明同志谈《近代散文选》编写的问题。

《鲁迅散论》已校阅毕,明日拟付邮,同时与姜民生函,询问《中国新文学渊源》一书,他们是否愿意接受。

慈健送来学生誊清的《子产评传》的稿子,付抄工费 10 元,校阅《子产评传》。

4 月 11 日　　星期三　　多云降温

整天校阅同学抄写的《子产评传》,校完拟送中州书画社。

平权来,商燕虹来。

4月12日　　星期四　　晴

爱和从郑回来,带来武国华同志函一件。

4月13日　　星期五　　晴　风

上午给研究生上课,把方苞与姚鼐二人的文学论讲毕。

下午看嵇老的《晚明思想史论》。

发信:一、徐澄平(关于子产出版问题),二、姜民生,三、陈晨风(书的题签)。

4月14日　　星期六　　晴

与关爱和赴洛阳,参加《三国演义》研讨会。

4月15日　　星期日　　晴　气温骤变,俨然夏日

上午参加第一组小组会,讨论《三国演义》主题思想。

晚,周学禹来谈。接着何满子来,约我承担公安派诗文选。

叶鹏等来,邀我明天下午去师专讲《晚清以来中国知识分子的分化》。

4月16日　　星期一　　晴

上午没参加大会。下午2时许,叶鹏同志来接,到(洛阳)师专那里讲了两个半小时,题为《晚清以来知识分子的分化》。5时半结束。

4月17日　　星期二　　多云

下午,去洛阳工学院礼堂为小说讲习班讲《近代小说概述》,讲了两个半小时。

4月18日　　星期三　　多云

上午,《三国演义》学会举行闭幕式。我代表(河南)文学学会致贺词,会后并照了像。

4月19日　　星期四　　晴

晨五时起床,准备去少林寺。

7时许出发,与李希凡、宁宗一(南开大学)、杨守权三同志乘大会向洛阳师专借的一辆吉普车,开得很快,9时多一点即到少林寺,随后参观了塔林、中岳庙。因路不好走,原打算看一下嵩阳书院,未能如愿。

下午3时返洛。

4月20日　　星期五　　多云

上午9时25分,乘160次车从洛阳回开封,下午1点半到达。

晚9时休息。

恭夫到外出差,从上海路过开封来家看看。

4月21日　　星期六　　晴

张永江来,嘱为他编的大一语文教材写序言。

晚饭后,去增杰家。回来时,他一直送我到我们大院里。

发信:一、周学禹,二、辽宁社科院文研所。

4月22日　　星期日　　晴

着手写《大学语文·序》。

4月23日　　星期一　　多云

为《大学语文》写序。

4月24日　　星期二　　晴

上午,誊写《大学语文·序》。

下午,去盟市委参加常委会,讨论确定下届委员常委与增添的副主席人选问题。

晚,爱和来。

4月25日　　星期三　　晴
上午,把《大学语文·序》誊就,下午永江来拿走。
接徐澄平函,让将《子产评传》寄去,下午将《子产评传》寄出。

4月26日　　星期四　　晴
上午,在大礼堂听中国社科院院长马洪同志报告,至12点始结束。
李蕤由杨明、宋天苍陪同,下午来谈。他在洛阳曾参加农村工作座谈会,顺便来开封看看。
接武国华函,说《中国近代文学作家论》已出书。

4月27日　　星期五　　大风　黄沙漫天,气温降低
看《小说丛话》,其中侠人对《红楼梦》的评论,可谓别具只眼。由于晚清王学的复兴与西方文艺观的输入,所以当时一些进步人士在文学观上又远绍晚明文化革新的余绪,而出现了比较正确的观点。

4月28日　　星期六　　晴　气温仍低
着手写《晚明文化革新与清代小说》。
接恭夫函,鲁迅研究学会函,省政协函(赴京参加会议事)。

4月29日　　星期日　　多云
继续写论文。

4月30日　　星期一　　晴
笑薇晚饭后返郑。

5月1日　　星期二　　多云

上午,在家写论文。

5月2日　　星期三　　多云　气温甚低

上午写论文,把《聊斋》部分写毕。

5月3日　　星期四　　小雨至晚始住

写论文,写到清代前期小说《红楼梦》部分,写了一半。

上午,增杰冒雨来家,谈明天研究生复试问题。

下午,赵明同志来,也谈复试问题。

晚9时休息。

5月4日　　星期五　　晴

上午,增杰、赵明两同志来,对本届报考的研究生进行复试。考生仅一人,为何大明。口试了两门,一、近代文学,二、综合课(古代、现代、写作)。前一门70分,后一门65分。下午,写论文。

5月5日　　星期六　　晴

写论文。

5月6日　　星期日　　晴

下午,去增杰家。

5月7日　　星期一　　晴　天气骤热

慈健来,把《开封日报》赠的一个文件包转送给他。

5月8日　　星期二　　晴

上午8时,与增杰一起乘车赴郑,午上在文联招待所休息,下午到社科院参加文学学会常务理事会。晚宿秋子家。

5月9日　　星期三　　晴

上午参加《文学论丛》编委会。会议结束后,即乘车去中州宾馆报到,晚7时与省内其他政协委员乘车去北京。

5月10日　　星期四　　晴甚热

晨5时49分抵京,参加全国政协会议,下榻京丰宾馆四楼41号房间。

5月11日　　星期五　　早晨阴　下午晴

早饭后与王路一起去海淀购买杂物。

下午,蕤儿送我返宾馆。

晚看电影《乱世郎中》。

5月12日　　星期六　　晴

下午,参加大会开幕式,由邓主席颖超致开幕词,下边由胡子昂、肖华等做报告。到6点多才散会。出大会堂时碰到雪垠同平一同志。

5月13日　　星期日　　晴

上午看书。

下午参加小组会。

晚看电影《怒火情焰》。

5月14日　　星期一　　晴

上下午小组讨论,涉及的面:一、教育问题,对中老年知识分子的问题,二、对国外的侨胞统战问题,三、台湾问题。

5月15日　　星期二　　晴

中央教育部批准河南师范大学恢复河南大学校名。

5月16日　　星期三　　晴

上午,列席人大会议,听中央教委主任宋平及财政部长王丙乾的报告。

下午到五楼37室改文章。

5月17日　　星期四　　晴

下午,讨论赵总理报告。

5月18日　　星期五　　晴

上下午,参加小组讨论会。

写了一页论文。

5月19日　　星期六　　晴

早饭后,同蕤儿一同到王府井买东西。

晚,去天桥剧场看芭蕾舞《鱼美人》,至9时半结束。

5月20日　　星期日　　晴

上午,去西单。

下午,又写了一页文章,并整理一下书籍。

5月21日　　星期一　　阴小雨

上下午,均到人民大会堂,听大会发言。

接中华书局《文史知识》编辑部信,寄来校样一份,并约我写关于近代文学研究方法的文章。

5月22日　　星期二　　多云

上午,通知何望贤同志,他决定来看我。9时许,他到这里。在四楼会议室谈了个把钟头。我赠他书两册:《中国近代文学作家论》和《袁中郎研究》。临走,我送他上汽车,他送我他所编的《西方现代派文学论争集》一部。

5月23日　　星期三　　晴

上午,阅读文件。

下午,小组会讨论政治决议及常委副主席补选的人选问题。

5月24日　　星期四　　晴

上午,小组会。开会期间,中华书局《文史知识》编辑部刘良富同志来,谈约我写稿的内容问题,他希望我于6月20日前能交稿,并赠我一本该刊出的魏晋南北朝文号。

下午休会,乘车去木樨地22楼2单元P号,雪垠不在家,同他爱人王梅彩谈了两个小时。我把最近出版的《中国近代文学作家论》一书留在那里,5时又乘车返宾馆。

接雪垠函、恭夫函、中国文联邀请参加27日常会函。

5月25日　　星期五　　昨晚雨,今天晴

上午在宾馆看书。

下午罗高同许剑来,还拿来两盒茶叶(龙井),我每人送他们一本《中国近代文学作家论》。

5月26日　　星期六　　晴

上午,去人大会堂,参加大会闭幕式,晚8时10分乘车返豫。

5月27日　　星期日　　晴

上午8时10分抵郑,恭夫、慈健、还有校统战部刘治华同志也来接我,10时半抵家。

阅读各处来的邮件及信。

下午写了两封信:一、林从龙(附校过的大样),二、郑芳泽。

5月28日　　星期一　　晴

上下午写论文。

5月29日　　星期二　　晴

收到《鲁迅散论》获省社科优秀论著二等奖的奖状及证书。

下午,写论文,把《晚明文化革新与清代小说》一文写竟。

《中国烹饪杂志》84年第四期寄来,内有我的一篇小文。

5月30日　　星期三　　晴

早饭后,到系里听关爱和的课,讲的是龚自珍,听了一节,他让我先走了,他讲课条理清楚,提出问题都还能把问题交待明白,态度还自然,语言有点平淡。

回来校恭夫所誊好的稿子。

下午,校阅毕,拟寄给《中州学刊》。

修改《晚明文化革新与清代小说》一文。

5月31日　　星期四　　晴

上下午修改文章。

6月1日　　星期五　　晴

上午给研究生上课,讲《晚清的文学革新与五四文学革命》。

把《晚明的文化革命与清代小说》一文改毕。下午,交慈健找人抄写。

给北京社会科学出版社编辑余顺尧同志函(问北京印刷厂是否接受竖行印刷、复印的业务)。

6月2日　　星期六　　晴

上午,参加学校召开的研究生导师会议,传达了两个文件。11时许,主席容许没有问题反映的可以退席。

6月3日　　星期日　　晴

接武国华函。发信致何满子。

6月4日　　星期一　　大风多云

上午参加市民盟代表会的小组会,下午参加主席团会。

6月5日　　星期二　　晚雨

看《李笠翁小说十五种》,李笠翁是有创作才能的,但思想不甚高明。对妇女问题,他主张男女自由结婚,但不反对一夫多妻,原因即他本人就是这样。

6月6日　　星期三　　晴

上午写文章。

看《李笠翁小说十五种》。

6月7日　　星期四　　晴

下午,在家写文章。

6月8日　　星期五　　晴

上午,9时研究生来,为他们讲课。这是本期最后一次课,讲到11时结束。

6月9日　　星期六　　晴
上午,修改文章。
接翟永坤的儿子翟怀诗函,他寄来他所写的《翟永坤传》,意欲发表。此文拟寄给王广西,让他修改后,在《文学论丛》上发表。

6月10日　　星期日　　晴
下午,修改文章。
接张春生函。
发函致武国华。

6月11日　　星期一　　晴
上午,去市人大参加科教委员会第一次会议,12点散。
下午,慈健来,将文稿交给他誊写。
发信致武国华。

6月12日　　星期二　　上午阴,晚阵雨
下午,参加校史座谈会,至5时半始散。
发信:一、市委书记张雨生,二、张春生。

6月13日　　星期三　　阴下午阵雨
下午参加学校召开的学术会议。

6月14日　　星期四　　阴
上午,到市人大开会,商定本月20~23日举行四天常委会。
下午没出门,选章太炎的散文。
发信致秋子。

6月15日　　星期五　　阴转晴
上午举行民盟常委会,我因病请假。

6月16日　　星期六　　晴
接新疆师大中文系王星汉寄来他的诗作一册。
为河南大专语文学会成立大会,写了篇祝词。

6月17日　　星期日　　多云
在家休息。

6月18日　　星期一　　晴
上午,去系资料室,为省电视台拍摄指导研究生的电视片事。

6月19日　　星期二　　多云
上午,乘车赴郑州,到省人民医院老干部诊疗处检查身体。11时许,到中州宾馆,住115房间。
下午休息、逛街,陪同人员返汴。

6月20日　　星期三　　多云
上午,到省人民医院作体验,抽血、做B超、A超,10时许结束。秋子去医院一块回宾馆。11时许,学校派车来接,即乘车返汴,12时半抵家。
下午4时半,到学校,与80级毕业班合影。
晚王碧岑同其亲戚来。

6月21日　　星期四　　阴
晨,去开封宾馆参加市人大常委会,住一楼110号,与张进主任同室。上午小组讨论,下午大会:一、选举办法,二、开封市农业发展情况,三、与日本某市结为友好城市的情况。

晚饭后返家。

6月22日　　星期五　　阴

上下午小组会。

6月23日　　星期六　　阴小雨

上午,小组会。下午,大会通过任命及两个决议,4点即结束,乘车回家。

晚,校慈健誊清的文稿。

接《文史知识》编辑刘良富催稿函。

6月24日　　星期日　　上午阴下午晴

上午,给韩林元写了封信,指出其《王桐乡诗歌》注释中有两篇说明(题解)的错误,下午把信发出。

下午,袁凯声、解志熙、章罗生三同志来,各赠以《作家论》一册。

晚饭后张宜雷同志来,他把他所写的《作家论》述评让我看。他用铅笔起的草,我看不清,他说他用钢笔誊清后再给我看。

6月25日　　星期一　　阴有时有小雨

上午,看《近代文学丛钞》中关于林纾写的《译外国小说序》。

路德庆来,嘱为系刊物写一献辞。

6月26日　　星期二　　阴

1984年第6期《文艺报》,在"作家近况"栏目中,以《夕阳未必逊晨曦》为题,对自己近年著述作了介绍。

6月27日　　星期三　　阴,阵雨

写论文《晚清西学的输入与中国文学》。

晚沈祎琴同志来,拿美人戴福士写给姚雪垠的介绍信。
发信:一、秋子,二、王广西。

6月28日　　星期四　　晴

早饭后,与(牛)庸懋、于(安澜)等同志参加开封市第三次文代会的开幕式。在会场碰到了省文联的何南丁、张友德、赵青勃、省社科院的龚依群、胡世厚及《河南日报》社的余昂等同志。会上,我也讲了几句话。午餐系市文联请客。饭后,又让给准备的纪念册题词,而纪念册的封面也非让我写不可。真可谓勉为其难,写毕回校,已下午2时了。

接陈韶麟函。

6月29日　　星期五　　晴

上午,写了两封信,看了几页书,又看了看报,时间就过去了。
下午写文章。

6月30日　　星期六　　晴

上午,与郭象天、张明旭两同志出席市统战部、市政协召开的纪念党63年诞辰座谈会。
北京《文史知识》编辑部来电话催稿,稿已经寄出。
爱和来,送来他抄写的稿子。

7月1日　　星期日　　晴酷热

爱和抄写的《晚明文化革新与清代小说》一文已誊清,昨晚送来,当即校阅,至今天上午才校毕,因寄给省社科院胡世厚同志。

7月2日　　星期一　　阴　间有小雨

看《严几道文集》及他所译的《天演论》。
把《章太炎政论集》两册交慈健复印。

接刘良富催稿函、张安函(关于庆祝教学五十周年事)。

7月3日　　星期二　　晴　因北风,气温不太高

上午,举行《近代散文选》编辑会,出席人有增杰、赵明、文金、振犁、如法、慈健、爱和。如法并为与会者摄了合影,并单独给我照了张,会议到11时许散。

阅读《严复诗文选》及《龚定庵全集》,选出他们散文篇子来。

7月4日　　星期三　　晴

发信致张安(附书一本)。

下午把龚自珍散文选了出来,选了目录,拟让慈健拿去让学生抄写。

7月5日　　星期四　　阴下午小雨

看刘申叔、章太炎、严复等人的散文,因为要选《中国近代散文选》,我负责龚自珍以下几个作家。

7月6日　　星期五　　阴小雨到中雨

上下午,看韩林元编注的《王桐乡诗三百首》。此公(王桐乡)生于明弘治年间,海南岛人。后到京读书,在江西、福建等地做过官。后来弃官归里,活到85岁。他的诗写的还很有自己的独特风格。明初的闽派诗人,为林鸿、高棅等已有复古的趋势,但复古之风并未形成,所以王桐乡没有染上此风。但他似乎读到杨廉夫(维桢)的诗文,杨氏推崇陶、杜同二李。桐乡的诗,其风格澹远者似渊明,苍劲者似老杜,而豪放者则似太白。在思想上,桐乡以儒家为宗,同时也曾受有庄学影响。这一点也很象渊明。诗的语言朴质无华,不重雕饰,虽不能说清水出芙蓉,天然去雕饰,但几乎近之。其对死生的看法同态度,近于渊明,有旷达的观点。而其关心群众疾苦与国家兴衰,又颇似工部与乐天。诗中写景亦能用白描手法,逼真如绘。由于桐乡是岭南人,虽然在海南名噪闾里,列名四绝,但在海内并非名重一时的诗人,因而他的诗作湮没不彰。现在他的诗被韩林元整理印出,读者试将他的作品与当时名家相较,似乎并无逊色。在海南壮族中出现这样一位诗人,就五百年前来说,的确是出类拔萃的人物,是应该给予表彰的。古人所说的拯遗帙于将堕,发潜德之幽光。林元同志的编校工作是符合这种精神的,因欣然为之作序。

7月7日　　星期六　　阴转多云

上午,看明代初叶关于文学界情况的资料。

下午,到市里参加盟市委主办的汴京业余大学高考补习班的开学典礼。

7月8日　　星期日　　多云

晨起,开始为韩林元同志的《王桐乡诗三百首》作序。

7月9日　　星期一　　多云

上下午,写《王桐乡诗三百首·序》,约五千字,并已修改过。

7月10日　　星期二　　阵雨阴

尽日看《古文辞类纂续集》,吴奔星写的《钱玄同年谱》。

7月11日　　星期三　　晴

下午,天酷热,在楼下风扇吹拂下写了四页文章。

晚,禹县黄舜同志来访。他告我说,他看到《鲁迅研究》第四期上刊出了我的《论鲁迅反孔思想的发展》一文,这在我来说,可算一项新闻。

7月12日　　星期四　　晴

给社联写的庆祝建国三十五周年一文写成。

下午,慈健来,把《王桐乡诗三百首·序》同写与社联的一篇祝词交给他,让他把第一篇交给解志熙抄一下,第二篇交给赵福生誊抄。

下午,增杰来,谈出席杭州近代文学学会的问题,让填一个表。

7月13日　　星期五　　晴

上午,把给函授刊物的献辞写成。

晚饭后,赵福生同志来,谈了近一个小时。

从赵明同志处借到84年三期《鲁迅研究》,看到我的文章,仔细读了一遍,里边有个别错字。

7月14日　　星期六　　晴

上午,解志熙同志来,送来誊清的稿子《王桐乡诗三百首·序》约五千字。下午,用航空挂号给韩林元寄去。

福生同志来,将誊的稿子送来(为社联写的)《曲折的道路,光辉的前程》。

7月15日　　星期日　　晴

上午,胡思庸同志来,谈10月份在郑召开中国近代文化学术讨论会,让我参加并报个论文题目。我想最近拟写的《西学输入与中国晚清文学》本为应近代文学学会的年会而写的论文题目,这样只有一文两用了,他也同意了,他坐了半个多小时辞去。

下午,拟着手写《西学输入与中国晚清文学》一文。热甚,只看点材料,未能执笔。

7月16日　　星期一　　晴

写论文《西学输入与晚清文学》。

7月17日　　星期二　　阴有时雨

上午看书。

下午省人民出版社李恩清同志来,把近代文学稿子带走。

7月18日　　星期三　　阴小雨到中雨
写论文。
赵福生来,将为系的刊物写的献词拿去誊清。

7月19日　　星期四　　阴,有时雨
今日没出门,写几页论文。

7月20日　　星期五　　有时有雨
写论文。
接《文史知识》寄来的文章大样。下午,校后即寄走。
系函授教研室青年教师胡山林同志将给《辅导月刊》写的献词带走。

7月21日　　星期六　　晴
上下午写论文。

7月22日　　星期日　　晴
上午,把论文中关于严(复)胡(适)二人对进化论的看法写毕,阅读有关《民约论》的文章。
下午,师范时的同班周大化同志来。

7月23日　　星期一　　晴
写论文。
郭豫才同志来,说他接到嵇道之函,问我这里有没有嵇文甫先生的《民族哲学杂谈》一书,我这里早没有此书了。谈了会,他辞去时,我送他一本《中国近代文学作家论》。

7月24日　　星期二　　上午中阵雨

为探索卢梭《民约论》介绍到中国后,在思想界、文学界所产生的影响,阅读了邹容的《革命军》,梁任公的《新罗马传奇》及《近代诗选》、《柳亚子诗词选》等,觉得颇有收获。其影响不下于《天演论》,甚而过之。使当时进步人士的思想有了一个划时代的解放,对历史有了新的看法。一向被儒家思想禁锢的史学家目为乱贼的农民起义领袖,直到这时才转变了对他们的看法,而被视为当时的革命者。近者为洪秀全,远者为李自成。这样对革命派来说,更坚定了推翻清王朝专制政体而代之以民主共和政体的决心。邹容的《革命军》即为这种思想的具体体现。

7月25日　　星期三　　阴,时有阵雨

写论文,并读有关参考书。

下午写论文。

7月26日　　星期四　　阴有时有阵雨

早饭后与景昌、葛洪两同志乘车去盟市委参加常委会,讨论下半年工作计划,及暑中两个会议的安排问题。讨论办学问题,用时间较长,直至11点50左右才散。

下午写论文。

接吴奔星学长函。晚8时即休息。

7月27日　　星期五　　晴　高温

写论文,并看有关资料。

下午,景昌来,通知明日在小礼堂参加郑大整理嵇文甫著作,出文集的座谈会。

7月28日　　星期六　　晴　温度升至34℃

参加郑大整理嵇文甫遗稿小组来汴召开的座谈会。河南大学参加的有历史系的毛健予、李光一、姚瀛艇、郭豫才，中文系的有牛庸懋、宋景昌、于安澜等。会上，有人谈到嵇老在谭头被国民党反动派拘禁时所作的对联："寝馈六经三史，瓣香一峰二山。"峰，即孙夏峰；二山，即王船山、全谢山。嵇文甫曾对此解释说："余近年来所祈向者孙夏峰、王船山、全谢山三人也。盖立身尊夏峰，持论宗船山，学问门径出入浙东诸老，而尤近谢山。夏峰平实，船山邃密，谢山淹贯，三者兼修，其庶几乎！"

会议结束，我建议郑大方面搞出一个年表及著作目录。以便了解嵇老的人进行补充。

7月29日　　星期日　　晴　气温34℃

上午，写论文。把关于鲁迅《摩罗诗力说》部分写毕。下午，看周作人当时在《河南》上发表的一篇长文。

7月30日　　星期一　　晴　气温34℃

下午，继续写论文。把周氏兄弟关于介绍西方文学论部分写毕。

7月31日　　星期二　　晴　气温34℃

把论文写成，须要大加修改。

8月1日　　星期三　　晴　热甚气温34℃

接北京文研所现代室刘福春同志函，询问有关罗梦册的历史，他因看到诗集《花要落去》里边讲到我同他的关系，所以来函问我，即复刘函。

8月2日　　星期四　　晴　气温34℃

修改论文。

8月3日　　星期五　　晴

修改论文。须要修改的：一、补入秋瑾文中受《民约论》的影响，二、补入王国维受西方美学影响，并用以评价中国文学，三、末尾须要写出规律来。

8月4日　　星期六　　晴

看秋瑾集中的《精卫石》(弹词)。

着手改写论文最后一部分，思想不安，未写成。看王国维论文，拟把他所受西方哲学与文学影响补入论文中。

广西来函，说他找到一本《梁启超年谱》，因书店只剩一册，书皮有点脏，问我要不要？我当即复他一函，说已有了，不必再买了。

8月5日　　星期日　　今天酷热，要有35℃

上午，去找慈健，把北京社科出版社余顺尧的信让他看了看，并让他找增杰同志谈这一问题。

8月6日　　星期一　　晴

下午热甚，未动笔。在风扇下看《梁启超年谱长编》。此谱搜集资料甚为丰富，但编者只不过将书札加以排列，同时似乎把任公专作为一个政论家来写。从年谱中看不出其思想发展过程。因缺乏分析评论，特别对其思想最初赞成革命，发表许多主张破坏的文章，后来为康有为及其保守弟子们所包围，于是放弃原来主张而从事保皇。从此其声誉深受影响。编者的主张似亦同情康、梁，在革命与改良二者之间似乎也倾向后者，而对当时革命形势的叙述亦较少。总之，此书因资料较多，是有参考价值的。但编者站的不高，对任公学术思想理解不深,对其学术思想的发展亦未能从年谱中体现出来,因此并非成功的著作。

8月7日　　星期二　　晨小雨　下午又小雨

补写王国维文学观的部分,下午继续修改补充,从2时半写至6时。

8月8日　　星期三　　晴

下午,看任公的年谱,赵公写的,只注意其政治经历,对其思想学术以及文学方面的发展,似乎不大措意。这是一个极大的缺点。

8月9日　　星期四　　阴　大雨有时简直是暴雨

下午,大雨一直下,心中甚觉不安。

上午,把论文又作些修改。

下午看《梁任公年谱》。

8月10日　　星期五　　晴

看《任公年谱》,任公晚年在清华研究院,与研究生一次在北海谈话记录里边,盛称曾国藩等,当时在士林如何转移世风,培育人才,而指摘李鸿章后来背离了这个方向,以致政治上搞得非常糟。任公对曾氏如此赞许,可知其立场与革命派大相悬殊。由此而联想到嵇文甫先生在40年代被国民党逮捕释放后,回嵩县潭头,欢迎他时,他曾向一位同学讲他平生治学可以用一幅对联说明,即"寝馈六经三史,瓣香一峰二山"。现在想来,嵇先生这幅对联,说明他的思想渊源还未能脱出儒家藩篱,还不能说他是纯然的马克思主义者。因为这些历史上的思想家,无不受有阶级的、时代的局限,对他们只能批判地继承,而不能全然以他们为楷模,向他们顶礼膜拜。从这一点来看,鲁迅真不可及。

8月11日　　星期六　　多云　气温35℃　酷暑

晚饭后,去慈健家,我告他明日去鸡公山的事。并让他把文稿交给解志熙誊抄。

8月12日　　星期日　　晴　酷热

晨起,整理衣物,与(宋)景昌、(张)玉林、(卢)永茂等乘校面包车赴郑。10时许,乘南下火车去鸡公山。下午4时抵山下,适(武)国华乘吉普车也到,我与景昌、国华即乘吉普至山上113号楼,晚宿二楼。

8月13日　　星期一　　晴

上午与所来同志一道游览山上景观。

应河南省人民出版社邀,赴鸡公山参加笔会。在争气楼与阔别多年的魏紫熙晤谈。

8月14日　　星期二　　上午雨　下午住

上午开会,让我先发言,深感没啥可说。仅就(武)国华对《文学知识》创刊三年来情况汇报,谈谈个人看法。

8月15日　　星期三　　晴

上午开会,关于如何使《文学知识》这个刊物增加发行量的问题,有几位办刊物的同志谈他们的看法,因而了解到了一些出版界的情况。

8月16日　　星期四　　晴

晨6时半开饭,7时许乘车下山经信阳师院去南湾水库,信阳师院院长张静同志早已到那里等候,乘汽轮游水库,至一公社食堂进午餐。饭后又回到船中休息,2时许开船返航。3时许登岸,上车到师院,张静同志及夫人、小孙子下车,车即开回。路上因阻车,上山到寓所,已6点半。

8月17日　　星期五　　晴

上午开会,与会的同志每人为刊物《文学知识》定出写作计划。下午睡起后,在景昌、春祥室谈天,直到晚饭时候。

8月18日　　星期六　　晨起山中大雾

5点多起床,漱洗后即与梁工同志乘车去信阳车站,在小饭铺里与梁工同志、胡司机吃早点,饭后去车站。

8点一刻火车开动,下午1点40抵郑,乘省政协车去农学院秋子家,9时休息。

8月19日　　星期日　　阴

上午在新华书店遇见信阳师院教师周学禹同志,他说他的女儿在粮院任教,现住在他女儿家。下午,他来秋子家访我,谈他职称恢复问题,我送他《近代文学作家论》一册,他即辞去。

8月20日　　星期一　　多云

返汴。回来后,即阅读近一周的信件。何大明在《学术资料》上发表了篇《开拓者的工作——评任访秋〈中国近代文学作家论〉》。他让我看看有没有意见,他拟送到公开发行的刊物上发表。我看后,觉得他还是能够阐发书中的一些理论,但还不够深入,并有不少溢美之词。

8月21日　　星期二　　晴

重阅过去所写的《近代诗歌与散文》,关于诗歌部分作了点修改,拟交慈健找人誊写。

中州古籍出版社编辑室来函,让修改《子产评传》。所提意见,均甚肤浅,编者似乎没有读过范老关于先秦部分的通史简编,因而对我在书中的提法产生了怀疑。

下午,赵明同志来谈关于《近代散文选编》之事。

晚上,张永江同志来,谈大一公语课于23日在这里举行编选教材会议,让我参加一下。

8月22日　　星期三　　气温回升31℃

上午,给中州古籍出版社编辑部一函,答复其对《子产评传》所提出的问题,并将稿子寄去。

下午,洛师同学王初复、滑明镜来。

晚,袁凯声来,把《近代诗歌与散文》第一部分稿子,交给他带去誊抄。

8月23日　　星期四　　晴

上午,在办公楼三楼会议室参加公语教材编辑会,我作了简单的发言。

下午,看《魏源集》,拟继续写近代散文。

8月24日　　星期五　　晴热甚

晨起写魏源的散文。

上午,增杰、赵明、文金来,为助教培训班出"鲁迅研究"及"现代文学"两门课的试题。他们走后继续写魏源散文。

下午,《开封日报》社编辑李允久同志来作专访。

8月25日　　星期六　　晴

上午,看曾文正公文章。

下午,公语教材研究会约我到学校摄影,又约我参加他们的聚餐会。

8月26日　　星期日　　晴

上午,永江偕郑大、财院两同志来谈公语教材编选事。

下午看《晚明文化革新与十七、十八世纪中国文学》。

晚袁凯声同志来,送来他抄写的《近代文学概论》的第二部分。

8月27日　　星期一　　晴

把袁凯声誊写的《近代的诗歌与散文》(上)校阅毕,下午投邮。

解志熙誊写的《西学的输入与晚清中国文学》已送来,进行校阅。

晚,关爱和同志来。

8月28日　　星期二　　多云

上午,把《西学的输入与晚清中国文学》论文校阅毕,下午交慈健去打印。

下午,看俞平伯的评讲老杜的《自京赴奉先咏怀五百字》。

接师大杨占升寄来论文集一册。

发致蒋益函(附书一册)由其父蒋静转交。

8月29日　　星期三　　多云

上午,到小礼堂听韩靖琦书记、李润田校长宣布学校改革方针及方案,直到12点半才结束。

下午,永江来,送来公语课本三册,有我给课本写的序言。

8月30日　　星期四　　多云

上午把曾国藩的散文写毕。

因检文稿,发现最近寄到《文学知识》的稿子乃是原稿,而非已誊清的稿子。于是又与《文学知识》编辑李恩清函,并将誊清的稿子寄去,请他将原稿退还。

8月31日　　星期五　　晴

上午9时许,去市人大参加文教组会议,对市文教局曹远谋关于开封市教育工作情况问题及今后计划等汇报文件的讨论,参加的有李靖、武柏林等八九人,12时散会。

下午写严复的散文。

9月1日　　星期六　　晴

下午,陈治华、李春祥两同志来。治华每遇节日即送礼,习以为常,真有点过意不去。因赠春祥《近代文学作家论》,他说他希望要本《袁中郎研究》,因又赠以《研究》。

发信致陈韶麟。

9月2日　　星期日　　晴

上午,写梁启超散文,仅把小传写毕。

9月3日　　星期一　　晴

上午,看《饮冰室合集》中散文部分,下午写梁启超的散文,未完。

下午,慈健来,拿来北京鲁迅学会开会通知。接着赵明同志来,也说他们接到通知,于是商议如何去大连的问题。

晚解志熙同志来,送来他的论文,长达五万多字。

9月4日　　星期二　　晴

上午,读太炎的政论选集,下午开始写太炎散文,把具有战斗性的杂文部分写毕,述学文还没写。

晚李天明、解志熙二同志来,谈了一个小时。

9月5日　　星期三　　阴

上午,将《近代散文》部分写毕。

下午,阅研究生解志熙同志的论文。

下午4时许,校宣传部干部来通知到学校专家楼拍摄电视,去那里又叫了中文系年轻同志李慈健、吴河清、郭天昊三人,在那个小院中,拍摄散步的情况。

晚,四位现代文学研究生来,他们想去大连参加鲁迅学会,他们不了解关于研究生经费支配情况。

9月6日　　星期四　　阴,下午小雨

上午,市人大同志来,通知明天举行主任办公室会议。

看章罗生、李天明二人论文,章写的为《鲁迅小说受〈儒林外史〉的影响》。里边举鲁迅小说中的例子,有些不够恰当。其第三部分,把《故事新编》中的《理水》、《非攻》等篇中借古讽今的地方,认为系受《儒林外史》影响,是不恰当的。

李天明的论文为《论乾嘉学派》,看起来这个学生是喜欢搞学术史,不是搞文学史的。

9月7日　　星期五　　多云,晚雨

上午去市人大参加主任办公室会议,吕锡田主任谈赴日参观情况,至近12时始散。

下午,看研究生论文。

9月8日　　星期六　　雨

8时左右,李建伟来接我到系里参加迎新会。我讲了话,即又由李同志送了回来。

下午,统战部副部长田同志与王运钧同志一起来,谈开封市人代会民盟名额问题。

看解志熙的论文。

9月9日　　星期日　　时有小雨

上午,章罗生来,让给他的论文提意见。接着82级吴元成、王建平两同学来,让谈谈关于鲁迅研究的意见。

下午,看解志熙论文。

9月10日　　星期一　　阴转晴

下午,到学校参加韩书记召开的座谈会,与会的有王寿庭、朱绍侯、孟宪德,领导上赵文山书记也参加了,主要谈学校今后发展方向问题,至6时散会。

9月11日　　星期二　　晴

下午,接连不断来客人。刘治华通知市委开会,助教培训班代表来谈上课时间。

梁工来,送来《郑州晚报》刊载他写的关于我在鸡公山的生活情况(刊84年9月1号第三版)。

校阅同学抄写的文稿。

9月12日　　星期三　　晴

上午,在家看解志熙同志的论文。

晚上,志熙、凯声、天明一块来家,助教培训班陈继会同志来,并送来果酱四瓶。

9月13日　　星期四　　晴

上午,出席市委召开的商讨开封市八届人大代表候选人问题。在各党派、各人民团体协商会议上,晤见了杨基柱部长及王基同志。会议由马新高副主席主持。散会后,与白安平主任乘车去八层楼休息,住101室,与张进主任同室。

下午开小组会,讨论经济体制改革问题。

晚饭后回家。

9月14日　　星期五　　晴

晨7时许,去宋都宾馆。上午,仍讨论经济体制改革问题。下午,讨论开封市教育问题。

晚饭时,慈健来宾馆,送来省社科院杨竟宇同志到家访问所留的字条,希望我到开封宾馆三号楼219房间去看他,因他为北京胡绳主编的《中国人名辞典》中关于我的名下的辞条,系由他执笔,让我看看有无错误。晚饭后,乘车去宾馆,等了会,他同一位林同志才吃过晚饭回来。他写的辞条很简单,内容除籍贯外,有简历同著作,但生年1909年却误为1910年,对内容略小修正补充后即辞去。回来碰到两个学生找我,一名谢文学,许昌师专教师,来约稿。还有一位助教培训班学生,他们坐了近一个小时辞去。

9月15日　　星期六　　晴

上午参加小组讨论,讨论教育报告。

下午听各组汇报,接着表决决议,结束后看《今日开封》的电视片,片长约二个小时。在河南大学部分,有我指导研究生的镜头。

晚孙荣光同志来谈,接着梁遂同志来谈关于爱和入党事,征询我的意见。

接张正吾函,拟要我写的论文《西学输入与中国晚清文学》。

9月16日　　星期日　　晴

晨,去访增杰,谈至8时始回来。

上午,解志熙来,将他的文稿交还给他。

写信三封:一、张春生。二、张正吾,三、省政协(请假)。

9月17日　　星期一　　阴转晴

偕赵明、慈健一同乘车赴京,再转车至大连。

9月18日　　星期二　　阴转晴

6时抵京,下午2时许乘车去大连,在车上遇到民盟同志,山西省人大常委会副主任委员冯素陶,他同夫人去大连休养。

9月19日　　星期三　　晴

与赵明、李慈健同志抵大连参加鲁迅学会年会,住大连干部休养所。

9月20日　　星期四　　晴

上午9时,来棒槌岛宾馆九号楼报到,住220房间。看到许多朋友。下午与屈正平、赵明、李慈健去海滨散步,碰见丁原纲、魏绍馨等同志,并在海滨摄影。

9月21日　　星期五　　晴

上午大会,会后在礼堂前摄影。

下午,听发言,由陈漱渝谈台湾学者对鲁迅研究情况,继由刘柏芳(西宁大学副教授)谈日本研究鲁迅的情况。与李慈健拟写给青岛市政协的信稿。

9月22日　　星期六　　晴

上午,听陈涌同志关于鲁迅研究的几个问题的报告。

下午,小组会在六楼会议室开。中南、华北、东北为一组。一开会,我即发言,主要是建议对港台、日本等地研究鲁迅的一些片面与荒唐的观点的论文,应组织一部分同志加以介绍,即发给会员同志,以便对之进行评论与批判,不能让这些观点影响我国的读者。后来发言的蒋锡全同志即同意我的看法,并做了一些补充。陈则光同志发言,也谈了这个问题。

9月23日　　星期日　　多云

上午,小组会讨论陈涌同志的发言,同八六年鲁迅逝世五十周年纪念会的设想。

下午,分区酝酿理事会候选人。

9月24日　　星期一　　晴,晚小雨

天高气爽,真是出游的最好天气。

8时半,与大会多数同志乘车去旅顺口参观,11点抵东鸡冠山。

从东鸡冠山下来,在白玉山的山麓休息后,乘小面包车到山顶观看。

下山后,在一饭店就餐。略事休息,即与几位不愿参观博物馆的同志,乘小面包车返回住地。

9月25日　　星期二　　晴

上午,大会选举中南区理事,只选上六名,赵明竟未选上,真遗憾。

下午新的理事会开会,还要让我们这些退下来的二届理事参加,我们这些退下来的将给以名誉理事的头衔。

晚阎愈新、屈正平等同志来访。

9月26日　　星期三　　多云

晚7时半,乘车至港口,后乘海轮赴烟台。

9月27日　　星期四　　多云,晚小雨

晨2时半,船抵烟台。

乘12时开往青岛的火车,于晚7时半抵青岛。出站后,有青岛市政协张成美、李彬孝两同志接车,遂乘车至汇泉宾馆。9时许,就寝。

9月28日　　星期五　　晨小雨

上午,市政协秘书长张成美同志乘车,陪同我们冒雨游览青岛沿海诸名胜。计有八大关、水族馆、栈桥等地。

下午,张秘书陪同市民盟副主席张永耀同志来,谈青岛市民盟工作情况,5点辞去。

9月29日　　星期六　　晴

晨,与赵明、李慈健两同志沿海滨散步,并摄了两帧小影。

上午,由市政协张成美同志陪同去崂山参观游览。

晚餐由市政协副主席张永耀、秘书长张成美在宾馆宴请我们三人,直至8点始辞去。

9月30日　　星期日　　晴

早晨6时半,张秘书长乘车来宾馆,陪我们到车站,遂乘7点零5分的车回开封。于次日凌晨到达开封。

10月1日　　星期一　　阴有时有小雨

凌晨3点多抵汴。

早6时起床,阅读离家后半月来的朋友、书局各方面来信。

10月2日　　星期二　　晴

晚上李天明、解志熙、章罗生三人来。

10月3日　　星期三　　多云

看李天明的论文,谈乾嘉学派的兴起、发展与衰竭,条理清楚、观点大致正确,但论述间有不够准确的地方。因章罗生送来他的文章,让我看。他走时让他告诉李天明,有时间来家一趟。9时许李来,我给他谈了他的论文的优缺点。

10月4日　　星期四　　晴

上午,看章罗生的论文。

下午,李慈健来,送来一些邮件,收到本年度第三期《文学遗产》,发表了我的《恽敬的古文文论及其与桐城派的关系》一文。

晚饭后,关爱和、章罗生、袁凯声三同学来谈。

10月5日　　星期五　　晴

上午8时,与增杰同志乘车赴郑,到省社联商讨关于文学学会准备召开年会事,至12时暂时结束。

午饭后,又去省社联继续开会,5时许散会,乘车到中州宾馆用晚餐,6时半乘车返汴。

10月6日　　星期六　　晴

上午,去学校。在现代文学教研室为助教培训班上课。讲《近代学者论清儒的治学方法》。把章太炎在《清儒》与《说林》(下)中论皖派学者治学方法的几段话加以阐发。

章罗生来,说他的文章已寄给《许昌师专学报》谢文学。我把李天明的那篇,让他带给李天明,并给谢文学写了封简单的介绍信。

10月7日　　星期日　　晴

晨起,写信给古籍出版社总编何满子同志,并赠给他书一册《近代文学作家论》另附一册,请他转交王海根同志。

看关爱和论文,到上午看毕。

下午,何权衡来。谈至五时许,送他书二册,一《作家论》,二《袁中郎研究》。

接中州古籍出版社徐澄平函,说《子产评传》已列入明年出版计划。

10月8日　　星期一　　晴
张华英下午来,通知我明天盟市委开常委会,我告诉她说请假。

10月9日　　星期二　　多云
上午,把嵇文甫先生在1942年给我的《子产》一书写的《序言》誊清了一下,另外又给我的修改本写了篇《后记》。下午,把《后记》誊清,拟寄给中州古籍出版社徐澄平同志。

10月10日　　星期三　　晴
上午,把给中州古籍出版社徐澄平的函发出。
下午,开始写《近代小说》。写了两页,因有客人停止。
晚,校史办公处同志来,要我写点关于河大的回忆录。
接《河南日报》编辑函,嘱写关于研究方法的文章。

10月11日　　星期四　　晴转多云　　晚雨
上午,校阅为《文史知识》写的《中国近代文学史话》中的《中国近代散文》。

10月12日　　星期五　　晴
上下午,均写《中国近代文学史话》的小说部分,写至文康的《儿女英雄传》。

10月13日　　星期六　　晴
上午,在七号楼给进修班讲课(录像),因为灯光太强,热得直冒汗。讲约有一个半钟头。中间休息了一次,没结束,还须再讲一次。
下午写近代小说,写至王韬的《淞隐漫录》。

10月14日　　星期日　　晴

早饭后,访胡思庸。他说他屋内没法坐,于是到我家来谈了半个多小时,他辞去。

下午写文有两纸。

晚刘思谦来,我已睡下,系要书事。

张宜雷晚上来,谈了一个多小时。

10月15日　　星期一　　晴

上下午,写近代小说。

上午,盟市委老杨来。

下午,客人接连不断,一《河南日报》两记者来摄影,二、路德庆来,让给大一语文选篇目提意见,三、赵明、李慈健同志来,中文系四年级同学余君来。

10月16日　　星期二　　晴

上午,把近代小说写毕,须要修改。

下午,看解志熙的《论晚清几位小说评论家关于对小说理论的阐发》:一、王钟骐,二、黄摩西,三、徐念慈。黄系南社社员,郑逸梅的《南社丛考》中对黄有评述,他是东吴大学教授,学问渊博,颇有才华,曾与章太炎往来,并掩护过章太炎,平生不修边幅,著述极富,但多半散佚,徐、王是否为南社中人没查出。

10月17日　　星期三　　晴

上午去甲排房看光儿,并到医院拿点药。后到书店买了几本书,其中有本《〈金瓶梅〉作者新证》,作者为张远芬。他根据兰陵笑笑生这个地名与人名,考证出兰陵为山东峄县,而笑笑生为当地明代一位地位较高的人物贾三近,他曾作过兵部右侍郎。作者罗列了不少证据,但特别有力的不多。我觉得在理论上说不通的有几点:首先,《金瓶梅》作者,过去所以传说为王世贞,就因为他父亲被冤死,于是发愤为此书,以揭露当时政治的黑暗,因而有苦孝说。但贾三近的一生可说是一帆风顺。不论其家庭父祖,以及他个人都没有遭到政治上的迫害。特别在地方上更是名门望族。在这种情况下,不可能写出像《金瓶梅》中那样许多黑暗不合理的现实,并且满纸都是愤慨悲痛之情。写此书者应是曾受有政治上极端残酷的打击,乃能写出这样的作品。司马迁说:"诗三百篇大抵圣贤发愤之所为作也。"李贽也曾说:"不愤则不作矣。"贾三近没有那样的遭遇,而写出这类愤激之作,其不合情理者一。

其次,书中写男女房中之事穷形尽相。作者如果为贾三近,第一,他没有此生活。其次,他也无须如此写。而书中许多地方都如此写,其目的何在?此不能解者二。

作者谓书中的蔡京系指高拱、张居正,而非严嵩、陆炳之流。但张居正曾被当时推为大有作为的名相,即李卓吾对之亦有称赞之辞。而书中所写蔡京、高俅等奸贪昏庸之徒,与张居正绝不能同日而语。笑笑生也是综核名实的,此其三。

10月18日　　星期四　　晴

下午,增杰、赵明两同志来,谈系学位委员会与学术委员会人选问题。

晚,福生与宜雷来。

接张俊才寄来社科院出版的内部刊物《文艺动态》,里边有篇他总结几十年来研究林纾论著的成绩。他对我的那篇《林纾论》一再征引,可以看出他对那篇论文的重视程度。

10月19日　　星期五　　晴

晨起写《谈治学方法》,直到上午10时许写竟,拟誊清寄给河南日报社。

上午,盟市委一位工作同志来,说下周三举行慰问离休退休的老同志会,请我参加。我说有课,但一定要我写几句,他走后,我想了想写了一页,表示个人对他们的希望与祝愿,下午投邮。

下午,修改上午写的文章,阎季昌来,送来一盆菊花。

晚,爱和来。

接徐澄平函说,寄去的《子产评传·后记》及嵇老为该书写的原《序》均已收到。

10月20日　　星期六　　晴

上午,去七号楼电教室录像,讲了一个半钟头,至10点半结束。誊写《谈治学方法》,下午誊毕。

10月21日　　星期日　　晴

早晨,写了两封信,一、烹饪学会成立会的贺信,二、秋子。直到晚上才投邮。

下午休息,起来后看看杂志。

10月22日　　星期一　　晴

早饭后,本拟把写好的《谈治学方法》一文寄给《河南日报》,及找到该编辑刘君的来信,方知要结合个人的经验体会谈治学,这样这篇文章显然不符合他们的要求,于是决定另写一篇,费一上午功夫完成了,下午又加以誊清,约两千字。

晚上郝蜀山君来,他是参加学报讲习班的,送他《作家论》一本。

10月23日　　星期二　　晴

上午把《个人自学的回顾》一文誊改毕,让小厚再誊一遍,随后寄出。

下午,黄平权来。

10月24日　星期三　晴

上午9时至11时,为助教培训班在家里上课,讲《龚自珍与晚清诗坛》。

下午,校阅《晚清西学输入与近代文学的发展》一文。接到省文学学会召开会议的通知。

10月25日　星期四　晴

上午,去开封宾馆参加市人大常委会,住一号楼110房间。

8时半开始,听了市几个局长的工作报告。下午,小组会。学习党的十二大二中全会关于城市经济体制改革的决议。

10月26日　星期五　晴

上下午参加小组会,了解到农村以及城市工业方面的一些情况。

10月27日　星期六　晴

下午,听三个组长汇报讨论情况,通过任免,会议即结束。

10月28日　星期日　晴

上午,看(北)师大出版社印的《章炳麟论学集》。这是章氏给他的弟子吴承仕(检斋)的书信。这次在市里参加人大会,于吴胜角古籍书店买的。在宾馆看了一部分,今天上午把它看完。从这里可以看到:

(一)章氏晚年在论学上与吴关系至为密切。他们讨论佛学、经学及文学。

(二)章对吴的学术造诣极为赞许。

(三)章氏晚年对清代皇帝早年世系极感兴趣,并进行过仔细研究。

(四)章氏在学术思想上趋于圆通,对古代哲人均有较平允的评价。

（五）从章氏与吴书中,知其对黄侃(季刚)的工作问题非常关切,对黄的性情也有所了解,并为他的将来担忧。吴对黄本极好,后来两人关系破裂。吴与章的函中似曾详为论述,章认为黄的为人很难免于乱世。

（六）从章氏与吴函中,流露出对五四新文化运动的不满。

（七）章氏不赞成黄的抨击桐城派。

但最有趣的是,章氏始终不了解吴后来已成为共产主义者。而吴亦从未和他谈及此事,可能吴认为不宜与他谈及此事。

10月29日　　星期一　　多云　气温较低

关爱和将其修改后的论文拿来,明天下午即拿去打印,即我须抓紧看。

晚张宜雷来谈选文事宜。

接教育学院邀请参加《歧路灯》讨论会的请柬。

10月30日　　星期二　　晴

下午,看《苏轼诗集》,前边有他老弟给写的墓志。

接张国光函,说湖北天门县成立了竟陵派研究会,聘我为顾问,明年4月拟开研讨会。

10月31日　　星期三　　多云

8点左右,乘车来郑(参加省文学学会及省社联会议)。同来者近二十人,下榻新通桥友谊宾馆。下午2时许,举行文学学会常务理事会。3时半,到文化局招待所二楼会议室参加理事会,五时许结束。

晚,耿恭让、孙广举、鲁枢元三同志来谈。

11月1日　　星期四　　晴

上午（省文学学会）大会开幕，由龚依群同志主持。我作了三年来第一届理事会工作的报告，下边由孙广举同志作关于文艺理论研究情况信息的报告。

下午由赵宜文谈文艺理论工作和鲁枢元对其文艺心理学研究的汇报。

11月2日　　星期五　　晴

上午大会发言，增杰同栾星两同志谈关于当前现代文学与古代文学研究的情况和趋势。

11月3日　　星期六

上午，参加（省社联大会）开幕式，有省委领导同志张树德，还有社联的同志都参加了大会。张书记讲了话，约有半个小时休息，领导们都走了。下边是大会发言，共听了四位，即近12点，我同爱和就回来了。

下午参加文学学会小组会。

11月4日　　星期日　　晴

上午先参加小组会，我也发了言，接着开编委会。

11月5日　　星期一　　晴

上午，文学学会举行全体会。由龚院长主持，我作了学术报告。内容即带到会上的论文《西学的输入与近代文学的发展》。

下午2时，乘校车返汴。

11月6日　　星期二　　晴

上午，去学校邮亭，把稿子寄给《文学知识》。

下午,客人如流水样,先是李运乾、姚桂月两同志,接着慈健同一个学生来,孙荣光来直到晚饭前始辞去。

11月7日　　星期三　　晴

上午写关于苏轼的文章。因检阅了一部分书,重读《后汉书·范滂传》,不觉为之流泪,足见《后汉书》中亦有动人的篇子。(苏轼年幼时,对其母曾有以范滂自期的话)。

下午,为四年级学生拟欲报考研究生的作辅导报告,题目是《关于晚清文学革新与五四文学革命的关系》。

11月8日　　星期四　　多云转阴

上午,为助教培训班讲课,题目是《晚清文学思想的流派及其论争》。

下午,看《东坡尺牍》。

11月9日　　星期五　　多雨　欲雨

上午,去盟市委参加常委会,同去者张明旭、宋景昌、葛洪三同志,12时返家。

11月10日　　星期六　　阴

上下午在家看书。

晚饭后,韩玉生来约我明天去参加《歧路灯》讨论会。

王振铎同志来,约我下礼拜一为学报讲习班讲课事。

11月11日　　星期日　　晴

上午,到开封宾馆参加《歧路灯》学术讨论会,在开幕式上致词。

11月12日　　星期一　　阴晚雨

上午,到十号楼给学报办的学报编辑培训班上了两节课,讲如何写学术论文。

11月13日　　星期二　　阴小雨

上午,审阅《中国新文学渊源》的稿子。

11月14日　　星期三　　多云

上午,校阅选录的龚自珍的散文。

下午,给四年级报考研究生的十位同学进行辅导,两次已讲毕(晚清民初的文学)。

11月15日　　星期四　　晴

上午给助教培训班上课,讲章太炎、刘师培的文学论。

下午校阅李建伟誊抄的《中国近代小说》。

李运乾、王运钧及老杨三同志来谈用民盟名义在开封办图书公司河南分公司事。

平权来谈他们去四川游览的情况。

11月16日　　星期五　　多云

王基原说让我参加《歧路灯》讨论会的闭幕式,但从早到上午始终没有来车接,可能觉得没有必要让我去参加。

上午,看誊清的《论龚自珍散文》。

下午,赵明同志来,送来沈卫威的历年分数单和他写的论文,欲以推选他为免试研究生。

11月17日　　星期六　　阴　有小雨

把学生誊抄的龚文校完,发现稿子纸不是400字的,真糟透了,于是遂把它放下。

看章太炎论孔子的论文,他对孔子的看法曾有几次的变化,此不可不论也。

11月18日　　星期日　　阴天降温

下午,起来后看太炎政论选集。

11月19日　　星期一　　晴

上午开始写《谈清以来学者的治学方法》,把过去曾给研究生讲过的有关资料用文字贯穿起来,使之成为一篇文章,到下午写了8页。

上午,增杰、赵明两同志来,考一下沈卫威对现代文学的知识面。他来后,提出几个问题,主要是他写《端木蕻良评传》的经过等问题,约费一个半小时。他走后,我们议论了一下,认为他可以免试,但还不要告诉他,让他集中时间再好好准备一下。

11月20日　　星期二　　多云

写关于治学方法一文,最后论到鲁迅,因重新阅读他的30年代的几本杂文。

下午看鲁迅杂文。

晚孙荣光来。

接北京文研所函,近代文学研究会下月5日在杭召开。

11月21日　　星期三　　多云

上午给助教培训班上课,把柳亚子、鲁迅和周作人讲毕。

下午,写《谈治学方法》。

11月22日　　星期四　　多云

上午,整理章太炎文选。

下午,晨风来,谈他的工作事,并把他近年写的一篇散文让我看,因而也引起了我的思乡之情。

11月23日　　星期五　　多云　阴冷

下午,看爱和论文,到晚上看毕。

寄给河南日报的那篇《论治学》文,22号刊出。

11月24日　　星期六　　多云

晨起,把爱和论文的评语写出。

上午,看王选《古文辞类纂》中关于所选曾国藩的文章。

晚饭后,爱和、凯声来,接着解志熙也从郑来了。

11月25日　　星期日　　多云

上午,把爱和论文的评语誊在表上。

栾星同志寄来对爱和论文的评语。

11月26日　　星期一　　多云

上午,看北大哲学系编的《中国哲学史教本(下)》,里边论戴东原的哲学,很简明扼要。

下午,赵明同志来。谈他给爱和论文作的评语和提出的问题。

晚饭后,爱和来,把栾星同志寄来的关于他的论文评语拿给增杰同志,我让他把解志熙的一篇文章捎给解,附一函,让他把论文交到学报。

发《文学知识》编辑部函,附文稿《近代小说》。

11月27日　　星期二　　晴

上午在家看书。

下午爱和来,让写出关于他毕业的分数登记及论文评语。

看太炎文集,拟补选几篇他的散文。

11月28日　　星期三　　晴

上午给助教培训班上课,把《晚清文学思潮的流派及其斗争》讲毕。

晚饭后,与赵明同志去校招待所看栾星同志。是下午爱和去郑州请他来的,明天即进行爱和毕业论文的答辩。在栾星所住室内,开了个答辩会的准备会,与会的栾星、赵明、增杰、文金还有我,谈了近一小时即散会。

11月29日　　星期四　　晴

上午爱和同志进行论文答辩,很顺利,一致通过他的毕业论文,并对答辩感到满意,建议授予硕士学位。

午饭由系里招待栾星同志,我去作陪,下午2时即送栾星同志返郑。

11月30日　　星期五　　晴

上午,参加系学位委员会,我被委任为主任委员,讨论授予八个研究生的硕士学位事,通过了七名,一名因系同等学历考上研究生,有三门课须要考试,合格后方能申请学位,其余四名汉语、两名古代文学(郑大研究生),一名为近代文学即关爱和,全部通过。

12月1日　　星期六　　晴

下午乘校车赴郑,住国际饭店九楼19号。与新乡师院卢金梭院长住一房间。

12月2日　　星期日　　晴

上午,听郑鸿来同志传达盟中央在南京召开的全国盟组织工作会议精神,并传达了胡耀邦主席在民主党派座谈会上的讲话。

下午,听陶大镛同志的报告录音,关于城市体制改革及对外开放问题。

12月3日　星期一　晴

下午2时,与(关)爱和一起乘由郑开往上海的火车,赴杭州参加近代文学学会年会。凌晨6时半抵苏州,拟由苏州去杭州。

12月4日　星期二　晴 有风

晨,到苏州后。(王)介平同志在车站接我们,一块到他家附近一个小旅店休息。早饭后,到观前街逛了两个小时,即返寓。午饭,介平招待我们。

下午,我休息睡午觉,爱和去街购物。4时许,介平到旅店。等爱和回来,即一起去码头。上船后,介平才辞去。

这次路过苏州,介平忙碌异常,又接又送,并请吃饭,深感不安。

12月5日　星期三　阴大风降温

晨7时半抵杭州。

12月6日　星期四　晴

上午,近代文学年会大会开幕式,我也讲了话。

下午,大会发言,讨论近代文学的分期问题。我也谈了个人的意见。

12月7日　星期五　晴

上午,大会发言。我第一个把论文《晚清西学输入与中国近代文学》的内容作了简要介绍。另外还有其他同志的发言,至11时散。

12月8日　星期六　晴

上午,集体游灵隐,并瞻仰秋瑾墓地。有石雕像一座,神采奕奕,令人怀念。同志中有带照相机的,为摄影留念。回寓已11点半。

12月9日　　星期日　　晴

上午,分组讨论。我参加第二组。大家认为过去对梁启超所倡导的文学革新运动评价过低,应重新予以估价,并认为其所提倡的这次运动应称为文学革命运动,不应称为改良运动,但也有不同意这样提的。下午,我没参加会。听说小组继续讨论此问题,有人认为称做革新比较妥当。

下午,在我同爱和的住室215房间,邀请华南师大钟贤培与上海师大王杏根,一起讨论《中国近代文学史》的教材编写问题。决定拟出一个纲目,用三个钟头的时间才大致搞了出来。打算再邀请几位同志,征询一下意见,然后拟出一个较详细的提纲。这样就可以分工编写了。

12月10日　　星期一　　晴

大会组织去绍兴参观,我已去过两次,所以没去。

下午睡了一觉,起来看报、看小说。

12月11日　　星期二　　阴

下午,大会闭幕。

12月12日　　星期三

早晨7时零几分,乘车去上海。

上午11点零几分抵沪,与上海市政协去电话,该单位一位行政处长何同志来接,给安排到申江饭店。

12月13日　　星期四

早饭后,又与爱和、广西去街上一趟,回来已9点多,市政协一位孙同志乘车来饭店,送我们去车站,司机到真如车站路不太熟,到车站已剩10分钟,又是急匆匆地上了车。

12月14日　　星期五　　阴　大风降温
回到开封。

12月15日　　星期六　　阴大雪
到柳园饭店参加开封市第八届人民代表大会,住101号房间。

12月16日　　星期日　　雪止　路上极滑
下午,回来午休后,去小礼堂参加湖南师大研究生黄瑛君硕士学位论文答辩,参加答辩委员会的有刘增杰、赵明、王文金,湖南师大的颜雄。我任主席,赵明任副主席。

黄瑛这个学生很聪明,学得比较扎实。湖南人,但一口流利的普通话。今天,参加旁听的同学坐满了小礼堂。但她侃侃而谈,对提出的问题一一给以较为圆满的答复。这个学生是很有发展前途的。最后答辩委员会一致通过授予硕士学位。

收到中国作协第四次代表大会名誉代表聘书。

12月17日　　星期一　　晴
上午,在宋都宾馆参加大会。

午后两点半,文金同志送颜雄、黄瑛师生去车站,并送我去宾馆。到宾馆后,与颜、黄二位来宾作别。

12月18日　　星期二　　晴
上午,全会由吕锡田作人大工作报告,接着由法、检两院院长作报告。

晚宿宾馆。

12月19日　　星期三　　晴
上午,大会散会较早。

下午参加大会预选。

晚饭后回家。

12月20日　　星期四　　多云

上午(市人代会)主席团会议。根据预选结果,通过候选人名单,并通过几项决议。

下午,全体代表大会进行选举。

市委统战部通知:中央杨静仁部长来开封,要见见各民主党派的主委,于是我们投过票后,即由大众影院乘车到开封宾馆二号楼。等了半个多钟头,他出来与大家见面,并讲了话。最后摄影。

12月21日　　星期五　　多云

市人大会闭幕。

12月22日　　星期六　　阴　有风

一天没出门。校阅李建伟给我誊写的关于袁中郎的稿子。

爱和由郑州来,下午到家里坐谈一会。

12月23日　　星期日　　晴

重阅《中国新文学渊源》中第五部分中《桐城派的兴起发展与衰歇》。

下午,张宜雷来谈,并还了两本书。

12月24日　　星期一　　晴

下午,参加科研处召开的研究生出题小组会。

晚9时即休息。

发信致冯辉。

12月25日　　星期二　　多云

上午,标点曾国藩的散文。

晚,爱和来,将书及大会的材料拿走。

接山西大学靳极苍函,并寄来他们学校的学报一册。

12月26日　　星期三　　晴

上午给助教培训班上课。

下午将曾国藩散文(选好)标点毕。

开始阅刘师培散文。

12月27日　　星期四　　晴　酷寒。下午在家守着火炉还觉得冷

下午,看《刘申叔散文选》及《刘申叔遗书》,拟选出几篇来,足以代表他的散文的思想、艺术特色。

晚饭后,宜雷来,送来郑板桥的影印竹子一幅,作为贺年之礼。并谈及他拟写《晚清的诗界革命》,阐述这一运动,如何从旧体诗进行革新解放,到后来开五四新诗产生的先河。

发信致靳极苍(山西大学中文系)。

12月28日　　星期五　　晴

上午,写《中国新文学渊源》的《自序》。下午写毕,约三千余字。

12月29日　　星期六　　晴

下午修改誊抄《中国新文学渊源》一书的《自序》。

中文系学生王文科与开封日报编辑李允久合写了一篇报告文学《他在灯火阑珊处》是关于写我的草稿,让我审阅。我看了一部分,觉得他们是根据我的《七十自述》一文写的,有时运用想像,不免有点夸张,而有的地方和年代与事实不符,我须给以纠正。

12月30日　　星期日　　晴

上午,去市人大参加八届一次的主任、副主任办公会议。由主任吕锡田对人大机关工作人员与会的,从职务上作了介绍。接着对八五年工作计划要点作了概括的说明。至11时半始散。

下午,参加校学位委员会,研究通过研究生学位授予问题。

12月31日　　星期一　　晴

下午,王梦隐同志来谈。

发信致北京第四次作协代表会秘书处。

1985年

1月1日　　星期二

上午,把《中国新文学渊源》的《自序》修改了一遍。

孙荣光同志来谈。

1月2日　　星期三　　阴　天气阴沉　欲雪不雪气温下降

上午,复武国华函,并修改四年级王文科同学写的一篇关于我的报告文学。

下午去学校参加学位委员会,至6时许始散。

1月3日　　星期四　　上午阴　下午晴

上午,没去学校参加会议,在家读书。把刘师培的文章选了出来。

接(王)介平函。

1月4日　　星期五　　上午晴,下午转阴

早饭后,上街购物。

1月5日　　星期六　　晴

上午,给助教培训班上课。

下午,看《王静安遗书》中散文部分。

晚饭后,爱和来。陈继会送来所写文章一篇。

把论文集寄赠给华南师大中文系管林和钟贤培两同志,并附一函。

1月6日　　星期日　　阴

上午,看解志熙送来的论文,对沙汀《淘金记》内容的分析。

1月7日　　星期一　　晴

下午,看《静安文集》。

1月8日　　星期二　　晴

上午把王国维的散文选出大部分,由我所买的《王国维遗书》第四、五册中选出,加过我的标点,少部分选自《近代文论选》已有标点。午饭前,慈健来,交给了他。另外阅读《谭嗣同文集》拟于一、二日内把谭的散文选出。

1月9日　　星期三　　晴

上午,给助教培训班上课,讲胡适部分。

下午,将谭嗣同散文选出,拟让慈健拿去复印。学校给家里装上了电话,号码为371。

晚饭后,陈继会来,把他的文章带走。他想投向《文学论丛》,让我给广西写封信。

下午,找郑珍的《巢经巢集》,结果缺了个第二册,而第二册恰恰是比较重要的散文部分,后又查阅《国朝文汇》,丁集里选有郑珍的散文,但为数很少。另外,这部选集选清末的几个大家选的比较多,如章太炎、严复、薛福成、林纾等,郑振铎的晚清散文选一书是否是以这部分为底本,如比较一下目录,即可了解。

1月10日　　星期四　　晴

早饭后,乘车去盟市委参加常委会,12时结束,在又一新午餐。

下午,回来后,稍事休息,又参加校学位委员会,通过授予三个硕士学位申请的研究生的学位。

1月11日　　星期五　　多云

下午看夏穗卿的《中国古代史》,决定从他这本书中选几章,作为他的散文的代表。

1月12日　　星期六　　晴

上午10时许,增杰、赵明、如法、振犁诸同志来,开关于近代散文选编选会议,至11时半散。

下午修改《中国新文学渊源》一书的《自序》。

1月13日　　星期日　　晴

剪贴复印的严复文选,搞了一整天,但还没搞完。

上午,《河南日报》社肖振华来说,晚上要找我谈话,并拟在这里吃晚饭,因此不能不略作准备。

肖振华同志晚上来吃饭,并谈至9时许辞去。

1月14日　　星期一　　晴

全日写龚自珍文选的小传,除简述龚生平思想外,并评论其散文的渊源及特点。

下午,省委干部培训班一位负责同志来,约我礼拜四上午给该班同学作一次演讲。

晚,同学李惠彬来,还所借《饮冰室类编》。

1月15日　　星期二　　晴

上午,在校部参加校学术委员会,10点散会。

下午,填八四年的著作及论文表。

写给干部培训班讲演的提纲《试论鲁迅的探索真理与坚持真理的精神》。

1月16日　　星期三　　晴

上午,给助教培训班上课,把胡适部分讲毕。

接汪玢玲函,说她写了篇纪念赵纪彬的文章,拟在这里《史学月刊》上发表。因此下午去访赵希鼎同志,他是这个刊物的总编。见他以后,说明来意。他说他同汪也熟识,都是东北大学同学。他说他可以直接与她去函。回来后,我给汪一信,拟将《中国近代作家论》送她一本。

1月17日　　星期四　　大风　严寒

上午,给省委办的干部培训班讲演,题目是《学习鲁迅探索真理与坚持真理的精神》。至11时许结束。

1月18日　　星期五　　多云

上午11时,去学校大礼堂前摄影,因系本届研究生毕业,所以与校领导及导师合影。

下午,校阅学生抄的文稿。

接郝蜀山函,向我约稿。并说他校要聘我为名誉教授,对此事我觉得值得斟酌。

1月19日　　星期六　　晨大雾,十时许晴

今天粘贴复印严复文选。

上午黄志琴来,让她代为粘贴复印章太炎的文选。

1月20日　　星期日　　晴

上午,乘校车去盟市委参加为四化服务经验交流会。

下午6时半,李天明来,让给他的《中国新文学渊源》课划分数,这是一年的课,第一学期划94分,第二学期划92分。

张宜雷来,爱和来。

1月21日　　星期一　　阴

上午10时半,去学校招待所食堂会餐,今天是研究生科为本届毕业研究生举办的一次招待会。会上由陈信春副校长讲话,中文系毕业三位,近代文学关爱和、外国文学袁洪军、吕伟民。

下午5时许,去盟市委,设筵招待这次经验交流会的来宾,与会作陪的为正副主委,7时半散。

接省文联通知,25号开理事会,我出席与否?还未决定。

从市里回来,屈春山与刘虹来。刘是从事写作的。坐了一个多钟头,辞去。

1月22日　　星期二　　多云　东北风

今天,写严复小传并评论其散文,篇幅稍长。

下午,慈健来,袁凯声来。

1月23日　　星期三　　阴,小雪

上午,给助教培训班上课。谈治学方法及如何写科研论文。

下午,校阅文稿《自序》。

晚,陈继会同志来,捎来(王)广西函,及《中州学刊》誊抄的我的论文底稿。

发信致灵宝七中一位借书的教师。

1月24日　　星期四　　阴　外边一片白雪

昨晚,溶池来说,他不去参加省文联召开的理事会,因也劝我无须参加,我接受他的意见,所以决定不去了。起床后与汽车队打电话,没人接,7点左右(牛)庸懋来,我告他不去了,他一个人去了。

《中国新文学渊源》一书誊清的稿子已集齐,并所写的《序》已誊出,今天决定重新校阅一下,十几万字,也须几天校阅才能竣工。

校阅李卓吾一篇。

接省政协函,下月二号举行常委会。

1月25日　　星期五　　雪住　阴天

上午,校阅《中国新文学渊源》誊抄稿。

下午,图书馆送来《何大复先生全集》。这部书,我过去曾看过,借来以给我写文章的兴趣。最近要翻翻他的集子,并参阅前人的批评,写篇文章。

1月26日　　星期六　　阴

上下午,粘贴打印的文章。

看《何大复诗文集》。

1月27日　　星期日　　晴

上午看《何大复集》。

为科研处填写论文表格。

1月28日　　星期一　　晴

上午,看《何大复集》,爱和来。

下午,午觉起来已4点,接着孙荣光,赵明同志来。他们走后,已到晚饭时间。

1月29日　　星期二　　晴

上午标点严复散文。

张华英同志来电话说,省政协让写个小传并交四张相片。

写小传。

1月30日　　星期三　　晴

省政协给校统战部通知,让我31号去省,因此决定31号上午去。

上午,张华英来,把省政协要的小传及相片四张交给她,她即投邮去了。

1月31日　　星期四　　晴

8时许,乘车赴郑,到后下榻国际饭店721房间。

2月1日　　星期五　　晴

上午,开(省政协)主席、副主席及秘书长会,通过这次会议的议程。丁轸宇同志来,谈河南经济不能起飞的原因,是由于中层干部的阻挠。于是柏园同志鼓励他在大会上作次专题发言。

午饭后,在柏园同志室内谈了会,回来休息。

2月2日　　星期六　　晴

上午,开幕式,由王化云主席宣布这次大会的议程,接着由秦副省长讲河南城市企业改革问题。

下午,由冯登紫部长传达胡乔木关于"决定"的理论问题,继又传达马洪院长讲的关于社会主义计划商品问题。

2月3日　　星期日　　晴

上下午参加小组会。

2月4日　　星期一　　晴

上午小组会,下午大会听左明生、郝福鸿、冯全材三同志传达报告。

晚饭后,去干休所看党若平同志。

2月5日　　星期二　　多云,大风降温

上午请假,上街购物。

下午参加小组会。

2月6日　　星期三　　小雨转晴

上午,去中州宾馆,列席人大常委会。听传达,主要是彭真讲话。

下午,小组会。

2月7日　　星期四　　多云

下午,省政协会议闭幕。乘车抵汴,已7点半了。

2月8日　　星期五　　上午阴　下午晴

上午,有点小恙,吃些药卧床休息。

2月9日　　星期六　　晴

早饭后,到系资料室,把两篇论文交给钱少君复印。

尉氏一位中学教师张培文来访,为证件事。我给葛洪写了封介绍信,让去找他谈谈。

2月10日　　星期六　　晴

下午誊写论文。

晚张永江同志来,谈至9时半辞去。

2月11日　　星期一　　多云　气温降低

《中国新文学渊源》第九《结束语》已誊出，又有修改，交慈健再誊写一份。

全日看慈健论文《评王国维论美学的社会功利性》。看张永芳的试论侯方域论文中对侯的家世生平、性格及散文特点都进行了考证与评述，有个人看法，可惜对侯的散文未能作具体的分析，令人有头重脚轻之感。

拟将《论鲁迅几篇纪念性杂文》寄给山西刊大的《刊授导报》。

2月12日　　星期二　　晴

上午，开始整理并标点严复、王国维等人的文选。

下午，接连来客人。市社联负责人来；并送礼品；省中国古籍整理委员会来，邀我去郑开会，我谢绝了；文金、增杰来，谈系里近况。晚饭后，赵明同志来。

2月13日　　星期三　　多云　气温较低

上下午，标点审阅王国维文选与郑珍文选。

下午，慈健来，谈他的工作事，系里拟任他为总支副书记，看情况他也有意作。

接汪玢玲函。

发李天明、还有他给美国某研究单位申请助学金的信。

2月14日　　星期四　　多云

上午，在办公楼三楼会议室参加校党委召开的春节茶话会，10时许散。

接《中州学刊》寄来稿子清样（《清代朴学家及程朱理学思想及其进步的文学观》），校改后，投邮。

整理《中国新文学渊源》稿子，5时许完成，包装后已不能投邮，只有等明天了。

2月15日　　星期五　　上午阴下午转晴

上午8时许,乘车去盟市委,与李运乾同志商谈茶会进行程序。9时许开会,在市政协礼堂。到会者有市委统战部长杨基柱,还有二位副部长,市政协张汉卿副主席。同志们到会的约四五十人,至11时半结束。

结束后,又在运乾室内通过11位入盟的盟员申请表,中午在第一楼小笼包子店就餐。饭后回来,已近下午2时。

2月16日　　星期六　　大风降温

晨起,写了几封信。

上午,标点刘师培散文选。

2月17日　　星期日　　昨夜一直刮北风,今晨起来大雪纷飞、气温骤降

一天未干什么事,帮助爱人打打杂。

2月18日　　星期一　　阴

下午,去市参加人大常委会,4点半回来。

韩书记靖琦,李校长润田来家探望。

2月19日　　星期二　　多云

晨起,为旧历元旦(即春节),团拜会写了篇献辞。

上午,整理书室,把写字台上的书籍整理了一下。

2月20日　　星期三　　晴

今天是旧历元旦(即春节),从4点开始全市远近都响起了爆竹声。

6点多起床。8点即有刘溶、友梅、刘林一家三口来拜年。不久，杜运通来，坐片刻一起去老黄家，在那里遇到张锡智，坐了会，又一块去十号楼。9点多全系团拜会开始，大家相互鞠躬。接着，我朗读了《春节献辞》。以后，各位老同志有的朗诵个人诗作，也有抒发感情的，至10时许散。

11时许，信春、增杰、文金等来。

孙荣光等人来。

2月21日　　星期四　　多云

早饭后，到院内几家老同志家拜年。下午，秋子、笑薇从郑州来。看《苏轼诗选》。

2月22日　　星期五　　多云

早饭后，去看邻人李明斋同志，他谈他过去的历史，原是东北大学学生，九一八后转学青岛大学。毕业后，曾在昆明任联大讲师，后到湖北师院又到河大数学系。

下午又不断有客人来，傍晚去华公家。

晚（邢）治平夫妇来。

2月23日　　星期六　　晴

上午，去看王梦隐、鞠秀熙两同志。

2月24日　　星期日　　多云

上下午均未出门，重写苏轼与陶潜。

早晨，读《后汉书·党锢传》中范滂、张俭、李膺等人的传，深受感动。范晔表彰当时的节概之士，时有传神之笔，有时深能感动读者。

读《宋史·苏轼传》，后之论者，如明代的李贽、晚清王国维以及近代的胡适，对之都备加赞扬，认为不论他的诗、文、词复绝千古，其人格极崇高。后之儒者深中二程之毒，于东坡深加诋訾，此极不公之论。

2月25日　　星期一　　阴
午后2点,赴孙荣光家家宴。
下午德敏侄来。

2月26日　　星期二　　阴　晚零星小雪
看《曾国藩传》。
晚,查《鲁迅全集》中,关于他提到朱熹的有关文章。
接张永芳函(辽宁电大),关于他写的侯方域文章的评论问题。

2月27日　　星期三　　阴
上下午在家看书。
阅读清代乾隆时期袁枚、焦循、孙星衍等文论。
拟写《曾国藩小传》。

2月28日　　星期四　　阴,气温仍很低
接徐豫生函,内容为,他们争取早日将此书付印,现正阅读。
下午写《曾国藩小传》。

3月1日　　星期五　　阴
全日整理选出的《近代散文选》,把已誊抄的篇子,校阅分段。
从校阅龚自珍、章太炎的文章中有了新发现。

3月2日　　星期六　　阴
上午,校阅《龚自珍文选》。
晚觉得很疲乏,睡得很早。

3月3日　　星期日　　晴

上午,校阅《龚自珍文选》誊写稿。

下午,去看赵明同志,他近来感到疲劳,没精神,也不想吃饭。在他那里谈半个多小时。

82级中文系同学李惠彬来,送还新借梁启超的《饮冰室全集》上册,并送来一兜豇豆。

晚,看日本电视连续剧《阿信》第一集。反映出八十年前日本农村的贫穷,与当时农民的困苦生活。

3月4日　　星期一　　晴

上午,把《龚自珍文选》校阅完。下午,又把《曾国藩文选》阅读一遍,都作了段落的划分。

下午,袁凯声同学来并送来"毛尖"一包。

关爱和同志来。

3月5日　　星期二　　阴、风

上午,把《曾国藩传》改了一遍。

继续对《王国维文选》及其《小传》作初步编写,对他的散文风格还未写出。

下午,黄志琴把她替我购的《谭嗣同散文选》送来。小厚去学校取回三月份工资。

晚,李天明同志从长沙回校,并馈送糖及鱼。

3月6日　　星期三　　阴小雪

整天没出门,上午将《王国维小传》写竟。

下午,读《谭嗣同文选》,拟写他的《小传》。

晚,爱和来谈了会。他走时,似乎有话要谈,但又没谈,不知何原因。

3月7日　　星期四　　阴小雨

整天没出门。改写《章太炎文选》及《小传》。

慈健从兰考回来,谈到农村办丧事,复旧的情况非常的严重。

3月8日　　星期五　　小雨

上午,看光儿写的一篇论文《薛福成论》,约8000字。认为还有见地。但还有不足之处。对薛的思想发展,从洋务派转而为改良派,有所阐述但还不够突出,因没把他的思想和他同时期的洋务派头头如曾、李辈们比较,也没同稍后的改良派如梁启超、严复等作比较,因而比较单薄。

下午,去医院给光儿谈他的文章须适当加以修改。

慈健送来代取的药。另外我把《章太炎政论选集》一册、《谭嗣同全集》一册交给他复印。

解志熙来。送来小米、蜂蜜及金针菜。

3月9日　　星期六　　阴

校阅《刘师培文选》并阅《刘申叔遗书》中有关文章。刘在晚清确是一天才的学者,惜在政治上晚节不终,以短短三十几岁之年,著述如此丰富,并且卓有见地,非聪明超人,曷克臻此。

接景洞天函,说他哥哥中天在襄樊又创办一专科学校,一次因骑车出外办事,在一山坡上被一辆汽车撞倒,致受重伤,终以去世,年仅六十六岁,惜哉!

3月10日　　星期日　　阴,时有小雪

校阅已誊抄的《刘师培文选》。

阅读《国粹》学报。

悼景中天先生。忆四十年前中天先生在汴筹办嵩华学院,曾聘余任中国文学课。解放后地北天南,不相闻问。顷接其弟洞天来函

云:彼最近在襄樊又筹办一专科学校,因奔走校务,在途中不幸遇车祸竟而不起,惜哉!因为二绝以以悼之:

其 一

忆昔共事在夷门,荒凉古寺气象新。
赖君擘划与奔走,嵩华名满大河滨。

其 二

别来瞬间四十年,人世变幻如云烟。
且喜冬尽阳春到,堪惜君竟归道山。

晚看电视《阿信》,生动感人,中外贫穷儿女命运,有其相似之处。

3月11日　　星期一　　晴

全天去小礼堂与赵明、增杰、文金诸同志批阅本届报考的现代文学研究生试卷,12名考生中80分以上者3人。

接郝蜀山函,前寄去论文已收到,里边有一段引文因抄写讹误,致引起他的疑问。

接郑大一位同学函,问研治近代文学的方法、道路。省政协通知,本月21号在郑州国际饭店,凡我省全国政协委员集中一起赴京开会。

3月12日　　星期二　　晴

上午11时许,溶池来为韩林元提升职称事,我同他一块去访高文同志,请他给写个评语。

下午,去看何权衡同志,他住在招待所。在那里谈了会,(宋)景昌、(李)春祥、(王)宽行都去了。又谈一阵方散。

晚饭前,高先生送来已写好的评语。

晚饭后,淑惠来问问题。她走后增杰、文魁两同志来谈慈健问题,要让他担任副书记,我自然同意。

郑忠信偕开封师专另一位同志来,他们要出学报,向我要稿子,我决定将文学丛刊那篇文章要来给他们。

发信:郝蜀山,李纯德(郑大中文系82级学生),景洞天(内有悼景中天诗两首)。

3月13日　　星期三　　大风

看《聊斋》,拟写篇《〈聊斋志异〉中妇女形象的画廊》。

晚饭约请何权衡同志来家吃便饭,并邀慈健、爱和作陪。他们6时前均已到,鸿毅搞六个碗作酒菜,主食是饺子,还说得过去。

饭后漫谈,权衡谈郑州各方面的情况,至9时许,他们方离去。

发信致韩林元(附高文同志评语),航空挂号。

接周学禹函。

3月14日　　星期四　　晴

慈健送来400字稿纸420张。将写成的五位近代作家小传,交他找人誊写。

温振宇送来公语语文教材,让审阅。

晚,郑中信同志来,带走我给王广西同志的信(向他索回文稿一篇)。

3月15日　　星期五　　多云

上午,增杰、赵明两同志来,并邀四位研究生,讨论他们本期的几项重要问题:

1.出外参观学习。2.论文题目选定。3.下期教学实习等。文金后来也来了。10点半散。

审阅公语教材中古典文学部分。

3月16日　　星期六　　晴

上午,与鸿毅去马道街买些日用品。

晚饭后,看电视,蒋子龙小说改编的《燕赵悲歌》,11时结束。

3月17日　　星期日　　多云

早饭后,与鸿毅去看光儿。回来后阅读《夏曾佑的传记》,拟写夏小传。

下午写《夏曾佑小传》。

晚,看日本电视连续剧《阿信》。写信子从雇主家跑出,晕倒在大雪纷飞的路上,后被一青年救起。这一青年和一老人住在深山老林中。老人的两个儿子因被拉去参加日俄战争而战死,这一青年也是从战场上逃回,与老人一起躲进深山的。信子来到这里,觉得日子比过去好,但老人却不愿多留她,最后还是把她送走了。

3月18日　　星期一　　多云

上午,(王)广西从郑州来。送来他选的王闿运的散文十几篇。约两万字。他说我给《论丛》的论文已编好。准备即发稿。

看夏曾佑《中国古代史》。

晚,干训班学员阎进通同志由人大工作人员丘同志陪同来谈,并送来敦煌壁画挂历一份。他拟对我进行专访,写一报告文学,我已同意。

发信致冯光廉同志。(关于他的文稿问题)

3月19日　　星期三　　多云

写《夏曾佑小传》。阅《中国历史教科书》。

上午,赵明同志来谈《近代文选》的工作问题,决定明天开会商谈一下进展情况,及进度问题。

晚,爱和来。

准备赴京衣物。

3月20日　　星期三　　多云转晴

上午,开封师专程景新、李启仁两同志来,把《简论中国文化遗产中民主思想的产生与发展》一文（约七千字）拿去，拟披露在他们学报的创刊号上。

下午，郑忠信偕另外一位同志来，给我照生活照片。

接晨风函。

整理赴京的衣物。

3月21日　　星期四　　晴

上午8时，与周守正同志一行乘车去郑州。住国际饭店。

晚，到省人大会堂看电影，是根据俄国托思妥耶夫斯基的小说《白痴》改编的。

3月22日　　星期五　　大风

上午9时，乘从南昌到北京的快车，晚8时抵京，住京丰宾馆9楼19号，与政协工作同志郭士陵同室。

3月23日　　星期六　　阴

上午，给王路电话，告诉他我住的地址。

下午3时许，蕤儿来，即同她乘公共汽车去她家。路上转了一次车，走了一个半钟头才到。付蕤洋二百元。

3月24日　　星期日　　小雨

早饭后，与蕤儿去海淀买了几本书，并买两个被罩，13元多一个。

晚，看电影《枫叶情》是一个恋爱故事。散场回来，又看电视《阿信》，10时许洗澡后就寝。

3月25日　　星期一　　晴

上午，看《蔡元培全集》。

下午，参加大会开幕式。1点50出发，到大会堂后休息一会即进会场。3时开会，由邓颖超主席讲话，接着由胡子昂、杨静仁作报告，4

时半休息。

晚饭后,看电视《上海屋檐下》,系根据夏衍同名剧本改编的。

刘文田同志来,谈他交涉关于几位研究生来京住宿问题的情况。

3月26日　　星期二　　多云

上午,阅读文件。

下午,小组讨论对昨天胡子昂、杨静仁两同志的报告,谈个人感想。

3月27日　　星期三　　晴

上午,小组会。一位云南同志谈少数民族的愚昧迷信情况。一个几十户人家的村子,几年内就有七对青年男女为婚姻不遂而双双自杀。他们认为死后就可以结合。

下午,去人大会堂列席人大会议,听赵紫阳总理的报告。

晚看电影《无声的行动》。

晨写《感旧录》,把《小序》写竟。

3月28日　　星期四　　大风降温

晨起,写《感旧录》嵇文甫先生部分。

上午,去人大会堂列席人大会议,在广东厅听宋平、王丙乾两位领导的报告。

下午,拟继续写《感旧录》,因有客人来未写成。

晚,看北京京剧团的《白衣渡江》,内容是三国时,东吴将领吕蒙推荐任用陆逊作都督,破蜀将关羽的故事。

3月29日　　星期五　　晴

晨起,将关于文甫先生一文写竟。

上下午,参加小组讨论会。

晚看电视《李冰》。

3月30日　　星期六　　晴

晨起,写张遂青先生回忆录。

上午乘车去人大会堂,听田纪云副总理关于物价改革与工资改革的报告;何东昌部长关于教育体制改革的报告,会开到11点才散。

下午小组会。晚看电视。

3月31日　　星期日　　晴

上午8时,乘车去中关村蘉家,车到农科院门前停下。妞妞、童童前来接我。此后因天气很好,蘉全家陪我去紫竹院转转。

下午,睡一觉醒来已4点钟。蘉陪我到海淀影剧院门前,大会的车在那里等着,不到半个小时即抵宾馆。

晚看电影《海鸥》及电视剧《阿信》。

4月1日　　星期一　　晴

上午,二十六、二十七两组连组发言,刘导生同志任主席。先由二十六组三位同志发言,接着二十七组发言。内容有谈精神文明建设的;有谈义务教育的;有谈物价改革的。提出许多值得中央考虑的问题。

下午,大会发言。约有七、八位。尤以千家驹对物价改革问题和钱伟长的教育体制改革问题,讲得比较中肯而有卓见。

晚上,(刘)增杰、(刘)文田和四位研究生来。他们住在南池子一个部队的招待所。我们谈了关于他们几位的活动问题,我因此决定提前到8号回去。

4月2日　　星期二　　多云

上午,看简报及报纸。

下午,去人民大会堂听大会发言。

发信致慈健。

4月3日　　星期三　　晴

上午,小组连组会。邬沧萍同志发言,颇有见地。另外徐之河同志对社会科学的现状与发展前景,作了概括的评述。

下午列席人大会议,听吴学谦、杨易辰两人报告。接(李)慈健、周守正两人函。

4月4日　　星期四　　晴

早饭后,北师大来车接这边与会的校友回校,9时许抵达。在办公楼一个小会议室中座谈,有几位同学发言,我也谈了几句。主人谓时间已不多,发言截止。下去照了张与会的全体像,又去参观了"三一八"惨案的纪念碑。12时就餐,筵席相当丰盛。饭后,即用车送我们回宾馆。

下午,写了个提案,并在小组一个提案上签了名。

晚,看电视,系匈牙利的一个片子。写一个为人民而演奏歌唱的音乐家的遭遇。

发信一、守正,二、慈健。

4月5日　　星期五　　晴

上午,乘大会车去南池子缎库胡同五号,增杰与研究生所住的招待所。增杰请北大中文系主任严家炎(上海宝山人)给研究生讲课。我去时,他也刚到。题目为《五四后中国小说的流派及发展》。讲解头绪清晰,颇有独到见解,且要言不烦。在较短时间内,能将30年年间旧中国文学革命后的小说,勾画出一个比较清楚的轮廓,没有高度的概括力是办不到的。在严同志讲课时,何望贤也来了。午饭后即乘车回宾馆。

晚看京剧三团的《四郎探母》,耿其昌饰杨四郎、李维康饰铁镜公主,掌声不断。

4月6日　　星期六　　晴

上午,去人大会堂听大会发言。有两位同志发言比较突出,一是吴祖光关于文艺方面的;二是赵三复关于宗教方面的。下午小组会,有同志对赵的发言提出不同意见。因小组会系最后一次,而且与会的同志极少,于是3点多即散会。

晚看电视评剧《花为媒》,系根据《聊斋》中故事改编的。

4月7日　　星期日　　晴

早饭后,蕤儿来宾馆。同她一起去王府井东风市场购物。遇到丁轸宇同志。

晚,看电视《正月里来是新春》,写农民搞企业和几对青年男女的婚姻问题,反映了农村一些中老年妇女的封建迷信思想。

4月8日　　星期一　　阴

气温骤降。晚看电影,仅穿一件毛背心,坐在放映厅里,只觉冷气袭人。后出去,一位女服务同志给我找一件大衣披上,觉得好了点。

上午,写文未竟,有客人来,遂搁笔。

下午,参加大会闭幕式。

4月9日　　星期二　　多云

上午11点多,解志熙、章罗生两同志来,吃过午饭,他两人洗澡。2时许,乘这里去车站的车,到木樨地二十二号楼下车,到雪垠家。增杰等已等在这里。坐片刻,由雪垠给四位研究生讲他个人治学的方法,也谈到他个人创作经验与继承古典文学遗产的体会。下午5时半,吃晚饭。7时许辞去,由文田送我回寓。

今天特别疲劳,9时许休息。

4月10日　　星期三　　晴

上午,整理衣物。晚增杰、罗生、志熙来,送来代买的简易照像机。增杰给我拍了张相。

付志熙洋百元,为代付照像机钱。

9时许,志熙送我上火车。10时半开车返豫。这是开往深圳的15次快车。

4月11日　　星期四　　晴

晨7时许,抵郑。爱和乘校车来车站接我。司机为同乡秦同志,到秋子家用早餐。10时半抵家。下午看三周来积下的邮件及信件。

4月12日　　星期五　　多云

晨4时起床,写了几封信。

早饭后,去校医院病房看光儿。他将已写成的论文《薛福成论》给了我。

从学校回来,到校报编辑处见了应离。学报二期已出版,他给了我七、八本。

盟市委副主委李运乾来,谈成立的书画函授大学开封分校,属于汴京业余大学一部分,明天举行开学典礼,邀我去参加。

下午看光儿的论文,觉有见地,对薛福成的思想分析比较中肯,文笔也清丽无滓。令其再誊两份,送出发表。

晚饭后,淑惠来,谈她的工作调动问题。

发信:一、周畅中,二、徐澄平,三、徐豫生,四、蕤儿,五、周德兰、六、冯光廉。

接德重侄函。李丹寄来《光明日报》社编的《博览群书》杂志。

4月13日　　星期六　　晴

上午,去市政协参加中国书法函授大学开封分校成立大会。这个分校是开封市民盟主办,由陈光甫任校长,李运乾、武柏林任副校长,我任名誉校长。到会的有市委副书记马新高,人大主任吕锡田、张文华,市政协主席孙化民等。至10时半散会。

下午,赵明同志来。

晚看电视《陈真》,没看完就寝。

4月14日　　星期日　　晴

晨起,写了两封信。

早饭后,访信春同志。回来后洗澡。

下午,睡起与鸿毅去看光儿。

晚看电视《阿信》。

4月15日　　星期一　　晴

上午,与校领导一同接见训诂学会的会员。在会上,李润田校长对来宾致欢迎词。并介绍学校情况。散会后到餐厅午餐。

4月16日　　星期二　　晴

上午,看《蔡元培全集》。集子编的有点芜杂,蔡氏在北大任校长时的布告一类文字,都收了进去。

(张)如法通知,让去学报领稿费。小厚去领回180元。

下午,审阅雇人誊写的晚清一些作家小传。晚饭后与华公、信春、文金同去开封宾馆看望王季思先生,得悉陈则光同志因被车子碰伤,险有不测,所幸未伤及脑子。现已逐渐趋于康复。

4月17日　　星期三　　晴

上午8时半,去小礼堂东边小会议室,接待王季思教授及其一行,有他夫人江女士,苏寰中副教授,还有他的助手石君。由我主持会议,举行有古代教研室老师及研究生的座谈会,至10时半结束。午上,由系里筵请他们。饭后,他们一行返回郑州。

修改《鲁迅与蔡元培》一文。

4月18日　　星期四　　晴

上午,去市人大开会,讨论第二次常委会会议有关事宜。

下午,去人民会场看天津京剧团演出的《四郎探母》,与鸿毅及系里其他同志乘车前往。至6时许散场。

晚,看电视《名优之死》,系根据田汉所写剧本改编的电视剧。

接徐澄平函,关于《子产评传》的稿子事。

4月19日　　星期五　　晴

早饭后,去系里。到近代文学研究室看了看,借了几本书。回来时,到书亭买了两本书。

下午,一直有人找,没干成事。

4月20日　　星期六　　晴

整日看郑珍《巢经巢集》,下午将郑珍小传写出。

晚9时就寝。

4月21日　　星期日　　阴转晴

上午,与鸿毅去曹门农贸市场逛逛,收获不多,总算出去走走。

下午,郭龙泉和一位许大夫来,看光儿恢复情况。晚看电视剧《阿信》。

4月22日　　星期一　　晴

拟写《鲁迅对程朱理学的批判》一文的大纲。上午市政协秘书与统战部副部长来,邀我为市政协作这次全国政协会议的传达报告。

一位青年想考武大中文系,要我推荐他。我给华公一信,让他去找华公去了。

找出这次政协会议的材料,拟整理一下。

发信:一、王广西,二、省政协。

4月23日　　星期二　　晴

下午,增杰、赵明两同志来,谈本届招的研究生复试问题。

晚,淑惠来谈光儿的事。

4月24日　　星期三　　多云

参加市人大常委会。上午,听杨辉传达全国人大代表会的精神,与朱振澄市长传达随河南人大代表团去美国访问的情况。

下午,由我主持大会,听取了一些报告同汇报,至五时休会。

晚饭后,增杰、赵明两同志来,对本届第一试录取的研究生张宝明、王丹莉进行复试,8时结束。

4月25日　　星期四　　阴

上午,去市政协对全国政协会议精神作传达。大会开始,由曾友山委员作传达报告。接下由我传达一部分小组与大会发言。11时40结束。

下午,审阅学生抄的稿子。

晚,爱和及复试的研究生张宝明来。

4月26日　　星期五　　晴

上下午,参加人大常委会。

4月27日　　星期六　　晴

上午,去人大开会,10时结束。回来后写论文。下午,继续写。

读《东坡小简》。东坡思想基本上源于儒、道二家。所谓"居易俟命",惟因受庄学思想影响较深故不戚戚于贫贱,不汲汲于富贵。虽处逆境,而仍胸怀洒落,侣鱼虾而友麋鹿,赏玩大自然的风云变幻;虽居陋室,衣粗食淡,而仍怡然自乐。此其所以不可及也,方知古人堪与颜子、渊明比美矣。

4月28日　　星期日　　晴

上午,在家写文。

下午4点,与小厚去学校看电影《谭嗣同》。内容大致与史事相符,间有虚构之处。

晚,看电视剧《阿信》。

4月29日　　星期一　　晴

早饭后,与鸿毅去省府西街看望东峰夫妇。路虽不远,来回转车颇费时间。

下午,看李惠彬的论文。觉这个孩子读书太粗心,缺乏认真仔细,字词都搞错,有的错得不能原谅。不过他还能运用思考,文中提出一些问题能给人以启发。但有些问题由于他的学力不够,所以看法也往往不正确。

4月30日　　星期二　　晴

整日写文,将写毕。

晚,几位到外边参观的研究生来,接着慈健夫妇送来几封信,和郑州汇来的钱152元。

接到张正吾、徐豫生、任德弘、周学禹、《信阳师院学报》编辑部等来函。

5月1日　　星期三　　晴　30°

上午,与鸿毅到学校甲五排看光儿。小厚带着照像机,照了几张像。

下午,把《鲁迅及程朱派理学思想》写完。

晚饭后,志熙同志来借自行车,拟明晨送其同乡友人到车站。

5月2日　　星期四　　多云,晚雨

上午,到学校邮局取出152元稿费。

看慈健论文《王国维美学思想的功利主义》。

下午,继续看慈健论文。打电话给程仪,询问周学禹儿媳考现代汉语研究生情况。

晚饭后,天明、志熙两同志来,为安装电扇事。爱和来,谈《近代散文选》事。

5月3日　　星期五　　竟日雨

门外花圃的树木、花草雨后异常青翠,东边小园里的蔷薇已经开了一朵紫花。下午,天明、志熙来安装电扇。鸿毅让他们把菊花苗分开、栽在后门花圃里。

晚,因疲乏,8时半即休息。

5月4日　　星期六　　雨停

上午,德宏侄及南召一中王校长来。

下午,小厚去学校领工资共129元,(扣除购国库券钱150元)。

晚看电视《风暴》三、四集。

5月5日　　星期日　　竟日小雨

接河北师大张俊才函,说聊城师院拟给薛绥之同志出一个纪念册,约我写篇文章。我同薛交谊不深,只在几次学术会议上晤面,他的研究生张俊才的硕士论文答辩,是在这里进行的。薛为人诚挚、笃实,治学勤奋,对鲁迅研究在资料整辑、编印上,对鲁迅的研究是卓有贡献。他培养研究生的方向道路还是对头的。惜乎他去世太早,这对鲁迅研究方面是一个损失。

晚看电视剧。接王昌定、张俊才两同志函。

5月6日　　星期一　　晴

看太炎的《菿汉微言》。这部书中论儒、道、释三家的哲学精义，太炎用佛理与孔、庄、老、诸家相互印证，与晚明左派王学中如李卓吾等讲所谓"三教合一"，颇有相似之处。

下午，淑惠来谈光儿出院事，王仲仁也在。

5月7日　　星期二　　晴

晨起，写了篇《悼念薛绥之同志》短文。

上午，删削《晚清文学革新与五四文学革命》，压缩了三分之一左右，下午寄给"中国文艺年鉴社"。

上午，李博、王宗棠、邹同庆三同志来，谈明年纪念苏轼的筹备事宜。

发信：一、南峰（陕西师大学生），二、中国文艺年鉴社。小谢因祖父病故，请假返里。

5月8日　　星期三　　晴

上午把《悼念薛绥之同志》一文誊清，投邮。把《吴汝纶文选》一册送给光儿。

5月9日　　星期四　　晴

上午，去学校书店捡了六七本书。其中有一部《论金瓶梅》，买回来后，仔细一看目录，才知里边也有我的一篇《论〈金瓶梅〉人物形象及艺术成就》的文章。现在出版社及部分编辑，辑录别人文章，也不通知本人，出版后不给稿费，甚至连书也不寄一本。这种侵犯作者版权的行为，应该受到舆论或法律制裁，但现在尚无出版法，真让人没办法。

去赵明同志那里问，是否《近代散文选》中收录了马建中的文章，他说："没有。"实际这个人的文章可以补入。

晚看电视剧《海盗》。

5月10日　　星期五　　多云

接陈绍麟函,借周作人的《新文学渊流》。此书前日袁凯声同志借去,一俟还来,即给他寄去。

《文学知识》本月份寄到,我写的论近代小说部分,仍未载完。

晚看《雾锁南洋》,写日军占领新加坡后,对当地人民的残酷掠夺与压迫。

5月11日　　星期六　　阴转大雨

看太炎文及其年谱。

太炎对孔子与孔教的认识与态度的变化,与他的政治倾向有一定关系。早年治经,曾与康氏在今古文上有分歧,但在政治上主张维新变法还是一致的,因而正像他给陶亚魂、柳亚庐信中所说的,不免迷于对山(康有为)之说,而主纪孔保皇,戊戌后逐渐倾向排满,于是与主张保皇的康、梁背道而驰。这时他对孔子看法已有所不同。太炎在政治上的转变,是于1900年对唐才常在武汉发动勤王之举意见不合,接着就断发,并作文宣誓与满清对立的革命态度。

在对孔学上,他在《訄书·订孔》上引日人对孔子的批评,认为中国之所以不竞,与孔教有关。同时认为孟、荀之学,远超孔氏。后来他们地位不如孔子的原因,乃在于他们才美不及孔子,无三月宰相与三千之化的缘故。

太炎在1902年以后,为了摆脱为卫护封建统治的孔教,于是逐渐采取揭露与抨击的态度。首先他在《致陶亚魂、柳亚庐书》中提出对过去的纪孔、保皇作了自我批判,对清庭态度则作了《客帝匡谬》。到1906年他出狱后,赴日本东京,在欢迎会上演说中,对孔教进行批判,而所写的《诸子学略说》,对孔子倍加丑化与讽刺。这篇文章发表于当时盛行一时的《国粹学报》上,其影响非常大,如刘师培的批孔,以及其弟子鲁迅、周作人的批孔都与此有关。另外,与在《河南》、

《新世纪》等刊物中,所发表的抨击孔子的论文,一时形成了一个批孔运动。

辛亥革命以后,太炎的排满之志已达。这时由于研讨庄学与佛学以及孔子的《易》学。他以庄证孔,并参以佛学。对孔子之思想以及四无的哲学思想倍加赞扬。最后合儒、道、佛三家而以一贯之,形成了他晚年的思想体系。在《菿汉微言》中,对他的平生治学与思想发展过程,作了极为精辟而扼要的论述。这就是鲁迅所说的退居于宁静的学者,粹然成为儒宗,而发出了"读经有千利而无一敝"的异怪议论。

发信给北京胡文彬、张庆善编辑《论金瓶梅》一书的人。又发信致陈绍麟。

5月12日　　星期日　　阴雨

上午,写读书扎记。爱和夫妇携其小女来。

下午,看《太炎年谱长编》。准备写夏曾佑、严复。

5月13日　　星期一　　晴

上午,去学校学报编辑室,晤宋应离同志,谈出版法问题。他说有一个法,但尚未公布,先让各出版单位试行。

到小买部买点零用物品后,又去看光儿。

下午,商丘师专郝蜀山同志送来他编的该校学报大样,让我校阅。看完后,请他在家吃晚饭,饭后辞去。

5月14日　　星期二　　多云

校阅学生誊抄的夏曾佑散文。

接河南人民出版社理论处函,说嵇老的文集马上要出版,让我写一篇三千字左右的评介文章,我准备复函答应。

连波来函,并光儿稿子寄来,让压缩至七、八千字。下午去校医院与光儿谈此事。

5月15日　　星期三　　晴

上午,准备赴郑开会的什物。

下午2时半前,文金来,我们一起去学校乘车赴郑,5时到河南宾馆。社联胡世厚同志来看我们。晚饭后,与春祥出外散步。碰到王世声,在院里水池边漫谈近个把钟头。世声辞去。文金、庸懋出去看人。他们回来后,谈明天会议上我系的科研项目汇报问题。

5月16日　　星期四　　多云

晨起,与(牛)庸懋到人民公园散步。

上下午参加会议,由社联胡世厚同志主持。先后由河大、郑大、社科院三家负责同志谈各自的科研项目。而后务虚,大家都谈到过去订计划从不检查,任其自流。这样,大家对订计划感到没意思。又谈到经费问题,河南在社会科学方面拨的经费,只相当于自然科学的三十分之一,对发展社科研究极其不利。另外,文学学会的刊物《文学论丛》,也面临停刊的危险。后来,宣传部副部长于友先也来到会场,他说他愿意为社科的经费而呼吁,并让社联起草个文件报送省委,将来提到常委讨论。

下午,具体谈七五规划。何者列为省重点项目,让三个单位自己商议,各报五项。河大报的是:唐诗整理、苏轼在河南、中国近代文学史、河南民间神话等。

5月17日　　星期五　　阴转小雨

上午,参加社联主席团会议。张树德主席主持,11点结束。

午饭后,即与庸懋、春祥、文金乘车返汴,3点多抵家。

徐豫生来,对我的《中国新文学渊源》稿子里边的一些问题,提出作了些更正。

接到汪玢玲函、省政协举行常委会的通知、北京廖沫沙寄来他的杂文集、周学禹函、文化艺术出版社寄来《论金瓶梅》两册。

5月18日　　星期六　　晴

上午，淑惠来谈她的工作调动问题。她们单位，要河大分去本届毕业生和她对换。

竟日审阅誊写好的文章，下午改毕。

5月19日　　星期日　　晴

发信：一、汪玢玲，二、周学禹，附寄《论金瓶梅》一书。

下午，与鸿毅到学校看光儿。

5月20日　　星期一　　晴

上午与爱和、慈健、宜雷、凯声讨论《近代文学史》的章目，至11时。

下午，与凯声一块去学校乘车赴郑，因车未能及时开，决定明天再走。

5月21日　　星期二　　晴

晨起进餐后，同袁凯声到学校，乘6点开的汽车出发。同行的还有孙荣光同志，一路谈话，颇不寂寞。到郑后，住中州宾馆。

9时，参加主席团会，而后到510房间，与段宗三同志同室。

下午，与徐豫生同志电话。他来后，闲谈半小时，将书稿带走。

5月22日　　星期三　　晴

上午，大会不到10时即结束。散会后去静之住室闲话。

下午，小组会。大家都谈到河南教师外流的情况。商丘一位女同志谈，她和其他省政协委员到下边考察，仅民权一县就外流五十余人，南阳地区、新乡地区也有这样情况。河南前途实在可虑。据说大学教师及科技人员外流的亦有。不知衮衮诸公对此有所动心否也。

晚去看党若平同志，9时许回来。洗完澡就寝。发信给鸿毅。

5月23日　　星期四　　晴

上午,参加小组讨论会。讨论一年来省政协落实知识分子政策的情况。

下午,请假,拟出去到书店看看,因车的问题没去成。晚饭后,恭夫来。

5月24日　　星期五　　晴(30℃)

上午,大会通过七项议程,闭幕。

下午,乘校车走黄河大堤返汴。

晚,袁凯声来,送来代购之快食面与杏酱。

商丘师专蜀山同志前几天来,我不在家,送来他们的学报十册,里边有我的《论桐城文派》文章一篇。

5月25日　　星期六　　大风降温

上午,写发言稿。鸿毅去邮局取回商丘师专汇来的稿费。晚饭前,爱和送来省人民出版社送来的嵇老文集的校样。晚8时许,孙荣光同志来谈,至9时半辞去。感到疲劳,夜牙疼。

接信阳师院姚学贤信与所寄之毛尖茶叶。

5月26日　　星期日　　阴,有时小雨

抄写《子产评传》的《后记》,及嵇老对该书写的《序》。

阅读《嵇文甫文集》的部分校样。

5月27日　　星期一　　晴

上午,到学校书店买几本书,又到校医院看看光儿。回来订刊物花15元。

下午与张文华、王寿庭两同志乘车到郑,参加省政协会,住中州宾馆506房间。

5月28日　　星期二　　晴

上午,在省大会堂参加政协会议开幕式,省委及省政府领导均参加了大会。

下午,小组讨论关于教育问题,我也发了言。

下午,古籍编辑部庄昭同志来,将《子产评传》的稿子带走找人誊抄。庄同志系中山大学毕业,学历史,人还诚挚。

5月29日　　星期三　　多云

上午小组会,电视台录像,让我作一个重点发言,我谈了社会科学科研经费的支绌问题。重点发言的有四人:除我外,还有(李)静之、宋聿修与段宗三。

下午请假,在室内写大会发言稿。

晚,李平一同志来谈,至9点。

5月30日　　星期四　　多云

上午列席人大会议,听了三个报告。结束时已12点。

下午,睡午觉起来,看《嵇文甫文集》大样,读了两篇文章:一、《老子发凡》,二、《阳明哲学》。这两篇都是嵇老早期的论文。由此可知,他当时的思想及治学方法。

4时半,个人乘公共汽车去花园路口一家食品店,买了两筒果酱,一瓶鱼罐头和一包苏打饼干。

晚与屠家骥同车看豫剧《七品芝麻官后传》。

5月31日　　星期五　　多云

上下午,参加小组讨论。

下午2点半,李英琰来,将荣光同志给她的关于数学的论文资料,另外还有一封信,转交给她。她为我要了两瓶日本进口的治白内障的眼药。

6月1日　　星期六　　晴(30℃)

上午,参加小组会。

下午,政协大会发言。我作了关于教育方面教师外流问题的发言。

晚饭后,去秋子家。

6月2日　　星期日　　晴

上午,从秋子家乘车回到中州宾馆。

下午,列席人大大会,听了三个报告。

晚,参加政协主席团会议。

6月3日　　星期一　　多云,晚雨

上午,大会发言。我主持会议,至11时结束。

下午4时,参加常委会。

午餐,省政协招待全国政协常委刘宁一同志,我也参加了宴会,据说一席150元。

晚,看电影《总统轶事》。

6月4日　　星期二　　晴

发中州古籍出版社文稿一件。

上午与恭夫到二七路新华书店买了几本书。

下午,大会选新的政协主席。王化云辞职,选出宋玉玺继任,又增选了几位副主席同常委,选出高维为秘书长。

大会结束后,即乘车返汴,6时20分抵家。

6月5日　　星期三　　多云

上午,先去系里,后到刘增杰同志家,听他谈美国的情况。

晚,休息很早,因整天校阅《子产评传》的誊写稿,深感疲劳。

6月6日　　星期四　　晴

上午,把《子产评传》誊写稿校毕。下午投邮。下午看邵迎武君写的《曼殊的悲剧》一文,作者还颇有见地,但论据还不够圆满。

6月7日　　星期五　　晴

早饭后,复徐州邵迎武同志函。对他写的《曼殊的悲剧》一文作了评论,以挂号发出。

看文甫先生文集。

6月7日　　星期五　　晴

全天读文甫文集。

6月8日　　星期六　　晴　36℃

上午,电教馆石玉宝同志及系里袁凯声、李慈健等同志来照像,题为《指导研究生与青年教师》。于是,为我与凯声、慈健两同志在书斋合影。

下午,看陈寅恪写的《柳如是别传》。陈氏对河东君的才色,及品德甚为倾慕。故晚年在目眇的情况下,还为她写了几十万言的别传。其用心亦良苦矣。

晚,看电视《红岩》。

6月9日　　星期日　　晴

上午,去光儿家后,小厚带我去理发,碰到小解。他要送我回来,我谢绝了。

下午,看文史资料,一篇写康有为的家庭;一篇写珍妃与瑾妃两人的遭遇同生活。

6月10日　星期一　多云

写《嵇文甫文集》上卷评介。先谈嵇老在治学观点、方法上的发展,共分两个时期,即用前后期论文作比较,说明前期为五四时期,梁、胡等学者的方法;后期则为从1930年自苏联回国后,运用马列主义科学方法和观点,并举先生论文加以阐明。

6月11日　星期二　多云

上午,赵福生同志偕其大学时老师任钧同志来。下午,继续写文评介文甫文集一文,未竟。

晚,爱和、志熙来。80级同学冯团彬来,请为其留念册题辞。进修生贾真来,请为其《临颍文艺》题辞。

6月12日　星期三　晴

晨起,为冯团彬同学毕业纪念册题辞,并为《临颍文艺》题辞。

给《人民文学》出版社发行科函购书。

上午8时半,团彬同学来,把纪念册给他。另外,他今日上午,拟陪任钧同志到几个名胜地方走一走。我托他将书两册(《袁中郎研究》、《中国近代文学作家论》)及与单演义、阎愈新两同志函转交给任钧同志,并与任钧一笺,说明不能去看他的原因。

春祥送来购买《金瓶梅》书证一纸,他走后,去邮局发信并汇款。

从邮亭出来,遇见朱来生,他从平顶山八中来,找我了解苏曼殊有关著作。

晚,解志熙送来所抄文稿。

6月13日　星期四　晴

看文甫文集。上午黄平权同志来。下午因油漆工来,停止写文。

6月14日　　星期五　　晴

今天东北风,比昨天气温要低,并不像天气预报那样。最高温度38度。

上午,将评介《嵇文甫文集》上卷的文章,题名为《正确的方法,卓绝的成就》,交爱和带给解志熙誊抄一下。

看章罗生的《四世同堂辨》。他对老舍这部小说还颇下些功夫,同时对老舍其他小说、剧本以及评论老舍的文章也读了一些,所以这篇文章对作品中所写的人物,都有所论述,并对老舍在创作艺术上的发展,从小说到剧本作了系统的评论,还是颇有见地的。题目用"辨"不太合适。不如用"试论"较妥当。

晚张宜雷来,谈他拟写一篇《论诗界革命》的文章,把他的想法谈了一下,我同意他的一些看法。

6月15日　　星期六　　晴,晚有阵雨

上午,整理过去关于古典文学方面的论文,拟编本《中国古典文学论文二集》。另外,再将关于鲁迅的论文编本《鲁迅散论续编》。历史系赵宝俊同志送来王馨斋讣文,说是18号开追悼会。我托他在送给王的挽幛上列一个名字。

接蕤儿函,说她赴美进修前要回来看看。

6月16日　　星期一　　晴

上午,去看光儿,然后又去看慈健与爱和两家。

下午,剪贴《文学史散论》中,关于论作家的文章。计贴了:《贾谊》、《司马相如》、《阮籍》、《嵇康》等作家。晚,小解送来他所抄写的稿子。

6月17日　　星期一　　晴

上午,去系里听说,前天去我家自称叫李磊的人,原来是个骗子。

因他到系里想办一个学生证被发现。于是,把他送到了学校派出所。

下午光儿来,晚饭后回去。

6月18日　　星期二　　晴

上午10时,与沙瑞辰、戴利修、赵宝俊三同志乘车去四中,(原袁家花园)参加王馨斋同志追悼会,11时半回来。

下午,看汪玢玲关于《聊斋》的论著。

李天明同志来,谈他的论文题目,拟将过去定的李劼人这个题目改为《关于湖南现代作家乡土文学方面的成就》。

胡山林(方城人)同志来,谈他打算写篇关于鲁迅《故事新编》的艺术成就的文章。

晚看电视剧《罪恶》。写一个研究癌的青年学者,要夺去他老师一生研究之所得。文革初期,为向他老师索要手稿,竟然将老师杀死。夺取手稿后,怕阴谋败露,又杀死自己的爱人和同学。最后,在准备出国时,被公安部门逮捕,最终在狱中自杀。

6月19日　　星期三　　晴

下午,写(汪)玢玲同志论著的评审意见。

午餐时,爱和送来邮件。由黄河出版社寄来的《名人传记》杂志一册,徐州师院寄来《金瓶梅》讨论会资料一包。另外几封信,内有汪玢玲的,问寄给我的挂号信收到否。

晚,看京剧《康熙皇帝》。写他亲政后和跋扈权臣鳌拜的斗争,而终于将其捉拿归案的故事。

6月20日　　星期四　　多云

上午,把汪玢玲同志著作鉴定书写成发出。

下午,校阅《开封师专学报》中刊载的文章的大样。

发信:一、东北师大中文系(《鉴定书》);二、汪玢玲。

6月21日　　星期五　　多云转晴

看助教培训班同学们的作业。胡山林写的《论王国维境界说》一文,较好地把(王)静庵与(王)船山论情景的关系的见解作比较,认为静庵在船山的基础上有所发展,所以成就极大。

晚,小解来,说李天明接家中电报,现已返长沙。上午,何大明来,要关于近代文学研究情况的稿子。

6月22日　　星期六　　晴

看助教培训班论文。

10时许,王仲仁、杨书诠来,让午餐时去陪从外地请来的教授。他们是参加这边研究生毕业论文答辩的。一位金教授(南京师大),一位郑副教授(郑大)。

11时,去招待所餐厅。除两位客人外,我同增杰以职务身份参加。其余是古代文学教研室同志有高、华、宋、王、李等。

下午仍看作业。晚,连波偕其同事来。

6月23日　　星期日　　晴

整日看《李自成》第三卷中册,写义军攻打开封,用了两、三章,感到太冗长。尤其写对城墙洞的争夺战,花的笔墨太多。令读者觉得乏味。过去历史上写战争,以及《三国演义》写战争,往往写一些有关人物的设计及其他种种的活动,而写具体打仗的地方,往往几笔带过。写得稍多,即令人感到无意味。此书写攻打开封,即有此弊。写得较好的是,洪承畴守松山和城陷被俘后,清皇太极用计使其投降这几章。以洪为主人公写其思想变化,比较细致、深刻。特别是心理刻划,为过去中国古典小说所最忽视者。这当系受西方作品影响的结果。

6月24日　　星期一　　晴

看《李自成》中关于写洪承畴降清部分。

将助教培训班的作业看完。

6月25日　　星期二　　晴

上午在系里开了两个会。一研究生座谈会,二助教培训班会。至11时半散会。

下午,看《李自成》。

6月26日　　星期三　　晴

上午,看《李自成》。

下午,参加校学位委员会。通过应届毕业生授予学位,及少数因学习、品质问题不授予的决定。

6月27日　　星期四　　晴(酷热)

上午,看《李自成》。把三卷中册看毕。

下午,去系里。在123教室参加对应届毕业生的先进集体与个人的颁奖会,并录了像。

接陈绍麟函,说周作人的《源流》一书已收到。

6月28日　　星期五　　晴(酷热)

今天吃了不少瓜。晚饭后,解志熙来,坐了会儿,与鸿毅和他一起去东城门散了散步。

接叶易同志寄来所著《中国近代文艺思潮史》一书。

6月29日　　星期六　　多云

上午几位研究生来,将昨天从学校买的一个大书架搬到书斋,又帮助把书架上的书整理一下。

下午看《李自成》。当时,崇祯的处境极端恶劣,内而义军攻城略地,外而强寇进逼。加上朝中无人,所谓天下大势已去。虽然崇祯有心回天,但已经无能为力了。

6月30日　　星期日　　多云
早饭后,访朱萱同志,了解她系赵文焕同志赴京治疗神经外伤的情况后,又与鸿毅一起去西大门外访赵老师,他谈的较为详细。从他家出来,又访增杰,不遇。

7月1日　　星期一　　晴
看《李自成》。
领取七月份工资,扣150元,尚余129元。
接邮件多件。发将徐州邵迎武文稿,挂号寄回。
晚,张宜雷来,送来他代买的《近代文学论文选》诗歌部分,里边选了我的两篇论文。

7月2日　　星期二　　多云
上午,在家举行《中国近代散文选》编辑会,至11时散。
下午,爱和来,说他一两天即回郑州。
发信:一、周畅中,二、吉林大学。
看《李自成》。

7月3日　　星期三　　晴　晚雨
看《李自成》。
发信致宋玉玺主席,并赠《作家论》一册。

7月4日　　星期四　　多云
看《李自成》。晚看电视《木鱼石的故事》。

7月5日　　星期五　　晴

上午,到小礼堂参加校学术委员会会议,10时结束。

下午,看范文澜史学论文。

晚,阅光儿写的论文,题为《吴汝纶的思想与文学观》,约5000字,写的还有新意。

7月6日　　星期六　　晴

上午,去光儿家谈他的关于吴汝纶的论文。

下午,因天气凉爽精神较充沛,费两个小时把《读〈李自成〉漫记》中第一部分写成,近两千字。

7月7日　　星期日　　晴

整日看《三国演义》,欲以《李自成》与它相比较。此书在思想上封建糟粕极多,但在艺术上成就极大。雪垠写《李自成》时,自然受它的影响颇深。

7月8日　　星期一　　晴

写《李自成》与《三国演义》的比较。

7月10日　　星期三　　晴

下午,参加教育厅魏处长召开的"关于省制定的河南教育体制改革草案"的座谈会。

写《漫谈〈李自成〉》,晚脱稿。

7月11日　　星期四　　阴,晚雨

上午,去市里参加盟市委常委会,11时结束。

接上海师大王杏根函,关于合写《近代文学史》事。

驻马店师专学报刘清珍来谈,拟请我为该学报顾问并请撰稿。

7月12日　　星期五　　多云

上午,整理过去文稿,拟编写一本《中国古典文学论集续编》。

下午,参加市人大办公室会议,商讨下次常委会有关事宜。

7月13日　　星期六　　晴

校阅眷写的《漫谈李自成》文稿,下午让小厚送给学报。

下午,校阅慈健送来的学生抄的《马建忠文选》。

7月14日　　星期日　　多云

把眷写的《马建忠文选》校阅毕,并写了马的生平简介。

下午,寻找关于夏曾佑的生卒卡片。

7月15日　　星期一　　多云晚雨

上午,把夏曾佑小传写毕。下边拟分几个部分写。

下午,赵竹青同志陪省里刘峰等同志来访。

7月16日　　星期二　　阵雨

写《夏曾佑论》,将第二部分参加梁、谭的批荀运动写毕。

7月17日　　星期三　　晴

上午,参加市人大常委会。下午,小组会。

晚,郑州农科院吴丁(副研究员)来,谈他儿子考河大中文系一事。

7月18日　　星期四　　晴

下午,去市里参加会。

写《夏曾佑论》,将诗歌部分写毕。

7月19日　　星期五　　晴（36℃高热天气）
8时,去宋都宾馆参加会,下午5时许大会结束。

7月20日　　星期六　　晴
因昨天吃东西不慎,今天肠胃不适。
全天休息。

7月21日　　星期日　　晴
上下午写文,仍未写毕,还有历史观的一段。
接、发信数封。

7月23日　　星期二　　晴,酷热
上下午写《夏曾佑论》约三千字,尚有一部分未竟。

7月24日　　星期三　　多云,晚雨
上午把《夏曾佑论》写竟。
看《文艺报》。
晚小解来。

7月25日　　星期四　　晴
一天没出门,看书,拟读《柳亚子年谱》和他的作品,写篇他的文章。
接张春生函,说赵福生同蒋益都不复他的信,心中颇有不满之意。

7月26日　　星期五　　多云
早饭后,到光儿家一会儿。淑惠二姐文刚从武汉大学来看他们。我同她谈了谈,又到系办公室。见到《信阳师院学报》寄来的学报和稿费172元。回来时与景昌一道到书店买了几本书。

晚,发信致张春生。

7月27日　　星期六　　晴酷热

全天在家看《柳亚子年谱》、《梁启超年谱》。

拟写一篇《儒道两家思想融合所形成的人生观》。

从宋元以来,对苏轼的评价,看程、朱理学对作家评论的影响。

复上海师大王杏根函。

7月28日　　星期日　　晴

看太炎《訄书》,拟开始写《太炎与孔子》。

7月29日　　星期一　　晴

开始写《太炎与孔子》。

上午与鸿毅、笑菡、小厚,还有溶池及刘一林去学校照像。

7月30日　　星期二　　晴

上午写文。

下午看太炎《菿汉微言》。天气酷热,下午又停电,挥汗如雨。

7月31日　　星期三　　晴

上午,写《章太炎与孔子》。

下午,增杰来谈光儿赴京治疗事。

8月1日　　星期四　　晴、阵雨

省政协吕秘书长来,陪同的有校党委王书记、张部长等。听说我有病,前来探望。并告诉我从7月1号起,省级领导干部约二十余人,可以用炊事员或服务员一人,他们的工资每月40.5元。不到一小时,他们离去。

8月2日　　星期五　　晴
上午将《章太炎论孔子》一文写竟。
继续看《章太炎与吴检斋先生论学书》。

8月3日　　星期六　　晚雷雨大风
上午读书。下午誊改太炎批孔与尊孔文稿。

8月4日　　星期日　　晴36℃
上午,董希谦来,谈至11点半辞去。
下午,景昌来,6时离去。
接、发,徐豫生、关爱和函。

8月5日　　星期一　　酷热36℃
上午,修改《从批孔到尊孔的章太炎》。
下午太热,午睡没入梦。
晚停电,电扇不能开,热极。

8月6日　　星期二　　酷热、晚雨
下午,张华英同志来,送来保姆工资81元。

8月7日　　星期三　　阵雨
校阅学生誊写的文稿。接盟省委函,让为教师节写篇500字左右的稿子。

8月8日　　星期四　　多云
接宋玉玺部长函,谈我的组织事。
余顺尧函,询问《近代文选》编选情况。

8月9日　　星期五　　阵雨

早饭后,写了份《入党申请书》和给宋玉玺主席的信。去系办公室访苏文魁书记,谈入党事。他说几位负责同志都没在家,这事由他负责,不要我操心了。

8月10日　　星期六　　晴

上午,把盟省委让写的教师节短文写成。题目《欢迎首届教师节》,约1200字,已投邮。

致余顺尧函,谈关于《近代散文选》编选工作进行情况。

下午小袁、小解来。

8月11日　　星期日　　晴

上午,看晚清作家的散文,看了李详、缪荃荪、张之洞等人的。令人惊诧的是张之洞在一篇给他父亲的信中,说他把自己夫人一脚踢死的事情。可见他早年是多么的粗暴,同时也说明他对女人是怎样的一个看法。

8月12日　　星期一　　晴

看(王)广西所选晚清散文,在标点上时有错误。其中李慈铭散文,有封信太冗长,内容尚有可取之处。

8月13日　　星期二　　晴

早饭后与鸿毅去马道街,以239元给鸿毅购一金戒指。

下午看报纸。

8月14日　　星期三　　晴

上午,武汉大学吴川樾来,谈很长时间。留他午餐,并送他《中国古典文学论文集》一册。

下午,从北京来一位曾在河大念过书的同志,由一位市卫生局书记陪同,他要到图书馆查阅一部古代的书。

8月15日　　星期四　　晴
蕤从北京回来。下午,我和鸿毅同她去学校甲排房看光儿。
把《小传》寄给省委宣传部理论组。

8月16日　　星期五　　晴　酷热
上下午未出门。
学报送来《漫谈〈李自成〉》的清样。
晚,李天明来,谈他办理出国手续事。

8月17日　　星期六　　晴
校报记者来,让谈谈对教师节的看法与意见。

8月18日　　星期日　　多云
上午,参加省社联几位领导同志来校召开的座谈会。
下午,去学校招待所送社联胡世厚同志返郑。
晚去光儿家。

8月19日　　星期一　　晴
李天明来,晚留他用餐。

8月20日　　星期二　　晴
上午,誊写入党申请书。
下午,有两位从信阳来的同志,谈他们在当地电大毕业的论文为关于《长恨歌》的主题思想问题,谈约一个小时。

8月21日　　星期三　　阴转小雨

上午去学校,正值系领导开会,便将入党申请书交给书记苏文魁同志。

8月22日　　星期四　　雨

早晨,因雨未出去跑步。

上下午,看《何大复集》。最近一定要写一篇关于何氏的文章。

何的思想是近于陆象山的,与程、朱大不相同。他与王阳明时间相同,但似乎与王氏没有发生什么关系。他在京师做几年闲曹小官,后刘瑾当国,他就见机退隐林下。刘瑾失败后,又复官,任陕西提学副使。由于在陕西作官,对张横渠之学甚感兴趣,当受张氏学术一定影响。他对事物看法,有一定唯物主义与辩证的因素。在先秦哲人中,他受庄子、孟子的影响,是显而易见的。惜乎!他39岁即去世,所以在思想上看不到他自己的思想体系。

文学上因受庄子的影响,故最初与李献吉甚相契合。但后来,他反对因袭模拟,于是与李氏分道扬镳,从见解上看,他的认识应较李氏高出一筹。

其文,因竭力追求古雅,省去虚词,故与韩柳八家,迥然不同。但他标榜左氏、史迁,却和他们的文章也并不同,可谓自成一格。

晚,乘车去东司门宾馆看卢治国同志。

8月23日　　星期五　　多云,晚雨

上午,乘车去东司门汴京饭店,参加盟省委召开的盟市委专职干部"统一战线理论"学习讨论会,让我讲话。10时,乘车返校。

下午,看《何大复集》。

8月24日　　星期六　　晴

在小礼堂,参加了校党委召开的下半年工作计划会议,时间一天。

8月25日　星期日　晴

拟写《何景明思想与文学观》一文。继续读有关参考书籍,及《中国历代文论选》明代部分。

下午,爱和与慈建来,谈《近代文学史》编写问题,还有给四年级开的选修课《中国近代文学史》专题的讲授问题。

晚10时许,人大办公室主任来,谈及为其女儿报考、录取河大走读生问题。

解志熙来,我送他部《解放区文艺运动参考资料》。他将我写的《章太炎由批孔到尊孔》一文拿去誊写。

8月26日　星期一　阴,东北风,大有秋意

早饭后与鸿毅去甲排房看光儿。

下午,看光儿写的《薛福成论》。

最近拟写何景明一文。何与王廷相同为前七子。两人有一定的友谊关系。王系唯物论者,是反程、朱理学,何似乎也多少有此倾向。

8月27日　星期二　晴

下午,送光儿去鼓楼医院住院。

接王广西函,寄来复印的文章。

8月28日　星期三　多云

上午,系苏书记来,送来《入党志愿书》让填写。并提出申请书需要补充的内容。下午对申请书作补充。

8月29日　星期四　晴

以全日之力,写《申请书》与《志愿书》。

上午,李建伟偕张如法同志来为我照像。

下午,孙荣光同志来,纵谈一切。
晚,爱和送来汇款单83元。

8月30日　　星期五　　晴

上午,去系里将《申请书》与《志愿书》交给苏文魁书记。

下午,看去年发表的《近代文学史话》第一部分,拟给四年级同学讲课时用。

接安徽师大孙文光同志函,邀我10月份去他们那里参加龚自珍学术研讨会。

8月31日　　星期六　　多云

写关于何大复的论文。

解志熙送来誊写的关于《论章太炎从批孔到尊孔》的稿子。

9月1日　　星期日　　晨雨转晴

上午,去医院看光儿。

下午,慈建等四位来。晚,爱和来。

9月2日　　星期一　　晴

上午,去学校邮局把刚誊写的《章太炎从批孔到尊孔》一文寄给郑州《中州学刊》,并将《袁中郎研究》一书寄给湖北公安县一位同志。

上午,黄志琴送来系里发的80元教师节慰问金。下午1时,乘车赴郑,住国际宾馆5023号。

9月3日　　星期二　　晴

上午,政协吕秘书长来谈,吃午饭时辞去。

9月4日　　星期三　　多云

上午9时,参加政协主席、副主席会议。

下午,访海长,不遇。与王士青同志谈约一小时。

看《苏轼选集》。

9月5日　　星期四　　多云

上午,大会正式开幕。10时许散会。到平一、静之室内漫谈,直至午餐时一块下楼用饭。

下午,小组讨论、学习文件。

9月6日　　星期五　　晨大雾转晴

上午9时半,学校车来,司机小秦与今年免试录取的研究生沈卫威来接,中午抵家。

下午,参加系里举行的庆贺50年教龄教师的座谈会。由增杰、苏书记主持。教师参加的有我、高文、华钟彦、王梦隐。

接(张)春生函,及现代文学学会10月份在湖北宜昌召开学会的邀请函。

9月7日　　星期六　　晴

上午,给四年级同学上近代文学专题课。

下午,系里举行庆祝六位教龄50年的大会。会上刘增杰主任、信春副校长都讲了话,我代表老教师最后也讲了话。

省长何竹康率省政府一些僚属来校看望老教师,并到会场同我们见面。

9月8日　　星期日　　多云

上午,市长朱振澄同志带五六位市各局局长及主任,来家祝贺教师节,看望我,坐了半个多小时,辞去。

下午,校长、副书记等一班人来家看望。

接太原冯素陶同志函,关于他夫人陈端仪家房子事,拟请盟市委协助解决。

晚荣光同志来,谈学校出版社情况。

9月9日　　星期一　　多云

上午,增杰、文金、赵明三同志来,讨论有关培养研究生,及其毕业后工作表现等情况,向教育部汇报的问题。12时散。

下午三时,参加校部庆贺第一届教师节大会,并对优秀教师及五十、三十年教龄、教学科研得奖的教师,颁发奖品。5时散。

晚,校学生会代表来家祝贺。

9月10日　　星期二　　多云

上午没出门。系里送来科研优秀奖一等奖奖金50元,另有学校发的书报费40元。

下午,去十号楼古代文学教研室,参加82级庆祝教师节的座谈会。

公语教研室温振宇,送来《大学语文》审编费112元。

晚,几位研究生送来庆贺节日礼物。

9月11日　　星期三　　多云

上午,写史良同志的悼词。对她的历史了解甚少,后来学校统战部送来一本材料,看后觉得所写文章有不少不足之处,即如最初以为她是继沈钧儒之后的盟中央主席,其实她是在杨明轩去世后,中经文革民盟停止活动,直到1979年第四届盟中央全会,才被选为主席的。如果没有这个材料,岂不闹大笑话?

9月12日　　星期四　　多云、小雨

一天没出门,看书。

晚小解来,谈一个多小时。接梅蕙兰函。

9月13日　　星期五　　阴

晨起,把给史良主席写的悼词又誊写一遍。上午,乘车去盟市委参加悼念史良主席的大会。会上由我致悼词。接着卢继宪、王文先与丁立等同志相继发言。会后又举行常委会,讨论六位入盟申请的同志,一律通过。10时半回来。

下午,近现代教研室党支部书记岳耀钦同志来,通知我明日下午开支部会,讨论我的入党问题。

晚致梅蕙兰函。

9月14日　　星期六　　雨

上午,在家看书。

下午,去系里,参加支部对我入党的讨论会。出席的有苏文魁书记、刘增杰主任、另外有赵明、岳耀钦、王文金、周启祥、黄志琴等同志。在我讲了我对党的认识,以及个人的家庭情况、社会关系后,两位介绍人发言。增杰先谈我的情况,不少揄扬之词。后边是苏文魁、赵明、文金等同志发言,都在表扬我,令我感到惭愧。最后表决,参加的正式党员十一人,一致举手通过。支部并用文字作了决议,在会上宣读了一下。最后让我发言,我表示今后要向同志们学习,并希望同志们多帮助,我决心做一个真正的,名副其实的共产党员。5时半散会。

今天是值得纪念的日子,因口占一绝,以抒个人情怀。

　　年逾古稀始入党,平生宿愿今得偿。
　　老骥伏枥志千里,道远任重当自强。

9月15日　　星期日　　阴雨

上午,去梓北家还书和他谈话半小时。

下午,看《明朝史话》,写得很不错,通俗易懂而且也颇有见地。

接蕤自旧金山寄来的名信片。

与商丘地区进修学院教师赵洪奎函,评他写的《〈有所思〉赏析》。

9月16日　　星期一　　阴雨

上午,增杰、赵明两同志来,谈关于助教进修班与新老研究生学习方面的问题。

阅读《明朝史话》中关于晚明满洲的崛起,及李自成的盛衰兴亡的史实,都足以发人深思。

晚,校学生会同学来,让为他们办的尊师专刊题辞。我写了"尊师爱生,是我们中华民族的优良传统,希望加以继承并发扬"几句话。

9月17日　　星期二　　阴

上午,去市里参加市政协五届二次大会,11时休会。

下午3时许,参加系里迎新会,并给新同学讲了话。向新同学提出三点供他们参考。即一、立志,二、勤奋,三、韧性。讲了话即离开会场,乘车去宋都宾馆,参加人大会议。

晚饭后回来,因疲劳,9时许休息。

9月18日　　星期三　　晴转阴

上午,在市大众影院开大会,由市长朱振澄作政府工作报告,10时半休会。

下午小组讨论。

晚饭后回来,接到一些信件。

9月19日　　星期四　　阴转晴

上午,向大会请假。

下午4时许,去学校外宾招待所看雪垠夫妇及严家炎同志。雪垠并赠以月饼两盒。

本期学报已出版,重看《漫谈"李自成"》觉得还没什么不合适的地方。也看了雪垠谈《几十年来对民族风格在实践与理论上个人的经验总结》,极多独到之处。

晚,荣光同志来,适研究生送来代写的明天《李自成》报告会开幕词,他感到有些地方措词不当,需加修改。于是两人商量,字斟句酌,最后他拿回去,拟誊写一遍,明晨7时送来。

9月20日　　星期五　　多云

上午开大会,由陈信春校长代表学校致欢迎辞。我代表中文系致辞。接着雪垠同志讲话,至10时半结束,并在礼堂前摄影。

下午,在小礼堂举行座谈会。由中国青年出版社《李自成》责任编辑王维玲同志谈《李自成》出版情况及国内外各方面的反应。我接着谈了约半个多小时,5时半结束。

晚饭后,与鸿毅一块到学校二招看雪垠夫妇。

接蕤儿自美国来函,慰甚。

9月21日　　星期六　　小雨

上午,因夜里没睡好,觉得疲乏,在家随便看点书。10时半躺在床上休息一个多小时。觉得精神好多了。

下午,冒雨到大礼堂,听严家炎同志讲对《李自成》民族风格的分析与评论。他讲完后,雪垠同志又讲了讲,5时半散会。

晚看电影《命运》。

9月22日　　星期日　　晴

上午,看何均地的两篇论文。

下午,写对何文的评语。

晚,去学校一招看牛维鼎夫妇,不值。又到二招看李子纯,也不在。去看严家炎,同去的有宋景昌、李光一,坐半小时辞去。家炎曾来我家,到半途听说我去学校,就又折了回来。告别时,他送我两册书,《求实集》(论文集)和《新感觉派小说集》。

回来后不久,李子纯由郭豫才、张秉仁陪同来家,谈了一阵。谈的是关于堇南与桑继芬、徐世瑛的事。

9月23日　　星期一　　晴

上午参加大会由法籍华人李之华夫妇莅会。李君讲法国文学概况,讲毕大家又提出一些问题,由李氏解答。李氏讲毕即离席,接着由刘增杰同志发言,11时散会。

下午闭幕,由于我的眼睛不好,刘文田写的闭幕词很潦草,有时看不太清,致在宣读时往往中断,感到心情非常懊丧。如果没有稿子,自己随便谈谈也不致如此。以后要接受此次教训。

9月24日　　星期二　　晴

下午,去学校参加校友会筹备会。在会上遇见几位老校友,会上讨论了校友会会长、副会长、名誉会长,及委员的后选人名单同章程。

9月25日　　星期三　　晴

上午,在大礼堂举行校庆73周年庆祝仪式。仪式相当隆重。由校长李润田先作报告,接着是来宾讲话,有人大主任张树德,开封市市委书记刘真,下边有两位外国人(美、日)讲话,后有校友讲话,近12时结束。

下午,参加严家炎同志给同学们作的学术报告,题目是《中国现代小说的发展及其流派》5时结束。

9月26日　　星期四　　多云

上午,继续写《何大复的思想与文学观》。11时许,去学校乘车到盟市委,与市委同志,统战部长,到又一新饭店宴请定中及其夫人、海长及其夫人韩公超,还有郭少海。席散时近下午1时。

9月27日　　星期五　　多云

上午,去学校阅览室,发现从香港买到的台湾出版的一部近代史资料丛书,在开架书架,可自由取阅,甚为方便。我翻了几部书,因快11点,就出来了。

到书亭又买了两部书。

下午,丁承运来,邀我去参加他的学术报告会。

四时许,到十号楼参加姚雪垠的小型报告会。题目为《作家的修养》。

6时许,与雪垠去增杰家。增杰招待雪垠夫妇及严家炎同志,请我作陪。临散时我送与家炎两部书:《古典文学论文集》及《袁中郎研究》。

9月28日　　星期六　　晴

早饭后,与鸿毅去学校二招为雪垠夫妇及严家炎同志送行。7点40分,增杰陪家炎出发,他们去登封少林寺及中岳庙,明日去洛阳,家炎即由那里返京。雪垠先去南阳,由那里返邓县。他们走后,去音乐系参加丁承运的科研讨论会,由文金陪我前去。

参加音乐系研讨会的还有(宋)景昌、王寿庭等。主席是武秀芝同志。

下午,刘国璋、黄丁夫妇来访。接着关爱和来,谈至5时半辞去。

9月29日　　星期日　　晴

上午8时,去学校参加学术评审委员会,至12时半始散。

下午,系里来人,并送来中秋节礼物。

9月30日　　星期一　　晴

早饭后,与鸿毅去北道门买了六元钱的肉和一些青菜,回来时到王家书店买了几种书。

下午,《信阳师院学报》编辑姚学贤君来,约明年为他们学报写稿。

10月1日　　星期二　　晴

早饭后,与鸿毅去医院看光儿。

姚学贤同志来,让我给他的《宋代文学百题》的书写《序》。

发信致连波。

10月2日　　星期三　　晴

上午,去增杰家看看。

10月3日　　星期四　　晴

早饭后,陪鸿毅去找姜大夫针灸,10时方回。

10月4日　　星期五　　晴

全天没出门,写文章。

下午,刘志华送来路德庆同志著作,让评审。我告诉她,须经系里转来以便审阅。

10月5日　　星期六　　晴

看《何大复集》。

下午,刘志华把路德庆著作送来。

晚,爱和来,让他编辑《中国近、现代文学论文集》,拟集30篇文章,约20万字。

10月6日　　星期日　　晴

上午,看路德庆同志论文。下午,写评语。

晚,宋应离同志来,送来王振铎、张如法两同志的论文,让审阅。振铎申请教授、如法申请副教授。

10月7日　　星期一　　晴

上午,到市里参加盟市委常委第十次会议。

下午,看如法的论文。

晚,张宜雷来,谈维新派的文学改良与五四文学革命的差别。

解志熙下午来,借去《晚清小说、戏曲卷》。

省委《党的生活》编辑赵钢来,向我约稿。

10月8日　　星期二　　晴

上午,看如法的论文。为研究生讲课,至10时半结束。

下午,给王振铎的论文写评语。

10月9日　　星期三　　阴有小雨

上午,写如法论文的审阅评语。

下午,去开封宾馆迎接盟中央副主席高天同志。

10月10日　　星期四　　阴转晴

早饭后,去政协大院参加新盟员与高天同志的座谈会。由我主持会议,12时结束。与孙化民(政协主席)同志乘车去开封宾馆。午餐系由政协、统战部宴请高天同志。

下午很困,4时起床后,看报纸。

接连波函说:《薛福成论》已发排,下月即可印出(《殷都学刊》)。

接王广西函,寄来王闿运《论儒》一文,其标点不妥处,予以改正。

爱和来,谈调资后我的工资为310元。

10月11日　　星期五　　阴,晚雨

上午,给《党的生活》写篇小文。

下午,把给张如法、王振铎两同志的论文评语写好。

10月12日　　星期六　　阴

爱和送来15元奖金及邮件。

晚,看日本电视剧《命运》。此剧编写得不太高明,人物塑造太理想化。

10月13日　　星期日　　阴

早饭后,访增杰,谈周启祥、王梦隐两同志的职称评定问题,谈约半小时辞去。去访慈健后,又去光和淑惠家。10时许回来。

10月14日　　星期一　　多云

上午,去图书馆看书。左舜生在香港某大学教近代史。他出版了他的讲义,他撇开了鸦片战争与太平军的起义运动。而是讲了四个专题:一、中日甲午之战,二、戊戌变法,三、庚子拳乱,四、辛亥革命。立场是统治者的立场,观点是资产阶级的观点。

10月15日　　星期二　　阴有小雨

上午,给研究生讲李卓吾的生平简介。

下午,看报,花去不少时间。

10月16日　　星期三　　多云

上午,看《大复集》。继续写有关他的文艺思想的文章。郑大两同志送来他们所写的《嵇文甫传》,让提意见。

启祥来,仍谈他的职称问题,他的论文由我来审阅了。

下午,宋应离送来稿纸并本年二期学报两册,把给振铎、如法的论文评语拿走。

晚刘绍亭送来几份邮件。

10 月 17 日　　　星期四　　　阴

晨起,写《苏轼贬黄州后的思想与创作》。

下午,参加校学术委员会会议。

10 月 18 日　　　星期五　　　阴

仍继续写关于苏轼的文章。

10 月 19 日　　　星期六　　　阴、小雨

写《何大复的思想及其文学论》。上午,将全文写竟。写此文中时写时停,前后延续一个多月才算完成。

上午,慈健、爱和来,谈关于研究室工作问题。

下午,找《历代论诗绝句》一书,一直未找到。书籍未加分类上架,所以找起来,异常困难。

10 月 20 日　　　星期日　　　晴

上下午,因找书翻遍了书架。但要找的《历代论诗绝句》还未找到。不过,借此把部分书整理了一下。对何大复评论文章仍需补充。何、李二人论争,后来有一个比较公允的评价,即钱谦益的《列朝诗集》中,论何大复时所讲的。翻阅《四库全书提要》,又找出一点论据。

10 月 21 日　　　星期一　　　晴

上午,去系里听章罗生课。回来时,由他陪同到书亭买了四本书,花去洋拾圆零陆角。

下午,补写关于何大复的文章。

溶池送来他的论文,一定要让我审阅。

10月22日　　星期二　　晴

上午,去市人大参加市内已任命的38位主任、局长,颁发任命书的仪式。11时散会。然后乘人大车去医院看光儿。

下午,给研究生上课,至5时结束。

晚,爱和送来《新文学大系》8册。

10月23日　　星期三　　晴

午饭时,麟送来日本松下牌彩电票一张。

下午,让小厚去银行取回一千元。又让慈健去系里借六百元。

10月24日　　星期四　　晴

上午,增杰、赵明、文金三同志来,讨论关于填写申请博士研究生表格的问题。

晚,刘志华来。把给路德庆同志的论文评语带走。人大丘文治同志来。

10月25日　　星期五　　晴

今天集中力量看论文并写出评语。但也只是看了王宽行与刘溶的两篇。赵明的论文评语是昨天写出的,今天只须誊写一下。

上午,《河南画报》社高同志来,拍我指导研究生的照片。研究生有沈卫威、张宝明、王丹莉三人。晚,李天明来,谈至9时许辞去。

10月26日　　星期六　　晚阴

上午,把刘思谦与周启祥两人论文看后,写出评语。

下午,廊坊师专一位老同志来,谈关于修改他的近代文学讲议事。

10 月 27 日　　星期日　　雨

上午看张振犁论文两篇。其中,以《论中原神话》写得较好。

10 月 28 日　　星期一　　晴

送来的8份论文,已评审完毕。

校阅《夏曾佑论》。

下午,看新送来的《新文学大系》中的电影剧本与小说。

10 月 29 日　　星期二　　晴

上午,给研究生上课,把李贺讲毕,又把袁宏道生平讲毕。

10 月 30 日　　星期三　　多云

整日校阅四年级同学誊写的文稿。把《贾谊》、《司马相如》、《阮籍》校毕。

晚,宜雷同志来,谈一个多小时辞去。

10 月 31 日　　星期四　　晴

上午,家里打院墙,全日忙乱。

11 月 1 日　　星期五　　晴

上午校阅学生所抄文稿。10时许,去校部参加学衔评定会议。下午校阅文稿,惟《司马相如论》找不到了,不知夹到哪里去了。

11 月 2 日　　星期六　　晴

上下午,参加校学衔评审委员会会议。

11 月 3 日　　星期日　　晴

上午,荣光来,畅谈一切。我把拟出的《中国古典文学论文集续编》的目录交给了他。他说要拿回去与出版社同志研究一下,列入 86 年出版计划。

11 月 4 日　　星期一　　多云

上午,参加校学衔评审委员会会议,先由地理系汇报。中间休息时,大家觉得这样进度太慢,决定改变办法,即制成表格,让各系填写。然后再汇报,有问题时提出问题,商量解决,没问题就过去。于是,会就散了。

下午魏东朝、田璞两同志来。赠他们《聊斋志异选讲》各一册。

11 月 5 日　　星期二　　小雨转晴

上午,给研究生上课。将袁中郎的文学主张讲毕。下午,刘绍亭送来本月工资,与郑大汇款 40 元。

11 月 6 日　　星期三　　晴

把给信阳姚学贤写的《宋代文学百题解》的序文写竟,让小厚誊写。

下午,整理《论文集续编》的稿子。

11 月 7 日　　星期四　　阴

上午,誊写《中国文学史散论》中的《纵横辞赋隐逸徘优》一文,拟收入《古典文学论集续编》。

接周畅中同志寄来《子产评传》的清样。

11 月 8 日　　星期五　　晴

上午,到小礼堂小会议室参加学衔评议会,看了几个系的报表。

下午、晚上,均校对《子产评传》,已校毕。拟明天发出。

沈卫威把复印的三篇论文送来。

11月9日　　星期六　　晴

全天,参加评审会。对申请教授学衔的,大家议论一番。从议论中了解到一些人的思想与作风。对学校情况有了进一步的了解。

11月10日　　星期日　　晴

上午,与鸿毅去看光儿。

下午,李惠彬、沈卫威送来誊抄的稿子。沈拿去我给外县几位同学题的刊头《荒原》。

11月11日　　星期一　　晴

上午,校誊写的文稿。下午,沈卫威将《中国现代文学史》上卷拿去,送来《关汉卿》的复印件。校阅《关汉卿》作了些标点上的改正。到晚,将《古典文学研究论集续编》编成,共27篇。加上《后记》共28篇。

接绍兴鲁迅博物馆函,要我写的《鲁迅散论》。

11月12日　　星期二　　晴

上午,给本届研究生上课,把袁中郎部分讲毕。并把《袁中郎研究》一书赠与沈卫威、王丹莉、张宝明、何德功、李惠彬各人一册。

下午,去学校出版社,将近日整理的《中国古典文学论文集续编》送交孙荣光与管锦麟两同志。文章共27篇,《后记》未写出,暂缺。

11月13日　　星期三　　晴

全天誊写《何大复的思想与文学观》。

下午,刘绍亭送来人大印的85年11号《中国古代近代文学研究》,里边收了我在《商丘师专学报》上发表的《桐城派文论的渊源及其发展》一文。

11月14日　　星期四　　晴

全天,参加校学术委员会主任、副主任会议。从讨论中看出公道自在人心。如果一个人在学术上确有成就是不会被埋没的。过去孔子说的"不患人之不己知,患不知人也",所以一个人总须自爱自强,要为人民做出贡献。

11月15日　　星期五　　晴

全天,在小礼堂小会议室参加学校学衔评审会。接安徽师大寄来《龚自珍资料选辑》一本。

晚,爱和自安徽回来,谈他参加这次桐城文派学术会议的情况,并带回材料一份。

(张)振犁来,谈他在郑参加民间文学会议情况。

11月16日　　星期六　　晴

全天在十号楼二楼会议室参加学衔评审会。会上,都感到物理系阵容较差,如果使其具有起色,学校方面必须采取措施,予以整顿。庶几能赶上去。

11月17日　　星期日　　晴

全天,均在家誊写《何景明文学论》一文。

晚,李天明、解志熙两同志来。

11月18日　　星期一　　晴

上午,参加职称评审会。下午,到市人大开会。

将《何景明论》一文誊改毕。

11月19日　　星期二　　晴

上午给研究生上课,至10时半结束。

下午,去市里参加各民主党派与工商联联合召开的,为四化服务双先代表传达中央精神的会议,最后我也发了言。

11月20日　星期三　晴

午饭后,省社联胡世厚同志来。下午看李天明的论文提要。

接《社联》第三期,载有刘溶论我的治学方法的短文。看后大致还可以。

发给信阳师院姚学贤函,内附《宋代文学百题解·序》。

11月21日　星期四　阴

全天到校参加职称评审会。

接蕤儿自美国来函。

11月22日　星期五　阴转晴

上午,外甥张振环来。下午,看袁凯声的论文大纲。

安阳师专寄来《殷都学刊》第四期,光与我各两本。

11月23日　星期六　晴

上午,给巩县二中刘会文信,对他所写鲁迅《〈文学和出汗〉一文质疑》提出一点意见。

下午,访赵明同志,谈李天明、袁凯声两同志的论文提纲。

11月24日　星期日　晴

午饭前,孙同志来,谈公共外语教师评职称的条件不能与外语系教师比,应与省内其他大学的公外教师相比。我说这个意见将来在开会时一定向会上反映。

11月25日　星期一　晴

晨起,写《中国古典文学论集续编》后记。上午,去十号楼办公室看看,又去理发室理发。

刘林来谈他拟到美国留学事,让我给聂华苓写封信。

11月26日　　星期二　　晴

上午,给研究生上课。何德功下去函授去了,张宝明家里出了事。只有沈卫威、王丹莉和李惠彬三人来听讲。

10时许,增杰、文金、赵明三同志来,商量填写申请招收博士研究生的报表问题。

下午,到小礼堂小会议室参加学衔主任、副主任会议。

晚孙占白来,张宜雷来。

11月27日　　星期三　　晴

上午,在家誊写文稿《中国古典文学论集续编》《后记》。

下午4时,参加学术委员会主任、副主任会议。

11月28日　　星期四　　晴

早饭后,去孙荣光家把《续编·后记》交给他转交管金麟与孟宪法同志。

上午增杰、赵明两同志来,召集研究生来谈。仅李天明、解志熙来了,章罗生与袁凯声因回家没来,于是批评了他们没请假即离校。

下午,看东坡文。晚张宜雷来,谈他的论文能否参加答辩问题。

11月29日　　星期五　　晴

早饭后,乘车去大众影院,参加市召开的各民主党派、工商联为四化建设经验交流会。会后刘真书记讲话。结束后,我即离席返校参加校学衔正、副主任会。

下午会议继续。

11月30日　　星期六　　晴

全天参加校学术委员会主任、副主任会议。

晚,校阅尚欣同学抄的《何景明简论》稿子。

接武国华函,说他只编刊物,不管书籍出版,让与刘彦钊联系。

12月1日　　星期日　　晴

晨起,继续校阅《何景明简论》的抄稿。而后把稿子寄给信阳师院姚学贤同志。

下午2时,去市里大众影院,参加表彰为四化服务双先大会的闭幕式。杨基柱同志宣读闭幕词后,即散会。

晚,看《东坡志林》及《仇池笔记》。

12月2日　　星期一　　晴

上午,去开封宾馆参加人大常委会。下午参加小组会。大会休息时,去宾馆对门的医院看光儿。

12月3日　　星期二　　多云

上午,给研究生上课,将第三章讲毕。

下午,继续写《苏轼谪居黄州后的思想与创作》。

12月4日　　星期三　　晴

全天写关于苏轼的论文。

12月5日　　星期四　　晴

晨4时半起床,整理衣物。

8时许,到学校乘车赴郑住中州宾馆,住402房间,与高葆谦院长一室。

下午,省民盟来车接我同卢金梭校长到政协大院开会。主要讨论洛阳盟市委主委董同志的问题。

12月6日　　星期五　　阴

上午,大会开幕式。宋主席致开幕词后,何省长讲话,工青妇等团体代表致贺词,11时结束。

下午,大会发言,6时许散会。

晚,广西夫妇来,坐至10点辞去。

12月7日　　星期六

全日大会发言,有些发言非常精彩,也很感人,而又寓于教育意义。

12月8日　　星期日　　晴

今天大会是各民主党派联组发言。

下午,医学院的孟令韬同志给我看眼,嘱我不要作激烈活动,我过去早晨好跑步,这是很不适宜的。

晚饭后去看党若平同志。

12月9日　　星期一　　晴

全天盟小组(十二组)举行小组会。

晚冯辉、小梅来谈,9时半辞去。

12月10日　　星期二　　多云

上午盟组举行座谈,由我主持会议。

下午闭幕式。对先进集体和个人颁奖后,由宋主席致闭幕词。散会后即乘车返汴。同车的有王汉澜同志。7时许抵家。

12月11日　　星期三　　多云转晴

上午,南召县地方志编辑室的一位王长春同志来。

下午3时,给研究生上课,讲《新文学渊源》的第四部分,清代朴学家的反理学思想及进步的文学观。

12月12日　　星期四　　晴
修改关于苏轼的一篇论文。下午王广西来。

12月13日　　星期五　　晴
上午淑惠来,谈及她去函授外国文学课的情况变化。
下午,爱和送来系、教研室、学校发的补助金112元。

12月14日　　星期六　　晴
上午,南召县志编纂室王长春与芦纬两同志来,谈我过去的学历及著作情况。
下午,爱和送来他的文章让我审阅。

12月15日　　星期日　　晴
上午,看爱和的论文:一、《桐城派的中兴与复归》,二、《蒋湘南文学略论》,并写出评语。
发信给黄曼君,关于去他们学校讲课事。

12月16日　　星期一　　晴
上午,爱和来,将当代文学学会寄来的邮件送来,并将我给他写的评审表带走。
当代文学学会在湖北开会,我没参加。大会秘书处将大会简报及编选的《文艺研究新方法》一书寄来。大会简报中载有雪垠的发言。我看看,觉得恐未能餍与会者的要求。《新方法》一书我看了第一篇刘再复的文章,对当前文学研究新方法方面,作了比较全面的介绍,还是值得一看的。

12月17日　　星期二　　晴

上午,给研究生上课。结束后,他们谈当前学生思想情况,都不禁为之感慨系之。

接广西师院寄来林焕标的学术论著让审阅,拟晋升教授。

12月18日　　星期三　　晴

上午,赴郑参加省文学学会常委会。关于学会明年活动计划基本已商定。明年负责学会常务工作的副主席为赵以文,秘书长为何均地。下午4时乘车返汴。

12月19日　　星期四　　多云

上午,看广西师院林焕标同志的论文《戴望舒诗作试论》和《闻一多作品赏析·前言》。

下午3时,去学校十号楼参加系学位委员会会议,讨论四位毕业研究生的学位问题,最终得以全部通过。

12月20日　　星期五　　多云

上午,去市民盟参加主任、副主任会议。

下午,为广西师院林焕标的论文写评审意见。

12月21日　　星期六　　小雨

晨起,把给(广西)南宁师院林焕标同志论文评审意见誊清,并与林一函,上午投邮。

看解志熙的论文大纲。

接到山西《晋阳学刊》编辑部寄来的《中国现代社会科学家传略》第七辑一册,内有我的一篇自传。

12月22日　　星期日　　阴

上午,去医院看光儿。

下午,河大同学吴冰肃来,陪他去看华公。他想学习吟诗,至5时半辞去。

12月23日　　星期一　　多云

上午,看刘再复的关于新的文艺理论研究方法。

整理书籍。

下午,到校部参加学衔主任、副主任会议。

晚,阅《子产评传》第二次校样,至晚10时半校毕。

12月24日　　星期二　　多云

上午,为研究生上课,至11时结束。将桐城文派讲了一半。

下午,给周畅中函,(附《子产评传》校样)。又给栾星、胡世厚函(为请他们与章培恒函事)。

12月25日　　星期三　　阴

上午,在家写论文。

下午,参加校学衔主任、副主任会议。

12月26日　　星期四　　多云

全天写论文。

新老研究生共9位来贺年禧,并送一挂历。

接田璞函。王昌定寄来他写的《红楼梦艺术探》并附有信。

12月27日　　星期五　　多云

上下午,誊写文章《关于个人治学的回顾》。

小解来谈他的论文提纲的修改问题。

12月28日　　星期六　　多云

沈卫威来,说他准备研究胡适。他借去关于胡适的学术论著资料及周作人的《中国新文学源流》二书。

爱和、慈健送来挂历和台历,并商量元月10号左右召开《近代文学史》编写会议事。

12月29日　　星期日　　阴小雪

上午,给研究生上课,把桐城派讲毕。11时散去。下午看书。

晚,增杰、赵明、爱和诸同志来,关于《近代文学史》编写召集会议问题,讨论结果:

一、写《近代文学史》教材。

二、几个单位协作。

三、除文学史外,并编写诗文选及有关资料来配套。

四、时间推迟到明年二月底。

12月30日　　星期一　　晴

近几天思想不集中,写文而无从写起,因阅读平日欲读而无暇读的书。上午,看傅雷译罗兰的《托尔斯泰传》。下午又翻阅徐迟译英人的《托尔斯泰传》,戈宝权为他写的序文,论托氏一生思想,比较详细。戈宝权为报人戈公振之侄。

12月31日　　星期二　　多云

读《巴尔扎克传》。

晚,一位在图书馆工作的同志来。他因回南阳探亲,南阳师专侯廷章老师托他捎来黑豆一小袋、芝麻一包。

1986 年

1月1日　　星期三　　晴

上午,荣光同志来,闲话甚快。

刘林来,说他们历史系郭人民同志突发心脏病去世,不禁大为吃惊。历史学者又倒了一个,不能不说是一大损失。

看《龚自珍全集》,拟对他的散文写篇评论。

1月2日　　星期四　　晴

上午,景昌与王寿庭同志来,谈我是否参加郭人民的治丧委员会事。后来决定让毛健予参加。

看《龚自珍全集》。

晚,李天明同学来,说孩子有病,须早点返回长沙。

1月3日　　星期五　　晴

看梁启超《饮冰室合集》。

发信致杨海中(师大校友登记表)。

1月4日　　星期六　　晴

上午,客人络绎不绝。其中同乡黄文送来棉鞋一双,付她八元作为代价。她一直谈离婚的爱人李继凯如何的神经。

下午,看梁任公的诗文选。

接王气中兄函,并寄来他去桐城开会时所写的诗两首。

1月5日　　星期日　　晴

早饭后,与鸿毅去学校甲排房看淑惠,后又到乙排房看慈健,慈健不在,去拉家具去了。

看梁任公的诗文选。

1月6日　　星期一　　晴

费一日之力,为姚景韶同志的《中国文学史基础知识问答》写了篇序。

接栾星函。

1月7日　　星期二　　晴

上午,给研究生上课,连着用了三个小时把《晚清西学的输入与中国近代文学》部分讲毕。

下午,看《梁启超哲学论文集》。

发信致姚景韶(将序文寄去)。

1月8日　　星期三　　晴

上午,在学校书亭买了本王昆仑的《红楼梦人物》一书。

省社联副主席赵怀让与秘书长等一行三人来访。

下午,省社联在小礼堂召开座谈会,征求对社联工作的意见,至5时半散会。

接南宁师院林焕标、省社科院胡世厚函。

1月9日　　星期四　　晴

下午,增杰、文金、赵明三同志来,谈关于助教培训班结束事。

1月10日　　星期五　　晴

下午,爱和来,送来韩林元寄的挂历一件,并谈关于《中国近代文学史》的编写事。

1月11日　　星期六　　晴

早饭后,与老孟乘市人大车,去市委二楼会议室参加普法学习班。由我校法律系主任吴祖谋对82年颁布的宪法作辅导报告。整整讲了三个多钟头,至 12 时结束。

吴祖谋同志虽然讲授时间不长,但对宪法的性质、功能以及我国开国后所颁布的几部宪法作了比较,最后对新宪法内容作了重点的阐述。即如关于国体、政体,以及公民的权利与义务等都作了一一的解说。从而使听者能得到一个较为系统、清晰的概念。

下午,看《梁启超哲学论文》。

1月12日　　星期日　　晴

9时许,淑惠与梁留科来,同我一起去医院接光儿。从医院回到甲排房已近 11 点。稍事休息,又到慈健家坐了半个钟头。回到院里,碰见刘思谦夫妇,他们是专程来看我的,因时间关系,只在路上谈了一会儿,未能座谈,深以为憾。

下午,丁力同志来访,谈河大民盟总支改选问题,其对毛公颇有微词。

接姚景韶函,寄去的序文已收到。

1月13日　　星期一　　晴

上午,读《龚自珍全集》。

下午,去系里参加研究生导师会议,至 5 时半散。

1月14日　　星期二　　多云

上午,参加校部学位委员会会议,讨论 18 名毕业研究生的硕士学位授予问题,到中午才通过一半。

下午,给研究生上课,将《晚清的批荀批孔与五四思想革命》一章讲毕。

1月15日　　星期三　　晴

下午,去市委听关于刑法及刑事诉讼法的辅导报告,回来已近 6 点。

晚,助教培训班的几位同学来谈。
接省政协开会通知。

1月16日　　星期四　　晴
上午,到系里参加助教培训班的结业座谈会,会后照像。中午聚餐,每桌60元,饭菜做得蛮好。1点半散。
看章罗生论文《论老舍的一生剧作》,并写出评语。让小厚去学校通知章罗生与袁凯生晚上来家。
晚上,章、袁二人来家,我把对章文的意见谈了谈,因孙荣光同志来坐,他们辞去。

1月17日　　星期五　　多云
早饭后,在家召开了一个近代散文编选会议,9时半散。参加的有增杰、赵明、慈健、如法等同志。
10时,乘车赴郑参加省政协会议,住国际饭店606号。
下午2时半,参加主席、副主席会议,讨论会议日程及有关问题。

1月18日　　星期六　　晴
上午大会,下午小组讨论。
发信:一、鸿毅,二、增杰,三、徐豫生。

1月19日　　星期日　　晴
上午,列席省人大常委会,听报告,10时半结束。
下午,与左明生、何家泌两同志乘车到郑州市第三人民医院看望段宗三同志,他患直肠癌,动过手术月余,不遇。又到河医高干病房看望董民生,他有些神情颓丧,说他饮食、睡眠都不好。坐了20多分钟,辞去。又到张静吾同志家看望,他仍是谈笑风生,病已痊可,至4时半返寓。

1月20日　　星期一　　多云

上午,政协大会,10时半休会。

下午,小组会。4时半,有张谦同志来访,谈近一小时。

晚看电影《日出》,散场后访(赵)悔深同志,他住在6楼14号。

1月21日　　星期二　　多云

上午,小组会。

下午,列席省人大常委会大会。

晚饭后,与平一同去政协大院看(李)静之与(魏)廷玢,谈至9点多回寓。

1月22日　　星期三　　晴

上午,小组会。

下午,大会闭幕后,乘学校来的车返汴。

晚,社科院工作人员来,送审孙广举、王广西的论文。

1月23日　　星期四　　晴

上午,看张绚的论文。

十时许,去校医院看光儿,并取药三瓶。

下午,给研究生上课,将《中国新文学渊源》课结束。

1月24日　　星期五　　晴

看沈卫威、张宝明合写的《论胡适的治学方法》一文。

上午,关爱和送来信件一束和系里发的80元奖金。

1月25日　　星期六　　晴

爱和送来邮件,及复印的《中国近代文学史话》,并说郑州徐豫生捎话来,说《中国新文学渊源》一书的初样已经打印出来,最近回郑,看是邮寄或是托人捎来？下午,我给他电话让寄来。

1月26日　　星期日　　晴
誊写《苏轼被贬黄州后的思想与创作》,抄了三页。
沈卫威送来《论鲁迅几篇纪念性杂文》的复印件。

1月27日　　星期一　　晴
誊写《苏轼谪居黄州后的生活、思想与创作》。
八二级毕业生齐文榜把所写《论龚自珍佛学思想》的文章让我看,谈至9时半辞去。

1月28日　　星期二　　晴
上午,吴川樾来,送来他所编的《世纪纪实文学》第一辑。留他午饭后,去光儿家了。
接徐豫生函说,《中国新文学渊源》一书的大样已寄去,让校对。

1月29日　　星期三　　晴
上午,段佩简和他校的另一位同志来索稿,我答应把《夏曾佑论》给他们。

1月30日　　星期四　　多云
爱和来信说,《中国新文学渊源》一书的稿子因排字工人离职,竟丢了几页。河南人民出版社编辑人员真够不负责任。过去《子产传》誊清的稿子曾被丢掉,现在又出现类似情况。
晚,沈卫威要回天水家中,来辞行。

1月31日　　星期五　　晴
阅光儿写的《吴汝纶的思想及其文论》一文,明日拟把它和我的《夏曾佑论》一并寄给段佩简。

2月1日　　星期六　　晴

上午,去学校书店买了部选本《十日谈》及《苏轼论文选》。

下午,在家看书。

2月2日　　星期日　　多云

看卜迦丘的《十日谈》,没看完《前言》,即已了解到卜迦丘的思想是反对当时封建贵族和天主教神权统治的。书中所写多半采自民间传说故事,颇有点近于中国之《聊斋》,内容还没看。

晚,李惠彬来,借走新版《鲁迅全集》1—5册,还有天津出的《关于鲁迅改造国民精神问题讨论集》。

2月3日　　星期一　　晴

上午,心脏有点不舒服。小厚给系里打电话,同庆同志到校医院带了几位大夫来诊治。量了血压,并作了心电图,仍是右心束不完全的传导阻滞。大夫们走时留下三种药。

晚,看重庆西南师大王泉根同志辑的《周作人论儿童文学》。

2月4日　　星期二　　多云

市人大吕锡田主任、李靖副主任、杨秘书长来访。

下午,看《十日谈》。

2月5日　　星期三　　晴

增杰、仲仁等来,慰问老年病号。他们走后,文金、溶池来。

2月6日　　星期四　　晴

上午,去甲排房看光儿,适逢他去校医院换药。我等他,并与小满闲话,告她要写日记,给她讲写日记的好处。

11时半,乘学校车去市政协大院。在盟市委会见了刘武扬及其老父亲。他从美国回来,市政协和盟市委对他表示欢迎,在第一楼宴请他。与宴的有刘主席、杨基柱部长和离休的老统战部长贾子云,民盟方面有李运乾副主委、杨绍文秘书长。两点散席。

系里小黄送来超课时费 210 元及山西出版社所汇稿费 124 元。

2月7日　　星期五　　晴

下午,誊写《春节祝词》。

2月8日　　星期六　　晴

阅读书报。

2月9日　　星期日　　多云

今天是旧历春节。

晨起写诗一首:

春节口占

春神脚步最分明,满城响彻爆竹声。
忆万人民同祝愿,年丰人寿乐太平!

上午 8 时半,去系里参加团拜。路上碰到慈健来接。

团拜会在 108 教室举行。开始,我先讲了几句话,提出三项祝愿。接着增杰、文魁讲话,而后几位老同志以年龄为序:于、华、高、牛、宋、刘等先后发言。9 时许散去。

下午,周守正、马超然夫妇来贺年。

2月10日　　星期一　　晴

上午,看望李敬亭同志,又到梓北家贺年。

下午,秋子、笑薇来。

2月11日　　星期二　　晴

上午,与秋子去看望杨瑾书记。出来,秋子去看光儿,我去看增杰,坐了一会儿,景昌也来了,又谈了会儿,告辞回来。

到家后,知徐豫生送《中国新文学渊源》的校样来,我不在家,他把校样留下而去。

下午,校阅《中国新文学渊源》。

2月12日　　星期三　　多云

上午,接二连三来客,计有刘文田、张俊山、赵明等同志。

下午,继续校对《渊源》。

2月13日　　星期四　　晴

整日校阅《渊源》,中间缺页甚多,即令麟儿据底稿补抄一份。出版社找的印刷单位太不负责了。

2月14日　　星期五　　晴

终天在家校阅文稿。

2月15日　　星期六　　晴

校阅文稿。

2月16日　　星期日　　多云

校毕。

2月17日　　星期一　　晴

上午,去邮局把校过的书稿寄出。

收到汪玢玲寄赠所著《蒲松龄与民间传说》,并信一封。

评审孙广举的论文《论偶然在创作中的作用》。

2月18日　　星期二　　晴

晚,解志熙同志送来不少邮件。

2月19日　　星期三　　晴
上午,去盟市委参加会议。
下午,为王广西的论文写评语。

2月20日　　星期四　　晴
上午,把给孙广举论文的评审意见誊清。下午,又誊清了王广西论文的评语。心中的债算是又清了两种。

2月21日　　星期五　　晴
上午,去系里拿信,并到光儿及慈健家,回来已近12点。
下午读报,李惠彬来。
系里送来省社科院副研究员李湘的论文,让审阅。

2月22日　　星期六　　晴
上午,去系里,并到三楼资料室与李贤臣谈了会儿。他说到王安石的《答司马谏议书》,认为过去评价过高,是不恰当的。从系里回来,已是午饭时候了。
下午,政教系一位青年同志孟君借亲戚某,拟报考近代文学研究生,询问准备哪些科目。

2月23日　　星期日　　晴
为李湘同志的论文写评审意见。

2月24日　　星期一　　晴
上午去学校。
下午,张宝明、沈卫威来谈二小时。

2月25日　　星期二　　晴

上午,爱和来谈《中国近代文学史》编写会议事。

2月26日　　星期三　　大风

晨5时起床,6点半与胡思庸同志一起乘车赴郑,在中州宾馆参加社联主席团会议,下午6时结束,与周守正、马超然同志乘车返汴。

2月27日　　星期四　　晴

上午,看《文学遗产》中一篇论焦竑的文章。下午,赵明同志来。

2月28日　　星期五　　多云

下午,开会讨论召开《中国近代文学史》编写会议的有关问题,与会的有增杰、赵明、慈健、爱和。

接王般若函,长篇大论叙述其三十年来的遭遇,不胜感慨系之。

3月1日　　星期六　　晴

晨起,给般若写复信,尽三纸,上午投邮。

饭后,又看般若函,他提到袁中郎的一首游西湖诗,找不到出处。我翻阅林语堂编印的《袁中郎全集》及近年出版的《袁宏道集笺校》,都没有找到。又想可能出自《狂言》中,幸好林编《全集》中有《狂言》一书。一查果然有这首诗。因与般若另写一函,并寄赠给他《袁中郎研究》一部。

3月2日　　星期日　　晴

晚7时,与慈健一块到专家楼,遇到增杰、信春、赵明诸同志,一起看望王杏根与郑芳泽两同志。

3月3日　　星期一　　晴

上午10时,在小礼堂东边小会议室召开《中国近代文学史》编写会议。除中文系近代文学研究室的同志外,来宾有上海师大王杏根,南京师大张中,华中师大丘铸昌和吉林教育学院郑芳泽,河南省社科院王广西诸同志。

我首先谈了谈编写这本教材的有关问题,接着王杏根谈了谈近代文学作品选的问题,下边发言的有丘、张,最后增杰同志谈了谈,散会。

下午继续开会,至5时休会。

3月4日　　星期二　　晴

上午,开会。讨论《中国近代文学史》大纲章节及其他问题。

下午,偕鸿毅随同与会同志游览龙亭、黄河、铁塔等景点,如法给照了些像片。

晚,又与与会同志观看开封市文工团演出的《十五的月亮》。

3月5日　　星期三　　晴

上午,在留学生楼下宿舍,分两组讨论文学史大纲及编写参考资料。

下午,在中文系教师休息室召开全体会,讨论体例,并宣布三部书(教材、作品选、参考资料)的主编与副主编人选。

晚,在招待所食堂宴请与会同志。饭后,王杏根、张中、丘铸昌、郑芳泽来家拜访,8时许辞去。

3月6日　　星期四　　晴

上午9时半,去留学生楼为来宾送行。

早饭后,丘铸昌送来几包食品,表示辞行。

10时许,参加系主任与教研室会议。

3月7日　　星期五　　晴

晨起,为赵道山编的《开封地方志》创刊号题辞。

上午,写《中国近代文学史·绪论》大纲。

看线穆《中国近三百年学术史》中焦循与龚自珍部分。看侯外庐《中国近代启蒙运动史》中龚自珍部分。

接般若寄来的两部《汉英辞典》。

3月8日　　星期六　　晴转小雨

六六届毕业生赵道山来,把为他所编《开封地方志》的题辞拿走。

3月9日　　星期日　　晴

省社联通知,4月中旬举行代表大会,届时要我发言,希望本月底把发言稿写出。我告以时间恐来不及,拟从北京开会回来再说。

下午,李平一因来汴视察,抽空来看我。

3月10日　　星期一　　多云

上午,看王丹莉论文,并写了评语。

下午,看张宜雷的论文《论诗界革命》,三万言。直到晚饭时才看了三分之一。

何大明托人送来社科院出的《学术资料合订本》,其中84年第15期(总100期)里载有他以李新榆的笔名,发表评介我的《中国近代作家论》一书,题名《开拓者的工作》。拟让系里复印一下。

接德刚侄函,说他近年生活的狼狈,最近他拟续弦,经济困难,想让我帮他一下。

3月11日　　星期二　　晴

上午九时许,去学校邮局给德刚侄汇洋100元,并信一封。

下午,看张宜雷的论文,看毕并写了评语。他这篇文章写得很不错,不过字数稍多,须要压缩一下。

3月12日　　星期三　　晴

下午,王丹莉来,将其论文拿走。

晚饭后,去访孙荣光,不值。

3月13日　　星期四　　阵雨

上午,去市人大参加主任会议,商讨八次常委会会议内容及5月份召开市人大全体会议的筹备工作。10时半结束。

下午,看袁凯声的论文,看了五分之三。

晚,孙荣光同志来谈。

3月14日　　星期五　　晴

接到广州中山大学寄来《近代文学研究》第三辑,刊有我的《晚清西学输入与中国近代文学的发展》。

下午,看李天明的论文。

发信致何大明。

3月15日　　星期六　　阵雨

上午,看李天明的论文,至晚饭前看毕。比初稿已大有进步,基本上可以通过。

晚,慈健来谈,他拟写论文关于晚清的美学观。

3月16日　　星期日　　晴转阴

一位82级的同学要为他们自己办的刊物《创作与研究》创刊号题辞。我想了想,拟写下这些话:

　　创作要有生活,但更重要的是如何正确地理解生活与形象地反映生活。

　　研究要用马克思主义的科学方法,整辑有关拟写题目的资料,并能鉴别与运用资料,写出有个人独到见解的学术论文。

3月17日　　星期一　　雨夹雪

张宜雷、关爱和和李天明来。向宜雷、天明谈对他们论文的意见。

3月18日　　星期二　　阴

上午,与鸿毅及汉澜、运乾乘车赴郑参加盟省委会会议。抵郑后,汉澜、运乾在河南饭店下车后,把鸿毅送到农大秋子家后,我即到国际饭店报到。

下午到盟省委开会。

3月19日　　星期三　　多云

上午,参加盟省委会会议,由宗三同志主持,由治国同志作85年工作总结及86年工作计划报告。11时休会。

晚7时许去火车站,7点40分发车赴京。

3月20日　　星期四　　晴

晨7时许抵京。下车后,即有京丰宾馆来人迎接,与叶文玲同志一起乘车至宾馆,住九楼九号,与省政协马宏伟住一室。

3月21日　　星期五　　晴

上午九时许,乘车去展览路外交学院看般若。他精神很好,惟比年轻时更胖了。他住在二楼,三室一厅。谈起他的孩子们的情况。午餐吃捞面条。饭后,在他女儿平时回来时的住室睡了会儿午觉。睡起来,乘他的朋友吴君去宾馆报到的车回京丰。

3月22日　　星期六　　晴

下午,王路与童童来接我去他们家,宋主席让他的车送我们到童童家胡同口。

晚宿童童家。

3月23日　　星期日　　晴

早饭后9点左右,王路陪我去参观农科院的食品展销部。10时转回,大会已来车接,遂返宾馆。

下午,去看雪垠,他住在六楼八号。

1时50分,去人民大会堂参加政协会议开幕式。邓主席致开幕词,胡子昂作一年来政协工作报告。

3月24日　　星期一　　晴

上午去人民大会堂参加政协全体会。彭友今作外事方面出访与接待外访的工作报告;杨成功作文史资料工作的报告。

下午,小组会。

接李惠彬电报,说他考研究生的成绩已确知,余容函告。

3月25日　　星期二　　多云转晴

早饭后,与李秉德同志一起去看段宗三同志。小马今天要陪他返郑。回来,又在秉德那里稍坐。

上午,小组会。

下午,列席人大会议。听赵紫阳总理关于五七计划的报告。我同平一坐在广东厅,报告进行了2小时零20分钟。

3月26日　　星期三　　多云

上午去人民大会堂列席人大会议,听宋平及王丙乾两人关于国民经济,与85年决算、86年预算的报告。

下午,学习文件。

与般若、许安果电话,均已打通。4时许去看雪垠。

3月27日　　星期四　　多云

上午,阅读文件。

去九一六号看商承祚先生。先生年已85岁,精神非常健旺,相形之下,惭愧多矣。去四楼二十五号看吴景荣教授,未遇。后在电梯门前碰到他。从电梯中出来,他把般若托他带给我的几盒录音带交给了我。

回屋后,见到般若的挂号信。说他为我搞的录音带,系唐宋诗词的曲子,并列出了目录。如此厚贶,深感不安。

接增杰函,谈系里事,并说研究生毕业答辩定在6月中旬。

小马从郑州回来。

3月28日　　星期五　　晴转雨

上下午参加小组讨论。

接麟儿及笑薇函,得悉家中及鸿毅近况为慰。

3月29日　　星期六　　晴

上下午,参加小组会。

今天,会上谈经济改革问题。有几位搞经济学的同志认为目前许多过去由国家控制的工农业产品,现在都已转为市场商品,甚至资本与劳动力也有转成商品的趋势。

发信:一、鸿毅,二、慈健,三、般若。

3月30日　　星期日　　晴

上午8时许,小马陪我去王府井购物。在新华书店买了几本书后,到大明眼镜公司配了副眼镜(用钱19元9角5分)。

下午,与白寿彝同志电话,约定下礼拜四来访我。又与许剑电话,他说他与罗昭武联系,拟于下礼拜一或二来访。

3月31日　　星期一　　晴

上午,阅读文件。

拟了两个提案草稿。

给般若打电话,谈了几十分钟,不觉已12点20分钟,到食堂吃饭,馍、汤已经不热。

下午,罗高(昭武)与许剑(安果)来谈了两个多小时,到楼下让小马给摄了两帧合影,他们辞去。

接光儿函。

4月1日　　星期二　　晴

上午8时半,与小马乘车去同仁医院看眼睛,至11时许看毕。大夫说白内障已可以手术,但感光不敏。可能内部还有毛病,同时年龄已大,可暂不作手术,给开了点日本眼药,及两包维生素。

下午,参加小组会。

4月2日　　星期三　　晴

上午去人大会堂,列席人大全会,下午阅读文件。

晚,看京剧《十老安刘》,写西汉初年吕后欲易刘氏天下为吕氏天下,由于蒯彻与陈平等人设计,使吕后之谋未能得逞。剧中故事情节与《史记》、《汉书》记载相去甚远,历史剧这样写法是极成问题的。

4月3日　　星期四　　晴

上午,白寿彝兄偕其助手小刘来访。他谈近年在史学上所出版的及未出版的书籍与丛书等,并说他与山西人民出版社约,出版近代文化史丛书。我问已出版的收不收?他说可以收。我问我的《中国近代文学作家论》,他说可以。我将带来的一本交给他。

他还告诉我,天津一位老中医配有治疗白内障的药,他觉得还有效。此人名应世灏,系天津市人民医院大夫。谈至10时,辞去。

下午,参加小组讨论,以义务教育为题,大家谈得很热烈。

4月4日　　星期五　　晴

上午,小组讨论。下午去人民大会堂听大会发言。

晚看电视剧《郑板桥》。写郑在山东潍县作县令时,如何站在人民立场上,与地主士绅恶霸作斗争的故事。

4月5日　　星期六　　晴

上午,小组酝酿讨论增选副主席、常委及秘书长名单,并通过两个决议草案之后休会。

下午,去人大会堂听取大会发言。

4月6日　　星期日　　晴

早饭后,由王路陪同去海淀购书及送人的礼品。在中国书店(旧书店)买到一本《古史辨》第五册,系解放后上海古籍出版社重印的。售货员非按原价出售,但也只有买了。因此书一、二、三、四辑都有,只缺一本五册,今偶而碰到,能凑齐,确也是一件快事。

4月7日　　星期一　　晴

上午与小马及其他委员乘车去芦沟桥,桥相当长。此桥以1937年7月7日,日军在这里进攻中国军队而为世界所知,所谓七七事变是也。中国的全面抗战从此开始,经过八年战争,日本军国主义最后以无条件投降而告结束。桥下水已干涸,遥望东西,直到天际线,一片荒原,令人有古战场之感。

在桥的北头,与小马、盛秘书长、叶文玲、曾友山等河南委员摄了几帧影。10时许返寓。

下午,看文件。阅读了民盟、文艺、社科等方面的简报。

4月8日   星期二   晴

上午,自由活动。在这里住的委员们一般都要去友谊商店购物。我同小马、盛秘书也去了。我买了瓶红葡萄酒与一条烟。其余都没有买,因价格比普通商店要贵得多,这个商店主要是对外宾的。10时半返寓。

午休时,学校王仲仁同志来,为建筑文学馆事还差十万元,想让我与李润田校长去看看何竹康省长,谈谈此事。于是与李校长打电话,他说何省长晓得此事,在饭厅吃饭时可以与何省长谈谈此事,看何省长意见如何。这样,我就没有必要再跑一趟了。(当时李校长与何省长都在京参加全国人大会议。)

下午,列席人大会议,在广东厅晤丁轸宇同志。

4月9日   星期三   晴

上午,给般若、马榕打电话。

看《鲁迅和他的同时代人》。

下午,参加大会,听大会发言。

晚,去访雪垠,谈至9时辞去。他说到郭沫若所写的《李白与杜甫》以及《百花齐放》的有意阿谀之处,不断地说无耻、无耻。

4月10日   星期四   晴

上午8时半,大会准备了车,我与小马去外交学院访王般若。

与般若见面后即谈袁中郎,又谈到他的老师吴宓先生。约10点半,小马给我俩在室内和楼下摄了两张影,即辞去。我将《中国古典文学论文集》送他一本,他将美人的《袁中郎》让我带回看看。

下午,参加大会,听发言。

晚看电影,内容写朱德与史沫特莱女士的友谊。史后来病殁于伦敦。中国解放后,遵照史的遗嘱,将她葬在中国。朱德同志率其他革命同志为她举行追悼仪式。

4月11日　　星期五　　多云

早晨起来,即整理什物。早饭后,小马帮助我整理,把有要退还的文件检出,并把简报也退回了。

下午,参加大会。先是由三位委员发言,千家驹的发言博得多次掌声。发言结束后,选举常委、副主席、秘书长,并通过两项决议草案。接着由邓颖超主席讲话。末了宣布大会胜利闭幕。

晚,9时去车站,乘开往深圳的第15次列车,10点半开车。与曾友山同一套间,小马住上铺。

4月12日　　星期六　　多云转晴

晨6点51分抵郑。省政协派车来接,住国际饭店7楼16号,杜裕晒去接曾主教,他同我讲话,我完全不认识他了。同他已十几年没见过面。当初曾主教曾让他向我问学,后来他学了中医,但到香港后,得不到当地政府的承认,不许他行医,于是改行经商。最近因接洽生意才来郑州的。

9时许,去农学院。

4月13日　　星期日　　晴

上午,与鸿毅乘车返汴。

下午,整理书斋,并拆阅邮件。《何景明简论》已在《信阳师院学报》第一期发表。

4月14日　　星期一　　晴

上下午,均有人来,因而未能出门。

南召县寄来打印的《人物志》。

4月15日　　星期二　　晴

下午睡起,与鸿毅去学校甲排房看光儿。

晚,几位研究生来,小解、小袁、章罗生,还有沈卫威、张宝明、王丹莉等。

发信致省政协秘书处请假。

4月16日　　星期三　　大风

上午,赵明同志送来他看过的解志熙的论文《散文抒情化的小说》,下午看这篇论文。

王气中兄来函,谈我在京时给他的信已收到,所介绍的研究生考生未录取。

4月17日　　星期四　　晴

看侯外庐的《中国启蒙思想史》中论龚自珍部分,颇多启发。最近拟写龚自珍的论文。

晚,与高公、景昌到学校第二招待所看望苏仲翔,还有一位从青海来的老师。

4月18日　　星期五　　晴

上午,看定庵集。

系里请苏、叶两教授吃饭,让我和高、华等作陪。11时半,同高公一起去学校二招,邹同庆同志来接。

下午,小解及宜雷来,宜雷送来他的论文。

4月19日　　星期六　　晴

看张宜雷、张宝明的论文。宜雷的文章我已看过,这次看看他的提要。张宝明的论文《鲁迅与陈独秀》,题目不错,但论述多有不当之处。

下午写信:1.致姚学贤,说明下月不能去信阳参加何大复学术研讨会的原因。2.与蕤儿。

4月20日　　星期日　　多云

上午,开始写《中国近代文学史》的绪论部分。

晚,章罗生来,并送论文一本。

张宜雷、小解来,将他们的论文取走。

4月21日　　星期一　　晴

上午,乘车去宋都宾馆参加省政协工作会议开幕式。10时半结束回来。

下午,写绪论。

4月22日　　星期二　　晴

上下午,写绪论。

下午,章罗生来,把他的论文及李天明的论文拿走。

赵明同志上午送来袁凯声的论文。

下午,沈卫威来,谈他去郑访徐豫生,未遇,我的那本《中国新文学渊源》一书,正在进行二校。

4月23日　　星期三　　多云转晴

上午,写绪论。

下午,看袁凯声的论文《论四十年代国统区讽刺小说》,内容比较丰富,颇有独到之见,惟缺乏剪裁,文字稍嫌冗长。

4月24日　　星期四　　阴

上午,将绪论写毕,但极草率,只不过是大致轮廓,仍须仔细加以修正。

下午,在校部听取李润田校长与周守正教授对全国人大精神的传达。

4月25日　　星期五　　阴

上午,把袁凯声的论文送给赵明同志。

看《中国近代文学论文选》中关于戏曲部分。

沈卫威来。

复徐州新华书店邵迎武君函,将其论文寄还。

4月26日　　星期六　　小雨

上午,去汴京饭店参加政协工作会议闭幕式,刘正威书记作了大会总结报告。

午餐,系由开封市委统战部招待省委统战部部长高伟及民主党派负责人。

下午,南召县县志编写办公室来两位同志,让我为县志人物志题辞。

4月27日　　星期日　　多云

上午,整理衣物,准备赴郑参加省政协会议。

9时,去看增杰,不在家。同他爱人潘老师谈了会儿,即告辞。又到光儿家看看。

下午1时许乘车到市政协,与贾子云及另两位同志乘车赴郑,住中州宾馆二号楼一楼六号。

4月28日　　星期一　　晴

上午,大会开幕式,下午分组讨论。

4月29日　　星期二　　阴

上午,去人大会堂,听刘正威同志对党员作报告。10时结束。

下午,在人大会堂听何竹康省长关于河南七五计划报告。

4月30日　　星期三　　多云

上下午,均在人大会堂列席省人大会议,听取省政府有关领导的工作汇报。

5月1日　　星期四　　晴

上午,去社科院看栾星与广西。
下午,把发言稿写毕。极疲乏,9时半即休息。

5月2日　　星期五　　晴

上午,去政协卢治国同志室内修改大会发言稿,题目为《四有精神与文明建设》。11点改毕,即回宾馆。

5月3日　　星期六　　晴

上下午,小组讨论。一般谈教育问题较多,下午则转入工农建设问题。一位谈蔬菜问题,一位安钢会计师谈他们厂生产中存在的问题。

5月4日　　星期日　　晴

小组讨论。

5月5日　　星期一　　多云

上午小组讨论。
下午大会发言。

5月6日　　星期二　　晴

上午,列席人大会议。
下午,参加政协常委会。

5月7日　　星期三　　晴

上午,参加社科联主席团会议。

徐豫生同志来谈关于《中国新文学渊源》一书的印刷情况。

下午,政协大会发言。

5月8日　　星期四　　晴

上午,政协大会发言,共四位,我第一个发言,题目为《四有与精神文明建设》。而后,通过决议案,大会宣布闭幕。

下午。返汴。

翻阅邮件,有陈韶林、张春生的信,有公安县拟于10月份召开三袁学术研讨会的邀请函。

5月9日　　星期五　　晴

上午,沈卫威送来社联印的86年第1期《河南社联》,刊有我的《〈嵇文甫文集〉上卷读后》一文。

5月10日　　星期六　　晴

下午,写《论文学发展中的主流与逆流》的大纲。

5月11日　　星期日　　晴

修改《中国近代文学史·绪论》。

晚饭后,与鸿毅去看光儿,并嘱小厚和小简待我同鸿毅去郑后来家看门。

接徐豫生函。

蕤儿自美国来函,她的住址变了。

5月12日　　星期一　　晴

整理衣物与书籍。小厚送来在校医院代取的药。

5月13日　　星期二　　晴

下午,与鸿毅乘李润田校长车赴郑。鸿毅去农大秋子那儿,我与李校长、朱绍侯同志到嵩山饭店,我被安排在三号楼104房间,与社科院张静波、还有增杰同志住在一起。

5月14日　　星期三　　晴

晨6时半,没吃早饭,即乘省政协车去省人民医院体检。初由省政协叶处长陪同,后又由医院孔芙蓉大夫陪同,进行了各项检查。下午,又对食道进行了钡餐透视。

5月15日　　星期四　　晴

上午,参加省社联大会,听取大会发言。下午,小组讨论,通过简章修改及委员名单。

5月16日　　星期五　　晴

上午,大会进行委员选举后,又举行委员会选出主席、副主席、秘书长。

下午举行闭幕式。由省委书记杨析综同志讲话,约两个小时。最后由我宣读闭幕词。

会散后,刘正威书记到饭店,到我的住室,谈到我的组织问题,由省委呈报党中央,没有得到批准。这对我来说是极大的遗憾,但我也决不能因此而消极。目今党外人士多矣,一个人的价值应该从他对人民的贡献大小,作为衡量的标准。参加党组织固然是一个条件,但如果庸庸碌碌,对人民做不出贡献,虽加入组织也不会为人看重。因此,今后更当奋发努力,在垂老之年,使自己研究结出更丰硕的果实来。

5月17日　　星期六　　晴转雨

偕鸿毅返汴。

下午休息,4时许起来,即工作翻书。

5月18日　　星期日　　雨

昨晚开始下雨,今天又连绵下了一天。气温骤降,从昨天的酷热一变而为秋凉,可知气候也是遵循辨证规律在变化着。

上下午,在十号楼参加职称评委会会议。由我主持,通过了晋升讲师、副教授、教授的共二十余人。

接到韩林元寄来的《王桐乡诗三百首》,书前的序文是我写的,但校对粗疏,出现不少错字。

晚,沈卫威送来打印好的《论鲁迅反程朱派理学思想》八十份。

5月19日　　星期一　　多云转晴

写论文,下午将嵇、阮二人写完。

5月20日　　星期二　　多云

上午8点,到校部参加教师职称评审会议,至11时散。

早晨和下午写论文,将柳宗元写毕。

5月21日　　星期三　　晴

写论文,把苏轼、袁中郎、龚自珍三部分写毕。

5月22日　　星期四　　晴

上下午写论文,并阅读有关参考书,将龚自珍、章太炎两人写毕,郭沫若写了一部分。

下午,刘溶来谈关于职称评定问题。接着王寿庭来,并送我一盒他演奏的二胡曲子的录音带。因我家没有录音机,他回去把他的拿来放了一会儿,确实柔曼动听,约6时许辞去。

晚,音乐系两位教师来,有黄彦如(广东人),还有一位名字不熟悉。他们谈武秀芝不少情况,因我不了解情形,不便加以可否。

5月23日　　星期五　　晴

上午,将论文写毕,还须很好地修改。

下午,慈健送来《闻一多全集》及《曾国藩》家书两册,和两封信,谈了一个多钟头辞去。

公安县一位同志来函,询问关于三袁文集中不解的词句。

5月24日　　星期六　　晴

上午,参加学校职称评委会,通过一批教授、副教授的后备名单。散会时已12点多。

下午,标点、修改已写毕的论文《庄子与中国文学》。

阅何权衡的论著。

5月25日　　星期日　　小雨转阴

标点、修改论文。

看闻一多《古典新义》中的《论庄子》。

5月26日　　星期一　　晴

上午,审阅何权衡的论著并写出评语。下午,慈健来,交给他拿到系里盖过公章寄出,并与何权衡信一封,告诉他审阅情况。

下午,罗梅欣及其妹蕙欣从湖北来。

慈健下午来,送来《中国新文学渊源》一书的最后一校的校样。

晚,看校样。

5月27日　　星期二　　多云

上下午,校阅《渊源》。

5月28日　　星期三　　阵雨

上下午,校阅《渊源》,至晚饭前校毕,并与徐豫生函,托凯声一并带郑。

5月29日　　星期四　　晴

上午,梅欣、蕙欣离汴,去曲阜旅游。

袁凯声把《渊源》的校样带回郑州。

下午,写《鲁迅反程朱思想》一文的油印本的勘误表。花了半日功夫,从此得个教训,即属于文章校阅,最后由自己校阅最为可靠。

接王路函、袁良骏函。

5月30日　　星期五　　晴

晨起,把昨天写的勘误表送给沈卫威同志。

发信:1.蕤儿,2.北京袁良骏。

5月31日　　星期六　　晴

上午8时,去学校统战部,听取传达中央统战部的文件,然后座谈讨论,12时散。

下午,看《闻一多全集》中郭沫若、朱自清两人的《序》,并看集中《伏藏考》。

6月1日　　星期日　　晴

今日儿童节。

下午,开始审阅张宜雷的毕业论文,看了一半。

6月2日　　星期一　　晴

上午,把张宜雷的论文《诗界革命论》看完,并写出了评语的草稿。

下午,用毛笔为南召县志题辞。

晚饭后,培训班的阎近通和一位同学来。阎送我一本《人物》杂志,里边有他写的关于常香玉爱人陈宪章的一篇文章。看后,觉得写的还不错。把陈对常在艺术才能的发挥上所起的巨大作用作了充分的肯定,这完全是符合实际的。文中写他们夫妇的结合,宪章对香玉在艺术上的帮助,如为她写出许多剧本,以及在抗美援朝时期以常的名义捐献飞机,在"文革"期间,两人互相关切,互相安慰,始能渡过难关。尤其是陈在名誉上有功不居,都反映了陈的识大体,有远见而又谦抑自处,一生助常香玉在事业上取得巨大成就,而不为个人的目的,这一切都反映了他品质高尚。这篇文章的行文也很生动形象,写得较为成功。

6月3日　　星期二　　晴

看李天明同志的毕业论文,并结合论文中所评论的湘籍作家的作品看了几篇。

爱和送来书一册和邮件一束。

接华中师大黄曼君函,关于约我于秋天去他校为助教培训班讲学事,因其中一部分学校学员要评职称而离校,所以此事遂作罢。

6月4日　　星期三　　晴转雨

李天明的论文已看毕。

看《闻一多集》。

6月5日　　星期四　　晴

上午,去培训班讲演,题目为《政治立场与作家的文艺观及创作的关系》。从8点40讲到11点20分,中间休息一刻钟。结束后,部分同学邀到学校大门外合影。

下午,去市人大,与新任市委书记宋国臣见面,并与离任的刘真书记送别,至4时结束。

6月6日　　星期五　　晴

看袁凯声的毕业论文。

沈卫威送来打印好的论文,他带走七十份,拟明天寄给北京袁良骏。

接蕤儿从美国来函,并寄照片七张。

6月7日　　星期六　　晴

看袁凯声论文,下午写出评语。

李惠彬来,借去《管锥编》四册。

6月8日　　星期日　　晴

看《闻一多集》。闻的政治思想,即后来毛泽东同志所批评的民主个人主义者。他不满于蒋介石的法西斯独裁统治,为争取民主而献出个人生命。他是一个刚性的人,他的战斗与鲁迅不同,鲁迅主张韧性的战斗,决不赤膊上阵;闻则在追悼李公朴大会上直斥国民党特务分子,因而遭到特务杀害。从战术上说,这是失策的,但从其客观效果说,起到了对国民党的暴露作用。历来的战士,有些是不考虑个人利害的,从这一点说,闻氏是令人钦敬的。

发信:1.般若(附书一册),2.黄曼君,3.秋子、恭夫。

6月9日　　星期一　　多云

上午,将李天明论文的评语写出。

看《闻一多书信集》及《闻一多评传》。从这几天看闻一多的集子,给我的印象有以下几点:

1.闻一多与郭沫若有极相似之点:

一、两人都是爱国主义者。

二、两人早年在文艺观上都是唯美主义者。所不同的,对中国先秦思想家,郭是推崇孔子的,而闻则推崇庄子。

2.闻一多前后期思想有极大的变化。

一、由唯美主义与追求形式的美而转向现实主义和文艺服务于人民的功利主义者。

二、由国家主义转向马列主义。

三、由书斋而走向人民大众。

四、由学者、诗人而转变为民主运动的战士。

3.闻一多思想转变的原因：

一、抗日战争的爆发,国家面临危急存亡的关头。

二、由长沙步行去昆明,看到人民群众所遭受的压迫与苦难。

三、国统区通货膨涨,生活艰苦。

四、听到国民党军阀官僚们大发国难财,过着穷奢极欲的腐朽生活。

如此种种,给他以极大的刺激,使他冥思苦想了七昼夜,最后决定走出书斋参加当时的民主运动,终因反击国民党的特务们的无耻暴行而遭到杀害。

下午,沈卫威送来稿费55元6角。

小解同张宜雷来。小解去北京考博士生,据他说考得不太好;宜雷去武汉、桂林走了一趟,游览了山水。

6月10日　　星期二　　晴

上午,与(宋)景昌、(孙)映康等去盟市委参加常委会,讨论下半年工作计划,并通过一批审请入盟的同志,至11时40分散。

下午,看《闻一多评传》。

6月11日　　星期三　　多云转雨

上午,看《闻一多评传》。

下午,开始写《闻一多先生的学术思想》。

接《文学遗产》杂志函,将前寄给它的文稿寄回,让按其要求重新誊写,并让填一份表,在文章发表时介绍作者的生平。

6月12日　　星期四　　小雨

上午,把《闻一多的学术思想》的二、三部分写毕。

6月13日　　星期五　　多云

下午,将《闻一多先生的学术思想》一文写毕,并誊写苏轼论文,至晚誊了两千字。

6月14日　　星期六　　多云

上午,到大礼堂前与82级毕业同学合影。

下午,将论苏轼一文誊毕。

6月15日　　星期日　　多云

早饭后,到系里找王仲仁,让他给《文学遗产》寄来的作者身世调查表盖上公章。

去北道门邮局,把论苏轼的文章及身世调查表寄给《文学遗产》编辑部。

6月16日　　星期一　　晴

把袁凯声论文的评语誊出。

看《庄子》郭象《序》,写得很不错,他是比较了解庄子的。

6月17日　　星期二　　晴

赵明同志送来助教培训班的讲课费500元。

给爱和找书,只找到一本。

一天来人不断,影响了工作。

6月18日　　星期三　　晴

上午,去学校二招看望魏绍馨同志。

下午,誊写《三国演义与正统论》。

晚饭后,去二招与栾星、绍馨、及赵明、增杰诸同志开会商谈明日答辩事,回家已10点半。

接般若函,字迹甚草,有些字我就看不懂。

6月19日　　星期四　　晴

上午,张宜雷进行答辩,结果大家都很满意,以全票通过。

下午,章罗生答辩,稍逊于宜雷,但还可以,也通过了。

今天相当疲劳。下午从学校回来,在床上躺了一大会儿,觉得腹内空空,吃了些点心好一点。

何均地、曾积海两位教授来家坐了一会儿,即辞去。

6月20日　　星期五　　晴

上午,毕业研究生继续答辩,一为李天明,二为袁凯声,下午为解志熙。三人俱已通过。

6月21日　　星期六　　晴

上午,作去庐山的准备。

下午,去小礼堂听报告。韩书记宣布中组部对范濂、任访秋、胡廷基三人参加组织的批示,认为留在党外比到党内更好。另外,应以对待党员那样对待这三位同志,如参加重要会议,阅读党内重要文件等。

此外,还传达了胡启立在上海的一次讲话,以及中央组织部关于以后任用干部与提拔干部的条件。

接徐豫生函及陕西人民出版社函。

6月22日　　星期日　　晴

上午7时,偕鸿毅乘车赴郑。抵郑后,先到省政协,没见到叶处长,只见到一位司机班长,他了解情况,说下午一定告诉叶处长。我们于是到农大秋子家,因是礼拜日,全家都在。

晚9时20分,叶处长和陪同我们去庐山的倪良儒同志来,因是10点的火车,所以匆匆去车站。时间紧迫,到车站后一直小跑,上了车刚刚坐下,车已开动。

这次列车没有软卧,只有硬卧。车开后即就寝,晨6时抵武昌。

6月23日　星期一　阴

在武昌下车后,碰到湖北省政协派来迎接的张志富同志。到省政协漱洗后,在外边的一个小饭馆进过早餐。张同志陪我们到黄鹤楼游览,并在那里摄了两张影,一张是我和鸿毅合影,一张是我们同倪、张二同志合影。并乘电梯上到楼的最高层,因系阴天,光线暗淡,我的眼又不济事,所以下边景物都是朦胧模糊一片。10时半至江岸码头,买的二等仓票。室内两张床,比头等软卧宽敞舒适多了。12点开船,晚10时抵九江。

下船后,九江市政协派人来接,住九江市政府招待所。

6月24日　星期二　小雨

上午9时许,乘一出租车(日本小面包),车费80元,约一小时抵庐山山顶江西省疗养院。房子相当宽敞,空气新鲜。惟山高气寒,加之下雨,已觉凉得不快,于是穿上毛背心和秋裤。

6月25日　星期三　晴

早饭后,与鸿毅去牯岭大街。路是上坡,所以走起来很吃力,中间在路边歇了几歇。马路较窄,上下汽车又多,所以得当心,沿着路边走。大街商店栉比,我们到铺子里买点茶叶、折扇,到邮局发了三封信。转回来时,买了两元鸡蛋,一角二分五一个,共十六个。到寓所已11点。

下午,到近处小铺子里买瓶四特酒,拟送给倪良儒同志。

晚上,疗养院吕书记来坐。吕系洛阳平乐人,1952年来赣,已近

30年。倪同志请他对我们要多关照,他满口应承,坐约20分钟辞去。

倪同志明日返郑,送他糖果两包、云雾茶两盒,四特酒一瓶。他说他还愿意到时接我们回去。

发信:一、光,二、麟,三、秋子。

6月26日　星期四　零星小雨

上午,赖大夫来诊视检查,让我去她们医疗大楼作心电图,作了两次,给我开了两瓶药。

午饭前,去坡上探望从河南来的龚同志。

看《龚自珍全集》,对定庵思想有了进一步的理解。最近拟写出论龚的散文提纲。

晚,前天在这里住过的刘同志偕一女同志来谈。

发信:一、增杰、文魁,二、慈健、爱和,三、沈卫威。

6月27日　星期五　晴

早饭后约9点,与鸿毅去牯岭大街,转了半个小时。买了不少东西。惜乎没去新华书店,看看有无可买的书。

回来时,买了两杯冰激凌,与鸿毅坐在小铺旁的台阶上吃了吃。三角钱一杯,不算贵。

路过疗养院的疗养大楼时,取了赖大夫给开的双宝素,系用人参与蜂王浆合配的保养药,一盒十只。

下午,太阳很好,把洗过未干的衣服都搭了出去。又搬出两把椅子,把棉被也拿出来晒了晒。

看《龚自珍全集》,从过去没读过的文章中,有不少新的发现,对他有了更进一步的认识。

6月28日　星期六　晴

早饭后,决定与鸿毅去庐山博物馆看看,据说没多远。往前走不几步,却是向下的石阶,走有10分钟才转入公路。路上游人往来不断,碰到一位穿短上衣的乡下人,他说:"门票五角,没什么可看的,只有毛主席睡过觉的一张床。"但既然来了,就要到目的地。鸿毅累得不愿前去,我一直鼓励她。沿途歇了几次,终于到达。原来工人正在整修毛主席住过的房子,果如那位乡人所言,真是乘兴而来,扫兴而归。回到疗养院已11点半。

下午,从河南来了位客人,住房子的那一头,姓郭,系已故省统战部长的夫人,现在纪委工作。

下午,看《龚自珍全集》中的年谱部分。

6月29日　　星期日　　晴

上午8时半,疗养院派车,由小赖陪同,我与鸿毅,郭哲民同志去山上游览。司机侯师傅(沈阳人)很平易和蔼。先到花径,这是一个山中的小花园。进门后有一个人工湖,状似琴,故名如琴湖。湖滨有花圃,种植不少奇花异卉。鸿毅非常欣赏其中的绣球花,一个朵上竟有几种颜色。此外,还有不少盆景。这令我想起前几年去南京,王气中同志曾陪我游玄武湖,参观湖畔的盆景展览,真可谓是盆景大观,而这里不过是一种点缀而已。

离花径不远,即是仙人洞。50年代末,中央在庐山召开会议,江青曾为仙人洞拍照,毛主席为其题诗,有"天生一个仙人洞,无限风光在险峰"之句,被传诵一时。我们顺路下到较深的台阶,距此较远的地方有一石洞,但因山路崎岖不平,未能前去。转回后,又乘车至含鄱口。这个地方位于两峰之间,面对鄱阳湖。远望湖面,一片灰白色。由于山势较高,笼罩在山坳间的云层,随着山风的吹拂,如波涛翻滚。矗立在这里的石碑坊上的两侧,分别镌有"湖光"、"山色"。此处真是庐山的胜景。过了碑坊,向上有一小亭,有为旅客摄影的。我与鸿毅合照一张,又与郭哲民同志、小赖合拍一张。

从含鄱口到五老峰下,因在山中,看不到五个山峰。因已11点钟,遂决定返寓。

下午,看《龚自珍年谱》。

6月30日　　星期一　　晴

上午,与鸿毅上牯岭大街发信,并购些零用品。

下午,看《龚自珍全集》并写笔记,为评论他的散文作准备。

7月1日　　星期二　　晴

上午,与鸿毅随同郭哲民,还有另外两同志去参观美龄公馆,走不到一刻钟即到了。这是一座两层楼房,蒋介石在30年代率兵对苏区进行围剿时指挥军事所住的地方。据说毛主席于50年代和60年代在庐山举行中央会议时,也在这里住过。参观后,临离开这个园子时,看到附近山坡上有块大石,上刻"美庐"二字,是蒋介石写的,并将两字染成红色,非常醒目。

看时间已9时半,郭哲民等同志去牯岭大街,我同鸿毅回到寓所。

下午,看《龚自珍全集》。

7月2日　　星期三　　晴

晨起,写龚自珍的散文。

9时许,与鸿毅去牯岭大街购物、发信。而后又逛了逛牯岭花园,返寓已11点半。

下午,写文章。

7月3日　　星期四　　多云转雨

在室内看书写文章。

重读《龚自珍全集》,经过分析与综合,对其思想又有一番新理解。

7月4日　　星期五　　雨

看《龚自珍全集》并写文。

7月5日　　星期六　　中雨

因雨没出屋门。

写龚自珍散文中述学部分。

近日来山雨连绵,鸿毅终日闷在屋里,又没事可做,深感无聊,因而归欤之心更切,我因写文,还感不到如何的无聊。

接郑州倪良儒同志函,说他已得到领导指示,在家将事务办理完后,即来庐山接我们。

7月6日　　星期日　　雨

写文,将记叙文部分写毕。

有时感到疲劳,看看《聊斋》。

鸿毅深感苦闷。

早饭后,发信致倪良儒。

7月7日　　星期一　　晴

上午,与鸿毅去牯岭大街购买零用品。回来已11时半。

下午写文。

7月8日　　星期二　　晴

上午,把论文草草写毕,尚须仔细补充修改。

下午,看《龚自珍全集》,把有关文章的所在页数标出,以便在修改时征引或校对。

接开封市民盟副主委李运乾函,把计划在本月纪念盟成立四十周年会议日程告我,征求意见。下午,复他一函,同意他们的安排。

7月9日　　星期三　　晴

9时许,与鸿毅、老郭(哲民)同志参观庐山大厦。循着山路往下走不多远,向右转弯,再往下又转几个弯便到了。30年代初,蒋介石在此大动土木,建有大会议厅、宿舍、餐厅和用来训练特务的场所。解放后,党中央在这里开过两次有名的会议:一、1959年的庐山会议便是在这个大厦中召开的。会议主要是反左,而因彭总的上书而变为反右。彭总从此下台。第二次会议,是1971年批判陈伯达,林彪欲作国家主席而未能实现,于是蓄谋暗害毛主席,最后自我爆炸。大厦走廊悬有1959年参加大会的中央首长照片,计有毛主席、周总理、彭德怀等。还有彭的"万言书"的复印件。回来已11点。

下午,标点、修改《论龚定庵的散文》。

7月10日　　星期四　　晴

早饭前出去散步。从中五路沿着石板铺的路往上走,直到山顶。上有四层楼房,据说是空军疗养院。但这个山峰并不高,所以也望不远。没多停,即循原路回来。

9时许,与鸿毅去牯岭大街买些物品及食品。庐山上的东西并不算贵,由于游人甚多,所以商店生意特别兴隆。一般店铺的柜台前往往挤满雇客,营业员大有应接不暇之势。11点回来。

下午,修改文章。

接增杰同志函。

7月11日　　星期五　　晴

在家时写的《中国近代文学史绪论》,重读一遍,觉前大半部写的还可以,而后边忽然转到分期问题,似与前边不衔接。当时考虑得不太妥,决定将其删掉,重新再写。

7月12日　　星期六　　晴

写文。将《绪论》后边的一部分重新改写,尽五纸,写到辛亥革命。从革命后到五四一段还没写。

上午10时许,与鸿毅到外边走了走,回来近11点。去取报纸,有封信,我以为是慈健来的,及打开一看是光儿同小厚两人各有一封,得知家中一切均好,为慰。

7月13日　　星期日　　零星小雨

上午,在室内看书,写了两页文章。

下午,刚到庐山的农大吴绍骙同志,令其从人宋某来说要来看我。我于是与鸿毅由宋带路先去看他夫妇。他们住上边,见面后谈了谈这里的情况。快到开晚饭时,我们才返寓。

7月14日　　星期一　　晴

早饭后,到吴院长处谈了会儿。回来在小卖部门前碰到一对乡人夫妇摆了一担西瓜,一毛一分一斤。我们买了个小的回来,切开已熟,味道不错。于是鸿毅又去买了个回来。

修改《绪论》,把补写部分写毕。

晚上,陈大夫来查房,问我们为啥没看电视,我们说坏了。他于是着手调试,居然又恢复了图像和声音。前天小王找了几个人来,都未修好,可见技术还是不行。

7月15日　　星期二　　晴

早饭后,与鸿毅邀吴老夫妇一同去逛牯岭大街买日常用品。吴老夫妇都已是八十二高龄,比我们大六七岁,自然走路不太灵便,至11时20分才向后转,到寓已12点。

写信给秋子、恭夫。下午,宋同志陪吴老夫妇来看我们,并合了影。临别,把信给宋同志带回郑州转交,因宋也在农大工作。

7月16日　　星期三　　晴

上午,与鸿毅去上边看吴院长夫妇。回来才知良儒同志已来接我们。

整理什物,准备回去。原拟明天启程,良儒给九江政协电话,让买去南京的船票。后来接到的答复说,明天船票已卖完,买到后天的船票。这样在山上还得再停一天。

7月17日　　星期四　　晴

　　早饭后,与鸿毅同倪良儒同志上牯岭大街,乘旅游车去五老峰。攀登主峰至半途,鸿毅走不上去,便停到那里等我们。我同老倪爬到绝顶,由于下边云雾迷漫,什么也看不清楚。停了一刻,便顺原路下了来。

　　午饭,在山下一个餐馆马马虎虎吃了点东西。

　　下午3时许,乘车返寓。

　　吴老夫妇来看我们。

　　整理什物,明日返豫,拟走南京转郑州。

7月18日　　星期五　　多云

　　上午,乘疗养院车下山。车在云雾中行驶,山道又窄,令人担心。10点左右抵九江市政府招待所休息。

　　下午4时多,由九江市政协派车送至码头。上船后,5时半启碇。

7月19日　　星期六　　多云

　　昨晚上船后,7时许就寝,2时醒来一直未能入睡。到5时许又睡着了一会儿。

　　早餐只吃了一碗带辣味的汤面条。从餐厅回到室内又吃了一块点心,似乎仍未吃饱。船到芜湖停舶,老倪下船吃饭,买了八个包子回来,时已10点。吃了几个包子,鸿毅也吃了两个,算是代替午餐。

　　下午5时半抵南京码头。江苏省政协派车来接,住省委招待所。

　　江苏省政协主席、民盟省委会主委陈敏之,政协秘书长梁尚人同志,由政协工作人员张同志陪同来看我。

　　到南京后,让老倪给李运乾打了个电报,说明不能准时返汴。

7月20日　　星期日　　雨转晴

上午,由张同志陪同游览了中山陵、灵谷寺、明孝陵等地。

下午休息。

7月21日　　星期一　　多云

上午,省政协张子扬同志陪我们游览了雨花台、中华门、太平天国展览馆和夫子庙等处。

在雨花台,鸿毅和老倪都买了几包雨花石。太平天国展览馆,据说原系明初中山王徐达的花园,太平军占领南京后成为东王府。现就其旧址作为展览馆,陈列不少太平天国的器物及文献一类东西。旁边花园水木清华,景物宜人,足供游人观赏憩止。中华门为明初朱元璋建都南京时所建,规模宏大,有三层门洞,当时可容三千士兵。现为展览馆。其一展出的为雨花石,彩色各异的石子,其状如花、如人者,皆命以名目。其中大半为私人所藏,今展出供游人赏鉴。

夫子庙临秦淮河,河水仍是污浊。据说南京市拟加以修浚,变死水为活水。此地在明末清初为最繁华所在。现在为一商业区,其中的一条街,小吃馆林立。一般退休老人常携家人到此品尝,以饱口福。

在夫子庙附近食品店中买些点心、面包,即乘车返寓。

午间,江苏省政协副主席(省民盟主委)陈敏之、秘书长梁尚人请客,并邀省委组织部长及统战部长作陪。

下午休息。晚饭后7点50分,张子扬同志送我们去车站,8点10分开车。

7月22日　　星期二　　晴

在车上睡了一夜,晨7时抵郑。老倪给省政协电话,叫辆车送我和鸿毅到农大秋子家。深受女儿、女婿及外孙们的热情招待,休息了一天。

7月23日　星期三　晴
上午,去社科院访广西、栾星同胡思庸诸同志。见了思庸同志,得知历史系毛健予同志最近去世。晚饭后,与秋子、恭夫访杨瑾书记。

7月24日　星期四　晴
晨7时,河大派车来接。10时抵家。
下午,小厚送来系里转交的几张汇款单。
阅读家中存放的一月来的书信。

7月25日　星期五　晴
下午,没出门。晚饭后,与鸿毅去光儿家。最近,淑惠偕小厚拟去广州会她的三姐,付洋百元。
黄志琴送来邮件一捆。

7月26日　星期六　晴
早饭后,去看增杰。
回来后,慈健带着他的小妞蕖蕖来。
下午,爱和、慈健来,南召同乡艾廷和来。
晚上,我已休息,濮阳一中教师王德山来,把他写的《论〈狂人日记〉的写作方法》一文让我看,谈半小时辞去。

7月27日　星期日　晴
下午,写《关于中国近代文学史的断限与分期问题》中有关时代背景部分。下边拟再写四部分。

7月28日　　星期一　　晴

上午与鸿毅去北道门赶集,回来到新苑书店挑了一部分书。

下午,写论文,仅写了四页。

7月29日　　星期二　　晴

上午,邹同庆同志来,说30几位五七届毕业的同学来校相聚,要看看当年的老师。我去学校办公楼一层会议室同他们见见面。午饭由学校招待,陪他们吃过饭就回来了。

天气太热,什么也不能干。看《中国思想通史》中论陈亮哲学部分。清人龚自珍在语录中说,他非常同意陈亮在《上孝宗皇帝书》中评朱熹的一段话。因我没有《宋史》与陈亮的集子,所以未找到这篇文章。很显然,龚是很同意陈亮之学的。

7月30日　　星期三　　雷阵雨

早晨到南面水池边散步,遇雷阵雨,在一间小屋门内躲避,瓢泼大雨把裤腿都溅湿了。10分钟后,雨势稍杀,冒雨跑了回家。室内温度仍很高,一会儿身上便出了汗。

写论文。

下午,盟市委杨绍文来,谈约一小时辞去。我把人大送的今晚电影票两张送了他。

北道门新苑书店店员许某送来《续资治通鉴长编》一部,价87元,连同过去取的书,共计205元5角9分。

7月31日　　星期四　　多云

上午,去学校邮亭,给南京师大张中寄去《袁中郎研究》及《近代文学作家论》各一册,并附信一封。从邮亭出来,到新华书店购《虞初新志》一册。

下午,写论文。

小解及袁凯声来,小解因北大代培博士研究生手续已办妥,深感幸运。

8月1日　　星期五　　多云转晴

上下午,写论文。

看《小说月报》中转载的《三寸金莲》。作者对此事饶有兴趣,关于缠足故事知道的颇多。此人多少有些变态心理,名为批判而阴实爱好。

8月2日　　星期六　　晴

誊改《中国近代文学的断限与分期问题》。

看冯骥才小说《三寸金莲》。这篇小说有一定的历史价值。反映了晚清民间部分爱莲者对金莲的酷嗜,以及如何把它作为艺术品予以品评。另外,在一个家庭中,由于主人的爱莲,因而小脚的大小竟关系到一个女人地位的高低。至于后来社会上提倡放足,便出现了主张缠足与主张放足两派的斗争。说明了一切事物的改革之不易,不经过一番斗争是不能前进的。

上午,小解送来几封邮件。

下午,市地方志小赵与其同事庞同志来,送《开封地方志》一册,并约我为他们刊物写稿。

8月3日　　星期日　　晴

上午,誊改论文,看《小说月报》。

何德功送交所写论文《维新派的诗界革命与小说界革命所受日本文学的影响》。小何于日语有一定造诣,他搞近现代比较文学研究,大有前途。他最近拟去北京听课,并搜集材料,准备写《周氏兄弟与日本文学》。

8月4日　　星期一　　晴

把《近代文学的断限与分期问题》一文修改毕。

小袁代为借到陈亮的《龙川集》，其中评朱熹的话，与《四库提要》所引基本一致。

8月5日　　星期二　　多云

誊写文章。

早饭后，小厚从广州回来，并送来苏打饼干两包，凯梅让带的点心一盒，还有让他们为鸿毅买的裙子一条。

8月6日　　星期三　　晴

上午，慈健来，用自行车把家里的煤气罐带到学校换了一下。

下午，麟同明凰来，他们上午才从广州回来。

8月7日　　星期四　　晴

接蕤儿函。今天给她写的信还未发。

8月8日　　星期五　　晴

今天立秋。

翻阅过去买新苑书店的书，把明末清初的一套写才子佳人的小说翻了翻。其中的《两交婚》写一个男扮女装的故事，颇与《乔太守乱点鸳鸯谱》有类似之处。可知晚明世风颓敝，男扮女装是常有的事。

8月9日　　星期六　　晴

誊文章。

看《三言二拍资料》。

8月10日　　星期日　　晴

上午,把《关于近代文学的断限与分期问题》一文誊清,下午进行了标点。小厚来,晚饭后回去时,让她把文章交给慈健让系里打印60份。

接般若函。

重阅在庐山时修改的《中国文学史绪论》,拟再修改一下,让麟儿誊清。

最近拟写章太炎。

8月11日　　星期一　　晴

看《近代文学论集》。

8月12日　　星期二　　晴

早饭前,与鸿毅去看文金同志。

上午开始写章太炎。

8月13日　　星期三　　晴

上午写文。找《太炎文录》卷二,没有找到,兴致索然。

下午,看《章太炎政论集》。

盟市委李副主委与杨秘书来,谈15号上午常委会内容。

8月14日　　星期四　　晴转大雨

晨起写文,上午看书。

8月15日　　星期五　　多云

上午去盟市委参加常委会,至11时半散。

接到不少信及有关会议的通知。

一、本月17日报到,18日召开省政协常委会。

二、北京文研所定于9月9日召开关于近现代、当代文学分期问题会议。

三、南召县志编写办公室艾廷和寄来他为我写的传记,让修改。

四、韩林元函,并寄来他的文章,让我介绍发表的地方。

五、《中州学刊》编辑部寄来文章大样,让校阅。

8月16日　　星期六　　晴

上午去学校,一、把校过的文稿寄给《中州学刊》编辑部。二、取出社联寄来的稿酬。三、购买一点零用品。四、校打印稿毕,交(岳)耀钦同志转慈健。

晚饭后,与鸿毅去看光儿同慈健。

8月17日　　星期日　　晴

上午,整理去郑参加政协会议的什物。

午饭后,与吴雪莉教授乘车赴郑,4时许抵国际饭店,住五楼七号。

8月18日　　星期一　　多云转阵雨

上午,大会开幕。先由宋主席致词,接着由两位副主席作工作汇报。

下午,分组讨论,我参加的是第二组。

晚饭后,恭夫来说笑凯考入了南京河海学院。

发信致增杰。

8月19日　　星期二　　多云

上午大会,听劳动人事厅厅长传达关于劳动制度的改革问题。今后再招工,一律为合同工。其目的在打破过去的大锅饭和铁饭碗,来促进生产的发展。

下午,小组讨论。

五时许,与张静吾、李平一、魏太星三同志去省人民医院老干部病房看静之,还有杨章武、吉振民等同志。

8月20日　　星期三　　晴
8时20分去中州宾馆,列席市人大常委会,听取几个报告。
下午小组讨论。大家对河南经济上不去,特别是基础工业方面的落后,导致全省经济不景气,而影响到其他诸方面,谈了一个下午,提出了不少建议。

8月21日　　星期四　　晴
下午,参加小组会。
晚,平一来我室谈天,不久姚景韶同志来,谈至10点辞去。
发信致般若,寄去我与他的合影两帧。

8月22日　　星期五　　晴
上下午,参加小组讨论。
与孟社长电话,谈关于《子产评传》出版问题。

8月23日　　星期六　　晴
上午,与屠家骥等同志参观大河村发现的新石器时代的住宅及生活器物展览馆。回来已11点半。
下午参加大会,列席人大会议。散会后,与轸宇同志去看袁宝华主任,未遇。

8月24日　　星期日　　晴
上午,参加小组会,讨论义务教育的实施问题。
下午休息,到省民盟参加主席、副主席会议。
晚,袁宝华同志同其秘书来,老丁也过来,相与谈了半个多钟头。送客人走后,看电视剧《阿信》。

8月25日　　星期一　　晴

上午,大会闭幕。先有三位同志发言。其中张世诚同志关于教育问题的讲话较为中肯。世诚乃张轸之子,精明干练,现为民革成员,是一个有前途的年轻人。

午饭后,政协派车送我和吴雪莉同志返汴。

8月26日　　星期二　　晴

写章太炎的文学论部分。

接广东会议邀请信。

8月27日　　星期三　　晴

写章太炎文学论部分。

系里送来两张表,说是为了评教学优秀奖。

下午,增杰来,商量下月7日赴京参加近现当代文学分期问题研讨会的有关事宜。

8月28日　　星期四　　晴

上午,与鸿毅上街。先到北道门新苑书店,嘱书店经理找一部《中国新文学大系》一集,而后到马道街,11时半乘三轮回来。

晚饭前,沈卫威、张宝明来。

8月29日　　星期五　　晴

上下午,写关于章太炎的文章。

麟儿来,让他誊抄《论龚自珍的散文》。

8月30日　　星期六　　晴

上午,晨风来,送来稿费百元,作为为他和刘永平译注的《韩诗外传》进行校阅和作序的报酬。

下午,去市人大开会。

8月31日　　星期日　　晴

上午,把关于章太炎的文章誊毕。

看韩林元分析温庭筠《过五丈原》一诗,借温诗为诸葛亮大作翻案文章,见解虽新,但多半站不住脚。拟写信予以批评。

看晨风对《晏子春秋》译文写的《前言》,写得还好。

9月1日　　星期一　　晴

上午,何德功、王丹莉、沈卫威三同学来。

下午,看何德功的论文。

看韩林元所写温庭筠《过五丈原》一诗的分析论述,觉其看法不妥,因复他一函,对其诋訾诸葛亮的错误论点予以批评。

9月2日　　星期二　　晴

将章太炎一文校阅毕。

晚,历史系研究生何敏同志捎来湖南社科院邓潭洲的信,嘱为其所编刊物《船山学报》撰稿。

9月3日　　星期三　　晴

上午9时许,在学校大礼堂前与河大民盟全体成员合影,后又与具有五十年教龄的老盟员合影。散后,去甲排房看光儿,姜大夫正在为他针灸。没谈多少话即辞去。出来到乙排房看慈健,他不在家。因家中工人正在安装暖气管道,便匆匆回来了。

11时许,慈健来,说他明天要去武汉进修,为期半年。谈约半个小时,即辞去。

下午,龙亭公园黄文偕其同事赵女士来,为赵的儿子到河大走读问题。

晚饭后,荣光同志来谈,至11时辞去。

写信给鲁迅研究室。

9月4日　　星期四　　晴

早饭后,与刘亚星同志乘人大车去市人大参加常委会,关于罢免南关区检察院检察长事,至11时散会。

下午,将何德功的论文阅毕,并写出个人意见。

刘文田同志自北京来,捎回中国青年出版社张羽同志的信及其近作。

发信致《鲁迅研究》编辑部。

9月5日　　星期五　　晴

上午,何德功来,把他的论文交给他,并谈了谈我的意见。

下午,何德功、沈卫威、张宝明、王丹莉四位研究生来,帮助因施工移动的家俱放回原处。

发信致张羽。

9月6日　　星期六　　晴

上午10时许,与孙荣光夫妇去市委。到市委后,荣光夫人上街购物。我与荣光同宋国臣书记谈话近一小时,即辞去。

下午,李博同志来,要我参加平顶山苏轼学术讨论会。

爱和来,要走像片一张。校部通知:我获得了教学优秀奖一等奖。

9月7日　　星期日　　晴

下午3时,与增杰、凯声乘车赴郑。晚10时乘火车离郑。

9月8日　　星期一　　晴

晨9时许抵京。乘出租车到西三环路中国现代文学馆,与增杰、凯声住在一个室内。

遇见不少过去的熟人。

9月9日　　星期二　　晴

上午,大会开始。马良春同志主持会议,请汝信同志发言后,王飙同志谈了谈近年来,研究近、现、当代文学的学者对于这三个时期的分期问题的几种不同意见。结束,已近12点。

下午,大会发言,第一,是王瑶同志。第二,是季镇淮同志。

晚,草写一个补充发言提纲。

9月10日　　星期三　　晴转雷阵雨

上午参加大会,我发言约一个半小时。

下午,没出席会议,在室内写文章。

9月11日　　星期四　　晴

上午,参加座谈会。下午,牛仰山同志来谈,关于编选近代文学大系问题,谈至5时许辞去。

9月12日　　星期五　　晴

上下午,参加大会。下午,大会发言后,马良春作总结发言。

9月13日　　星期六　　晴

上午,与增杰、凯声两同志去劳动人民文化宫看书展,我们都买了些书。

9月14日　　星期日　　晴

上午,与凯声去紫竹院游览。因为是礼拜日,所以游人如织。我们买票乘上小汽船循湖面环绕一周。下船后,又沿湖滨大道走了走。11时,在饭馆午餐后返寓。

下午,休息一会儿,即整理什物。小解来看我们。凯声和他上前门为鸿毅买石英表。回来后,王路又来看我离京否?他走后,我与小解、凯声到外语学院附近小饭馆用餐后返寓。10时,文研所车来,即去火车站。上车后,11时15分开车。

9月15日　星期一　晴

晨起8时许,与凯声吃点王路送的鸡蛋和蛋糕。10时45分抵郑,中文系小高和司机王师傅开一小面包车来接我们。凯声送我上车后,他留郑回家看看。下午1点半抵家。

下午,爱和来。

9月16日　星期二　晴

上午去学校,书亭正在出售廉价书,我挑了几本,用洋六元余。

下午,小何来谈去京开会的情况。

9月17日　星期三　晴

上午,文金和同庆来,让我于下午1时乘车赴平顶山参加苏轼学术研讨会。于是,着手准备衣物,准备下午动身。

审阅光儿为我誊写的《中国近代文学史·绪论》,到11点才看毕,觉得内容须要再加修改。

下午1时许,学校车来,与信春、华公乘一辆车出发。路上因车的喇叭坏了,司机小马一再修理,耽误了一个多小时也没修理好,因此走了5个多钟头才抵平顶山市宾馆。省社科院文研所及省社联的领导同志都已来到这里,如栾星、胡世厚、胡思庸、赵怀让、任寿春等。

9月18日　星期四　晴

上午,大会组织参观锦纶帘子布厂,后又参观逢春苑盆景展览。

下午,大会开幕,5时许散。

晚餐由市委、市政府宴请与会同志。饭后,河大毕业同学来访,谈至10时许。

9月19日　　　星期五　　　晴

早饭后,乘车去郏县。快到时,该县的县委书记、县长、人大主任一行人在路旁迎候。此次来郏县的还有社科院院长胡思庸、社联副主席赵怀让,还有我校的副校长陈信春同志。到此后,由县委的车引路,我们三辆车随后去苏坟。走了半个多小时才到,先去瞻仰三苏庙宇。正殿有三座塑像,中间为老苏,右边为子瞻,左边为子由。祠堂本已颓败,因今年苏轼学会在这里召开,于是由省、县拨款四十余万重新修葺,并为东坡雕塑一尊大理石像。我们从祠堂出来,去参谒子瞻塑像。像座上镌有子瞻小传,系用白话写的,但却省去了标点,实为一缺陷。接着又去参谒三苏坟。坟园古柏苍翠,据说有四百余棵。三坟并排,中间为老泉的衣冠冢,右为子瞻,左为子由,墓均较老泉的略小,墓上荒草如烟。想不到这两位北宋大作家生于峨眉,晚年竟埋骨于此。子瞻虽去世八百余年,但他的作品如日月经天,为后世代代所传诵,真可谓精神永在。

我们又回到祠里休息时,当地领导一定要让我们题辞,争持了很长时间,还是每人都写了几个字才算结束。

回到县里,在县委用过午餐,即开车返汴,7时许抵家。

9月20日　　　星期六　　　晴

上午,参加校学位委员会会议,今年毕业的四位研究生解志熙、章罗生、袁凯声、李天明均被通过取得硕士学位。

下午,校阅麟儿抄写的文稿《论龚自珍的散文》已校毕。

9月21日　　　星期日　　　晴

麟儿全家来。

下午,睡起后看书。

接慈健自华中师大来函。

开始审阅晨风的《晏子春秋译注》书稿。

9月22日　　星期一　　晴

因吃果酱,致食物中毒腹泻,伴之以发烧至38.5℃,请校医院大夫诊视。晚,烧似不退,又去医院,大夫让住院,不料病房不卫生,且隔壁为艺术系单身教师宿舍,10点钟还在拉提琴,聒噪不能入睡,于是与麟儿一同回家。

9月23日　　星期二　　晴

烧已退,稍吃点东西,但肚子仍不太好。

上午,文金、文魁、仁训来看望。

黄志琴送来邮件,有牛仰山和李惠彬的。

9月24日　　星期三　　多云

吃徐世珍大夫开的中药香莲丸,治疗泻肚的确有效。下午,晚上各吃一瓶,基本已经恢复正常。但仍感疲惫,身上无力,此系年老的原因。

下午,凯声送来在北京时买的几本书。

9月25日　　星期四　　晴

上午,爱和来。谈去广州开会买飞机票事。他说他爱人也不想让他坐飞机,他也没坐过,不知适应不适应。他想再问问坐过飞机的人,如果不适应就买火车票。

9月26日　　星期五　　阴转雨

上午,张宝明把打印的《试论龚定庵的散文》的校样送来。费了一上午之功,仅校阅了一半。下午,他来。由他念校样,我看底稿。这样校对还比较快一点,直至5时许始竣工。

如法来,谈2号赴广州事,并送来本年第五期学报一册,第一篇是我写的纪念鲁迅逝世五十周年的文章。

9月27日　　星期六　　多云

爱和送来去广州的飞机票,时间是下月2号。

9月28日　　星期日　　多云

晨起,开始为晨风的《〈晏子春秋〉译注》一书作序。上午写出初稿。

9月29日　　星期一　　晴

上午,去看增杰,他从石家庄回来才两天。谈起赴广州乘飞机事,他建议1号下午直接去机场,那里有住宿的地方。从他那里出来,去看光儿,坐下不久,鸿毅也来了。11点左右回家时,碰见爱和、小何与如法,确定了去郑时间。

晚,德重侄的二儿峰偕新婚爱人来汴,作婚后旅游。

9月30日　　星期二　　晴

上午,将给晨风写的书序誊清。

把春生寄来的月饼从邮局取出。

10月1日　　星期三　　晴

下午2时半,与如法同志一行乘车去郑州飞机场,把行李放到机场招待所后,又乘车到市内农大秋子家。见到秋子、恭夫同笑薇,在那里吃了晚饭。8时许,学校车来接我回到飞机场招待所。

10月2日　　星期四　　晴

8时许,爱和来机场。10时许进候机室,进行行李检查。10时半起飞。飞机飞到高空后,觉得很平稳。11点多,机上服务员连续分发了一些糖果及饮料。用后觉得腹中很充实,简直像进了一次午餐。

12点多,抵广州白云机场。飞机降落时感到心里有点不舒服。

下机后,觉得坐这两小时飞机,身体非常疲困。我们三人雇辆出租车到华南师大,被安排在后楼,室内能洗澡并有电视。我与如法住在302房间,爱和住在隔壁。

发信致鸿毅。

10月3日　　星期五　　晴
上午,我们三人乘公共汽车到市区闲逛,在书店买了几本书。
慈健从武汉来。

10月4日　　星期六　　晴
上午,开幕式。
下午,大会发言。

10月5日　　星期日　　晴
下午,大会发言。
晚,杜新和凯梅到华南师大招待所看我,并送一包食品。

10月6日　　星期一　　晴
晨,离广州,乘车去顺德参观。
下午,又乘车去中山市。

10月7日　　星期二　　晴
上午,大会发言。
下午,小组讨论。

10月8日　　星期三　　晴
上午,大会发言。
下午,请中山市市长介绍中山市工农业及文教事业发展情况。
接着进行讨论:一、向中央教委建议将近代文学定为大学必修课。二、推选近代文学学会筹备组人选。

最后由邓绍基同志致闭幕词。

晚,中山市宴请与会代表。

10月9日　　星期四　　晴

早饭后,从中山市赴珠海市,路经中山故里翠亨村,下车参观后,午间抵珠海市。午餐后,参观珠海市容,并乘船观赏澳门外景。

晚,疲劳已极,9时许即休息。

10月10日　　星期五　　晴

午饭后,由珠海市领导介绍珠海工业发展情况。结束后,乘车返广州。下午2时许,到达下榻的艺邨旅馆。

10月11日　　星期六　　多云

上午,与爱和、慈健、广西等上街。而后分为两路,慈健等一起坐公共汽车走了。我与爱和乘出租车到南方大厦买了只石英表及糖果等,就返寓了。

到艺邨旅馆,爱和帮我把东西整理一下,准备下午起程。

下午2时许,即同慈健、袁健(中州古籍)两同志乘出租车去机场。一切手续办毕后,即在候机室等待。因误点,晚了近一个小时,飞机才于5点10分起飞。

这次坐的不是波音飞机,而是三叉戟,在高空飞了两个小时,至7点10分才抵郑。下机后,系里小高同司机王师傅已在机场接我们。因没有晚餐,在机场餐厅每人吃碗面,即开车返汴,9时许抵家。

10月12日　　星期日　　晴

坐飞机比坐火车疲劳,早起后,什么也没干。

上午,周启祥同志来,送我一本他与魏巍、苏金伞三人合出的诗集《家园集》。并谈了他最近的工作计划。后谈到他的职称问题,拟让我与增杰同志谈谈,我建议他应首先找申校长谈谈。

10月13日　　星期一　　晴

上午,增杰、文金两同志来。

何德功来,他拟下午去郑州购买赴京的车票。

下午,与鸿毅去学校甲排房看光儿。

晚,孙荣光同志来谈,至9时辞去。

10月14日　　星期二　　晴

上午,孟宪法来谈我的书稿,他即将进行审阅。他还打算印一些近代文学作品如作家集子同小说之类。

下午,与鸿毅去甲排房看光儿,他谈到准备给学生上课问题。

晚,蕤儿从北京来函,说她从美国坐12小时飞机,抵家后疲劳不堪,像一堆泥似的。我坐两个小时飞机就如同大病一场,以后能不坐就不坐。

10月15日　　星期三　　晴

早饭后,把《试论龚自珍的散文》一文校改完。

下午,沈卫威、张宝明来,我把要复印的几篇文章交给他们,复印后交给出版社孟宪法同志。

10月16日　　星期四　　多云

下午3时许与鸿毅、小何(德功)离家赴郑。因政协未能代购到赴京的车票,只有到秋子家,晚宿农大,小何住农大招待所。

10月17日　　星期五　　小雨

下午,小何从省政协拿到车票,并让6时半派车来农大。晚饭后,车如时开到,送我和小何去车站,7点40分开车。鸿毅留秋子家。

10月18日　　星期六　　晴

上午7时许抵京。下车后,在车站用过早餐,乘出租车到社科院询问鲁迅学会年会地址,告以十里铺芙蓉宾馆。报到后,住109房间。

10月19日　　星期日　　多云

上午,参加开幕式。讲话的有胡乔木、李何林同刘再复。下午,大会发言。

10月20日　　星期一　　晴

上午,举行座谈会。会上一位外国学者认为鲁迅的入世精神系受孔子思想影响。我谈谈我的看法。我不同意这个观点,鲁迅的入世精神应该是受到墨子的影响。

10月21日　　星期二　　晴

上午,与小何去王府井购得棉上衣一件和巧克力糖两包。
下午休息。

10月22日　　星期三　　晴

上午,大会发言。有几个外国学者讲他们对鲁迅的看法,也有几位中国学者讲了讲。

下午,小组讨论。李何林先对上午发言作了些评论。认为法国的卢娃夫人同日本的伊藤等,对他们所提出的问题都没阐述清楚。后来讲到这次请外国学者参加,花了很多钱,而效果并不佳。同时,他对当前一些青年研究鲁迅抛掉了马克思主义辩证唯物主义和历史唯物主义,而从西方贩来一套东西,说是研究鲁迅的内心世界,实际是资产阶级的唯心主义。

我也发了言,重申毛主席在《新民主主义论》中论新民主主义的文化,说"鲁迅的方向,就是中华民族新文化的方向"的话是正确的,不能因为毛主席晚年犯了错误,就把他早期的正确观点也否定了。

晚,去访单演义同李何林两先生。

10月23日　　星期四　　晴

上午,大会继续发言,接着是闭幕式。散会后,仅仅给老人照了一张合影。

下午,理事会开会,并邀名誉理事参加。我因要等蕤儿,没参加。后来听与会的陈鸣树同志讲,会议也没开出个结果,对下次会议召开的时间、地点都未定,便散会了。

晚十时许,文研所派一位青年随车来送我与小何到车站候车室。11时15分发车。大会给我了张软卧票,是上铺。幸而同室下铺的是河南邮电局副局长赵振铭同志,看我爬向上铺困难,便把他的下铺位置与我掉换了一下。

10月24日　　星期五　　晴

上午,10时40分抵郑,学校来接的车已到。在小饭馆吃过午餐后,即乘车返汴,下午2时许抵家。

10月25日　　星期六　　晴

晨起,写日记并拟出李煜讨论会的发言大纲。7时许,到南边水坑附近跑步、做操。

上午,与鸿毅去看陈宪章、常香玉夫妇。

下午,整理书籍。晚,爱和来。

10月26日　　星期日　　晴

整理书籍。

牙痛未愈,继续服牛黄解毒丸和SMZ。

10月27日　　星期一　　晴

上午,去校医院找徐士珍大夫诊病:一、牙疼,二、伤风。开了三种药;甘草合剂、羚羊感冒片、庆大霉素(注射)。

与王基同志函,说明因病不能参加李煜研究会会议。

10月28日　　星期二　　晴

上下午,两次去校医院打针。

订了三份杂志:《文学评论》、《小说月报》、《中国哲学史研究》。

10月29日　　星期三　　晴

上午去医院打针。

孟宪法同志来谈关于《中国古典文学论文集续编》的稿子整理问题,要求于11月间交稿。

晚,洛阳师专同志送来叶鹏同志的论文让我评审。

10月30日　　星期四　　晴

上午,审阅文稿,将司马相如及嵇、阮等人的看毕。

沈卫威送来复印的文稿。看复印文稿。

市文联主席王基来,告他不能参加此次李煜讨论会的原因。

10月31日　　星期五　　晴

上午,麟与鸣凤夫妇来,让他们去看看常香玉夫妇,并送去小磨油一桶及苹果一篮。

审改复印的文章。

接罗梅欣函,附照片两帧。

11月1日　　星期六　　晴

整日阅读校正复印的过去的文章,已看过十分之七八,估计一两天即可看完交出版社。

午饭时,常香玉、陈宪章同他们的大儿媳妇来家说,最近一两天,他们要回郑州。15号后去北京,并谈他们愿将过去住的房子借给我们住。谈约半个多小时即辞去。

11月2日　　星期日　　晴
上午,继续看文稿。
为评职称事,洛阳叶鹏同志送来他的论文同著作。因读他所主编的《中国现代文学史》一书中他写的几章。

11月3日　　星期一　　晴
穷两日之功,将叶鹏同志送审的论著阅读一过,并写出评语,但已经够累了。
晚,沈卫威来,谈及汉语研究生某因写不出论文,又体弱多病而投缳自杀,相与叹惋久之。

11月4日　　星期二　　晴
上午,去开封宾馆参加市人大六届十二次常委会。下午,在小组会上听一些同志发言,了解到不少平时不知道没听到的事情。
晚饭后,乘车回家。

11月5日　　星期三　　晴
因牙龈发炎,去校医院打青霉素。
发工资,让小厚去领。

11月6日　　星期四　　晴
上下午,去校医院打针,牙病好多了。
校阅《庄学与魏晋以来几位杰出的诗人》。
省党史办公室一位中年同志送来《嵇文甫传》让我看。大致来说,觉内容芜杂,前后重复,罗列史事,有时并加以评论,远不如郑大所写的。

11月7日　　星期五　　多云

上下午,去校医院打针。

学校发奖金146元。

11月8日　　星期六　　晴

下午,老同学靳极苍兄带三个学生,由韩玉生同志陪同来看我,至5点半返空分厂招待所。

11月9日　　星期日　　晴

上午,去北道门新苑书店挑选书,但可买不多,只选了三种。

上午,乘校车去空分厂李煜讨论会,看望靳极苍同志,并送一些礼品。

11月10日　　星期一　　晴

看张一弓的中篇小说《张铁匠的罗曼史》,写的是一位农村发了财的万元户的半生遭遇。用人物的回忆,把过去的穷苦经历与曲折的恋爱过程和心灵世界对客观现实的反映进行描绘,结构复杂,情节新奇,颇能引人入胜。

11月11日　　星期二　　阴转阵雨

晨,起草《中国近代文学史》的结束语。

爱和下午送来在广州买的九本书。

11月12日　　星期三　　晴

下午,省古籍出版社徐澄平夫妇来,约谈半小时辞去。

看清代文论。

11月13日　　星期四　　晴

上午,看清代作家及评论家的文论,在乾隆时期,文坛上已形成不同文艺观的流派。比较保守的如沈德潜,他的文学观是正统的,即以儒家思想为主导的观点。同时,他对明代提倡复古的七子还是推崇的,因而主张抒写性灵的袁枚,即写信不同意他的看法。特别他在《明诗别裁》中不收王次回的诗,袁枚大以为不然。这显然是两种文学观。

其次,当时从事诗赋创作的诗人,对考据学也有所批评。这从袁枚与孙星衍的争论中可以看出来。

此外,还有朴学家如钱大昕、戴东原、孙星衍对桐城派义法的批评,可以看出汉学、宋学之间的矛盾。

下午,商丘师专郝蜀山送来他的论文,让评审。

11月14日　　星期五　　阴

北方寒流被五六级的大风送来,顿觉严冬将到。早饭后去学校参加职称评审会。走出前大门时,碰到(刘)亚星、(孙)荣光两同志,他们都说我穿的太薄,因为同昨天一样,只穿一件风衣,我也感到有点冷,因回家换上了呢子大衣。

职称评审会是由主任、副主任参加的小会,至10时许散。

下午读书。

麟儿午间来,饭后即去。他送来《新华文摘》,其中载有魏明伦写的荒诞川剧《潘金莲》。据说此剧在上海、北京演出时,场场爆满。我看后,又看了刘宾雁的评论,觉得此剧写得还可以,在反对封建思想上会起到一定作用。潘金莲在《水浒》中的形象极坏,而在《金瓶梅》中被刻画得更加恶劣,因此有些人对此剧之出笼大有非议。

11月15日　　星期六　　晴

上午,参加校学术委员会,在讨论通过教授、副教授高级职称时,对人选要进行介绍,并投了几次票,所以直开到 12 点多才散。

这次会议,增杰参加了。他要我为拟以写近、现、当代文学思潮的同志,作一次关于中国古代文艺思潮的报告。这样我就必须作点准备才行,因而找出过去所写的论文及著作来翻一翻。

11 月 16 日　　星期日　　多云

上午,与鸿毅、秋子去学校看光儿,回来时已近 12 点。于是去小灶食堂吃了午餐。

秋子没休息,即回郑州。

11 月 17 日　　星期一　　多云转晴

写中国古代文艺思潮,写至晚明部分。

到校医院补牙。

11 月 18 日　　星期二　　晴

看书、写文章。

接秋子函,让我与鸿毅去她家住一段。

11 月 19 日　　星期三　　阴转多云

写论文。又读了一些过去已读而需要再读,还有没有读过的文章。有的参考书,如刘师培的《中古文学史》,系北大出版社印行,却没找到,深以为憾。

11 月 20 日　　星期四　　晴

上午,何德功来,谈他最近的写作计划,临去借走两本书:《辛亥革命前论文集》第三辑,《鲁迅散论》。

11 月 21 日　　星期五　　阵雨

写讲稿。

麟儿来,下午在这里听电视课,谁知中途忽然停播。他说近来晚上也一再出现这种情况。于是,与市委宣传部屈春山副部长函,请他询问一下电视台出现这种情况的原因。

11月22日　　星期六　　阵雨

将文章写毕,下午开始修改。

看舒芜写的《周作人概观》,里边一再引用我的《从文学流派上看文学研究会的发展》一文中的话。

11月23日　　星期日　　阴

上午把论文修改毕。

看舒芜的《周作人概观》,作者参考了周作人的平生著作及对他的一些评论文章。从周一生思想发展与表现上进行分析论述,并时时拿他与鲁迅作对比,所以较有独到之见,且有一定的深度。

八三级中文系同学马庐桢来,他拟报考华中师大黄曼君现代文学批评研究生,要我给黄写封信。他最近想到武汉去见黄,我给他写了封介绍信。

11月24日　　星期一　　阴

室内尚未生火,冷甚。

右边牙又有些疼,近来经常上火,亟须去校医院打针。

看过去为《中国近代文学史》写的绪论,觉甚不满意,甚至中间还有重复之处,决心重新再写一遍。

11月25日　　星期二　　晴

室内生着火,但仍不热。上午把棉袄换了换,毛裤换成皮裤,这样稍微好一点。

改写绪论,增添对魏源的论述。

11月26日　　星期三　　多云

上午,改写绪论,并阅读一些有关文章。

下午,去校医院看牙取药。

11月27日　　星期四　　多云

上午,盟市委李运乾偕老杨同志来谈盟市委工作。

下午,去校医院打针。

11月28日　　星期五　　阴

因牙痛,仍得冒严寒去校医院打针。上下午各一次,每次回来都是满身大汗,汗衫都湿透了。

拟将《论龚自珍的散文》一文送交学报。

11月29日　　星期六　　多云

近来看到学术上颇有些新的提法,新的观点,但并不意味着马克思主义不行了,而是说研究的问题的范围扩大了。对一个人的研究,要从整个民族文化的发展上来着眼,这涉及到政治、经济、民族传统文化等诸方面去考察,所谓多层次,多角度者是也。

11月30日　　星期日　　晴

上午去校医院打针,到校办公大楼门前遇见张允和李光一两同志,说他们正要去家找我。于是一块到校医院打了针,又一块回来。他们来的目的,是张允的女婿要从鹤壁调回开封,对方已同意放人,只要这边市长同意去那边要档案即可。我只好与素不相识的张副市长写封信交给张允。12点多左右,他们辞去。

12月1日　　星期一　　多云

把《试论龚自珍的散文》一文让小厚送给学报编辑部,并打电话告诉了编辑部负责同志王振铎。

上午爱和来,送来一束信件。其中有西北师院教师龚喜平的一封,内容充满着一片仰慕之情,并拟请赠他一部《中国近代文学作家论》。爱和说资料室还有,他拟寄给他一本。

下午,周启祥伴省文联一位李同志来,让负责写《河南文学志》中近代部分。我辞以搜集材料不易,并已无此精力,后来同意他们找人,我可以指导他们搞一搞。

晚看电视剧《朱德》一、二集。

12月2日　　星期二　　晴

上午在盟市委参加常委会,午饭在新生饭庄吃羊肉烩馍。

下午又继续谈了两个小时,散会后乘化肥厂厂长刘午阳同志的车回来。

发信致西北师院龚喜平。

12月3日　　星期三　　晴

上午修改《绪论》,把最后一部分修改完毕。

下午将过去写的《结束语》修改并誊写一过。

为灾区同胞捐赠物品。我捐了粮票拾斤、钱拾元、旧衣十件。

管金麟同志来,让参加明日在我校召开的写作研究会年会的开幕式,并送来发言稿一份。

12月4日　　星期四　　晴

上午8时许,郑大刘家骥同志来,还有系里一位年轻同志陪他,约我在写作研究会年会开幕式上讲讲话。我因是河南文学学会会长,似乎不好推辞。坐了会,就去办公楼三楼会议室开会。临时参与会的有信春同系里副主任张家顺同志。开幕式先由刘家骥同志致开幕词,接着我讲了祝贺同欢迎的话,下边由信春同家顺讲了讲。这样就结束了。

下午随便看看书。

12月5日　　星期五　　晴,气温回升

上午,市政协来车,接我去政协会见从北京中央统战部来的大员彭友今副部长,另外省政协也来了一批陪他的同志,有副秘书长、副主席(丁轸宇),还有科长、办事员等。在市政协会议室由市统战部部长杨基柱汇报开封市落实政策情况。最后,彭副部长对这一问题作了指示。

午餐是在一个四川菜馆吃的,到2点多才散。

晚,又参加写作学会的宴会,至7时许散。

接到一些刊物同书籍。

系里送来《学报增刊》三册,里边有我的《〈三国演义〉与正统论》。

12月6日　　星期六　　晴

上午,校阅《学报增刊》发表我的《〈三国演义〉与正统论》,错字很多。

上午10时许,去学校礼堂前参加写作学会年会的合影。

晚饭后,与鸿毅去看友梅,并赠给刘林出国礼金一百元。

接洛阳王元明函,让给他评审论文。

12月7日　　星期日　　晴

上午,与葛洪、景昌两同志乘车去淮河医院看王文先同志。他动了手术,情况很好,看样子不久即可出院。

麟儿与明凰来。

12月8日　　星期一　　多云

晨4时半起床,吃了早点,6时许与景昌同志乘车去郑州,一路顺利,7时左右即抵郑。景昌在行政区下车去郑大,车开到农学院秋子女儿家,恭夫安排司机吃早点后,却去中州宾馆开会。开了一整天会,下午6时许又乘车返汴。

大会对每位副主席赠送《中华大字典》一部、清明上河图挂历一个。我校李润田校长、周守正主任均未参加会,会议让我把送给他们的书同挂历捎了回来。

12月9日   星期二   晴

上午8时,偕增杰同志去开封宾馆,参加当代(文学)、文艺理论两个研究会联合召开的年会。我因是文学学会会长,不得不出席并致欢迎词。

下午看南阳师专送来让我评审的论著;把武安国与叶鹏等编写的《中国现代文学》教材中关于《讲话》部分进行了评论,写出了评语。

晚看电视剧《父与女》。

发信致慈健。

12月10日   星期三   晴

上午,把周希治的论著(《中国现代文学》教材中的几章)评审意见写出。下午让系里把它取去。

午餐,是系里宴请参加学会(年会)的校友及部分来宾的,让我参加。下午2时始散。

下午,填写省里送来的信息调查表。

12月11日   星期四   晴

上午看去年写的《夏曾佑论》,……最近拟将它放到准备出版的《中国古典文学论文集续编》中。

下午,慈健带藁藁来,谈了半个多小时。

12月12日　　星期五　　阴,晚小雨

晨起,开始写《自叙传》。第一篇为《童年时期从父亲读书的回忆》,尽四页,约千余字。

上午校阅《夏曾佑论》,完毕。

下午校阅打印的《苏轼谪居黄州后的生活、思想与创作》,完毕。

12月13日　　星期六　　小雨

晨起,写《自叙传》,"小学读书时期",到上午才写毕。很不满意,毫无文采,近于流水账簿,须很好修饰润色。

下午,何德功来,送来复印的《〈三国演义〉与正统论》两份。我将这篇文章与《夏曾佑论》及《苏轼谪居黄州后的生活、思想与创作》一文共三篇交给他,让他送给出版社孟宪法同志。

晚看电视剧《诽谤》。

接般若寄来的信笺一束。

12月14日　　星期日　　阴,北风,下午多云

看《刘晓波与李泽厚对话》。刘对中国传统文化采取全盘否定态度,而李则主张一分为二。李对孔、颜人格甚加赞赏,刘则坚决反对。刘认为中国封建文学是维护等级制,是培养奴隶性的人。中国过去的士大夫都是封建皇帝的奴隶。有些能做稳了奴隶而歌功颂德;有些不能取得这种地位而怨天尤人。另有一种隐逸之士,则以守分安命自慰,对黑暗现实不敢给以冲击。

对中国文人,他大批屈原,所称赞的只有正始时期的嵇康、唐代的李白、晚明的李贽同现代的鲁迅。

刘的见解是言之成理,持之有故的,是有可取之处的。

发信致般若。

12月15日　　星期一　　阴

上午,爱和来,送来邮件,里边有几封信须复。

午饭前,赶着写了几封信:

一、《文学遗产》,

二、《南阳师专学报》编辑部,

三、北京社科院情报所。

12月16日　　星期二　　初雪

晨6时半,车到家门口,吴雪莉教授已在车中,送我们去郑州参加省政协会议。

昨晚下了雪,凌晨雪仍不止。司机讲雪天路滑不能走快。出了市郊一望洁白,令我忽然忆起柳宗元的"千山鸟飞绝,万径人踪灭"的诗句。约8时半到了郑州国际饭店,住五楼22号房间。

晚看电视剧《朱德》。

12月17日　　星期三　　晴

上午,大会开幕。下午,阅读文件。

晚饭后,去秋子儿家。夜冷甚,久久未入睡。

12月18日　　星期四　　多云

7时一刻,大会来车接我回宾馆。

上午,去中州宾馆列席省人大常委会,共四个报告,至12点结束。

下午,小组看文件。

发信致(王)文金。

12月19日　　星期五　　晴

上下午,小组会。讨论精神文明建设问题。会上同志们发言都很踊跃。我也作了较长的发言。

12月20日　　星期六　　多云

上下午讨论,由外边一些委员谈各地情况,比较消极面阴暗面较多,令人为之担忧。

晚,到人大会堂看电影:《漫步洛杉矶》、《假少爷》(台湾故事片)。

12月21日　　星期日　　晴

上午,小组讨论。谈工业生产问题,并涉及到能源开发问题。

下午,列席省人大会议,听取省政府关于访日代表团,访问日本三重县情况的报告。

晚,到黄委会看解放前上海、南京地下党与国民党斗争的故事片《金陵之夜》。周总理当时在上海领导地下工作,出现了叛徒顾顺章,也出现了忠于党的事业的钱壮飞。

看平一拿来的《红旗》第二十一期,里边载有姚雪垠的一篇,批评刘再复关于作家塑造人物的主张的文章。他称刘为主观唯心主义,是与马克思辩证唯物主义和历史唯物主义没有相同之处的。他赞同陈涌的文章。

12月22日　　星期一　　晴

上午大会,10点结束。任雷远同志报告文史资料工作会议情况,×××同志报告在北京参加统战部召开的统战工作会议情况。

下午,到花园路新华书店购书两本:《蔡锷集》、《蔡元培传》。

晚饭后,平一来,谈至9时许辞去。

12月23日　　星期二　　晴

上午,小组会。《中州风俗》杂志社,找我为他们办的杂志创刊号题辞。我向治国请了假,回到室内,想了几句,用钢笔在河大稿纸上写了写。

下午大会。4时半结束,即乘车返汴,6时半抵家。

翻阅这一星期的来信及其它邮件。

12月24日　　星期三　　晴

早饭后,把写给河南作协分会的请假信送给庸懋,请他带去。从他那里出来,去看华公。他家暖气锅炉前天爆炸,厨房东西炸毁许多,幸未伤人。

9时许,赵道山同志来,让我参加开封市地方志顾问座谈会,会址在市委大院一栋三层楼上。去时已到了十几位,许多是河大老师,李润田校长也在座,至11时半结束。市志单位对顾问每人赠送挂历一份、电褥一条。

晚,研究生(五位)来送挂历一个。

12月25日　　星期四　　晴

上午,沈卫威、王丹莉、张宝明三同学来安装火炉上边的烟筒。

下午看《聊斋》。

晚,系里派人送来评审平顶山师专教师陈世瑚的文章。

12月26日　　星期五　　阴,晚小雪

上午10时,增杰、赵明、文金三同志来,为明年招考研究生出试题事,至12时散。

看陈世瑚的论文,写出评审意见。

12月27日　　星期六　　阴

上午,系里来人将陈世瑚论文的评审意见拿走,并付予60元酬金。

接到齐鲁书社寄来的稿酬通知单。

接(华东师大教授)徐仲玉函,让把林则徐与龚自珍的复函及龚与徐的信写出注释与分析文章。

因没找到龚的诗文选注,故而未复徐函。

12月28日　　星期日　　多云

刘溶同志来,请我同鸿毅午上到他家吃饭。鸿毅不去,我去他家,系便饭,并约请两位刘林的朋友。饭后已过两点。

下午随便看看书。

12月29日　　星期一　　阴

晨起,写信致华东师大徐中玉教授,关于他嘱令写龚(自珍)、林(则徐)二人关于鸦片问题的文章的注释、分析文章,自己目前不能写,请另选人选。

因天气寒冷,整天翻阅一些平时不能阅读的闲书。

12月30日　　星期二　　阴

阅读11月份的《小说月报》,里边第一篇的内容,看后前后不连贯,忽而谈这,忽而谈那,也许这就属于意识流一类的作品吧!真不能卒读。后边写《老会之死》的一篇,出现三人与魂灵对话,这大概属于荒诞派一类作品吧!总之,现在在创作界真是千奇百怪。这些是否是鲜花需要分析。

12月31日　　星期三　　阴,北风

上午,看所写的拟在系青年同志座谈会上的发言稿,又参阅梁任公的《清代学术概论》中论戴震《孟子字义疏证》一书的话,并摘录其中主要部分。

下午,系里送来山东齐鲁书社汇来的稿酬144元,与平顶山师专汇来稿酬240元。

接浙江时萌同志寄来所著《近代文学论集》一书。

1987 年

1月1日　　星期四　　雪

早晨起来,满地大雪。今日元旦,这样冷的天气,也不好出门。在家看书。午间麟儿来。

发信致蕤儿。

1月2日　　星期五　　晴

上午,刘林来辞行。他下午去上海,乘飞机赴美。

下午,秋子同恭夫来。恭夫是为把电表独立出来事来的。

接文刚函,说她同吴川樾将调到郑州黄河大学。她去教比较文学,并已写成讲稿,另外关于中国小说,希望能给她以指导。这封信是去年12月13日从武汉发出,让文淑惠转的。

1月3日　　星期六　　晴

上午,去学校邮亭取出汇款。并到书亭买了几本书。回来时,王春生(83级同学)送我回来。

下午,去系里参加七五科研规划,至5时许散。

市供电局来人,把电表独立了出来。以后直接向市供电局交电费,不再与同楼另外四家发生联系。

接徐豫生、屈正平、汪玢玲等同志函。豫生函说《渊源》一书不久即可装订出来,心中稍为慰安。

晚,看电视《陈妙常》,与墨西哥电视连续剧《诽谤》。

发信:一、文刚,二、(王)般若。

1月4日　　星期日　　多云

整日在家看书。

看《知堂书话》。这是编者给这部书起的名字。内容是把周作人从五四后所发表的散文集,自《自己的园地》开始,直到晚年的《药味集》之类,约十余部。其中凡是论及中外古今人的著作的文章选辑在一起,量还是可观的。这对研究周作人思想的发展还是大有帮助的。

我认为周作人的全集,也应该有人来搜集出版了。这个在五四后中国文坛上影响极大的作家,尽管不如鲁迅所起的积极作用之大,但从文学角度上也是极值得重视的人物。我想这个工作会有人作的。

下午,恭夫、秋子与鸿毅去看光儿后就返郑了。

发信致徐豫生(关于《渊源》出版事)。

1月5日　　星期一　　多云

上午,李运乾、杨绍文两同志来,谈民盟市委会在春节前的工作安排情况。

1月6日　　星期二　　阴,晚飘小雪花

早饭后,市人大车来。乘车与刘亚星同志一起去八层楼宋都宾馆,参加人大常委会。

午饭后,与刘公一块回来。午休后,去学校参加校学术委员会,至6时许散。

晚,看电视剧《蛙女》。

1月7日　　星期三　　阴转晴

7时,乘车去八层楼,参加市人大常委会。

上下午,均系小组讨论。

晚饭后,参加主任、副主任会。7时许回来。

接省社科院评审组通知,让14日去郑州参加评审工作,地址河南宾馆。他们来车接。

接韩林元同志函。

1月8日　　星期四　　晴

上午,小组会。10点半散会,乘车到武胜角新华书店购书数册后,即返宾馆。

下午,闭幕式。市委宋书记还讲了话,5时结束。晚饭后与亚星同志回来。

1月9日　　星期五　　大风降温

上下午,在家看书。最近拟写篇《鲁迅对中外文化的认识与态度的发展》。

看《鲁迅全集》中有关这一问题的文章:《文化偏至论》、《摩罗诗力说》、《灯下漫笔》、《青年必读书》、《十四年的读经》、《拿来主义》、《论中国现代的孔夫子》等。

文章拟就鲁迅思想发展,看鲁迅对中外文化认识的发展。

化学系赵文焕同志来访。

1月10日　　星期六　　阴,有时有小雪

上下午,参加校职称评审会。

今天通过了一些提升为教授、副教授的教师。光儿同文淑惠被评为讲师职称。

晚,如法来,让写篇关于对西方文化态度的论文,我答以准备写篇鲁迅对中西文化态度的文章,他表示同意。

接徐澄平函,要相片。

1月11日　　星期日　　多云

上午,阅许昌师专校长黄华强,在该校学报创刊号上发表的论文《论鲁迅小说中革改国民性问题》。到中午,把评审意见写出。晚饭后,把意见誊出。

下午,黄平权来,接着李光一、张蕴来,研究生沈卫威来。

卫威告诉我,胡适早年,曾与其同乡一女士名曹珮声者恋爱。但胡后来顾虑到与夫人江冬秀离婚后,再与曹结合,会影响个人声誉,因而未能与曹结合。曹则誓志不嫁,到峨眉山削发为尼。后经其哥相劝,才又入学读书。在胡的帮助下赴美留学,学农科。回国后,历任某农科大学教授,但终生独身,并未结婚。

1月12日　　星期一　　晴,大风

上午,写关于鲁迅论中西文化的文章。

马慰慈来,告以(罗)东峰(震)逝世的噩耗,把我的名字也列入到治丧委员会中。他走后,与鸿毅谈拟明日去他家看看他的夫人。

下午,参加省社联来我校召开的座谈会,来的有吴清波、赵怀让等副主席,茶点颇为丰盛。开始由两位副主席发言,接着请李校长发言,又让我发言,后来发言者颇为踊跃,至5时许散。

晚,看周学宇的论文《论毛宗岗的评点〈三国演义〉》。

1月13日　　星期二　　晴

晨起,阅周学宇的论文,上午将周的两篇论文的评审意见写出。

上午,与鸿毅去看东峰夫人,不少教友(女的)在那里照护她。谈了会,马慰慈同志也来了,又谈了会即辞去,付予洋百元作为赙仪。

下午,将给周的评审意见誊清。

晚李惠彬来、张宝明来。

1月14日　　星期三　　晴

上午,省社科院吴士英同志来家,让下午2点左右出发去郑州(参加社科院评审职称会)。

下午,6时许抵郑,住河南宾馆105房间。

晚,历史所申松欣同志来访。

1月15日　　星期四　　晴

上下午,参加会议。上午举行全体委员会,由社科院领导谈该院评审职称的经过及情况。

颁发评审委员聘书。

下午开始评审。文学组评审委员四人,除我以外有龚依群、栾星、孙广举。下午议论提升副研(究员)的同志。

晚饭后,乘车去农学院看秋子、恭夫。9时半,社科院派车接我回宾馆。

1月16日　　星期五　　晴

上午,文学组开会,通过三名正研、五名副研。

下午,全体评审委员会议,通过各学科组七名正研、文学组五名副研。

1月17日　　星期六　　多云,风

上午,继续评审工作,至12点全部结束。

下午乘车返汴。

接陈韶麟函。

1月18日　　星期日　　多云

上午写信两封:陈韶麟、韩林元。

下午两点半,到二招302号,市委有两位同志征询对(学校)韩书记的看法。韩被推为开封市出席党全国代表大会代表的候选人。我没提不同意见。

1月19日　　星期一　　晴

上午,参加现代文学研究会关于今年召开年会的筹委会。郑大来二人:孙浩、刘济献,洛阳一位,信阳一位,这里有赵明、王文金两同志参加。文金主持会。

下午,去市政协大院,参加民盟市委会召开的新年联谊会。我宣读了盟市委写好的发言稿。会上发言踊跃。最后由市委统战部杨基柱讲话,至6时许始散。

1月20日　　星期二　　多云
写文章。下午慈健来谈。
几位中文系毕业,考上南京师大研究生的同学来谈。

1月21日　　星期三　　多云
上午9时许,市委宋国臣书记、市人大刘副主任和校党委韩书记等来,并送相集一个、苹果一兜。
下午,市社联三位同志来,并送礼品一兜。
黄志琴来,送论文补助费160元。
赵明同志来,送研究生代培费200元零6角。
晚,麟儿夫妇来,给他过节用费百元。

1月22日　　星期四　　阴,有时零星小雨
今天全天写《鲁迅论中西文化》,到下午6时许写毕,约一万字,需很好改一改。

1月23日　　星期五　　上午阴,下午晴
上午,去市里参加市委、人大、政协招待老红军与退休老干部新春茶会,至12时散。
下午5时许,增杰、文金陪省教委于友先、徐玉坤、张静三位主任来访,又同他们到增杰家。晚饭由增杰代表中文系宴请他们,苏书记文魁与庸懋同我都作了陪客。

1月24日　　星期六　　晴

上午,乘人大车到市政府,说明有事不能参加茶会。

下午,参加校学报召开的座谈会,6时许散。

晚看电视剧《诽谤》。

1月25日　　星期日　　晴

早饭后,去学校二招,增杰也去了。徐玉坤同志刚吃过饭。于友先同志与他的南开(大学)同学晤谈。后来在六号楼前我们一起照像,由增杰摄影。

1月26日　　星期一　　晴

上午,誊写论文。

下午2时半,去小礼堂听韩书记传达中央第3号文件,系关于胡耀邦辞去总书记问题。

1月27日　　星期二　　晴

上午,去学校邮亭取出信阳师专汇来的评审费80元;到书亭买了十几元书籍,其中有《红楼梦新证》、《雪莱诗选》。

晚,慈健送来鱼两条。

1月28日　　星期三　　晴

上午,校阅誊清的《鲁迅论中西文化》稿子。

市人大杨秘书长进昌,还有两位干部陪同他来拜早年,并送酒两瓶。

下午整理书斋内什物。

晚饭前,王寿庭与景昌二位来。

晚,看中央电视台除夕文艺晚会。

接般若函。

1月29日　　星期四　　晴

今天是旧历元旦春节。上午9时,去10号楼308教室参加春节中文系全体教职工团拜会。

我首先念了准备好的祝辞,下边增杰同志、文魁同志相继讲话,接着由老于、老华等献诗。校领导韩书记、李校长也光临致贺。

下午睡了一觉,4点起来,与鸿毅到隔壁李先生家同东头守正同志家坐了坐。

接阎愈新函,寄来在西安复印的《力行月刊》里一篇《诸葛武侯的学术》(先生抗日战争时期在潭头写的文章)。

1月30日　　星期五　　晴

早饭后,与鸿毅去韩书记、李校长两家看了看。韩、李均不在家,因而没坐就出来了。

溶池与守正夫妇来。

下午,秋子从郑州来。

晚看电视剧《红楼梦》1、2集。

1月31日　　星期六　　晴

早晨起来,草《近百年来中国思想史上各派对孔子的认识与态度》的大纲。

上午看书,下午去老华家坐了坐。

晚,徐豫生同志来,送来印出的《中国新文学渊源》一书约20余本。中间从交稿到印出花了两年多时间,总算出来了,印数仅2500册。

2月1日　　星期日　　晴,有风

上午,去访宋应离同志,送他新出版的《中国新文学渊源》一册。

下午访老华。

2月2日　　星期一　　晴

上午,跑了四家:高文同志、溶池、刘亚星、荣光。前几天这几位同志都曾来家拜年,不能不回拜一下。

2月3日　　星期二　　晴

李惠彬同学下午来,赠他《中国新文学渊源》一册。他带走我写的论文《庄子与汉以后几位诗人》,拟投给《齐鲁学刊》。

2月4日　　星期三　　晴

下午,沈卫威来,送他《中国新文学渊源》一册。

5时许,刘亚星来,同他一块去荣光家,朱绍侯、赵帆声两同志已先在,漫谈一阵即就座吃晚饭。饭后回来,帆声同志不久将去美国讲学,讲授内容有《聊斋》一项。他将我写的50年代在《中国文学》上已译成英文的《〈聊斋志异〉的思想与艺术》一文复印出来,作为他讲授的参考教材。

发信致般若,寄《中国新文学渊源》一册。

2月5日　　星期四　　晴

晨起,写《自传·大学时期》,约千余字。

2月6日　　星期五　　晴

上午,去邮亭发信寄书:张春生(附《中国新文学渊源》两册,春生、(张)宜雷各一册),陈韶麟(附《渊源》一册)。

接中州古籍出版社函,关于《子产评传》出版事征询我的意见。下午去访荣光谈此事。他说中州如果不出,他可以与帆声谈谈,由河大出版社出。

晚9时许,信阳师院周学禹与其儿子及儿媳三人来,并送信阳毛尖两大盒。

下午,马慰慈同志来,我适不在家。他送来(罗)荁南(梦册)的大著《孔子未王而王论》,约二十万字,印得很讲究。晚,我看了部分导言,大意论述30年代中国学术界对孔子的看法。首先论胡适的《说儒》一文,继而论冯友兰对胡文的非议,从而追溯冯氏在20年代所出的《中国哲学史》中对孔子的论述。罗认为冯的看法是与中国历代称孔子为至圣先师的观点是一致的。

2月7日　　星期六　　晴

上午,先到邮亭发信,并将《渊源》一册寄给东北师大汪玢玲;又到系里,文金不在那里,拿了几封邮件即去看增杰,将《渊源》两册,一册送给他,一册让他转交文金。

晚看电视剧《诽谤》。

2月8日　　星期日　　多云

上午在家看书。省新创办的《教育时报》编辑部王同志来访,让为他们的报纸写文章。

2月9日　　星期一　　多云,晚雨

花一天功夫写了篇《读经与祀孔》,副标题为《小学读书时期的回忆点滴》,约两千余字,是应《教育时报》编辑之嘱而写的。

解志熙同学来,留他在家午餐。

晚我已就寝,荣光同志来送来些礼品。

2月10日　　星期二　　多云转晴

上午与葛洪、景昌两同志乘车到盟市委参加常委会。会议程序多,但进行较快,11点半即结束。

下午,誊写《读经与祀孔》。

发信致许剑。

2月11日　　星期三　　阴,有小雨

上午,把给《教育时报》写的文章(《读经与祀孔》)交给爱和,让他捎到郑州。

阅读小说《儿女英雄传》。久已不看,今天翻翻,里边写十三妹与安公子在客店一段描写竟是非常细致,此书能留传决非偶然。

2月12日　　星期四　　阴,气温大降

舌头痛还没好,牙又痛起来,去校医院诊治,大夫开了口服药同三针青霉素。

2月13日　　星期五　　晴

去校医院打针,并到口腔科看牙。

2月14日　　星期六　　阴,有时零星小雨,极冷

上下午,去校医院打针。

接张中寄来他审阅的稿子。他给慈健的信内容极不客气,颇有教训之意。我看后也极不愉快。

晚,荣光来,为他的房产事,拟让我给(市委)宋(国臣)书记打电话,约定时间他去访他。

电视连续剧《诽谤》60集演毕,坏人得到惩罚,好人得到好报,与中国旧的小说、戏曲的大团圆结局颇有相似之处。

2月15日　　星期日　　阴,风,冷如严冬

上下午,均去校医院打针。

看慈健及爱和写的文学史稿。

2月16日　　星期一　　阴,有时有小雨

上午,受荣光之托,给宋国臣书记电话。他的办公室同志说他住院检查身体,俟出院后给我回话。饭后,我去访荣光告以此事。

整日看慈健与爱和写的文学史章节。

2月17日　　星期二　　阴,雨雪

上午到校医院看病。

凯声来,赠给他书一册。

下午,看如法写的文学史章节。

晚看日本电视连续剧《夫妇》。

2月18日　　星期三　　阴,雪时下时住

早饭后写文章,9时许去学校发信并到银行换存款条,到书亭买了两本书。回来时碰到王丹莉,她一直陪我到家。我送她书一册。

下午,孟宪法同志送来文稿,让把引文同原书校一下改正误字。

与西北大学阎愈新函,并书一册。

晚看电视剧《沧海一粟》,写大画家刘海粟的故事。

2月19日　　星期四　　阴,雪未住

没出门,看书稿,对文中所引的段落找原书进行校正,将嵇、阮两人部分校毕。

2月20日　　星期五　　阴转晴,气温仍极低

上下午校阅文稿,将《韩愈论》阅毕。

发信致张中,附书一册。

晚,赵福生同志来,略谈即去,赠书一册。

2月21日　　星期六　　下午晴

上午,过去市里的邵球书记、学校的李林书记,由韩靖琦书记陪同来舍下看望,寒暄一阵,他们辞去。

去访赵帆声同志,将最近出版的《渊源》一书赠他一本。他说6

月初他将赴美讲学,讲"孔子的教育思想"。临走他赠我他所译的美人文艺卷,书名《中国的文学理论》。

2月22日　　星期日　　阴转晴,冰化雪消
上下午,整理文稿,并写出《中国古典文学论文集续编》的《后记》。

2月23日　　星期一　　晴
早饭后,去学校出版社把文稿送去,并到学报编辑部将如法的文章让其修改,他不在,托振铎同志转交。
下午到市人大参加主任会议。

2月24日　　星期二　　大风降温
晨起,整理什物。8点乘车去郑,10时许抵郑到民盟办事处,在治国同志办公室坐至12时,才安排好休息地方即花园酒家。
下午参加主委、副主委会议,至6时许散。乘车到秋子家,晚饭后返汴。

2月25日　　星期三　　晴
爱和来,送来王杏根评审光儿的文学史稿"谴责小说章",提出许多不满意见。我让他把评语转给光儿,同时留下文稿我看看。
下午,淑惠来,谈光儿情绪不好。我说这未免太认真了。
晚看电视剧《儿女》。
接平顶山师专寄来学报,里边载有我的《夏曾佑论》,纸张很好,但印刷错字太多。

2月26日　　星期四　　晴
早饭后,去光儿家谈关于他的文学史稿修改问题。
下午爱和来,送来文稿两份。

下午盟市委运乾、绍文两同志来。

2月27日　　星期五　　晴

上午没出门。市委组织部长同两位工作人员来家,谈落实知识分子政策的情况。

下午,看王杏根文学史稿小说部分。

2月28日　　星期六　　晴

早饭后,去北道门新苑书店与该店王经理谈了一个多小时,最后买了一部《旧五代史》。

下午看王杏根的文稿。

与陈韶麟函,寄去书一册,另附他的《驳臧克家评周作人》的文章。

3月1日　　星期日　　晴

上下午,在家看王杏根写的文学史稿。

下午李春祥同志来,赠他《渊源》一册。

看堇南的《孔子未王而王论》。

3月2日　　星期一　　晴

上午,何德功来谈他的写作计划。市人大小丘送来5日举行常委会的通知。

下午,爱和及慈健来。赵明同志来,赠《渊源》一册。

3月3日　　星期二　　晴

上午,沈卫威来,谈关于胡适过去的一些事迹。他写的《胡适传》已完成三分之二,拟交河大出版社,明年可能出书。

下午,去盟市委参加选举出席民盟省代表会的代表。开封市共选出20名。

3月4日　　星期三　　晴

接省政协通知,10日举行常委会。

张予民来函,寄给他的稿子已收到,不久可以发表,并约写《感旧录》。

王气中寄来他的近著《艺概笺注》。

3月5日　　星期四　　晴

早饭后,与刘亚星同志乘人大车来,去市里参加人大常委会。上午听了四个报告。下午又参加小组讨论,至5时半回来,真感到无限疲劳,很早就休息了。

接连波函,索文稿。

3月6日　　星期五　　大雪,门前积雪数寸

上下午,没出门。上午看春祥同志送来南充师院副教授汪泽树的论文两篇,并写出了评审意见。下午春祥来,将评审意见拿走。

3月7日　　星期六　　晴

上下午,参加市人大常委会,至5时许回来。

发信:一、蕤儿。二、王气中并寄《渊源》一册。

接张春生函。

3月8日　　星期日　　阴,小雨

终天没出去,校阅《试论龚自珍的散文》,拟寄给安阳《殷都学刊》。翻阅定庵全集,找出论文中所引揭露清代治狱者的流弊一文的题目。

下午,白本松、王宗堂两同志来,谈黄河文艺出版社拟出一部丛书,即古典文学名著选,让我当主编事。

晚,省出版社文史组编辑郁诚炜君来,想把这里与其他几个大学协作写的《中国近代文学史》拿去,我不同意。他想筹划编一个中国断代文学史,设想很好,但搞起来并不容易。

接陈韶麟函。

3月9日　　星期一　　阴,雨夹雪

上午,作参加省政协常委会的准备。

下午,同吴雪莉同志一块乘火车去郑,7点半抵郑,有省政协车接站。

3月10日　　星期二　　晴

上午大会,由段宗三同志作政协在郑委员,对郑州市视察情况的报告。

下午小组会,对一年来省政协工作报告进行审议。

晚饭后,去秋子家。10时,坐政协车回宾馆。

3月11日　　星期三　　阴

上午9时许,乘车到教委招待所,参加刘延钊主持的黄河文艺出版社召开的组织出版中国古代文学文库的编辑工作会议。参加会议的有栾星、白本松、王宗堂,郑大一位赵同志,其余为出版社编辑。午饭后,稍事休息即又进行讨论,至4时许散会。

发信致蕤儿,告以赴京日期。

3月12日　　星期四　　阴

上午小组会。下午大会结束后,即乘学校车返汴,7时许到家。

接章罗生、段佩简等人函。

3月13日　　星期五　　阴,下午雨

上午去邮亭发信,并到系里找文金,未见。碰到慈健,谈关于刘延钊出版中国古典文学文库的计划。

3月14日　　星期六　　晴

一整天没出门。下午看(王)广西写的文学史稿子。

晚,如法送来学报上我的《鲁迅论中西文化》一文的校样。

3月15日　　星期日　　晴

下午,晨风来,送他书一册、刊物一册。

3月16日　　星期一　　晴

下午,看广西同如法写的文学史稿子。

3月17日　　星期二　　晴

上午,爱和来,把广西的两篇文稿带走。

下午,系里专科学生戴慧民来,说他拟写篇关于沈从文的论文,但不知如何下手。我同他谈了一会,并给福生一函,让他指导戴君,因为他过去曾写过关于沈的论文。

看如法的论革命派小说的文稿。

发信致省政协秘书处。

3月18日　　星期三　　阴雨

把如法文稿看毕,又将爱和送来的《绪论》校阅一过。

下午珠影(珠江电影制片厂)有两位同志来访。这二位是夫妇,男的名李哲先,女的名谭玉敏。他们来主要是谈珠影拟拍摄《聊斋》系列电视片。最近洛阳花会期间,他们拟拍摄《葛巾》,九月份拟来开封拍《黄英》。临别谭女士将她写的《葛巾》拍摄的剧本留下,让我提意见。

3月19日　　星期四　　阴转晴

上午,整理赴京什物。

张宝明来,让他到校医院拿点药;午饭后,沈卫威来,让他把邮件送到邮局:

一、山西大学靳极苍(附书一册);

二、陈则光(寄书两册:陈一册,卢叔度一册)。

3月20日　　星期五　　阴转晴

8时许,乘车赴郑。10时许,抵郑州国际饭店。与刘家祥住一个房间。晚饭后,乘车去火车站。7点40分发车,赴京参加全国政协会议,与徐子佩、安金槐、小程(胜利)住一个车厢。

3月21日　　星期六　　多云

晨6时40分抵京,住空军招待所,与小程同住5楼27号。

午饭后,乘大会车去农研新村看蕤儿同王路。在蕤儿家停一小时,即返招待所。

发信:鸿毅、秋子。

3月22日　　星期日　　天色沙尘

上午9时许,张安同志来。他是洛阳师范1934年毕业的学生,对我的感情非常深厚,总是念念不忘。他已72岁,略有点胖,看起来还很结实,谈锋极健。接着许剑(安果)也来了,他说(罗)昭武身体不好不能来。安果与张安是同班,谈话中既回忆往事,也聊了聊近些年的事。后来许剑先走,说他到八楼还要去看一个人。11时许,蕤儿与王路来,谈至12时。午餐时,张安一定要走,说有人等他,于是辞去。蕤儿同王路与我一起到餐厅吃过午饭,又坐了一会也走了,约定下一个礼拜日他们早点来,一同出去逛逛。

发信致刘永平。晚看电视剧《努尔哈赤》。

3月23日　　星期一　　阴沉沉

上午,同小程一起到王府井新华书店买了两本书。一本是考证

《雍熙乐府》中所收曲子的作者,一本是《唐五代思想史》。回寓后翻阅内容,才知前一本是老朋友隋树森所著。很长时间未与他通信,听说他已瘫痪,不知近况如何。

下午张安同志来,在这里吃的晚饭,谈至7时许辞去。

发信致:增杰、慈健、爱和。

3月24日　　星期二　　晴,大风

上午,张安同志来,与小程一起乘出租车去参观大观园,看了潇湘馆同怡红院,因为时间关系,有的地方没顾得看就回来了。

下午2点半,乘车去人大会堂参加全国政协会议开幕式,至4时40分休会。

晚看电视,系京剧,张飞任巡察使打庞统后,又向庞统道歉的故事。

发信致李惠彬(要文稿)。

3月25日　　星期三　　晴,风住

晨起,写提案,关于出书难与买书难问题。早饭后誊清,晚上让小程交到简报组。

下午,列席人大开幕式。由赵紫阳总理作政府工作报告。我们部分老头坐在一楼一个大厅里看播放录像,3时开始,4点50分结束。

3月26日　　星期四　　晴

上午,到人大会堂列席人大会议,听取宋平与王丙乾两位领导关于国家预算方面的报告。

下午,去外交学院看王般若弟,谈约一小时。

接刘永平函。

3月27日　　星期五　　晴

上午,在大会堂听了三个汇报:(一)外贸。(二)物价。(三)教育。

下午,小组讨论。发言内容:(一)关于国家经济情况与财政收支问题。(二)关于社会不正之风与对青年的教育问题。(三)反对资产阶级自由化问题。

晚会,看京剧《武松打店》、《打严嵩》、《贺后骂殿》。

3月28日　　星期六　　晴

上下午,小组讨论。

午饭后,《文学遗产》编辑卢兴基来谈。

晚,刘永平来,送来《金瓶梅》一部,香港出版,印得不好,而价68元。他走后,我翻阅一下,发现也是删节本,感到上了香港人的大当,当即与永平写了封信,拟明日投邮。

3月29日　　星期日　　大风,晚雨

上午,蕤儿同王路来。他们要我去东风市场东来顺吃涮羊肉。我说天气不好,我对涮羊肉也不感兴趣,决定不去。10点多他们辞去。

下午与小程去天安门城楼参观,在城楼上喝茶时遇见平一同子纯两同志。

晚看电影《忍》,写蔡松坡故事,但纯为武打,与国产的《知音》不可同日而语,看完电影又看电视剧《努尔哈赤》。

发致刘永平信。

3月30日　　星期一　　多云

上下午,参加小组讨论会。

晚看电视,北京剧院演出的《夜店》,系仿高尔基的《夜店》,反映中国城市中下层社会(主要是市民)的悲惨遭遇。

接增杰函。

3月31日　　星期二　　晴

上午,到人大会堂参加政协大会,听大会发言。有一位香港的委员发言有点直言不讳。另外出版界有一个联合发言,对邮电部过分地提高收费标准提出异议。

晚,看了会儿电影,感到没意思就回来了。看电视,播放的是赵总理与港澳代表同委员的座谈。赵总理发言,的确言简意赅,能深刻说明问题。使港澳同胞消除对于反对资产阶级自由化的疑虑。

4月1日　　星期三　　多云

上午,小组讨论。

晨起,写文章。下午,没参加小组会,继续写文章,尽三页。

接鸿毅、刘永平、恭夫函。

早饭后,与雪垠通电话。他要我大会闭幕后不要马上回去,在京留一天。他要同我谈谈当前文艺界的混乱情况。他拟搞个录音让我带回河大。

4月2日　　星期四　　多云

上午,参加大会(列席人大会议)听取吴学谦外长关于收复澳门,与葡政府签订1999年澳门回归中国的联合声明的经过。其次,是乡政府的政权法规,以及全国人大常委会一年来的工作报告。

下午,小组休会。

写《从〈聊斋〉中几个妇女的典型形象看蒲松龄的妇女观》一文,已写竟。

接沈卫威函。

发信,致鸿毅、致秋子、恭夫。

发电报致光儿,告他静严法师现在开封,让他请系里联系就诊。

晚看电视剧《功夫皇帝》,写清乾隆夺得皇帝宝座的经过。

4月3日　　星期五　　多云
上午,参加大会发言。
下午,小组讨论酝酿十二名常委,二名副主席名单。
晚看电影《夜上海》。
与般若电话告别。

4月4日　　星期六　　晴
上午,阅读文件。
午饭后,与小程乘车去蕤儿家,……翻阅书架上书,有刘柏青写的《鲁迅与日本文学》一书,前面有蒋锡金写的《序言》。我阅读其中一部分,觉得作者对日本文学还比较熟悉,对鲁迅也比较了解。这是一部值得一读的书。

4月5日　　星期日　　晴
上午9时许与王路、蕤儿去紫竹院。晚饭后返回招待所。
看电视剧《武则天》。

4月6日　　星期一　　阴,小雨,下午雨住
上午,阅读书籍。
下午,到大会堂列席人大会议,听取最高法院与最高检察院的工作报告。
晚,看电视剧《武则天》。
发信致刘永平。

4月7日　　星期二　　多云
上午看书。
下午,参加大会。4时40分即结束。

晚,去远望楼看雪垠,和他一块看电影《斯巴达克斯》。
接恭夫函。

4月8日　　星期三　　晴
上午看书。
下午,到大会堂参加大会闭幕式。
雪垠大会发言,因对印出的发言稿多所补充,听起来不是那么畅达,而且说理也不够十分透辟。
晚看电视剧《武则天》。

4月9日　　星期四　　阴,晚大雨
全天没出门。晨起写《自传》,关于1934年春假游华山事。上午把这一部分完成。
下午,许剑同罗高两同志来,谈到4时半辞去。

4月10日　　星期五　　晴
上午,蕤儿来招待所,给我照了几张像。10时半,我们回豫的同志提前吃午饭,蕤儿回去了。
饭后即去车站,12点8分开车。与宋玉玺主席在一个车厢内,谈了不少对现实的看法。后又到李平一同志的车厢内漫谈。他讲他与余冠英、张毕来、王季思等人住在一起。在闲时间他提出几个问题,如李白写的《蜀道难》一诗,当时情景以及主题思想是什么?他们的答复都不能令他满意;其次,《红楼梦》中写秦可卿死时,向凤姐托梦,谈到贾家家运问题。这些问题的见解,显然是作者的见解,而不是秦可卿所能有的。这都是有见之言。
晚8时50分抵郑,住中州宾馆二楼29号房间。

4月11日　　星期六　　多云
6点半,乘车去看恭夫、秋子,在他们那里吃的早饭。……午饭后,乘学校车返汴,4时许抵家。

桌上堆积许多邮件,有外地寄来的刊物、通知等,也有朋友们来信。

4月12日　　星期日　　晴

上午,为对武则天有个了解,检阅了李贽《藏书》中给她写的传,又参考范老《中国通史简编》中论唐代政治部分对武的评价。范老称她为"刚强机智的政治家"(《简编》第三编页108)。

为说明《中国文学史》中早已有荒诞派,翻阅《唐代小说选》中,托名牛僧孺写的《周秦行纪》里边,说他旅途中宿于汉代薄太后庙,梦见太后请汉至唐各代后妃、美人,如戚夫人、王嫱、绿珠、杨贵妃等,最后并令昭君侍寝。这不是极荒诞的吗？今天的剧本《潘金莲》不也是集各代的妇女于一堂,不过又加上西方小说中的女主人公如安娜·卡列尼娜等罢了。

发信致徐豫生。

去孙荣光同志家,赠以梳打饼干及大中华香烟。

4月13日　　星期一　　晴

早饭后,去看增杰同志,又到系里得市方志局汇来稿酬30元,路过邮局取出钱,到书亭购书两册。

10时许,慈健来,午饭时辞去。

下午,文金、老关来谈去洛阳开会事。

晚饭后,与鸿毅去看光儿。

4月14日　　星期二　　晴

上午,爱和来谈去洛阳开会事。

看钱玄同师的《论今古文经学及辨伪丛书》。

4月15日　　星期三　　晴

晚荣光来。文金、赵明两同志来谈去洛阳开会事,决定19日晨乘火车去洛。

4月16日　　星期四　　晴

看《古史辨》第五册里边,关于讨论今古文经学的文章。

晚张宝明来,通知明日去系里录像。

上午,人事处来两位同志,在室内给我拍摄了几张像。

4月17日　　星期五　　晴

8时,张宝明接我到十号楼资料室,省电视台给我录像。即我给研究生授课的情况,参加的学生有沈卫威、张宝明、何德功等。

回来后,省政协秘书由张文华同志陪同来访,送来一年来省政协工作报告,让我审阅,下午他们将稿子拿走。

4月18日　　星期六

整理什物,安排家务,拟明日赴洛。

4月19日　　星期日　　多云

晨四时起床,安排吃了早饭。5时半,慈健、德功来家,与鸿毅一起去学校乘车,到火车站乘快车赴洛。上午9时半抵洛。

下午,叶鹏校长来,同他一起去洛阳师专参加现代文学研究会的理事会。

4月20日　　星期一　　小雨

上午8时,参加现代文学学术讨论会开幕式。

下午,看《中国近代文学史》文稿。

4月21日　　星期二　　晴

上午8时,乘车去王城公园看牡丹,接着又去白马寺参观。

下午,看《中国近代文学史》文稿。

4月22日　　星期三　　晴

上午,参加《中国近代文学史》稿编辑会议。参加的有王杏根、张中、郑芳泽、丘铸昌、王广西、关爱和、李慈健。谈到11点休息。

下午,游香山寺及龙门,回来已5点半。

4月23日　　星期四　　晴

上午,参加《中国近代文学史》定稿会。

下午3时许,与鸿毅、袁凯声去白马寺正骨医院访该院院长郭维淮。郭院长不在,去上海了,29日才能回来。

下午,师专叶鹏校长来,送牡丹瓷画一个。

晚,(任)行霞(侄)孙女来,师专几位同学来。王惠茹送来绳子几束,并帮助把瓷画包装好。

4月24日　　星期五　　阴

下午,离洛抵郑,乘省政协车去秋子家,陪同的为小何(德功)。

4月25日　　星期六　　晴

休息,什么地方也没去。

小何下午乘学校车返汴。

4月26日　　星期日　　晴

早饭后,与鸿毅、秋子、恭夫、笑薇去人民公园游览。

下午5时许,省政协派车来接,到中州宾馆,住二号楼106室。

4月27日　　星期一　　晴

上午8时半,参加省政协大会开幕式。由我作一年来政协工作报告,10时半大会结束。

下午3时许,去政协礼堂听民盟中央主席费孝通同志谈关于民盟工作的意见。

4月28日　　星期二　　晴

上午,列席省人大会议开幕式,听何竹康省长作政府工作报告。

下午,列席人大会议,听取省财政决算与预算报告。

4月29日　　星期三　　晴

上午,列席人大会议,听取农业方面有关问题的报告,10时许结束。

下午,参加小组会。这个小组是党派组,主要为民革、民盟的成员。

晚,平一来,谈至9时半辞去。

4月30日　　星期四　　晴

上下午,参加小组会。

晚,去秋子家。

5月1日　　星期五　　阴

上午,与鸿毅、秋子、恭夫去绿城广场参加郑州市月季花会。10时许返农学院。

下午5时,返回宾馆。

晚看电影《芙蓉镇》。

5月2日　　星期六　　上午小雨,后停

上下午参加小组讨论。晚去秋子家。

5月3日　　星期日　　多云

上午,政协大会,大会发言。

下午,小组会。

晚与恭夫去看党若平同志。

5月4日　　星期一　　阴

上午,参加听取各组召集人汇报会。

下午,参加大会,听取大会发言。

晚饭后,去农学院,住秋子家。笑菡同她的爱人刘林森旅行结婚回来。

5月5日　　星期二　　晴

上午,列席人大会议。

下午,参加政协主席、副主席会议。

晚饭后,与平一同志乘车去河医医院三楼外三急救室看望静之兄。他的精神很好。他的儿子在看护他。

5月6日　　星期三　　晴

上午,出席政协常委会。

下午,政协大会发言,我同左明生同志主持会议。

晚饭后,去秋子家,看电视剧《红楼梦》三、四集。

学校公语教研室刘志华来,捎来光儿的信并给笑菡结婚贺礼60元。

5月7日　　星期四　　晴

参加政协会议闭幕式后,乘学校车返汴。

5月8日　　星期五　　晴

上午,整理书斋。

看报纸中所载论文,里边有篇《评肖一山的〈清代通史〉》一文,内容比较空洞,赞誉多而批评少。

下午将《鲁迅散论续集》目录写出:

(1)《鲁迅先生在创作上是怎样把现实主义与浪漫主义统一起来的》(原载1951年《新中华》半月刊14卷24期)

(2)《鲁迅是怎样走向文学道路的》(原载1979年《河南青年》第2期)

(3)《〈野草〉的思想与艺术》(原载1981年《文献》第9期)

(4)《学习鲁迅的治学精神》(原载1981年《河大函授通讯》第4期)

(5)《读鲁迅〈汉文学史纲要〉》(原载1981年《人文杂志》第2期)

(6)《鲁迅与河南·序》(1981年河南人民出版社印行刘增杰著《鲁迅与河南》)

(7)《继承并发扬鲁迅现实主义精神的优良传统》(原载1981年《星火》第9期)

(8)《鲁迅评论人物浅谈》(原载1982年河南人民出版社《学习与纪念》)

(9)《鲁迅与胡适》(原载1983年《社会科学辑刊》第2期)

(10)《鲁迅反孔思想的发展》(原载1984年《鲁迅研究》第3期)

(11)《鲁迅与蔡元培》(原载1985年《信阳师院学报》第2期)

(12)《论鲁迅几篇纪念性杂文》(原载1985年山西《我的大学》第10期)

(13)《论鲁迅及程朱派理学思想》(原载 1986 年《河南大学学报》第 5 期)

(14)《鲁迅与晚清几个作家》(原载 1980 年《鲁迅研究》第 8 辑)

(15)《鲁迅论中西文化》(原载 1987 年《河南大学学报》第 2 期)

(16)《鲁迅与龚自珍》(原载 1988 年《河南大学学报》第 2 期)

(17)《鲁迅与周作人》(原载 1989 年《中州学刊》第 6 期)

5月9日　　星期六　　晴

上午在学校书亭购书两册:郭绍虞的一本论文集、骆宾王的文集。

拟出《中国近代文学史》末一章(结束语)的写作提纲。

填写推荐的教学内容:一、《中国近代文学作家论》,二、《袁中郎研究》。

晚看电视剧《红楼梦》五、六集。

5月10日　　星期日　　晴

上午,整理书籍。有些书买来后就搁置到书架上,今后至少要翻阅一下序文同目录,以备将来检查参考之用。

下午,按预先写的文章提纲,开笔写第一页。至晚饭时,尽三页。

5月11日　　星期一　　阴

上下午,写文章。

人事处刘同志送来他给我照的照片数张。他从中捡出一张,并请我题名,作为赠送给他的。

5月12日　　星期二　　阴,由零星小雨到中雨

写文章,深觉戴东原哲学上的反程朱,其功甚伟。梁任公在《清代学术概论》中对他的评论异常中肯。我认为东原思想,与晚明左派王学实有其共同之处,也可以说是一脉相承的。后来,卫护程朱派理学的桐城谬种们对他的攻击,不能说是没有原因的。

下午,爱和与凯声冒雨来坐。

赵明同志来,送来绍兴鲁迅博物馆寄来的,关于捐资兴建鲁迅铜像的通知。我决定捐出百元,赵明同志也同意捐这个数目。晚饭后,我把钱让小厚送给赵明同志,请他汇出。

5月13日　　星期三　　多云转晴

写文章。

下午,沈卫威陪省出版社武国华、另外一位与光儿同班的来,坐约半小时辞去。

晚看电视剧《红楼梦》七、八集。

5月14日　　星期四　　晴

写文章(《中国近代文学史》中的《结束语》),对于第二节《西学输入对中国近代文学发展的影响》的内容有所增补。

读王昆仑的《红楼梦人物论》中论薛宝钗部分,颇有见地。

5月15日　　星期五　　晴

上午,写文章。

下午,到学校参加评审教材会议,通过推荐六种。

晚(孙)先方同志来,送来省社联优秀著作奖的奖金六百元,还有奖状一册。

5月16日　　星期六　　晴

上午,参加学校教务处召集的学术会议,评审送交国家教委的优秀大学教材八种,选出六种,由与会的委员投票选出。

下午写文章。

看王昆仑的《红楼梦人物论》,颇多独到之见。

晚看电视剧《红楼梦》九、十集。

5月17日　　星期日　　晴

上午,麟儿全家来。

随便看看报纸。

5月18日　　星期一　　多云

写《五十年来治学方法的回顾》,应省教委出的一种刊物之约写的。写了两部分,最后部分没写竟。

下午,爱和、慈健来谈。爱和送来上海出版的大百科全书定购单一纸,说是樊骏寄给增杰,并指名给我一份。

晚看山西电视台录制的《凤凰山》。

5月19日　　星期二　　多云

把《五十年来治学方法的回顾》写成后,并作了修改,约五千字。

下午,平权同志来,谈至晚饭时辞去。

接郑州徐豫生、王豫民,还有从政协转来的晨风的信几件。

到学校邮局汇款36元,购大百科全书文学卷。

5月20日　　星期三　　多云

誊写文章。

沈卫威来,谈他拟于本月底去安徽绩溪,了解关于胡适生前几个传说中的问题。

晚看电视剧,系唐寅帮助他的朋友,到宁王府查探崔小姐下落的故事,只演了两集。

5月21日　　星期四　　多云

将《我在治学上所走过的道路》一文誊清。

人事处同乡李捷同志来谈。

5月22日　　星期五　　晴

写《中国近代文学史》文稿。下午写竟,但最后两页需要修改。

晚,看省文艺界为纪念《讲话》发表四十五周年,举行的文艺晚会。郑州戏剧界名演员都有唱段。

5月23日　　星期六　　晴

上午,把修改的文章又誊了一下。

下午,开始看《袁中郎全集》,拟选出篇子让光儿进行注释。

5月24日　　星期日　　多云

上下午,看《袁中郎全集》中序文与尺牍部分。已选出部分,将来交给光儿注释。

下午,慈健来,把我写的《中国近代文学史·结束语》带走,拟找人誊写。

5月25日　　星期一　　阴,晚雨

看《袁中郎全集》中尺牍部分,选出部分,拟令光儿注释。

看《人民政协报》华夏版,里边讲到年来国际学术界,对李渔进行论述、讨论的文章很多。此人是讲究生活享受的,又喜搞文艺,写有小说、剧本许多种,并写有剧本以及演出的艺术,所以深为资产阶级学者所喜爱。此人品质不良,在清初往往奔走于显贵之门,甚至与显贵者谈房中术,因而不为士林所尊重。世人均以清客视之。过去学者如周作人曾评论其小品文,但对其人品亦有微词。现在虽然国外学者论之者颇多,而在国内并不如国外之受欢迎也。

5月26日　　星期二　　阴,有时雨

上午10时,增杰、赵明、文金三同志来,与四位研究生开一个小会,了解一下他们论文准备写些什么。沈卫威先发言,谈他准备写东北作家群。他准备材料很多,他的计划可以写一本小书。

王丹莉打算写五四时期、30年代到40年代反映农村农民生活的乡土文学。她准备根据时代的变化、农村生活的变化写出这几个时期乡土文学的变化。

第三,是何德功。他准备写从晚清维新派到五四文学革命派,直到20年代末30年代初的革命文学,这几个时期中国文学如何受日本文学的影响。

最后为张宝明。他拟写陈独秀早期在文学上的观点及其对文化方面的认识的发展。

最后,我们对他们的打算都谈些个人的看法。

看《当代近作选》中航鹰的《东方女性》。

5月27日　　星期三　　晴

看《袁中郎全集》尺牍部分。

上午,张宝明送来《陈独秀文章选编》,看他写的《人生观之论战·序》,里边没有论五四新文化运动的话,是否系删掉了。

另外,看他几篇论文学的文章,觉得也存在一些问题。

晚看电视剧《红楼梦》,演到刘姥姥进大观园。

5月28日　　星期四　　晴

上午8时半,去市统战部听取中央统战部的文件。9时开会,宣读文件。系关于民主党派工作应注意的四件事:一、关于坚持四项基本原则及反对资产阶级自由化问题;二、三个服务问题;三、领导班子调整及引进新人问题;四、对成员情况的调查问题。我也发了言,至11时半结束。下午继续开会,我因事请了假。

接庐山疗养院赖大夫函、中州古籍编辑部函、陈韶麟函、王豫民函。

庸懋见我说,他在郑州见到苏金伞,拟举行曹靖华先生九十寿辰庆祝座谈会,约我赴郑参加。既参加,就须发言。发言似应作点准备。

5月29日　　星期五　　晴

下月初,将赴郑参加庆贺曹靖华先生九十华诞座谈会,必须写个在座谈会上的发言稿,于是找出增杰写的《鲁迅在河南》和《鲁迅全集》中书信部分,鲁迅先生与曹先生所写的信。

曹先生一生最值得称道的有三方面:一是对苏联文学的介绍工作。他译了不少名著,如绥拉菲摩维支的《铁流》。这是部长篇,给国内文艺界影响极大。此外还翻译了许多中篇作品。其次,他与鲁迅的友谊。首先是他把鲁迅的作品介绍给苏联作家王希礼,并帮助他把《阿Q正传》翻译成俄文。从此他和鲁迅结下了文学上的友谊。他在苏联留学时期,代鲁迅购买了许多名贵的版画,鲁迅得以编印《引玉集》。鲁迅还拟印行《招花集》,未果,而病逝于上海。去年在北京,举行鲁迅先生逝世五十周年纪念会时,先生有志未竟的苏联版画集《招花集》出版了,前面有曹先生的序文。

第三,曹先生与鲁迅交谊至深。鲁迅先生给他的信近百封。他在苏联时为妥善保存鲁迅的来信,曾把信夹在西文书的封皮中,转由欧洲他国寄回国内。从苏联回国时,为躲避搜查,也采取这种办法,但仍损失不少。后来保存下来有八十多封,这是一份非常珍贵的精神财富。曹先生与鲁迅先生诚挚的友谊,真可谓文坛上值得称道的佳话。

曹先生是我们的前辈。当曹先生介绍苏联文学,和鲁迅共同从事左联文学活动时,我们还是学生。我们之所以了解苏联文学的先进思想与卓越的艺术成就,是曹先生与鲁迅先生给我们的教导。曹先生是我们河南人,我们不能不以此感到光荣和自豪。曹先生今年已九十岁高龄,精神还是非常矍铄。我们恭祝广大文艺工作者所仰望的文坛耆宿曹先生寿比南山!

5月30日　　星期六　　晴

下午誊写《感旧录·序》。

晚看电视剧《红楼梦》。

5月31日　　星期日　　阴,多云,晚雨

看《警世通言》与《红楼梦》。

下午,沈卫威来,他拟三号去合肥。鸿毅给他拾元,拟让他买点红枣或小磨油,给陈韶麟捎去。

6月1日　　星期一　　阴,竟日小雨

晨起,写了篇《曹靖华先生九十寿辰贺辞》,约六百字,把曹老一生对文学上的贡献约略谈了一下。

晚饭后,陈、常两同志派他们的女儿陈小香来,接我同鸿毅去看省豫剧二团为大兴安岭灾民的义演。

剧团是在大众(影剧院)演出的。在演出前见到了宪章、香玉夫妇,我把近作《中国新文学渊源》一书相赠,并捐出百元略表心意。

戏一开演,先演出了《宇宙锋》、《南阳关》,而后由常香玉同她的学生,还有她一个在河大读书的孙女清唱,但仍受到观众的热烈欢迎。11点,他们又送我俩回来。

6月2日　　星期二　　晴

看沈卫威的《胡适传》。觉其在评价分寸以及用语措辞上都存在一些问题。其次,内容上的有关问题过于繁琐,不够简练,即如对徽州清代学者的评述即过于繁琐,举几位比较有影响的大学者即可,勿须一一征引,所以全文水分太大,需进行大力压缩。

发信致王豫民。

6月3日　　星期三　　晴

下午,慈健同志来。他昨天从苏州参加柳亚子的学术讨论会回来,谈到会议上的情况,并送来苏州特产麻饼一筒。

接省文学学会函,通知8日在郑开会。

6月4日　　星期四　　晴,酷热

晨起,誊改《感旧录》中第一篇《嵇文甫先生》,至上午11时许誊完。

下午,写《谈悔其少作与思想上的复古》,至晚饭后写竟。

6月5日　　星期五　　阴,晚雨

上午,写文章,关于悔其少作问题。

下午,参加校学术会议,关于对优秀的学术研究论文评选问题。

6月6日　　星期六　　雨

上午,校培训班负责同志范登高乘车来接我,去给培训班同学讲演。我把《中国新文学渊源》一书的内容梗概,给他们讲了近两个小时。

下午,把这部书的内容提要写出,交给张四如。

看《红楼梦》至元宵开夜宴部分。

6月7日　　星期日　　阴

校阅学生誊抄的《中国近代文学史》的稿子,一直校了一天,累的舌头也痛起来。

明天要去郑州参加省文学学会的常务理事会,我感到不能再累了,于是写信给增杰,请他代为请假。

6月8日　　星期一　　晴

图书馆派人让还借的书籍,今天也没怎么休息,找所借的书。在找书中发现陈亮的集子,想到龚自珍甚赞陈亮批评朱熹的话,因翻阅他《上孝宗皇帝第一书》,到结尾时终于找到了。他说:

> 世之儒士,自以为得正心诚意之学者,皆风痹不知痛痒之人也。举一世安于君父之仇,而方低头拱手以谈性命,不知何者谓之性命乎?陛下接之而不任以事,臣于是服陛下之仁。(《龙川文集卷一》)

因舌头痛,服牛黄解毒丸与 SMZ 等药。

6月9日　　星期二　　晴

晨起,看《龙川文集》中《上孝宋皇帝第一书》,里边有批评朱熹的话。龚自珍认为陈亮这个批评可以为定评定谳写了段笔记。

服牛黄解毒丸。

陈小香(宪章的女儿)来,拿走上星期的《开封日报》,里边载有他们剧团的活动,以及我捐款百元救灾的事(大兴安岭灾情)。

6月10日　　星期三　　晴

小黄来,送来不少邮件。

接郭延礼、省文联等来函。

下午,去校医院找徐大夫看病,开了中草药。

晚,看电视剧《红楼梦》和马戏团驯大熊猫的影片,非常有意思。

6月11日　　星期四　　多云转阴,晚小雨

上午,爱和来。谈关于《中国近代文学史》稿子问题。他把《绪论》拿来让修改。

已让学生誊的最末一章(《中国近代文学史》的《结束语》),经我校阅后,把空的引文都已填上,交给爱和带走。

口腔炎,吃牛黄解毒丸已大见轻。这些天过分紧张,也是发病之因,需要休息。我已决定不参加在郑州召开的民盟省委会的主委、副主委会议,与校统战部电话,让通知盟省委会。

晚看电视连续剧《无题》,浙江电视台拍摄的关于李商隐的故事。

6月12日　　星期五　　阴,有时小雨

上午,看论近代文学有关文章,拟修改《绪论》。

下午,参加校学术委员会,通过科研优秀奖。我的《中国新文学渊源》一书,以全票通过一等奖。

6月13日　　星期六　　雨

上午,姚景韶同志来,他系洛师、旧河大文史系毕业。1957年,因右派问题被遣回本县。1978年改正后,在本县任教。但他每次来汴,一定来看我,比较还是有感情的,午饭后稍住,即辞去。

接陈韶麟函,说沈卫威已到合肥与他晤面。

6月14日　　星期日　　多云

上午,10时许,与鸿毅去学校大门口买菜,碰见李光一同志,谈了会。他最近去广州开会,并到深圳参观。他认为那边已完全资本主义化。

晚看电视剧《卞卡》。

6月15日　　星期一　　晴

上午,爱和来。送来学生誊写的(《中国近代文学史》中的)《章炳麟》章的稿子。

下午,参加市人大主任办公室会议,讨论十六次常委会的内容。

6月16日　　星期二　　晴

今日,又开始晨跑。

上下午,校阅修改学生誊写的《章炳麟》章的稿子。

上午,赵明同志来,说明天上午8点增杰、文金来我家,谈这次他们去郑参加省文学学会常务理事会会议的情况。

发信致(苏)金伞,说明不去郑参加曹靖华座谈会的原因,并寄给他《中国新文学渊源》两册,一册送他,并请他转交于黑丁同志一册。

6月17日　　星期三　　晴

上午8时,文金、增杰、赵明三同志来。增杰谈他在郑开会(省文学学会常务理事会)时讨论的问题。

下午,马莉来谈她的分配问题。我让她找慈健。

《章炳麟》章已校阅毕。

接社联通知,关于去北戴河休养问题。

接晨风函。

6月18日　　星期四　　多云

上午去学校发信,并到书亭买到三本《历史在这里沉思》。

下午,省社联来两位同志,落实去北戴河休养问题。4时许,去大礼堂前参加本届毕业生的摄影。

发信致晨风。

6月19日　　星期五　　晴

上下午,写《绪论》,尽六纸。

下午,将明日赴郑所需什物整理了一下。

6月20日　　星期六　　多云

晨5时起床,吃了早饭。6时许,去学校与增杰等同志乘小梁的车出发赴郑,7时半抵省文联。在(耿)恭让家休息一下,8时半去会议室,有许多同志已到。

今天,是庆祝曹靖华先生九十寿诞与从事文学活动六十五周年座谈会。与会的省级领导张树德、韩劲草等发言后,金伞介绍了历史情况,我后来也讲了几句。

午餐,系省文联请客,由恭让作陪。饭后休息到3点钟,即乘学校车返汴。

晚看电视连续剧《红楼梦》。

6月21日　　星期日　　上午小雨,下午雨住

上午看《历史在这里沉思》,系王西彦写他与巴金在"文革"中的"牛棚"生活。

下午,去街上照像,回来又去看文金夫妇。

晚看电视剧《卞卡》。

6月22日　　星期一　　竟日雨

没出门,把文学史《前言》写毕,但对编写方法与学习目的,看来仍不够妥当,当再改写。

6月23日　　星期二　　多云,下午晴

上午给(王)般若一函,发出。

修改文学史《前言》,后边增添编写原则及学习目的与方法。

沈卫威来,又送来他的《胡适传》(修改过的)。

爱和来,送来文学史一、二两编的概述。

晚看电视剧《卞卡》。

6月24日　　星期三　　晴

上下午,参加市人大常委会。上午几个局长汇报,下午讨论白宪民副市长关于市容卫生问题的报告。

晚看电视连续剧《红楼梦》。

6月25日　　星期四　　晴

上午,看文学史一、二两编的概述。

修改《前言》。

上午麟儿来,秋子从郑州来。

6月26日　　星期五　　多云

上午,参加大会,小组讨论。

下午大会,各组汇报讨论情况及所提问题与建议。最后由吕锡田主任讲话,强调最近应重视及需要解决的问题。

会上,将《中国新文学渊源》一书赠王基一册。

秋子上午返郑。

6月27日　　星期六　　多云

上午,到校办公楼一号会议室参加学位委员会会议,通过应授予学士学位的各系应届毕业生。

爱和来,没见到。他留下两袋文学史稿让审阅。

下午,看文学史稿小说及诗歌部分。

晚,看电视连续剧《红楼梦》。

6月28日　　星期日　　晴

看《中国近代文学史》稿子。

爱和来,没见到,送来张宜雷的评《中国新文学渊源》的文章。

晚看电视剧《下卡》。

6月29日　　星期一　　晴

看沈卫威的《胡适传》书稿,又看《中国近代文学史》稿,王杏根写的文学改良运动。

晚,写给应届毕业同学的祝贺信。

晚,看历史电视片,谢觉哉解放前在兰州工作的情况。

6月30日　　星期二　　晴

上午,增杰、赵明、文金三同志并约四位研究生,谈他们论文提纲写的情况。

下午,看文学史稿,并参阅梁任公的有关论文。

晚看电视剧《下卡》。

7月1日　　星期三　　晴

看《中国近代文学史》书稿。

与陈韶麟函,告他以治疗肝炎的药方及购买该药的地址。

晚,与鸿毅去看光儿并看慈健。

7月2日　　星期四　　晴

为光儿赴京疗病事,打电话给王仲仁同志。他来后,谈他最近与学校打报告,并与校医院交涉。

与秋子及蕤儿各一函,谈光儿去京治病事。

下午,爱和来,送来《中国近代文学史》稿一束。

沈卫威来,送来《胡适传》稿。

晚,洛师同事郝家修来,他在焦作一中学教书,现已退休,出来旅游。

7月3日　　星期五　　晴

上下午,誊写文学史《前言》。

下午,周启祥来,让写篇评论他在《家园集》中发表的诗作。

7月4日　　星期六　　多云,已转入炎夏

上下午,誊改文学史《前言》。

接刘永平信。

晚看电视剧《红楼梦》32、33集,黛玉已死,全剧已近尾声。

7月5日　　星期日　　多云
誊写文学史《前言》。
看《红楼梦》后四十回。

7月6日　　星期一　　晴
下午,随便看点书。
天气酷热,所幸开封有西瓜可吃,在冰箱冰过,颇能消暑。

7月7日　　星期二　　晴,酷热
将文学史《前言》及《余论》都修改毕。
看部分文学史稿。
下午老关来,送来邮件多封。走时,把从北京给系资料室买的《金瓶梅》让他带走。

7月8日　　星期三　　晴,酷热,晚雷雨大风
看《中国近代文学史》书稿。
看周启祥等人写的《家园集》,启祥嘱为其诗写篇评论文章。

7月9日　　星期四　　多云,下午雷雨大风
上午,与鸿毅去甲排房看光儿,拟阻他去京诊病,但他非常坚决,说不惜破釜沉舟去治一下。他下了这样大的决心,我也不好再说什么。
下午看龚自珍的《己亥杂诗》,拟抽空写篇《鲁迅与龚自珍》。

7月10日　　星期五　　晴,酷热
为周启祥同志的《家园集》写评论文章。
晚看电视连续剧《红楼梦》,贾府被抄,贾赦、贾政、贾琏被逮捕入狱,家人不论男女均被卖出,宝玉亦被囚,后被云儿援救。

7月11日　　星期六　　阴,有时有小雨

上午读定庵《己亥杂诗》及刘逸生注该诗的《引言》。刘对龚还是很了解的,看法也比较正确。

把给周启祥《家园集》中的诗作写的评论文章,修改誊抄毕。

晚看电视连续剧《红楼梦》最后一集,宝玉在狼狈境遇中见到了史湘云,后来宝钗也被赎出,但宝玉却默默出走了。

上午与鸿毅去看赵吏之。他因早晨在床上打蚊子掉下来,把肋骨碰伤,明天拟去郑治疗。

7月12日　　星期日　　多云,有时小雨

上下午,看定庵《己亥杂诗》和《词话》。

晚看电视剧《卞卡》,最后米格尔与卞卡结婚。墨西哥的电视剧中所写的爱情纠纷,前者如《诽谤》,后者如《卞卡》,中间虽多曲折,但最后总以团圆终结,与中国的才子佳人小说最后以大团圆结束,颇有相似之处。至于品质恶劣,喜欢挑拨离间,破坏别人的家庭或爱情的人,如《诽谤》中的桑达拉与《卞卡》中的莫尼卡都得到可悲的下场,这又颇像中国过去小说中的善有善报、恶有恶报一样。可知人们心理不管是什么民族,在社会道德上都有其共通之处。

7月13日　　星期一　　晴

上午,与鸿毅、李嫂去东司门老冯那里做衣服。

下午,看定庵的《己亥杂诗》。

晚看(世界)大学生运动会实况录像,女子体操比赛,苏联运动员拿走了多项金牌。

给周启祥同志《家园集》中的诗写的评论文章,在从街上回来的路上碰到他,邀他到家把文稿取去。

7月14日　　星期二　　多云,有时阵雨

上午,看《己亥杂诗注》。

下午,到市人大参加关于今后改进人大工作的座谈会。省委派两位工作人员来了解情况。6时散会。

接解志熙函、民盟省委会函。

7月15日　　星期三　　晴

晨起写信三封:一、致解志熙(并寄给他《中国新文学渊源》两册,一册送他,另一册让他转交严家炎同志)。二、致钱谷融(寄书两册,一册赠钱,另一册请他转交徐中玉同志)。三、致民盟省委秘书处。

上下午,看《己亥杂诗注》。

早饭后,白本松同志来,将他开列的古典文学选的选题约十余种的目录取走。他今天拟赴郑州与黄河文艺出版社商谈,他还要去中州古籍出版社见孟庆锡同志,我托他问问关于《子产评传》的事。

晚看电视剧《狄仁杰》,一共演了三个故事。最后一个,是关于三公姑遗失玉珠串,破案的事。电视剧演狄仁杰同宋代包公一样,能为民请命,并能审案如神。

7月16日　　星期四　　晴

在家看书:《己亥杂诗注》、《定庵无著词》。

7月17日　　星期五　　多云

看光儿写的《〈牡丹亭〉及其三妇合评本》,约七千字,写的颇有内容,也有个人见地。

看《己亥杂诗注》及定庵其他作品。

发信致张春生,谈关于《红楼梦》电视连续剧的剧本问题。

7月18日　　星期六　　多云,晚阵雨

看《定庵文集》。

拟写《关于胡适》。

写了两封信:一致《文学遗产》编辑卢兴基,介绍光儿写的《〈牡丹亭〉及其三妇合评本》一文;一致光儿,还没拿走。

晚看电视剧《包公》,关于杀其亲侄包勉的故事。我觉得这个故事演义的成分太大。包勉能爬上当时的地位,还不是包拯的作用。而包拯平时对包勉不曾进行教育,他的为官的作风难道一点都没影响包勉?结果陈州放粮贪赃害民,使当地百姓饿死许多,真可说杀之不尽其罪。包拯纯是"箭垛式人物",有许多故事是不符合生活的真实的。

7月19日　　星期日　　晴

看王昆仑《红楼梦人物论》。这里边的文章是作者抗日战争时期在重庆《现代妇女》杂志上发表的,一共19篇。

文章异常精辟。作者首先对人物的出身、个性、教养进行分析,这须要对封建大家庭的情况以及当时人与人之间的关系有深刻的了解。其次作者还运用了唯物史观从政治经济的角度来进行分析说明,所以深刻细致,使读者不能不为之首肯。

晚,看电视连续剧罗曼罗兰的《约翰·克里斯多夫》。

白本松同志来,谈他去郑州见刘延钊,谈关于出版古典文学选本问题。另外托他问问郑州古籍出版社我的《子产评传》是否已出版,他说他见到了孟庆锡,说早已印出,不知为何样书没寄来,他将查一查。

7月20日　　星期一　　多云

看《红楼梦人物论》及《红楼梦》。

下午,沈卫威来,送来他写的《胡适传》的大纲。

晚,看电视剧《包公铡赵王》,此纯属演义,是不符合史实的。剧编得比较简单化,艺术水平不高。

7月21日　星期二　晴

晨起,写龚自珍的思想与程朱、陆王两派的关系。龚是反程朱而是直接受王学影响的。

看《红楼梦》及有关论《红楼梦》的文章。

发信致蕤儿。

7月22日　星期三　晴

早饭时,赵明同志来。说赵吏之在郑州去世,系里今天一部分中青年教师去郑与赵的遗体告别,几位老先生就不去了,因为当天去当天回来太紧张。他说罢就匆匆地走了。

下午,卫威来,讨论他的《胡适传》提纲。他要说胡适为新文化运动主将,我认为这个提法,不说别的,即出版社编辑就不会通过,同时胡是一个改良派,是当时统一战线中的右翼,如何能称为主将呢?我举出沈尹默在纪念鲁迅的文章中,提到胡适对"双簧信"不满,而想总揽《新青年》的编辑大权,鲁迅当即便提出你如一个人编辑,我们都不投稿,结果他只有让步了。由此可见,他如主编《新青年》,只能引导运动向后退,是不可能使运动取得胜利的。

7月23日　星期四　晴

上午8时半,与老孟等参加市委召开的座谈会。大会由市委书记宋国臣主持,主要是为即将召开的开封市党员代表大会的报告提意见。下午还要继续,我请了假。

7月24日　星期五　晴,酷热

上午誊改文章。

下午沈卫威来,谈他的《胡适传》提纲,我给他提了些意见。

7月25日　　星期六　　晴

上午,誊写部分文章,并看了部分《红楼梦》连续剧。

下午,参加赵天吏同志的追悼会。

7月26日　　星期日　　晴

把关于《聊斋》的文稿誊写毕。

7月27日　　星期一　　晴

沈卫威从学校资料室借来南开大学中文系教师主编的《周作人年谱》一册。今天全日,将其中比较重要部分大致翻阅一下。可资注意的有以下几点:

(一)他生于1884年,卒于1967年5月,享年83岁。

(二)周作人投敌有下列原因:

1. 他本人在思想上是一个民族失败论者。他光看到国民党政治之腐朽,但对共产党所领导的人民革命力量估计不足。北平沦陷后,逐步陷入伪组织的泥坑中,以至越陷越深而终不能自拔。

2. 北平沦陷后,不少人劝其南下,而终不为所动的原因,即其妻羽太信子为日本人,不愿离开;其次因过惯了舒适平静的生活,一离开即要过逃亡生活,不要说他的妻子,即使他个人也不愿离开。

3. 周为日本留学生,又为北大东方文学系主任,五四时期在中国文坛上颇著盛誉。日寇要搞伪组织,当然要找这类人。

上列原因使周必然走到投敌之路。读《年谱》,令人可惊的是,他在日本投降后被捕入狱,在狱中还从事翻译,这种精神,一般人绝做不到的。平生翻译有大部头书外,在写作上大抵为短篇小文,但由于常常写,所以日积月累,数量亦极可观。

7月28日　　星期二　　晴

上午看《红楼梦》小说,10时后看《红楼梦》电视剧。

淑惠来,说光让把选出的袁中郎作品目录给他,他拟在暑假中注释一下。

下午,找过去选的部分目录,没找到。于是重新把中郎全集中游记部分选了 20 多篇。下午小简来,让她把书带回并与光儿函。

陈韶麟托他上海同乡送来一包茶叶、一盒点心、罐头两瓶。

7 月 29 日　　星期三　　晴

开始写《鲁迅与龚自珍》,尽五页。

上午 10 时后看《红楼梦》连续剧。

宋应离同志来,赠我一册他编写的《学报论文集》。走时,带走《中国近代文学史》书稿三袋。

小简为她爸取去《袁中郎研究》一册、《袁中郎文集》三册。

7 月 30 日　　星期四　　晴

看《红楼梦》。

写《鲁迅与龚自珍》,把思想比较部分告一段落,下边拟就文学观、诗歌、散文等方面进行比较。

7 月 31 日　　星期五　　晴

上午写论文、看《红楼梦》电视连续剧。

下午看《红楼梦》。

晚,市人大来车,接我去大众影剧院看电影,系部队为招待包场。第一个电影为《破袭战》,第二个为《湘西剿匪记》。至 12 点散。

8 月 1 日　　星期六　　晴,酷热

市人大干部刘灿若为其儿子升河大事,让我给王绍龄同志写了封信,好去找他面谈情况。

8月2日　　星期日　　晴

上午,姚景韶同志来,为他的孙子升学事。他孙子考分508分,已超过录取分数线,但其左手因伤致残,根据教育部的通令是应该照顾的。我陪他去找代系主任王文金同志,他满口应承,认为问题不大,他将告知去录取的同志。

下午看《袁中郎全集》,选传记及序文部分。

接陈韶麟函。

8月3日　　星期一　　晴

看《定庵全集》及《中郎文集》。

发信致省社联。

8月4日　　星期二　　小雨转中雨

下午午睡醒来,已4点钟。写了两页文章,已到晚饭时间。

8月5日　　星期三　　多云

晚,慈健来。送来许多邮件,其中有姚景韶的两函,关于他的孙子考河大中文系事,因慈健负责去招生,两函都交给他。

另外有秋子函,中州古籍出版社函,《子产评传》已出版。

8月6日　　星期四　　多云

上午写信、看书。

下午连波派一同事来,赠《岳飞手迹》一本。

发信致:一、陈韶麟,二、陈宪章、常香玉夫妇。

8月7日　　星期五　　晴

看关于论周作人的著作并参阅周个人的文章。

8月8日　　星期六　　晴,今日立秋

看《周作人年谱》,并参以周的散文。

接张中函,说他的《中国近代文学史》稿所承担的部分章节已写成投邮。

山东社科院郭延礼来函,说托他购的书已购到投邮。

晚,看南通电视台录制的连续剧《庚娘》,剧编得不太好,内容与原作出入很大,且杂以鬼神迷信因素,对观众不会起好的作用。

8月9日　　星期日　　晴

上午,整理什物。

看《周作人年谱》。麟儿来。

8月10日　　星期一　　晴

晨4时即起,5点吃饭。6点车来,与鸿毅乘车赴郑,卫威陪同。车行极速,不到一个半钟头,即抵农学院秋子家。

司机魏师傅与卫威吃过早饭,即告别到教委及出版社办事。

11时许,中州宾馆会议来车接,到宾馆住2204房间。

晚,省社联两位同志来,谈关于去北戴河乘车问题。

8月11日　　星期二　　晴

上午,开大会,听了两个报告。

下午,小组会。我参加的是二组,至6时散。

8月12日　　星期三　　晴

上午,参加小组会。

下午午休醒来,已3点半,未去开会,看《聊斋》。5时许,省社联张益民同志来,带走全国政协委员证书,为买换卧铺票事。

8月13日　　星期四　　阴,时有阵雨

上午,听钟力生关于河南财政情况的报告。

下午小组会,讨论钟的报告。

8月14日　　星期五　　晴

上午,接到社联电话,说252次车票已买到。

午饭后,乘车离宾馆去秋子家。晚7时,乘社联车由社联张益民同志陪同上火车,并护送到北京。

8月15日　　星期六　　晴

晨6时40分抵京。……下午1点16分到北戴河,省社联方处长与何大明两同志到车站,接我们乘车到天津市政府老干部休养所,住十号楼101房间。

8月16日　　星期日　　晴

上午,与大明到街上购物。

下午,写信致:一、光儿,二、慈健,三、增杰,四、卫威,五、秋子,六、文魁、文金。

8月17日　　星期一　　晴

上午,与鸿毅去街上买零用什物。晚饭后与鸿毅出去散步,买了几串女孩戴的项链。

8月18日　　星期二　　上午小雨,下午晴

上午,与同志们玩麻将牌。

下午,乘车游西山。我和鸿毅上到半山腰,因太阳炙晒,汗流浃背,不愿再向上爬,就在松荫下石凳上休息。……又乘车到鸽子窝。这是一个古老的建筑,上到最高的亭子上,下边是大海,风平浪静,一碧无垠。陪我们的朝纪同志用我带的相机照了几张像,不知效果如何。5点半返寓。

北戴河纪游

一、

晚登海滨了望台,
阵阵凉风扑面来。
水天一色杳无际,
潮打石栏来又回。

二、

当代主席昔孟德,
到此赋诗抒壮怀。
碧海青天今犹昨,
两代英雄安在哉!?

三、林彪楼

当年叱咤风云,
臭名千载难泯。
叛徒旧居尚存,
游人触目惊心。

8月19日　　星期三　　上午雨,下午晴

晨大雨,上午放晴,不久又雨,上午去街的打算作罢。无事与鸿毅讲了篇《聊斋》中的《侠女》。

午休后与鸿毅逛大街,买了点饼干同面包。

回来,天色尚早,在走廊看《龚自珍全集》,他也写了不少侧艳之作。

8月20日　　星期四　　晴

上午,与鸿毅去海滨浴场,人烟辐辏,……下海者真是形形色色,令人目眩。

回来看定庵集。

8月21日　　星期五　　晴

上午,乘车先到燕塞湖。这是三面环山的一个小水库,里边有游船。我们一行人坐的船,系秦皇岛市委领导安排的,船名蓝天。船行缓慢,山峰奇特,有的颇似桂林的山,拔地突起。环游一周约40分钟。

上岸后,乘车至老龙头。午餐后,下一个高坡,才看见新筑在海边的长城之端。继而又到山海关,……

8月22日　　星期六　　晴

因闹肚子,整日没出门。服黄连素、SMZ与痢特灵,到晚上泻肚止住了。

8月23日　　星期日　　晴

在寓看书。

8月24日　　星期一　　阴,下午雷雨大风

上午,与鸿毅上街,在工艺品商店购到印章石二方、健身球一对。

8月25日　　星期二　　多云

上午,与鸿毅上街买什物。

下午,看从报刊零售处买的《法制文学选》。

8月26日　　星期三　　晴,晚雨

秦皇岛市政协李副主席及两位工作人员来访。

8月27日　　星期四　　晴

上午,与鸿毅去海滨望海涛,……

晚餐,主人饷以啤酒作为送别。

8月28日　　星期五　　晴

早饭后,乘车到秦皇岛车站,乘软卧车,7点半开车,路过北京,晚8时许到石家庄。……

8月29日　　星期六　　晴

上午,乘车去正定,参观荣国府及大佛寺(又名隆兴寺)。12点到车站,乘9次快车,下午7时许抵郑,到秋子家。

8月30日　　星期日　　晴

晚饭后,与秋子去社联看望赵怀让同志,他有病住院。在他家坐了会儿,其夫人陪同到郭亚光同志家坐了会,又去方颖韬同志家。

8月31日　　星期一　　晴

方颖韬同志来算旅费账,付他143元。

下午王朝化同志来,送来证明一纸。

9月1日　　星期二　　晴

午饭后,乘学校车返汴。

与卫威电话,约他到家谈一些问题,并让他办理这次出去来往旅费的报销事宜。

接张春生函。

9月2日　　星期三　　晴

接苏州师专时荫函,向我要《中国新文学渊源》一书。信中说日本《小说杂志》曾刊载这部书的书名及内容。

接到《现代文学研究丛刊》,里边有我写的《论鲁迅反程朱派理学思想》一文的摘要。

托张宝明汇给山东社科院郭延礼洋25元,系他代买《金瓶梅》的书费。

9月3日　　星期四　　大雨竟日,下午稍住,不久又下
写《近年来科研工作的回顾》,约两千余字。
下午卫威来,送来代为复印的《鲁迅散论二集》的论文。

9月4日　　星期五　　晴
整理卫威送来的复印《鲁迅散论二集》的稿子,用了整整一天功夫,共十六篇论文,尚有《鲁迅与龚自珍》还未写竟,又拟写《鲁迅与周作人》,仅有一个大纲。这本册子约十四五万字,究竟哪里能印,还在未知数。

9月5日　　星期六　　晴
上午,增杰、赵明、文金来,讨论四位研究生沈卫威、何德功、王丹莉、张宝明的毕业论文提纲。沈的题目为《东北作家群》,何的为《日本文学对中国近现代文学的影响》,王的为《二三十年代的乡土文学》,张的为《陈独秀与五四文化革命》。他们先作汇报,然后我们提出些意见,至12时散。
整理什物,明天去郑参加民盟省委常委会议。
看沈卫威的《胡适传》。

9月6日　　星期日　　晴
9时,鸿毅送我到学校,乘车到市政协大院,运乾同志已在等候。开车后,约一个半钟头抵郑。盟省委会议放在国际饭店,与运乾同志住3015号。
下午,参加主委、副主委办公会议,明日召开常委会,主要议题为换届选举问题。
晚饭后,与平一同志到外边散步,回来后即漫谈电视连续剧《红楼梦》,至 10 时休息。

9 月 7 日　　星期一　　晴

上下午讨论。发言最踊跃、讨论最热烈的是各市市委作具体工作的同志,中心问题是,过去各市已选出的(出席)省会议的代表,是不是还算数的问题,因为这次选的代表会没有举行。而现在准备开的代表会,与上次要解决的问题不一样。这次省里拟让重选,而有的地区认为不如让已选出的代表仍有效。对这一问题讨论多时。晚上,由吴绍骙主委主持,李平一、卢治国和我参加开了个小会,大家都同意对过去所选的代表是否有效,以及调整重选等问题,由各市委会决定。这样,矛盾就可以解决了。

9 月 8 日　　星期二　　晴

上午 10 时许,常委会即结束。

午饭后,即乘车返汴。除运乾外,还有一位开封师范的孟同志,她也是常委。她说她很喜欢文学,要同我谈谈,路上同她谈得很投机。她谈了不少 19 世纪俄国作家的作品,对中国现代文学几位作家也有她的看法。到开封后,运乾与孟同志先后下车。

下午,张宝明来,说沈卫威与他弟弟先到南京,然后去东北。另外送来卖给系里的《子产评传》书价 90 元。

黄志琴来,送来从北戴河退回的信多封。

9 月 9 日　　星期三　　晴

下午参加学校举行的庆祝教师节大会。

晚,淑惠领中医院赵大夫来,为鸿毅诊病。

广东华南师院钟贤培、管林的研究生陈方同志来,谈他拟写清道咸时期宋诗派的论文。惜我对此未予以足够注意,临别赠以《中国新文学渊源》一部。

9月10日　　星期四　　晴
下午,看卫威的《胡适传》。
发信致冯辉。

9月11日　　星期五　　晴
上午,与鸿毅乘10路公交车去马道街,办了不少事,买了一些需要的物品。自力更生,靠谁也不行,只有自己靠自己。

9月12日　　星期六　　晴
上午,景韶同他的孙子来。其孙考进中文系,他送他来报到。在这里用过午饭,即辞去。
下午,参加科研处准备在9月25日校庆时,举行全校科研讨论的预备会。

9月13日　　星期日　　晴
今日结束夏令时间,钟表向后拨一小时。
李嫂去她亲戚家,与鸿毅去学校食堂午餐。
写《鲁迅与龚自珍》,重读定庵《己亥杂诗》。

9月14日　　星期一　　晴
上午,看定庵《己亥杂诗》,并将其比较重要的诗篇抄下来。
系里一位干部来,送来科研论文一等奖奖金150元,并索要前些天送来论文评审的评语。我还没顾得看。
下午,阅系里送来的论文,系省财经学院教师韩玉生论《文心雕龙》总论的文章,看后写出评语;又看阎敬业的论韩非子论辩逻辑的文章。
校科研处张四如来,让为学校校庆与科研经验交流会写副对联。我谢辞了。

9月15日　　星期二　　晴

上午 8 时,与葛洪同志去盟市委会参加常委会,11 点结束即返家。

下午看书。

接郭延礼同志函。

9月16日　　星期三　　晴

运乾电话,王寿庭同志从上海请来两位专家讲学,都系盟员,建议盟市委招待一下。明日拟在又一新饭庄请他们,让我在家候寿庭同志电话。

下午,慈健来,爱和来(把他给我写的《小传》里边有关大事年月核对一下)。

研究生金勇、姚伟、于淑敏三位又来,同他们谈了近一个小时,他们辞去。

阅今年 9 月 12 日《文艺报》第五版载黄道炫的《评电视剧〈红楼梦〉的文化倾向》一文,认为《红楼梦》作者深受晚明李贽思想影响,并将书中宝玉形象与李贽作比较。他的见解与我 50 年代写的《从〈红楼梦〉中的叛逆思想谈到李贽的叛逆思想》一文的观点基本相同。

9月17日　　星期四　　晴

看《胡适传》书稿。

11 点 30 分,盟市委来车接,到鼓楼街又一新饭庄,招待从上海音乐学院来讲学的丁、陈二教授。参加宴请的有市统战部刘宝贤副部长、运乾同志,河大的为(王)寿庭、(宋)景昌、(黄)平权等同志。

晚饭前,振环甥从梁沟来,说家乡亲友们的情况,生活比过去有所改善。

9月18日　　星期五　　晴

上午振环谈关于他的恢复党组织问题,并想让我给袁宝华写封信。另外,他现担任黄埔同学会南召县的联络员,想通过民革主委刘希程,向南召县委推荐他为南召县政协委员。

9月19日　　星期六　　晴

上午10时,增杰、赵明、文金诸同志来,同时如法为其指导的研究生来听我的课也来了。他的研究生为李频,湖南人。此外,今年系里招的三位研究生也来了。

对这三位研究生,在开会时宣布他们的研究方向为(中国)近代文学。这三年的课程除英语、政治外,专业课为《中国新文学渊源》、《近代文学史》、《文艺心理学》、现当代文学专题。此外,几位导师又谈谈他们在学习中应注意事项,至11时散。

振环早晨一起来就走了。

接《郑州晚报》编辑部函,让写百字左右的治学方法,并照片一张寄去。

9月20日　　星期日　　晴

上下午,看沈卫威的《胡适传》书稿。看毕后,觉此书在内容上可取之处甚多,即如通过此书不仅对胡适一生有一较详细的了解,且对五四后中国的学术思想史,以及政治变迁也会略知梗概。尤其在蒋家天下瓦解,偏处台湾后的情况,和美国与台湾的关系方面,也能从中略窥一二。

本书不足之处,因根据全系台湾方面出版的有关胡适的年谱及史料,对胡适颇多溢美之辞,如在抗日战争期间美帝对华态度,书中认为多与胡适有关,这就夸大了胡适当时的作用;又如对胡适在五四新文学运动中的功绩也称道得有些过分。另外对胡评论的措词,也有极不协调之处,有时赞颂,有时讽刺,都须再加斟酌。

给《郑州晚报》所写的治学方法信件投邮。

9月21日　　星期一　　晴

上午,与鸿毅乘10路车去马道街购物。

下午,睡了一觉,看王船山的《姜斋诗话》。船山甚赞渊明的诗作,于唐宋八家中只肯定欧阳永叔,对其余诸子均甚不满,对退之则诋訾尤力。此老仍为儒家的正统思想,对批评孔子及其后学的李贽,则攻击不遗余力。此点与顾宁人颇有相似之处。

9月22日　　星期二　　晴

看周汝昌的《曹雪芹小传》。里边对雪芹的进步思想,不知其来源。他自称对中国的学术思想不曾研究,所以说不出一个所以然来。惜乎,其未能看我50年代写的《从〈红楼梦〉中的叛逆思想谈到李贽的叛逆思想》,该文刊于《中国古典文学研究论集》中。最近我出版的《中国新文学渊源》一书的第三章,对这一问题有着进一步的阐发。

9月23日　　星期三　　晴

上午,给研究生上课,讲近现代学者谈治学方法。

下午,科研处李桂花同志来,约于明日下午校科研大会开幕式,让我上主席台并讲话。

誊写最近写的《近几年我的科研工作回顾》,在治学上:一,要有远大抱负,即古人所说的立志。二,要有坚持的精神。三,要勤奋,惜寸惜分。对所治专业期之以十年、二十年以至于终生。方法:一,要由博反约,以约统博,在专业的面上既有广博的知识,在点上要有深入地钻研;二,善于分析比较,与概括总结。前者发现问题解决问题,后者归纳出创获发明的结果。

9月24日　　星期四　　晴

晨起,誊发言稿。

上午,看《文艺报》上冯骥才写的《我为什么写〈三寸金莲〉》。

下午,参加学校召开的科研会开幕式,并让我讲科研经验。因灯光不亮,我的发言稿也不能用,只有凭个人记忆讲了20几分钟。

非常疲乏,10点即休息。

9月25日　　星期五　　晴

上午看《文艺报》和本年第5期的《文学评论》,里边有篇《从情与欲二者的问题上评论〈金瓶梅〉与〈牡丹亭〉两书的异同》,还是颇有见地的;另一篇是与姚雪垠商讨的文章,认为他批刘再复的文章有些地方并不正确。

下午黄志琴来,送来邮件多件,里边有(王)广西的信,还有从淮安发来的纪念刘鹗的学术讨论会的邀请函。

9月26日　　星期六　　晴

看《曹雪芹小传》。

景韶的孙子同他的一位同学李世杰来谈,放下他的诗稿让我看。小厚上楼把他的诗稿念念,觉得还颇富于诗意。他因左手伤残,心灵上一定受到无形的创伤,他有着怨伤的情绪,而这种情绪借诗歌加以发抒乃是很自然的。

9月27日　　星期日　　晴

上午写《鲁迅与龚自珍》,午睡起来写竟。拟再写《鲁迅与周作人》,将周作人的有关著作找出打算翻一翻。

下午赵福生来,送来上海月饼两盒。

沈卫威接着来了,他上午刚从哈尔滨回来。东北下大雪,他在那里冻得厉害,要参加的会因有问题也没开成。接着谈他的《胡适传》,我把我全部看后的意见告诉他。他说听王振铎说,胡适已为历史人物,关于他的传可能省委不审查。

9月28日　　星期一　　多云

下午沈卫威来,谈他早晨去郑,下午即转回。

9月29日　　星期二　　晴

上午修改《自传》。

下午去市政协参加国庆座谈会。

沈卫威君将《子产评传》送给北道门新苑书店王经理,托他代售。

9月30日　　星期三　　晴

上午修改《自传》。

给研究生上课,把李贽的身世讲毕,11时结束。

下午王丹莉、张宝明两位研究生来。他(她)们拟(下月)3日去上海查阅资料,并拟向华东师大钱谷融、许杰两先生请教,让我写封介绍信。

晚看电视剧《啼笑因缘》。

接到信件多封,有杜天俊、冯健等(冯信附有照片一帧)。

10月1日　　星期四　　晴,国庆节

上午麟、明凰,光、淑惠来,午餐时秋子、恭夫也从郑州来。下午麟用带的相机摄了几张合影。麟与明凰下午即回开封一高,光与淑惠晚饭后回去。

晚,看电视剧《啼笑因缘》。

10月2日　　星期五　　晴

早饭后与鸿毅、恭夫、秋子去汴京公园,……可供参观者为一猴山,但没人管理,龌龊不堪,臭气四溢;再往里边过桥,一条小河因为污染,时时冒出一种废水的怪味;再往里去为动物园,鸟类兽类种类极少,实在没多大意思。我们在树荫下休息片刻即离园回家。

恭夫、秋子下午4时许即返郑。

接周乐民函,并寄茶叶一包。

10月3日　　星期六　　晴

开始写《胡适传·序》,只写了两页。

上午,王丹莉来,取走我给华东师大钱谷融教授的介绍信。

晚看电视,系国庆节举行的香港与北京演过《红楼梦》的演员在一起组成的文艺晚会,真是别具风味。最后是香港与北京选出的有关《红楼梦》的知识竞赛,共有六名代表参加,题目都极新鲜别致,但也太琐碎。从应试成员中,确有对《红楼》极端熟悉者,如里边人物的生日以及如何做生日的情况都能对答无误。北京有位中学生应试者,问他读过几遍(《红楼梦》),答以八遍,这的确是不易的。毛主席说他看过五遍,他比毛主席还多看了三遍,可谓难得。

10月4日　　星期日　　晴

上下午,在家写《胡适传·序》,草草写成,后边一部分需修改。

晚看电视剧《啼笑因缘》。

10月5日　　星期一　　晴

看有关《红楼梦》资料及《胡适日记》。胡适的日记与鲁迅的不同,鲁迅日记比较简单,一般记书函及访问的友人,而胡适则记读书心得外,对友人往来书函重要的均摘录,所以量比较大,但内容丰富,可以阅读。

10月6日　　星期二　　晴

上下午,修改《胡适传·序》。晨风来,谈至11时许辞去。

罗六嫂来,吃过午饭,鸿毅陪她去看友梅。

10月7日　　星期三　　晴,旧历中秋节

上午,给研究生(于淑敏、金勇、姚伟、李平)讲李卓吾的思想特点和他的文艺观。

下午,小厚去学校带回邮件多种。

上海书店编审范泉同志来函,他正组织出版《中国近代文学大系》一书。经华东师大徐中玉教授介绍,拟将《散文集》由我主编,我已复函接受。

10月8日　　星期四　　晴

下午,看(钱钟书)《谈艺录》。钱公学问极博,但偏于考证,似乎用新观点论述问题不多。

10月9日　　星期五　　晴

上午,在家看书。

下午,修改誊写《胡适传·序》。

看罗梦册《孔子未王已王论》,觉得他受汉代公羊家影响甚大,大有振兴儒家思想之意。

10月10日　　星期六　　晴

修改誊写《胡适传·序》。

看《筹安会六君子传》,参考关于严复的生平重要事迹。

10月11日　　星期日　　晴

上午读陶菊隐的《筹安会六君子传》。里边对严复、刘师培,特别是杨度都有比较详细的论述。杨度在政治上如何赞助袁世凯帝制,又如何转而帮助孙中山革命,直到后来参加共产党,可以看到此人思想逐步发展的过程。

下午看石原皋的《闲话胡适》。

周启祥同志来,谈他最近所从事的研究工作,并告我,前些时我写的评《家园集》中他的诗作的小文由魏巍介绍,已在10月9日《光明日报》的《文学与艺术周刊》中发表了出来。

10月12日　　星期一　　阴,下午雨
卫威来,将《胡适传·序》交给了他。
下午3时与鸿毅乘车去郑州,省政协一位干部安排我在中州宾馆1325号房间住下,校车送鸿毅去农学院秋子家。

10月13日　　星期二　　阴
上午参加省政协主席、副主席办公会,讨论明年换届问题,至11时半结束。
散会后乘车到农学院秋子家,下午乘学校车返汴抵家。
晚备课。

10月14日　　星期三　　雨
上午给研究生上课,把李卓吾章讲毕。
下午沈卫威来,送来已誊清的《胡适传·序》。我校阅一过。

10月15日　　星期四　　晴
卫威来,把《胡适传·序》取走。
淑惠送来光儿的与别人商榷关于《三言》、《二拍》与西方《十日谈》比较的文章。下午看了一遍,觉得还可以。他不同意孙逊在《文学评论》中认为《三言》、《二拍》与《十日谈》同是启蒙运动时期反宗教的作品,认为《三言》、《二拍》系反程朱理学的作品。

10月16日　　星期五　　上午晴,下午雨
午饭时,上海图书公司范泉同志来,联系由我主编《中国近代文学大系·散文集》事宜,谈约一小时。

慈健送来一捆邮件。

10月17日　　星期六　　上午晴，晚雨

上午8时许，到光儿家。停了会，爱和、慈健相继都去了。关于《中国近代文学大系·散文集》编选问题谈了近一个钟头，由慈健记录问题纲要。

12时，去学校一招食堂，中文系宴请范泉（原名徐炜，范泉系笔名）同志，副系主任张家顺、副校长陈信春同志都莅临参加。

下午4时许，范泉同志，爱和、慈健都先后来家，共议《大系·散文集》编选问题，至5时许散。

10月18日　　星期日　　晴

下午午休起来，笑薇返郑。我把《论蒲松龄妇女观》一文，交她带回，让恭夫誊写后，请王广西同志转交《中州学刊》，另外与广西一函。

10月19日　　星期一　　晴

上午，与鸿毅商定，午餐宴请范泉同志，邀慈健、爱和作陪。与慈健电话，知爱和已返郑。我同鸿毅拟在二招食堂请客，但那里已没座位，只得到一招食堂，付洋三十元、粮票二斤。办妥后，去一招202看范先生，同他话别，告他请以便饭。届时我与鸿毅、小厚，又邀了沈卫威同慈健，加上客人共六位。吃饭间，刘景荣送来了托她为范先生买的返程车票，便也请她坐下吃饭。饭后，我与范先生作别，并安排下午5时让沈卫威乘校车送他。

市方志局赵君带一个同志来，为修改王基执笔写的《开封志》中关于文学部分的事，谈了近半小时。

10月20日　　星期二　　阴

上午停电，室内光线极暗，看书很吃力。何德功来，借林纾资料一书，书架上找不到，谈了很长时间。

10 月 21 日　　星期三　　晴

上午,给研究生上课,讲袁中郎,把他的生平同思想大致谈了谈,并把他与李贽的关系,以及他的思想在发展中与李贽的同异,作了简要阐述,11 时结束。

下午,卫威来。他把《胡适传·序》的打印稿放下。我起床后校阅一过,还是有不少错字。

看《袁中郎集》。

10 月 22 日　　星期四　　晴

上午 8 时,去市人大参加主任办公会,讨论举行下次常委会问题,时间为 27 日至 30 日共四天。

下午誊抄论文《鲁迅与龚自珍》,至 5 时半。

接省民盟电话,24 日下午举行主委、副主委办公会。

10 月 23 日　　星期五　　晴

上下午,誊写《鲁迅与龚自珍》,还有两页未竟。

10 月 24 日　　星期六　　晴

上午,将《鲁迅与龚自珍》一文誊竟。

下午 1 时,乘车赴郑。赶上参加盟省委主委、副主委办公会,讨论科技咨询部章程等问题。

晚宿河南饭店南一楼 20 号。

10 月 25 日　　星期日　　晴

早饭后,河大来车接,返汴。

看小黄送来的邮件,有范泉回沪后的来信,还有同乡任凤鸣让代办毕业证书问题。

备课,看《中郎文集》。

10月26日　　星期一　　晴

上午,姚伟来。送来复印的资料,并又拿去一部分,同时将《鲁迅与龚自珍》一文交他转交给金勇与于淑敏誊写。

下午,参加校学术委员会,评定职称。章秀定的副教授问题这次得到了解决。

发信致任凤鸣,并向他打听孙邦英的消息。

10月27日　　星期二　　晴

上午出席市人大常委会,听了四个报告。

下午又参加小组会,6时许回来。

10月28日　　星期三　　晴

上午给研究生上课,讲袁中郎的文艺思想,10时半结束。

下午淑惠来,让光儿为《袁中郎研究》、《中国近代文学作家论》、《〈聊斋志异〉选讲》三书作内容提要。

晚,看电视连续剧《水浒》。

10月29日　　星期四　　晴,晚大风

早饭后,与(刘)亚兴同志去市人大开会,小组中讨论物价问题,特别是大家关切的市民生活中肉禽蛋价格高涨问题。

接陈韶麟函,并他去北京参加鲁迅、周作人讨论会的论文一篇。

10月30日　　星期五　　阴,大风降温

上午,写开封文学,并参阅增杰写的《鲁迅与河南》。

下午去市人大开会,闭幕式、小组长汇报、通过决议,最后吕锡田主任讲话。5时许散会。

10月31日　　星期六　　阴,晚雨,骤冷

上午,张琮同志来,谈关于(张)邃青师在一师及河大工作时的情况。我将我的感受告诉了她。

王丹莉来,谈她去上海访问及查阅资料的情况;接着张宝明也来了。丹莉离沪后去北京,而宝明离沪后则回到安徽安庆,谈他到那里后查找陈独秀资料的情况。

下午,誊改给《开封地方志》写的文学部分。此原系王基执笔,赵道山与负责同志看后不满意,一定要我修改或重写,最近几天才算把它写成。

11月1日　　星期日　　上午阴,下午小雨

上午8时半,学校车来,与鸿毅、小厚乘车去龙亭公园参加菊展开幕式。回来已11点多。

人工培养的菊花,真是千姿百态,争奇斗艳,比诸当年渊明东篱之菊不知有多少变化。不过,今天能真赏菊、爱菊、理解菊的品质精神者,能有几人乎?!

下午,誊改地方志中的文学部分,直到晚饭时才改竟。

11月2日　　星期一　　晴

上午,校阅金勇、于淑敏两同学誊抄的文稿。

下午,参加校职称评定会议。见到增杰,他是昨天回来的。

晚看电视——赵紫阳答外国记者问。

11月3日　　星期二　　晴

把《鲁迅与龚自珍》一文托李频转交如法。

下午,参加校职称评定会,与增杰晤面。他谈到在成都参加中国现代文学年会情况。

这次评选,中文系严铮同志通过教授职称。

11月4日　　星期三　　晴

上午,给研究生上课,将袁中郎的文学论讲毕。

前几天,让金勇与于淑敏誊抄的文稿誊抄后,经我校阅,发现他们的文言水平都不高,因而想到他们将来能否写出有一定质量的毕业论文问题。

下午,去银行换存款单,顺便到系里,碰到慈健同黄志琴,同他们一块到近代文学资料室谈了会。慈健谈他给四年级上选修课,学生的古典文学常识都极差,从而又谈到青年教师教课的质量差,加上学生水平差,这样毕业生的程度就大成问题。

11月5日　　星期四　　晴

上午8时半,去系现代文学教研室听沈卫威讲课,试讲后又进行评议,10时半结束。

下午,审阅黄平权同志论文并要写出评语。共两篇:一为《论丁玲小说》一为《论茅盾早期的文学观》。两篇评语均写出。

11月6日　　星期五　　晴

下午,去邮局寄给宋书记书两册:《中国新文学渊源》、《子产评传》,并附信一纸。

晚,小厚陪我去光儿家。

11月7日　　星期六　　晴

5时起床,6时吃早饭,饭后去学校与牛庸懋、刘增杰两同志乘车赴郑,参加省社联的科研项目讨论会。地址河南宾馆,参加人员主要是河大、郑大与社科院三个单位。讨论结果定了八项为重点项目。结束后午餐,社联以盛宴招待。

饭后乘车返汴。

11月8日　　星期日　　晴

晨5时起床,看社联胡世厚同志的论文:(一)白朴的籍贯;(二)白朴的《东墙记》的分析。上午写出评语。下午誊清。

晚,把《元曲选》目录抄在每册的扉页上,并写明每个剧本开始的页数。

11月9日　　星期一　　晴

上午,给校统战部电话,让它给省政协电话,问政协常委会什么时候召开。下午文华同志来电话,说12日上午召开。

下午,看周作人自选集及别人选的散文集,拟着手写鲁迅与周作人两兄弟的比较。

11月10日　　星期二　　晴

上午,同乡刘永艇来,让给他的论文作鉴定。他走后,即看他的论文并写出评语,直到下午4时许才搞出来。5时许他来带走了鉴定书。

下午,我已上床准备休息,省社联胡世厚来,他的论文鉴定已写出,交给他带走了。

这两天一直写论文鉴定书,觉得非常疲劳。

11月11日　　星期三　　阴,停电

上午,给研究生上课,全凭个人记忆来同他们讲述了中郎的散文、诗歌,从内容到形式方面的渊源,以及30年代林语堂、周作人、刘大杰等对中郎的评论,最后用鲁迅的《招贴即扯》一篇,评当时对中郎的毁誉,最后写出他为中郎辩诬的意见。我感到上午两节课讲的还是很满意的。

下午3时许,与外语系吴雪莉教授乘车去郑,参加省政协常委会,住中州宾馆2号楼2楼18号房间。晚饭后,洗澡并看京剧会演赛,先是老旦,写《李逵探亲》;后来是青衣、花旦,演唱《望江亭》、《春秋配》等,至10时结束,即休息。

11月12日　　星期四　　晴

上午大会,在前楼会议厅,听宋玉玺主席作关于党十三大会议的传达报告。

下午,在组里学习赵紫阳的报告文件。

晚看河南台电视剧《山杜鹃》。

11月13日　　星期五　　晴

上下午,参加小组会,讨论赵紫阳的报告。

晚饭后乘车去秋子家,晚住在那里。

11月14日　　星期六　　多云

上午,参加小组会讨论报告。

下午请假,乘河大车返汴,7时抵家。

黄志琴送来许多邮件,里边有王广西的,说托他转交《中州学刊》发表的文章,因今年学刊稿子已排满,拟在《论丛》上发表,征询我的意见。我不打算在《论丛》上发表,俟再去郑时,给他谈谈。

11月15日　　星期日　　晴

上午与鸿毅去看光儿,路上碰到慈健夫妇。我把范泉的信交给了他,并告他说我已复了范泉的信。问到爱和,他说回郑州了,不日即回来。我让他转告给他。

下午,校阅赵道山同志誊抄的我为开封地方志写的文学部分的稿子。

发信致:一、范泉。二、驻马店师专辛长顺。

11月16日　　　星期一　　　晴

发信致孙邦英,问他的近况。

下午,乘学校车去郑。

11月17日　　　星期二　　　晴

上午,列席省人大常委会,听关于科技、审计等四个报告。

下午,省委派人对明年换届的政府、人大、政协的领导班子进行民意测验,让推选合格人选。散会后,到轸宇、家骥两人室内商谈推选问题,对省长一般都填以胜任,至对人大与政协写原则同意原班子,至对党员中超龄的请上级裁定去留。

11月18日　　　星期三　　　大风

上午,参加小组讨论,会上不少人谈论社会上不正之风如何制止的问题。

下午,参加主席、副主席会议。讨论第六届委员名单。由高维同志谈新一届委员名单的协商产生经过,同时并对退下来的委员所以不保留的原因。最后让主席把名册带回看了后,明天下午再开会讨论。

晚,看电视剧《美丽的囚徒》。

11月19日　　　星期四　　　晴

上午,列席人大常委会,听取省级几个单位的工作汇报。

下午在三楼会议室参加主席会议,通过六届政协委员名单。

11月20日　　　星期五　　　晴

上午,去民政局招待所,为参加《民族志》审稿会的人讲话,回来后又参加了一段小组会。

下午大会。关于六届政协委员提名的原则情况,由高维同志作汇报。

晚饭后去秋子家。

11月21日　　星期六　　晴

上午小组会,讨论六届政协委员提名名单。

下午大会,通过决议及六届委员名单。

晚六时,乘河大车返汴,7时半抵家。

11月22日　　星期日　　晴

晨起,写信致王广西,向他讨回文稿。

写《鲁迅与周作人》。

早饭后,往访孙荣光同志,谈了一个多小时即转回。

下午,鸿毅出去发信,并到光儿家,带回他的信,要《辞海》与《袁中郎全集》。

11月23日　　星期一　　晴

把《鲁迅散论二集》目录抄出,并写一信致徐豫生,看出版社是否出此类书。

为写《鲁迅与周作人》,看《鲁迅全集》五卷中杂文。

上午沈卫威、张宝明二君来谈。

11月24日　　星期二　　细雨

写《鲁迅与周作人》。卫威送来《周作人年谱》。

下午,郑州社联《学术百家》杂志编辑部任守春同志介绍该刊工作人员张兴民、万高丽(女)二位来,谈关于该刊发展,征询我的意见,谈了一个多小时。后值市民盟李运乾、杨秘书二位同志来,他们还不走,直到李、杨二位走后,他们又提些问题,谈毕才辞去。

11月25日　　星期三　　晴

上午,给研究生上课,讲到第三章,把主情部分讲毕。

下午,看雪垠寄来的新著《创作实践与创作理论》中批判刘再复的一篇论文。过去对刘的文章很少看,今读姚文,觉刘对中国文学知之甚为粗浅,甚至到了缺乏常识的地步,而竟能享大名,则当今一般人对中国文学之无知,可以概见矣。

晚看电视剧《水浒》,主要演的是武松。过去山东电视台排演过武松,这次不过换个名子而已。

11月26日　　星期四　　阴,小雨,大风降温

上午室内开始生火。

下午王广西来,为文稿事表示歉意。

11月27日　　星期五　　阴,晚大雪

点改《鲁迅与周作人》一文,并拟复陈韶麟函。

11月28日　　星期六　　晴,雪已融化

上午,乘车与葛洪同志去盟市委参加常委会,讨论成立科技咨询服务委员会,至12时始散。

接上海范泉函,下月10日在上海召开《大系》编委会。

接孙邦英函,谈他到银川后20多年的情况。

11月29日　　星期日　　晴

上午,约慈健来,谈让他去上海参加《大系》编辑会议事。他说爱和后天有课,可能明天来。

下午,继续写《鲁迅与周作人》一文。

11月30日　　星期一　　多云

写《鲁迅与周作人》,已写毕,但须补充改正。

上午,赵明同志来,谈至12时辞去。

12月1日　　星期二　　多云转晴

上午,爱和、慈健来。谈慈健去上海参加《大系》编辑会议事,我们应拿出一个初步打算,至11时半辞去。

接辛长顺、连波等人函。辛函让把文章寄去。下午起床后,把《庄学与魏晋以来几位杰出的诗人》一文重新看一下,并写信给辛长顺。

12月2日　　星期三　　晴

上午,给研究生上课,至11时结束。

下午,看《光明日报》哲学版,介绍奥地利弗洛伊德的性心理学,讲得比较清楚而扼要。30年代我在大学读书时,鲁迅曾译日本厨川白村的《苦闷的象征》一书,厨川氏即已引用弗洛伊德的理论来说明文学产生的根源,所以看起这篇文章觉得易于了解。

晚饭前,慈健来,送来他姐丈的一篇论文让评审。

晚,看电视连续剧《蒲松龄》,演了三集。

12月3日　　星期四　　多云

早晨到上午,评审卫校教师韩宗敏的两篇文章,上午10时写出评语。11时许,慈健来将评审书带走。

下午看书。

晚看电视剧《聂耳》两集。

12月4日　　星期五　　多云

上午,到系里参加现代文学研究会的优秀论著评奖会。文金、赵明等同志参加了会,信阳、洛阳还来了两同志,结束后到二招餐厅午餐。

下午 2 时半,市人大来车接我到宋都宾馆开会。晚上到大众影剧院看波兰电影。

12 月 5 日　　星期六　　晴
上午,举行大会开幕式。
下午,参加常务主席团会及主席团会。
晚饭后回家,看电视剧《水浒》。

12 月 6 日　　星期日　　晴
上午,参加顺河区第七小组会,讨论选举问题。但是大家漫谈到政治问题、社会问题,真是海阔天空,到 11 点散会。
下午,大会选举。晚饭后乘车回家。
沈卫威为他的《胡适传》审查问题,让我给省委宣传部部长侯志英写信。

12 月 7 日　　星期一　　晴
关于《聊斋》一文,现尚未找到合适刊物投去。
晨起,为沈卫威《胡适传》出版问题给省委宣传部部长侯志英同志函。
早饭时,卫威与德功来,把给侯部长的信拿走,他们一同赴郑。
下午,随便翻阅一些书。
慈健来,谈他去沪参加会议事,付洋 40 元,托他买支好一点的钢笔和大一点的放大镜。
下午有点感冒,服感冒清同 SMZ。

12 月 8 日　　星期二　　晴
感冒未愈,随便看点书。

12月9日　　星期三　　晴

上午,给研究生上课,把第三章讲毕。

晚看电视剧《蒲松龄》。

12月10日　　星期四　　晴,大风降温

早饭后,拟去学校,到外边大风冷甚,因又折回。

看于淑敏写的作业《袁宏道的文论与李贽的关系》。文章写得还好,先论李贽的文学观,然后论述袁的。认为袁在李的基础上有着进一步地发展。论到袁时,特别指出他提出趣与淡的论点。这对我很有启发,觉得中郎在美学思想上提出趣与淡与质,作为评价作品的标准,意义是非常深刻的,应当对此写篇论文进行阐发。

12月11日　　星期五　　晴

下午卫威来,说他最近为争取审阅《胡适传》去省里奔走的经过,最后总算达到了目的。

看《袁中郎文集》。

晚看电视,台湾故事片《汪洋中一个小舟》。

12月12日　　星期六　　晴

上午……往甲排房看光儿,同他谈了一个多小时,关于注释袁中郎诗文的事。

晚看电视连续剧《水浒》,演至宋江吟反诗,被逮要杀头的地方。

12月13日　　星期日　　晴

因看《水浒》电视剧引起再看《水浒传》的兴趣。用书中情节与电视剧作比较,觉情节省略不少,但主要的基本上都演出来了。

12月14日　　星期一　　晴

选袁中郎诗五古部分。

感冒,一直流清鼻涕,未出门,随便翻翻书,以休息为主。

12月15日　　星期二　　晴

爱和来,送来他所写的文学史前言。认为我写的不够全面,他拟让他写的代替我写的。对此事,我须很好地考虑来处理。

张华英送来省政协通知,让17日到市政协开会。

整理旧信,没保存必要者,烧之。

12月16日　　星期三　　晴

上午,给研究生上课,把《中国新文学渊源》中第四部分讲毕。

下午,选中郎诗,把诗歌部分选毕。

晚,慈健与爱和来。慈健从上海开会归来,谈在上海与《大系》负责单位签订合同情况,并将百科全书两册捎回,还有托他代买的放大镜和金笔一支。

12月17日　　星期四　　晴

早饭后,与河大新被推选为省六届政协委员的同志去市委开会。会议由市委统战部部长杨基柱同志主持。会议目的主要是见面认识与座谈。此届(政协委员),开封市共54人。杨部长讲话后一定要我讲,我便讲了几句,接着市政协主席张雨生讲话。后来没人再讲,于是散会,到寺后街美光照像馆照像。11时返回。

下午,河北财经学院马正平君来,谈他到这里政教系经济研究所申请硕士学位事。已答辩通过,但校学位委员会在讨论时因他毕业已三年,按规定已不能再申请学位,于是会议予以否决。现在他来这里奔走,负责学位的陈信春校长坚持不能授予。他拟找我实现其目的,但我不过是挂名学位委员会副主任,实亦无能为力。

下午约卫威来,问他能否参加近代散文的编选工作。他说他准备考博士生,直到明年考试前他须备课,考后可以参加。

发信:一、答复驻马店师范一位教师询问《中国语文》中的问题。二、李天明(附《中国新文学渊源》一册、《子产评传》一册)。

12月18日　　星期五　　多云

整日看梁启超《哲学论文选》与《诗文选》。后一种,将梁平生在政治上的重要论文前面均加以编者按,将其写作的时代背景及作者意图加以说明,有的并予以一定的批判,这个写法是很好的。

下午淑惠来,问到慈健回来后关于上海图书公司的事。我把情况简单给她说一下,让她转告光儿。

12月19日　　星期六　　晴

上午,看晚清文选,并将近代文选所选作家的名字列出来近百家左右。

下午黄志琴来,送来购书费50元并几封邮件。

关仁训同志来,谈光的营养费及工资提级问题。

选袁中郎诗,至律诗部分。

12月20日　　星期日　　晴

下午2时乘校车与王汉澜同志一行去郑,住河南饭店南一楼一楼六号,与平一同一房间。

12月21日　　星期一　　晴

上下午,听袁木等关于十三大精神的录音报告。

下午散会后,乘吴院长车去秋子家。

12月22日　　星期二　　晴

早饭后,与秋子一块到吴院长家,又乘他的车到宾馆,听中央统战部部长严明复关于统战问题的报告,散会后摄影。

下午,参加第四小组会。

12月23日　　星期三　　晴

早饭后,去政协大院访平一,他要出门,到他家没坐就出来了。又去看静之,他同廷玢在室内坐着。他去年动过大手术,肛门被移植到背上,但目前他的精神很好。据廷玢说,他背上又增出一小瘤子,由中医院大夫邵令方配药服用已消下去。我在那里坐了二十多分钟即辞去,他二人还送我到楼门口。

下午大会,我与卢金梭同志为执行主席。

大会发言,只进行五位,即到开饭时间。

晚饭后,运乾来,说他明天即返汴。

12月24日　　星期四　　晴

上午大会发言,最后通过决议,末了由吴绍骙主委讲话。10时半大会结束。

午饭后,乘吴院长车去农学院秋子家。

12月25日　　星期五　　晴

上午,与秋子、恭夫一起乘学校车返汴。

接汪玢玲函,说寄来八支人参,寄到赵希鼎同志家。另有省社联通知开会的信。

12月26日　　星期六　　晴

上午,刘溶同志约去傅刚家,对傅的去世,向其夫人吊唁。

下午,看中郎集中的律诗部分。

12月27日　　星期日　　晴

早饭后,秋子、恭夫返郑。

下午,阅研究生李频与姚伟二人的期中论文。

接陈韶麟函,说他正译美人一部论周作人的专著。他的论文《鲁迅与周作人论费厄泼赖》一文投向《鲁迅研究动态》,1988年第1号可发表。

12月28日　　星期一　　晴

看研究生期中论文。姚伟的较好,于淑敏的也还可以,金勇的稍差,把"青出于蓝而胜于蓝",竟把"蓝"字的草字头写成竹字头的"篮"字,这就不可解了。看毕后都附以评语。

看卓吾《焚书》中有关论文的篇子。

上海范泉汇来洋千元,作为编辑《中国近代散文选》的复印与誊抄费用,已存入邮局。

12月29日　　星期二　　多云

上午,一位1966年毕业的同学来看望,并送苹果一袋。

下午,社达同志带其妹夫来家。这位客人系驻马店师专教师,他系该校学报编辑,因我那篇文章(指《庄学与魏晋以来几位杰出的诗人》)他认为有不解的地方特来质询。

晚看关于庄学的那篇文章。

12月30日　　星期三　　晴

上午,给研究生上课,将第五部分关于桐城派兴起与衰歇讲了三分之二,11点结束。

下午4时许,驻马店师专杨同志来将稿子带走。

感冒未愈,服感冒清同SMZ。

12月31日　　星期四　　晴

上午增杰同志来,谈在郑参加会议情况,并捎来延钊同志赠送的挂历一本。

晚饭后荣光同志来,并赠以挂历一本,系张大千的画,谈至9时许辞去。

修诉秋

编委会

主　任　关爱和　刘增杰

委　员（以姓氏笔画为序）

马小泉　白春超
关爱和　任　光
刘增杰　刘进才
刘　涛　刘小敏
朱秀梅　张云鹏
张先飞　李国平
李　敏　沈红芳
杨萌芽　杨站军
孟庆澍　侯运华
胡全章　郝魁峰
高恒文　袁喜生
解志熙　靳宇峰

总校阅　任　光

任访秋文集 ⑬

日记 下

河南大学出版社
·郑州·

下卷

1988 年

1月1日　　星期五　　晴

整理室内书籍。

看闲书。

鸿毅与李嫂炸麻叶、蒸包子,大似过年景象。一般人对阳历年都不太重视,所以放爆竹者很少,即有也是因结婚而放,不是为过年而放。

1月2日　　星期六　　多云,下午转晴

看《章太炎论学书札》。这是北师大出版社出的,系章氏与吴检斋先生的书函,里边论到宋明理学。他比较倾向阳明,而对宋代五子颇有微词。

看明末才子佳人小说《玉娇梨》,其结构之奇诡颇有引人的魔力。

发信致汪玢玲,对她赠寄长白人参4支表示感谢。

1月3日　　星期日　　多云

没出门,看小说《玉娇梨》,此系明末清初的才子佳人小说。据说这部小说译为外文,甚受外国读者欢迎。此书在人物故事的发展上,始终采取错综复杂的事件,于才子佳人中间杂以冒名顶替、以伪乱真的手法,使故事发展波澜起伏,具有极大的吸引力。似乎回回对读者都有魅力,所以不能因才子佳人小说轻视之也。

晚饭后,爱和、慈健、凯生来谈关于编选《近代散文选》事。我把上海汇来的千元存折交给了慈健,他准备交给黄志琴管账,折子也交给她。

1月4日　　星期一　　阴

看小说《平山冷燕》。

最近看了两部明清之际的才子佳人派的小说。觉得在这一时期出现大量此类小说决非偶然,这与当时时代思潮以及文学的发展本身都不无关系。最近拟写一篇《明清之际的才子佳人小说》,从思想艺术与时代思潮及市民文学发展的关系上加以论述。

发信致徐州师院李存煜,关于学习近代文学问题,给他介绍了我在 1984 年第 9 期《文史知识》上发表的《关于近代文学研究的我见》,请他找出参考。

1 月 5 日　　星期二　　多云

上午,去光儿家举行《中国近代文学大系·散文集》的编选会议。到会的有爱和、慈健、小袁(凯声)、小黄(志琴)及光儿,谈约一个多小时散。

上午,信春校长来,他从广州参加学术会议回来。在穗时碰到他 50 年代的同班韩林元,让他捎来韩的近作《历代名家诗歌选注》,拟让河大出版社印行,韩愿出 2000—3000 元作为补贴。信春让我给学校出版社写封推荐信,他再做做工作,当可印行。

市外办通知,6 日下午 5 时,去开封宾馆参加迎接中央及省领导来汴,举行加拿大国际主义者夏理逊大夫百周年诞辰纪念,及开封为他树立的纪念碑揭幕式。

1 月 6 日　　星期三　　多云

上午,看明清之际小说《金翠翘》,写一个不幸的女子因家庭遭变,故而自己卖身以救其父母,后沦于娼寮。书中写妓馆之黑暗以及对妓女不愿接客者予以酷刑,最后迫使其自愿为止。中国娼寮之黑暗是有其悠久历史的。

下午 4 时半,乘校车去开封宾馆参加加拿大夏理逊大夫百周年诞辰纪念会晚宴,与北京《中国建设》杂志社一对夫妇坐在同席。此人为该刊重要负责人,名叫爱波斯坦,其夫人名叫黄浣碧(广东中山人)。《中国建设》为对外刊物,译成七国文字向外发行,每月一册。

宴会后,到大众影院看开封杂技,演出结束登台摄影。回到家已9时多了。

1月7日　　星期四　　晴

早饭后,乘车去开封宾馆。10时许去南关烈士陵园,为夏理逊大夫百周年诞辰纪念碑揭幕。全国人大副委员长黄华与省委副书记胡晓云行揭幕礼后,11时返宾馆。

下午2时,在大众影院举行纪念大会,由黄华、胡晓云及夏理逊的侄女等发言,至3时许结束。

1月8日　　星期五　　晴

明清之际的才子佳人小说,虽思想水平不高,艺术水平也较低,但却反映了当时一般文人的情趣,而给后来作家以影响。即如《金翠翘》这部小说,写女主人公王翘早年与邻居书生金重相恋,海誓山盟,但未结婚。王家因受人牵连,家产被抄,父母姊弟被逮。翘为筹集银子赎出亲人,而卖身娼寮,受尽折磨。后嫁给束生为妾。束生大妻奇妒,设计将翘卖其娘家为奴,备受凌辱虐待。因不堪其苦,遂逃出至一尼庵为尼。又被掠去再入娼寮;继而被一大盗抢去,深得大盗宠幸,从而得报往日之仇。大盗听其劝告,接受朝廷招安,却被朝廷设计击毙。因翘劝大盗接受招安,被赦无罪,终于与早年恋人金重完聚。

从全书情节看,纯系作者设想予以虚构,带有极大的随意性。但其中不少情节为当时社会情况的真实反映。如娼寮的黑暗,妓女的非人生活;又如刑法的残酷,抽筋、点天灯等。另外作者思想充满着宿命论与果报论。全书开头即以诗词预示王翘一生的遭遇。这给后来《红楼梦》作者以极大启示,而宿命果报思想则给《聊斋》作者以极大影响。

下午赵明同志来,让为其所著《鲁迅思想发展论略》写序。

1月9日　　星期六　　晴

早饭后,黄志琴来,送来省政协开会通知,并汇票两张:一、《光明日报》稿费25.6元,二、上海大百科全书退款3.3元。

1月10日　　星期日　　晴

看书,备明天的课。

1月11日　　星期一　　晴

上午,给研究生上课,把《西学输入与中国近代文学》部分讲完。
下午,整理什物,准备明日启程赴郑参加省政协会议。

1月12日　　星期二　　晴

下午,与吴雪莉教授、李润田校长同车去郑,住中州宾馆2106室。

1月13日　　星期三

上午8时半,举行预备会议,通过大会主席团名单,接着又举行分组会议。
下午2时半,举行主席团会议,选出常务主席及执行主席分组名单。
晚,参加党员会,听取省委副书记赵地同志讲话。
发信致鸿毅。

1月14日　　星期四　　阴

下午,参加小组会。我参加的是第三组——民主党派组,该组由民盟、民进两个党派成员组成。会上对杨析综书记的报告大家发言热烈,提出不少对政协的建议。
晚饭后,乘车去秋子家。

1月15日　　星期五　　阴

晨起,写发言稿。7时,乘车返宾馆。

上午,到大会堂列席省人大大会开幕式,听取程维高代省长的《政府工作报告》。

下午,到大会堂听取关于国民经济计划及省财政决算、预算两个报告。

晚,九皋(振环)带着他的三儿,还有他的弟弟张振东(在省外贸工作)来宾馆,谈至7时半,让小郭送九皋父子去农学院秋子家。

看电视剧《小镇故事》。

1月16日　　星期六　　多云

上下午,小组会,讨论代省长程维高的《政府工作报告》,发言都异常热烈,对全省问题涉及面非常广泛,对政治、经济、文化、教育各方面问题都提了出来。

晚看电视剧《蒲松龄》。

1月17日　　星期日　　晴

上下午,均请假,写大会发言稿,题目为《促进精神文明建设,应大力发扬鲁迅精神》。上午写就,即誊写,至下午5时才誊清。

晚饭后,恭夫来,和他一块去看党若平同志,坐约50分钟,小郭开车来接,我们就辞去。

1月18日　　星期一　　晴

上午,小组会。程维高代省长到小组会见各位委员。

下午,参加省委召开的各民主党派会议,对本届政府、人大、政协及检、法两院的领导班子人选进行协商。杨析综书记、赵地副书记到会。大家对所推举的人选都表示同意。

晚,到大会堂看电影,系写一个资本家被自己的姨太太杀害,而被公安人员破案的故事。

1月19日　　星期二　　晴

上午,小组会。

下午,乘学校来车返汴。

1月20日　　星期三　　晴

上午,给研究生上课,把《中国新文学渊源》这门课结束一下,至11时讲毕。

增杰同志在我讲课时来,一、告知王文金同志被调到校部任教务处长;陈江风同志被提为系副主任。二、让为何德功写封介绍信给濮良沛(林非),他要考濮的博士生。

下午,乘车去郑。

1月21日　　星期四　　大风,多云

上午,参加主席团会议,通过本届政协主席、副主席、常委名单。

下午,参加省领导杨析综书记、程维高代省长召开的对话会。我对精神文明建设及出版问题谈了个人意见。

晚,梅蕙兰带着她的小孩马明来看我,9时许,她的爱人马恒心接她们回去。

1月22日　　星期五　　大风降温

上下午,小组会。酝酿省政府、省人大、省政协领导选举名单。

晚,到大会堂看日本电影。

1月23日　　星期六　　风

上下午,大会发言。

上午,我和董民声、叶仁寿二位委员为大会执行主席。大会到11时散。

下午,我第一个发言,题目为《促进精神文明建设,应大力发扬鲁迅精神》。

晚饭后去秋子家。

1月24日　　星期日　　阴,下午出太阳
午休后,小郭车来接,回到宾馆。
看张贤亮小说。

1月25日　　星期一　　晴
上午,参加常务主席团、主席团两个会议,通过政协主席、副主席、秘书长与常务委员名单。
下午,到紫荆山宾馆院内摄影,回来后又参加小组会议。
简梧秋来谈,赠他《中国新文学渊源》一册。
晚,马恒心来,邀请到他家吃晚饭。他同小梅(蕙兰)两人忙得不可开交。晚饭后,送我回宾馆,并送土特产一大包。

1月26日　　星期二　　晴
上午,小组会。讨论阎济民主席给各地区列席的县市政协委员的讲话。
下午,在大会堂选举所推荐的候选人,全部当选。我也荣膺第六届河南省政协副主席。
晚,冯辉同她爱人来看我。

1月27日　　星期三　　晴
上午,主席、副主席会议。
下午,到大会堂广场摄影,接着举行大会闭幕式。
晚看电影《大清国的炮队》。
下午,秋子、笑薇送来鸡蛋一篮。

1月28日　　星期四　　晴

上午,参加主席、副主席会议。讨论1988年政协工作要点及各委员会的负责人。

下午,参加第六届第一次常委会。通过1988年政协工作要点及各委员会负责人人选。

散会后摄影:一、常委会,二、主席、副主席、秘书长。

与李润田校长、吴雪莉教授同车返汴。

1月29日　　星期五　　晴

下午,去光儿家。又去看慈健,不遇,即回家。

1月30日　　星期六　　晴

上午,赵明同志来,送来代培研究生费185元、湖南师院代为其研究生毕业论文答辩费50元,另外还促我为他的近作《鲁迅思想发展论略》一书写序。

晚饭时,沈卫威来。

1月31日　　星期日　　多云转阴

晨起,即为赵明同志的《鲁迅思想发展论略》一书写序文,至上午完稿。下午给他写书一通,即请他誊写,让小厚送给了他。

赵明同志的思想不够解放,50年代左的倾向仍然存在。他在论鲁迅五四时期的创作时,认为对他产生影响的仅为李大钊,对陈独秀则只字未涉及。这种观点是不符合历史唯物主义的思想方法的,也就是不是实事求是的。我给他的信中指出了这一点,不知他能接受否。

2月1日　　星期一　　晴

上午,乘车与葛洪、景昌两同志去盟市委参加常委会,至11时半结束。

下午,看书。赵明同志来,将他誊写的,我给他的《鲁迅思想发展论略》写的序文拿来校正。

接上海图书公司范泉的信,询问《大系·散文卷》编选进行情况。

2月2日　星期二　晴

晨起,致书上海图书公司范泉同志。

黄志琴来,送来急件,系省委韩劲草书记关于讨论成立讲师团的通知,但会期已过。

接解志熙同志函,谈他的近来学习情况。

2月3日　星期三　晴

上午八时许,与刘亚兴同志乘市人大车去人大开常委会,听了几个报告,散会时已近12点。

下午没去开会,看《飞絮咏》。

阅前些天写的《鲁迅与周作人》一文,拟在内容上加以补充。

接省作协分会函,让填履历表换新会员证。

2月4日　星期四　多云

上午,看鲁迅《且介亭杂文》,修改《鲁迅与周作人》一文。

发信致河南作协分会(附相片一张)。

看《红与黑》。

2月5日　星期五　多云

上下午,到市人大参加小组会。

2月6日　星期六　晴

上午,到市里开会。12时结束。

下午,看《红与黑》。

景韶的孙子(中文系一年级学生)及其同班要回家,来此借书。

2月7日　　星期日　　晴

上下午,检查一竹篮往日的书信,可供保存者极少,大部分只能烧掉。

2月8日　　星期一　　晴

上午,在学校小礼堂参加省社联茶会,由社联副主席胡世厚主持会议,至12时半散会。

下午,看报纸及姚雪垠论通俗文学。姚对当前不健康的通俗文学作品以及吹捧这类文学的评论文章有所批判,对此我是基本同意的。

晚饭后,政教系同学孟文军来,他奉他祖父之命,让为他家大门上准备挂的匾想四个字,而且含义广泛。我找不出恰当的成语,后来介绍他去访老华,他遂离去。

2月9日　　星期二　　晴

下午,乘李校长车去郑州参加政协会。到郑后,先参加主席会议。晚,出席政协招待宴会。

2月10日　　星期三　　晴

上午,参加政协与省委统战部联合召开的春节茶话会,邀请省各单位领导及有关人士约二百余人参加。会上,政协主席阎济民首先讲话,接着由各民主党派代表——民盟的范濂、九三学社左明生、民革郭海长等发言。接着是文艺演出,有女高音、男高音独唱,小话剧《一墙之隔》,最后是京剧。11时半结束。

下午,政协新领导与机关干部座谈,最后是照像。

2月11日　　星期四　　晴

上午参加民盟主委、副主委会,对简梧秋及洛阳盟市委会有关问题,谈的时间较长,至11时40分始散。

下午乘学校车返汴。

接到几封需要复的信。

2月12日　　星期五　　晴

上午李江水、王德义两同志来。

看《鲁迅研究动态》"鲁迅与周作人专号"与《周作人年谱》。周生于1885年(光绪十一年乙酉),卒于1967年5月6日。

接罗梅欣函,说她寄来黑木耳一斤。现尚未收到。

发信致:一、李平一(谈关于鲁迅论续《红楼梦》的事,见《坟》里边的《论睁了眼看》)。二、杨崇华(关于他的论文评审事)。

2月13日　　星期六　　晴

上午在家看《鲁迅研究动态》"鲁迅与周作人"专号。

晚,看电视。

2月14日　　星期日　　晴

上午,李校长、韩书记及申、陈二位副校长来家看望。

接陈韶麟函。

2月15日　　星期一　　多云降温

下午,接连不断来客人,计有:一、晨风,由其孙子登一个三轮车来看我;二、赵福生来,谈他与海南接洽想到那里去,但刘老师不放他;三、麟儿、明凰和她二哥来。

接林非函。接袁峻峰的讣告,他享年79岁。

接陈韶麟、上海范泉函。

2月16日　　星期二　　小雪,降温

今天,是阴历十二月廿九日,明天即阴历元旦,一般过年的物品都已买齐。

下午,启祥同志来,漫谈一个多小时,快甚。

写《中国近代文学的特色》,拟寄给范泉参加讨论。

晚,中央电视台的春节晚会节目,不怎么吸引人,所以很早就休息了。

2月17日　　星期三　　晴

今日旧历元旦。上午9时,到系里参加团拜。

上下午,均来了一些拜年的客人。

下午两点,看电视剧《阮玲玉》,晚上仍看《阮玲玉》至12点。

2月18日　　星期四　　晴

9时左右,与鸿毅到有关朋友、同事家拜年。

下午秋子、笑薇来,麟儿与明凰来。

王基同志来,约为《东京文学》写开封解放四十年纪念稿。

晚,看电视剧《阮玲玉》。

2月19日　　星期五　　晴

拜年高潮已过。今日没出门,翻阅《昭明文选》、《唐文粹》及《古文辞类纂》目录,拟写篇文选与作品选的区别。

看电视剧《阮玲玉》。

2月20日　　星期六　　晴

上午,去看荣光、信春(家中没人)、赵文山书记(不在家)。

下午,(王)振铎来、(董)希谦来,均以书相赠。

2月21日　　星期日　　晴
　　上午,笑薇陪鸿毅上街购物,笑薇顺便返郑。
　　写文选与作品选的区别。
　　写信致蕤儿及梅欣(未发)。

2月22日　　星期一　　多云
　　上午在家看电视,演《彭德怀的幼年时代》。彭出身贫穷,受到当地地主的压迫,虽然年幼,但非常鲠直,不肯向他们低头,最后被迫离乡他去。
　　看《陈寅恪文集》。

2月23日　　星期二　　多云
　　下午,孙荣光来,送来他在法国一个刊物上发表的论文,并向我要过去出版的《聊斋选讲》,同时并送他一本《子产评传》。
　　老关偕其爱人黄志琴来。
　　发信致蕤儿及梅欣。
　　接屈正平问候函。

2月24日　　星期三　　晴
　　上午,在家阅读《晚清文选》。
　　下午,省政协盛秘书长来,谈下月一号来开封,兰考视察事,坐有半个多小时,即辞去返郑。
　　市民盟主委、副主委会议,参加者有运乾、柏林、杨秘书等,讨论换届及时间安排与领导班子人选问题。
　　发信致屈正平,送他两本书,一、《中国新文学渊源》,二,《子产评传》。

2月25日　　星期四　　阴

看《清代史话》。这部书写的通俗易懂,并能抓住主要问题,要言不烦地加以论述。

2月26日　　星期五　　晴

看《清代史话》。

晚,南昌一位女同学来,她是数学系一年级的同学。过去曾来过,但忘了她的名字,这次来还拿了两条鱼馈赠。

接李平一同志函。

2月27日　　星期六　　阴小雪

上午,如法同志送来学报二期的校样《鲁迅与龚自珍》。

拟写篇《〈红楼梦〉与才子佳人小说》,仅写出一简单的大纲。

2月28日　　星期日　　雪

上午,李惠彬来,他是去曲阜路过这里,谈他的学习情况,留他在这里用过午餐,辞去。

2月29日　　星期一　　阴有时有小雪

上午,慈健来。送来两张表,让填写87年的科研成果。

下午,几位研究生来,有姚伟、李频、金勇、于淑敏等。

发信致范泉,寄去我对文选与作品选区别的看法,并提出大多散文选编选的标准。

晚饭前,淑惠来,带去光儿所要的几部书,计有阿英编的《小说戏曲资料选》,《管锥篇》及《康南海文集》等。

3月1日　　星期二　　晴

上午9时,乘车到开封宾馆参加全国政协委员对开封及兰考的考察事宜,住宾馆三号楼107室。

10时许,郑州的委员到宾馆,大家见面互致问候。市委统战部长杨基柱,市政协主席张雨生,市委副书记刘某均到宾馆表示欢迎。

下午,市政府副市长张应祥作关于开封经济建设以及改革开放、搞活等方面,作了较为系统的汇报。

晚饭后,回家。

范泉同志的研究生(青海大学)严建民回校,路过开封来访。

3月2日　　星期三　　晴

早7点,来宾馆。上午,全体委员去化肥厂视察。初由厂长刘武杨汇报该厂大致情况,与1987年生产情况。结束后,分两摊举行座谈。我参加的一组所谈主要问题即,一、电力供应不足,并在价格上不合理。二、能源、原材料涨价,但生产的化肥不准涨价,希望能解决这些问题。

下午,参观。第一个是私人办的小厂。第二个是集体小厂,即张凤礼办的太阳能电池厂。张系河大中文系毕业,因犯错误后从事工人工作,初在一个街道集体厂负责工作,经过几十年的努力,到今天已闻名全国,产品将打入国际市场。

3月3日　　星期四　　晴

上午,参观一个集体食品厂与服装厂,午饭后,乘别人车回来。

午睡后,看几日来的报纸。

3月4日　　星期五　　多云转晴

上午乘车参观改造后的南北书店街,宋城一条街和未完工的樊楼,最后到龙亭,遂后返回宾馆。

下午,参观日用化工厂与电冰箱厂。

晚,平一来屋谈关于省民盟卢治国的政治作风及目前所存在的种种问题。平一走后即休息。

3月5日　　星期六　　晴

早饭后,8时乘车去兰考,下榻招待所,室内没火,冷甚。

参观焦裕禄生平事迹展览馆,继而又拜谒焦的坟墓。兰考人深深怀念这位书记,他为该县人民的翻身,献出了自己的生命。

另外,焦裕禄生前亲手植的桐树,20几年已成乔木,高数丈,树身两人合抱还不能抱着,旁边立一碑,书曰:"焦桐。"《三百篇》中有召伯《甘棠》之咏,这也可说是另一种甘棠遗爱,德泽及于人民者,人民是决不会忘记他的。

下午2时半,听县委书记汇报该县经济发展与政治机构改革,直至5时许才结束,结束后即返开封。晚饭后,返家,明天不拟去兰考了。

3月6日　　星期日　　晴

看《今古奇观》中《卖油郎独占花魁》。这篇平话小说,写得确实好。尤其中间写秦重决意要阅花魁时,从妓院与老鸨交谈后回来时路上思想上的变化,描写的极其细致曲折,西方小说对主人公内心的描写也不过如此,所以这篇小说,的确是杰作。

3月7日　　星期一　　晴

上午,誊改《鲁迅与周作人》一文。

李平一同志上午来家看望,坐约半小时即辞去。

3月8日　　星期二　　晴

晨,起来后写日记。吃过早餐,宾馆车来,即乘车到宾馆。上午,主持小组座谈会,谈这次视察的感受与个人意见,最后推出几位中心发言人。

下午,小组与开封市各部门领导,还有兰考县委、县政府领导座谈。先有委员发言,最后由市长崔爱忠谈,市委副书记谈,至6时散。

晚7时半回来,这次视察告一段落,在宾馆住的委员,明日即返郑。

3月9日　　星期三　　晴

人事处干部张文亮同志拿他发表的一篇散文,拟应学校出版的散文选,让我作评语予以推荐,我看后觉得还可以,因写了几句较好的评语,下午交给了他。

看最近一期《文艺报》中的有关论文。

3月10日　　星期四　　晴

沈卫威来,说他拟去南京大学报考叶子铭的研究生,让我给他写封推荐信。下午写出,晚饭后他来拿去。

3月11日　　星期五　　晴　　气温升高

上午,誊写文稿。下午到光儿家开《近代散文选》的编辑会,爱和、广西、黄志琴都参加了,慈健因下午检查毕业生情况缺席。

收到邮件多封,有的须要答复。

3月12日　　星期六　　风天色灰蒙蒙的

上午,把修改的关于去年在郑州给民俗学定稿会上的讲演稿寄走。

3月13日　　星期日　　阴

下午,与张浩还有小高乘社科院的汽车赴郑州,4时到。晚住农学院招待所,在秋子家用晚餐。

3月14日　　星期一　　昨夜五更时小雨天明小雨未住

8时许,因雨,社科院用车来接。8时半参加评审会。由胡思庸院长谈评审态度与标准等问题。后分组,分到文学组,计有我、孙广举、龚依群同奕星。评审对象为胡世厚、耿恭让、黄培旭、吴建章。讨论后,无记名投票。前三位均以全票通过,后一位被否定,因他没有科研论著故。

午餐,由社科院在招待所宴请。

下午,睡了一觉,醒来已4点半,看被评审的四人的材料。

3月15日　　星期二　　阴

早饭后,社科院张同志陪我同秋子乘车去逛黄河游览区。约40分到达,车顺公路上至邙山山半腰,到黄河母亲怀抱一小儿雕像附近停车。我们即拾级往山顶爬,中间虽都有台阶可循,但比较险峻,由他们扶持,终于到山顶一个亭子里坐下。可远望黄河大桥,往来火车几分钟一趟。由于天阴,山顶风大,觉寒气逼人,没呆多久,即循路下山。车开到黄河滩上,我们在沙滩上往看滔滔黄河向东流去。10点半即返回郑,到招待所已11点半了。

下午,参加大会。先讨论五位申报正研的同志,讨论比较仔细,至5点半休会,明日投票。

3月16日　　星期三　　晴　气候较冷

上午,对五位申报正研的又讨论了一大会,最后投票结束,选票不等,均已过半数而当选。我所认识的文联副主席耿恭让,同社联副主席胡世厚都晋升为正研。至于副研共三十五六人,选举结果,有六人落选,其余均通过。

晚去秋子家,小梅恰巧也去了,谈了一个多钟头。

此次参加评选,社联除招待食宿外,并付报酬百元。

3月17日　　星期四　　晴

早饭后,乘车返汴。历史所王天兴与麟同行,途中与王同志谈了很多,10时左右抵家。

3月18日　　星期五　　多云气温仍未回升

上午,黄志琴同志来,抄写我的论著的出版地方与日期。

市民盟拟请开封的书法家牛光甫等吃午饭,约我作陪。我因精神不好,只好谢绝。

下午阅读书报。

3月19日　　星期六　　阴

上午查改《鲁迅与周作人》一文,到下午点改毕,装入信封并与《中州学刊》编辑负责人写了封信,拟明日发出。

与胡世厚一函,亦拟明日发出。

3月20日　　星期日　　阴天有小雨

上午,把文章寄给《中州学刊》,并与胡世厚同志一函,贺其正研究员通过,并请其告诉《中州学刊》主编,如文不采用,可早日将稿子退回。

看《红楼梦》,拟写篇《明末清初才子佳人小说与〈红楼梦〉》,但材料还不够,一时还难动笔。

看《太炎政论集》。

3月21日　　星期一　　小雨竟日未住

上午,王基同志来。谈为建设开封,市委已同意开封较有声望的老先生联名上书中央,申请一笔款子事。让我见这里几位老人时,代他说一说。

慈健来,谈复上海范泉同志函事。第九号《信息》中将我对编选大系散文的看法及标准登出,慈健的尚未收到,我让他带去看看,并转交光儿。

接南开大学中文系函。

3月22日　　星期二　　阴　气温仍低

上午,写了三封信:一、南开大学中文系《小说研究者辞典编辑组》,二、省政协秘书处,三、蕤儿。

晚饭时,驻马店师专来人,为该校教师杨崇华的论文评审事。杨的文章题目为《唐代传奇漫论》,有见地,但不够精审。

3月23日　　星期三　　阴

晨起,把杨崇华论文《唐代传奇漫论》的评语拟就。

晚饭后驻马店师专的工作同志来访,送来评审表格并评审费30元。

3月24日　　星期四　　多云

晨5时起床,校阅清样,文章较长,至7时许校毕。

上午9时许,驻马店师专刘建平同志来,将校样带走。

10时,增杰同志及张宝明、王丹莉二生来,主要听听他们论文写作的进度及内容。宝明先谈他写的是《陈独秀的前期思想》,接着是王丹莉,她写的是20年代乡土文学方面的,题目《感伤的故乡风》。

下午2时,乘车参加人大常委会,5时许结束。

3月26日　　星期六　　晴

上午,去市人大参加常委会。

下午,选举各组负责召集人,汇报各组讨论情况,5时许结束。

小黄送来不少邮件。

3月27日　　星期日　　晴

看《通鉴纪事本末》中武、韦之祸部分。

晚饭前整理刊物。

3月28日　　星期一　　晴

下午,参加校务委员会第一次会议,通过该会条件,我被推为副主任。

3月29日　　星期二　　晴

上午,袁凯声自郑州来,谈一个多小时辞去。

下午,看《通鉴纪事本末》武、韦之祸事。在封建时代遇着武则天这样的嗜杀女主,朝中士大夫真是人人危惧,专制之酷毒真可谓登峰造极。

3月30日　　星期三　　晴

根据《王国维遗书》校阅去年选的王国维文选,又重读静庵文集中重要的篇目。

3月31日　　星期四　　晴

上午,人大来车接,到市里听报告。去的途中,车又拐弯去接上届人大副主任白安平同志、现任副主任张文华同志,他们在一个门内住。所谓传达报告,不过是把报纸上已披露的讲话重新照读一遍,计有赵紫阳、杨析综同程维高三人的,念毕散会。

下午,看已选出的晚清散文选,过去曾选王国维、章太炎、谭嗣同、刘师培四家,拟再看一下,并将四人的《传》压缩一下,过去写的太长,这次只须百余字即可。

4月1日　　星期五　　晴

上街购物。

4月2日　　星期六　　晴

王丹莉送来毕业论文《感伤的故乡风》初稿。下午,看王的论文,尽三分之一。

4月3日　　星期日　　晴

阅《通鉴纪事本末》中记述北齐显宗无道,任意杀人,极尽残暴之能事,但政权并未动摇,且其人以寿终。使读者不能不想到老子的话:"圣人不死,大盗不止!"《庄子》中所说的:"能不为大盗守者乎?"的确是至理名言。

4月4日　　星期一　　晴

将王丹莉的论文看毕。对20年代乡土文学风格上总的倾向——感伤的情调,从当时主体与客体上进行细致的分析,还是很有见地的。

下午张宝明送来他的毕业论文,题目为《陈独秀的文化选择》。

4月5日　　星期二　　阴小雨

上午,去市里参加统战部召开的座谈会,至12时许始散。内容为关于民主党派的换届问题。散会后,下午民盟市委会有会,李运乾因让与会的葛洪、武柏林等同志到又一新午餐,饭后在杨绍文同志室内午休。1时许开会,5时许散会。

4月6日　　星期三　　晴

上午,写了篇《刘师培小传》。

小黄送来不少邮件,中有学生屈正平函(内蒙古师大家属楼2单元6号),有李平一函。

4月7日　　星期四　　多云

看张宝明论文,对陈独秀的思想论述不是从中国近代历史发展的阶段、环境中来分析。他是思想发展过程比较单纯的人,应从中西文化的矛盾撞击中,说明他的选择。

4月9日　　星期六　　晴

社达(李海清)偕其妹夫杨崇华(驻马店师专教师)来,送一个玉制笔筒,作为评阅其论文的谢礼。

接蕤儿自京来函。

4月10日　　星期日　　晴

上午,麟儿与明凰送来白糖十八斤,付洋二十元。

4月11日　　星期一　　晴

上午,到盟市委参加常委会,主要讨论下届委员的人选问题,11时散。

下午,姚瀛艇同志来,欲借嵇文甫先生的《左派王学》,没有找到,后来翻《嵇文甫文集》上卷,发现里边收有此书,因借去。

4月12日　　星期二　　大风　晴

为孟津县政协所编《王铎事迹研究》一书,写了篇小序。

4月13日　　星期三　　晴

看《近代散文选》。

沈卫威来,谈他的博士生考试的情况,说他感到卷子答得不理想,没有把握。

4月14日　　星期四　　晴

看几位研究生的作品,姚伟、李频两人较好,姚的题目为《清代的汉学与宋学》,李的为《姚鼐的〈古文辞类纂〉》,至金勇的《艰难的蜕变》竟出现常识性的错误,把冰心与朱自清当作创造社的社员,太不像话了。于淑敏的《谈周作人的文艺观》,还没看毕,这两位女同学须特别努力才行,否则将如何写毕业论文。

4月15日　　星期五　　晴
下午,几位研究生来谈他们的论文选题问题。

4月16日　　星期六　　晴
上午,沈卫威来,赵明同志来,张宝明来。

4月17日　　星期日　　晴
上下午,没出门,在家看书。

4月18日　　星期一　　晴
下午,市人大同志来,嘱其明日8时许来车,接我去大众影剧院参加人大会议开幕式。

4月19日　　星期二　　晴
早饭后,人大来车,先到宋都宾馆拿到文件,即又去大众影院参加人大会议开幕式。市政府领导宣读了三个文件,已近12点才散会。到宋都宾馆用午餐,住109室,与孟宪德同屋。
下午,参加顺河区代表团第七组讨论,同组熟人有杨辉校长。组内十多人,有些人高谈阔论,组长对当前政治上许多问题表示不满。
晚饭后乘车回家,蕤儿同秋子来,蕤到郑出差顺便来家看看。
爱和、慈健同凯声来谈,并送来一束邮件。

4月20日　　星期三　　晴　大风
今日请假,未去参加大会。
上午与赵明、王文金、刘增杰三同志谈论王丹莉和张宝明两人的论文。

4月21日　　星期四　　晴

晨7时,去宋都宾馆参加会。

上午,主席团会。下午,参加全体会,在大众影剧院。

晚,李校长转来省政协让填写的履历表,并告知25号赴郑检查身体。

4月22日　　星期五

上午,正在填写省委组织部交来的个人履历表,盟市委小姚同志来,叫我去汴京饭店参加民主党派与开封市记者的对话会,我告以事情忙不能去。后来,武柏林、葛洪两同志来,非让去不可,不得已只好去了。在对话会上,对开封市民盟情况作了简单介绍。

下午,填写履历表两份。

4月23日　　星期六　　晴

上午9时许,去宋都宾馆。10时,又去大众影院参加市人大会议闭幕式。

下午1时,去25中参加全体合影。

接重庆师大王泉根同志赠给所著《现在儿童文学的先驱》一书。书中在《后记》中还提到我曾对他的帮助。

4月24日　　星期日　　晴

何德功来,谈他拟写的毕业论文内容。他已考取北京社科院的博士研究生,系代培。他的论文题目大致是《谈周作人与武者小路实笃在人道主义文学思想上的继承与发展的关系》。

4月25日　　星期一　　晴

7时许,学校来车,车中人已坐满,小高本拟同我一块返郑,但已坐不上车。车中除李校长外,还有两位青年同志,我坐在前面。车很快,8点半到河医,进行体检。11时许,即检查毕。这次体检很详细,什么都检查到了。一般都没发现问题,惟心电图作了两次,可能有点问题。

我同李校长本拟体检后即返汴,但政协通知明日要开主席会议,于是把我们安排在中州宾馆一号楼二楼33号住下。

下午,李校长出去办事。我一个人在室内,也没带书,深觉无聊。让服务员找两份旧报,翻阅消磨时间。

4月26日　星期二　晨雨　下午晴

上午,到省政协参加主席会议,为下月4号常委会作准备。

下午,2时许返汴,3时半抵家。

4月27日　星期三　晴

看《王国维遗书》,标点《商颂上》。

下午,阅所订报纸《文艺报》中的论文。

4月28日　星期四　晴

看《王国维遗书》中的《观堂集林》。

收到几种刊物。

4月29日　星期五　晴

上午9时,盟市委李运乾、杨绍文与学校葛洪三位同志来。运乾谈省民盟代表会开会情况与选举结果。这次因年龄大下来的主委、副主委共六位,我自然也是其中之一。没下来的范濂选为主委,其次为董民生。段宗三被选掉,凡下来的均列名为顾问。

至盟市委改选,凡年老的大半也将下来,对主委继任人选,大家同意教育系名誉系主任。运乾也将下来,拟推教育学院的一位同志,11时许散。

下午标点王国维的《肃霜涤场说》。

4月30日　　星期六　　晴

上午,何德功来,送来他代买的李泽厚的《中国近代思想史论》。看其中的《十九世纪中国改良派变法维新思想研究》,里边对改良派的先驱者从龚、魏,经郑观应到康、梁,其间在政治经济思想上继承与发展的轨迹,讲的比较详尽。

5月1日　　星期日

吴君恒同志来,谈至11时辞去。

看李泽厚的《近代中国思想史》论晚清改良派思想的发展。

晚,李润田校长来谈,他将去西安,后天政协常委会如届时不能到,托代为请假。

5月2日　　星期一　　晴

看李泽厚《近代中国思想史》,整理并翻阅近代思想家的论文。

5月3日　　星期二　　晴

下午两点半,睡起来后,学校车来,即乘车赴郑。不到1个半小时即到中州宾馆,住2楼106室。

晚饭后,平一同志来,谈至9时半。

平一乐与我谈学问,他热爱红学,有不少独到见解。

5月4日　　星期三　　晴

上午参加政协会议开幕式,由阎主席传达全国政协会议的精神,并提出今后河南政协工作的打算与安排。

下午小组会。

5月5日　　星期四　　晴

上午小组会,下午继续。

5月6日　　　星期五　　　阴,晨小雨

上午 8 时 10 分,乘车去齐礼阁向人大常委会主任张树德同志遗体告别,同车的有李校长等副主席。

下午参加小组会,讨论要准备通过的几个文件,4 点半即休会。

晚饭后,与平一同志乘车去政协大院看静之,谈了半个小时即辞去。

5月7日　　　星期六　　　晴

上午举行主席会议,由阎主席主持,听取秘书处同志汇报各组对三个文件讨论所提意见,并对文件修改的说明,大家对修改后文字又作了些修正,至 10 时许散会。

午休后,王德义同志来说,碰到学校另一辆小车,可乘这辆车回汴,我坐在驾驶台边,后边坐三位同志,一路顺利,7 时半抵家。

5月8日　　　星期日　　　阴有时有小雨

午前,中文系学生姚晓雷、李世涛两人来。姚比较喜欢思考问题,提出一些问题同我辩难,李则默默无言。临别时,姚借去《为人道主义辩护》和《朱光潜美学论文集》。李借去《八四年中国文学论文简编》和《鲁迅小说杂论》。

读最近来的《文艺报》,里边不少论当代文学思潮及作品的评论文章。

5月9日　　　星期一　　　晴

去书亭购得《郁达夫日记》同陆侃如的《古典文学论文集》,书价都涨了一倍。

看《文艺报》中有些评论当前创作的文章。

5月10日　　星期二　　阴

上午,到北道门新苑书店买书,我买到了一、《国语》,二、胡念贻《古典文学论文集》,三、康有为的《孟子微》及《礼运注》、《中庸注》。

周启祥同志来将我前些时写的《王铎事迹研究》序文拿去。

5月11日　　星期三　　晴

上午写文,客人来,于是放下。

启祥来,送来他打印的我给孟津县政协写的《王铎事迹研究》小册子写的序,并将他买到的台湾学者刘心皇所著《现代中国文学史话》一道送来。

5月12日　　星期四　　多云

上午,卢氏杜醒民同志来,拿一份复印抄写的□老19岁时从卢氏来开封途中的日记,里边有几个问题,同我商量,大致是文字上的,不是原来的写错,即是抄者的误笔。杜君一直谈关于□老的故事,拉杂不休,直到11点左右才辞去。

5月13日　　星期五　　晴

上午,整理我负责选的章太炎、王国维等人的散文,并将写出的《小传》个别予以誊写,我在手边的太炎著作《文集》二卷中找不到选的篇子,还须到图书馆去复印。

下午写《回忆录》。

爱和送来《近代文学史》后记。

给南京大学王气中同志函,已写就,拟让沈卫威去南京复试时捎走。

5月14日　　星期六　　晴

写《回忆录》。

下午,沈卫威来。叶子铭给我的来信,告诉我沈卫威考试成绩六人中列第三名,按扩招可以录取。

我给南大王气中同志买了两瓶小磨油,托沈卫威复试时带去。

5月15日　　星期日　　晴

将朱祖谋纂辑的《彊村丛书》大致翻了翻,宋、金、元的词作家,为后人所熟知而其作品为人所传诵者不过十数人。其作者没什么杰出作品,因为有集子留下来,朱即将他们收到《丛书》中,实际没多大艺术价值,古来作者像这类的事,实在不少。

5月16日　　星期一　　晴

写《回忆录》近三页。

接王介平、晨风函。

5月17日　　星期二　　晴

给民盟省委会马基铭函,介绍欧绍华去那里工作(湖南邵阳人,李光一的研究生)。

复王介平函,并将《渊源》及《子产评传》送给他。

5月18日　　星期三　　晴

写《回忆录》,尽两页。

5月19日　　星期四　　晴

陪鸿毅到郑州看病。

5月20日　　星期五　　阴小雨

秋子陪鸿毅去人民医院看病。

笑薇、恭夫都去上班,家中只剩我一人,于是看十大悲剧中的《娇红记》,另外阅读《聊斋》以消磨时光。

5月21日　　星期六　　雨
上街购物及理发。

5月22日　　星期日　　晴
看电视剧《女驸马》。

5月23日　　星期一　　晴
上午,到书店买了二本书:一、《宗教词典》,二、《日本俳句史》。
下午,4点半乘校车同鸿毅返汴,6点半抵家。

5月24日　　星期二　　晴
上午,赵明同志送来张宝明的论文,题为《历史的风》,副题为《论陈独秀的文化选择》上午看,下午看,尚未看毕,比初稿进步得多了。

下午,赵又送来王丹莉的论文。约定明日下午,在这里评说他们的论文。

省政协马红卫同志来,问这里外语系办的出国留学的补习班有无日语班,经电话询问,只有英语,没有日语,小马告辞而去。

5月25日　　星期三　　晴
全日看王丹莉、张宝明两位研究生的论文,并在下午4时,与赵明同志与王、张二同学谈对他们论文的修改意见。下午,张宝明来了,王没到。晚饭后,王来,又与赵明同志同他谈了谈意见。

接到《殷都学刊》88年第二期,内载有我的论文《试论龚自珍的散文》。

5月26日　　星期四　　晴
上午,沈卫威来,送来已复印好的章太炎的几篇散文。

接到一些无关系的人,询问一些琐屑问题的信,决定不予理睬。

5月27日　　星期五　　晴

上午,看沈卫威的论文,主要论抗日战争时期东北作家群的流亡文学,看了一小部分,觉得前边泛论的部分太多。

晚饭时,表侄女罗梅欣和她的爱人赵一民(明范)由张恒勃同志引来,晚饭后谈至9点多,因家里房子不宽绰,恒勃让他们住他家。

5月28日　　星期六　　晴

准备下周给培训班讲话的论题《尊孔、反孔与批判的继承》。

5月29日　　星期日　　多云

写讲话提纲。

5月30日　　星期一　　阴,下午小雨

上午,参加盟市委主、副委扩大会议,至11时许散。
看《唐诗选》觉得有唐一代的名家及名作均已收入。

5月31日　　星期二　　多云

晨起写文。
上午,把给短训班准备的讲演稿作点补充。
下午,系里来电话说:明天的演讲推迟到礼拜六上午。
看系里转来赵地副书记,对广东、海南、福建三省开放搞活情况的考察报告。

6月1日　　星期三　　晴

上午增杰、赵明两同志来,商量关于本届毕业生答辩事:一、时间定于本月25号以前。二、请外边的教授。决定请洛阳师专校长叶鹏同社科院栾星两同志。

6月2日　　星期四　　晴

把沈卫威论文看毕,并写出个人意见,继续看何德功的论文。

下午,冒着酷暑下的太阳,到大礼堂前照像。

接陈韶麟函。

6月3日　　星期五　　晴

审阅何德功论文。

上午,何德功来,谈谈对他的论文的意见。

下午,沈卫威来,谈他这次回家乡的见闻,同时我把对他的论文意见告诉了他,他说最近准备修改出来。

6月4日　　星期六　　晴

将何德功论文看毕。

下午,文联李君送来王基同志申请评审职称的论文两篇:一、《对高鹗后四十回〈红楼梦〉的评价问题》,二、《三国演义新的主题思想》。

黄志琴同志来,送来一些邮件及系里补助生活费20元。

接重庆西南师大王泉根函。

6月5日　　星期日　　阴

晨起,为王基的论文写评语。

下午仍为王基论文写评语。

晚,张永江同志陪他的同班李君仁同志来,李在开封师专任教,他把他与屈春山合写的一本《中国之最》一书相赠。

6月6日　　星期一　　晴

把王基同志论文两篇评语写出并誊清,上午把王基的论文送给治平,请他评阅。

郭延礼寄来他的近作《龚自珍年谱》。我将《河南大学学报》二期与《殷都学刊》一期上发表的我关于龚自珍的论文寄给他。

6月7日　　星期二　　晴

上午,市委统战部副部长刘保贵同志来,商谈市民盟换届的领导班子问题,主委继任人为王汉澜,盟市委李运乾也下来,由杨绍文代。

下午阅读刊物。

6月8日　　星期三　　阴晚雨

修改《解放前任教河大的转徙生活》。

6月9日　　星期四　　阴有时有小雨

下午,与系研究生合影,卫威来接,在大礼堂前东边小园摄影。摄毕,小何同宝明送我回家。

上午,在书斋举行民盟市主、副委会,讨论下届领导小组一事。与会的除我,尚有武柏林、葛洪、李运乾。四人讨论结果,下届主委、副主委共七人。主委王汉澜,副主委葛洪、王卫、刘武扬、杨绍文、谢正常,还有一位一高的女同志(忘掉了名字)会开至近12点始散。

6月10日　　星期五　　多云

下午,填写中国作协创联部所发的个人履历表,拟投邮。

6月11日　　星期六　　多云

上午,市文联来人,将王基同志论文评审意见拿去,并付评审费60元。

下午,看上海复旦叶易同志的《中国近代文艺思潮史》。

6月12日　　星期日　　晴

下午,看叶易《近代文艺思潮史》。

发信致作协。

6月13日　　星期一　　晴

上午,到市里参加盟市委常委会,讨论换届事及有关人选、程序问题,11点结束。

下午看报纸。

接上海中国书店函。

6月14日　　星期二　　晴　高温天气

看张宝明同学的论文,同时找出新文学运动史料,阅读陈独秀有关论文。

6月15日　　星期三　　多云

上午,参加市人大办公会议,定于22日举行常委会。届时我因参加毕业生答辩,决定请假。

6月16日　　星期四

看研究生论文。

把何德功《论周作人的人道主义思想与日本白桦派的关系》一文的评语写出。

6月17日　　星期五　　多云

下午,到学校参加由校统战部召开的老中青教师座谈会,至五时半结束。大家发言踊跃。最后由朱少侯同志谈大学教师到六十与五十五退休、离休问题。后来发言的,又谈及知识分子工资待遇与物价失控问题。

6月18日　　星期六　　晴

上午,到盟市委会参加六届委员会讨论换届有关事宜。

下午酷热,看研究生论文。

6月19日　　星期日　　晴
看《陈独秀文集》。
晚宋尔康来,送来公语教研室主任路德庆同志填写的学科带头人的表格。让我写推荐意见。

6月20日　　星期一　　多云
看张宝明论文。
下午,誊写对张宝明论文的评语。

6月21日　　星期二　　晴
看张宝明论文并写评语。
晚饭后,去学校招待所看从郑州请来的答辩委员栾星同志。赵明、增杰、文金诸同志均已到那里,四个研究生除何德功因去接客人过于疲劳没来。最后,文金宣布明天答辩的程序。至9时半散去。

6月22日　　星期三　　晴
上下午,进行研究生答辩。上午为何德功、张宝明,下午为王丹莉、沈卫威。四人论文均全部通过,并建议授予硕士学位。

6月23日　　星期四　　晴
上午,去学校,与增杰送从郑请来的栾星同志,并陪他去郑参加文学学会常委会。至10时许,到社科院。这次会议主要内容为,下半年学术活动及学会与学会下属各研究会的换届问题。至12时没结束。午饭后,继续开会,至4时许结束。晚乘车返汴,于7时半抵家。

6月24日　　星期五　　晴

上午,看了外边来的函件,有的是刊物,有的是信件。

已毕业的研究生何德功、沈卫威、王丹莉相继来,让我在他们拿的一迭表格上签字。

接张宜雷函。

6月25日　　星期六　　晴

下午,卫威来,送来从图书馆借的蒋湘南《七经楼文钞》及《固始县志》《碑传集补》等线装书。

6月26日　　星期日　　晴

开始写《五四文化革命与晚清文化革新》。

6月27日　　星期一　　多云

写论文。

张宝明来,为他的各项表格签字。

6月28日　　星期二　　多云转晴

写论文。

上午,王基同志来,谈他的职称评定问题。他走时送他下楼,忽然想起鸿毅早晨刚买了几个西瓜,于是请他吃过西瓜再走。瓜瓤还不错,吃毕送他走了。

6月29日　　星期三　　多云转晴

上午,写论文。

6月30日　　星期四　　晴　高温天气

今天,努力将《五四文学革命与晚清文化革新》一文写毕,还需要很好的修改,这是为明年纪念五四60周年而写的。

7月1日　　星期五　　晴　下午雷阵雨

上午,把需要办的事办了办。

下午3时半,乘车与李润田校长赴郑州,快到郑州时下了大雨。大会在中州宾馆召开,与李校长住二楼305号房间。

7月2日　　星期六　　晴

上午,在人大会堂举行大会,由赵地副书记、杨析综书记、程维高省长讲话。

下午,参加小组会(二十组)。

7月3日　　星期日　　阴　晚雨

上午,参加小组会。讨论昨天省委与省府三位领导的讲话,我也发了言。

下午,大会党组开会,其余放假。

7月4日　　星期一　　上午阴　下午转晴

上午,参加省委、省府表彰五二八勇士大会。杨析综作了关于治安问题的讲话。

下午,小组讨论治安问题。

7月5日　　星期二　　晴

上午大会,由程维高省长与杨析综书记讲我省工农业的发展情况与后半年的计划。

下午,小组讨论。

7月6日　　星期三　　晴

上午,小组讨论。

下午,大会由杨析综书记作大会总结。

晚八时许,乘校车返汴,10时许抵家。

7月7日　　星期四　　阴

上午,为中文系应届毕业生张静(女)同志写了封介绍信。她被分配的单位,领导因人情关系接受了别一个同学,因而对她拒不接收,结果只有再联系其它单位。

7月8日　　星期五　　晴

上下午,均在学校参加学位委员会会议,通过授予九十几名硕士研究生的硕士学位。

7月9日　　星期六　　晴

上午,小黄又送来许多邮件,其中部分需要答复。

7月10日　　星期日　　阴　有时有阵雨

在家看书,最近拟写一篇《〈醒世姻缘〉作者非蒲松龄》。

发信三封:一、驻马店师专学报编辑部。二、何权衡(对他送双宝素表示谢意)。三、王予民(教育时报)。

7月11日　　星期一　　晴

看固始蒋湘南《七经楼文钞》及《春晖阁诗抄》。

把蒋湘南嘉、道时期在开封的情况作了点叙述。

7月12日　　星期二　　多云　气温不太高

上午,看蒋湘南《春晖阁诗钞》。

子潇早孤,其母教养成人,故诗中提到他母亲的地方不少,其阁名"春晖"而用唐人诗:"慈母手中线,游子身上衣。临行密密缝,意恐迟迟归,谁云寸草心,报得三春晖!"的诗意。

子潇经学宗马、郑,诗歌宗三李,尤其受长吉影响较深,文章则主骈俪,故深为阮元所赞赏。因其论文观点相近,其思想上批程、朱,在文学上批明代的李、何,这些地方与晚明公安见解有相近之处。

晚,洛阳师专教师董延寿同志来,他系河大中文系毕业生,送来他与同班潘民中、王全乐三人合编的《历代咏史怀古诗歌选》一书,让写序文,并送稿酬50元。

7月13日　　星期三　　多云

上午,与葛洪同志去盟市委参加常委会。

看《历代咏史怀古诗歌选》。

7月14日　　星期四　　晴

上午,赵道山同志来。将其关于地方志中开封文学部分拿去。由于在这篇文章中,我把嘉、道时期的固始作家蒋湘南增补了进去,所以感到内容较为丰富一点。

7月15日　　星期五　　多云

写序文,内容稍嫌空疏,需再补充一下。

7月16日　　星期六　　阴

修改序文并誊写。

晚,同乡校外生阎晗来,让给县政协主席杜生堂、副主席张万宝二同志函,为她介绍工作。

7月17日　　星期日　　晴　酷热

《历代咏史怀古诗歌选·序》写竟。

接张春生函。

7月18日　　星期一　　晴

随意看一些书。

7月19日　　星期三　　晴

省社联20号开会,最初拟去参加,但因早晨去,晚上回,太紧张,因而决定请假。

7月20日　　星期三　　多云不雨

将光儿写的《戊戌时期散文选的编选意见》及所选部分作家作品的目录,寄给上海范泉。

7月21日　　星期四　　晴

因近几天天气酷热,看看报或看看小说,以度此酷暑。

7月22日　　星期五　　晴

拟写篇蒲松龄的道德观。蒲的道德观基本以儒家思想为主体,而杂以佛、老。宣扬孝的如《席方平》、《珊瑚》。宣扬悌的如《张诚》。反对男人薄倖、始乱终弃的如《窦氏》。

7月23日　　星期六　　晴

上午十时,去汴京饭店参加市民盟代表会筹备会。会后,去看马基铭同志。午餐由盟市委在北书店街新新饭庄(回民馆)招待马基铭同志,我参加作陪。

下午,休会。

7月24日　　星期日　　晴

上午,去汴京饭店参加盟市委代表会,市内领导参加了开幕式。我听了工作报告后,即回来。

下午,没参加小组讨论。

写信致华东师大陈子展,关于写回忆周作人的文章问题。

7月25日　　星期一　　晴

下午,参加盟市委代表会,选出第七届委员会,我被选为名誉主委。

7月26日　　星期二　　晴

上午去市政协大院,主持第七届市民盟委员会选举主委、副主委的会议。午餐在又一新,由盟市委请客,约有市统战部杨基柱部长及几位副部长参加。

7月27日　　星期三　　晴

上午驻马店师专老师杨崇华来,送来他们学校学报88年第一期,内有我的文章《庄学与魏晋以来几位杰出的诗人》。

7月28日　　星期四　　晴

修改论文《五四文化革命与晚清文化革新》。

当代的荒诞派戏剧如《潘金莲》之类,把中外古今属于性放荡的女人都搞在一起,其实在唐人传奇中,借名牛僧孺的《周秦行纪》就把不同时代的宫廷妇女会集一起,也够荒诞了。

7月29日　　星期五　　多云

把纪念五四的论文修改毕。

7月30日　　星期六　　阴

寻找过去写的两篇文章:一、论聊斋的,二、写解放前十年在河大的生活情况,不知放在哪里了,一直没找到。

7月31日　　星期日　　晴
　　上午,翻箱倒柜找两篇文章,一篇找到了,另一篇没有誊清的草稿不知放哪里了,竟杳如黄鹤。

8月1日　　星期一　　多云不雨
　　校改《中国近代文学史》中我写的部分的清样,因没原稿,许多引文需查原书。

8月2日　　星期二　　多云
　　费一日之力,把《近代文学史》中两章稿子校毕。最末一章里边,关于梁启超、鲁迅的前后次序需要改动。

8月3日　　星期三　　气温又升高了
　　与范泉函,写关于周振甫对散文选的意见,表示我的看法。(已发)

8月4日　　星期四　　晴
　　沈卫威来,送来寄到系里邮件,并将胡适的《哲学史大纲》及《胡适书信集》借去,校他的《胡适传》。

8月5日　　星期五　　多云
　　上午,重看所写的《蒲松龄的妇女观》一文,觉内容尚有可考,决计寄给《文学遗产》,能否被采用不得而知。
　　看《历史在这里沉思》,里边大半文章是披露文化大革命给中国人民带来的灾难。

8月6日　　星期六　　晴
　　赵明来,送来他新近出版的《鲁迅思想发展论略》,上边有我为这本书写的序文,我就忘了它,后来我才想起。

看夏家馓写的《清朝史话》,以比较通俗的语言写一代史事,能够保持历史的真实性。写得令读者乐于看下去,的确是不容易的。里边写的乾、嘉学派,我觉得写的是不坏的。

8月7日　　星期日　　晴

上午看《鲁迅通讯》。

8月8日　　星期一　　晴

上午,整理过去参加编选近代散文同志们编选的稿子,作者的《传》一般都写得太长,而选文也有不足之处。

关于我负责选的王国维、同刘师培的,还没有选好,最近得赶着选出来,同时我写的《作家小传》也失之于长,需加以压缩。

8月9日　　星期二　　多云

上午,选王国维的散文,就所藏之《王国维遗书》中散文部分,选出若干篇加以标点,拟把它复印一下。

下午沈卫威来,将文稿带走,找人誊抄。

8月10日　　星期三　　多云

下午,看一些杂书。

8月11日　　星期四　　多云

晨起,重写王国维的《小传》。

8月12日　　星期五　　阴　晚雨

写了篇《刘师培小传》,把过去写的压缩很多。关于选文,可惜他的集子已还,最近仍需借来。

8月13日　　星期六　　多云

淑惠与小满来,把学生誊写的文稿送来,并把新改好的一篇《解放前十年的飘泊生活》一文交给淑慧,仍让学生杨君抄写。

8月14日　　星期日　　多云

校阅学生所誊抄的文稿。

8月15日　　星期一　　阴

校阅文稿。

8月16日　　星期二　　晴

把《章太炎小传》重写一遍(约二百多字)。

8月17日　　星期三　　晴

下午,校改文稿。

洛阳师专董君来,将他同另外两位同学编选的《历代咏史怀古诗歌选》和我给该书写的序文带走。

8月18日　　星期四　　多云

把《十年飘泊记》一文校阅毕,并写了封信给省政协文史资料室编辑部负责人袁蓬同志,决定寄给他,由《文史资料》发表。

8月19日　　星期五　　雨

把《十年飘泊记》一文寄给河南省《文史资料》编辑部。

8月20日　　星期六

下午看郑观应散文。

8月21日　　星期日　　晴

写《中国近代文学大系·散文集·导言》大纲。

8月22日　　星期一　　晴

上街购物。

8月23日　　星期二　　晴

上午,校办来电话:省政协举行主席、副主席会议通知,要我和李校长同去参加,安排明晨7时出发。

8月24日　　星期三　　晴

上午7点半左右,我同李校长乘车赴郑,参加省政协主席会议。8点40分抵郑。

8月25日　　星期四　　多云

看1988年《文史资料》(李)静之回忆录《耄耋之年话生平》,里边谈到我与他的交谊。

8月26日　　星期五　　多云

上午,我在农学院秋子家中看书。

8月27日　　星期六　　晴

下午两点半,河大来车,我同鸿毅乘车一同返汴,4时20分到家。

8月28日　　星期日　　晴

上午,将《近代散文选·导言》大纲写竟。

沈卫威来,他拟最近去南京大学入学。晚,何德功来,拟明日去北京社科院入学。两人都考取了博士生,离校告别的。

8月29日　　星期一　　晴

写信致德敏表兄黄国德,谈他拟上河大函授的事,已发。

8月30日　　星期二　　晴

乘车赴郑,住农大招待所。

8月31日　　星期三　　晴

上午职称评审委员会开大会,胡思庸同志谈评审标准,强调要坚持标准。散会后,分小组审阅评定各单位推荐的受审者。文学组参加的除我而外,有栾星、孙广举、龚依群,被评者仅王基及一位姓赵的,赵申请为副研究员,根据他的资历与成果,同意其晋升为副研。

下午休息。

9月1日　　星期四　　阴　下午雨

上午,评了十九位。王基的职称,投了两次票,第一次投的是正研究员,四票同意、四票不同意,还有几个人弃权,未通过。第二次投的是副研究员,结果全票通过。会议结束已下午1时半。

下午,胡思庸与杨怀中到家中看我,鸿毅同他们谈了会儿,他们辞去。

9月2日　　星期五　　晴

上午9时,杨怀中同志去秋子家,车在楼下等我们,于是即乘车返汴。10时40分抵家。

9月3日　　星期六　　晴

上午,看《章太炎政论选集》。

9月4日　　星期日　　晴

上午,二年级姚君及同班某来,到楼上谈了两个小时。

9月5日　　星期一　　晴

下午,略事休息后,便与李校长乘校车赴郑,住中州宾馆二楼106房间。

9月6日　　星期二　　晴

上午,在一楼会议大厅开大会,由赵正夫同志传达赵紫阳总书记的报告,接着由阎济民主席讲他对赵总书记报告的切身体会,并结合省政协工作谈了今后的打算。

下午小组会。李润田校长发言,谈他的理解体会,反映很好。

9月7日　　星期三　　晴

上午,大会发言。大抵是一些省的领导与技术专家对振兴河南经济方面献计献策,并提出个人的设想与计划。

下午继续大会发言。

晚饭后,袁蓬同志陪杨廷宾同志来,主要谈他的父亲杨鹤汀先生之生平、交游与学问志趣等,9点辞去。

9月8日　　星期四　　晴

上午,以顾问身份参加了省民盟主、副主委会议,马基铭同志传达了参加盟中央委员会大会的精神,及中央统战部阎明复部长的讲话。

下午参加小组会。

9月9日　　星期五　　多云

上午,政协先开大会,接着又开小组会,讨论专门委员会的人选名单。下午小组会,5时许又开主席会。

9月10日　　星期六　　晴

上午,在室内校阅《十年飘泊记》。午间,袁蓬同志来,将文稿及杨鹤汀先生诗文材料一并交给他。

下午开大会,通过几项议案,最后由阎济民主席讲话,4时许结束。

晚7点20分,开车返汴,八点半抵家。

9月11日　　星期日　　晴

上午,省政协来车接我同李润田校长,说中央领导要接见。这个消息,我们从郑州回汴时已知道,决定回来就不再去了。告诉小赵(司机),说我有事不去了。

为南阳杨鹤汀先生遗著写《序》,要用毛笔写,准备影印。我平时不常用毛笔写字,这真难为了我,写了一部分,还没写毕。

9月12日　　星期一　　晴

上午,用毛笔把《写在杨鹤汀先生遗著的前面》一文誊改出,下午用挂号寄给省政协文史资料编辑室主任袁蓬同志。

这次省教委奖励优秀研究生导师颁奖会,我未能参加。昨天由系里同学送来荣誉证书一个,还有海燕牌收音机一个。

9月13日　　星期二　　阴小雨

爱和来说,接到兰州通知,"近代文学学会"下月将在敦煌召开,征询我的意见,看我去不去。鸿毅不主张去,但我却犹豫起来。大西北,没去过,这确实是一个难得的机会。同时,国内一些搞近代文学的学者将齐集在那里,也是聆听高论的地方,所以怕吃苦而失之交臂是非常可惜的。

9月14日　　星期三　　晴

下午2时,系里派人来接,参加88级新生入学欢迎会。由于增杰不在家。我以名誉系主任身份向新同学致欢迎词。

9月15日　　星期四　　晴

誊改文章《近代散文的特殊风貌》。

9月16日　　星期五　　晴

上午把《近代散文的特殊风貌》誊毕。

翻阅旧《日记》,查阅有关过去与人往来的事迹。

下午整理近代散文选。

黄志琴同志将复印的章太炎散文送来。

9月17日　　星期六　　晴

决定不去参加敦煌召开的近代文学学会。

9月18日　　星期日　　阴时有小雨

整理近代散文选,将复印的章太炎文选归在一起,拟最近把它贴在稿纸上。

接省政协袁蓬同志函,谈寄给他的关于给南阳杨老先生文集的题辞已收到,已转交杨廷宾君,由于我在写给他的信皮上写了袁主任,他还给我提意见,说年纪我是他的前辈,论我的职务是他的上司,不宜用"主任"称呼他。

接市政协函,约请24日下午参加海峡两岸的中秋联谊会。

9月19日　　星期一　　晴

下午找书。翻出郑孝胥的《海藏楼诗集》。郑为清室遗老,后任满洲国的伪总理,成为一个大汉奸。晚清遗老思想都极顽固反动,敌视辛亥后的民国。我乡有一个老童生,名叫张文绅(玉斋)。我念小学时,他已七八十岁了,胡须皆白,穿着清末的服装,并着一双大红鞋。有人挖苦他道:"白头翁穿红鞋,越老越俏。"他答以:"黑油桂搀黄连,不热不凉。"因"白头翁"系中药材名,所以便对以"黑油桂"。他自作宝塔诗曰:"咳!玉斋,好逮虱(当地读音 shāi)……虮子虼蚤不一脉,不爱民国(guāi)。"

大抵遗老都是不爱民国的。张文绅并未做过清朝的一官半职,就那样念念不忘清朝。至于那些在清朝为官作宦的遗老们,其追怀清室敌视民国更不必说了。

9 月 20 日　　星期二　　晴

下午,黄志琴同志来,送来一些邮件,并将她给我的论文作的索引校对了一下。

晚饭后,去看荣光同志,至 9 时许回来。

9 月 21 日　　星期三　　晴

重读标点过的王国维的散文,作了一点改正,拟交给黄志琴复印。

发信:一、致冯辉(她来函说已到中州大学任教)。二、章罗生(关于他的论著出版事)。

9 月 22 日　　星期四　　晴

晨起,为近代文学年会草写一篇祝贺的信,下午誊清,拟让爱和、慈健带去。

9 月 23 日　　星期五　　多云

上午 8 时半,去后边光儿家,9 时许爱和同慈健也来到,于是开始谈散文选的编选情况及存在的问题,至 10 时半散。我将与敦煌举行的近代文学年会大会的贺词,托慈健带去。

下午黄志琴同志来,送来复印的王国维文选,我又将标点过的王国维文选《遗书》第四册交给她。她把所作的我历年来发表的文章索引校正校正,她对工作还是比较认真细心的。

9月24日　　星期六　　晴

9点10分抵郑,到社科院四楼会议室。人还未到齐,同时开会须等刘增杰同志从北京回来,因为他是省文学学会秘书长。他乘的车11点左右才能到郑。

11点半,增杰到会。会议主要议题为文学学会换届的下届人选(理事、会长、副会长及秘书长)问题。在讨论中,我提出辞去会长职务,结果选我为名誉会长。还有一两位年岁已大,如龚不愿下来。我很奇怪,到了这种年龄还有什么可恋栈的,而不肯放弃。午饭后,又继续开至3时许散会,我同增杰乘学校车返汴。

9月25日　　星期日　　晴

今天,是中秋佳节,对这个节日人们都还非常重视,连日来个别学生同晚辈来家看望,并送来月饼同水果,如赵福生、陈治华、麟儿夫妇,还有安民同友梅。

9月26日　　星期一　　晴

写《忆知堂老人》尽四页。

下午看报,未提笔。

接省政协袁蓬函。

渑池姚景韶函,他根据《聊斋》写了本《狐仙的故事》约五万字,并将编者的话寄来,征询我的意见。

9月27日　　星期二　　晴

复姚景韶函。

晚看电视剧《曹雪芹梦断西山》,写曹雪芹晚年的遭遇坎坷,所写的《红楼梦》受到当时官僚们的诟病、攻击。以致索要他的稿子,并且抄了他的家。他的儿子也因天花而死,不久因他不胜伤悼也得病而死去。一代才人,如此下场,真令人叹息!

9月28日　　星期三　　晴

《忆知堂老人》写竟。

9月29日　　星期四　　晴

慈健来,将近代文学学会的请柬找到带走。

黄志琴送来几种邮件,她为我写的论文索引尚未订正。

9月30日　　星期五　　多云

看黄志琴同志为我过去的论文所作目录索引的说明,觉得有些地方措辞不当,因把它加以修改,又怕她认不清,便又誊写了一遍,对内容目录有错误的地方作了些修正。

看新买的抄本《红楼梦》。

10月1日　　星期六　　晴

下午,午睡醒来已3点,重新读影印的抄本《红楼梦》。

10月2日　　星期日　　多云

修改《忆知堂老人》。

看抄本《红楼梦》。

10月3日　　星期一　　晴

把《忆知堂老人》一文修改毕。

看抄本《红楼梦》。从前几回可以看出,作者想像力之丰富,特别是篇中的对联,以及红楼十二支曲,显示出作者文学根底的深厚及其横溢的才华。至写黛玉到贾府后,往宁、荣二府拜见她的长辈,又可以看到作者思路的细密及其考虑周详,可谓滴水不漏。雪芹真可谓中国文学史上第一等才人。

10月4日　　星期二

下午,赵明同志来,送来曲阜师大魏绍馨同志的近著《中国现代文学思潮史》一册。

10月5日　　星期三　　晴

晚饭后,李润田校长来。他从郑州刚回来,捎来两个省政协文件,并带个口信,说在本月中旬省政协部分委员去南阳地区视察,问我是否参加,务必在近两三日内给以答复。我以前本想去南阳看看,但近来经常感到疲倦,敦煌近代文学学会即没去参加,去南阳来回一个多礼拜,越发不必去了。所以决定让校统战部答复省政协,不参加了。

10月6日　　星期四　　晴

下午,看舒芜的《周作人概况》,在评论他时,往往与鲁迅作比较,特别在思想上经过比较,则对启明老人了解得就清楚了。

10月7日　　星期五　　晴

市民盟来电话,说李静之去世,要举行遗体交接仪式,因他遗嘱把遗体捐给河医大,答以不能参加。

静之久患肠癌,动手术后又扩散。初在家养病,后住医院。其去世只是早晚间事。他与我交游多年,一旦去世,不觉为之伤悼。将来追悼会,拟送一挽联,大意:

　　半世奋斗为团结
　　一生事业在前锋

不知恰当否?

这里毕业的研究生张宜雷,现任南开大学教师。他在河南《社会科学述评》1988年第4期中发表一篇评《中国新文学渊源》的文章,我读后觉见地中肯,评语适当,甚觉满意。

10月8日　　星期六　　晴

晚,电视播放了静之逝世的消息。他的遗嘱,不开追悼会,不作遗体告别,把遗体交给河医大研究。电视称他为爱国的民主人士。

10月9日　　星期日　　晴

上午,笑薇回郑。让她带去给(魏)廷玢(李静之夫人)的吊唁信及挽幛一幅。

10月10日　　星期一　　晴

发信致蕤儿,告诉她捎来的蜂王浆已收到。
晚看电视剧《王昭君》。

10月11日　　星期二　　多云夜风

上午,看报纸中一些社论。

10月12日　　星期三　　晴

上午,把《忆知堂老人》一文末尾修改部分,又誊清一下,拟复印后把它寄走。

10月13日　　星期四　　多云

晚,看安徽拍摄的电视剧《婴宁》,把原作改得一塌糊涂,婴宁竟然成了一个反封建礼教的神人。可笑之至。

10月14日　　星期五　　阴

下午,粘贴已复印出的王静安的散文,花了半日功夫。

10月15日　　星期六　　阴中雨

剪贴已复印好的王国维、章太炎等人的散文选。

接天津张宜雷同志的函。并附有他那篇评论我的《渊源》一书的文章。

10月16日　　星期日　　竟日小雨,至晚方住

看书报,什么地方也没有去。

10月17日　　星期一　　晴

上午,整理杂物。下午,与孟宪德同志乘车赴郑,参加省委召开的座谈会。下午4时20分即到。住中州宾馆三号楼二楼20号房间与老孟同屋。

10月18日　　星期二　　晴

上午,在会议室听杨析综书记传达十三届三中全会赵紫阳的报告精神,至11时结束。

下午举行座谈,我没发言,因发言者大抵为各民主党派的头头们,5时半结束。

晚乘校车返汴。

10月19日　　星期三　　阴有时有小雨

上午,粘贴章太炎散文。

下午,去参加市人大主任、副主任会议。

晚上慈健、老关等来。

10月20日　　星期四　　阴时有小雨

上下午,没出门,也没作啥工作,休息而已。

10月21日　　星期五　　阴沉沉

上下午,在家休息。

下午,三位研究生来谈他们去敦煌参加近代文学学会的情况,钱仲联、季镇淮均未去。

发信致张宜雷。

10月22日　　星期六　　阴,时有小雨

接外边不少邮件,有几个都是让填履历表的。

《阴山学刊》来函说,卢兴基将我的文章已转寄他们,拟本年第四期发出,并让我填一个表。

10月23日　　星期日　　阴

写信几封,一、北京春秋出版社。二、阴山学刊。三、陈晨风。

10月24日　　星期一　　晴

接上海范泉同志函,转述钱仲联的意见,即散文选应把他的老师唐文治先生的散文选入一部分。但不知这里有唐先生的文集否?

10月25日　　星期二　　晴

发信致范泉,关于《近代散文选》选唐文治先生散文事。

10月26日　　星期三　　晴

下午,陈梓北来,问我市里民盟传达盟中央会议精神,问我去不去,我说不去。问梓北如何疗治他的心脏病,他的经验即一切要有生活规律,同时不能连续作战,要我劳逸结合,这确实是值得注意的。

10月27日　　星期四　　多云

下午宋景昌同志来,谈盟市委刘武扬传达盟中央会议的精神的情况,捎来冯素陶同志赠给我的一本回忆录性质的著作《黎明前后》。

10月28日　　星期五　　晴

上午11时,与增杰乘车去汴京饭店。公语教研室主任路德庆同志主持召开写作研究会会议,请我与增杰同志去那里和与会的同志见见面。午餐在那里聚会,至下午1点半才散。

金勇送来誊写的文稿。

晚校阅《忆知堂老人》誊清过的稿子。

10月29日　　星期六　　晴

上午把《忆知堂老人》一文投邮,寄给华东师大中文系张子善同志。

校阅《五四新文化运动与晚明文化革新》一文。拟送给学报明年发表。

10月30日　　星期日　　晴

接上海范泉函,说上海一位参加敦煌近代文学学会的同志向他反映的情况,对北京文研所的同志深感不满。

10月31日　　星期一　　多云

把《五四新文化运动与晚明文化革新》一文送给学报王振铎同志。

下午,爱和来说,他最近回郑州,与凯声一同去上海查阅有关资料。

11月1日　　星期二　　阴下午大风

看《通鉴纪事本末》中侯景作乱部分。

11月2日　　星期三　　晴

下午,看《唐代小说选》。

晚,李惠彬同志来。他明年即在曲阜师大研究生期满,拟考北大严家炎的博士生,让我给严写封介绍信。

11月3日　　星期四　　晴

晨起,为李惠彬写介绍信,致北大严家炎同志。上午10时许,他来把信拿去。李,曲阜师大研究生,明年毕业,拟报考严的博士生,故让写信介绍。

11月4日　　星期五　　晴

看《史记》列传部分。史公毕竟是一代大史学家而兼文学家。他在传述人物时,通过故事及人物的生活细节,把人物的个性风貌都形象地刻画出来。一般史学家所写人物是平面的,是死的,而他所写人物是立体的、生动的、栩栩如生的。

11月5日　　星期六　　晴

看《史记》列传部分。

下午,将选出的王国维散文,或复印的,或手抄的,按次序排列了一下。

11月6日　　星期日　　晴

下午,阎季昌同志来。谈一两个小时。

11月7日　　星期一　　晴

上午,整理所选的章太炎散文,依照他的著作年表,参考他的年谱大致按发表的时间排列了一下。

下午,誊抄明日盟市委会大会的开幕词。

11月8日　　星期二　　晴

上午,去市民盟参加四省六市盟务工作交流会,让我致开幕词,开幕式结束后照像。

晚增杰夫妇来,把李惠彬的论文拿去,拟向严家炎同志推荐。

11月9日　　星期三　　晴,大风降温

下午,熊振黄来,捎来杨廷宾同志馈赠的南阳所出的云雾茶一小木盒。我曾经省政协袁蓬同志介绍,为廷宾的父亲杨鹤汀先生遗著写过一篇《序言》,这当系他的报酬。

11月10日　　星期四　　晴

上午8时10分,与李校长、马超然同志去市政协,参加省市政协委员视察工作大会,结束后我即回来,下午没去。

下午,看《文艺报》略知当前创作界的一些情况。

11月11日　　星期五　　晴

上午,随第二组进行视察的政协委员到市商业局听取汇报。

商业局副局长赵瑞兰说,她是河大中文系第一届工农兵学员,是我的学生。二组中有位王华农同志,系张安同志的妻兄,他说他前些日子去西安住张安家,他招待他如何热情周到,他临回来时,张安嘱咐他一定要看看我。

听取汇报至12时始散。

下午,休息看报纸,《参考消息》转载外国报纸,说中国又出现了学生厌学的风气,令人可叹。

11月12日　　星期六　　晴

上午与马超然一块乘车去市物价局,听取该局张局长对开封物价检查情况的汇报,汇报会开至12点始散。

下午在家看书。

11月13日　　星期日　　晴

张四如同志找我说,省教委让学校申报科研成果较好的老师,校科研处报了我,让写个个人简历与科研成果项目。

11月14日　　星期一　　晴

写信给范泉,对陈则光认为我不同意将曾国藩散文选入,并提出86年在广州会议上,我对曾的发言。其实他对我当时发言的主旨完全是一种误解,信尚未发。

11月15日　　星期二　　晴

早晨写论文(关于孔学在中国近代的发展)。

从上午到吃晚饭前,看光儿送来他所标点的晚清作家中部分骈俪文,让我看一下有无错误,里边有樊增祥、皮锡瑞等人的作品,从复审中发现了一些标点错误的,我都在上边打了问号,并在下边作了改正。

11月16日　　星期三　　晴

晨起写论文。

上午,到邮局发邮件:

一、与郑方泽,寄书两册《渊源》同《子产》。

二、与范泉函,关于曾国藩散文选问题。

下午,阅读书报。

接西安内侄女马静娴信。

11月17日　　星期四　　多云

上午,去邮电局视察,我向该局局长提出,在学校传达室旁边设一邮箱,便于投递平信问题。11点多钟返家。

赵明同志偕郑大一位同志来,他们在举行现代文学研究会,午餐邀我去陪客。

下午,写申报著作表。

11月18日　　星期五　　晴

上午,去西大街轻工业局所属的一个公司视察。

11月19日　　星期六　　晴

上午,去开封制药厂视察。

下午,看光儿标点王先谦的散文,仍有需纠正的地方。

11月20日　　星期日　　晴

上午校阅光儿所标点的缪荃荪的散文,里边大部是骈俪之作。

11月21日　　星期一　　晴

接李何林同志的讣告。他最近因患癌症去世,年85岁。何林同志是鲁迅研究的专家,还记得前几年在杭州开会,一次与他还有王瑶同志到外边购物,中间走散。他同王瑶分头找我的情况。数年来未通音讯,不意竟遽尔作古,伤哉!

11月22日　　星期二　　晴

早饭后,乘李校长车去市政协,听取政协各视察组组长的汇报会,从9时起直到12点。最后由市委副书记刘福兴同志致词。

11月23日　　星期三　　晴

给李何林治丧办事处函。

看光儿标点的缪荃荪的散文。里边有篇《方东树仪卫堂集跋》,其对方的批判与我的意见极其契合。文中云:

其所撰《汉学商兑》一书,几于极口痛诋,以自张其保卫宋学之功。是集大旨亦不外是。不知汉学间有穿凿,非读破万卷书不能下只字;宋学则明心见性,出自禅宗,迂论妄谈,祸人家国。

史册所载,百喙奚辞。

下边指出,方在论戴东源、惠定宇二位汉学大师时,与明代焦、杨并论,在评钱辛楣论南宋之亡归罪于当国者妄信理学迂阔之论,而对之加以批驳。文中谓以此责钱氏,"可谓不善择言者"。后边论到方的文章"语语恶詈,几同市井",即宋学家亦属下乘。末尾引其师张南皮的评语"植之本属汉学,后自揣不能胜诸家,故反用之以猎取名誉,为温饱计。""亶其然乎!"(《艺风堂文集》)

11月24日　　星期四　　晴

晨起,写关于教育问题的文章,未竟。

看光儿标点的文选到黄遵宪的《日本国志》中学术部分,黄认为西方学术都渊源于墨子,并在小注中引墨子《经说》中的话,说明墨子当时已致力于科学,有不少地方为西方数学、力学、化学之祖,这种说法不能不说是附会。

11月25日　　星期五　　晴

看光儿所标点的马建忠、冯桂芬、黄遵宪等人的散文。

11月26日　　星期六　　晴

上午随便翻翻渊明的诗。

11月27日　　星期日　　晴

接《大系简报》28号,我给范泉的信,他遵照我信中所说,关于编选曾国藩散文问题,借答陈则光同志一段已摘录刊出。

11月28日　　星期一　　晴

下午,标点没有写成的一篇《论孔学》的文章,拟明晨继续写。

11月29日　　星期二　　晴

早饭后,接爱和电话,说(王)广西已来,让我上午到任光那里开会。

9时许,我到(学校)后边,路上碰见慈健,他说午餐拟请广西和大家聚聚,停一会儿他再过去。到光儿家,广西,凯声已在那里,接着爱和也到了。于是开始谈(《中国近代文学大系·散文集》)各集编选的大致情况。后来慈健也来了。总之基本已完成,下边是全书的《序言》问题,决定每集编选者把自己的编选情况作一简要的书面评述,然后汇总来写。

11月30日　　星期二　　晴

上午,阅读《板桥杂记》。里边记述不少晚清文人爱情方面的轶闻轶事。当时的士大夫以眷恋秦淮名妓,和最终娶为姬妾为风流韵事。

12月1日　　星期四　　晴

《试论孔学评议的今昔观》写就。

12月2日　　星期五　　晴

上午,与鸿毅一起上街购物。

12月3日　　星期六　　晴

上午,学校韩书记陪省政协秘书长赵同志,来家探望我。

12月4日　　星期日　　晴

看《西湖二集》及《死水微澜》。郭沫若说李劼人的写法有点旧,的确如此。即如写蔡大嫂非常注意她的小脚,一再描写她在这方面的用心,同时写她与丈夫的表哥偷情,也大受中国古典小说《水浒》、

《金瓶梅》的影响。

12月5日　　星期一　　晴

下午,接增杰电话……说明天有十几位中青年同志来我校,讨论他主编的《解放区文学史》。明日9时许,请参加一下,在讨论中也发表些看法。

该书出版后,增杰曾送我一册,但始终未能浏览。现让我发表意见,不能不看看。晚饭后找出来,看至9时许。

由于阅读增杰的著作,使我联想到中国的近代文学同现代文学在发展中,百年来其主导思想实为民族意识与民主意识。二者贯穿始终,其目的为争取民族的解放与人民群众的解放。从晚清的维新派、民主革命派,直到中国共产党,其奋斗目的基本是一致的。而中国近、现代文学一方面反映中华民族这种不屈不挠的战斗精神,一方面服务于这一伟大的历史使命,直至1949年获得胜利。但几千年来的封建意识,并未随着封建阶级的灭亡而消失,所以在意识形态上反封建的任务,还要经历一个相当长的时期。

12月6日　　星期二　　晴

上午,参加刘增杰同志的《中国解放区文学史》讨论会,作了《百年来中国文学思想的主流——民族意识与民主意识》的发言。

12月7日　　星期三　　晴

上午,省出版社古籍部两位主任编辑张长发与贾传唐来,至12时辞去。

12月8日　　星期四　　晴

晨起,写信三封。一、给小厚。二、复河北省文联一位南召同乡(北大中文系毕业)曹广志同志,并寄给他两本书:一、《新文学渊源》,二、《子产评传》。晚饭前,黄志琴同志来,让她把信带走投邮。

接省文学学会通知有关11号开会事宜。《文学遗产》编辑部通知,因经济困难,以后不再赠送,让从速预定。

12月9日　　星期五　　晴

下午,看光儿标点的晚清散文。

12月10日　　星期六　　晴

上午,草拟《近代散文选·导言》大纲,打算从郑州开会回来后,即着手写。

随便看看如《清朝史话》之类的书籍。

12月11日　　星期日　　晴

上午8时,与增杰等10人乘车赴郑,参加文学学会会议,10时抵郑。我同增杰被安排到省社联招待所二楼三号房间。

下午2时半,举行常务理事会,讨论大会的日程安排,并将明日上午大会程序也作了安排。

12月12日　　星期一　　晴

上午8时,举行理事会。10点左右,开代表大会,由龚院长主持会议,我作四年来学会的工作报告。接着,由来宾社联副主席胡世厚致辞。而后,由刘秘书长对这次会议日程安排以及主要内容作了说明。结束后,开始学术报告,由孙广举同志对当代文学有关问题发表他的看法,12时结束。

下午,没参加会,随便在室内看看书。

12月13日　　星期二　　晴

上午在室内看书。

下午3时许,省政协派车来接,到政协报到后,被安排到中州宾馆二号楼309室。

晚 7 点多,李润田校长来。

12 月 14 日　　星期三　　晴
上午,在政协礼堂举行开幕式,全协副秘书长张同志讲话。
下午,有四位同志大会发言。

12 月 15 日　　星期四　　晴
上午,列席省人大常委会。
下午,小组讨论。我请了假。

12 月 16 日　　星期五　　晴
上午,大会发言。
下午,参加主席会议。
晚,袁蓬同志说 19 日上午,关于召开文史资料工作委员会的有关事宜。
发信致齐鲁出版社,关于预定书的问题。

12 月 17 日　　星期六　　晴
因牙病,向大会请假。

12 月 18 日　　星期日　　晴
在秋子家休息。

12 月 19 日　　星期一　　晴
上午,给省政协秘书处打电话,要他们通知河大统战部派车来接。
下午,我和麟儿乘校车返汴,于 4 时许启程,至 6 时抵家。

12月20日　　星期二　　多云
《中国新文学渊源》一书获河南省教委首次社科二等奖。

12月21日　　星期三　　多云今日冬至
看《史记》赵高、李斯等人的传记,两人结局都夷三族,这种小人最初结合起来,倾陷善类,到后来为争权夺利,又互相水火。最后国家亡了,他们也同归于尽。

12月22日　　星期四　　阴连日小雨
张春生寄来贺年片一张。

12月23日　　星期五　　阴
晨起,着手为《中国近代文学大系·散文集》写《导言》。

12月24日　　星期六　　阴。下雪天气
晚,宴请张宜雷同志。

12月25日　　星期日　　多云
晚饭后许同志来,索要文稿,遂将过去所写的《说黄老》一文给了他。

12月26日　　星期一　　阴北风
下午淑惠来,要《国朝文汇》的目录,没有找到,她拿走了一本《现代文学讲演集》。

12月27日　　星期二　　晴
晚饭前,赵明同志来访,说他去广州参加鲁迅学会的情况。

12月28日　星期三　阴

收到齐鲁出版社寄来《〈文心雕龙〉研究论文集》上下册。收有我的《试论〈文心雕龙〉对齐梁以前文论的批判与继承》一文。晚于枕上作诗一首：

> 新年将届春来归，
> 贺年华笺雪片飞。
> 认名全系旧桃李，
> 师生深情暖心扉。

12月29日　星期四　阴

上午8时许，增杰、文金、福生三同志来，共同商讨明年招收现代文学专业研究生出题事宜，至10时许结束。

继续写导言。

12月30日　星期五　阴

下午看郑观应等人的论著。

12月31日　星期六　多云

誊写《感旧录·张遽青先生》。

1989年

1月1日　星期日　多云

上午，黄平权来坐，谈了个把钟头。

接陈韶麟贺年片一张。

中文系学生姚景韶之孙姚晓雷来，并送贺年片一张。

1月2日　　星期一　　多云

誊写《感旧录》之一《亡友张长弓》,加上过去写的《张邃青先生》,寄给郑州《教育时报》副刊《烛光栏》。

1月3日　　星期二　　多云

上午,看报纸及颜之推《家训》。

1月4日　　星期三　　阴晚雨夹雪

上午阅读书报。

下午睡醒后,写《导言》至6时,接近结束。

1月5日　　星期四　　雨夹雪

誊写《导言》。

看《文艺报》,了解到文艺界的创作与评论的情况,同时也了解在开放地区社会上出现的消极现象。

1月6日　　星期五　　雨夹雪

未出门,在室内阅报看书。

拟写一篇《近代学者与孔学》。近代学术思想史上争论最突出的问题,即对孔学的态度问题。因而从近代学者对孔学的态度上,可以看出其政治上的倾向。大致看来有以下几派:

1. 封建统治阶级的学者卫孔派,如曾国藩、张之洞等,维新派中的尊孔派如康、梁等。

2. 批孔派有太平天国、革命民主派章太炎、刘师培、周氏兄弟、吴虞等。

3. 在尊孔中也有持批评态度的,如夏曾佑等。

4. 最初批孔而又转向尊孔的如严复、刘师培等。

1月7日　　星期六　　零星小雨夹雪
在家休息。

1月8日　　星期日　　阴小雨雪
随便阅读一些书报。
填88年发表文章目录,仅有四篇论文。

1月9日　　星期五　　晴
将前几天写的《近代文学与近代散文》一文修改一过。本拟作《中国近代文学大系·散文集》的《导言》,但总不完善,须再加补充,拟将它寄给范泉,作为对近代散文发展的粗略看法。

1月10日　　星期二　　大雪封门
修改《孔学评议的今昔观》。

1月11日　　星期三　　晴
上午,沈卫威从南京回来,到家晤谈。

1月12日　　星期四　　晴
在家看书报。

1月13日　　星期五　　晴
上街购物。

1月14日　　星期六　　多云
上午,去学校参加职称评审会,参加的为主任、副主任。讨论会上,未解决问题。

1月15日　　星期日　　晴,冷甚,旧历腊八

将《论近代散文》一文寄给范泉同志。

1月16日　　星期一　　晴

下午,张安同志的令亲王华农来,送来一本《河南文史通讯》,里边有一篇他写的,关于张仲鲁先生负责征集河南文史资料上的贡献。另外他把最近张安的信中提到我的那一部分留下。

1月17日　　星期二　　多云

给张安写了封信,并附有《鲁迅散论二集》的目录,拟让他询问陕西人民出版社是否愿意承印(但尚未发)。

1月18日　　星期三

缺。

1月19日　　星期四　　多云　下午晴

看小说。

接褚仲康函。

《阴山学刊》寄来三册,里边有我的关于蒲松龄的妇女观的文章,看了一遍,校的还好,没发现错字。

1月20日　　星期五　　多云

看小说。

卫威送来他最近出版的《胡适传》一册。

发信致褚仲康。

1月21日　　星期六　　多云

下午,看小说,并整理杂物。

1月22日　　星期日　　上午雾下午晴
上午,看小说。

1月23日　　星期一　　晴
偕夫人赴郑,住农大长女秋子处。

1月24日　　星期二　　多云
上街去理发,因停电未理成。

1月25日　　星期三　　晴
看《聊斋》。

1月26日　　星期五　　晴
上午,到街上理发。
看有关写论文的材料。

1月27日　　星期六　　晴
上午上街购物。
开封来人,捎来许多邮件。

1月28日　　星期日　　晴
上午,省政协赵秘书长与两位干部来送春节慰问品。

1月29日　　星期一　　晴
上午,由笑凯陪同到农学院浴室洗澡。
下午看小说。

1月30日　　星期二　　晴

省政协给农大校长室打电话,说2月1日在政协召开茶话会,让我去参加。

2月1日　　星期三　　晴

上午,参加省政协茶会。下午,应省委、省政府邀请,观看文艺节目。

2月2日　　星期四　　晴

上下午,没出去,随便看点书。

2月3日　　星期五　　晴

上午,阎济民主席及赵秘书长,还有其他省政协工作同志共四人来看望。

2月4日　　星期六　　晴

上街购物。

2月5日　　星期日　　多云

今晚是除夕,看过中央电视台新年晚会后即休息。

2月6日　　星期一　　多云转晴

春节。上午,政协来车,携外孙笑凯去省人大会堂参加团拜。

2月7日　　星期二　　多云

在家休息,看电视。

2月8日　　星期三　　阴转多云

拟明天给政协打电话,让通知河大来车,11号上午接我返汴。

2月9日　　星期四　　多云转晴

给省政协办公厅打电话,拟让河大于11日上午来车接我们返汴,但电话无人接听。

上午,看电视剧《汤显祖与牡丹亭》共三集。内容还不错,写出汤的孤耿廉介,不肯攀附权贵,终于辞官返里,从事创作,但由于思想进步,还遭到当时顽固派的诋訾诽谤,说他的作品有伤风化。

2月10日　　星期五　　多云

上午仍给省政协办公厅打电话,办公厅负责同志讲,如给河大打不通电话,省政协则派车送我们回汴。

2月11日　　星期六　　晴

乘河大校车返汴。看近日所来邮件。

2月12日　　星期日　　晴

发信致李天明同志。

陈梓北下午来访,并送来温振宇的《章法学概论》,隔壁李教授转来《林县风俗志》一书。

2月13日　　星期一　　晴

上午,到鼓楼广场中国银行换存款条。

2月14日　　星期二　　多云晚阴

写论文《五四文化革命的发生与发展》。

2月15日　　星期三　　多云转阴

写论文,并重读五四后周作人发表的《人的文学》与《平民文学》。觉得这两篇文章在新文学发展史上有着深刻的意义和巨大的影响,对后来文学研究会的成立,以及这一文学团体在二、三十年代的创作都起了具体的指导作用。

2月16日　　星期四　　阴大风降温

上午,市人大吕锡田主任及秘书长来访。

下午2时,去市人大参加主任、副主任办公会,讨论下次常委会会议议程及有关事宜,最后定在为本月下旬25日至28日四天开会。

2月17日　　星期五　　多云

上午,看明清之际出现的才子佳人小说《定情人》。此书文笔流畅,诗歌比较平庸,故事比较新奇,对读者还有一定吸引力,还不至不能卒读。

2月18日　　星期六　　晴

写论文,看有关材料。重读1944年在前锋报社出版的《中国现代文学史》,关于文学革命部分写的还比较详细,虽观点不甚深刻,但资料丰富,还有参考价值。

2月19日　　星期日　　晴

在家休息。

2月20日　　星期一　　阴,大风降温

上午,禹县一高中教师黄舜同志来,并赠水果一包。我将《中国新文学渊源》,《袁中郎研究》,《子产评传》三书送给他。

看明清之际才子佳人小说《两交婚》。写男主人公甘颐为接近一个女子,不惜让他认识的妓女帮自己扮为女子,与所爱慕的才女见面。因而使我想到明代平话小说《乔太守乱点鸳鸯谱》中玉郎为代其姐姐出嫁,也曾化装为女子。而英人拜伦的名作《唐璜》中,也曾写唐璜化装为女子入宫与皇妃接触。中外作家的想像与创作何其相似乃尔。

2月21日　　星期二　　晴

拟对近代散文的反儒家思想问题,答复周振甫。周君对晚明以来三百年学术思想史,以及章太炎学术思想的发展变化实无所了解,因而断言近百年来的文学无反儒思想,还说章太炎也不反儒。

2月22日　　星期三　　阴,晚雾

上午,写答复周振甫的《意见》。正写着,姚伟、于淑敏、金勇三位研究生来,谈到近12点,他们才辞去。

下午,继续写答复的信。

四年级同学朱峰来,持省教育时报社张予民同志函,谈前些天寄出的两篇《感旧录》,他已看过,拟发排,但因不太认识我的字,所以让朱同学誊清,中间仍有几字顶不真,让找我指出。

2月23日　　星期四　　阴飘雪

上午,与(刘)亚兴乘车去市人大开27次常委会。一个上午,有五个报告。结束时已近11点半。

下午两点起来,又乘车去参加会。一个下午谈计划生育问题,大家谈来谈去,想不出一个制止失控的办法。

2月24日　　星期五　　阴

上午,把答周振甫的意见书誊清,寄给《中国近代文学大系·编辑简报》范泉同志。

2月25日　　星期六　　阴

上午,去市里参加人大常委会小组讨论会,到 11 时即结束。下午,全体会。先由各组组长汇报各组讨论情况,最后由吕锡田主任讲话。

2月26日　　星期日　　阴转晴

看小说。

发信致严家炎,告以不能去参加他所主持的会议。

2月27日　　星期一　　晴

关于《中国近代文学大系·散文集》的《导言》,拟分下列各项:

(一)近代散文的时代背景。

(二)近代散文的分期。

(三)近代散文的特殊风貌。

1. 反封反帝,反对传统的儒家思想。

2. 继承并发扬中国固有文化中的民主精华。

3. 批判接受西方资本主义文化中的科学与民主精神。

4. 艺术表现上。

a. 反复古反模拟,贵创新——以龚自珍与后来的维新派康、梁为代表。

b. 遵守前人义法,并进一步有所开拓与发展——曾国藩可为代表,由桐城派发展而为湘乡派。

5. 结束语。

2月28日　　星期二　　晴

看小说。

拟写一篇《明清之际的中国才子佳人小说与〈红楼梦〉》。

内容:

1. 才子佳人小说的来源——《西厢》与《牡丹亭》。

2. 这类小说兴盛的原因——市民阶级的兴起与精神生活的需要,以及书会和没落文人在职业上的需要,同时也反映失意文人的愿望与精神上的寄托。

3. 才子佳人小说的公式化。

A. 才子佳人都既有才又有貌。

B. 女方多为仕宦家的小姐。

C. 双方以种种原因而得相遇。

D. 彼此爱慕,中经丫环牵线,以诗词相酬答,最后两人发生性爱关系。

E. 中经不少波折,或因家庭反对,或因第三者从中破坏。

F. 男子中状元,飞黄腾达,女方家庭因迫于势利,双方才得以团圆。

《红楼梦》则打破了才子佳人的公式,双方未能团圆,而且其艺术成就远非过去一般小说所能比拟,在创作方法上达到了中国小说从未有过的高度,这就是现实主义的创作精神。

但《红楼梦》又与这类小说有某种近似之处。从才华而论,宝玉、黛玉、宝钗、湘云等皆年少而才华出众;而宝、黛两人爱情中间亦有人反对破坏,与过去这类小说不同的是未能大团圆,以悲剧结局而已。

3月1日　　星期三　　阴冷

上午,看才子佳人派小说《飞花咏》。

写信两封:一、李家坤,二、任德泓。

3月2日　　星期四　　雨雪竟日

在家看小说《飞花咏》。

写《中国近代文学大系·散文集导言》中的时代背景。

3月3日　　星期五　　阴

气温极低,但因缺煤室内也没生火。宋儒有"冬不炉"之说。我的修养也到了冬不炉矣。

写《导言》,将时代背景部分写毕。

学术问题,须要多思考,并用参考比较的方法找出其同异及其渊源流变,就会有新的发现。

清代嘉道时期,两位比较知名的思想家龚自珍与魏源,他们是好朋友,都问学于刘逢禄,都是尊奉公羊学的,但两人的思想却有极大的差别。

龚似受过去陆、王影响较深,重个人的创新,而不屑于因循守旧步趋前人。而魏则往往恪遵古人矩矱,不加变异。即如对公羊学,龚取西汉儒者通经致用,关心国事,关心民生疾苦这一方面,但不取董仲舒天人三策中天人感应的荒谬之说,而魏源却深深迷信天人感应之说,竟至陷于迷信的泥潭。其次,定庵是一个对时事政治,敢于就个人所见所闻与所感发而为文章,进行揭发与抨击,而默深则深恐言语贾祸,同时对朝廷极尽其称颂赞誉之词。他还劝诫定庵在大庭广众间言语要谨慎,要注意明哲保身。定庵思想中具有民主倾向,其文章对清廷的专制政体深为不满,所谓"一夫为刚,万夫为柔",对士大夫桀骜之气给以大力的摧抑,使之不知羞耻为何事,惟以保持身家名位为职志,由于士大夫之无耻,必然引起国耻。

由于两人思想之差异,所以龚氏开后来维新派变法的先河,而魏源的思想则成为洋务派中体西用论的先声。

3月4日　　星期六　　晴

写《导言》。

接洛师30年代的学生舒绳武君函。舒,洛宁人,住该县长水乡西长水村。

3月5日　　星期日　　晴

光儿让我把《导言》草拟出来,然后他再来推敲修正一下。

接上海范泉函,说寄去的文章已收到,即在下期刊出,另外将派人来,对所选散文篇子进行验收。

3月6日　　星期一　　晴

写《导言》亦翻阅过去写的关于近代文学的文章。

3月7日　　星期二　　晴

上午,去小礼堂参加批阅研究生试卷。因室内光线暗,我的视力差,看不清卷面上的字,就回来了。深觉不应去,只是想了解一下今年考试成绩如何,并无他意,但恐旁人以为我为了几文阅卷报酬而去,心深悔之。

写《导言》,把近代文学思想主流及逆流写毕。

3月8日　　星期三　　晴

上午写《导言》。

下午,《洛阳教育志》编辑室的一位干部来,询问洛师在李名章任校长时的某些情况,我就我所知的告诉他,而他却一直絮絮叨叨,直至6点多才辞去。

3月9日　　星期四　　晴

《中国近代文学大系·散文集·导言》写竟。

3月10日　　星期五　　晴

早饭后去光儿家,把《导言》交给了他。

上午,慈健来说,他接上海范泉的电报,说他让图书公司的编辑周某来汴,审阅并接收编选的散文选稿子,他准备明晨去车站接他,打算把他安排在二招。

接中州古籍出版社函,说他们社今年秋季庆祝建社十周年,让我写点文字上的祝词。

3月11日　　星期六　　晴

上午,慈健偕上海图书公司邀请的上海古籍出版社编辑周劭同志来这里审阅,并接收我们编选的《中国近代文学大系·散文集》的书稿。另有一位姓金的,系与张振犁同志商讨"大系"通俗文学事宜。他们坐了近一个小时辞去。

下午3时许,我去学校二招304房间看望上海的两位客人,恰巧碰到慈健给周同志送去了两包稿子。谈了半个多小时,告辞出来。

接北京文研所函,寄来一份鲁迅研究学会理事长与理事名单,我被选为名誉理事。

3月12日　　星期日　　晴

下午3时许,同吴雪莉教授一起乘车赴郑,4时半抵郑。报到后,住河南饭店南楼二楼32室。

3月13日　　星期一　　晴

上下午,均分组讨论政协常委会一年来的工作报告,从内容到文章结构,以及辞句等方面都讨论得相当细致。

3月14日　　星期二　　晴

上午,参加小组会。

下午,大会先由三个小组代表汇报讨论情况,最后由严济民主席讲话。散会后,吃过晚饭,即乘车返汴,7时半抵家。

誊写对河南古籍出版社成立十周年的祝辞,誊毕后,即寄给贾传堂同志。

3月15日　　星期三　　晴

上午,看《辛亥前夕国内刊物论文选》。

3月16日　　星期四　　大风降温

接赵俪生函,并寄来两张照片:一、俪生夫妇及女儿赵绎,还有赵绎五六岁的小女孩。二、赵绎同她的小女孩。

3月17日　　星期五　　阴大风降温

早饭后,去光儿家。谈关于《中国近代文学大系·散文集》的《导言》问题,他提出一些修改意见,最后我让他执笔把我写的那篇修改一下。

3月18日　　星期六　　晴,仍冷

王华农同志来,将我写的简历带走,拟在他编的刊物《河南文史》上刊载,因这期有我的一篇《胡适传序》。

下午,中文系盟支部成立,在我家书房开会,党总支派邹同庆、白本松两同志参加,至5时散。

下午,市委杨基柱同志来,转达宋书记的话,下届市人大我已不再参加。我早已料到这样,少开些会,倒轻松一点。人大副主任上一届的党员同志,到退休年龄今日早已退下来,我因仍担任盟市委主委,故又继续到这一届。去年盟市委换届,我已退下来,下届自然由新任盟市委主委王汉澜同志担任。

3月19日　　星期日　　晴

上午,校阅《电大学报》中写的《西汉黄老之学》中的一些错字。

宪法同志送来稿子,让对文中引文仔细校一校。

3月20日　星期一　阴

整日校阅《中国古典文学论文集续编》,并翻出一些有关书籍来校对。

拟对《续编》增补几篇文章,看了(孟)宪法对我的文稿创作的批点,知作一个编辑也是极不容易的事。

3月21日　星期二　晴

上午,校阅《续编》稿子。

上午,市里张沁生同志来访,他拟写关于我的传记,并借去《当代社会科学家》第五辑一册,《中国近代文学作家论》一册,《中国新文学渊源》一册,共三册。

3月22日　星期三　阴

整理一天《续编》的稿子,又补入4篇,最后写出目录,共40篇,拟交给宪法。

3月23日　星期四　阴,早晨有小雨

上午,拟将《续编》稿子送学校出版社,因事未果。

盟因邀请卢治国同志讲盟史,午餐对他进行招待,约我去陪客。李同志来,接我去二招食堂。

下午,系里小黄来,用自行车推我去小礼堂,听治国同志报告,至5时半结束。

3月24日　星期五　晴

下午,李润田校长来,告我说26号省社联会议,要我参加,学校派车,会议两天。

3月25日　星期六　晴

上午,淑惠来,让她把《续编》文稿送到出版社,如果孟宪法不在,可交给管金麟。

访孙荣光同志,据说宪法去上海了,坐了一个多钟头,近12点时辞别回来。

下午,随便翻翻书。

黄志琴送来一些邮件,没什么重要函件。

3月26日　星期日　晴

下午2时许,由小简送我去学校。路上碰到文金,他用车推我到汽车队,与系里其他同志乘面包车赴郑,车因有毛病,到5时半才到郑州,住社联招待所。

3月27日　星期一　晴

上午大会,内容:一、杨析综书记讲话。二、赵怀让副主席作一年来社联工作的总结报告与1989年工作计划。三、传达中央召开社联工作的会议精神

下午小组会,我也发了言。

3月28日　星期二　晴

上午大会,一、选举选出新的社联主席侯志英。二、侯主席讲话。下午2时10分,乘校车返家。

3月29日　星期三　晴

接上海范泉信,关于散文选的标点符号要统一的问题,要我统统审阅一下。

下午,把范函与《简报》中北大季镇淮对散文选的意见一并送与光儿,因他正在根据我写的《导言》的初稿进行加工修改。到光儿那

里坐了一会儿,让淑惠去找慈健,后来他来了,谈了会儿,我就回来了。

3月30日　　星期四　　晴

看李泽厚的《中国近代思想史》,对各派思想的纵向与横向的关系分析较细,并时时联系到当时的经济与政治形势。

市人大邱文治同志送来本届市人大工作报告,让我提意见。

3月31日　　星期五　　晴

下午,沈卫威来,谈他在南京学习情况,最近拟去北京,翻阅《茅盾日记》,他的《胡适传》稿费已付,并送来《序文》稿费百元。

慈健等把散文选标点的稿子送来,五大包,我只能抽查一下,不能全部看。

4月1日　　星期六　　晴

看爱和标点的近代散文,有时也发现疏漏错点之处,后来看光儿的也在所难免。整个选文,卷帙浩繁,我一人之力势难尽阅,只有等到排印后,大家再最后一校时,进行改正,除此别无良法。

4月2日　　星期日　　晴

《光明日报》3月31日的第一版,介绍福建医学院教师杨振华发明的851营养液,能治癌症,效果极灵。在试验中,用这种营养液与癌细胞接触几十分钟内,癌细胞即全部被杀死。这个发明,造福于人类真是不可估量的。

4月3日　　星期一　　晴

去看光儿,回来时买《宋史》一部,共40本(洋捌拾壹圆)。

下午,看散文选所选的篇子。

4月4日　　星期二　　多云

看近代散文选所选的篇子。

晚,爱和与慈健来谈,关于《中国近代文学史》的出版问题,以及《近代散文选》的编选问题。

如法送来我的文稿清样,让校阅。题目为《五四文化革命与晚明文化革新》,已校毕。

接兰州师大李海洲函,并寄来他们夫妇的照片。

4月5日　　星期四　　晴

上午,看散文选。

于淑敏来,让她向图书馆借四部丛刊本《乐府》四册,此书原为线装影印,现又改为洋装影印。

4月6日　　星期五　　多云

上午,抽阅散文选,(王)广西标点部分。

4月7日　　星期六　　晴

上午,人大邱文治来,将人大的工作总结带去。

下午,到学校办公室二楼会议室参加座谈会。到会的均系校党委邀请的河大民主人士,主要是韩靖琦书记在不久开的校党代会上,要卸任,另由副书记王才安来接替。大家发言,不外肯定韩书记几年来,领导学校的成绩,同时表示拥护校党委与省委对新任的赞同,会议至5时散。

4月8日　　星期六　　晴

下午,看(王)广西所选散文篇子,亦间有误点的所在。

发信致范泉。

4月9日　　星期日　　晴

校阅(王)广西编选的散文选部分。

4月10日　　星期一　　晴

下午,午觉起来已近5点,省《教育时报》一位编辑同志来访,漫谈教育问题,至6时辞去。

4月11日　　星期二　　晴

市地方志一位同志来谈。送还所借三本书。

4月12日　　星期三　　多云

看吴敏树文,其语言并不流利,往往出现一些怪僻而不易断的句子。可能是他故意以此标新立异,而在思想上也并不高明,但当时竟成为古文大家,怪哉!

4月13日　　星期四　　晴

早晨,草拟了一个议案,是关于教育方面的,下午又拟了一个是关于书籍出版的。

看近代散文的篇子。

晚,驻马店师专教师辛长存同志来访,并谈及约稿问题。

4月14日　　星期五　　多云

下午,于淑敏把她所抄沈曾植的一篇古体诗拿来,让解答她不懂的字句。

4月15日　　星期六　　上午小雨下午晴

9时许,爱和来说(王)广西来了,让我去后边任光那里开会。天下着小雨,他用自行车推着我,很快到了任光家,慈健因事未能参加。

我们谈了谈,根据上海范泉转来的周劭的意见,决定各集编选者,把自己的部分按上海的要求重新审阅并加以修改,时间以本月为限,到5月初完稿。届时爱和拟去沪,把稿子带去。

4月16日　　星期日　　晴

誊写向政协提案两件:一、关于教育问题,二、关于出版事业问题。

4月17日　　星期一　　晴

下午1时20分,由保姆送我到学校,与其他省级政协委员乘学校车赴郑,1点40分出发,3点即到中州宾馆,住二号楼106房间。

4月18日　　星期二　　晴

上午8时半,到大会堂听取杨析综书记关于两会对党员同志的讲话,予列席旁听。

下午,省政协开幕,3时开始,约4点半左右结束。

4月19日　　星期三　　晴

上下午,小组讨论。我参加的第三组,成员为民盟与民进两个党派人士。上午,讨论集中在发展教育问题,后来大家一致同意以两个党派的名义写了一个大会发言稿,强调发展教育的重要性与迫切性。

晚饭后,李平一同志来,谈上下古今,谈《红楼梦》问题,又谈到王国维对《红楼梦》的看法,直至9点才辞去。

4月20日　　星期四　　多云

上下午,均列席省人大会议。上午,听程维高省长作政府工作报告。下午,听钟力生等的省计划委员会的工作报告与1988年预算执行情况与1989年计划的报告。

晚,又参加省民盟召开的座谈会至10时方散。

4月21日　　星期五　　阴
　　上午,在宾馆一号楼二楼会议室,参加省委召开的关于人大与政协增补的主任与副主任以及常委人选的协商会议。人大增选杨析综书记为人大常委主任,侯志英为副主任;省政协增选刘玉洁为副主席,孟宪法等为常委。

4月22日　　星期六　　阴
　　上午,小组讨论。
　　下午请假。
　　晚李校长来。

4月23日　　星期日　　晴
　　上午,小组会。10时,看悼念胡耀邦的电视直播。

4月24日　　星期一　　晴
　　下午,参加省委宣传部召开的民主党派人士,对中共中央关于教育问题决定草案的讨论,大会由宣传部长侯志英主持,发给文件,令阅读后交回。看了两个钟头,散会,到25日下午讨论。

4月25日　　星期二　　晴
　　上午,大会举行闭幕式。
　　学校车来,下午与李校长、吴雪莉、常建乔等同志乘学校的小面包车返汴,下午4时半抵家。

4月26日　　星期三　　晴
　　卫威来,谈孟宪法同志的儿子孟晓春,今年中文系毕业后的工作问题。让我给市委宣传部屈春山副部长写封信,请他帮忙。我给屈写了封信,他带走了。

接慈健电话,嘱我明天下午与部分同学谈谈五四运动,我于是作了准备。

4月27日　　星期四　　阴晚雨

晨起,写座谈关于五四运动的发言稿。下午3时,系里派学生来接到系会议室,同学代表约三四十人,教师参加的有增杰、景昌、思谦、慈健等。我首先发言,谈五四运动的情况及根源。接着增杰谈,后来景昌及思谦都发了言。对学生上街有无意义的问题,同学们乱递条子,后来也纷纷发言,至5时半结束。

最后又让照像。在系资料室,与增杰、思谦合影,另外每人又照了一张,回来已快6点半了。

发信致省文联。

4月28日　　星期五　　阴有时有零星小雨

下午,看《文艺报》。里边有一部分文摘很可以看看。

4月29日　　星期六　　阴

上午,到学校,有部分学生、大部分民主党派人士。应《河南日报》社记者之邀,举行对当前北京、西安、长沙等地学生游行闹事问题的座谈。大家一致对闹事持反对态度,主张要保持安定团结,深恐文化大革命的重演,至12点多才散。

下午,复郑州《河南年鉴》编者李保国信,关于学习问题。

4月30日　　星期日　　多云

洛师学生舒绳武的侄子来,送来他给我的信。

5月1日　　星期一

上午,到光儿家,光写的《近代散文选》的《导言》快写毕。

5月2日　　星期二　　晴

上午,先到出版社取回《中国近代文学史》五册,并到学报编辑部取回学报89年第二期五册,内有我的一篇论文《五四文化革命与晚明文化革新》。

下午,看文学史中有关我写的篇章。

5月3日　　星期三　　多云

阅读《近代文学史》中他人所写的部分章节。

把新印出的《近代文学史》与二号学报(有我的论文)托黄志琴同志送给增杰各一册。

5月4日　　星期四　　晴

应北京语言学院《文学家辞典》编辑的通知,按所列项目写了个人简历与著作目录,已发出。

5月5日　　星期五　　多云

在家休息。

5月6日　　星期六　　晴

到书亭购买三册《新十年争议作品选》。从书亭出来,又去光儿家,不久慈健也去了,谈至11点辞别。

5月7日　　星期日　　晴

上午,孙荣光同志来,谈至10时许辞去。

5月8日　　星期一　　晴

上午,去市人大参加主任、副主任会议,讨论明日举行的常委会的议程及内容,10时散会。

5月9日　　星期二　　阴晚雨

上午,去市人大参加本届常委最后一次常委会,讨论通过有关议案。午饭,在八层楼(宋都宾馆)会餐。下午两点半,开会。对上午小组讨论通过的议案,大会又举行表决,最后照像。在会上深蒙李靖主任多方照顾,甚为感谢。

5月10日　　星期三　　小雨终日

上午,随便看点书。10时许,增杰来,谈这次招考研究生口试出题问题。他同文金都已出了十几道,让我再出几道,我想了两三道。

5月11日　　星期四　　上午晴,下午转阴

上午到系会议室,与增杰、文金对今年初试的研究生进行复试,主要是口试。原为四名,但其中一位女生系河北省人,因这里的研究生毕业后一定须在河南工作,所以临时声明不参加复试了。剩下的三名:一位安徽芜湖的考生,在答题中颇有个人见解,对问题分析深刻。其余二位一般。那位比较好的给予80分,其余二位均为65分。

5月12日　　星期五　　阴,有时有阵雨

上午发信两封:一、《中州学刊》编辑部索稿子。二、省政协阎主席及三位副主席,关于房子问题。

看十年来存有争议的小说《扯不断的红丝线》。

上午郑州古籍出版社来了两位同志。

一、袁健——中州古籍出版社语言文学编辑室主任。

二、卢海山——中州古籍编辑。

两人来的目的,为北京成立了一个中国文化学院,河南成立一分院,让我担任名义院长。并声言一切具体工作由他们负责,至多停一时期,向我汇报一下工作情况。我也不好过于推辞,他们并送两部书一《金瓶梅》的注释两册。二《中国古籍小说从先秦到六朝》上册。

5月13日　　星期六　　晴

上街购物。

5月14日　　星期日　　晴

下午,与应届南召毕业生合影。

5月15日　　星期一　　晴

上午,省古籍出版社二位同志,偕北京中国文化学院学术委员会主席庞朴来,谈他所主办的文化学院在业务上活动情况与计划。他们的院长为北大教授季羡林。他们最近为纪念五四,举行中外学者研讨会。

我当时表示,河南分院院长的职务,我因声望不够,同时年老力衰,不堪胜任,遂推荐社科院龚依群院长。看情况,袁健已有点同意。坐了会,他们去访朱少侯同志。我送他们去后,感到如释重负。

下午,朱萱找我说,上海师大教授胡梅村要回汝南,路过开封,过去老朋友拟约他吃顿饭,借机大家聚一聚,我同意参加。她与梓北又分别去找与胡相识的友人。

5月16日　　星期二　　晴

下午,阅读书报。

晚,朱萱陪胡梅村来,访阔别多年的老朋友。一旦晤面,都感到非常高兴。

5月17日　　星期三　　晴

早饭后,将《河南文史资料》第28辑及河大今年学报第二期送给在赵敏政家吃饭的胡梅村同志,因里边有我的文章。

上午及下午,继续写《五四文学革命的发生与发展》一文(未完)。

晚饭,与朱萱夫妇,还有丁折桂、我同鸿毅宴请胡梅村及其女儿胡林娜。在二招餐厅。

光儿把《中国近代文学大系·散文集》的《导言》改好,派小满送来。

5月18日　　星期四　　晴

晨起,看光儿誊清的《中国近代文学大系·散文集》的《导言》,改了几个错字。上午,到后边一条街邮局投邮。

5月19日　　星期五　　多云转阴

继续写论文。

接到青岛大学刘增人函,索要《河大学报》二期我的文章。

5月20日　　星期六　　晴

市政协通知,明日下午大会闭幕式,让去参加。

5月21日　　星期日　　晴

上午麟儿来,让他带去要发的两个邮件:

一、给青岛大学中文系刘增人寄赠《河大学报》1989第二期一册。

二、给省文联函。

下午,去市里参加市政协闭幕式。

5月22日　　星期一　　多云

上午,赵明同志女儿赵丹珺考现代文学研究生,来家复试。增杰来,我们两人主考她。

抽了两道题,答得都比较圆满,商议给她划70分。

下午看《新时期十年争议作品选》第二册中路遥的《人生》。

5月23日　　星期二　　多云

看《新时期十年小说选》。

5月24日　　星期三　　多云转晴

写论文未竟。

下午,刘溶同志来谈。

5月25日　　星期四　　多云

看小说。

5月26日　　星期五　　晴

看小说。

下午,去学校订刊物。

5月27日　　星期六　　多云

接北京文研所函。定于本年11月份在苏州召开现代文学教学与科研讨论会,为期5天。

5月28日　　星期日　　晴

给省政协阎主席写信。

5月29日　　星期一　　晴

下午,起床后写《回忆录》。

上午,在小礼堂听韩书记传达报告。下午,在图书馆参加讨论会,由苏文魁书记主持,增杰先发言,接着让我发言,发言后,关副主任就挽我离开会场回来。

5月30日　　星期二　　晴

写关于个人治学走过的道路。

填写开封市委统战部发给的履历表格。

5月31日　　星期三　　晴

写文章。

下午,中文系培训班负责同志范登高同志和另外一位不知姓名的人来,邀我本周六上午9时,给培训班学员讲讲话,时间为两小时,题目自定。

6月1日　　星期四　　晴

为礼拜六去培训班讲话,写了篇《用马克思主义批判继承的观点对传统的儒家思想再认识》(已写成)。

6月2日　　星期五　　晴转阴

上午8时半,范登高同志用车来接。9时许。给短训班同学讲《用马克思主义批判继承的观点对中国传统的儒家思想再认识》。内容分四部分:(一)谈马克思主义的批判继承观点。(二)中国传统的儒家思想的发展。(三)从晚明李贽开始,历清至五四对传统儒家思想的批判思潮。(四)今天应以批判继承的观点对传统儒家思想再认识。

讲至11点50分结束。

接范泉信,对《中国近代文学大系·散文集》的《导言》比较满意,并提到把所选的篇子用木箱寄到上海的问题。

6月4日　　星期四　　上午晴

写文。

整理书斋中的书籍。

6月5日　　星期一　　晴

增杰通知,6号下午和他一块去郑州参加对他写的《解放区文学史》进行评审会议。

晚饭前,赵明同志来。

6月6日　　星期二　　多云,下午有阵雨

下午,与增杰、文金、赵明等同志乘面包车赴郑,我到农大下车,晚宿秋子家,他们下榻省社联招待所。

6月7日　　星期三　　阴　时有阵雨

上午,在省社联招待所,由省教委两同志主持召集的七人专家组会议,对刘增杰同志所写的《解放区文学史》进行鉴定,至12点多才结束。

下午4时,由郑返汴,6时抵家。

6月8日　　星期四　　多云

上午,评阅张如法同志的研究生李频的论文,题目为《论胡风的诗歌理论与七月派诗人的创作》。50年代中叶,胡风及其集团被打为反革命集团,胡风坐牢多年。直到80年代,毛泽东去世后,随着对于冤假错案的平反,胡风及其集团才得到平反,而胡风的文学理论也得到平反。到今天才可能对他的诗论及受其影响最深的七月诗派的诗歌创作,进行客观地分析与评价。

下午,袁凯声来,谈北京骚乱的情况,为之慨叹不已。

6月9日　　星期五　　多云

上午,小解来谈北京近况。接着晨风来,晨风坐了会,即去访于安澜同志。留小解在这里用午餐。

下午看《拍案惊奇》。

6月10日　　星期六　　晴

上午,看《二拍》。

盟市委一位同志来,询问我近来工作与健康情况,说盟市委同志非常关心我,让他来看望我。并说本月20号他将与另外一位李同志来让我谈三个问题:

一、我的生活与工作安排。

二、关于多党合作问题,谈谈我的看法。

三、对盟务工作,今后应注意哪些问题。

约11点左右辞去。

下午小解来说,他明天即回北京。

6月11日　　星期日　　多云,晚小雨

没出门,在家看《近代文学史》中《前言》,系别人执笔。

我近来看年轻同志的文章,其用语,许多为我们所未曾用的,但新的语言与词汇比较更准确,更能说明问题,说明我们在行文上未能改进,还因袭过去的一套,主要是读新的东西不多,未能立意向新的风尚学习,今后应当力矫此病。

看《拍案惊奇》。

6月12日　　星期一　　阴有小雨

接范泉函,让稿子(《中国近代文学大系·散文集》)书稿停一停再寄,现在寄不太安全。同时,关于《导言》署名问题,他们坚持署我一人的名字。

6月13日　　星期二　　阴,有时有小雨

看《文学评论》1988年第一期刘心武的《近十年中国文学的若干特性》。

下午,接到上海寄来的《中国近代文学大系》的《总序》,署名吴组缃、季镇淮、陈则光。这篇序相当长,其内容先论近代文学的时代背景与这一时期文学的特点,其次分论散文、诗歌、小说、戏剧的发展与概况,最后论到近代文学的过渡性,因而影响到艺术上的成就。

这是一个征求意见的初稿,我觉得论述有些冗长,不够简练。其次概括性不够,特别是对于近代文学在特定的历史条件下,所形成的内容与形式迥异于古代文学同现代文学的特点,分析阐发得不够,而对各种文体发展的论述则过于具体。因而我觉得《总序》的内容应有:(一)时代背景。(二)分期。(三)在特定的时代环境下产生的文学的特点。(四)近代文学与古代文学、现代文学间承前启后的关系。(五)在概述近代文学的发展以及其呈现的各个时期的风貌,可引征各种体裁的作品作为论据,但也须属于概括性而不宜很具体,因为太具体必然会与各体编选的《导言》重复或者产生观点上的矛盾。所以《总序》有重新修改的必要。

6月14日　　　星期三　　　晴

晚,爱和来,关于《散文集》的书稿,决定派人送往上海,不再邮寄,嘱我与范函时告诉他。

6月15日　　　星期四　　　多云

上午,到系里参加应届研究生张来民的毕业答辩,题目是《论胡风启蒙主义的文艺思想》。结束后,离午餐还有40多分钟,与栾星一起到他所住的二招略事休息。他与龚依群同屋,当龚回屋时,我把《中国近代文学史》送他一册。

午餐,校领导邀请从郑请来的主持答辩的专家除龚、栾外,还有孙广举、鲁枢元等。

6月16日　　　星期五　　　晴

上午9时,去小礼堂听韩书记传达邓小平同志的讲话。

下午,周守正同志派人送来他订的《中国教育报》,上边刊有党中央《告全体党员与全国人民书》。

6月17日　　星期六　　晴

看《红与黑》。

下午,写了几页文章。

6月18日　　星期日

写几页文章。为续写韩、柳二人思想的异同,翻阅《柳河东集》和我50年代写的《论韩柳的散文》一文。

看小说《红与黑》与《拍案惊奇》。

6月19日　　星期一　　晴

看旧书,找到了《汪容甫文注》。检阅里边的《经旧苑即马守真文》中的关于"荣期二乐余得为男"句的出处,过去我以为出自《庄子》,及查注乃是出自《列子·天瑞篇》。说孔子"见荣启期于郕之野,鹿裘带索,鼓琴而歌。孔子问曰:'先生所以乐,何也?'对曰:'吾乐甚多,天生万物,唯人为贵,而吾得为人,是一乐也;男女之别,男尊女卑,故以男为贵,吾既得为男矣,是二乐也;人生有不见日月不免襁褓者,吾既已行年九十矣,是三乐也。'"

6月20日　　星期二　　晴

下午,省委书记杨析综,省长程维高,副省长于友先及市委书记宋国臣、市长等来我校看望校领导及师生员工,杨、程讲话后,即散去。

6月21日　　星期三　　晴

上午,去马道街修理手表。

从街上回来,李继伦同另外一个民盟同志已在家等我。他们是来搞专访的,前几天他们来向我提出几个问题,让我找时间给他们谈谈,并拟录音整理,预备在《开封盟讯》上发表。问题一,谈我近来的生活、科研等方面情况;二,谈谈对党领导下多党合作制的看法;三,对盟市委工作的建议。

今天我就按以上三个问题大致谈谈,他们搞了录音,到11点半结束。

民盟小组会,下午在我家召开。到会的有景昌、治平、平权、张一木、贾甦等,谈至5点多散。

6月22日　　星期四　　晴

下午,打电话,问系里有无邮件?说,有。后来,黄志琴来,把邮件送来,里边有魏绍馨等人的信。

6月23日　　星期五　　晴

下午,鸿毅去光儿家,把范泉来函给光儿带去。鸿毅回来后,问光儿看了信后的意见,说就按范函办好了,让我给他复信。

6月24日　　星期六　　晴

发信致范泉,由秋子带到郑州发。

接省政协信,关于房子问题,正在接洽。

6月25日　　星期日　　多云

写两页文章。

6月26日　　星期一　　多云

把《五十年来治学所走过的道路》一文写毕。

6月27日　　星期二　　晴

上午8时半,乘学校面包车,与其他四位同志去市政协参加市委统战部召开的学习党的十三届四中全会公报及邓小平同志的讲话。

我分到三组,第一个发了言。至 11 时半结束,返校。

下午,看报纸。上海书店寄来的《大系简报》第 38 号,节录了论文卷《导言》。

《简报》中刊出了拟即印行的《中国近代文学争鸣》一辑目录。其第二部分中,载有我的《论中国近代散文》即将《导言》改了改题目。

第三部分,载有我的《中国近代散文各种流派作家作品的不同风貌》。

6 月 28 日　　星期三　　晴

上午,标点修改所写的《治学道路》一文。

看《三国演义》。

6 月 29 日　　星期四　　晴

把《五十年来治学道路》一文给姚伟、金勇、于淑敏三人誊抄。

黄志琴送来《渊源》一书一等奖金 500 元。

6 月 30 日　　星期五　　晴

看《刘禹锡诗文选》,系四人帮时期大倡儒法斗争之说,把几千年来错综复杂的艺术思想发展,均纳入到儒法两家两条路线斗争中来,未免太简单化了。其结果,许多问题都搞得牵强附会,而成为不符合客观实际的梦呓。

7 月 1 日　　星期六　　早晨阵雨,气温下降

文史馆编辑王华农同志来,送来稿费 56 元。他说,他们刊物的稿费,馆内人员每千字 5 元,馆外人员 10 元。

7 月 2 日　　星期日　　晴

到银行办理存款事宜。

7月3日　　星期一　　晴

接上海书店范泉函,他让这里派人去沪时,可先去电报,以便准备住处。

当将两函派小兰送给光儿,并写信给他,让他把范函转交给爱和同慈健。

7月4日　　星期二　　阴晚雨

于淑敏送来她已誊清的部分文稿,她拟回家看看,家在西平县。

夜间醒来很早,枕上成诗一首:

　　昨夜淅沥半夜雨,
　　博得今晨一日凉。
　　穷士卑处蓬荜内,
　　高堂广厦安敢望。
　　但希天公多照顾,
　　南风习徐入北窗。

7月5日　　星期三　　小雨到中雨至晚未住

接省政协通知,本月7号举行常委会,会期五天。

7月6日　　星期四　　阴上午中雨

准备下午去郑州,参加省委召开的民主党派代表座谈会。

下午3时,学校来车,我与九三的孟宪德教授一起乘车赴郑。下午4时20分抵郑,住中州宾馆一号楼三楼15号,与孟教授住一个房间。

7月7日　　星期五　　晴

上午8时,在四楼会议室,聆听省委书记杨析综、副书记赵地传达中央领导邓老及江泽民总书记的讲话。

下午 3 时,座谈。孟(宪德)先发言,我接着发言。会上发言的有六七人,最后由杨书记总结发言。

7月8日　　星期六　　多云
发信致曲阜师院魏绍馨同志。又致济南齐鲁书社编辑部同志。

7月9日　　星期日　　多云　下午晴
下午 4 点,乘车来省政协报到,住河南饭店南楼 108 号房间。

7月10日　　星期一　　阴雨
上午,在政协礼堂举行大会,由副主席赵正夫、魏钦公、刘玉洁等同志传达中央领导人邓老、李鹏及河南省委书记杨析综的讲话,直至 12 点才结束。
下午午觉起床后,看有关文件,主要是邓老的讲话。

7月11日　　星期二　　阴转晴
上午大会,听取副省长胡梯云关于我省反革命动乱的情况报告。
下午,小组讨论。我也发了言,内容对听取了邓老及其他中央领导同志的讲话后,个人的认识与体会。

7月12日　　星期三　　晴
上午,先参加小组会。9 点半,到阎主席办公室参加主席会议。
下午,大会发言。由我主持会议,至下午 5 时 20 分结束。晚饭后,乘车来秋子家。

7月13日　　星期四　　晴
下午,参加闭幕式。4 时开始,不到 5 时即结束。

7月14日　　星期五　　多云

上下午,均传达中央领导同志在政治局扩大会议上的发言,计有邓颖超、彭真、徐向前、聂荣臻、王震、薄一波等,其内容分析最近北京所发生的"反革命暴乱"产生的国内外原因,同时揭发赵紫阳对这一事件的发生发展负有不可推卸的责任,因而对他的组织处理,是他罪有应得。

下午,与老孟同志乘车返汴,8点多抵家。

7月15日　　星期六　　晴

上下午,参加校学位委员会,通过硕士生的硕士学位授予,共87位通过了85位,其中有两位中文系的,因有问题暂缓讨论。

接到上海书店寄来简报39号,里边有我对大系总序的意见。

7月16日　　星期日　　阴,时有小雨

在家阅读书报。看《光明日报》中有篇论文艺方面的资产阶级自由化倾向的文章,指出五四以后,中国文艺分化为两条路线,一是以鲁迅为代表的走向无产阶级道路;一是以胡适为首的走向资产阶级的道路。这两个阵线到30年代斗争更加激烈。

开国后的文艺创作,基本上遵循由鲁迅道路发展到毛泽东文艺思想的道路。但近几年来文艺界受西方自由化的影响越来越大,对鲁迅研究少了,并有人抨击鲁迅,对《延安文艺座谈会上的讲话》也是这样。资产阶级自由化泛滥,胡适同周作人被抬出受到推崇。我认为胡适、周作人并不是不能研究,也不是不应评论,问题是用什么立场观点来分析研究。如果用马克思主义、历史唯物主义去分析研究评价这种文学现象,为什么不可!但如果用资产阶级的立场、观点、方法,来对待鲁迅、毛泽东文艺思想,也将会得出相反的结论。所以根本问题,在从事研究者的立场、观点、方法。

7月17日　　星期一　　多云酷热

上午,去银行兑换国库券。

下午没出门,天气酷热。

7月18日　　星期二　　上午晴

上街购药。

7月19日　　星期三　　晴

天气酷热,什么事也干不成。

7月20日　　星期四　　晴热甚

接曲阜师大魏绍馨函,关于代购《金瓶梅》书事,拟给他汇去书价170元。

金勇送来她誊写的稿子。

7月21日　　星期五　　晴

上午,去邮局给魏绍馨寄去购书款200元,另外又给他寄去书两册,一、《中国新文学渊源》,二、《中国近代文学史》。

校阅金勇抄写的稿子。

7月22日　　星期六　　多云

上午,听韩书记传达全国高校会议的精神。下午,由王才安副书记和另外一位党委同志宣布今后加强对同学政治思想教育的计划。

接齐鲁书社函。

7月23日　　星期日　　阴

没出门在家校阅学生抄写的文稿。

下午给袁蓬一函,尚未发,拟将稿子寄给他。

7月24日　　星期一　　雨
校阅《道路》一文,已校毕,准备寄给省政协文史资料编辑室袁蓬同志。

7月25日　　星期二　　多云
在家休息。

7月26日　　星期三　　晴
下午,南召县本家弟弟任维国来,谈家乡许多情况。

7月27日　　星期四　　晴
在家休息。

7月28日　　星期五　　多云
在家休息。

7月29日　　星期六　　多云
晚去看电影。

7月30日　　星期日　　小雨到中雨
没法出门,在家看报同闲书。

7月31日　　星期一　　上午雨　下午雨住
接信多封:(一)李惠彬函,说他已考取北大严家炎的博士生。(二)省社联函,云最近将召开主席团会议。

8月1日　　星期二　　晴
给本家弟弟任维国一函,另外又与安徽肥东二中童某一函。

8月2日　　星期三　　晴

接广西卫生学校刘惠文同志及广州民族学院韩林元同志各一函。

8月3日　　星期四　　晴

写信三封,一、上海古籍出版社询问购买影印《醒世恒言》事;二、李惠彬;三、任维国。

8月4日　　星期五　　阴

发信致全国政协。

接原洛师学生函。

8月5日　　星期六　　阴下午大雨

到校医院看病。

接任维国挂号信,还是关于他儿子升学事。

8月6日　　星期日　　阴

与任维国函,谈其子任晓考学事。

8月7日　　星期一　　晴

与任维国函,谈他的儿子任晓分数仅400分,离分数线相距太远,自费走读降20分也差得多,因而无法录取。

8月8日　　星期二　　晴

接姚景韶函,为其外孙女录取事已复他一函。

8月9日　　星期三　　晴

上午9时许,与鸿毅去南关一高。

在开高待一天,晚饭后,乘周长生同志派的车回家,周系麟儿中学时的同学,现任市政府科技办公室副主任。

8月10日　　星期四　　晴

接袁蓬两函,一,是刚接到我的稿子的信;二,对稿子中某些事提出的疑问,拟明日具体答复他。

8月11日　　星期五　　晴　晚阴　夜雨

晨起,复袁蓬函。早饭后,托陈大嫂到北道门邮局发出。

翻检《小说月报》,发现冯骥才的中篇小说《三寸金莲》。

8月12日　　星期六　　多云

近来思想上有点停滞,不再发愤自强,而有点追求安逸。古人云:"德之不修,学之不讲,闻义不能徙,不善不能改,是吾忧也。"今后当以此为自己的座右铭。

8月13日　　星期日　　晴

上午整理案头的书信。

下午,午睡起来已3时半,写《感旧录》,本拟写周作人,后改写钱玄同,至晚饭前写毕,约两千字。

8月14日　　星期一　　晴

上午,与校出版社赵帆声社长电话,他说他要到我家来。下午,他来家谈关于光的稿子排印问题,同时也谈到韩林元书籍稿子清样校对问题。

姚伟来,说他后天去上海送《散文集》的稿子。我给范泉一函,令他带去。

8月15日　　星期二　　晴
看《明史》海瑞、徐阶等人的传。
修改《感旧录·钱玄同》。
接范泉函。
晚饭后,增杰夫妇来谈。
王振铎同志从烟台回来,来电话谈河大在郑,与郑州市合办师范学院事。

8月16日　　星期三　　多云
修改《钱玄同》一文毕,俟麟儿来,让他誊写一下。看《明史》严嵩及其子世蕃与党羽赵文华等人的传。从历史上看,坏人也成为集团残害人民。如同前几年林彪等人的反革命集团一样专干坏事。

8月17日　　星期四　　阴有时有小雨
上午,系里李建伟来,为刘思谦母亲买挽幛,付洋20元。

8月18日　　星期五　　多云转晴
接张中同志函(系他推荐我担任一位编写中国文学史的顾问问题)。

8月19日　　星期六　　多云转晴
复张中函(为应允担任安徽师大孙文光编《中国近代文学辞典》的顾问事)。
与省政协秘书处函(关于参加省直视察高校政治思想教育问题事)。

8月20日　　星期日　　晴
秋子从郑州来,拟约我同鸿毅去郑住一段。

8月21日　　星期一　　晴

接社联函,通知23号开会一天。与李校长电话,询问他是否去郑参加？晚饭前,他来访,说明天上午才能决定,决定后将电告我。

8月22日　　星期二　　晴

午饭后接李润田校长电话,他决定去郑参加社联主席团会议。这样我也需要去,于是决定23日晨7时10分动身。

8月23日　　星期三　　晴

晨5点起床,6时吃早饭,7点10分与李润田校长一起乘车去郑参加社联的主席团会议。下午8时返汴,到家已9点多。

接上海范泉函与上海师大王杏根函。

8月24日　　星期四　　晴

发信三件,一、上海范泉,二、上海王杏根,三、魏绍馨(为购书事)。

早饭后,访校出版社赵帆声社长,为上海王杏根购买《中国近代文学史》问题。

接北京文研所函,说我被收入《文学家辞典》,让填一详细的表,9月30日前寄还。

8月25日　　星期五　　晴

下午,与李校长打电话,问去郑州检查身体事,他说明日晨6时半乘车去郑。

8月26日　　星期六　　多云晚阵雨

上午,乘车与李校长润田去郑州河医大检查身体。

11时半,乘车返汴。下午1点多,抵家。

接袁蓬同志函,关于稿子发表事。

8月27日　　星期日　　晴

发信致袁蓬,预定《河南文史资料》本年第四期发表我的长篇文章。

8月28日　　星期一　　晴

晨起写文。

看《人生与伴侣》,里边有些文章能引起读者的兴趣,但也有些发人深思的东西。

8月29日　　星期二　　晴

把《在学习中给我印象最深的老师》一文写竟。

看《金瓶梅》,陈经济后来由富裕而走向破败,以至沦为乞丐的过程,可谓千古以来,富家即败落的,所走的同一道路。

8月30日　　星期三　　晴

修改《自传》之三《我在学习过程中的老师》。《自传》下边,拟写《我的朋友》。

8月31日　　星期四　　晴

复张中函,说明因眼睛关系,不能写文,请他另选高明。

晚6时许,爱和与凯声来谈。

9月1日　　星期五　　晴

晨起,写《自传》之四《我的朋友罗梦册》。下午,继续写,将近写毕。

发信:一、西北师大三年级学生□占魁拟考我的研究生,问明年是否招生,复函不招生。二、复上海华东师大中文系陈子喜函,并送他一本《中国近代文学史》一册。

9月2日　　星期六　　晴

写《自传》四《朋友》,关于罗梦册的还没写毕。

看《金(瓶梅)》最后几章。

9月3日　　星期日　　多云晚阴

写《自传》《朋友》部分关于李静之。

淑惠送来学报的校对清样,我一看原来是去年赵道山同学要我同他协作写的《关于晚清以来开封文艺方面的发展梗概》一文。想不到他会把它送给学报,内容很简略,因为材料太缺之故。我校后,在后边加上个附志。

接魏绍馨自曲阜师大来函,说汇给他的购书钱已收到,因现在正忙于学习,俟告一段落,即可着手办理购书之事。

把《金》书末尾几章看毕。作者也是一个信佛的人。最后一回,以普静禅师幻化孝哥儿,以及小玉在永福寺所看到种种魂灵现相,其目的在借小说故事说明天道福善祸淫,善有善报,恶有恶报,总之不出佛家因果报应之理。

9月4日　　星期一　　夜雨上午阴下午小雨旋住

将《自传·朋友》一章写毕,还有篇要补充的地方,俟誊改时再说。

省政协袁蓬同志来电话说,郭海长和另一位政协同志赴京参加全协文史资料会已回郑,拟来汴汇报会议情况。我说能在电话中说说算了。袁同志说,几句话说不清,需要来一次,问我明后两天有无功夫,我说有。这样,他们可能不是明天来,就是后天来。

晚饭前,关仁训同慈健同志来谈。

9月5日　　星期二　　晴

昨天接省政协袁蓬同志函,说今天(5号)或明天(6号)来汴造访,汇报中央全协关于文史资料会议的情况。今天略作准备,鸿毅出去买点苹果,我买了半斤炒花生米,拟他们来时作为招待之用,但他们没来。

修改《自传》(家庭部分)

上午赵明同志来,闲谈至12时许。

9月6日　　星期三　　晴

上午10时许,郭海长、袁蓬与魏一明三同志来,由海长与小魏谈在北戴河参加全国政协关于文史资料会议召开情况,至11时许,他们辞去。据海长说他要去市委找杨基柱同志谈些事,不便多留,他们就走了。

修改《自传》《我的婚姻》。

公安县文化局公安派文学研究会李寿和,寄来一本打印的《公安三袁传》,让提意见。

9月7日　　星期四　　晴

到邮局,给公安县文化局李寿和寄去信一件,并《渊源》一册。

光儿把我写的文稿已誊清,校阅一过。

9月8日　　星期五

上午校阅光儿所誊写之文稿毕。

9月9日　　星期六　　多云

上午,补写《孔学评议的今昔观》末尾一段。

下午,去学校参加庆祝教师节大会。

9月10日　　星期日　　多云　今日教师节

天气不好,也没出门,在家写文,看书。

把《孔学评议今昔观》结尾处重新写了一下,说明我对孔学应该持的态度。

9月11日　　星期一　　晴

上午,系里李建伟来,关于安装天然气管道事。

王景秀来访。

9月12日　　星期二　　晴

今天,省政协送来在河医大附属医院体格检查表。晚饭后看了看,结果很不好:(一)有冠心病。(二)有支气管炎与肺气肿。(三)食道下部有米粒状的东西。但我晚上睡得很好,不能背病的包袱。人活一百岁也要死,古人说"死生有命",所以不必怕。我的前辈活七十的就很少,但我已八十高龄。但总希望多活几年,给人民再作上点贡献,愿望不过如此而已。

9月13日　　星期三　　晴

姚伟来,让他拿走三篇《自传》文稿。

下午,淑惠来,带走我的体检结果,让她们的邻居荣大夫看看。

9月14日　　星期四　　晴

下午,看电大去年一期的学报,我在上边发表的《论西汉的黄老之学》觉得写得还好,拟把它校一下,送给出版社补入《中国古典文学论文集续编》中。

9月15日　　星期五　　晴

校改《略论西汉黄老之学》一文。

把范泉函及上海书店编审对《散文选》所提意见送给光。下午接淑惠送来光儿函,认为需召开个小会讨论一下。

复范泉函,说明这边有几个负责编选的不在学校,将来拟召开会议,讨论一下,并请他提出补救办法。

9月16日　　星期六　　多云

范泉的信,及所附意见,让光儿看后,他复一函,意将来让王广西去上海一趟,但不知他肯去否?

9月17日　　星期日　　晴

晨起散步,至学校花园,碰到统战部李江水同志,告他以省政协20日座谈会,我不能参加。请他打电话通知政协,代为请假。

写一座谈会书面发言稿,上午誊清,寄给省政协赵凤羽秘书长,下午投邮。

9月18日　　星期一　　晴大风

接苏州大学现代文学学会来函,言11月在苏州大学开会,征询到时是否前往参加,并让早日答复。

与张宜雷同志函,对他惠赠月饼表示谢意,并将《中国近代文学史》一册寄赠。

9月19日　　星期二　　上午晴晚阴

看小说《三言》、《聊斋》。

9月20日　　星期三　　多云,晚有零星小雨

把发言稿又誊写一遍。

看《通鉴纪事本末》中《武韦之祸》部分。

唐中宗真是一个极其庸懦昏愦之君,自己已经吃尽了武后的苦头,但还要宠他的皇后韦氏,结果被韦后毒死,把朝廷搞得一团糟。

9月21日　　星期四　　晴

上午8点,去学校乘车到汴京饭店后楼,参加市政协召开的庆祝政协成立四十周年纪念会。会上,由市政协主席杨基柱部长、市委副书记张应祥两同志讲话,后由各民主党派代表发言,市民盟主委王汉澜致辞,发言即结束。下边是文艺节目,有几位市豫剧团演员清唱,最后有两人化妆演出《红娘》,散会已12点。

下午,有省政协杨同志、还有原市人大秘书长来访。

晚,新招的四位研究生来家看望,并馈以苹果、香蕉。

9月22日　　星期五　　晴

下午于淑敏同学来,将已誊好的稿子(《自传》)送来,并作了修改。

晚爱和来,谈上海稿子问题。

9月23日　　星期六　　多云

上午去学校二招,回看省政协杨同志,谈约近一小时即回去。

爱和来,谈关于修改散文选稿子问题。晚饭后,他又来说,他草拟了一封信,他念了一遍,征求我的意见,我觉得可以。

看《古今小说》。

9月24日　　星期日　　阴夜雨

上午,华锋引河南古籍编辑贾传堂同志来,拿来一本《楹联宝库》。出版社拟重印,要我为它写篇导读,我已接受。下午,看看这本书,收入楹联1万多副,内容分十几大类,每类又分3小类,系1927年上海广益出版局出版。

9月25日　　星期一　　阴,终日小雨

上下午,把河南古籍出版社编辑贾传堂嘱写的文章誊清,题为

《漫话重印〈楹联宝库〉》约一千五百字。

9月26日　　星期二　　阴,有时有小雨

上下午,把贾传堂嘱写的文章誊清。

9月27日　　星期三　　阴

校改同学们抄的论文《孔学评议今昔观》还有一半没校毕。

9月28日　　星期四　　晴

上午,何德功来谈北京一些情况。
校阅论文毕,拟送给校报。

9月29日　　星期五　　晴

上午,把《孔学评议今昔观》一文,让小简送给学报张如法同志。
下午,参加学校召开的八十以上的老同志座谈会,会上先由副书记和副校长二位领导讲话,下边与会同志自由发言,我也说了几句,至晚饭前散。

9月30日　　星期六　　晴

上午,为《中州学刊》创刊十周年题词为"弘扬文化,影响深远"。已投邮。
下午2时,去大众电影院参加市委市政府召开的庆祝建国四十周年纪念会大会。结束后,看电影《开国大典》,从4点演到6点40结束。

10月1日　　星期日

中国青年出版社张羽寄来他新著《革命烈士传(三)》一册。

10月2日　　星期一　　晴

上街购物。

10月3日　　星期二　　晴

上午10时半,盟市委由王汉澜主委率市委会委员及所有工作同志十许人来家,祝贺八十生辰,并送市书法家牛光甫先生写的"寿"字条幅,并五言对联一副。

他们坐了不到一小时辞去,中间由汉澜同志祝贺词,我简单致答词和谢意,照像一帧。

10月4日　　星期三　　晴

拟写篇《孔学新论》。内容:(一)孔子的政治思想。(二)孔子的教育思想。(三)孔子的哲学思想。(四)孔子的伦理思想。

10月5日　　星期四　　晴

上午,接曲阜师大魏绍馨函,谈《金》书至今尚未出版,以致迟了未能投寄。

下午,接《中州学刊》寄来《鲁迅与周作人》一文的清样让校对。

10月6日　　星期五　　晴

晨起,即校《鲁迅与周作人》一文的清样。上午校毕,拟寄回郑州《中州学刊》,下午让研究生姚伟投邮。

下午,于淑敏来,付她百元,托她去北道门邮局订90年上半年的《开封日报》、《光明日报》、《参考消息》、《文艺报》、《文摘》等报纸。

10月7日　　星期六　　晴

校改学生所誊写的《自传·我的婚姻》。

昨天,让于淑敏去市里订明年上半年的报纸。她下午来说,她到北道门,又到自由路总局,说到 11 月份才开始订,让她白跑一趟,很抱歉。

10 月 8 日　　星期日　　晴

上午,金勇来谈她论文写作情况。

看过去所写《自传》把同学们誊抄过的加以校阅。

姚景韶的孙子姚晓雷与他的同班某君来,谈至吃晚饭时才辞去。

10 月 9 日　　星期一　　晴

整理《自传》。现在已写就的有以下几篇:(一)家庭。(二)婚姻。(三)师长。(四)朋友。(五)学历。(六)五十年来治学的回顾。

这些文章内容有相互重复的,另外在艺术上还须要润色、推敲,必须很好加以修改才行。

10 月 10 日　　星期二　　晴

上午,爱和来,示以上海范泉的信,商量如何对付上海这种市侩们。

着手写《感旧录·胡适》,阅读了他的《白话文学史》。

10 月 11 日　　星期三　　晴

晨起将《感旧录·胡适》篇写成。

张一木送来中央、省、市的《盟讯》。

10 月 12 日　　星期四　　晴

上午,与李润田校长、还有葛洪、孙心一两同志到西郊开封大学视察,听取该校领导关于如何对学生政治思想进行教育的汇报,下午又与该校教师、班主任、指导员进行座谈。

10月13日　　星期五　　晴

今日请假,未去市里视察。

上午誊写修改《感旧录·胡适》,誊清后,并写一信致王予民,晚淑惠来,交她明日投邮。

10月14日　　星期六　　阴下午中雨

上午与李校长、孙心一、葛洪诸同志去老府门师专视察,至12点左右返校。该校由陈校长作对学生进行政治思想教育的汇报。

下午座谈会,我没去参加。

10月15日　　星期日　　阴大风降温

在家看工人安装暖气管道。

10月16日　　星期一　　晴

看《三国演义》。

10月17日　　星期二　　晴

慈健来谈。

10月18日　　星期三　　阴冷

暖气管道还未安装好。

10月19日　　星期四　　晴

上午9时,系里派学生来接。在八号楼系会议室举行庆贺我80寿辰学术座谈会。学校方面有信春副校长参加,总共约30人。由增杰同志致开场白,下边由到会同志发言。先由信春同志发言,下边发言的有爱和、赵明等六七位同志,讲的都比较中肯。会上,鸿毅也发了言。座谈会后,到大礼堂前照了像,接着又去一招餐厅用餐,据说每桌120元,菜极丰富,味道也不错。午饭后即回来休息。

10月20日　　星期五　　晴

上午,葛洪同志来,将孙心一写的视察汇报草稿念给我听,觉得比较切实扼要。他走时留下视察补助费15元。

10月21日　　星期六　　晴

10时,去校办公楼二楼参加校学位委员会,讨论中文系当代文学研究生徐列的论文,至12点多散。

到学报编辑部拿本年第5期学报5册,宋应离同志赠他的近著《中国大学学报简史》一册。

10月22日　　星期日　　晴

看学报中张综写的《关于〈聊斋〉的语言艺术》,分析论述颇有个人独到之见,可知她对这部小说是下过一番钻研功夫的。她本是从事教育的,想不到她对文学兴趣也很高,是令人想不到的。

10月23日　　星期一　　晴

下午3时,与李校长、孟教授、常剑桥等同志乘车赴郑,参加省政协常委会。4点半到郑,住河南饭店南楼二楼41号。

10月24日　　星期二　　晴

上午,举行开幕式。赵正夫、阎济民主席讲了话。下午,小组学习江泽民讲话,并进行讨论。李润田校长发言,谈河大情况,理论与实际相结合,有事实有批判,并杂以自我批评。讨论结束后,小组一致推举他为明日发言人。

10月25日　　星期三　　晴

下午参加会议,大会发言的有段宗三和李润田等同志,大会是丁轸宇主持的。

10月26日　　星期四　　密云不雨

上下午,参加大会。各视察小组汇报视察情况及有关建议。就全省来说,以南阳地区科技教育与工农业生产结合得较好。

10月27日　　星期五　　阴转晴

上午,小组会阅读文件。我向组长声明我在这里因光线不佳,需回饭店看。同意了,我就回来看文件。

下午小组讨论,与会的人不多。

10月28日　　星期六　　晴

上午,小组讨论。由吴清波主持会议。会议讨论内容,对西方资产阶级意识形态在学术界各个领域的表现应进行一次大批判,用以给全国人民进行一次马列主义、毛泽东思想的再教育。我也发了言。

下午,大会举行闭幕式。

10月29日　　星期日　　晴

上午,去电业局家属院秋子家。

下午,睡了一觉。5时,政协来车接回到饭店。

10月30日　　星期一　　晴

上午,省政协文史资料工作会议开幕。领导让我来主持会议,发言的有阎主席、郭海长与胡思庸。10点半结束。

10月31日　　星期二　　晴

晨起,写信致曲阜师大魏绍馨夫妇,告诉他们书已收到,并表示谢意,书价175元,尚欠5元,附信中5元邮票寄去。

看《金瓶梅》确系原本无误。

看徐列的毕业论文《新时期的反思文学》。

11月1日　　星期三　　晴

与大连华鑫书社函,并让淑惠汇去洋33元,购买《当代名人辞典》一册。

看《金瓶梅》。

下午慈健、爱和两人来谈《中国近代文学史》的稿费分配事宜。

复《教育时报》王予民函。

11月2日　　星期四　　阴小雨

没出门在家看书。

想写《感旧录》而未提笔。

11月3日　　星期五　　阴

晚省政协袁蓬同志来电话,问关于我写的稿子中的几个问题。并说清样他正在校阅,俟校毕即寄来,让我再看。

看丛维熙写的《大墙下的红玉兰》写四人帮时期人妖颠倒的情况。

11月4日　　星期六　　阴有时有小雨

看小说《大墙下的红玉兰》。

修改《自传》中关于学习经历部分,拟让研究生抄写。

11月5日　　星期日　　阴

晨。写《八十自述》:

　　光阴如飞矢,倏忽已八十。却顾所来路,亦慰亦叹息。弱龄从父读,经书略能记。继而入小学,成绩前列居。直至研究院,振翅尤奋翼。硕学曾亲炙,名家为我师。中国文学史,源流已备悉。古典近现代,论著多成帙。观点与识解,颇受士林誉。执教五十年,桃李满华域。子女已成人,各自有所长。夫人虽年迈,家务仍独当。深愿天假年,继续发余光。

11月6日　　星期一　　阴晚雨

增杰上午来,送来两份通俗文学史提纲,让我提意见。下午看后,觉得里边涉及的近现代通俗文学作品,有的看过,有的根本没有看过。作者搜罗宏富,从思想到艺术论述其流派与特色,是有见地的。鲁迅《中国小说史略》中关于通俗文学共两章,一为武侠,一为狭邪。鲁迅从时代背景与作品本身发展予以论述。而提纲所论比鲁迅涉及的面较广,因而更加丰富,足可以成为专著。

11月7日　　星期二　　有时有小雨

郑州《教育时报》寄来11月2日的报纸两张,上面载有我写的《感旧录·钱玄同印象》一文。

省《文史资料》编辑部袁蓬寄来《我的治学道路》一文的校样。

11月8日　　星期三　　阴转多云

上午,鸿毅去后边将校样投邮(省政协《文史资料》编辑室袁蓬同志)。

晚于淑敏来,送来一些邮件。另有中文系四年级同学荣君转来他的老师刘会文的信。

11月9日　　星期四　　多云

发信致北京《小说词典》编辑部,内容系就我所写关于评论小说及小说作家的论文篇目及出版时间。

晚,于淑敏送来她的论文纲要。

拟写篇《近代散文的流派及其特征》。

11月10日　　星期五　　阴

下午,增杰来,把《中国通俗文学史》中小说部分的提纲拿走。我已看过,并写了评语,他一并带去。

晨起,草拟了《中国近代散文的流派及其特征》的提纲,俟阅读有关资料后,即命笔。

11月11日　　星期六　　阴

早饭后,姚伟来。谈他的论文题目,同光体与宋代诗人的关系,以及对并世其他诗派如提倡诗歌革新的维新派的横向比较。

10时,学校有学术委员会会议,姚伟用车推我到小礼堂小会议室。由李校长主持,通过科研项目问题,向上级汇报拟请求批准的问题,快12点才散。

11月12日　　星期日　　阴

上午,金勇来谈她对论文写作的考虑情况。下午,于淑敏来,也谈写论文问题。

11月13日　　星期一　　阴

看陈衍《近代诗钞》关于陈三立的诗。

11月14日　　星期二　　晴转阴

姚伟要看陈衍的《石遗室诗话》。下午去找老于,因为门弄错了,都没找到。晚饭前,与鸿毅一块去找,算是找到了。他的女儿在家,他刚出门。我们等了一会,他回来了,问他的《石遗室诗话》,他同他的外孙女小敏找了找,终于找到了一至四厚册。总算达到了目的。

11月15日　　星期三　　多云

读《杜诗镜铨》中部分所熟悉的作品,如《秋兴八首》、《北征》等。

杜诗中写诸葛武侯的作品多首,拟仔细读一读。他对武侯深加赞扬,可知受其影响甚深也。

11月16日　　星期四　　晴
偕夫人赴郑,住农大女儿秋子家。

11月17日　　星期五　　晴
近日身体有些不适,便秘。

11月18日　　星期六　　晴
光儿全家搬到我家。

11月19日　　星期日　　多云
发信:一、刘增杰。二、任光。

11月20日　　星期一　　晴
没出门。
写信一封,给小厚、小高,还未发。

11月21日　　星期二　　晴
上午,与鸿毅去社科院看王广西,谈约半个小时即转回。

11月22日　　星期三　　晴
上午没事,听听广播,有时翻翻小说《聊斋》。

11月23日　　星期四　　晴
没出门,在室内看书。

11月24日　　星期五　　多云

上午与秋子去农大招待所,给民盟省委会打电话,让派车接,25号下午会议。

下午,范濂同志来秋子家,我还没起,他告诉我25日下午,可乘农大车去开会。

11月25日　　星期六　　晴

上午小厚、小高来,社科院梅蕙兰来,谈至11时辞去。

下午1时三刻,乘范、吴二老的车去盟省委开会,至6时左右始散。

11月26日　　星期日　　多云

写信五封,尚未发。

12月4日　　星期一　　晴

晚上,袁凯声来,王广西夫妇来。广西拟明日赴汴,并与爱和、慈健去上海修改散文选稿子。

12月9日　　星期六　　阴

因病就医,日记间断了十多天,以后须要每天记。

看姚伟的论文《论同光体》。我觉得内容不够充实,拟建议把题目改为《晚清诗坛的几个重要流派及其所反映的时代特征》,这样除保守派同光体外,还可以把维新派诗与革命派诗都加以论述,并对之加以比较,以显示晚清政治及阶级关系间的发展变化。拟将此意函告姚君,征询他的意见。

12月10日　　星期日　　晴

晚,于淑敏同她的朋友李频来。并送来她的论文提纲,她的题目是晚清小说方面的。

于淑敏一两天就要回开封。我让她给光儿捎了封信。

12月11日　　星期一　　阴

姚伟来,把他的论文提纲交给他,并提出我的修改意见,让他考虑。他又提出他明年毕业后的工作问题。

12月12日　　星期二　　阴雨雪

被河南文史馆聘为名誉馆长。

12月13日　　星期三　　晴

上街购物。

12月14日　　星期四　　晴

陈江风来,捎来增杰函。

12月15日　　星期五　　晴

发信致光儿、增杰同苏书记。

12月16日　　星期六　　晴

下午小高、小厚来,晚饭后辞去。

12月17日　　星期日　　晴

没出门,秋子病了。

12月18日　　星期一　　天阴雨雪

接麟儿明凰信。

12月19日　　星期二　　天阴气温骤降
鸿毅感冒伤风咳嗽。

12月20日　　星期三　　阴
看《水浒》。

12月21日　　星期四　　阴小雪
　　河大来人,捎来岳耀钦的信,让我评阅徐列的毕业论文《论新时期的反思文学》,这篇论文在全校学位委员会上因有同志提出异议,以致没有通过,现一定要我来写论文评语,我并非徐列的指导教师,但他的导师是岳耀钦,为了通过,一定要我来写,辞不掉,也只好勉为其难。

12月22日　　星期五　　雪停
　　看徐列论文,并写出评语。
　　下午,将评语誊清并与岳耀钦一函。

12月29日　　星期五　　晴
　　从农学院搬到电业局家属院,秋子一块来此。

12月30日　　星期六　　阴
　　由政协派车与鸿毅、秋子去省人民医院诊病,袁凯声在医院等候,仍挂的李名山大夫的号,我同鸿毅都请他看了看。看后,取了药,即返电业局宿舍。

1990 年

1月9日　　星期二　　多云

河大派车来郑接我同鸿毅返汴,10点起程,11点50分抵家。

1月10日　　星期三　　阴

上午拆阅几个月的邮件,有个人函件,有政协文件,有学报,有刊物。翻阅了一个上午,基本拆阅了一遍。

《河南教育时报》1989年12月28日(星期四)载有我的《感旧录·忆胡适》一文。

1990年《开封地方志》第2期载有张沁生写的《顾问介绍栏》《近代文学的开拓者——任访秋教授》一文,内容比较翔实可取。

1月11日　　星期四　　多云

上午,写信致韩林元,告诉他关于他的著作,河大出版社印行时间问题,并对其赠送挂历及咖啡表示谢意。

下午,访韩靖琦书记,不遇。

晚饭后,何德功来,闲谈直至10点,辞去。

1月12日　　星期五　　晴

写信给恭夫、秋子,尚未发。

1月13日　　星期六　　多云

发信致秋子、恭夫。

看《中国古代论文选》。

在汉魏六朝时期,文学思想上,有主张批评与反对批评的两派。前者多属作家,即如曹子建《与杨德祖》,认为有南威之容,始可以论于淑媛;有龙泉之剑,始可以议于断割。一个作者如自己写不出优美的作品,就不配来评论别人。很显然,这个看法虽主张批评,但也是片面的。作家把作品写出后,特别是流传于世后,社会上对之完全有评论的权力,特别是评论者可以是作家,也可以不是作家。哪能说,不长于创作就不能批评呢?即如庖人炒出的菜肴,吃菜的人就可以评论其好坏。如果食用者不会治庖就不能评论,这个道理讲得通吗?

1月14日　　星期日　　阴室外奇冷

礼拜四,哪里也没去。因天气不好。像我这样老人,很容易感冒,所以只有闭门不出,在室内看看小说之类。

1月15日　　星期一　　晴

没出门,在家看书并翻阅过去发表的论文,有些觉得写得还不坏,有加以重印的必要。即如《由批孔到尊孔的章太炎》一文,至今有些学者竟不知章氏早年曾经批孔,如周振甫之流认为章氏不但不批孔,而且肯定程、朱,其无知令人惊异。

1月16日　　星期二　　多云

翻阅过去所发表的学术论文。

下午,省社联胡世厚副主席来访,告以明天省社联的开封同志,与开封市社联有关同志拟在市政协礼堂举行大会,让我参加。

1月17日　　星期三　　晴

上午,与周守正、韩靖琦两同志去市政协,参加省社联胡世厚副主席召开的春节联谊会。至11时半结束。

1月18日　　星期四　　晴

对《近代文学大系信息》中发表的华南师大研究生左鹏军的信予以答复,稿子交光儿誊清后发出。

1月19日　星期五　晴

上午,到学校小礼堂,参加校领导召开的全校师生员工代表新年联谊会,直至12点才散。

下午,爱和、慈健、凯声三同志来。

上午,市地方志同志来,我不在家,送来台灯一个,及一些有关书籍。

1月20日　星期六　晴

接周乐民贺年片一张。

1月21日　星期日　晴

上午,省政协赵正夫副主席代表阁主席,来开封看望我同李润田校长,坐了半个小时即辞去,并送水果一大包。

发信致上海图书公司范泉,把《答复左鹏军的信》附入,请其在《信息》上披露。

1月22日　星期一　晴

上午,市统战部马琳部长来,并送礼品。

下午,市政协干部来,通知明日为杨基柱部长调任市政协第一副主席设宴欢迎,邀我参加。

1月23日　星期二　晴

上午,市委统战部长马琳来,我不在家。11点半,市政协派车来接,到政协大院。先去民盟办公室,接着到又一新饭店,宴请杨基柱、马琳两部长。杨因年龄已到,退下来由其部下马琳接替。市各民主党派为辞旧迎新,特设宴招待他们。

下午,沈卫威来,谈他在南大的导师叶子铭的情况。

1月24日　　星期三　　阴

看鲁迅《中国小说史略》关于论明代之人情小说部分。

1月25日　　星期四　　阴

翻阅过去发表的学术论文。

1月26日　　星期五　　阴,有小雪

上午,参加系团拜会,我讲了话。

下午,副省长于友先来校,看望几位老师。

省《中州学刊》89年第六期出版了,里边载有我的《鲁迅与周作人》一文。

1月27日　　星期六　　晴

上午,赵帆声同志来,谈及我放在出版社的稿子,说今年一定要出。我因而想到最近几年发表的学术论文应补入,这就会内容更加丰富点。

另外关于《鲁迅散论二集》一书早已辑成,但没有向外探询出版的地方,最近亦拟向外发几封信问一问。

审阅近几年发表的学术论文,如《夏曾佑论》及关于龚自珍的两篇论文等。

1月28日　　星期日　　雪

在家看书,没出门。翻阅过去曾发表过文章的刊物,拟找出一部分补入《古典论文续编》。

1月30日　　星期二　　由阴转晴

大雪载途,哪里也不能去。在家备课,看李卓吾的《焚书》。拟将下列论文补入到《中国古典文学论文集续编》中:

1. 略论西汉黄老之学。
2. 庄子与魏晋以来几位杰出的诗人。
3. 《三国演义》与正统论。
4. 从《聊斋》中几个妇女的典型形象看蒲松龄的妇女观。
5. 龚自珍与晚清诗坛。
6. 试论龚自珍的散文。

1月31日　　星期三　　晴

找寻过去写的论文《论龚自珍的散文》。此文曾在1988年《殷都学刊》上发表,但这个刊物找到了两本,一本里边的这篇文章已裁去,一本里边缺两页,是空白。没办法,只有与该刊编辑部函,请找出复印一份来。

想写篇《孟轲论》,觉得如果用批判继承的方法来评论孟轲的思想,对树立新的人生观是有帮助的。

2月1日　　星期四　　晴

写信致《殷都学刊》,因不知邮政编码,而未发。

2月2日　　星期五　　晴

市里《地方志》一位同志来谈,他想编一部毛泽东思想发展的有关资料,并想找出版的地方,对此谈了许多话。

2月3日　　星期六　　晴

备课,看《渊源》及李卓吾《焚书》。选袁宏道散文,看他集子中散文部分。

2月4日　　星期日　　晴

王华农同志来,约我为《中原文史》写篇文章,拟在本年6月份发稿。这个刊物是省文史馆办的,由他主编,而我现又被推为文史馆的名誉馆长,所以也不便推辞。

看《鲁迅》第21期中《鲁迅的祖父——周福清》一文,对周平生经历及其性格,学术,论述甚详,至他对鲁迅学术思想的影响也有所阐发,是值得一读的。

2月5日　　星期一　　晴

接秋子信,信中并转来罗梅欣的信。

选《袁中郎集》中尺牍部分。

2月6日　　星期二　　多云

选袁中郎尺牍。

2月7日　　星期三　　多云

与光儿谈关于目前如何对待我国传统文化问题,我们的看法基本是一致的。拟以此为题,让光儿执笔写篇文章,以应王华农所编《中原文史》之嘱。

2月8日　　星期四　　多云

看《袁中郎文集》,选了部分尺牍。

吃早饭时,连波同志来,送来《殷都学刊》88年第一期,里边载有我的论文《龚自珍的散文》,他大概很忙,没坐就走了。

2月9日　　星期五　　阴

没出门,即觉已感冒。

选袁中郎散文。

晚,李贤臣、王玲夫妇来,并送一些礼品。李系中文系古代教研室讲授唐宋段的教师。

2月10日　　星期六　　晴

今日为农历正月十五日,家家吃饺子。

2月11日　　星期日　　晴

看《后汉书》、《董卓传》、《吕布传》。《三国演义》中所写,有极少部分与正史相合,而大部分是属于虚构,即如小说中的貂婵,在正史中即无此人,至于她的活动更不必说了。

2月12日　　星期一　　晴

给校出版社管金麟电话,拟将补入的文稿送去。

2月13日　　星期二　　阴

研究生姚伟、于淑敏、金勇来。

2月14日　　星期三　　阴

整理近几年来的学术论文,拟将续编内容补充一下。

下午,我那本《中国古典文学论文集续编》的责任编辑孟宪法同志来,他说等我把稿子修改后,用电话通知他。

2月15日　　星期四　　阴

上午,把准备补入《续编》的八篇文章找出,并写了一个目录交给孟宪法。

2月16日　　星期五　　阴

近日因天气不好没出门,有些会也请假。

2月17日　　星期六　　阴小雪

解杰熙来,从下午4时谈到晚饭后,8点辞去。

看《三国演义》。

2月18日　　星期日　　多云
看《袁中郎全集》选散文部分。

2月19日　　星期一　　阴
上午,四位研究生来,有赵丹珺(女)、苏常青、高恒文、赵新顺。给他们定于每周礼拜三上午上课,从本周开始。

2月20日　　星期二　　阴有小雨
早晨,复晨风信,劝他不要出院,俟气候转暖时再说。

明日开始给本届研究生上课,开始讲一下近现代学者论治学方法,于是找出过去写的稿子,并对文中所征引的话,重新熟悉一下。

2月21日　　星期三　　阴有小雨
上午,给去年招的现代文学研究生上课,讲授治学方法。因为天阴,室内光线极暗,学生不好记笔记。从8点半讲到11点多结束。让他们把讲稿拿去抄写一下复印。

2月22日　　星期四　　阴
晚,于淑敏送来这期学报的校样,我的文章是《孔学评议今昔观》,让校毕后送回。我当即校阅,至临睡前已校毕。

夜间醒来,想写篇《批判继承与民族文化的发展》。内容分三大部分:(一)根据中国的历史,说明批判继承是文化发展的一个规律。(二)历代思想家论批判继承以及他们在实践中如何具体运用。(三)论马克思主义者必须遵照民族文化发展的规律,来发展民族文化,并驳斥对民族文化否定的谬论。

2月23日　　星期五　　阴

看金勇的论文。内容主要论述晚清至民初通俗小说中,言情小说与社会小说的发展及其合流的情况。这类通俗小说,多半是写男女的恋情。其过程与波折,不外是喜剧,有情人终成眷属;或者是悲剧,因家庭、社会的阻挠与破坏而以不幸或殉情结局。其来源,实为明末清初才子佳人小说的发展。由于时代的变迁,因而主人公在身世教养等方面均有所不同,而带有浓郁的时代色彩。这类作品在五四文化革命时曾受到新派作家的抨击与批判,因而在价值观上,远远不能与五四后名家作品相比,而文学批评家们也对此类作品不屑一顾。但这类作品,毕竟是那个时期出现的特有的文学现象,而且曾拥有广泛的、大量的读者,虽然在创作思想及艺术技巧上都存在着缺陷与问题,但从文学史研究的角度出发,对其所以产生、发展与各个时期的代表作家、代表作品加以研讨,而予以分析评价和论述,不能说毫无意义。

金勇这篇论文从这个角度来看,还是有一定学术意义的。

论文优点:

1. 论述内容丰富,对代表作家与代表作品都有着重点的分析、评述,如对晚清礼拜六派的作者以及民初作品在市民中风靡一时的张恨水都作了较详尽的论述。

2. 有独自的见解,评论也比较实事求是。

3. 文字流畅,能引人入胜,不感到枯燥乏味。

缺点:

1. 在结构上,对作家作品论述不够均衡,有的过长,有的太短。即如张恨水部分,几乎可以独立出来而成为一篇《张恨水论》。

2. 对作品内容介绍过于详细。即如对几部狭邪小说,只需对其中的人物故事情节作极简明的介绍即可,无需连篇累牍地去叙述。

3. 分析论点不够突出。即如晚清的言情小说与社会小说的产生、发展和特点以及二者又是如何彼此渗透,如何合流的,均需作比较明确的论述,使读者一目了然。

4.文章的结构须再加以组织安排,该补充的补充,该删削的删削。

5.文章用词,有的不甚恰切,应予以修改。

2月24日　　星期六　　多云

下午誊抄旧作《忆知堂老人》,未竟。

晚看《三国演义》。

2月25日　　星期日　　晴

备课,看《焚书》及《中国思想史》李贽部分。誊写《感旧录·岂明老人》。

2月26日　　星期一　　晴

晨3时醒来,看李卓吾《焚书》,至5时又躺下睡一觉,再醒来已快7点。

誊写《感旧录》两页。

将金勇的论文修改意见写出。

2月27日　　星期二　　晴

看《中国哲学史》中论程朱学派部分,誊写《感旧录》。

2月28日　　星期三　　多云

下午,感到非常疲劳。午觉起来稍好一点。上午,给研究生上课,将治学方法讲毕,时已11点。人们说岁月不饶人,过去讲课不算什么,可现在就感到累。是不是真的精神不济了呢?

3月1日　　星期四　　多云

备课,看李贽《焚书》及《中国哲学史》中论李贽部分。

增杰来电话,让为召收研究生拟考试题目。说下礼拜一,他同赵明、文金到我家商定题目。

3月2日　　星期五　　晴

看侯外庐主编的《中国思想通史》第四卷下第二十四章《李贽的战斗性格及其革命思想》。

拟了六道研究生试题。

3月3日　　星期六　　晴

开始写《批判继承与我国传统文化》论文。

上午,整理买到的标点本《宋史》、《辽史》、《魏书》、《新、旧唐书》等,有的不全。不知当时买时,没有查册数够不够,还是拿回来后放乱了,忘了放的地方了。年纪大了,健忘,搞什么都容易出错。

备课,阅《李贽文集》和近人评论他的著作,如《中国思想通史》。

3月4日　　星期日　　晴

备课看《中国思想通史》关于李贽部分,并翻阅李贽论著。

接范泉信,说《散文选》第一卷已发排,四卷,争取年内能出来。

3月5日　　星期一　　晴

上午8时,增杰、文金、赵明三同志来,商量为今年研究生考试出试题,至10时半结束,草出了三道大题,六道小题。

下午,为复上海范泉信,打电话给慈健同志,后来他来了一趟,关于写500字介绍散文选四卷内容问题,原拟让爱和写,但他回郑州了,让他写怕耽误时间,慈健拟与凯声商量着写。

3月7日　　星期三　　晴

上午,给研究生上课。讲李贽部分,把生平思想都已讲毕。

3月8日　　星期四　　晴

上午,已离休的翟大夫,还有另一位不知其姓名的,来家说,她们学雷锋,给老同志检查一下身体。很简单,先量血压,次听心脏。翟大夫说我的血压正常,低压80,高压140,心脏听了几秒钟,说很好,于是就辞去。

3月9日　　星期五　　晴

为答复中国作协函,把生平著作目录列了一下,并写一函,尚未投邮。

看《中国近代文学论集》小说部分。

3月10日　　星期六　　晴

与中国作协发信一封,并汇洋贰拾元,购买会员录。

3月11日　　星期日　　晴

10日至14日,在郑参加省政协会议。

3月15日　　星期四　　晴

看《毛泽东及其纷歧者》。

3月16日　　星期五

上午,备课。因去郑州开会,耽误了一年级研究生的课,拟给他们补一次。

3月17日　　星期六　　晴

上午,叫于淑敏来,让她谈谈她的论文《论近代小说界革命》。

下午,淑惠来,送来我与光儿合写的论文,主要是谈文化的批判继承问题。由光儿执笔,大题目是《历史的无情选择》,副标题是《漫议文化的借鉴与继承》。文中大力批判了最近一些在文化上持民族虚无主义者所喧嚷的全盘西化论。拟最近将它交给王华农,他在编《中原文史》。

3月18日　　星期日　　晴

审阅学生抄写的文稿。

上午9时,于淑敏来,继续谈她的论文。谈毕,我给她提了几条意见。她走时已快到12点了。

3月19日　　星期一　　晴

上下午,孟宪法同志来,校我所写的《中国古典文学论集续编》的稿子。主要是校对文章中的引文。有时有疑问,必须与原书核对一下。他上下午坐在那里,一动也不动,不抽烟、不喝水,专心于稿子。有问题时,让我找到原文来校对一下。我陪着他,有时看看报,或其它书籍,也有时活动活动,惟他一点也不活动,说明他的年纪还年轻。

与文史馆王华农打电话,让来拿稿子。他不在,小曹接的电话,说明天来拿稿子。

3月20日　　星期二　　晴

宪法上午来,又校对我的论文续集的引文,11时许结束。据他说,今年要出书。谁知如何呢?书出来才算数。

3月21日　　星期三　　阴

上午,给一年级研究生上课,至11点多结束。

3月22日　　星期四　　阴

上午,随便看看书。

下午,爱和来,谈了个把钟头。

看写周总理与邓小平两人的一本书,尚未看完。

3月23日　　星期五　　阴

接范泉信,说《导言》的稿费已汇出,数目为240元,以千字20元计算。

黄志琴送来奖金200元,乃《作家论》得的二等奖,不知系里何时报的。

3月24日　　星期六　　阴小雨

上海图书公司汇来稿费240元,晚小简拿回去交给光儿。

看小说。

3月25日　　星期日　　雨夹雪

上午,何德功来。说他不日即去日本,到那里14个月,写博士论文。生活学习费均由日本资助,他的论文题目是《中日两国近代文学的关系》。

3月26日　　星期一　　阴,雨加雪

上午,给研究生补课,把李贽部分讲毕。

3月27日　　星期二　　阴,有小雨

备课,看《袁中郎文集》及过去所写的《袁中郎研究》。

3月28日　　星期三　　阴,下午小雨停

上午,给研究生上课,把袁中郎的生平与思想讲毕。

黄志琴来,送来《饮冰室合集》一部,精装十二册,价360元。既已送来,只好买下。拟今后花点时间,对梁任公作些研究。

看任公早期写的《中国学术变迁之大势》中关于清朝学者。任公早年看法,与后来写的《清代学术概论》中,在对学派与学者的评价上有所不同。因而在这方面也是值得研究的。

3月29日　　星期四　　上午阴,下午晴
阅读任公《合集》。

3月30日　　星期五　　上午阴,下午晴
发信致蕤儿,又与小厚。

3月31日　　星期六　　晴
近来没写文章,文思越发的迟钝了。

4月1日　　星期日　　晴
去光儿家。

4月2日　　星期一　　阴,晚雨
麟与明凰下午来,明凰已能走动,但一手还得挂棍,晚饭没吃即辞去。

4月3日　　星期二　　晴
阅读有关袁中郎的资料。

4月4日　　星期三　　晴
上午,给研究生上课。把袁中郎的文学思想讲毕,11点结束。

4月5日　　星期四　　晴
看友人蒋天枢为其师陈寅恪先生写的生平事迹考略。陈寅恪在二三十年代与梁任公,王静庵同为清华研究院导师。后王自沉昆明湖,梁不久亦下世,晚清学术界大师逐渐凋零。《王国维遗书》曾早买过一部。最近又购到《饮冰室合集》,任公平生著作已尽于此书。独惜寅恪先生遗书尚无人为其整辑为一全集。余过去曾购到其《隋唐制度渊源略论稿》、《唐代政治史论述稿》、《柳如是别传》等,其平生著作当不止于此。

4月6日　星期五　晴

上午,王华农及开封文史馆一位赵主任来谈出书事,至10点左右辞去。

接小厚函、上海范泉函。

4月7日　星期六　晴

发信两件:一、范泉,二、全玉珠。

接王丹莉函,她拟去郑州教育学院,让我向该校语文科负责人去函推荐她一下。

省社联来函,5号召开主席团会议。此信来时,已6号。

4月8日　星期日　晴

看秉南(蒋天枢)写其师陈(寅恪)氏的事迹,文化大革命真是高级知识分子的一场浩劫。

拟写篇《颜渊论》。尚未动笔,就《论语》中材料,即可以把颜氏精神面貌勾画出一个轮廓来。他的家庭、经济生活、天分、个人修养以及他达到的修养境界。

4月9日　星期一　晴

本月12日即将赴郑,参加省政协全会,前几天写了三个提案的草案,今天找出提案底稿,誊写了两项,还有一项没顾得写。

下午,沈卫威来,谈南京大学情况。

4月10日　星期二　晴

备课,看袁中郎的材料。

誊写政协开会时要交的提案。

4月11日　　星期三　　阴小雨

上午,给研究生上课,把袁中郎的诗文部分讲毕。

4月12日　　星期四　　晴

12日至21日在郑州参加省政协会议。

4月22日　　星期日　　晴

到银行办理存款事宜。

4月23日　　星期一　　阴

没出门,在家看书。

文史馆魏玉林馆长拟组织人写《河南文史笔记》,嘱我在河大物色一部分人,拟邀宋景昌、张锡智、牛庸懋、周启祥等人,光同淑惠也拟参加。问题在先拟出题目,然后分工执笔。

4月24日　　星期二　　大风

上午,看报纸。

下午,写信两封:一、省委统战部武守金部长,二、盟省委主委马基铭。

黄志琴同志送来几封信。

4月25日　　星期三　　多云

上午,给研究生上课。把袁中郎部分讲毕。

陈晨风来。

看姚伟的毕业论文《论同光体》。引用的资料不少,但组织不够好,对同光体诗人陈衍、陈三立、郑孝胥等在诗歌创作上所表现的思想与作品风格的分析评论,不够深刻。

4月26日　　星期四　　晴

看姚伟论文《论同光体》。

下午,爱和来,我把最近接到的上海范泉的信给他看。他看后说,周劭所写的散文选中的问题,他与广西去上海时已经改过。他现在仍然提起,其目的在于多要一点修改费。他说他给范泉回信,说明此事。走时,他把信带走。

上午王华农来,谈编写《河南文史笔记》问题,在河大约了景昌、庸懋、启祥、刘溶等人。

4月27日　　星期五　　晴

拟写一篇发扬民族文化优良传统,批判全盘西化论者的民族虚无主义思想的文章。

优良传统:

1.孔子的民族思想。《春秋》内其国而外诸夏,内诸夏而外夷狄。(《公羊》成公十五年)《论语·八佾》中:"夷狄之有君,不如诸夏之无也。"

2.孔子的忠恕论——"己所不欲,勿施于人"(《颜渊》)。"己欲立而立人,己欲达而达人。"(《雍也》)

3.孟子的民本主义和君臣关系论。

"民为贵,社稷次之,君为轻。"(《孟子·尽心下》)

"君之视臣为草芥,则臣视君如寇仇。贼人者谓之贼,贼义者谓之残。残贼之人谓之一夫。闻诛一夫纣矣,未闻弑君也。"(《孟子·离娄下》)

4.荀子的天道观。

《天论》中所表现的唯物主义观点与人一定胜天的"勘天主义"。

5.墨子的牺牲个人而利他人的思想。

6.老子的朴素的辩证观点,事物向对立面转化。

7.法家的法制观点。

4月28日　　星期六　　多云

上午,如法来。送来1990年第二期《河大学报》两册,内有我写的《孔子评议的今昔观》,另送稿酬168元。

4月29日　　星期日　　阴

上午,备课,并翻阅《牡丹亭》。

4月30日　　星期一　　阴小雨

看《儿女英雄传》,重印本改名《侠女奇缘》。此书,我在开封师范上学时曾读过,并写过文章。当时既没有细读,而批评能力也很低,因此从印象上说,觉得写得不怎么样。这两天无事,重又翻阅,觉得作者文康虽然文艺思想不甚超卓,全书中心思想不免有点庸俗,但作者的艺术才能还是不低的。描写场面、塑造人物都还栩栩如生,有时也会令读者为之惊心动魄,甚至为书中人物而涕泗横流。这一点是一般作者所不可及的。书中的故事情节的安排,也往往使读者不忍释手。

5月2日　　星期三　　阴

上午,给研究生上课,至11点结束。

下午午觉起来,系里来电话,省社科院邀请我和牛庸懋同志去郑州,参加他们的论文颁奖会,并让转告牛。我便去牛家,告诉他3号下午两点乘校车赴郑。

5月3日　　星期四　　晴

下午2时,乘车去郑,住社联招待所。

5月4日　　星期五　　晴

上午,参加社联颁奖会。下午,即乘校车返家。

5月5日   星期六   多云

整理书籍。

赵明同志来,送来湖南出版的陶懋炳的《司马光史论探微》一册,并说他明天将与增杰、文金等赴郑,开现代文学学会理事会,研究今年学会活动问题。

5月6日   星期日   晴

看梁任公《饮冰室合集》中的《老子哲学》、《桃花扇》中《余韵》部分,与《红楼梦》一开始的"陋室空堂,当年笏满床。衰草枯杨,昔日歌舞场"一诗中的主题思想,基本上是一致的。

5月7日   星期一   晴

上午看任公的《老子哲学》,并参阅《老子》的王弼注。

5月8日   星期二   晴

备课。

市文史馆两位同志来,说明天省文史馆馆长魏玉林同志来,拟邀请上次约定的同志去文史馆会晤。

5月9日   星期三   晴

上午,给研究生上课。

10时半,市文史馆派车来接。省文史馆魏玉林馆长,拟编写一本河南的文史笔记,全书20万字,约河大部分老师,分头执笔。今天,他来汴约请参与执笔的同志晤谈。午间,在汴京饭店请吃饭,饭系川味,我颇吃不惯。从市里回来,已下午两点。

5月10日   星期四   晴

看《资治通鉴》中晋纪部分,并参阅《晋书》中的《王导传》及《谢安传》。

5月11日　星期五　晴
继续看《资治通鉴》中晋纪部分,并参阅《晋书》,看了《王导传》及《谢安传》。

5月12日　星期六　晴
看《晋书》及《资治通鉴》。
晚看李泽厚《中国近代思想史论》。

5月13日　星期日　多云
看评论王国维的文章,又重读《近代文学作家论》中王氏一文。

5月14日　星期一　晴
与任德献一函。

5月15日　星期二　阴,晚小雨
接沈卫威自南京大学来信,并转来在美的李本宁函,希望我写一篇回忆胡适的文章。卫威函中说文章写好后,他不久返汴时取去,由他寄走。

5月16日　星期三　阴有小雨
上午,正给研究生上课,系里来电话说,台湾原河大校友来访,于是暂停授课。一会儿由宋景昌、李光一陪同客人到家。客人系解放前我在洛阳师范教过的学生魏庚。他在台湾一个专科学校教书。因已退休,所以回国探亲。与他回来的还有他哥哥的女儿。问起他父亲(明甫,原洛阳师范总务主任),他说六几年已去世。坐了一个多钟头,辞去,并留下一包食品。

5月17日　　星期四　　阴有小雨

托研究生以22元代买上海古籍出版的《珂雪斋集》一部,共三册。

写论文《我国近现代学者对祖国传统文化认识与态度的发展》。

5月18日　　星期五　　多云转阴

继续写论文,因有客人放下。

5月19日　　星期六　　晴

小厚、小高下午返郑。

写论文,进展很慢。

5月20日　　星期日　　晴

写论文,并参考有关资料。

5月21日　　星期一　　多云

家乡亲戚来,谈关于升学事宜。

5月22日　　星期二　　晴

写论文,并参阅有关资料。

给增杰一信,未送去。

5月23日　　星期三　　晴

上午,给研究生上课,把第三章讲毕。

明凰来,让给马基铭及武守全各写一封信,为她的工作调动事。

5月24日　　星期四　　晴

上午写论文,并参阅有关资料。

5月25日　　星期五　　晴

写论文,文中引鲁迅的一段话,一直没找到原篇子的篇名。

5月26日　　星期六　　晴

上午,接连来了两个客人,把时间都占去了。一是隔壁邻人李敬亭教授来,告诉我友人王般若的近况,说他身体不好,患忧郁症。另外又谈到他孙子结交一些不三不四的朋友,深惹他生气。

李教授走后,23中的特级教师马慰慈来。他告诉我罗梦册的近况,和梦册六嫂高淑厚的情况,说她近患老年痴呆症,过去的事有些都忘了,有些糊涂,生活自理都有困难,想找个人帮她,但很难。董南(梦册)给他信,想找他早年发表的诗集《花要落去》。但河大图书馆没有,不知开封图书馆、河南省图书馆有否,他辞去已11点多。

下午,午睡起来,把论文写就,还须大改。

5月27日　　星期日　　晴

从书架上翻出了张之洞的《劝学篇》一部,阅读其中的《变法》、《会通》两部分。

5月28日　　星期一　　晴

修改并标点论文。费一日之力,改毕。很疲劳。

5月29日　　星期二　　晴

整理室内一个小书架,从里边一层里找到一些急欲看的书。

5月30日　　星期三　　晴

上午8点半,为研究生讲课,将四章讲毕,把文稿交给研究生抄写。

阅读《中国近代史百题》。

5月31日　　星期四　　阵雨转晴

接江苏古籍出版社文学编辑部编辑冯保善同志函,说他们办了一个《古典文学知识杂志》,征求关于学习方法方面的文章,我拟就过去出版的《中国近代文学作家论》一书写篇文章寄去。

6月1日　　星期五　　多云转晴

为冯保善所办刊物写治学方法。

复冯保善函,告他旬日内可将文章寄出。

6月2日　　星期六　　晴

翻出《宋元学案》中陆象山的语录,有四句话,即:"激励奋迅,决破罗网,焚烧荆棘,荡夷污泽。"从这四句话中可以看出象山的革命精神,并以此精神教训他的弟子们。

对此四句语录,我的理解是:

"激励奋迅"即振奋精神,愤发图强;"决破罗网"即打破世间一切不合理的限制束缚;"焚烧荆棘"即把阻碍前进道路的东西一一予以扫荡清除;"荡夷污泽"即对世间污浊黑暗的现实彻底加以改造。

所以象山最富于革命精神,与朱晦庵的恪遵圣训,谨小慎微真不可同日而语。后来封建帝王之尊朱抑陆,是毫不足怪的。

6月3日　　星期日　　晴

标点修改关于研治古典文学的方法。

6月4日　　星期一　　晴

上午,让系里通知一年级研究生来。写成的《关于研治古典文学的方法》一文,让他们抄一抄。谁知来了三位。稿子由赵丹珺拿去了。

本周礼拜三的课,提到礼拜二。上午,备课。

6月5日　　星期二　　晴

上午,给研究生上课。把桐城派一章讲毕。校阅赵丹珺给抄的稿子。

6月6日　　星期三　　晴

郑学康同志来,午饭时辞去。

6月7日　　星期四　　阴大风

范登高同志主持为省委办的干部短训班马上要结业,拟邀我去给同志们见见面,因写个发言提纲,题目《从纪念鸦片战争150周年说起》。

6月8日　　星期五　　晴

上午8点,短训班派车来接。

给短训班学员讲的题目是《从纪念鸦片战争150周年说起》。……(最后归结为)没有党的领导不可能出现新中国;不走社会主义道路,中国建设就没有前途。并批判了当前一小撮倡言所谓民主运动的人,是拉中国倒退,是不得人心的。他们已堕落为帝国主义的走卒,是叛国卖国主义者,他们是不会有什么出路的。

6月9日　　星期六　　晴

晚看姚伟的毕业论文《论同光体》。

想写一篇白(居易)、杜(甫)对李、杨关系在创作情绪上的歧异。

杜甫在天宝时期亲历了在长安的十年困顿生活,当他谋得了一个胄曹参军的小吏后,回奉先县探家,写了《自京赴奉先县咏怀五百字》。在诗中,他怀着幼子饿死的悲愤、沉痛地控诉了当时政治的腐败与官僚们不顾人民死活的横征暴敛,和他们骄奢淫逸的生活。"朱门酒肉臭,路有冻死骨"就是对这种现实的形象概括。当他路过骊山时,皇帝与贵妃正在那里过着淫乐的生活。所谓"君臣留欢娱,乐动殷胶葛。赐浴皆长缨,与宴非短褐"。当时的工部,以受害者的眼睛看李、杨的关系。所以在他的诗中纯以揭露控诉的语调出之。

至白乐天时候,安史之乱已过去数十年。明皇与贵妃的关系已成为历史传说中的佳话。所以陈鸿在《长恨歌传》中写道:"元和之年冬十二月,太原白乐天自校书郎尉于盩厔。鸿与琅琊王质夫家于是邑,暇日相携游仙游寺,话及此事,相与感叹。质夫举酒于乐天前曰:'夫希代之事,非遇出世之才润色之,则与时消没,不闻于世。乐天深于诗,多于情者也。试为歌之,如何?'乐天因为《长恨歌》。意者不但感其事,亦欲惩尤物,窒乱阶,垂于将来者也。歌既成,使鸿传焉。世所不闻者,予非开元遗民,不得知;世所知者,有《玄宗本纪》在,今但传《长恨歌》云尔。"但从《长恨歌》思想内容看,对李、杨爱情作了大幅度的叙述与渲染,对他们中间因事变而生死异路,深表同情,和工部诗中所写则大相径庭了。

6月10日　　星期日　　多云

审阅研究生姚伟的论文,题目为《论同光体》。姚君费大精力搜集资料,并进行细致的分析论述,对该流派在创作与理论上进行了总的概述,并对其代表作家陈三立、郑孝胥、陈衍等人的作品风格也都分别地作了剖析。所以论文达到了合格标准。

6月11日　　星期一　　晴

晨起,看姚伟论文,上午写出评语草稿。

全日看于淑敏的论文,题目为《近代小说界革命》,出我意料地写得很精彩。

论文将以梁启超为首所倡导的小说界革命产生的酝酿期,直到全盛期,以及这次运动对晚清文坛与五四文学革命的影响,均予以比较全面的剖析与论述。

其次,指出梁氏在儒家载道文艺观影响下,所持的功利主义的局限性,及其在运动的发展上产生的片面性作用,因而引起黄摩西等人发表了纠偏的看法。

最后,对运动成就的评价,能够实事求是,赞扬其积极意义,同时也提出其不足之处。

论文论点正确,证据翔实,评价允当,行文顺畅,是较有质量的论著,达到了毕业水平,应准予参加答辩。

6月12日　　星期二　　晴

誊写研究生姚伟的论文评语。

下午写于淑敏论文《论小说界革命》的评语,尚未誊写。

明日研究生(一年级)有课,看《渊源》讲稿。

6月13日　　星期三　　多云

上午,给研究生上课。把第六章的西学输入与近代文学的发展讲毕,再有两次即可结束。

下午,将对于淑敏的论文评语誊出。

晚饭后,金勇来。送她的论文,坐至10时辞去。

6月14日　　星期四　　阴,有小雨

全日看研究生金勇论文《论中国近代都市言情通俗小说之流变》。论文主要论述晚清在上海文艺界出现的适应市民阶层需要的,具有娱乐消遣趣味的言情作品。文章能详述其渊源流变,并剖析其思想内容与艺术形式。文章从上层建筑与经济基础的关系出发,指出近代上海产生于半殖民地经济社会的市民阶层,以及部分流落上海的落魄文人,出于谋生的考虑,为迎合这一新兴阶层在紧张的生活之余娱乐消遣的需要,于是出现了带有游戏性的报刊与创作,并逐渐出现了一些专业作家,形成文坛上的一种流派。文章在论述其产生发展及衰亡过程的同时,对其内容与形式的特点也作了分析和批判。

论文条理清晰,分析深入,评论中肯,已达到毕业水平。

6月15日　　星期五　　多云

上午，系里在我书房举行答辩委员会与应届毕业研究生会。由增杰主持，到会的老师有赵明、爱和、慈健等同志，研究生有姚伟、于淑敏、金勇三位。拟于18日请社科院栾星同志来参加，19号一天答辩毕。我参加两人的即于淑敏、姚伟的答辩。

6月16日　　星期六　　多云

上午，誊写研究生论文评语。

修改一年级研究生誊写的论文。

6月17日　　星期日　　阴晚雨

校阅论文稿，校毕。

下午，沈卫威从南京回来看我。谈台湾的纪念胡适诞辰百周年事，我不打算写文章。解放后我已写了不少批判胡适的文章，计有《五十年来之中国文学批判》、《胡适论》、《胡适与鲁迅》……等，最近还写有论文《我国近现代学者对祖国文化认识与态度的发展》里边论到五四后的整理国故问题，也论到胡适。

6月18日　　星期一　　阴，小雨转中雨

上午写了篇小文，题为《我与晨星社》，下午，又写了篇，题为《我与前锋社》，下边拟写篇《我与师友社》。

下午，系里通知晚上到校开会，派人接我。到吃晚饭时，雨越下越大，没法去学校了。晚饭后，金勇来说，栾星先生已请来，晚上本要在系里开个会，由于下雨，同时栾先生是您的学生，就无须去了。

上午，让小简把誊清的论文送给如法同志。

6月19日　　星期二　　阴有小雨

今天，系里举行近代文学专业硕士研究生毕业论文答辩，请了省社科院栾星同志来参加主持。7点40分,即有研究生来接。8点20左右开始,第一个是于淑敏,题目为《晚清小说界革命》,顺利通过。结束后,我即回来,金勇的答辩我没参加。11点半,学生又来接,到二楼餐厅宴请栾星同志。除导师外,还有毕业的三位研究生。饭后即回来,中间仅隔一个小时,即又要进行姚伟的论文答辩,我须参加,所以午休也没睡着。下午3点多又去学校,至5点结束。三人都顺利通过答辩,算是结束了一件大事。

晚,很疲劳,8点半即就寝。

6月20日　　星期三　　小雨

早5点多,即起床备课。

上午,给研究生上课。把《渊源》中第七部分《晚清维新派的排荀与革命派批孔与五四文化革命》讲毕。还剩最后一章,下一次即可结束。

翻阅《旧唐书》中《玄宗本纪》及《杨贵妃传》。

6月21日　　星期四　　多云转晴

到邮局,给《教育时报》总编室陈志伟同志寄去相片一张。

下午看有关李(隆基)、杨关系的资料。

看《旧唐书·玄宗本纪》与《杨贵妃传》。

6月22日　　星期五　　多云

开始写《论杜甫与白居易对李隆基、杨贵妃爱情认识的异同》。

6月23日　　星期六　　晴

写杜、白论文,先写杜。翻阅二部诗集,关于李(隆基)杨(贵妃)二人有关的诗篇。

研究生苏长青来,约定明日(礼拜日)给他们上课,把课结束。

6月24日　　星期日　　阴晚小雨

上午,给研究生上课。把《渊源》讲完最后一章,算讲毕结束,并给他们出了一个期考试题,即学习本课程的心得体会。

为写论文,读杜甫诗。

6月25日　　星期一　　阴

阅读《杜工部诗集》、《元稹集》。

文章还没写就。

院部召开学位委员会,因雨未出席。

6月26日　　星期二　　多云

上午增杰、赵明、文金三同志让本届研究生,来我家汇报一年来学习研究情况。几位老师都发言,对他们今后学习应注意问题有所指示,会议至11时许散。

政治系一位老师楚同志,拟申请科研补助,他的题目为《鲁迅逻辑思维论》,让我作为推荐人,于是在他拿的表上写了一段话。

6月27日　　星期三　　多云

晚应届毕业的三位研究生姚伟、于淑敏、金勇来辞别。明天他们要被派遣到郑州去了。

6月28日　　星期四　　多云

上午,把论文中关于杜甫部分写毕,下午起床后看报。

上海《鲁迅研究》杂志社的信尚未作复。

6月29日　　星期五　　多云

上午把论文写竟。

下午通篇标点并略加修改。

6月30日　　星期六　　晴

早7点10分,与李润田校长去郑州,在郑州宾馆排演厅参加省委召开的会议。今天是河南省省委、省政府举行的省部分领导送旧迎新会,省长程维高调到河北省,辽宁李长春省长来河南接替程省长,另有从中央调来一位吴基传同志任省委副书记。

大会由省委副书记赵地主持,先由省委书记侯宗宾讲话,根据中央指示,今后各省领导进行相互调动,交流经验,先由河北、河南、辽宁三省作试点。并批评了有些人对人事变动的揣测。而后程维高省长,李长春省长相继讲了话。10点半左右散会。

7月1日　　星期日　　阴天

看陈寅恪的《元白诗笺征稿》。

7月2日　　星期一　　多云,下午晴

与上海《鲁迅研究》杂志社函。

7月3日　　星期二　　多云

上午把《长恨歌》中关于对李、杨两人爱情的分析又重新改写了一下。

接信:一、中国作协有关出版社来函,并寄来过去函订的作协名册。二、张伯平自西安来函,并附有陕西人民出版社编辑姜民生函,说明目前研究鲁迅论著之销路不好,故此类书不易为出版社所接受。

7月4日　　星期三　　多云

看《史记》,拟研究司马迁《报任安书》中所说"究天人之际,通古今之变,成一家之言"究竟如何体现在《史记》这部书中。

宇宙万物的运行与发展均有其客观规律,那么人类社会的发展也自然有其规律。而此规律即马克思主义的唯物论、辩证法。试用此法之原则去分析历史,去观察现实,都可以迎刃而解。中国先秦的哲人尧、庄、孔、孟所讲的,西方古希腊哲人所讲的,如果加以参照比较,印证,就可以看出其相通之点。

7月5日　　星期四　　多云

看《史记》。

接范泉函,寄来他们约的外省对散文选点校的意见(已复印成几大张)。

7月6日　　星期五　　多云

看《史记》。

丁轸宇同志由他儿子承运陪同,来坐了半个多小时辞去。

系里小黄送来邮件多份,大抵是外边寄来的刊物,有些我也没有时间看。

《教育时报》社寄来本年6月26日报纸两份,其第二版下左角刊出四个人的像片,而冠以《中州学人》之目,四人者农大吴绍骙,标为玉米专家;医大董民生,标为耳鼻喉科专家;而我则标为著名学者,最后为郑大历史系高敏,标为历史学家。

7月7日　　星期六　　多云

看研究生的平时作业,与期考试卷。

7月8日　　星期日　　晴　酷热,下午有36℃

写信给范泉,还没发。

看《史记》,看《唐文粹》。

7月9日　　星期一　　多云,晚阵雨

看《史记》中李斯、吕不韦等人列传。

淑惠来,把范泉的信,让她带回让光儿看后,转交给爱和及慈健。

复范泉的信,也让她带去发了。

7月11日　　星期三　　晴
研究生高恒文送来考试试卷,并将几位研究生的平时作业带走。

7月12日　　星期四　　晴,气温稍低
看《拍案惊奇·闻人生野战翠浮庵》。
给张伯平的信,竟没有收到,退了回来。

7月13日　　星期五　　晴,气温很高
只能读一点小说,正常工作懒于进行。

7月14日　　星期六　　晴酷热
上午,王华农来说,他要去上海开会,为各省市文史馆印行笔记体散文集事。
晚研究生赵新顺来,送来期考试卷一份。

7月15日　　星期日　　晴高温38℃
晨起,看《元稹诗文集》中的《连昌宫词》、《会真记》及《杜甫墓志铭》,元稹与白居易都是提倡现实主义创作方法的。他们于李、杜两人,给杜的评价极高,而对李则不免贬抑,因而受到张籍等人的批评。

7月16日　　星期一　　多云
看白居易《与元九书》。拟写中唐时期诗坛的现实主义运动与稍晚的韩柳的古文运动相映衬的关系。元、白的现实主义运动亦以复古为解放。他们反对齐梁以来诗歌的浮靡之风,认为是吟风月、弄花草,而六义尽缺矣。当时参加这一运动的除元、白外,还有张籍、孔戣等。他们推崇工部,而贬抑太白。这种现实主义创作运动直到晚唐的李商隐、韦庄、杜牧。韦庄的《秦妇吟》、杜牧的《阿房宫赋》都是从人民立场出发,来借古喻今或反映现实的。

7月17日　　星期二　　阴天,有时有小雨

读《白氏长庆集》,细阅了白的新乐府,觉其中有相当丰富的内容。拟最近写一篇《唐贞元元和间白、元所倡导的现实主义文学运动》。

7月18日　　星期三　　多云

看《元稹集》。

7月19日　　星期四　　多云　气温不太热

德刚偕其小女小红来。他在焦作运输公司工作,年已六十,不久即将离休。女孩已二十岁,在运输队做售票员。

谈了两个多小时,说他母亲去年去世,他曾回到家乡梁沟奔丧,并谈了家乡的一些情况。午饭后,也未在这里休息。小红催她爸爸,他们遂辞去,拟即去郑州,返回焦作。

(按,德刚系先生的侄子,由部队转业到地方工作。)

接上海范泉函。他上次来函说,由于手发颤,不能执笔,信是让别人写的。这封信仅写了几行字,字迹离奇,有的很难认识。他说复印费已寄出,但这里至今尚未收到。

7月20日　　星期五　　多云

看译著《文化大革命的起源》。

7月21日　　星期六　　阴有阵雨

看《文化大革命的起源》。

7月22日　　星期日　　多云

上午休息,没看书。

写信致蕤儿,已发出。

7月23日　　星期一　　多云转晴

上午,王华农来,送来省文史馆出版的《中原文史》第六期。署名我与光儿写的《历史的无情选择——漫议文化的借鉴与继承》发到第一篇。这篇文章是光儿执笔写的。我重读一遍,觉得文章笔锋犀利,批判当前的所谓学步西方现代派的文士们,真能打中要害。让我执笔,不会写得如此痛快淋漓。从这篇文章,看出了光儿的才华。惜乎,他身体受到伤残,未能充分发挥他的才能。但是,要是真金,总要闪出光辉,终究是埋没不了的。

7月24日　　星期二　　晴,高温天气

真是酷暑,到室外,太阳晒着像火燎一样,皮肉都是疼的。

只好休息,或看看小说。

复郑州《教育时报》王豫民同志函,把他所索要的个人简历,约200字,寄给他。

7月25日　　星期三　　晴　温度有所下降

小厚、小高从郑州来,没有吃饭就去她妈妈那里了。晚上,我已睡下,才听到他们回来。

随便看了看书。

7月26日　　星期四　　夜,阵雨

看《唐宋传奇集》。

天气酷热,什么也干不成。

7月27日　　星期五　　多云

今天不算太热。

上午,看韩、柳两人文集,他们与元、白都生在唐贞元、元和年间。

元、白关系较深,韩、柳二人亦有交往。但元、白与韩、柳之间似没什么往来,从他们的诗文与传记中都看不到有这方面的记载,这就很怪了。元、白在诗歌创作上提倡以复古为革新,乐天在《与元九书》中主张恢复古代"六义"之旨;韩愈在散文写作上主张上规姚、姒,以及《六经》、百家。他们都不满于齐、梁以来浮靡的文风,都是以复古为革新。说明文学发展到一定时期出现了流弊,一些有识之士会不约而同的提出革新的主张。中唐时期,元、白,韩、柳他们或在诗歌,或在散文的创作上提出革新,就说明了这个问题。

7月28日　　星期六　　时有小雨

为写论文,看《韩昌黎诗集注》。

7月29日　　星期日　　阵雨

翻出清人曾国藩所选的《古文四象》一书,共四册,只见到了两册。又找了找,算是找齐了。他选的不全是散文,还有部分诗歌,其中有三百篇,《楚辞》,及汉、魏人的赋,他之所谓古文一词的范围就扩大得多了。

接上海图书公司函,说复印费于本月11号汇出,但至今还未收到。想系邮局出了问题,只有等明日上班后,给学校收发室打电话问一下。

7月30日　　星期一　　阵雨

慈健下午来,说上海的汇款已收到,由黄志琴存入了银行。说到怎样处理,我问他同爱和的意见,他提出按人头分,每人150元,剩余百元付黄志琴,作为劳务费。我同意他的办法。

晚,三位南召县的同乡来听自学辅导课,顺便来看看我,坐了一个多小时辞去。

7月31日　　星期二　　晴

李春祥、白本松、华锋三同志来，送来他们编的《乐府欣赏辞典》一册。春祥主编，白、华二同志为副主编。参加编写辞条的还有许多人。

接省政协通知，明日去郑开会。李校长来电话，要我明日早7点在家等他。

8月1日　　星期三　　晴

晨7时，与李润田校长乘小梁开的车赴郑开会。

会议地址在省政协会议室耳房，参加者为副省级以上人员，听传达钱其琛外长关于当前国际形势的报告。由省委一位副书记传达，不到一个小时即结束，遂乘车返汴。

路过杏花营时，因卖瓜农民的车辆堵塞，耽搁了很长时间，至12点半始到家。

8月2日　　星期四　　多云

看元稹及白居易的诗文集。

下午，秋子自郑来，拟接我同鸿毅去郑暂住一段。

8月3日　　星期五　　晴

郑州一位杜兴民同志来访，谈他到周口一带调查案情，听到在清末时候，项城的一位姓高的女才人著有诗文多卷，他看后觉得写得相当好。

杜君系郑大毕业，原来从事文史研究，现在又搞法律工作。他曾受业于栾星同志，他曾把这位女诗人的情况与栾星谈过。栾星同志鼓励他对她进行研究。他同我谈了近两个小时，始辞去。

8月4日　　星期六　　多云

小高由这里回民权老家。

看晚明平话《卖油郎独占花魁》,写得的确不错。故事的发展合情合理,一点也不勉强不突兀。

8月5日　　星期日　　多云

收到南阳寄来的《卧龙论坛》两册,转载了我前几年写的《七十自述》一文。

秋子返郑。

8月6日　　星期一　　阵雨

把前几天写的三篇回忆性的短文连缀一起,名曰《解放前我曾参加过的社团》。其中有:(一)晨星社,(二)前锋报社,(三)师友社。共约三千多字。誊清后,拟寄交省政协出版的《河南文史资料》。

8月7日　　星期二　　晴

麟儿修理电视机,修得还差不多。过去屏幕上经常没有图像,经他修后,这种毛病没有了。

晚,不知何故又停电了。

8月8日　　星期三　　多云

上午,鸿毅与小简去学校老干部处签名,给黄元起送挽幛。碰到黄志琴,她把复印费150元交给鸿毅。

下午,接安徽师大《中国近代文学辞典》主编的约稿,让写有关中国近代散文的辞条。

8月9日　　星期四　　晴

发信致安徽师大孙文光。与光儿函,让他写中国近代散文的辞条。

小高从民权来。

梓北来,为我按摩,并教我自己运动的方法。

8月10日　　星期五　　多云

看小说。

8月11日　　星期六　　晴

看小说。

胡思庸同志来访,他是为参加黄元起的丧礼而来的。

8月12日　　星期日　　晴

看《严几道文集》。

天气酷热,因而还未能执笔写文章。

看《朱子语类》。

8月13日　　星期一　　晴

小厚同小高上午离家赴郑。

刘溶同志来,送505药包一个。

省政协寄来八五计划与十年规划,征求意见。

8月14日　　星期二　　阴

全天阅省政协寄来的八五计划与十年规划。

8月15日　　星期三　　小雨

全日看省的八五计划与十年规划,因有几万字,还未看毕,但却受到极大鼓舞。

8月16日　　星期四　　阵雨

把省政协寄来的全省八五计划与十年规划草案阅毕,并提出两条意见,用挂号让麟儿发出。

光儿为《中国近代文学辞典》所写的辞条已写就,但孙文光的邮政编码却没找到。

晚,研究生苏长青来(周口人),并拿来一个西瓜。谈起来,才知道他是系总支书记苏文魁的亲侄子。

8月17日　　星期五　　阴

接省社联电话,通知18号到郑州开主席团会议,说于友先新任省委宣传部长,想同社联领导会一会面,谈谈今后社联的发展问题。我本不想去,社联又来电话说主席团不到法定人数,不好作出决议。后来听周守正同志也去,这才决定明天跑一趟。

发信两件:

1. 将让审阅的《中国近代文学辞典》中已打印的辞条寄给孙文光。

2. 将光儿为《中国近代文学辞典》写的辞条寄给孙君。

8月18日　　星期六　　晴

早晨5点多起床,6点半吃饭,7点乘车与周守正及其夫人马超然赴郑参加省社联主席团会议。

9时开会,社联副主席赵怀让主持会议。于友先部长参加了会议。发言人很多。我本不打算说话,后来李部长把话筒放到脸前,不得不讲几句。接着又让周守正发言,他也只好讲了几句。12点多结束。

午餐是社联请客,饭后在河南宾馆214房间休息。3点半乘车返汴,5点左右抵家。

8月19日　　星期日　　多云

看古典白话小说。

给小厚复函,尚未发。

8月20日　　星期一　　晴

把杜甫、白居易二人对李(隆基)杨(玉环)关系的写作态度一文修改后,让麟儿在半月以内誊抄出来。

忽然发现过去丢掉的《颜渊论》第一页,于是又找出了后边的几页,并加以修改。末尾谈到颜氏之儒一派的发展,还须参考一下郭老的《十批判书》及《庄子》所涉及颜渊的地方。

8月21日　　星期二　　晴

拟对颜氏之儒的影响作进一步的探讨,在郭老的《十批判书》中未找到有关论述。

8月22日　　星期三　　晴

气候也有反复,前两天稍为凉爽点,今天又是酷热,真所谓是秋老虎。

上午去看刘溶,从他家出来后又去看赵帆声同志,不在家。

下午,县里德泓侄来,为云阳中学学生升学事来开封活动。

8月23日　　星期四　　晴

上午,秋子自郑州来。

过去认为元、白与韩、柳均生于中唐贞元、元和年间,他们之间应有关系,今读《唐文粹》选有元稹《与韩愈书》,并有韩愈的答书,可知他们彼此间是相知的。

8月24日　　星期五　　晴

上午,过去教过的洛师学生阎季昌来,送鸡蛋三十枚。

看《儿女英雄传》。

8月25日　　星期六　　阴　晚雨

上午,去学校访出版社赵帆声同志,谈我的书稿印刷事宜。

山东社科院郭延礼同志来函,问我十月份能否参加在济南召开近代文学学会。

8月26日　　星期日　　阴转晴

秋子返郑。

看《儿女英雄传》。

黄平权同志来,因市民盟写盟史,他为我写了两千来字的传略,让我审阅。我看后觉得还相当详尽。下午,他来时,交还给了他。

8月27日　　星期一　　阴转晴

上午刘溶来。送了他三本书:《中国近代文学史》、《中国新文学渊源》、《子产评传》。

下午,把近几年在各刊物上发表的学术论文的目录抄写了一下。

看《儿女英雄传》。

8月28日　　星期二　　晴

夜里醒来,成诗二首:

一

电光石火催人老,齿豁头童面枯槁。

著述纵使闻海内,蜗角浮名何足道。

二

平生祈慕是庄、老,嗣宗渊明亦我好。

　　　　荣名富贵等浮云,疏食饮水无烦恼。

上午,看小说。

出版社孟宪法同志来电话,说我的书稿将校完三校,校毕后再让我看看。

8月29日　　星期三　　晴

拟写篇《晚清新时代思潮的倡导与开拓者——龚自珍、梁启超、鲁迅》。

刘溶同志来,索要我近几年发表的学术论文目录。

看《儿女英雄传》。

8月30日　　星期四　　晴

上午,小高自郑来,取小厚的出生证。

下午,沈卫威来。他说这次从南京回来,送爱人到天水生产,生了个女孩。从天水回来,不久即返南京。

上午,安澜同志的外孙女小敏(在出版社工作)捎来《古典文学论文集续编》的三校清样,我大致看了看,晚饭后让鸿毅又送给了小敏。

8月31日　　星期五　　晴

晚饭后,小高返郑。

增杰下午来谈,说系里人事略有变化。由于编制超限,放走了几位教师与干部。

9月1日　　星期六　　晴

收到一些邮件,重要的有几封信:一、姚雪垠,二、王杏根,三、上海古籍出版社。

上海古籍出版社寄来一份合同,让我签订。很奇怪,几年前在该出版社出版了一本《袁中郎研究》,当时并未让我签订合同,时隔数年,忽然让签合同,而合同内容都是站在出版社立场上,对作者版权丝毫未提及,全是对作者的限制。很显然,国家出版法快要颁布了,肯定里边有不利于出版社的条文,因而出此一招。我决定不签此合同。

9月2日　　星期日　　晴

发信三封:一、姚雪垠,二、王杏根,三、上海古籍出版社(拒绝签合同事)。另外,将《中国新文学渊源》寄姚一册。

看《儿女英雄传》。

9月3日　　星期一　　晴

上午,与鸿毅去校医院找中医周大夫(女)看病。最近两次感到五更盗汗,鸿毅面部神经痉挛得也很厉害。诊了脉后,给我们都开了个药方。研究生苏长青陪我来看病,便由他到北道门中药店代为抓药。

看《参考消息》,史学家钱穆逝世。

报载钱教授于8月30日晨在台北市杭州南路家中逝世,享年96岁。并说他教授70多年,著书60余部,是国家级的史学大师。

钱的逝世是中国学术界的一大损失!

我同钱也曾相识。我在洛阳师范任教时,给学生讲授《国学概论》课,即系他写的由商务出版的本子。当时知道他最早在苏州中学教书,因顾颉刚介绍到燕大任教。不久,他在《燕大学报》上发表《刘向刘歆父子年谱》以驳斥康有为的《新学伪经考》,深受胡适赞赏。于是聘他到北大任教。他又连续出版了两部力作:《中国近三百年学术史》上下两册、《先秦诸子系年考辨》上下两册。在学术界声誉大增。

1948年,河大一度迁往苏州,学校曾聘他到历史系任教。我当时也曾到他家拜访,并蒙他请我吃饭。以后全国解放,他随国民党逃往台湾。

钱是一个正统思想较强的学者,尊崇孔、孟之道,视马列主义为异端。治学受浙东派影响极深,态度严谨,勤勉不懈。对程、朱理学亦极服膺,有小程夫子之称,此其所以高寿也。

9月4日　　星期二　　阴转小雨

校阅麟儿誊写的论文。

系里送来研究生指导费56元。

王华农送来稿费30元,拟交给光儿。

9月5日　　星期三　　多云

发信两封:一、济南社科院郭延礼同志,告诉他我不能参加十月份的近代文学学会,特向他请假。二、省社科院《中州学刊》编辑部,把《杜、白对李、杨关系认识……异同》一文寄去。

下午,领9月份工资466元。

9月6日　　星期四　　阴

鸿毅吃了校医院周大夫的药,夜间拉了四、五次。吃了两片SMZ,稍好一点。上午我给周大夫写了封信,让小简送去,周说俟药力过去就会好的。

9月7日　　星期五　　晴

看研究生张景华的论文,在灯光下看得很吃力,她的笔道又细,墨水又淡。只好等她来念给我听。

接曲阜师大魏绍馨函,他的一本著作想在这里出版社出版,托我问一下。

拟写篇回忆录《潭头杂记》。

9月8日　　星期六　　多云

上午,省政协赵凤羽秘书长来汴视察。市政协办公室来电话说,他下午要来家看我。所以下午没出门,5点多来坐了一会儿,并告我说最近要召开常委会。

系里黄志琴来,送来教师节发给的洋百元,并信一束。

9月9日　　星期日　　阵雨

拟写篇关于胡适的文章。从书架上找胡的著作,找到了他的《论学近著》两册、《词选》一册、《白话文学史》一册。

统战部王部长来访,约我在明天教师节会上讲几句话。

9月10日　　星期一　　晴　教师节

上午参加校党委召开的座谈会。省市领导均来校慰问全校教职工。

下午,研究生张景华来谈她的论文。她所评论的作家作品,是上海沦陷时期发表在汪伪政府文人所办的刊物上的中短篇。代表作有《红玫瑰》、《白玫瑰》等,大都是写恋爱的。论文对这些作品肯定的多,批判的少。我让她从当时的时代看这些作品所产生的社会效果来予以评价。她很同意我的意见。

晚上,高恒文来,他的论文拟在研究生学刊上发表,让我写个同意的意见。

9月11日　　星期二　　晴

下午,3时许,与李润田校长,吴雪莉、孟宪德两教授乘车赴郑,参加省政协常委会。住豫财宾馆1210房间,与李校长同屋。

9月12日　　星期三　　晴

上午开大会,由阎济民主席致开幕词。接着由赵凤羽秘书长传达中共中央十四号文件,及河南省委关于如何贯彻中央十四号文件的决定。

下午,分组讨论,我参加的是第二组。晚饭后,乘苏师傅车到农学院,秋子、恭夫都在家。晚上住在了这里。

9月13日　　星期四　　晴

早晨7点,苏师傅开车接我回豫财宾馆。上午,仍是小组讨论。

下午,省财政部门领导作河南物价情况的报告。接着有省政协机关有关同志作提案工作的报告。

晚饭后,去煤炭干部管理学院小厚、小高那里坐了一会儿。

9月14日　　星期五　　晴

上午,小组讨论物价问题。

下午,大会发言,最后由阎济民同志讲话。5点多结束。

回到宾馆,河大的车子已来。同司机小刘一起吃过晚饭后,与吴雪莉教授一起返汴。7点左右抵家。

9月15日　　星期六　　晴

上午,给出版社孟宪法同志打电话,询问接受校外书稿问题。他说如果该书稿赔钱,便不能接受。我因把这种情况写信告知曲阜师大魏绍馨同志。

9月16日　　星期日　　晴

着手写论胡适的文章。

9月17日　　星期一　　晴

上午,看《胡适书信选》。

晚,今年新招的三位研究生来访,
一、侯运华,住乙四排一号。
二、刘保亮 ⎱ 住133房间。
三、王彬　 ⎰

9月18日　　星期二　　晴

写关于胡适的论文,尽五页。

9月19日　　星期三　　晴

阅读胡适的《论学近著》中的《介绍我的思想》及《水浒传考证》等文章。

写关于胡适研治中国文学史成绩的文章。主要论述其对中国古典小说考证,以及《五十年来之中国文学》、《国语文学史》、《白话文学史》、《词选》等著作中,对中国文学发展的看法,和对中国文学发展规律的研讨。

9月20日　　星期四　　晴

看胡适论文。

9月21日　　星期五　　晴

看胡适对古典小说《水浒》的考证。

早晨,为姚雪垠80寿辰写篇贺词。

9月22日　　星期六　　阴转雨

看胡适为古典小说作的《序》。

晚,看电视直播十一届亚运会开幕式。

把为姚雪垠80寿辰写的贺词,又修改誊写了一遍。

9月23日　　星期日　　阴转多云

上午没出门,本欲把给姚雪垠80寿辰贺词的修改稿,去征询一下光儿的意见,不果。

亚运会的各项比赛已开始。据晚间广播,中国健儿在体操、举重以及游泳等方面已夺得不少金牌。看情况,这次亚运会中国赢得第一是极有希望的。

9月24日　　星期一　　多云转晴

上午,与鸿毅去校医院取药。

午饭前,麟与明凰来家,饭后辞去。

9月25日　　星期二　　晴

学校出版社庆祝建社五周年,邀我参加会议并请我发言。我只好准备一个极短的发言稿,并用毛笔誊写一遍,打算发过言后,即留给该社。

接张春生从天津寄来他的一本新著《中外影视作品中的哲理》。

9月26日　　星期三　　晴

上午9时,在小礼堂参加校出版社成立五周年纪念会,省里只有教委张静来参加。午餐由社里设宴招待。

连日来亚运会成了大家关注的大事,晚上都从电视里看现场直播。中国运动员大大地为国争了光,已得了40多块金牌。这次运动会,中国在亚洲三强中仍列第一。

9月27日　　星期日　　多云

上午,麟儿来,把誊好的给姚雪垠80寿辰的贺词送来。

接张静吾院长函。

9月28日　　星期五　　晴

盟市委来电话说,省民盟通知市委,要为我庆祝81岁寿辰。鸿毅下午出去买点水果,准备招待客人。

发信:1.郑州医大张静吾院长,2.范泉,3.郭延礼。

9月29日　　星期六　　多云

系里送来20元菜金和50元过节费。

市民盟代表省民盟，来家祝贺我81岁寿辰，有杨副主委和三位女同志来，并送以礼品。

9月30日　　星期日　　多云

研究生高恒文送来1990年第6期《读书》，其中刊有文洁若的《周作人晚年》一文。文原为中国人民文学出版社工作人员。她在文革前，因曾向周组稿翻译日本古代文学，所以经常与周有往来，对周的晚年情况有所了解。文中说，解放初，开始向周组稿，每月预付200元生活费，后来曾一度加到400元。到文革初期又降到200元，后来一文也不给了。并把他从原来的住房中赶了出来，住在房檐下的棚子里。周的儿媳在中学任教，她的丈夫因工作不常在家，她对公公还能特加侍奉。文革初，红卫兵不让卖给他细粮，只卖给他粗粮，因此每餐只能喝玉米面糊糊。最后连冻带饿，死时跟前没有家人。最后还是被邻居发现，才告诉他的家人。周作人因敌伪时期一失足，而使晚年遭此不幸，亦可悲矣。但周氏在五四文学革命时期，反对封建的黑暗社会，建设新文学，与鲁迅等主编《语丝》，共同战斗，以及在散文创作上自成一派，和对日本文学的翻译等方面所作的贡献，都是不能抹杀的。

周作人的儿子周丰一，1957年被划为右派。儿媳张菼芳。周作人卒于1967年5月6日。

10月1日　　星期一　　国庆纪念

上午与鸿毅去附近大桥赶集，刚出大门碰上麟儿夫妇，于是就转回家。鸿毅与明凤忙着张罗午餐。恰巧有卖小虾的，便买了一斤虾。昨天小简还买了只烧鸡，冰箱里有些猪肉，午餐还算丰盛，像过节的气氛。

下午,爱和夫妇来,送有节礼。

10月2日　　星期二　　多云
上午在书房翻找到了两册《古文观止》和两册《水浒》。
看《水浒》。
下午,慈健送来节日礼品。

10月3日　　星期三　　晴
今日中秋节。
上午,光儿、淑惠来,在这吃的午饭。后来小满也来了。家里炒了两个菜,并到北道门买了六笼包子。鸿毅还做了个番茄鸡蛋汤。也算在中秋节和光儿全家吃个团圆饭。前两天已与麟儿夫妇在一起吃过午餐,不过他们的两个小妮没有来。

晚上,鸿毅到晾台上拿水果,看见月亮周围有一个红圈,但因为正在看电视,也未顾得赏月。

光儿送来他的《近代散文选》第三卷的编写说明,俟慈健写的送来,即当一起给范泉寄去。

晚饭前,白本松同志来统计88、89两年我所发表的论文及有关著作。计有《中国近代文学史》一书,及发表在《中国近代文学争鸣》一书中的《散文选导言》及《论晚清的散文流派及其在风格上的不同特色》。

10月4日　　星期四　　晴
阅读《古文观止》中比较熟悉的篇子。读这些篇子如遇故人,从而回忆起幼年在父亲教诲下读书的情景。那时读的篇子如王勃的《滕王阁序》,王羲之的《兰亭集序》、李白的《春夜宴桃李园序》。这些里边的句子大半都能背出。重读之后,另有一番意味。

看胡适的《红楼梦考证》。

10月5日　　星期五　　晴

标点论文。

看胡适的《红楼梦考证》。

晚饭前,慈健送来《中国近代散文选》第四卷的编选说明,拟把它与光儿写的第三卷编选说明一起寄给范泉。

领工资466元。

10月6日　　星期六　　晴

写关于胡适的论文。

看《白话文学史》。

10月7日　　星期日　　晴

写关于胡适的论文。

晚看电视,十一届亚运会胜利闭幕。

接蕤儿函、范泉函。寄往济南郭延礼的信退回。

10月8日　　星期一　　多云

上午10时,增杰、赵明和如法等同志来了,给如法的研究生张景华的论文《论张爱玲的文化心态与创作》的大纲提意见,至11时半散会。

下午,写关于胡适的论文。

晚看电视历史片,写春秋时候一个国王令干将、莫邪铸剑,两人铸好剑后都被杀,其子长大后为父母报仇的故事。这使我想起鲁迅《故事新编》中的《铸剑》。因找出《鲁迅全集》第二册,把小说通读了一遍始就寝。时已11点,因过度疲劳,一直睡不着。又起来吃了两片药,才得以入梦。

发信致济南郭延礼、上海范泉。

10月9日　　星期二　　多云

写关于胡适的论文。

看《史记》。史公在每个人的传后,大体都有评语。可以从中看到他的道德观和价值观。

10月10日　　星期三　　阴

写关于胡适的论文,文章后边,须要对他在学术上的错误立场同观点进行批判。

看《史记》。

10月11日　　星期四　　晴

看《史记》。史公在人物传后的评语,既有对人物的评价,又借以抒发自己的感慨。

10月12日　　星期五　　晴

上午,郑州黄河游览区负责人王仁民同志来,送来一封信,要我任"中华炎黄文化研究会"的"名誉会长"。谈了一个钟头后,即告辞返郑。

王同志要我为炎黄塑像题辞,我考虑后,写了以下几句话:

瞻巍巍之塑像,

兴无穷爱国之热忱!

海内外炎黄子孙,

将凝为一体,为振兴中华而献身!

10月13日　　星期六　　晴

下午没敢多休息,起来后写信致山东郭延礼,并为山东召开的近代文学学会年会写了篇贺词,又给范泉写了封信。晚上,慈健来,托他赴山东开会时把信件带去。

10月14日　　星期日　　晴

上午,秋子返郑。

看《史记·万石君石奋传》,深受启发。

10月15日　　星期一　　晴

看《醒世姻缘传》。

10月16日　　星期二　　晴

写论文。

10月17日　　星期三　　晴

上午,写论文。

找我那本《中国古典文学论文集》未能找到,里边有《胡适〈五十年来之中国文学〉批判》一文。不想午饭后,在写字台上的一摞书下找到了,于是下午又继续写关于胡适的论文。

10月18日　　星期四　　晴

写关于胡适整理国故的论文,下午写就,近万字,尚待修改。

10月19日　　星期五　　晴

上午,把《胡适与整理国故及其所存在的问题》一文修改毕。下午研究生苏长青、张景华来,把论文交他们誊写。

10月20日　　星期六　　晴

写自传,关于1921年土匪围攻南召县城(今云阳镇),其时我家在县城租房居住,父亲把我从城墙上用绳子缒下去,只身跑到七姐家,后又到大舅、大姨家暂避事。

10月21日　　星期日　　晴

为让省政协向浙江省政协与上海市政协开介绍信事,与省政协秘书长赵凤羽写了封信,尚未发。

10月22日　　星期一　　阴

上午,如法从济南开会回来,遇到小简,让她把捎回的三本书带了回来。

发信:1.河医大董民生同志。2.省政协赵凤羽秘书长。

10月23日　　星期二　　晴

看郭延礼送的所著《中国近代文学发展史》,论述甚为全面,把少数民族文学也都论及,这方面的材料是不易得到的。看了其中论述贵州诗人郑珍的一章,觉得比较全面,也颇有个人见解。

看《史记》。汉初黄老之学盛行,从曹参迎盖公用黄老术治政,到以后的汲黯也以黄老之术理政,都得到平治的效果。史公论及黄老之道,似乎也予以赞扬。无怪乎班固论他是尊黄老而退六经。

汉初,黄老与儒家有矛盾,与法家也有矛盾。汲黯对儒家的公孙弘与法家的张汤都曾予以严厉的抨击。

10月24日　　星期三　　晴

看《史记》。

重读史公的《报任安书》。因其平生不幸遭遇,在写历史人物时,每于篇末于评论中抒发个人的愤慨之情。

延边出版社寄来《百位名人忆名师》一书。其中收有我《忆胡适》与《忆钱玄同》的两篇文章。共寄来四册。

10月25日　　星期四　　晴

看《百位名人忆名师》,其中写关于梁任公与章太炎的情况,很受启发。

10月26日　　星期五　　晴

上午,与小简去光儿家。路上遇到谢励武同志,以其新出的关于教育方面的书相赠。到光儿家坐了一个小时,送他《忆名师》及《河南文史资料》(内有我的《五十年来的治学回顾》一文)各一册。

睡前看《史记》中孟尝君、平原君传,特别读前一篇时,想起幼年读《古文观止》中的《读〈孟尝君传〉》一文,说他不过是鸡鸣狗盗之雄耳。评价得还是很有道理的。

10月27日　　星期六　　晴

下午,如法来,谈他在济南参加近代学会会议情况。

修改《自传》中的一小段。

10月28日　　星期日　　晴

苏长青拟去郑州买赴杭州的车票,我与省政协赵凤羽秘书长一函。

看《忆名师》。

10月29日　　星期一　　晴

《忆名师》这部书中所选的文章非常有意义。对一些过去不太了解的当代学者的情况,知道得多了。特别是被忆的名师,都附有生平履历,颇有参考价值。

10月30日　　星期二　　晴

接到几封信:1.南召县艾廷和,2.省政协关于丁轸宇病情的通告,3.董民生关于工资问题的复函。

10月31日　　星期三　　晴

上午,接增杰电话,说我上报的科研项目《中国文学批评史》,已批下来,资助1700元。并问我的要求,成书时间与计划以及字数。我的回答是:1.写一部比较简明的文学批评史,供大学专业当作学习课本或参考书用。2. 15万至20万字。3.两年完成。

翻阅郭绍虞《中国文学批评史》上册,和我过去教这门课时所写的三本讲义,都还大有参考价值。

11月1日　　星期四　　阴

修改《自传》。

晚饭前,四年级同学姚君与其同班来,谈他们拟于明年报考研究生,向我借了本《中国近代文学作家论》。

11月2日　　星期五　　多云

上午,研究生送来打印好的文章《胡适与整理国故及其存在的问题》,这是到杭州参加现代文学学术研讨会上用的。看后,错误很多,用了整个下午写成了一个《勘误表》,明天让研究生拿去再打印一下。

11月3日　　星期六　　晴

上午,小解来谈,用过午餐后辞去。

看《清廷十三朝秘史》,其中写顺治悼念董鄂妃的文章及康熙朝明珠用事的情况。

11月5日　　星期一　　晴

下午2时,与增杰、运通,研究生苏长青等同志乘车赴郑,再乘184次特快赴沪。

11月6日　　星期二　　晴

坐了一夜车,天明10点抵沪。高恒文、张景华诸同学已找好旅馆,在一条背街上,许多人住一大间房,每张床一天5元。

11月7日　　星期三　　晴

坐了5个钟头火车到杭州,住文艺之家,现改名文艺大厦,601房间,房租每天28元。

11月8日　　星期四　　晴

上午,乘车到浙大礼堂,参加大会开幕式。浙江省委宣传部副部长和翻译家黄源分别讲话。

11月9日　　星期五　　晴

分组讨论,两个题目:
一、左联与三十年代文学。
二、吴越文化与中国现代文学。

11月10日　　星期六　　晴

乘大会车游西湖。

11月11日　　星期日　　晴

大会组织到富阳,游览富春江。
我留在宾馆,上午由研究生高恒文陪同逛大街。

11月12日　　星期一　　晴

大会选举,并听四位同志发言。

11月13日　　星期二　　晴

晨6时许,与运通及张景华、高恒文、苏长青一起乘车赴沪。高恒文半途要回芜湖老家,乘车去无锡。其余的到上海住在一个离车站较近的小客栈里,一个室内住五六个人。安顿着后,有的上街买东西,有的访有关的熟人。我同运通到附近的百货大楼买一些零碎物品,其他地方都未去。

11月14日　　星期三　　晴

张景华与苏长青到复旦同学处去取代买的车票。谁知我同运通软卧票竟买到了洛阳,多花了几十元钱。

11月15日　　星期四　　晴

下午在旅店睡觉。5时许同运通在一个小饭馆吃碗肉面,两元一碗。饭后,由苏长青陪同送我同运通、景华去车站。我和运通都是软卧,到站后即上了五号车箱一号包厢。景华买的票日子不对,退了票,上车后又补了张,就坐在我的床位上。晚上我睡到1点左右,我起来坐着,让她躺下睡一会儿。5时许,运通从上铺下来,让景华上去睡,我于是又躺下睡到七八点才起来。10时许车抵开封。出站后,系办公室胡德岭同志乘学校车来接。11时抵家,一路总算顺利。

11月16日　　星期五　　阴

拟写《中国文学批评简史》大纲,以便与光儿合写。

11月17日　　星期六　　阴　晚雨

看《饮冰室全集》中的论文。

11月18日　　星期日　　小雨

把过去写的《中国文学批评史》讲义的目录抄一份,拟与光儿商讨,拟定撰写《中国文学批评简史》的大纲。

发信致秋子,告她说我同她妈准备于下月上中旬间去郑,盼她届时来汴接我们。

11月19日　　星期一　　阴　大风

写《文学批评史》的目录。

下午,淑惠送来光儿信。

拟根据《袁中郎研究》把明代文学的发展大致理出一个目录来。

11月20日　　星期二　　晴　大风

天气已冷,隔壁梓北家已生了火。家里的炉子还放在晾台上。

看学校发的八五规划草案,让提意见。规划比较全面,对新专业学科的设置,每年招生增加的数目,以及教职员工,学校房舍、图书仪器等都有具体的发展指标。如能一一实现,则河大面貌将会大大改观。唯在内容上未提及民主监督制度的建立,如应设教职工委员会等民主监督机制。此外,关于科研成果的出版问题也未详细提及。一般从事学术研究的同志常常谈到出版难的问题。我校设有出版社,应该说比向校外接洽要容易些,八五规划也应对此详加安排。

11月21日　　星期三　　晴冷

天气已冷,要生大的火炉,拟到北道门去买一个。

秋子来函说,她去烟台参加学术会议回来后,正给学生补课。待补完课,便来汴接我们赴郑。

11月22日　　星期四　　晴

淑惠来,找六卷本《袁中郎全集》中律诗部分。在书架上没有找到,我让她去图书馆找找。

付淑惠20元,让她买鸡蛋送给杜运通同志。

11月23日　　星期五　　阴

看《百位名人忆名师》,这是部很好的书,等于一部当代名人小传。

天气已冷,已觉工作有些不适。

11月25日　　星期日　　晴

过去洛阳师范毕业的学生滑明镜(偃师人)来,他现在在徐州铁路一中教书。他听说梓北在隔壁住,辞出后便往梓北那里去了。

11月26日　　星期一　　晴

看《明清史料》中关于详细记载清初残酷文字狱的情况。

11月28日　　星期三　　晴

上午,袁凯声同志来办理离校手续,他的工作安排在省社科院《中州学刊》编辑部。系里在二招食堂招待他午餐,我也参加了,下午1点才回来。

晚饭后,运通同志来,为申请科研评奖事,让我把88年至89年发表的论文及出版的著作呈报给省社科院。晚上,查阅近两年有关刊物,也没查出几篇。

11月29日　　星期四　　雨夹雪

在家拥被看书。

11月30日　　星期五　　晴　大风

今天学校开职代会,我被选为特邀代表。开幕式,不能不参加。上午冒着寒风去学校艺术楼排演厅参加大会。

大会由李、申两校长作报告,10点即结束。学校用车把我同老孟送了回来。

下午,未去参加小组讨论。

晚上,统战部长王德义来电话,说天气太冷,校领导意见明天上午就不要来参加会议了,下午闭幕式,如天气好,可参加一下。

12月1日　　星期六　　晴

上午在家看书。下午学校派车接我到艺术楼参加职代会闭幕式,并摄影。

麟儿陪明凰及其二哥杨昭来。杨昭从青海气象局调回河南,拟留在郑州工作,要我与于友先部长函请其帮忙,另与梅蕙兰、马恒心夫妇函,也请他们帮忙。

我写了两封信,他们没吃饭即辞去。

12月2日　　星期日　　晴冷

学校开始烧暖气,但室内仍冷,于是在楼下生一个小煤火。

梓北来,问到有人问他"周而复始"、"如环无端"两个成语的出处,我告他可查阅《佩文韵府》,但此书我这里没有。

12月3日　　星期一　　晴

看《元稹诗文集》。拟细读元、白的诗文,对他二人的思想与创作作一些比较。

看《新唐书》中白居易及元稹两人传。

12月4日　　星期二　　晴

看《元稹集》。

发信致上海范泉(挂号)。

12月5日　　星期三　　晴

上午,看《元稹集》。

下午,黄志琴同志送来本月工资400元。省社联秘书长胡世厚与另两位年轻同志来,邀我于本周六下午去省里开会,我答应了他们。

12月6日　　星期四　　晴

上午,付去年3个月的暖气费60元,付天然气费9元多。

12月7日　　星期五　　多云

因准备于礼拜六下午赴郑,给统战部打电话,下午才打通。这次同去参加主席团会议的还有周守正同志。

12月8日　　星期六　　晴

下午两点,与周守正同志夫妇,还有淑惠乘校车赴郑。车开得很快,仅用一小时零一刻即到了郑州社联所在处的招待所。守正夫人到花园路即下了车,车送淑惠去煤干院小厚那里。

12月9日　　星期日　　晴

上午开会,由侯志英同志与赵怀让同志主持。有三个报告:怀让的工作报告,科研优秀成果奖励办法,八五规划设想。

下午3时,继续上午的会议。5时左右,学校的车来接,于是与守正同志乘车返校前,又去煤干院接淑惠,见小厚时付她洋百元。车到家时已7点多。

12月10日　　星期一　　阴　大风

在家看由学生誊写的自传之一《回忆我的老师》,从小学老师直到大学研究院的导师,拟送省《文史资料》刊发。

12月11日　　星期二　　阴　晚上降雪

天气酷冷,没出门。

接蕤儿函,说春节要我同她妈去北京过。她最近要去海南岛给玉米授粉,如春节她不能返京,也没关系,有王路在家,他已办了离休手续。

写信给蕤儿,说我们不拟去京过春节,待明春暖和了再去。

12月12日　　星期三　　雪

上午,恭夫来电话,说秋子的课结束后,即来汴接我们去郑。

尽一日之功,阅读先师《嵇文甫传略》。这本书是由李道雨、李育安、翟本宽三人合写的,全书四万字。内容能抓着传主一生言行的要点进行系统的论述。所谓要点,即先师一生在时代发展变化中,总是能顺应大时代的新潮流、新思想,从而推动历史向前发展。在先师一生中主要遇上两个伟大的时代:一、五四思想革命与文学革命为中国历史开辟了一个新纪元。二、1927年后,无产阶级思想的传播,与用马克思主义评价学术、文化,及改革现实的政治经济等制度,是一次更加深刻的革命。许多知识分子往往对五四反封建思想的民主革命还易于接受,而对二十年代末、三十年代初的无产阶级革命则不那么容易接受。而文甫先生则恰恰在第二个时期是国内学术界的先觉者。他是最早用马克思主义的立场、观点、方法来研治中国思想史与中国社会史的,他发表了大量的论文,还出版了一些专著。不仅在课堂上向学生灌输马克思主义的新思想,并且见之于政治上的具体行动,因而给社会以极大影响。

《传略》行文比较平实,比较实事求是,但另一方面又令人感到平铺直叙,缺乏动人的文彩。不过几个人合作,能写到这个地步就不错了。

12月13日　　星期四　　晴

上午,把《嵇文甫传》看毕,并给此书作了简要评语。接着看《蔡元培评传》。

12月14日　　星期五　　晴

看《蔡元培传》。蔡同章太炎一样在晚清都经过一个参加政治上以康、梁为首的变法维新阶段,而后来才转到资产阶级民主革命方面。正如章太炎给人书中所谓思想进化未有不经此时期者。太炎的传还未能详读,容当读之。

12月16日　　星期日　　阴

看《蔡元培传》。

刘溶同志来,送还所借《龚定庵全集》。坐了一会儿,谈定庵的思想。

发信致恭夫、秋子,说我们26号去郑。

12月17日　　星期一　　晴

整理书箱,发现过去友人的信件,有许多重要而须要保存的。有些过去的事已经忘却,再一读友人的信,回忆起许多往事,不禁为之感慨系之。

黄志琴来,送来系里发的150元。

接南大沈卫威函,说台湾把他的《胡适传》重印出来,装帧比国内印的漂亮得多。

12月18日　　星期二　　阴

黄志琴同志来,送来复印的《中国现代文学史》上册。

发信复沈卫威。

12月19日　　星期三　　阴

上午,郾城有两位同志来,他们县拟成立许慎学会,听省社科院院长胡思庸介绍,要请我担任顾问,我以不研治文字学为由而坚辞了。

赵明来,谈鲁迅与孔子在思想上的关系问题。
拟写篇《孔子论》。

12月20日　　星期四　　多云
看胡适的《中国哲学史大纲》中关于孔子部分。
郭老的《十批判书》把孔、墨两家放在一起比较论述,的确是别开生面的写法。

12月21日　　星期五　　晴
县里一位政协副主席宋松旺来。他系我校中文系毕业,因公来汴,所以来看看我,送桔子、苹果两兜。(住南召县中华路12号)

12月22日　　星期六　　晴
今日冬至。
校出版社送来五本印出的《中国古典文学论文集续编》。印了3000册。淑惠来,让她带给光儿一本。

12月23日　　星期日　　晴
整理什物,准备明日去郑参加省政协常委会。
李润田校长来,谈明日乘车去郑事。

12月24日　　星期一　　晴
下午3时,与李润田校长一起乘车赴郑,参加省政协常委会。到郑后,住纬三路省委一招二楼八号。

12月25日　　星期二　　多云
上午,在省政协礼堂参加全体会,听报告。下午,继续听报告。

12月26日　　星期三　　晴

上下午,小组会。我参加二组,在礼堂西耳房。

12月27日　　星期四　　晴

继续参加小组会。

12月28日　　星期五　　晴

上午,小组会。10点多,阎主席召集主席团会议。

下午闭幕式,通过有关议案,最后由阎主席讲话。

5点多,河大校车来接。请司机师傅吃过饭后,与孟宪德同志,还有从南召来看我的外甥张振寰一起乘车返汴,7点抵家。

12月29日　　星期六　　晴

听振寰谈家乡情况。

12月30日　　星期日　　小雪

接南京大学王气中函,祝贺年禧。

小解(志熙)自北京来,到家看望我。

12月31日　　星期一　　多云

今天是九〇年最后一天。听广播,各报社均作一年来国家大事的总结与评论。我过去好对个人的工作也作些总结与自我批评,但近来已懒于这样作了。九〇年,算是由河大出版社出版了本《中国古典文学论文集续编》,约30万字,也算是一项成绩吧。希望九一年能振奋起来,多作一点工作,多写一些文章,方不负古人所谓老当益壮的勖励。

1991 年

1月1日　　星期二　　多云
接孙邦英弟自银川寄来贺年片,拟复他一信。
下午,孙荣光同志来谈,快甚。

1月2日　　星期三　　多云
阅《龚自珍文集》。
发信:1.孙邦英,2.王气中。

1月3日　　星期四　　晴
下午,增杰、苏书记及系办公室同志来,送挂历一轴。

1月4日　　星期五　　晴
看鲁迅文《魏晋文人风度文章与药及酒之关系》。
看《孽海花》。

1月5日　　星期六　　多云
黄志琴同志送来本月工资477元,并借去书数册。
接小厚函。

1月6日　　星期一　　多云
小解同志来,以他在台湾出版的《存在主义与中国现代文学》相赠。

1月9日　　星期三　　多云
小解同志从北京回来时,天津社科院张宜雷同志拟让我为其所著《中国近代诗歌史》写篇序。他把书的大纲与前言让小解看过,并将部分书稿交他带给我看。谁知小解回来时所带东西较多,行色匆忙,昨天却没有找到那些材料,而天津方面又等着要《序》,他只好代我写篇《序》。下午来谈他写《序》的经过,并念给我听。听后,觉得写得还好,于是让我签了个名,由他寄给张宜雷同志。此虽系代笔,但却由于情势迫于不得已。

接何德功自日本来函,说他去日本学习的一年期限已到,将要回国,问我捎什么药不捎。

1月10日　　星期四　　零星小雪

已交三九天气,极冷。光儿家没有暖气,孩子们冻得受不了,但搬到这里又显得太挤,所以还是没搬。

接张春生函,尚未复。回何德功函,交淑惠到一条街邮局发出。

1月11日　　星期五　　阴转晴

天气酷冷,室内有暖气,比较好一点。今天忽然坐骨神经疼了起来,向校医院讨了几包伤湿止痛膏,贴上稍好一点,因之尚未给张春生复函。

1月12日　　星期六　　晴

看曾朴的《孽海花》。

1月14日　　星期一　　晴

鸿毅通知按摩先儿老郜为我按摩,结果腰部疼痛好了些。

几日来,大家都很关注海湾危机。快到15号了,联合国决议给伊拉克从科威特撤军的期限将到,美国为首的多国部队正陈兵待发。国际间,尤其是海湾国家纷纷为之作和平调解工作,但萨达姆非常强硬。联合国秘书长德奎利亚尔去伊拉克作最后一次努力,也失败了。双方都在调兵遣将,海湾战云密布,大有一触即发之势。

1月15日　　星期二　　晴

上午,继续按摩。

接小厚函,说她顺利生下了一个小女孩。能顺利就好,我家素无重男轻女的旧观念,女孩也很好。

张一木同志来,说盟中央要搜集盟员著作进行展览。我拟将《中国新文学渊源》及《子产传》送去。

发信给秋子,说我同她妈不打算去郑州过春节了。

1月17日　　星期四　　晴

看小说《侠女奇缘》。其实是《儿女英雄传》,出版商为了容易推销,故改此名。

海湾战争终于爆发了,美国空袭伊拉克。

1月18日　　星期五　　晴

上午,王华农来。因我正在按摩,也没招待他,他进屋说几句话便告辞了。

增杰来,关于修建文学馆事,欲致函韩书记与李校长。他已拟了一个草稿,我看后略作修改,誊了誊,准备送交他们。

看小说《侠女奇缘》。

1月19日　　星期六　　多云

淑惠把光儿注释的《袁中郎诗文选》送来,我开始审阅。

1月23日　　星期三　　阴

下午,沈卫威从南京回来来看我,谈南京情况,以及台湾学术界纪念胡适诞辰百周年的情况,并捎来唐德刚写的一本纪念胡适的书,是唐托他转交给我的。

1月24日　　星期四　　晴

搜集过去所写关于胡适的论文,拟将其汇成一个小册子,名曰《胡适论》。

目录:

1. 胡适论(见《中国近代文学作家论》)。
2. 略论中国文学中"典型"与"幽默",并驳胡适对它的抹杀与歪曲。
3. 论鲁迅与胡适(见1983年第3期辽宁出的《社会科学辑刊》)。
4. 胡适《五十年来之中国文学》批判(见《中国古典文学研究论集》)。
5. 忆胡适(1989年12月18日《教育时报》)。
6. 沈卫威《胡适传·序》。
7. 胡适与"整理国故"及其存在的问题(1991年南阳《卧龙论坛》第1期)。

1月25日　　星期五　　晴

上午,市文史馆同志来通知,邀我于2月3日去郑州参加省文史馆的春节联欢会,我已答应参加。

下午,秋子来接我们去郑州过年。

1月26日　　星期六　　晴

今天向东头新房子搬家,小简、小满先搬了过去。这里的房间稍为宽绰一点。

接罗梅欣函。

1月27日　　星期日　　多云

秋子回郑州。

光家已搬来。寒假将到,秋子让我同鸿毅去郑州过春节。

1月28日　　星期一　　小雨

下午3时,与李校长、孟教授和另外一些同志乘小面包车赴郑参加省政协常委会。近6时许抵郑,住河南饭店三号楼三楼69号(3369)。

1月30日　　星期三　　多云

上午8点半大会开始,由两位副主席先后传达江泽民讲话,及省委省政府文件。10时许结束。

下午,小组会。

1月31日　　星期四　　多云

上午小组会。会前,向阎济民主席请假,打算下午回开封。

下午3点多,与李校长乘车返汴,5点半抵家。

接张宜雷信,说他收到由我口授,由解志熙执笔为其《近代诗歌史》写的《序》,看后很满意。

2月1日　　星期五　　阴转晴

从郑州回来,本拟在开封过春节,但鸿毅仍决定要去郑州秋子那里过。她感到在这里家务都推到她身上,有些受不了,所以仍决定要走。

黄志琴送来系里发的过节费百元。

2月3日　　星期日　　晴

下午与鸿毅乘学校车赴郑,我是参加省文史馆会议,鸿毅则到秋子家住。

2月4日　　星期一　　晴

上午,到省政协礼堂参加省文史馆举办的新年茶会。由宋照肃副省长代表李长春省长授予我河南文史馆名誉馆长的聘书,并讲了话。

下午开会,由馆长魏玉林总结去年工作计划完成情况,与1991年工作计划。

2月5日　　星期二　　晴

上午参加讨论会。

下午,去秋子家。

2月6日　　星期三　　晴

晚,省政协请客。5点左右,政协来车接,与宴的为主席、副主席,还有省人大部分副主任吴绍骙、范濂等。酒席相当丰盛。据说请了位一级厨师。席上碰到丁轸宇,谈别后情况。

2月7日　　星期四　　晴

今天是农历腊月二十三日,旧俗为灶王爷升天之日。一般人家都要在晚上祭灶神,杀只公鸡作为灶爷的马,供上灶糖,让灶爷吃了粘着嘴,免得他在老天爷那里说人间的坏话,以致降灾于人间。现在祭灶的人很少了,但买灶糖吃的人还很多。

恭夫从办公处买来两包芝麻糖。

晚饭后,爆竹声如潮涌,此起彼伏,振耳欲聋。

发信致增杰。

2月8日　　星期五　　阴转小雨

鸿毅与秋子上街购物。我在家看书。

写信致蕤儿。

2月9日　　星期六　　阴

想写点回忆录,还未能着笔。

2月11日　　星期一　　多云转晴

深觉这里的生活单调无聊。过了春节,决定返汴。天气渐暖,衣服也觉得厚了。

2月12日　　星期二　　小雨

晨起,写《童年杂忆》短文一篇。

2月15日　　星期五　　阴

今天是农历正月初一,恭夫家招待亲戚,秋子在厨房忙了一天。直到9时许,客人才陆续辞去。

2月16日　　星期六　　多云

今天笑菡同她的婆婆,带着小孩小洋来,午饭后辞去。

午饭后,睡了一觉,醒来已快6点。

2月20日　　星期三　　晴

上午10点多,学校来车,我与鸿毅乘车返汴。车开得很快,11点40几分即抵家。

看各方来的信件。

2月21日　　星期四　　晴

继续吃治疗腿疼的活络片。

2月22日　　星期五　　晴

不少客人来访:一、吕晓明,85年中文系毕业,现任新乡市第一师范语文教师。他给我照了几张照片。我送他《中国古典文学论文集续编》一册。

二、已毕业的研究生张宝明,现任郑州航院语文教师。他送来水果一包,我赠他《续编》一册。

三、沈卫威来,把他在台湾出版的《胡适传》送来给我看。

2月23日　　星期六　　晴

上午给增杰电话,告他我已返校。

2月24日　　星期日　　晴

上午,整理什物,拟于明日赴郑参加省政协会议。

晚,李校长来电话,说明日下午3点乘车赴郑。

2月25日　　星期一　　晴

下午3时,与淑惠乘学校大轿车赴郑,到中州宾馆,我被安排在2106房间。淑惠下车后去找小厚。

2月26日　　星期二　　晴转阴

上午,大会开幕。由董民生副主席作工作报告,段宗三副主席作提案工作报告,最后由省委林英海书记讲话。下午,小组会。

2月27日　　星期三　　阴

上午下午,小组会讨论董、段两副主席的报告及林英海书记的讲话。

2月28日　　星期四　　雪

列席省人大会议开幕式。

上午,听代省长李长春的政府工作报告。下午听姚如学与胡树俭关于财政方面的报告。

晚,去煤炭干部管学院看小高及小厚,并给他们新添的小女孩见面礼百元。

3月1日　　星期五　　晴

上下午参加小组会。下午,大家对宗教问题讨论得非常热烈。

3月2日　　星期六　　晴

上午,参加小组会。10点左右又参加主席会,讨论补选常委及副主席问题。

下午,写提案。我草拟了关于如何解决出版难和买书难的提案。

3月3日　　星期日　　晴

上下午,参加会议。

晚,关爱和偕另两位同志来,谈至近9点辞去。

3月4日　　星期一　　晴

上午,参加小组会。

下午,大会发言。

晚,参加主席团会议。

研究生姚伟、于淑敏、金勇晚7时来访。

3月5日　　星期二　　晴

下午,大会选举,补选武守全为副主席,另补常委二十名。

晚,阅读中央发下的文件,国务院总理拟在全国人大代表会上的政治报告,征求意见。

3月6日　　星期三　　阴转雨

下午,参加由阎主席召集的省市地区政协主席、副主席座谈会。

晚饭,系省政协宴请。

3月7日　　星期四　　大雪

与李润田校长乘学校车返汴。

3月8日　　星期五　　阴

看吴晗《史学论文集》中的《论金瓶梅产生的时代》,他根据该书所反映的重大事件,说明此书是明代万历时期的产品,如当时宦官势力之强大,以及土地上有所谓的皇庄、在建筑上有所谓皇木……等等,证据确凿,是有一定说服力的。

3月10日　　星期日　　阵雨

写几页回忆录《我与〈前锋报〉社》。

接民盟通知,本月15日在郑召开盟省委常委会,会期一天,我准备请假。

3月12日　　星期二　　多云

上午,去学校商业一条街邮局发信并购买邮票。

从学校回家时,碰见增杰同志。他送我到家,谈了谈系里的情况,坐了不到一小时即辞去。

今天是孙中山先生逝世66周年纪念日。

3月13日　　星期三　　阴

回忆录《我与〈前锋报〉社》一文写竟。

看吴晗《论文集》。

3月14日　　星期四　　阴

蕤儿去海南岛出差回来,在郑州下车后,先去她姐家看了看,才来开封。

晚,与蕤儿闲话。

3月15日　　星期五　　多云转晴

因便秘,去校医院开了些果导片和黄连上清片。

3月16日　　星期六　　晴

上午与鸿毅、蕤儿逛街,在寺后街饭馆吃过包子,乘10路车回来。

3月17日　　星期日　　晴

蕤儿上午离家返京。

原中文系毕业的南召同乡白万献,与一位同学从南阳来访,为我照了几张像,留下几本《卧龙论坛》及另外几本书后,告辞而去。

3月18日　　星期一　　晴

下午,与李润田校长赴郑参加省政协主席会议。两个小时后,会议结束,即乘车返汴。司机小梁开的是德国车,车速极快,一时零十几分钟即抵家。

3月20日　　星期三　　阵雨

本拟写回忆录《西北纪行》,因事未果。

3月21日　　星期四　　晴

上午,人事处王金宝同志和另一位同志来,告诉我的工资的提高额,基本工资为342元,连上其他附加费共505元,同时还送来了补发的440元。

3月22日　　星期五　　多云

看靳德行同志的《中华人民共和国史》。

3月23日　　星期六　　阵雨

上午,学报送来《我国近现代学者对祖国传统文化在认识与态度上的发展》的校样,费了几个钟头,才算校毕。

3月24日　　星期日　　阵雨

大风降温,冷甚,比冬天温度还低。

看李笠翁的小说,此人思想水平极一般,但作品有一定的艺术性。过去周作人很称赞他的《闲情偶记》中的短文,但思想认识甚平庸。

3月25日　　星期一　　小雨

上午,看李笠翁的小说。

晚,爱和、慈健来谈。

3月26日　　星期一　　雨转雪

看笠翁小说。

找到过去写的日记,拟有空翻翻。

3月27日　　星期三　　多云

上午,翻看过去的日记。曾经参加全国文代会,现在一点印象都没有了。另外,与赵明、增杰等同志曾去桂林阳朔参加现代文学史讲义定稿会的事情,也都忘得一干二净。可知如无文字记载,记忆力一点都不行了。

下午,从床头壁橱中取一床被子,因气温低,感觉冷,加上猛一用力,心脏感到不适。鸿毅见我脸发黄,赶快让我服了四粒速效救心丸。过了一会儿,才缓过了劲。看来,年老了,用力的事不能硬撑。

3月28日　　星期四　　阴

上午看李笠翁小说。

下午,拟写回忆录《五十年代教学生活琐忆》。

3月29日　　星期五　　多云转晴

上海复旦大学来一通知,拟于近时召开一个国际性的中国近代文学学术讨论会,并请写出论文寄去。我不打算参加会议,但准备写篇论文,题目暂定为《鲁迅论中国近代小说》。

晚,苏长青等三位同学来,谈其论文选题问题。

3月30日　　星期六　　多云

上午,翻阅过去的文稿,欲找一篇关于近代文学的论文。

淑惠从校医院取回脉通、障眼明各一瓶。

3月31日　　星期日　　晴

上午,校阅旧稿,拟重新打印作为送交上海学术会议的论文。

下午,小简送来光儿写的《袁中郎诗文选注》的稿子,让我审阅。

4月1日　　星期一　　晴

校阅过去写的论文《西学输入与晚清文学》。

审阅光儿的《袁中郎诗文选注》。

4月2日　　星期二　　晴

上午,与鸿毅去学校,走到小礼堂附近,心里不舒服,吃了几粒救心丸,休息了一会儿,让鸿毅去系里,我就回家了。

下午睡觉,直到5点才醒。

4月3日　　星期三　　晴

上午,与鸿毅乘系里李建伟派的车到校医院诊病。作了作心电图,量了量血压。心电图问题不大,血压太低40—80,大夫开了几样药便回来了。

晚,增杰夫妇来。

发信致秋子,让她抽空来汴一趟。

4月4日　　星期四　　多云

收到《鲁迅研究》第二期,上边载有《周作人传》在北京出版的信息,每本定价9元5角,拟托人买一本。

审阅光儿的《袁中郎诗文选注》。

4月6日　　星期六　　晴

上午,淑惠从学校取回我的本月工资492元。

检阅过去写的日记,拟补写《自订年谱》。

4月7日　　星期日　　多云

上午,随便找点书看看。

下午,景昌来,谈不少在郑熟人的近况。说罗绳武已卧病在床,神志有时不清。

4月8日　　星期一　　多云

晨起,写《孔子新论》三则。

重读《论语》。

4月9日　　星期二　　多云转晴

上午,秋子来,拟接我和鸿毅去郑住一段。

4月10日　　星期三　　多云

接到郑州寄来的《中州学刊》第二期,刊有我的《论杜甫与白居易对李隆基杨贵妃爱情认识的异同》。

4月11日　　星期四　　阵雨

上午,看《鲁迅》期刊。其中多半系关于研究鲁迅的史料及论文。

4月12日　　星期五　　阵雨

晨起,写了篇《孔子新论》,谈孔子论性与天道。

4月13日　　星期六　　多云

上午,应届毕业生姚君与另一位同学来,他们都是在通许县实习的,谈到下边中小学教育情况,颇令人担忧。

赵明同志来。

研究生苏长青送来南阳白万献等人编的《卧龙论坛》第二期,内有我的《胡适与整理国故及其存在的问题》一文。

晚,何德功自日本归来,谈日本工业发达情况。临走时,赠我在日本购的手表一只。

4月14日　　星期日　　晴

翻阅过去的信件,检出重要的保存,一般的烧掉。

4月15日　　星期一　　晴

黄志琴同志送来她写的关于评论我的文章。

拟将过去写的关于胡适的文章汇为一个小册子,名曰《胡适论》。

4月16日　　星期二　　阴

今日要赴郑,虽有小雨,不碍行车。司机小梁要去郑接他的岳母,也乐意送我去郑州。

9点出发,到郑时变成中雨。所幸到农大后,秋子从外边回来,把东西搬下后,拟留小梁吃饭,他坚决不肯,终于走了。

4月18日　　星期四　　晴
写信给河大出版社孙荣光同志,问《胡适论》能否承印?

4月19日　　星期五　　晴
上午,看书。
麟儿下午从黄大来,说中央教委已有文件,要黄大与郑大合并。

4月21日　　星期日　　晴
省社联来人,通知明日9时召开主席团会议,嘱届时参加。

4月22日　　星期一　　晴
上午参加省社联会议。省委侯志英部长及社联副主席赵怀让主持会议。会议进行了一天,午餐是大会管待的。中午休息以后,3点开始,至6时许结束。

4月23日　　星期二　　晴
上午,到中州宾馆三号楼,会见全国政协副主席马文瑞及王恩茂。省政协副主席除个别不在郑外都在场。阎济民主席逐个作了介绍,然后汇报了河南省政协工作情况。马、王二人最后都讲了讲话。散会前照像留念。

4月24日　　星期三　　晴
下午,到政协礼堂两耳房开会,5时许结束。
接从开封转来的上海书店范泉函。
看鲁迅《中国小说史略》。

4月25日　　星期四　　阴
看小说。
发信复上海范泉函。

4月26日　　星期五　　多云转晴
上午,秋子等又去粮站排队购粮油。昨天因排队人太多没有买到,今天仍然人很多,颇有些抢购粮油的迹象。
麟儿同明凰下午返汴。

4月27日　　星期六　　多云转晴
上午与鸿毅、笑菡上街,我在一个小书店里购书两本:《世界大文豪人生金句2000》、《当代新儒家》。
在开封时曾拟写篇《孔子新论》,只写了一小部分,须要继续写下去,把他的宇宙观、人生观,以及伦理观都一一写出来。

4月28日　　星期日　　阴
下午,恭夫陪王路来,他先在恭夫电业局宿舍的家里休息后,来的。
晚饭后,广西夫妇来,谈近代散文选中的插图问题,并以其所著《中国武术与武林气质》一书相赠。
光儿来函,谈家中近况。

4月29日　　星期一　　晴
上午,看《聊斋》。
下午,增杰偕张玉林、王怀通几位同志来看我,并以饼干、花粉口服液三盒相赠。

4月30日　　星期二　　晴

王路婿早饭后去开封看光及麟,并顺便游览一下那里的名胜。想不到下午4点多即回来了。他说9点多到汴,去开一高见到麟,吃过早饭,即与麟骑自行车游龙亭及铁塔,到光家午饭后,略事休息即乘车返郑。

5月1日　　星期三　　晴

今天是五一劳动节,上午与鸿毅、秋子上街。因有风,尘土飞扬,走了一会儿,觉得不舒服,便回来了。

麟儿从开封来,稍站一下,便去他学校了。

广西送来《鲁迅全集》四、五、六、七卷共四册。

5月2日　　星期四　　晴

上午,小厚同小高带着他们的妞妞来。妞妞吃小厚的奶已三个多月,很健康,容貌也很秀美。他们在这里吃过中饭后回去。

小厚送来几盒人参蜂王浆。

5月3日　　星期五　　晴

下午,麟从黄大来。

晚看电视剧《杨乃武与小白菜》。杨乃武的姐姐杨淑英为其弟弟的冤案,万里迢迢赴京伸诉,不惜牺牲个人生命,爬钉板,冒万死,喊冤告状。这种坚毅而勇敢的精神,的确是不可多得的。

5月4日　　星期六　　阵雨

看鲁迅《二心集》。

5月5日　　星期日　　阵雨

看鲁迅《中国小说史略》中关于近代小说部分。

5月6日　　星期一　　阵雨

看《古文观止》,温习童年熟读过的篇子,如王勃的《滕王阁序》、王羲之的《兰亭集序》等。读这些文章,不能不令人回忆童年时代在父亲教诲下学习的情景。

5月7日—9日　　星期二—星期四

参加省政协常委会,住河南饭店北楼二楼35号。李润田校长也参加了会议。

会议结束后,又回农大秋子家。

5月10日　　星期五　　阴转晴

麟从开封来,捎来一些信件,与今年第二期《河大学报》,内有我写的《我国近现代学者对祖国传统文化认识与态度的发展》一文。

5月11日　　星期六　　阴转晴

梅蕙兰同志来,并以一个大西瓜相送。几年未见,大谈她近来的工作、生活情况,深感快慰。

5月12日　　星期日　　晴

麟儿返汴,明凰来这里。

发信致省文联、社联。

5月13日　　星期一　　晴

鸿毅大哥鸿藻的大女儿静娴,听说她四姑在郑,从西安来探望。

晚饭后,鸿毅和我同静娴到农大校园内散步,牡丹、芍药及月季花开得异常灿烂。

5月14日　　星期二　　晴

省社联通知,明日召开第四次代表大会。

5月15日　　星期三　　晴

参加省社联代表会,住河南饭店南楼二楼38号。增杰为照顾我,也搬到了该号房间。

5月16日　　星期四　　晴

参加大会开幕式。

午餐后回到农大,因明天要到河医检查身体。

5月17日　　星期五　　晴

因感冒住进河医大一附院。感冒很快痊愈,体温恢复正常。谁知医院又让作CT,一次340元。照了多张肺部片子,结果是一般正常,有陈旧结核病灶。因黄胆指数稍高,又让作肝胆肾脾CT扫描。手续均办好了,临到作时,因没电未能作成。于是,25日下午出院回秋子家。

5月26日　　星期日　　阵雨

麟儿与明凤午饭后回开封,我给光、淑惠写了封信,并让他们捎去100元。

下午,冯辉来。

住3次医院,深觉住院的困难与心灵上的不安与痛苦,以后要特别注意生活的规律。

5月27日　　星期一　　多云

晚看电视,中美女排决赛,中国队取得了冠军。

阅读50年代写的《子产传》。

5月28日　　星期二　　阴

读陶渊明诗文,有新的体会。

拟买本笔记本,把一些零星想法与看法记录下来,命名为《借庐偶识》。这样不致把某些观点随时间而流逝遗忘。

5月30日　　星期四　　阴转晴

上午,开封市民盟杨副主委及另一位干部来看我,吃了午饭后返汴。

5月31日　　星期五　　小雨

写《借庐偶识》一则。

6月1日　　星期一　　阴

终日看杜诗与陶诗。以自然论,杜不如陶,以刻画论,杜较精工。但抒情真挚,句句发自内心,毫无斧凿痕迹,则陶决非杜所能比。

6月2日　　星期日　　阴

上午,看渊明诗文。

6月3日　　星期一　　多云转晴

上午,鸿毅、秋子陪我上街理发。工学院附近的理发店未开门,只得回来。

晚,冯辉来,并馈以西瓜及菠萝,坐至10时许辞去。

6月4日　　星期二　　阴转晴

下午,鸿毅为我理发,同时也刮了胡子。

接长葛某君函。

6月5日　　星期三　　阴转晴

麟从开封来,送来代取的存款,便往黄大上课去了。

6月7日　　星期五　　晴

上午,由秋子、麟儿陪同去河医医院作CT,10时作完。

6月8日　　星期六　　晴

上午,致函袁凯声,谈找出版《胡适论》一书的出版社问题。

6月10日　　星期一　　阵雨

任德静带着她的表哥及表侄女、侄儿从西安来,要往南京去。住在农大招待所,在秋子这里吃饭。下午5时许辞去。

6月11日　　星期二　　晴

读《杜诗镜铨》。古代名家作品并非篇篇俱佳,所以都须要有选本,杜诗也是如此。杜诗中有些篇子,往往以一个地方为题目,而在思想内容上也没什么新意,这类作品实属可有可无者。

6月12日　　星期三　　阴转晴

接上海图书公司寄来的《中国近代文学大系》编辑简报一份。

6月13日　　星期四　　阴

上午,增杰、华锋、李建伟来,谈开封家中房子问题。

6月15日　　星期六　　晴

连日看杜诗,颇有心得。拟写一点读书札记。工部诗比之渊明不免重工整,但基本上还是真实的,特别是他个人在离乱中的经历,写得都非常亲切感人,如《自京赴奉先县咏怀五百字》、《北征》、《彭衙行》等,反映出在安史之乱前后唐代社会的情况。

6月18日　　星期二　　晴

麟上午10时许从开封来,带来六本小说与光儿信中捎来的六月份工资余额。

恭夫从桂林出差回来,并带回些菠萝、芒果。

6月20日　　星期四　　晴

看《三国演义》与《古今小说》。

6月21日　　星期五　　晴

秋子从学校来,说淑惠从开封家中给恭夫电话,说让把《胡适论》的书稿赶快送回去,河大出版社催得很急。恰巧麟儿从黄大上课回来,让他明天回汴一趟。

给河大出版社一函,让麟儿带走。

6月22日　　星期六　　晴

麟儿返汴,他把《胡适论》书稿带去,交文淑惠转河大出版社。

与光儿、淑惠一函,让麟带走。

6月23日　　星期日　　多云

看省政协发的委员提案摘要。

6月24日　　星期一　　晴

下午,参加省政协主席会议。阎主席因牙病住院,会议由赵正夫副主席主持,由赵凤羽秘书长汇报近半年工作情况,并宣布拟于7月份召开常委会的内容及日期。5点左右散会。

6月25日　　星期二　　晴
接光儿函。
看《三国演义》及《古今小说》。

6月26日　　星期三　　晴
笑薇从西安回来,带回与同学们游华山的照片,照得很清晰。这使我想起30年代与洛师同仁游华山的往事。当时秋子还不满周岁,雇人背着,鸿毅与其他家属到回心石即停了下来。到附近的庙里休息。我同其他男同志继续往上爬,仅攀至北峰,天色已晚,就住在了那里。次日,大家登山的兴致已不大,于是都下山了。可惜当时没有照一张照片以作纪念,实属憾事。

6月27日　　星期日　　多云
上午,河大出版社宋应离同志把《古典文学论文集续编》稿酬送来,除去税金600余元,余4900元,下午存入银行。
看《三国演义》。

6月28日　　星期五　　晴
参加盟省委举办的中国共产党诞辰七十周年纪念会。

7月1日　　星期一　　晴
今天是中国共产党诞辰七十周年纪念日,全国各地无不隆重庆祝。
下午3时开始,从电视里聆听中国共产党总书记江泽民的讲话。

7月2日　　星期二　　晴
看《三国演义》。
拟写篇关于中国无产阶级文学发展的文章,因这里无参考书,无法执笔。为了写作,须赶快回开封。

7月4日　　星期四　　晴

麟儿、明凰明日返汴,让他们告知中文系6日上午来车接我。鸿毅整理衣物,我也把书籍整理了一下。

7月5日　　星期五　　晴

上午参加省政协召开的学习江泽民七一讲话座谈会。会上我也发了言。李润田校长也参加了会议。散会时我对他讲,打算乘他的车返校。他答应晚上走时把车拐到农大。

晚6时半,我和鸿毅乘李校长车返汴。

7月6日　　星期六　　小雨转晴

拆看来信,有的须要复而未复。

找出一些旧书,温习熟读过的名篇。

7月7日　　星期日　　晴

学生赵道山来看任光,送他一册最近出版的《中国古典文学论文集续编》。

上午,与鸿毅去看刘溶、友梅,将《论文集续编》一册送给刘溶。

7月8日　　星期一　　晴

上时8时,参加学校学位委员会会议,由李润田校长主持,通过对校内外研究生的硕士学位的授予。

下午,找出了过去写的三本《中国文学批评史》讲稿。

7月10日　　星期三　　晴转阴

上午找出过去想阅读的书多种。

看《醒世恒言》。

7月11日　　星期四　　晴
看《三国演义》中玄德三顾茅庐事。

7月13日　　星期六　　多云
整理书籍。
看《三国演义》。

7月15日　　星期一　　晴
上午,参加市文史馆征稿会。午上,由文史馆宴请与会者,饭菜做得相当讲究。

7月17日　　星期三　　阵雨
看《三国演义》。
为魏廷玢事致阎济民主席函。
停了一天电,大家苦不堪言,至晚饭时才来电。

7月18日　　星期四　　多云
看《三国演义》及《三国志》。

7月19日　　星期五　　晴
拟写一回忆性的散文,题名《话潭头》。
鸿毅去开高麟儿家。

7月21日　　星期日　　晴
昨天高温天气,没有风,太阳晒了一天,简直不敢出门。今天有风,稍好过一些。另外,连日停电,室内电扇不能开,真是人人叫苦。今天晚上来了电,各家的孩子们高兴得大喊:"电来啦,电来啦!"

7月22日　　星期一　　晴
看《三国志》。
天气酷热,什么也干不成。

7月23日　　星期二　　晴
仍是高温天气。
看《中国近代史百题》。

7月24日　　星期三　　多云
申志诚校长因天气酷热,要我和鸿毅搬到学校招待所有空调的房间暂住一时。
上午,与鸿毅由小满陪同搬到招待所201房间。
刘林下午要启程赴美国,随其母亲到招待所看我们。

7月25日　　星期四　　晴
古人诗云:"殷勤昨夜三更雨,又得浮生一日凉。"昨晚下了阵雨,今天就不像昨日那样酷热了。

7月27日　　星期六　　阵雨
看50年代写的关于《文心雕龙》的论文。

7月28日　　星期日　　小雨
看《水浒传》。
翻阅解放前所写的《中国文学批评史》讲稿,觉内容虽简略,尚有个人独到之见。最近拟雇人誊写一下,然后设法将其出版。

7月29日　　星期一　　多云
翻阅解放前所写《中国文学批评史》,拟雇人抄写。忽然想起学校科研处还有我申请的一笔科研经费 1700 元,分文未用,可以作为抄书费用。于是打电话给科研处,说我的科研经费已有人用去 200 元,我很惊讶,未经我的同意,竟随便动用我的科研经费。

与系里吴主任电话,请他从同学中觅一二字写得比较端正的,来抄写稿子。

在明伦街王家书店购到一本《论金瓶梅》,系由胡文彬、张庆善编选,人民美术出版社出版。其中收有我的《略论〈金瓶梅〉中的人物形象及其艺术成就》。

7 月 30 日　　星期二　　多云
着手写《悼念罗梦册兄》。

7 月 31 日　　星期三　　阴
《悼念罗梦册兄》一文写竟,约四千字。

8 月 1 日　　星期四　　阴
今天是建军节。电视里播出反映解放战争时期的故事片,如《解放大上海》。

写回忆性的短文。河大在潭头时的生活片断,如熊伯履教授咏牡丹的打油诗,已写就,还拟再写篇河大潭头时期的一次罢课风潮。

8 月 2 日　　星期五　　晴
上午,回家找书。从家中拿来曾国藩编选的《古文四象》,及苏轼、欧阳修两人的选集。

下午,孟宪法来,送来《胡适论》的稿子,让将 50 年代写的加以修改。

晚看电视剧《西游记》。

8月3日　　星期六　　小雨转晴

上午,回家找着了《全本金瓶梅》。

8月4日　　星期日　　晴

审阅过去的论文《胡适〈五十年来之中国文学〉批判》,对其中的措辞作了一些删削。其他论胡适的文章没有改动。

8月5日　　星期一　　多云

审阅《胡适论》的有关论文。

8月6日　　星期二　　多云

审阅《胡适论》。下午审毕,晚交给出版社孟宪法同志。

8月7日　　星期三　　多云

上午,笑薇等从郑来汴,帮助搬家。

10时许,回家到新书房看了看,又回到招待所。看过去写的《中国近代作家论》中的论康有为部分。

8月7日　　星期三　　多云

家中往新房中搬书。

增杰到家,找毕业的研究生陈韶麟在上海的通信地址,没有找到。

8月8日　　星期四　　晴

上午,小高等把学校木工房做的三个书架拉到新书房,并将部分书上了架。

8月9日　　星期五　　晴

上午,雇了三个工人搬家,主要是搬笨重的家具,如沙发、书架等,工钱百元。到下午已基本搬得差不多了。书籍搬得很乱,需要时间整理。

8月10日　　星期六　　晴

到新书房整理书籍。
晚饭后非常疲乏,回招待所看着电视就睡着了。

8月11日　　星期一　　小雨

上午,回新房整理书籍。
下午,在招待所休息。

8月12日　　星期一　　晴

继续整理书籍。

8月14日　　星期三　　晴

从招待所搬回新房。
下午,整理书籍。
王华农同志来访。

8月16日　　星期五　　阴转中雨

整理楼上书籍。
看章太炎《检论》。
秋子来电话,说下礼拜一来汴。

8月17日　　星期六　　晴

上午整理书籍。

看梁启超《戊戌政变记》。

8月18日　　星期日　　晴

上午,在楼上整理书籍,把常用的检出了一大堆,装在大提包内,把它们拿下楼。可能用力太过,午觉起来,到卫生间解手,觉得心里很不好受,把鸿毅叫起来,找了些速效救心丸吃下,才好一点。以后不能过于劳累。

8月19日　　星期一　　晴

秋子上午从郑州来。

看《新唐书》中《杜牧传》,该传附在《杜佑传》后边。

8月20日　　星期二　　晴

秋子帮助整理书籍,把成套的书归整一起。

麟儿来,把电视机安上了插头。晚上能看电视了,但因无室外天线,图像不够清晰。

8月22日　　星期四　　晴

晨7时,与市民盟李运乾同志乘河大刘师傅开的车赴郑,参加省民盟常委会。会议讨论了两个文件及明年召开省代表大会问题。下午3时返汴。

8月23日　　星期五　　晴

下午,李润田校长来,谈学校领导班子的更替事,并说到明日去郑参加省政协主席团会议事。

8月24日　　星期六　　阴

停电一天,书也看不成,只有睡觉。

8月25日　　星期日　　晴
看《唐诗选》及《儿女英雄传》。

8月26日　　星期一　　晴
上午,学校后勤派人把家里的电话装上。
看《儿女英雄传》。
把《全汉三国晋六朝诗》在封面上用毛笔把每一代的诗标出,以便查阅。

8月27日　　星期二　　晴
上午,文史馆王华农来,为《中原文史》约稿。我从旧稿中检出一篇《论曹雪芹的学术思想》,还有发表的价值,决定誊抄一份给他送去。

8月29日　　星期四　　多云
誊抄《曹雪芹的学术思想》一文。
看端木蕻良、钟耀群合写的《曹雪芹》一书,文字写得并不太好。

8月30日　　星期五　　晴
全日誊写《曹雪芹的艺术思想》,写竟,准备交卷,约四千字左右。
看《唐诗选》。过去曾熟读,大致能背诵工部的《自京赴奉先县咏怀五百字》、《北征》,有些句子记得不准确,仍须再读。

8月31日　　星期六　　多云
晚看电视剧《太平天国》,写洪秀全作了天王之后,骄傲自是,遇事独断专行,引起部下不满,以致内部分裂,终于失败。

9月1日　　星期日　　阴雨

看《中国文学批评史》旧稿，并进行修改、标点。

今天，大中小学一律开学。晚上有几位研究生来看望。

看电视剧《太平天国》，拟找寻论述太平军的史书一读。

9月2日　　星期一　　阴

翻阅梁任公《饮冰室合集》，看看他有评论太平天国的文章没有，但没发现。

9月3日　　星期二　　多云

查阅《清代七百名人传》中太平天国将领的传记。

9月4日　　星期三　　晴

上午，去明伦街与学校小卖部购物，回来时因两腿不服从指挥，越走越快，以致跌倒，所幸脸朝下是土地，没有受伤，但却嘴里进了土。以后，决不能一人出去，这次是个严峻的教训。

看《清代七百名人传》中太平天国将领的传记。

晚，解志熙同志来谈。

9月5日　　星期四　　晴

因为教师节，系里发给150元，让小简送来。

校改《中国文学批评史》。

9月6日　　星期五　　晴

校阅《中国文学批评史》。

系里来电话，让为灾区捐款。给鸿毅商量后，拟捐洋二百元、棉衣几件。

9月7日　　星期六　　晴

上午,秋子从郑州来。

沈卫威代为去校医院取药。

9月8日　　星期日　　晴

上午,与秋子、鸿毅乘10路车去寺后街。多日未上街,只觉得熙熙攘攘,比过去人多得多了。

到第一楼吃小笼包子,服务员因我年老给以照顾,提前把包子端给我们,使之少等了两个钟头。饭后回来,秋子没多停即急着返郑了。

9月9日　　星期一　　多云

修改《中国文学批评史》。

9月10日　　星期二　　小雨转晴

审阅《文学批评史》,有时以原文校正引文。

看《近代文学研究》论文,里边有篇论述章太炎为要去印度当和尚,与端方函谋款事,言之凿凿,心中颇为不怡,如饭中落一苍蝇,不免作呕。

9月11日　　星期三　　阴

修改《文学批评史》,参阅全梁文,校改所引当时作家论文的主要文字。

9月12日　　星期日　　多云

与出版社孟宪法电话,问《胡适论》的出版问题,答以最近不能出版,只有听之任之了。

下午,增杰、赵明两同志来谈研究生上课问题。我拟讲几个专题:一、近现代学者论治学方法。二、晚明公安派的文学革新与五四文学革命的关系。

修改《文学批评史》,重读《抱朴子》外篇中部分论文。

9月13日　　星期五　　晴

审阅《文学批评史》,参阅所引用的原书。另外,要给研究生上课,拟给他们讲我过去写的《近现代学者论治学方法》一文。

今天才发现山西1989年出版的第十八期《文学遗产增刊》中转载了我的《苏轼谪居黄州后的生活思想与创作》一文。

9月14日　　星期六　　晴

审阅《文学批评史》,把难识的字改一改。

爱和送来学校发的论文奖百元,系因近代文学大系《散文选》和《导言》一文也。拟将此奖金全部送给光儿,因此文他曾花过一些精力。

9月15日　　星期日　　晴

审阅《文学批评史》。

搬了一次家,书籍全弄乱了。有些书找不到,即如《杜工部诗注》一直没有找到,还有《杜诗镜铨》也不知放到哪儿了。

9月16日　　星期一　　晴

审改《文学批评史》。

姚景韶的孙子姚小雷,本科毕业,考取了近代文学研究生。体检时因左手有残疾,校医院让给教务处打招呼。他便找到我,我给文金打电话,文金不在。遂又写封信,让他给文金送去。

9月17日　　星期二　　晴

修改《文学批评史》。参阅有关书籍,但钟嵘的《诗品》没有找到,翻《中国历代文论选》,也未找到,容再找找。

9月18日　　星期三　　晴

下周要给研究生上课,须要备课。拟先给他们讲两次关于治学方法的问题,再转到正题近代文学。

9月19日　　星期四　　晴

准备给研究生上课,对近代文学讲授的内容,讲一讲近代文学的分期问题。

9月20日　　星期五　　晴

审改《文学批评史》,参阅有关资料,重读钟嵘的《诗品序》。

9月21日　　星期六　　晴

审阅《文学批评史》。

9月22日　　星期日　　晴

接笑菡自美国来信,谈美国人的人际关系比中国要好得多。说明经济条件与道德品质相辅相成的关系。

接姚景韶函,对他的孙子姚小雷考取研究生向我致谢,其实这是不虞之誉,拟复函加以说明。

9月23日　　星期一　　晴

今天是鲁迅一百一十周年诞辰,国内报纸都发表文章,表示对他的纪念。

9月24日　　星期二　　晴

下午,增杰陪同省社科院两位同志来,谈计划编纂《河南新文学大系》事。

9 月 25 日　　星期三　　晴

审阅《文学批评史》。

看《嵇文甫传》并读他的文集。

9 月 26 日　　星期四　　晴

看《嵇文甫传》。

看《嵇文甫文集》,拟写文论述。

9 月 27 日　　星期五　　晴

下午,北京工作的,过去洛师的学生张羽及其夫人,还有曹靖华先生的女儿来。他们是送曹老骨灰回故乡卢氏的,因曹老原系解放前开封二中毕业,所以把他的骨灰在二中停放一天,然后再送回卢氏去。

9 月 28 日　　星期六　　晴

审阅《文学批评史》。

9 月 29 日　　星期日　　晴

上午 8 时半,第一次给研究生上课,主要讲治学方法,到 11 点结束。

下午,看刊物《鲁迅研究》。

9 月 30 日　　星期五　　晴

在楼上书房整理书籍,阅读有关书籍。

10 月 1 日　　星期二　　晴

今天是国庆节,想着秋子、恭夫会来开封,但竟没来,也没来信,不知为了啥事,心中深为不安。

10月2日　　星期三　　晴

上午,与鸿毅去学校小卖部买包点心与饼干。

10月3日　　星期四　　多云

麟儿也没来,想他同两个孩子都去郑州了。

上午,盟省市委派同志送来生日蛋糕,还有两大包点心,两瓶水果汁。

10月4日　　星期五　　晴

整理书籍。

10月5日　　星期六　　晴

系里来电话,让去领工资。我与鸿毅一边作为散步,到系里领10月份工资,共502元。回来碰见不少系里的同志,相互问讯。

10月6日　　星期日　　晴

小简随其单位同志去焦作云台山旅游,晨3点出发,晚上回来。

10月7日　　星期一　　晴

为纪念辛亥革命80周年,电视播出有关辛亥革命的故事。

省政协通知10号举行会议,拟于9号下午去郑。

10月8日　　星期二　　晴

审改《文学批评史》。

与李润田校长电话,约定去郑时间。他说9号下午3时赴郑,届时他乘车到我家来。

晚看电视《辛亥革命》。

10月9日　　星期三　　晴

下午3时,与李润田同志一同乘车赴郑,参加省政协召开的辛亥革命80周年纪念会。4时半抵郑,住中州宾馆三号楼301房间。

10月10日　　星期四　　晴

上午,参加辛亥革命纪念大会,被安排在主席台第二排。会议由阎济民主席主持,省委副书记吴基传讲话后,省民革负责人杨章武讲话。结束后,看电影《秋瑾》。片子拍得还不错,结束时已近12点。回宾馆午餐,下午2时许,即与润田同志乘车返汴,4时许抵家。

10月11日　　星期五　　晴

明天要给研究生上课,须要备一下课,把所涉及到的问题资料再熟悉熟悉。

下午,有两个中文系二年级同学来,了解解志熙与沈卫威两同志过去的情况,至5点多辞去。

10月12日　　星期六　　晴

审阅《文学批评史》。

10月13日　　星期日　　晴

审阅《文学批评史》。

翻书,找到了《昭明文选》。

10月14日　　星期一　　晴

有四位中文系二年级同学要代我整理楼上的书籍。两位男同学名陈举、万家旗;两位女同学叫贾翻娥、朱瑾。其中有一位是豫东虞城的,有两位是豫西三门峡市、洛阳市的,还有一位是南阳新野的。昨天,他们整理了一个下午,到今天下午,才算整理出个眉目。我送他们每人两本书,一、《子产评传》,二、《中国新文学渊源》。

下午,王华农同志陪市文史馆魏馆长来,邀我明天参加市文史馆为九月九日老人节举办的午宴,与所邀请的市文化界七十岁以上的老人聚一聚。我不好拒绝他们的盛情,就答应了。

接到省文联通知,本月 18 日开会,让去参加。

接省教育科学研究院(郑州顺河路 17 号)高尚刚同志函,说淑惠给我写的传记已收到,正在编辑中。

10 月 15 日　　星期二　　晴

上午 8 时半,研究生来上课。谁知 9 点左右,文史馆来车接我去参加重阳节老人聚会,没法子,只好暂停讲课,乘车到市文史馆。与会的文化界部分年过七十的老人,加上文史馆的馆员共三十人左右。魏馆长先讲了当前国际国内的形势,和我们对此应持的态度。而后,又让我讲了几句话,接着大家谈。午餐,设宴招待,席面相当丰盛。听说每席才 150 元,大家都说便宜。饭后归来睡了一觉,醒来已近 3 点。

审阅《文学批评史》。

10 月 16 日　　星期三　　晴

上午,渑池县姚景韶来,他的孙子姚晓雷是我的研究生。他们祖孙两代都是我的学生。留他们在家午餐,真可谓便饭,什么菜也没有。饭后,他们到学校去了。

下午,增杰与苏书记送来一包水果,有桔子、苹果、香蕉。说是老人节,系里以此表示对老人的关注。因我正在午休,他们没有惊扰我。晚上,给增杰打电话表示谢意。

10 月 18 日　　星期五　　晴

系里让我把自己的一部分论文整理选出一些,拟将近年发表的有关近、现代文学方面的文章整辑一下,名为《中国近现代文学研究论集》。

早晨五时起床,早饭后,6点半学校车来,同行的有苏文魁书记。车行甚速,1点零10分钟即抵郑。9时许,省文联才开会。先由文联领导作上届理事会工作报告,接着是负责会议筹备的同志,作筹备工作报告。午餐,会议以盛宴招待与会者。

饭后,与栾星一块去看苏金伞同志。

下午5点左右乘车返汴,6点多抵家。

10月19日　　星期六　　晴

下午,秋子从郑州来。

姚景韶来辞行,在这里用的晚餐。恰巧秋子来时,在这里买了十盒烧饼夹油条,杨明凰来时带了些有馅的烧饼,解决了晚餐的主食。

10月20日　　星期日　　晴

上午,秋子陪鸿毅去苹果园赶集,买了些排骨回来,午上吃上了排骨肉。

老郭师傅来为我理发。

下午一觉醒来,秋子已回郑州。

10月21日　　星期一　　晴

整理日记本同笔记本。

整理近年来发表的近、现代文学方面的文章。

10月22日　　星期二　　晴

备课,治学方法问题尚未讲完。

下午,淑惠来,替光儿找书。我说搬家后,许多书都找不到了。我举出《十三经》白本与《十三经索引》,她一看书架,马上把那两部书拿了下来。可见我的眼瞎得厉害,自己看不见,还以为是丢了。

整理有关的近现代文学的论文,已基本就绪。

10月23日　　星期三　　晴

下午,备课。

淑惠来为光儿找书,送来一期《文学评论》。

10月24日　　星期四　　晴

上午,给研究生上课。把治学方法所论及的鲁迅部分讲完,算是告一段落。下边,把我过去写的《中国近代文学史话》交同学复印。下周印好,按史话程序讲授。"史话"二字改成"简论"。

10月25日　　星期五　　晴

苏长青同学送来《周口师专》学报1991年第二期。其中有系里黄志琴、关仁训同志写的《中国文学史研究家任访秋评传》。我看后,大致还觉得符合实际,没有过多的溢美之辞。

整理旧信札。

下午,小黄送来省里发的科研奖500元。究竟是哪个单位发的,我还不清楚,须要问一问。

10月26日　　星期六　　晴

王华农来,因淑惠校阅的文稿没有送来,所以他也没带走。

下午审阅淑惠校过的文稿。

《光明日报》载《毛主席读史如何古为今用》,举他读《后汉书·李固传》中固与其友黄琼书,毛主席认为其中有许多话不但切中当时文人之病,同时也切中当今文人之病,因而印这篇信,让中央几位大员都加以参考阅读。这封信我在小学时即已读过,似乎编者曾把它选入小学高年级课本。也不知毛主席当时有没有看到,或者直到读《后汉书·李固传》,才深深赞赏他给黄的信。

10月27日　　星期日　　晴

上午,李润田同志送来省政协下月6号开常委会的通知。5号报到,在河南饭店北楼。

晚饭后感到很疲乏,于是就躺在床上睡觉了。到10点,鸿毅准备睡了,我才醒来,于是又工作到下一点。

把最近整辑的《中国近现代文学研究论集》中的文章,前后次序理好,明天拟给增杰电话,向他交卷。

10月28日　　星期一　　晴

把整理好的《中国近现代文学研论集》的稿子放入一个大纸袋中,约30篇文章,近30万字。中午给增杰电话,他说有时间便来取。

10月29日　　星期二　　晴

上午,给研究生上课。

本届研究生共五名,来听课的有四名:晋爱荣(女),驻马店人;刘宝亮,南阳新野人;王勤彬,驻马店人;姚晓雷,渑池人。

翻阅过去的日记,光儿受伤为八三年,转眼将近十年了。由于伤残,给他一生事业打击极大,而我同鸿毅在生活、工作中也深受影响。这件不幸的遭遇,只有归之于命运,否则无可解释。

10月30日　　星期三　　晴

备课,看《中国近代史》中诗歌方面关于宋诗运动。

下午,淑惠来,给路德庆的著作评语签名盖章。

10月31日　　星期四　　晴

上午,给研究生上课,把近代主要作家的文学观作了简要评述。下一次,开始讲近代的主要作家,从龚自珍讲起。

11月1日　　星期五　　晴

上午,王华农同志来,他建议我给省文史馆的刊物《中原文史》的文章,可在到郑州时直接交给魏玉林馆长。

11月2日　　星期六　　晴

上午,看在台湾出版的《胡适和他的朋友》。此书系台湾为纪念胡适百周年诞辰而辑印的论文集,其中有胡适与陈寅恪、胡适与梁启超……等文章,还是有一定水平的。

晚,解志熙来,他们都忙着改高考卷子。

读渊明诗,觉心境为之一扩。

11月4日　　星期一　　晴

准备赴郑的什物。

11月5日　　星期二　　晴

下午,略事休息,已到3点,学校派的车已到家门口。正发愁带的东西多,计大小五件,一个大箱子,还有一个小皮箱,大行李卷,谁知来了辆大车,于是东西都搬了上去。赴郑的同志寥寥几人,除李润田、孟宪德是和我一样参加政协常委会的外,有鸿毅和另外一位男同志。车开得很快,4点半抵郑。先到河南饭店北楼报到后,又到农大,秋子、笑薇都在,帮助把东西搬到楼上,才算安定下来。

11月6日　　星期三　　阴转雨

参加关于编纂《河南新文学大系》的座谈会。由省委宣传部于友先部长主持会议,宣布了主编、编委及顾问,我被任为顾问。讨论了一天,下午5点才结束。

11月7日　　星期四　　晴

到省政协参加常委会。我因参加省委宣传部于部长召开的会议,晚到一天会。与会的同志说,我来的不算晚,他们一直都在看文件。

下午讨论会,谈阅读中央工作会议及省工作会议精神的体会,主要解决的,是如何把国营大中型企业生产搞活搞好的问题。

郑州市的委员均不安排吃住。外地委员住河南饭店,大会把我安排在该饭店三二三四号,一个人一个房间。

11月8日　　星期五　　小雨

上下午讨论会。下午4时许,阎济民主席召集副主席开会,征求对他在会议结束时的讲话稿的意见。

11月9日　　星期六　　晴

上午,大会继续发言。10点左右,阎主席讲话,到11点左右结束。

午饭后即乘车返农大。

11月10日　　星期日　　晴

看《古文观止》与《龚自珍全集》。

登记过去的存款条,总数为34000元。

11月11日　　星期一　　晴

看《龚自珍全集》。

11月12日　　星期二　　晴

读《杜诗镜铨》中一些熟悉的篇子。

戏剧家协会举办田汉九十周年诞辰纪念会。

孙中山诞辰125周年。

11月13日　　星期三　　晴

看《杜诗镜铨》，觉工部诗非常注意形式的美，好用典故，讲求对仗，的确是乘齐梁创作流风，而又进一步地加以发展，与中唐白居易诗作力求平易畅达者大不相同。无怪后人对他有"饭颗山头"之讥也。

想写一篇《〈唐人传奇〉与〈三言二拍〉的比较》，从内容与形式上寻出其异同来。

11月14日　　星期四　　晴

看《杜诗镜铨》及《古文观止》中宋人的文章。

看《古今小说》。

11月15日　　星期五　　晴

读渊明诗有："开岁倏五十，吾生行归休。念之动中怀，及晨为兹游。"（《游斜川》）在他的《与子俨等疏》中也说"吾年过五十"，"每以家弊，东西游走"。由此可见古人年龄之短促。盖古人一则当时生活所需物质比较简陋，二则医药不发达，所以平均寿命都比较短。前几年，我国人均寿命已达七十以上，由此可见社会物质生活的逐步改善，延长了人的寿命。至于非洲一些落后的国家，生活艰苦，医疗条件差，其人均寿命低下自不待言。

11月16日　　星期六　　晴

晚饭后，广西同他夫人，还有女儿来，以香蕉、桔子相馈赠。他谈到同爱和、慈健去上海校阅稿子的情况。又说，明年近代文学学会将举行龚自珍二百周年诞辰纪念，届时可能召开一次隆重的学术讨论会。

11月17日　　星期日　　晴
随便看些书。

11月18日　　星期一　　晴
看《杜诗镜铨》、《古今小说》。

11月19日　　星期二　　晴
看《古今小说》。
时光如流,不能无所事事,让其白白过去。仍应奋发努力,继续搞点成绩出来。

11月20日　　星期三　　晴
看《晚清文选》。

11月22日　　星期五　　晴
看明人平话小说《女秀才移花接木》。
读工部诗,觉有些篇中的词句也有硬凑的情况。所谓"语不惊人死不休"者,并非篇篇句句都如此也。

11月23日　　星期六　　晴
恭夫自南昌出差回来。
接蕤儿自北京来函,光儿自开封来函。

11月24日　　星期日　　晴
恭夫拟于近日去京出差,鸿毅托他给蕤儿捎去洋百元,因她在京购了人参蜂王浆。

11月25日　　星期一　　晴

重读过去写的《近代文学作家论》中的苏曼殊与康有为的评论。

11月26日　　星期二　　晴

阅张永江同志的论文及所注释的高中新教材。

11月28日　　星期四　　晴

写张永江同志晋级送审的论文评语。看论文与课文分析。因精力太集中,11时许觉头有些不舒服,便马上休息。

下午,睡到4点起床。

11月29日　　星期五　　晴

看《龚自珍全集》,其中的《明良论》实即揭露批判当时政治与仕风的杂文。就其内容看,竟涉及到朝廷中的权臣,这是他在政治上久困闲曹不得志的主要原因。他当时一定在文字、口语上开罪一些人,他后来的结局似与此不能无关。

11月30日　　星期六　　晴

上午,社科院袁凯声来,畅谈这些年来社科院的情况。

12月1日　　星期日　　晴

恭夫自北京出差回来,带回蕤儿买的蜂王浆及水果。

看《中国古典十大悲剧集》中元人纪君祥的《赵氏孤儿》,写春秋晋灵公朝权臣屠岸贾与赵盾家不和。赵盾死后,屠以武夫擅权,把赵氏满门斩杀。其时赵朔妻子为晋侯公主,公主已临月孕,生一公子,被迫自缢。婴儿为赵家家人程婴救出,由公孙杵臼抚养成人。二十岁后报了家仇,杀了屠某。王国维在《宋元戏曲史》中称此剧是最成功的悲剧之作,即称之世界大悲剧亦无愧色。

《警世通言》中《宋太祖千里送京娘》的开头,把宋代帝王与汉、唐相比,说宋代武功虽远逊于汉、唐,但有一点却超迈汉、唐,即宋代君主不贪女色,远非汉唐两代君主所能比。此论至可参考。

12月2日　　星期一　　晴
晚,洗脚。秋子为我剪脚指甲。
拟写部分回忆录。
蕤儿托恭夫从北京带回的水果,其中有不酸的蜜桔,酸是一点也不酸,但觉得平淡而寡味,含有酸味的桔子,却觉得味道深长。

12月3日　　星期二　　晴
看明人短篇小说。
开封河大来人,取我给张永江论文的评审意见。顺便写了封给光儿、淑惠的信,托其捎回。

12月4日　　星期三　　晴
看明人短篇小说。
写回忆录。
宋尔康自开封来,为其公语教研室主任评审职称事,拿了一张表让我签名。坐谈了一会儿,辞去。

12月5日　　星期四　　晴
写回忆录《回忆徐缵武兄》。
发信,1.致河大出版社编辑部孙荣光,2.致光儿函,关于他的《袁中郎诗文选注》出版事。

12月6日　　星期五　　晴
看郑州市第四中学语文教研室编选的《古诗文浅析》中《谈杜牧的〈阿房宫赋〉》,此赋写得特别好,拟写篇短文予以评论。

12月8日　　星期日　　阴

整天看郭沫若《甲申三百年祭》。

12月9日　　星期一　　多云

审阅《中国文学批评史》晚唐部分。

12月10日　　星期二　　多云

审阅自己所写《中国文学批评史》唐末五代至北宋。

12月11日　　星期三　　阴转多云

标点、修改《中国文学批评史》晚唐至宋初。深觉过去写的还认真,参考一些作者的原著,并就其渊源流变作了分析思考与阐发。决定整理出来后,让光儿誊写一过,看能否出版。

12月13日　　星期五　　多云转晴

审阅修改《文学批评史》。关于这个稿子,明、清还没写。不过明代较容易,过去已出版的《袁中郎研究》可作参考,稍一整辑即可写成。清代1840年以后的也多写出,以前的须早加补充。

12月14日　　星期六　　晴

今天,秋子开始从四楼往二楼搬家,先搬下去一小部分。明日请学生帮助搬比较笨重的东西。

整理修改、标点《中国文学批评史》。

12月15日　　星期日　　晴

今天,来了七八个学生帮秋子搬家,搬得又快又顺利。

审阅《中国文学批评史》。

12月16日　星期一　晴

将《中国文学批评史》审阅毕。

拟在《袁中郎研究》的基础上把明代文学批评史写下去。

12月17日　星期二　多云

拟续写《中国文学批评史》明代部分。重阅过去所写的《袁中郎研究》中的文学部分。

看《古今小说》。

12月18日　星期三　晴

看过去写的《袁中郎研究》。

12月19日　星期四　多云

最近想返汴,鸿毅不想回去。我一个人回去住一个月,每周给研究生上一次课,把这学期应讲的课讲毕。

12月20日　星期五　多云

修改过去写的《自传》。

阅读带来的诗歌与小说。

12月21日　星期六　阴

明日是冬至,北方有吃饺子的习俗。昨天秋子买了二斤韭黄。今天上午我和鸿毅择了一阵子韭黄。

12月22日　星期日　零星小雪

今天是冬至,习俗家家户户吃水饺,又恰巧是礼拜日。恭夫、笑凯、笑薇都回来了,笑凯还带了他的女朋友。大家动手包饺子,轮流着吃饺子,熙熙攘攘,好不热闹。

12月23日　　星期一　　小雨雪

读《古文观止》中的文章。

12月24日　　星期二　　小雪转晴

看《百位名人忆名师》。这部书收了我两篇回忆录性质的短文，一是钱玄同，二是胡适。他们一是我在北师大读书时的老师，一是在北大研究院的导师。转眼间已近五十年，他们都已作古了。

12月25日　　星期三　　小雪

今天是基督教的圣诞节。

看《百位名人忆名师》中罗章龙回忆陈独秀的文章。这对了解陈是大有裨益的。

12月26日　　星期四　　阴

气候酷冷，在床上拥被而卧。

看《杜诗镜铨》。

12月27日　　星期五　　阵雪

没出门，枯坐小室，只有随便翻翻书。

与春厚函。

12月28日　　星期六　　阴转晴

麟儿下午从黄大来，明天他要返沂，顺便让他去银行代取些钱来。

看《末代贵妃》。

12月29日　　星期日　　晴

看《末代贵妃》，写溥仪选妃经过，及选中的妃子李玉琴入宫后的遭遇。

12月30日　　星期一　　阴转晴

看《末代贵妃》。

12月31日　　星期二　　晴

看完《末代贵妃》。解放后,溥仪以战犯罪被关押。有人劝李玉琴与溥仪离婚后,又嫁了一个与其年龄相当的姓黄的干部。

今天是91年的最后一天,明天新的一年1992年来到,祝愿新年顺利,万事如意,全家平安幸福。

1992年

1月1日　　星期三　　晴

今天是九二年元旦,社会上并没有什么热闹的表示,群众一向对阳历年漠然视之,于此可见一般。

恭夫和笑凯因机关放假,都回来了。

1月2日　　星期四　　晴

接光儿函,他付给南召来的一个流氓骗子50元钱,心中颇不愉快。他完全不了解我们的经济情况,我们是每月吃光花净,一点不留,如此下去,如何得了。

1月3日　　星期五　　晴

上午与鸿毅去邮局给光儿发信,并购邮票二十张。

近来因便秘,大喝蜂蜜。

1月4日　　星期六　　晴

到此以后,什么也没作,真是蹉跎岁月,如此下去何以得了。须要振奋精神,在学术领域再拼搏一番。

1月5日　　星期日　　阴
看《龚自珍全集》,并阅几十年前发表的《中国近代文学概论》。其中论龚的诗与散文,觉得颇有新见,再讲龚时须加以参考。

1月6日　　星期一　　晴
最近要搬到恭夫电业局的宿舍,把要带的东西、书籍整理一下。看《龚自珍全集》及《中国近代文学作家论》中评论他的文章。

1月7日　　星期二　　晴
看《聊斋》。

1月8日　　星期三　　晴
上午整理什物,下午即去恭夫电业局宿舍。
下午3时,政协来车,与秋子、鸿毅一起乘车到电业局家属宿舍。这算又搬了一次家。
司机阎师傅很负责任,态度也很谦和,与一般司机大不相同。

1月9日　　星期四　　晴
笑凯拟去开封出差,给麟儿写封信,让他捎去。

1月10日　　星期五　　晴
秋子上午从农大回来,她说麟及明凰从汴来郑。麟把我在汴的存款取出,本息650元。

1月10日　　星期五　　晴
无事可记。

1月11日　　星期六　　晴

无事可记。

1月12日　　星期日　　晴

从农大转来孙荣光同志造访不遇留下的字条,说《袁中郎诗文选注》已列入92年出版计划。

1月15日　　星期三　　晴

近几日,鸿毅患重感,到电业局医院输了两次液,温度才降了下来。我也被传染发烧,今天觉得轻多了,也有食欲了。

上午,看《唐诗选》中杜甫的《彭衙行》及《赠卫八处士》。工部作品如同清流一样,句句从心底流出,是真挚、诚实的,所以风格朴质自然,有极深厚的感人之力。

1月23日　　星期四　　晴

近来因病,几天未记日记。前几天曾参加省政协常委会,及省文史馆座谈会。

近日因病吃了许多药,昨晚夜里发了汗,早晨量体温已恢正常。

1月25日　　星期六　　晴

上午,系领导及数位同人来郑看我,并赠以过春节的礼品。来的有增杰、春祥、志熙等,他们坐了一个多钟头辞去。

据说我为上海书店主编的《中国近代文学大系·散文集》的第二册已出版。

1月29日　　星期三　　晴

生活如一潭死水,很少变化。没事即看《聊斋》或睡觉。

1月30日　　星期四　　晴

下午,省政协召开两届主席、副主席座谈会。一个多钟头后,到政协礼堂就餐,9点多散。

2月4日　　星期二　　晴

今天是旧历年初一。昨晚除夕,鞭炮之声此起彼伏,不绝于耳。可见旧的习俗是很难改变的。

上下午,恭夫的亲戚来往不断,有的还须以酒食招待。

2月6日　　星期四　　晴

在旧历年中,什么也没干。室内成为打麻将的牌场。他们也要我参加,我的眼睛不行,来了一次就不来了。

应该考虑回汴的事了。

2月7日　　星期五　　晴

因感冒咳嗽,去电力医院诊治,先作了透视、验血,而后注射青霉素。

2月8日　　星期六　　晴

继续注射青霉素。

2月9日　　星期日　　晴

感冒咳嗽已基本痊愈。

看《古今小说》中《蒋兴哥重会珍珠衫》,此篇后被选入《今古奇观》中。

2月10日　　星期一　　晴

省政协秘书处派人送来李长春省长的政府工作报告,征求意见。

我翻看一下,提出意见,交出。
看《今古奇观》。

2月13日　　星期四　　晴
春节已过,学校都已开学,机关都已上班,我与鸿毅也应作返汴的打算了。

2月14日　　星期五　　晴
看《龚自珍全集》。

2月15日　　星期六　　晴
看《古今小说》及《古文观止》。
省人民出版社武国华同志来,关于他的职称评审事。增杰把同我商量的意见给他的论文写了鉴定,特来告知我一下。

2月19日　　星期三　　晴
下午,由电业局四号院搬回农大。

2月21日　　星期五　　晴
省政协来车接,参加常委会。
刘增杰主任来郑,参加社联工作。又来看我,谈最近学校及系里的情况。

2月24日　　星期一　　晴
参加省政协六届五次全会,住中州宾馆二号楼六号。
上午,在省人民大会堂举行开幕式。

2月25日　　星期二　　晴
在四楼会议室,参加民盟、民进组讨论,组长马基铭、刘武扬。

2月26日　　星期三　　晴

原河大硕士生金勇来,她毕业后任教郑州大学中文系。她准备考华东师大钱谷融的博士生,须要有两人推荐,让我写推荐信。

2月27日　　星期四　　晴

上下午,均参加讨论会。

晚,金勇、陈敬如等来,我为金勇写了封报考华东师大钱谷融教授博士研究生的推荐信。

2月29日　　星期六　　阴

上午,听两院工作报告。

下午,参加省政协常委会。

3月1日　　星期日　　阴转小雨

上午9时许,由鸿毅、笑薇陪同去煤炭干部管理学院看小厚与小高。小高带着学生学雷锋办好事去了,见了小厚和小妞。小妞很有意思,见了我们两眼露出好奇的神色,也不哭。坐了半小时,怕司机师傅等得不耐烦,即辞去。临走时,鸿毅送给小厚50元,作为与小妞买东西之用。

看电视剧《常香玉》。

3月2日　　星期一　　阴

上午,听两院院长报告。

下午,小组讨论。

3月3日　　星期二　　雪

上午,本次政协会议举行闭幕式。会上通过三个决议。最后由阎济民主席讲话,而后由主持会议的同志宣布本次大会胜利闭幕

3月4日　　星期三　　阴

因下雪的缘故,原让学校来车接我同鸿毅返汴,车却没有来。

3月5日　　星期四　　晴

等学校车,一直未来。

翻阅《金瓶梅》。

3月6日　　星期五　　晴

光儿来电话,说9号学校派车来。

文金、增杰来,确定9号上午9至10点钟来车接。

3月7日　　星期六　　晴

看《金瓶梅词话》。

3月8日　　星期日　　晴

今日"三八"妇女节。

今日,报纸同广播均盛赞在四化建设中,从妇女队伍中涌现出来的英雄模范人物。

3月9日　　星期一　　多云

上午10点左右,学校来一面包车。我与鸿毅携保姆小秀一起乘车返汴。12点多抵家。离家四个多月,一切都有点陌生,生活不习惯,须要有一个适应过程。

3月10日　　星期二　　晴

翻阅楼上书籍,把常用的搬到书房。

下午,溶池来,谈约一小时。

几位研究生来,谈上课事。

3月12日　　星期四　　晴

沈卫威从系里来,捎的信件中有广州中山大学教授陈则光逝世的讣文。拟寄挽幛一幅,题词:西南硕学又弱一个。

3月13日　　星期五　　阴转雨

把给学校学报的征文《治学回忆片断》草成,约三千字,拟请研究生誊抄一下。

3月14日　　星期六　　阴转雨

修改《五十年来治学回忆点滴》。

3月15日　　星期日　　阴

发信致秋子。

3月16日　　星期一　　雨

备课,写了两张卡片。

3月17日　　星期二　　阴转晴

备课,写讲授大纲,阅读有关参考书。

3月18日　　星期三　　阴

上午,去学校小卖部购物回来,走不动,被邻人用车送往校医院。在医院病房,太不安静,决计还是回家。

3月19日　　星期四　　多云

上午,淑惠给恭夫打电话,说我住院了。下午,秋子即从郑州来汴。

9月份,学校为庆祝校庆要举办展览,让我把近年来著作集在一起照像一帧。

3月20日　　星期五　　晴
备课,拟讲《近代文学作家论》。

3月21日　　星期六　　阴
看《近代文学大系·散文集》。

3月22日　　星期日　　有零星雨雪
上午,秋子返郑。
看《金瓶梅》。

3月23日　　星期一　　晴
下午,太阳出来,气温升高。在马同志陪同下,前往学校请人给我和于安澜同志照像。

3月24日　　星期二　　零星小雨
从上午停电,到下午5时许才来电。没有电,什么事也干不成。

3月25日　　星期三　　阴
下午,进修毕业的同志来,谈至晚饭时才辞去。
备课,拟下周给研究生上课。

3月26日　　星期四　　晴
看近代文学有关作品。
论知堂老人的附逆。
知堂平生,以潜心老、庄,生活恬退,闻名于世。但在抗战时期,汪伪成立傀儡政府,而竟投降日寇,任华北教育督办。及日本投降后,在文化大革命清队阶段受到清算,结局竟至饿死。知堂的悲惨下场,与其所娶日本夫人不无关系,而在思想上他又是一个民族失败主义者,彼虽在学术上曾受儒、道影响,但于孟子的辞受取予,似乎并未注意,而于庄周的宁曳尾于涂中,不愿留骨而贵的思想,似亦不甚措意,以致在汪伪时期竟不惜失身附逆。其以后结局,纯属咎由自取。特别是中国人对日寇应抱民族大义,而彼亦置之不顾,如此背叛民族之罪,固亦不可逭。他早年从儒、道两家所学之道理全未用上,而只以个人与妻子暂时之利害是视,其眼光之短浅,亦可悲矣。

3月27日　　星期五　　晴

备课,阅读鸦片战争后近代史料。晚清政府的腐败,把国家搞得一塌糊涂,以致于遭到帝国主义的不断入侵,每次都以惨败而订立丧权辱国的条约告终。

3月28日　　星期六　　晴

看近代史资料。

3月29日　　星期日　　晴

看《河南人物》中的嵇文甫、李时灿等人的传与《苏轼选集》。

3月30日　　星期一　　阴

文史馆王华农同志来,送来新出版的《中原文史》第5期。其中发表了我的《试论曹雪芹的学术思想》一文。

3月31日　　星期二　　晴

给系里打电话,让研究生明日9时来家上课。

4月1日　　星期三　　晴

上午,研究生姚伟,姚晓雷来谈,至11时辞去。

明日拟给研究生上课。

4月2日　　星期四　　晴

上午,给研究生上课,将近代史从鸦片战争到辛亥革命80年间的大事件,概括地讲述了一遍。下次开始讲近代作家,从龚自珍开始。

4月3日　　星期五　　晴

准备讲龚自珍,读《龚自珍全集》。

4月4日　　星期六　　晴

看《龚自珍全集》,摘抄一些有关材料。

学校今日提前一天发工资,系办公室李建伟送来4月份工资615元,他说他的工资刚超过200元。

4月5日　　星期日　　晴

备课,看《龚自珍全集》,并写出部分讲授大纲。

发信给艾廷和,关于一位台湾同乡拟在台湾出版我的《中国新文学渊源》及《中国近代文学史》两书的事。

4月6日　　星期一　　阴

备课,读《龚自珍全集》,准备下次给学生讲他的《病梅馆记》。

4月7日　　星期二　　阴

整理书籍,把书架后一排中所需要的书检出。

读《龚自珍全集》。

4月11日　　星期六　　小雨

研究生高恒文今年毕业,拟报考华东师大钱谷融先生的博士生,让我给他写了封推荐信。

用毛笔点校《龚自珍全集》中的《平均篇》,及其年轻时写的《明良论》。他的外祖父段玉裁看《明良论》四论后,大加赞许。定庵在篇后附记道:

外祖金坛段公评曰:四论皆古方也,而中今病,岂必别制一新方哉?耄矣,犹见此才而死,吾不恨矣。甲戌(嘉庆十九年1814)秋日。

《四论》,乃弱岁后所作,文气亦何能清妥?弃置故簏中久矣。检视,见第二篇后,外王父段先生加墨矜宠,泫然存之。自记。

接到来信多件,有省政协文件多份,有罗兴武函,还有重庆某单位索要《自传》的。

晚,草了份《自传》,须修改后,誊清寄出。

4月12日　　星期日　　阴

上午,如法来,送学报两本(92年第二期)。里边载有我写的《关于中国近代文学史的断限与分期问题》一文,并送稿费百十二元。

发信:一、蕤儿,二、罗兴武(关于罗梦册的历史问题)。

4月13日　　星期一　　晴

备课,细读龚自珍的《明良论》,文章非常真实形象地描绘了清王朝官僚集团的腐败和他们的思想境界,给读者以极大启发。

为重庆"《中国文艺家传集》编委会"写个人《自传》,他们要求用寄来的稿纸誊清,还须加盖本单位的印章。写成后,由鸿毅拿到系里加盖了公章,才投邮。

4月14日　　星期二　　晴

1954年中文系毕业的同学王绍孟来访。他是黄河北原阳人,年已六十多岁,头发全白。

备课,看魏源有关资料。

4月15日　　星期三　　晴

接上海书店寄来的《中国近代文学大系》"编辑信息"中,有一段讲述到我所主编的《中国近代文学史》得奖的事:

> 近年来国内也有一系列的近代文学研究者著作问世,由任访秋主编,河南大学和上海师大等校学者联合编撰的《中国近代文学史》,已被河南省教委评为科技一等奖,并获国家新闻出版署的优秀图书奖。这是对近代文学研究的重视和肯定。

4月16日　　星期四　　晴

看《魏源集》及有关魏源的材料。

4月17日　　星期五　　晴

上午,两位研究生来,谈他们毕业论文的写作大纲。男同学的题目是《王西彦研究》,他的思路不够清晰,语言也啰嗦,讲很长时候,也没把问题讲清楚。另一位女同学赵丹珺,是赵明同志的女儿,头脑较清楚,谈问题能抓着要领。她的题目是《宗教与二十世纪初的中国文学》,谈到11点左右,散去。

4月18日　　星期六　　晴

看《魏源集》。龚、魏齐名,而魏不如龚。龚的胆识远过于魏,龚不仅是在政治上主张改革者,同时在学术上,文学上都有卓越的见解,是一个开拓者。魏的胆子小多了,总是拘于改良而不敢大胆地改革。所以洋务派承袭了魏的衣钵,而维新派则承接了龚的精神。

4月19日　　星期日　　晴

备课,写龚、魏两人的讲授大纲。看《魏源集》。

4月21日　　星期二　　晴

分析定庵的《述思古子议》，内容是谈写文章的问题。

鸿毅的侄女马榕来开封化肥厂出差，来家看望，晚饭后9点左右，化肥厂来车接她回去。

4月22日　　星期三　　晴

写关于龚自珍的短文《述思古子议》的分析。

4月23日　　星期四　　晴

读《陶渊明集》，并从《饮冰室合集》中找出任公所写的《陶渊明》一文当作参考。

4月24日　　星期五　　晴

关于龚自珍的一些问题，还未完全写出。

接蕤儿函，说她买了五十张刀片，已附信寄来，但还没有收到。

4月25日　　星期六　　晴

上午，周启祥同志来谈。

关于龚自珍和魏源的比较，对他们异同的评论还没有写出。

4月26日　　星期日　　晴

备课，看《龚自珍全集》。

定庵在提倡政治改革上有着明确的理论基础，而与魏源不同。定庵认为"一祖之法无不弊，千夫之议无不靡"，所以他主张要不断地进行改革。魏源则主张除法外之弊，弊除则法即成为良法。所以魏源是改良派，龚自珍是改革派。

4月27日　　星期一　　晴

上午,给研究生上课,姚小雷拿一篇龚自珍的短文,让给他们讲。这可以说是一种"将军",好在内容没什么难解之处,总算解决了他们的问题。

下午,李润田校长来。他是才卸任的校长,他平日为人平易,在职期间不以权谋私,作十年校长,大家对他的评论还好。他这次去郑开会时,到省政协捎来一封信和两种文件,并在这里谈了很长时间,大抵是他作校长时所作的一些事情。

4月28日　　星期二　　阴转雨

系里黄志琴送来邮件多封,并送来系里因五一节发的奖金200元。

信件中有一封龚自珍纪念馆的通知,说今年是龚自珍200周年诞辰,拟举行纪念会,我打算把近些年写的关于龚自珍的文章复印一下寄去。

4月29日　　星期三　　晴

上午,对昨日来函,捡重要的,急须回复的写了三封信。

4月30日　　星期四　　晴

关于龚自珍和魏源的文章,拟写出个简单的大纲,着眼点在他二人的异同。

接市政协开会通知,因感冒去函请假。

5月1日　　星期五　　晴

今天是五一劳动节,放假。

写文,题为《龚自珍与魏源》,比较两人的思想与见解,写了一半。

5月3日　　星期日　　晴

上午,把《龚自珍与魏源》一文写成,内容还须补充,有许多须涉及的地方还没有涉及。

5月4日　　星期一　　晴

收到上海书店寄来《近代文学大系》三册,两册小说一册诗歌。
誊写《龚自珍与魏源》一文,拟送《河大学报》编辑部。

5月5日　　星期二　　雨转晴

下午,系里派郑国庆同志送来5月份工资544元。并央郑国庆同志去北道门邮局取回蕤儿寄来的包裹,内有刮脸刀十盒。

5月7日　　星期四　　阴转晴

上午,誊改《龚自珍与魏源》一文。
浏览《近代文学大系》中小说卷的作品。

5月8日　　星期五　　晴

付6—12月电费24元。
学校研究生处送来表格一份,让填写后交去。

5月9日　　星期六　　晴

看《定庵文集》。

5月10日　　星期日　　晴

上午,在楼上翻书,并阅托翁的《安娜·卡列尼娜》。
下午,李润田同志来,说省政协要让赴郑参加体检,我决定不去,请他代向省政协说明情况。
看《蔡元培传》。

5月11日　　星期一　　晴

今天,因研究生多参加改卷,未能给他们上课。只有一位女同学晋爱荣来,谈至11时许辞去。

5月12日　　星期二　　阴转小雨

上午,研究生晋爱荣来谈。她走时,托她把《龚自珍与魏源》一文送给学报张如法同志。

备课,关于黄遵宪的身世。

5月13日　　星期三　　晴

上午给研究生上课,到的有姚晓雷、晋爱荣、王勤彬三人,其余两人因改卷未来。我把《龚自珍与魏源》一文的内容讲了讲。

5月14日　　星期四　　晴

张绍良同志捎来学校给研究生导师所发的履历表。

备课,关于黄遵宪的诗歌。

5月15日　　星期五　　晴

六六届中文系毕业生赵道山来,他在开封市地方志工作。他们写了一部新的志书,约二十万字,要我为之写序。我当时未加考虑,便承当了。但如何写却为难了。鸿毅埋怨我答应得太轻率了。没办法,只好勉为其难去完成此文债了。

5月16日　　星期六　　晴

看黄遵宪的诗选,他的《人境庐诗集》也不知放到哪里了,只有一本《近代诗歌选》中有他几十首诗。

5月17日　　星期日　　晴
上午备课,看黄遵宪的诗作。

5月18日　　星期一　　晴
备课,看黄遵宪的诗作。
为给赵道山同学的《开封地方志》写序,翻阅《两都赋》。

5月19日　　星期二　　晴
下午3时许,研究生姚小雷来,他说关老师(爱和)让他来拿《中国近代文学大系·散文集》第二卷,系里要给书的封面照相。我把书交给他,并嘱他到系资料室借本《人境庐诗集》送来。

5月20日　　星期三　　晴
晚,慈健、爱和来,送来《近代文学大系·散文集》三册。
为《开封地方志》写序。

5月21日　　星期四　　晴
阅读《人境庐诗集》。

5月22日　　星期五　　晴
看黄遵宪诗作。
接系里电话,说山西省人大常委会副主任冯素陶来汴,拟见访,定于明日在学校与他会面。

5月23日　　星期六　　晴
上午,山西人大常委副主任冯素陶先生来访,问我最近有无新著,因将去年出版的《中国古典文学论集续编》送他一本。
下午5时许,开封市民盟委员会换届选举,选我为市民盟名誉主委。会后,邀请与会委员和我及鸿毅参加晚宴。

5 月 24 日　　星期日　　晴

上午,到民盟市委主持换届选举。选举结果:主委王汉澜,副主委杨绍文、郭萍。郭萍兼任秘书长。

5 月 25 日　　星期一　　晴

为赵道山的《开封风物大观》写序,至晚写就。

5 月 26 日　　星期二　　晴

下午,乘统战部车赴郑参加省三级干部会议。在中州宾馆报到,住三号楼五楼十三号。

5 月 27 日　　星期三　　晴

上午大会,听李长春省长报告。下午分组讨论,我参加的是政协组。

晚有电影,我把票送给了服务员,我须要休息。

5 月 28 日　　星期四　　晴

上午大会,侯宗宾书记作总结报告。接着由李长春省长表彰计划生育搞得好的几十个地区,最后重申计划生育条例,要求严格执行。

下午,乘校车返汴,秋子与我同行。

5 月 29 日　　星期五　　晴

备课,看关于严复的有关资料。严复资料有现成的,我的《严复论》也收了进去。

5月30日　　星期六　　晴

看严复的资料。严复出身于官僚地主家庭,早年又在英国留学,故其思想总是趋于保守,在政治倾向上仅仅达到君主立宪。梁启超的言论偶而或有激烈之处,他已是看不惯,在与其弟子熊纯如书中即予以批判,所以后来他厕身袁世凯的筹安会,是毫不足怪的。

5月31日　　星期日　　晴

备课,看有关于严复的资料。

6月1日　　星期一　　晴

今天是儿童节。
给研究生上课,讲严复的生平及其思想。

6月2日　　星期二　　晴

随意阅读一些书。

6月3日　　星期三　　阴转晴

看《饮冰室合集》中任公早年的时论文章,参阅我几十年前在西安一个刊物上发表的《谈梁任公》一文,下礼拜拟给研究生讲梁任公。
看孙逊的《红楼梦与金瓶梅》。

6月4日　　星期四　　晴

赵道山同志把我为其《开封风物大观》一书所写的《序》拿走。
王振铎同志把洛阳市给他的信拿来给我看,要我写篇我与洛阳的关系,以及我在洛阳时学术上的成就。

6月5日　　星期五　　晴

阅读《古典平话小说》,其中有些篇子在艺术上确实达到了极高水平。

6月6日　星期六　晴

看关于梁任公的材料,下周要讲他。

把墨水洒到了桌上,弄得非常狼狈,恰巧淑惠、友梅来,代为收拾了一番。

6月7日　星期日　晴

备课,看《饮冰室类编》中任公早年在《时务报》及《清议报》上所发表的时论论文。又看前几年出版的《大百科全书》文学卷中论述任公文学的长文。

6月8日　星期一　晴

上午9时,给研究生上课,讲梁启超讲了两个钟头。下次讲章太炎。

晋爱荣同学送来从系里代领的稿纸等办公用品。

6月9日　星期二　晴

苏长青送来毕业论文《情绪小说——创造社小说家灵台世界的载体》。

接小厚来函,并寄来她的小妞相片两张,照得很有意思,儿童总是可爱的。

6月10日　星期三　晴

又读荀子的《天论》。其中有些话是真理,可谓颠扑不破的。如"养备而动时,则天不能使之疾"。一个人如果衣食住行有关的物质客观条件都非常完备,同时个人的一举一动都能切合时宜,那么是不会生什么病的。这个话应该说是真理。但他又说:"修道而不贰,则天不能祸。"这个话就不那么准确。一个人一生的遭遇有正常的,也有意外的。同时,世间的人事关系又是非常复杂的。汉代的司马迁在他的名著《史记·伯夷列传》中,就发出这样的疑问。他说:"或曰天道无亲,常与善人。若伯夷、叔齐,可谓善人者非邪?积仁洁行如此而饿死;且七十子之徒,仲尼独荐颜渊为好学,然回也屡空,糟糠不厌,而卒早夭。天之报施善人,其何如哉?盗跖日杀不辜,肝人之肉,暴戾恣睢,聚党数千人横行天下,竟以寿终。是遵何德哉?此其尤大彰明较著者也。若至近世,操行不轨,专犯忌讳,而终身逸乐,富厚累世不绝。或择地而蹈之,时然后出言,行不由径,非公正不发愤,而遇祸灾者不可胜数也。余甚惑焉,倘所谓天道,是邪?非邪?"史公提出这样的疑问,是非常有道理的。即如他为李陵问题而遭宫刑,成为终生之恨。无怪他对天道的怀疑了!所以,荀子《天论》中所说的:"修道而不贰,则天不能祸"的话是靠不住的,所以不能算是真理!但人们还是应循正道而行。一般说来如不遇非常,行正道者还是比较安全可靠的。

6月11日　　星期四　　晴

备课,阅读章太炎所著书中《驳康有为论革命书》中,有"载湉小丑,未辨菽麦"之句,而被捕入狱三年之久。

6月12日　　星期五　　阴转雨

阅章太炎论著。鲁迅的《关于太炎先生二事》一文,高度赞扬太炎先生早年的革命精神,所谓七被追捕,三入牢狱,而革命之志不屈,并世无第二人。认为这才是后生的楷模,可谓语中肯綮。

6月13日　　星期六　　雨转阴

翻阅《孙中山传》及《章太炎文集》。

6月14日　　星期日　　晴

看太炎的《国故论衡》中的《原学》,文章批判那些对祖国文化抱自卑感,而一味崇洋媚外者的错误观点。讲的颇有道理。

看过去写的论太炎的论文,准备明天与研究生同学讲太炎的学术。

6月15日　　星期一　　晴

上午,给研究生上课,讲章炳麟,到11点结束。下次讲王国维。

6月16日　　星期二　　晴

看王国维的有关论文与资料。拟重新看看过去发表过的《王国维〈人间词话〉与胡适〈词选〉》一文,提出给同学们应讲的问题。

6月17日　　星期三　　晴

上午,参加研究生高恒文、苏长青的毕业论文答辩会,请郑大教授鲁枢元来主持。

看王国维的《人间词话》。

6月18日　　星期四　　晴

重读王静庵《人间词话》。王于文学深有体会,故论创作与批评均有个人独到之处,给读者以极大的启发。

6月19日　　星期五　　晴

看王国维的《人间词话》。

6月20日　　星期六　　阴转雨

写关于读《人间词话》笔记,下周将为研究生讲评此书。

学报王振铎同志来,送来他写的《王国维文学论》,让为之写序。

6月21日　　星期日　　阴

细读《人间词话》并写讲授提纲。静庵堪称一代文艺理论家。他读德哲汗(康)德及叔本华哲学,用之以论述中国名著《红楼梦》,撰文《〈红楼梦〉评论》,虽观点不甚正确,却有其个人独到的见解。至其《人间词话》,确有不少精辟论点,给读者以无限想像的空间。

看过去主编的《中国近代文学史》中论王国维的一章,写得还是有一定质量的。

6月22日　　星期一　　晴

给研究生上课,讲王国维。并让他们个人命题写篇一千字左右的论文,作为期考考试。

6月23日　　星期二　　多云转晴

看《观堂集林》。王氏生于1877年,于1927年自杀。正如他死前写的遗嘱中说的"五十之年,只欠一死"。但仅此五十年之间,他一生对文学、史学等方面所做出的成绩真够卓越了。这说明一则由于他治学的勤劬努力,再则由于他的天资超绝,否则就不可能有此巨大的成就。有些人也是一生勤劬不懈,写的东西也不少,但能有卓特见解的不多,因而所遗留下的著作并不怎样受人欢迎。

6月24日　　星期三　　晴

看王振铎同志关于王国维《人间词话》的注释和分析的论文。

6月25日　　星期四　　多云

看王国维《静安文集》中的《〈红楼梦〉评论》。

6月26日　　星期五　　晴

看王国维《〈红楼梦〉评论》。

6月27日　　星期六　　晴

看《静安文集》中《〈红楼梦〉评论》,以及《叔本华与尼采》。王静庵从德国的哲学中学会思辨的方法和理论,用之于研究中国文学,因而取得了重大成就。其《人间词话》即其研究之心得与成果。

6月28日　　星期日　　晴
麟儿来。

6月29日　　星期一　　晴
开始写王振铎有关王国维论著的序文。写序文的事,以后不能轻易答应别人。既答应了,就等于欠了他的文债,他就有理由向你讨债,而你负着这个债,思想上就不轻松。

6月30日　　星期二　　晴
给王振铎的论著写序未竟。

7月1日　　星期三　　晴
今天是党的生日。
看《白居易诗选》。

7月2日　　星期四　　晴
系办公室李建伟同志送来七、八两个月的工资一千零玖拾捌元。
看《白居易诗选》。乐天一代才人,其诗歌自是不同。

7月3日　　星期五　　晴
看《白居易诗选》。
晚,原洛师同学曾令铎(商展思)来谈,走时已11时。他是于1937年到陕北参加革命的,现已离休。谈及30年代洛师的情况,不胜感慨。

7月4日　　星期六　　晴
看王国维的《〈红楼梦〉评论》。
誊写论文《王国维词论与词选·序》。

7月5日　　星期日　　晴
今天37℃高温。
誊改给王振铎同志写的关于王国维的词论与词选的书序。
拟写篇渊明与工部诗歌所表现的真实情感与生活内容的文章。

7月6日　　星期一　　晴
检查过去购买的书籍,找到一本《百科全书》及《二十世纪中国名人辞典》、《三国演义》。
王振铎来,把我给他的论著写的序拿走。

7月7日　　星期二　　晴
系里送来一捆邮件,大半是机关文件,尤以省政协的为多。

7月8日　　星期三　　晴
整理书籍。

7月9日　　星期四　　阴转雨
翻检古籍。

7月10日　　星期五　　晚雨
写篇短文《忆晨星社》。今后有时间,即写些回忆录一类的文章。

7月13日　　星期一　　晚雨
看《三国演义》。过去未认真读过这部书,现在拟仔细读一遍。

7月15日   星期三   中雨

南召同乡来,为地方不法干部事向省委告状,让我与省里负责同志宋国臣函,希望他能接见。

看《三国演义》赤壁之战部分。

7月16日   星期四   小雨

看《三国演义》及《三国志》。

7月17日   星期五   阴转晴

麟儿从郑州来,谈秋子犯心脏病事。此病系因为笑凯做家具劳累所致。

看《三国演义》及陈寿的《三国志》中的《蜀志·诸葛亮传》,对孔明一生行谊评述还比较客观公允。

7月18日   星期六   晴

看《三国演义》及《三国志》。

7月20日   星期一   阴转晴

看《三国演义》及《三国志》。

小厚带妞妞来。妞妞一岁多,已会跑,并学说简单的话,非常可爱。

楼上书房未关窗户,夜里大雨潲了进来,几部线装书湿了,要一页一页翻开晾晒。

7月21日   星期二   晴

看《颜氏家训》。

7月22日　　星期三　　晴

右脚脚指因脚气发炎,让小高用三轮车带着我,去校医院上药包扎。

7月25日　　星期六　　晴

下午,小高用三轮车送我去校医院换药,脚仍不太好,还须再换一次药。

7月26日　　星期日　　晴

看《国粹学报》及《三国演义》。

7月27日　　星期一　　晴

上午,学校校长办公室主任王守训,招待所阎同志遵靳校长嘱,来家通知让住到招待所201房间,好度过酷夏。

下午,小厚与鸿毅来招待所。

7月28日　　星期二　　晴

在二招度过。

接到《作家通讯》一册。

7月29日　　星期三　　晴

看《颜氏家训》及《三国演义》。

7月30日　　星期四　　晴

看《三国演义》刘备东吴招亲,三气周瑜。

7月31日　　星期五　　晴

整理楼上书房的书。

8月1日　　星期六　　晴

今天是八一建军节,各军种领导举行庆祝座谈会。

看王昆仑《〈红楼梦〉人物论》。

8月3日　　星期一　　阵雨

全国都在关注奥运比赛,从现有获得的金牌总数看,中国体育健儿排在第四位。

昨晚电视台开始播放《红楼梦》,今晚又接着演。从内容上看,对原作未作大的改动,演员选的也还差不多,能演到这个程度,可说是不容易了。

8月5日　　星期三　　雷阵雨

给蕤儿函。略述近况,并告以如她将来能搬进大些的房子,拟于9月份赴京一行。

8月6日　　星期四　　阴

拟写篇《论儒道两家对尊礼与非礼问题的论争》,阅读有关参考资料。

8月7日　　星期五　　晴

小厚下午返郑。鸿毅付于她路费50元。

8月8日　　星期六　　阴

《自先秦以来儒道两家对尊礼与反礼问题的论争》一文写竟。

8月9日　　星期日　　晴

学校让家搬到楼的东头的一套房子里,给麟与明凰信,让回来帮忙搬家。

8月10日　　星期一　　晴
看《阅微草堂笔记》。

8月11日　　星期二　　阵雨
准备从招待所搬回。
接武汉德昭侄函,已复。
张俊才寄来他的近作《林纾评传》。

8月12日　　星期三　　阵雨
系里派来六七位同学帮助搬家,他们年轻力壮,又善于动脑筋,搬得井井有条。一天功夫,基本搬完了。

8月14日　　星期五　　多云
整理书籍及什物。
看胡适《秘藏书信选》,其中大多系胡适与当时政治学界人物往来的书信,可以看出胡适当时的社会活动及其思想面貌。

8月16日　　星期日　　晴
开封市地方志编辑部来函索要《自传》,早饭后写了三页,淑惠来,让她带给光儿看看。
审阅光儿为《袁中郎诗文选注》写的《前言》。从上午看到下午吃晚饭时才看完,论述扼要,看法也极平允全面,看后颇为满意。

8月17日　　星期一　　晴
在楼上整理书籍。看《清代散文选注》中方苞的《狱中杂记》,文章用写实的手法,刻画了封建时代监狱中对囚犯的诸端酷刑。历史是发展的,到了今天,发达的资本主义国家提出要废除死刑,这是多大的变化啊!

8月20日　　星期四　　晴
看《三国演义》。看《唐文粹》中的文章。

8月21日　　星期五　　晴
看《三国演义》诸葛亮舌战群儒。

8月22日　　星期六　　晴转小雨
看《三国演义》。
市民盟来人询问能否去参加省民盟会议,答以不能去。

8月23日　　星期日　　晴
看《三国演义》曹操赤壁战败,狼狈溃逃。
誊写《论章太炎与五四新文化运动》。

8月24日　　星期一　　晴
誊写论文尽四页。
看《三国演义》。
晚,增杰夫妇来,谈系里在校庆时的活动计划。
与屈春山(市委宣传部副部长)函,推荐孟宪法同志的儿子报春。

8月25日　　星期二　　晴
誊写文稿。
看《三国演义》。

8月27日　　星期四　　晴
友梅家的保姆介绍她的同乡亲戚刘换来家帮忙,月工资60元。
看《三国演义》。
誊写论文。

8月28日　　星期五　　多云
誊写文稿。
看《三国演义》。

8月29日　　星期六　　阵雨
誊写文稿。
看《三国演义》。

8月30日　　星期日　　阵雨
誊写文稿。
看《三国演义》。

8月31日　　星期一　　阵雨
整理书籍。
看《三国演义》。东吴趁玄德不在荆州,派人假托吴国太病重,欲以让孙夫人携阿斗回吴,好以阿斗为人质索要荆州。事为赵云所知,拦江截下阿斗。这段故事写得异常紧张,扣人心弦。《三国演义》有许多这样精彩的描写,在历史小说中其艺术性远在《列国志》之上。
学报送来《龚自珍与魏源》一文的校样。

9月1日　　星期二　　阴
将关于章太炎的那篇论文抄毕,但尚未标点。
张如法同志来,把校过的《龚自珍与魏源》一文的清样拿走。

9月2日　　星期三　　晴
上午,爱和带辆车来,说为庆祝校庆让我去系里拍照。于是到系里去照像,摄影师还是过去给我和爱和、卫威拍过照的人。
誊写论文。

9月3日　　星期四　　晴

誊写论文《太炎与五四新文化运动》。

9月4日　　星期五　　晴

看《三国演义》。

誊写关于太炎的文稿。

9月5日　　星期六　　晴

誊写论文。

看《三国演义》。

9月6日　　星期日　　晴

看《三国演义》及唐诗。

誊写论文。

评阅中山大学中文系吴锦润讲师申请晋升副教授的论文《论孙权形象》,这是对罗贯中《三国演义》所刻画的孙权形象的评析,文章还是较细致而全面的,文字畅达,已达到晋级的水平。

9月7日　　星期一　　晴

看《三国演义》及《三国志·蜀志》。

9月8日　　星期二　　晴

看《朱子及其哲学》。书中说元明以来,有人把朱子比做希腊的大哲人亚里士多德,也有人把他比做德国的康德。不论怎样,朱子在南宋,是北宋以后理学的集大成者。他用他的哲学观点注解群经并写出中国历史的发展,影响中国士大夫的思想至数百年。后来虽经后起的哲学家如颜李学派以及戴东原的批判,而其影响并未消失。直到五四新文化运动,介绍西方的科学、民主主义后,他的影响才逐渐消失。

9月9日　　星期三　　晴
今天是教师节。系办公室李建伟同志来,送我到大礼堂主席台上就坐。坐在主席台上的都是些省市来参加纪念大会的领导。靳校长第一个讲话,其他都是来宾讲话。开了两个多钟头,结束。

9月10日　　星期四　　晴
誊写论文。
接省政协召开六届二十五次常委会会议通知,9月16日报到,会期四天。地点,河南饭店北楼。

9月11日　　星期五　　阴
誊写论文。
看《颜氏家训·勉学篇》。

9月12日　　星期六　　小雨
誊写关于章太炎的论文。
与李润田校长电话,问他是否参加17号召开的省政协常委会?他说因去东北开会,已向阎主席请了假。

9月13日　　星期日　　小雨
看《国粹学报》。

9月14日　　星期一　　小雨
关于《三国演义》的论文已誊毕。

9月15日　　星期二　　阵雨
上午,参加系里举行的学术讨论会的开幕式。

9月16日　　星期三　　多云

下午三时,与河大其他参加省政协常委会的同志乘校车赴郑,住河南饭店三号楼二楼67号房间。

9月17日　　星期四　　小雨

上午,参加政协常委会,听了三个报告。

下午,小组讨论。我被分到二组,冯登紫部长为组长。

9月18日　　星期五　　阵雨

上午,参加小组会,关于建立小康村的问题,我也发了言。

下午,到电业局家属院看望秋子、恭夫。秋子讲,笑凯下月结婚。我拿出200元作为贺礼。

9月20日　　星期日　　阴

从郑州回来,一切尚未就绪,拟就过去所拟定的科研题目,继续搞科研。

9月21日　　星期一　　雨转晴

看《邓小平文选》。

光儿由后边搬到前边来。

9月22日　　星期二　　阴转晴

写了篇《回忆晨星社》的短文,约千字。

视力越来越差,即如写日记,字行都写不整齐。

9月23日　　星期三　　阴转晴

阅《金瓶梅词话》。

9月25日　　星期五　　晴

今天是学校建校80周年纪念日,我被邀出席庆祝大会,安排在主席台上第一排就坐。

大会开始后,由来宾致贺词,国家教委与省教委都有代表致辞,最后由靳校长讲话。

9月26日　　星期六　　晴

过去中文系毕业的同学来访,如王绍龄,现任新乡河南师大校长。

有位同学,现在江西省中学任教,前来看望,并以庐山云雾茶相赠。

保姆小换去系里取回《中国近现代文学研究论集》样书十六册。

9月27日　　星期日　　阴

审阅论文《章太炎与五四文化革命运动》。并检阅一些资料,如王充《论衡》之类。

9月28日　　星期一　　晴

上午,盟市委王汉澜主委带领几个同志来,说盟省委通知让给我祝寿,送来一个蛋糕及三瓶饮料、两包奶粉作为贺礼。

修改关于章太炎的论文。

9月29日　　星期二　　晴

省财政厅通知,过去每月补贴50元的保姆费,因物价上涨,从八月份起增加到70元。

10月1日　　星期四　　晴

今天是国庆节。

笑薇从郑州来,拟参加开一高的校友会。
写信致孙邦英。

10月3日　　星期六　　多云
把《章太炎与新文化运动》一文投邮,寄《中州学刊》。

10月4日　　星期日　　阵雨
翻阅过去写的论文。
笑薇说明日有课,便急忙回郑了。

10月5日　　星期一　　晴
晚,赵悔深(李蕤)的姑娘偕其同伴马小玲来家看望。说她父母身体都好,悔深今年已81岁,小我两岁。把最近出版的《中国近现代文学研究论集》送悔深一册。

10月8日　　星期四　　晴
早晨到学校门口散步。
在家看书。复孙邦英函。

10月9日　　星期五　　晴
重读童年时所读《古文观止》中的篇子。
看《水浒传》。

10月12日　　星期一　　晴
淑惠去校医院代为取回开塞露10只、白内停两瓶。
誊写《中国文学批评史》绪论部分。

10月13日　　星期二　　晴
文史馆王华农送来《中原文史》一册,并洋一百元。

誊写《中国文学批评史》。

王华农说余昂在京会晤姚雪垠时,姚对他说,在河南的学者中,他最佩服我。对此话,我听后一笑置之。一个人的学术造诣的评价,不系于一人而系于社会。一人的抑扬是不足为据的。

发信致蕤儿,说最近不拟去京,希望她有时间回来看看。

10月14日　　星期三　　晴
晚洗脚,光儿为我剪去脚指甲。
拟写篇回忆梦册及静之的文章。

10月15日　　星期四　　晴
誊写《中国文学批评史》。

10月16日　　星期五　　晴
誊写《中国文学批评史》,因誊到春秋各国使臣交往时,赋诗言志的事,于是重读《左传》,不禁回忆起幼年从父读此书的情景,不胜感慨。

10月17日　　星期六　　晴
上午,周君来谈。他很长时间,没有到我家来过。说到他对刘君的痛恶,大有势不两立之势。又挑拨我和他对着干,我拒绝了。我从来不预闻外间的此类事情。

10月18日　　星期日　　晴
誊写论文。
这两天心情甚不平静,似乎过去宁静的状态失去了平衡。这很不好,凡事要退一步想,不能与青年人比。自己已是耄耋之年,对世既不能有不恰当的要求,对己也不应有过苛的责难。陶渊明总结自己平生时,有"宠非己荣,涅岂吾缁?"(《自祭文》)的话,我觉得我也应以此来评价自己。

10月20日　　星期二　　晴

修改《中国文学批评史》汉魏部分。

10月21日　　星期三　　晴

接孙邦英函,谈他的近况。说他与仲康多年不通音讯,问我是否知道他邮政编码?几年前同他通过信,他谈到自己家庭情况并不佳,以后再没有来信。他的岁数也不小了,心情不好,所以也不愿与故人书信往还。

从光儿拿到的《文艺报》中看到一篇《甲申纪事》,系一剧本。写李自成攻破北京后,他与部下腐化堕落,丧失民心,而其领导集团又为争权夺利互相残杀,终至于一败涂地。

10月22日　　星期四　　晴

上午,应邀参加中共河大党代会。

接孙邦英自银川医学院来函。说他已十年与褚仲康不通信息了。他们的关系至为密切,竟长期不通音问。大概仲康家庭情况乏善可述,因而无法去函。

10月23日　　星期五　　晴

广东谌东飙先生来访。他说自己是治中国近代文学的,要去北京、上海、杭州等地搜集有关近代文学的资料。现拟去北京,路过郑州特下车来汴相访。他拟写一部《中国散文史》,关于近代散文分期问题,交谈了一会儿。临走,我赠他《中国近现代文学研究论集》一册,其中有论近代散文分期的文章。

10月24日　　星期六　　晴

上午,列席学校党代会闭幕式。散会后,碰见增杰同志,他说系总支苏书记调任学校工会主席,慈健同志接任总支书记。谈及我的上课问题,他说不必每周都上,只须给研究生讲几个专题就行了。

10月25日　　星期日　　晴

看《资治通鉴》。提起这部书,我在一师读书时,曾读过汉纪的一部分。所以读的原因,是当时河大历史系的一位同乡要完成学期论文《汉光武帝的功业》,不知为什么,非要让我代笔不可。我辞不掉,只得勉强答应。他把教授指定的参考材料交给我,其中就有《资治通鉴》。我花费了七天时间完成了这篇论文。想起来也可笑,一个高中生来替大学本科生写学术论文,也能交上卷。

10月26日　　星期一　　晴

淑惠代从校医院取回几种常用药。
翻阅《史记》中的列传及《资治通鉴》。

10月27日　　星期二　　晴

备课,对本届研究生拟先讲一下近代文学的分期问题,然后再讲几个代表作家。
看《龚自珍全集》。

10月29日　　星期四　　晴

牙痛,吃了四片 SMZ。
看有关龚自珍的论文。

10月30日　　星期五　　晴

如法送来稿费81元,和庆祝建校87周年学报两册,内有我纪念龚自珍的文章。

11月1日　　星期日　　晴

省社科院李云豹来,索要《回忆晨星社》的稿子。我曾写就,拟再誊一下给他。

11月2日　　星期一　　晴

看《河南人物》中《王毅斋传》。

五八届毕业生昌学汤同志来,恰巧我正在午睡,因而没见到。晚上,他来电话,谈了近一刻钟,他现在武昌一个厂子里担任学报编辑,因出差来开封,但未能晤谈,深感遗憾。

11月3日　　星期二　　晴

上午,昌学汤和一位在政教系工作,与他是同班的郑同志来谈,至11时辞去。

11月4日　　星期三

看汪景祺的《读书堂西征随笔》,写清代征服西域番人,一杀就是几十万,真可谓残酷之至。

11月6日　　星期五　　晴

大拇指指甲出了毛病,由淑惠陪同到校医院找外科诊视。大夫说由于细菌侵蚀,指甲已坏死。他用剪刀把大拇指指甲整个剪去,但不知今后还能再长出否?

11月7日　　星期六　　雨转雪

看《北宋哲学史》下卷中关于张载部分。过去在洛师教学术史,曾给学生讲过他的《西铭》。但对其在哲学方面的专著并未仔细读过。如欲明白他的思想体系,似应对其书很好地读一读。

11月8日　　星期日　　晴

作去郑参加政协会的准备。

11月9日　　星期一　　晴

下午,乘车与老孟等赴郑参加省政协常委会,下榻河南饭店北楼二楼20号。

11月10日　　星期二　　晴

上午大会,由阎济民主席宣布会议议程后,传达了中共中央第十四大的会议精神。

下午分组讨论。

11月12日　　星期四　　晴

上午,在政协礼堂,听取大会发言。多数发言,都是代表某一党派,如民盟、民建……也有以个人名义发言的。11时休会。

下午4时,学校派车来,我和吴雪莉、孟宪德教授一齐返汴,6点左右抵家。

11月13日　　星期五　　晴

上午,王华农同志来,说他接西安张安的信,问我是否做82岁寿辰?如果要做,他就从西安来汴,并说他在西安已买到我写的七本书。我告诉华农同志,请他转告张安,我没有做寿的打算,我认为做寿实无多大意义,对主客来说不过是劳民伤财。

11月16日　　星期一　　晴

整理过去所写的文稿。

11月17日　　星期二　　晴

阅读《杜诗镜铨》。其中《北征》、《自京赴奉先县咏怀五百字》,写个人家庭遭遇,均发自至诚,一字一句皆从肺腑中流出,故能深切感人。

工部诗博大精深,实唐代之大家也。

11月18日　　星期三　　多云
读《杜诗镜铨》。

11月19日　　星期四　　晴
读杜诗,及最近发表的文章。
岁月掷人去,而个人事业竟无所成,思之不禁慨然。

11月21日　　星期六　　晴
刘林因母病回国,昨晚来访,谈他在美国的生活情况。

11月22日　　星期日　　晴
早晨,李润田校长捎来省政协赠送的画册一集,名《云台山画集》。

11月26日　　星期四　　晴
下午,过去洛师的学生阎季昌来,送来他集攒的鸡蛋二十枚。

11月27日　　星期五　　晴
拟整理过去发表过的关于袁中郎的论文。

11月28日　　星期六　　晴
搜寻在上面发表过文章的刊物。

11月30日　　星期一　　晴
上午,由淑惠陪同,我与鸿毅去北道门成衣店,各做一套衣服,工钱百元,下月15号做成。

12月1日　　星期二　　晴
楼上暖气管漏水,找锅炉房工人来修理。

12月2日　　星期三　　晴
看陈则光同志《中国近代文学史》。

12月3日　　星期四　　阴
看《史记》列传部分。

12月4日　　星期五　　多云
看淑惠在《信阳师院学报》上发表的《刘震云中篇小说评述》。

12月5日　　星期六　　阴
随便翻阅一些书籍。

12月6日　　星期日　　时有小雨
看《史记·屈原贾生列传》。史公把他两人放在一起论述,两人的遭遇确有相同之处,都是怀才不遇,而抑郁侘傺以死。贾谊的《吊屈原赋》及《鵩鸟赋》写出了时代的黑暗,可谓"斡弃周鼎,宝康瓠兮","谗谀得志,贤圣逆曳兮","黄钟毁弃,瓦釜雷鸣"的反常时代。

12月7日　　星期一　　阴
看《史记》中列传部分。

12月8日　　星期二　　阴
淑惠赴郑,由郑乘机赴深圳看望小简。
看《颜氏家训》。颜氏不仅博学,而对当时社会生活也极熟悉,所以书中不仅对古籍旁征博引,而且对现实社会的人情物态,也列举许多例证,用以说明问题。

12月9日　　星期三　　晴

看《颜氏家训》。

早晨,小简从深圳来电话,说她妈所乘飞机因上午有雾,下午才起飞,因而到的很晚。这样,大家才放了心。

12月10日　　星期四　　晴

上午,省政协袁蓬同志来电话,说下周他将来汴接我赴郑,参加文史会议并照像。

下午,看《颜氏家训》及《近代诗选》。

12月11日　　星期五　　晴

看《史记》及《颜氏家训》。

上午,沈卫威捎来南京大学一位学者的有关现代文学的论著,拟将《中国近代文学作家论》回赠于他。

12月13日　　星期日　　晴

写了篇回忆录,记抗日战争时期的流亡生活。

日月逝去而无所成,思之惭然。

12月14日　　星期一　　晴

誊写文稿《苏轼与陶潜》,应内蒙师大一位同学所约。

12月15日　　星期二　　多云

上午,启祥来访。谈他最近去北京一趟,看了魏巍和蕤,蕤留他吃了顿午饭。

看《白居易诗选》。

誊写稿子《中国近代诗文》上。

12月16日　　星期三　　多云

淑惠从深圳平安归来。

省政协来电话,明日上午10时许来车接我去郑。

12月17日　　星期四　　多云

上午,政协派的车因换轮胎,到11点才来。我与鸿毅乘车到下午两点抵郑,在一小饭馆同司机一起吃了饭,然后到河南饭店3号楼2楼64号房间休息。

下午,同几位老人与文史委员会的同志约五六人合照了一张像后,到会议厅坐谈。

12月18日　　星期五　　阴

早饭后,乘车返汴,10点多抵家。

12月19日　　星期六　　晴

誊写文稿,应内蒙师大屈正平之请。

12月20日　　星期日　　多云

淑惠去学校参加改卷,回来时把鸿毅前些天在北道门做的衣服取回。

看《苏东坡文集》。

12月21日　　星期一　　晴

阅《龚自珍全集》及《唐诗选》。

12月22日　　星期二　　晴

翻看《中国现代文学在海外》。

12月23日　　星期三　　晴

看《陶渊明集》中《与子俨等疏》。此文近似渊明临终前所写的较详细的遗嘱一类的文字。其中"性刚才拙,与物多忤。自量为己,必贻俗患。黾勉辞世,使汝等幼儿饥寒"等语,对孩子们颇感歉意。可知渊明申岁辞官,也是经过了一番思想斗争的,决非如《归去来兮辞》中所说的那样轻松。

12月24日　　星期四　　晴

看《中国现代文学在国外》及《史记》。

12月25日　　星期五　　晴

接到过去的洛师同学陈治华贺年片一纸,当复他一函。

12月26日　　星期六　　小雨

接孙邦英寄自银川的贺年片一纸。
看《史记》吴世家。

12月27日　　星期日　　阵雨

与秋子函,谈家里事。
看《史记》。

12月29日　　星期二　　阵雨

备课,翻阅过去主编的《中国近代文学史》。

12月30日　　星期三　　阴

看《章太炎年谱长编》。拟选一部《章太炎诗文选》,让光儿注一注。

12月31日　　星期四　　晴

系资料室黄志琴同志送来一束信件,大半为贺年片。另有内蒙师大屈正平来信,让给他所编刊物写文章。

1993年

1月1日　　星期五　　晴

天气冷,未出门,随便看点书。

1月2日　　星期六　　晴

应内蒙师大屈正平约,誊写过去的论文《关于苏轼思想的发展》。翻阅苏轼的词《东坡乐府》。

1月3日　　星期日　　晴

省政协秘书长偕李校长来祝贺新年,并送礼品一筐。

文章已誊毕,光儿认为还须再誊一下,待他誊好再寄走。

1月5日　　星期二　　晴

接郑州《中州学刊》编辑部函,说寄去的《章太炎与五四新文化运动》一文已采用,拟于今年第二期刊出。

看《杜诗镜铨》。

1月6日　　星期三　　阴转晴

看章太炎《检论》。

1月7日　　星期四　　晴转阴

给内蒙师大《语文学刊》写的论文投邮。

看《中国近代文学史》中我所写的《结束语》。

1月8日　　星期五　　晴

下午,民盟省、市委派人来贺年,并送一些香肠、饮料之类的礼品。

1月10日　　星期日　　阴转晴

阅《章太炎诗文选注》。

1月11日　　星期一　　晴

阅《白居易诗选》。

1月12日　　星期二　　晴

下午,系里几位领导有增杰、慈健等带着礼品来看我。
作赴郑的准备。

1月13日　　星期三　　小雪

给系里打电话,说明日赴郑。回答说,明日上午8时发车。

1月14日　　星期四　　阴转晴

早晨8点,学校司机小梁开车过来。系办公室李建伟因事赴郑,与我们同行。10时许抵郑。麟和鸣凰在农大住,我和鸿毅的吃住由他们安排。

1月15日　　星期五　　晴

看《今古奇观》中《卖油郎独占花魁》。这篇作品写一位名妓竟然和一个卖油郎结婚,简直是不可能的事,但故事的发展却是那样地入情入理,非常自然,并无勉强之处。表现了作者才情的卓越。

1月17日　　星期日　　晴

上午,秋子、恭夫来,晚上回去。

看《今古奇观》,拟写篇文章,把它与《聊斋》在思想、艺术上作一比较。

1月18日　　星期一　　晴

下午,省社联秘书长、办公室主任来看望,并送苹果一箱。

1月19日　　星期二　　晴

与光儿、淑惠函,交麟儿发出。

1月20日　　星期三　　晴

看《聊斋志异》与《陶渊明集》。

1月21日　　星期四　　晴

上午,麟儿陪我上街,没走多远即转了回来,累得直喘气。说明平时不锻炼,走路是不行的。

1月22日　　星期五　　晴

今天是旧历十二月三十日。明天是九三年春节。

看《陶渊明集》中的诗篇,时有会心。

阴历除夕,睡得较晚,午夜鞭炮之声大作,一直响了两个钟头。

1月23日　　星期六　　晴

阴历正月初一。什么地方都没有去,也没客人来。

看《陶渊明集》。

1月25日　　星期一　　晴

看过去所写论著《中国近代文学作家论》。

决定下月7号返汴。

1月30日　　星期六　　晴

光儿来电话,说明天学校派车来接。

1月31日　　星期日　　晴

从郑返汴。

2月4日　　星期四　　晴

阅《资治通鉴》唐玄宗部分。

拟写章太炎对先秦各派思想的论述与评价。另外,拟写章太炎对各历史时代学术思想的评述。

2月5日　　星期五　　晴

接到邮件一捆,其中有寄来宣纸请我写字的,把我列入名人中,自己也觉惭愧。

2月6日　　星期六　　晴

上午,书桌上茶杯被碰倒,把一本《蓟汉微言》全弄湿了,以至书页揭不开。

看《太炎文录》。

2月7日　　星期日　　晴

看洁本《金瓶梅》,深有所感。以结交官府,称霸一方的西门庆,生活优越富厚,而竟以善终。太史公在《伯夷列传》后边提到天道问题,举颜渊、盗跖为例以驳之。实际上,自古以来现实生活中,几乎没有不是这样的,而这种不合理也就是所谓天道。

2月8日　　星期一　　晴
看王国维《观堂集林》中,写他参观敦煌石窟壁画的经过。

2月10日　　星期三　　晴转多云
看《醒世姻缘》与《今古奇观》。

2月11日　　星期四　　晴
阅唐、宋人词集。
誊写论文。

2月14日　　星期日　　多云
上午,中央组织部派员来校了解情况,我与李润田同志被指定为接待谈话对象。10点左右,组织部地方局的王伟同志来与我谈话,漫谈了一个小时左右。
下午,誊写文稿。

2月15日　　星期一　　阵雨
张如法同志来,嘱为《河大学报》写毛主席诞辰百周年纪念文章。我拟写篇《文艺讲话为中国现代文学开启了一个新纪元》。

2月17日　　星期三　　阴
下午,明凰从郑州来,捎回阎主席赠送的一块能报时的手表。

2月18日　　星期四　　阴
上午,因我主编的《中国近代文学史》被国家教委评为高校教材特等奖,系里送来奖金2500元。

2月19日　　星期五　　阴

上午,黄志琴同志来,送来一些邮件。

看《中外历史名人传略》。

2月20日　　星期六　　阴

为常州李业文同志写毛笔字,费去了大半天时间。

2月22日　　星期一　　阴

为常州市双桂坊51号李业文写字,并包成包准备投邮(邮编213003)。此事几费去我一整天时间,甚感苦恼。

2月23日　　星期二　　多云

下午,鸿毅胸闷,以为心脏病犯了,给系里打电话,增杰、爱和、李建伟都不在。最后还是增杰爱人老潘同志去系里找个年青人,请校医院来位大夫,作了作心电图,说是供血不足,心才放下。付诊费10元。

2月24日　　星期三　　阴

研究生晋爱荣来家帮忙。

给蕤儿电报,让她回来一趟。

2月26日　　星期五　　多云

整理书籍。

看《太炎文钞》。

有些旧小说找不到,不知是谁借去,也没告我说。

2月28日　　星期日　　阴转晴

看荀子《天论》篇。

对《论语》中的一些话有会心,想把它写出来,即如孔子所讲"四十而不惑"中的"惑"字。

1994 年

3 月 13 日　　星期日

13 日晨又开始写日记。3 月 10 号左右,秋子从郑来开封住了三四天,13 号又回郑州。

应张如法同志之约,写了篇小文《我与学报》。

近几年来为《河大学报》写的论文计有:

1.《漫谈〈李自成〉》。

2.《李贽与晚明的思想解放和文学革新运动》。

3.《试论王国维的文艺思想》。

4.《试论章太炎的学术思想》。

5.《章太炎文学简论》。

3 月 14 日　　星期一　　晴

晚,鸿毅觉家中没人做伴,让系里叫了两个研究生:一、李素莉,二、韩雪。韩因明天有课,没有住。小李住在这里,早饭后才回学校。

发信致陈宪章夫妇,谢谢他们提出帮助每月保姆工资事。

近来视力急剧减退,一般的书中文字都分辨不清,非常地可怕。现在只有吃点药,不知能否增加一点视力。

3 月 15 日　　星期二　　晴

随便翻翻过去看过的书。有时背诵过去能熟背的诗,如《长恨歌》、《琵琶行》等,以消磨时光。

3 月 21 日　　星期一　　晴

随便阅读。

时而背诵熟悉的诗文,如《长恨歌》、《滕王阁序》之类。

3月28日　　星期一　　阴
刮西北风,冷甚,如严冬。
前几天还有暖气,现在暖气也停了,觉得极不舒服。
鸿毅接秋子儿函。
启祥同志来谈。
阅《颜氏家训》,颇有所获。
与蕤儿写了封信,尚未发。

3月30日　　星期三　　晴转多云
保姆刘嫂来帮忙。
阅《颜氏家训》。

3月31日　　星期四　　晴
近未做什么工作,时间都消磨于无用之事,应须加以纠正。
与蕤儿一函,直至今日才投邮。

4月1日　　星期五
看《颜氏家训》。
近来很少去街,鸿毅与保姆上街,我在家看门。

4月2日　　星期六
《颜氏家训》不仅在思想见解上大有可取之处,即文章写得也很好,好像同读者谈话一样,令人感不到是在教训你,而是谈个人的社会经验,让你从中吸取教训。

4月5日　　星期二
一个姓王的小保姆来打工。

看《颜氏家训·文章篇》。

4月6日　　星期三
淑惠来,拿去我最近再版的《中国近代文学史》一册。

4月8日　　星期五
在寓阅读《唐文粹》。

今天因刮西北风,气温骤降,保姆衣服单薄,鸿毅把自己的毛衣脱给她御寒。

读嵇康《答向子期难养生论》,言养生有五难。所谓五难即:
1. 名利不灭。
2. 喜怒不除。
3. 声色不去。
4. 滋味不绝。
5. 神虑转发。

"五者必存,虽心希难老,口诵至言,咀嚼英华,呼吸太阳,不能不回其操,不夭其年也。五者无于胸中,则信顺日济,玄德日全,不祈喜而有福,不求寿而自延。此养生大理之所效也。"

4月9日　　星期六　　欲雨未雨
翻阅过去发表的论文。最近没写什么文章,感到空虚。

4月12日　　星期二　　阴
看《唐诗选》。读工部《自京赴奉先县咏怀五百字》及《北征》。

4月19日　　星期二　　雨
大雨竟日,屋内光线极暗,什么事也干不成。

4月20日　　星期三　　雨

中雨竟日,因为台灯坏了,什么也不能看,也干不成。

没法上街赶集,家中吃的东西,鸡蛋、白糖都没有了。只得给增杰打电话,他派小胡与黄志琴两人来给买了一些食品,解决了吃的问题。

4月22日　　星期五　　多云

秋子与笑薇从郑州来。

看《旧唐书·武则天传》。

4月30日　　星期六　　晴

小黄昨天送来系里发的200元,扣了半年工会会费,还剩170余元。

天气渐热,棉衣都需换季了。

5月3日　　星期二　　晴

看《梁启超年谱长编》,篇中载梁与他人函,谈及王国维投昆明湖自杀事,说是受叶德辉1927年被杀的影响,同时对王治学深有所得,大加赞誉。

5月7日　　星期六　　晴

上午,整理书架上的书。翻阅《古文观止》、《唐诗选》。其中曾经熟读能背诵的,如《长恨歌》、《琵琶行》、《前后赤壁赋》等。这使幼年时,父亲教我读这类诗文的情景又重现于眼前。

5月11日　　星期三　　晴

读陶渊明《桃花源记》。

开始写《自传》。

总觉生活不就轨道,心里有些不安。

5月13日　　星期五　　晴
小解从家乡来,送来甘肃特产"三炮台"一盒,不是烟而是食品。
刘溶同志陪王华农同志来。刘溶给我写了篇传记,拟在《中原文史》上发表。他把稿子给我念了念。

5月23日　　星期一　　晴转阴
最近拟去郑州,但日期未定。鸿毅有时犯心脏病是件大事。

5月25日　　星期三　　多云
读《唐文粹》中所选唐人的散文,并对少数篇子加以标点。

5月26日　　星期四　　晴
"其雨、其雨,杲杲日出。"
信春同志陪省教委徐主任来访。
任意翻阅一些书。

6月8日　　星期三　　小雨
看《嵇中散集》。

1996年

10月21日　　星期一
凭我的记忆,摸着写……
（按:由于先生已经失明,这是他在最后一篇日记中仅留下的几个字。）

附录

任访秋先生生平著作系年[①]

1909 年出生

先生于己酉年八月生于河南省南召县梁沟村。

先生的父亲名尚贤,号象斋,是清末的廪生。为人诚挚、谦让,对子女和悦、慈爱,没有封建家长的作风。曾到省城开封参加过乡试,未第。在开封受到维新思潮的影响,购置了一些被称为新学方面的书籍。他于经史外,还泛览诸子、小说。

象斋公排行最小,有三兄三姊。弟兄们析居后,家境比较清贫,为补贴家用,一边行医一边还时而外出作塾师。

母亲高氏,同县白河南新庄人。

1914 年 5 岁

开始与二哥维煜随父读书。从 5 岁至 8 岁,读完了小学《国文课本》,又相继读了《论语》、《孟子》、《大学》、《中庸》。在"四书"基础

[①] 本文系由任访秋先生长子任光所作。原载《任访秋先生纪念集》(沈卫威编,河南大学出版社,2004),原文对于 1972 年后内容多直接引用任访秋日记,因此次整理已将日记全部出版,因此对本文进行了较大删节,特此说明。——整理者。

上，象斋公认为《左传》是历史，其中的人物故事易为孩子们理解、记忆，便先授以《左传》。先生当时用的课本，是象斋公圈阅过的《左传快读》。此外，也读一些《古文观止》中的篇子。

1917 年 8 岁

同二哥赴南召县城（今云阳镇）入高等小学堂。校长吉桂芳（丹林）系先生长兄维炳在南阳中学读书时的同窗好友，所以很容易便插入班中就读。那时的课程设置有国文、算术、历史、地理、格致、手工、音乐、体操等。

1920 年 11 岁

小学毕业。小学三年中，先生印象最深的都是国文教员。第一位是被称作李二先生的，名廷桢，秀才出身，讲课古文居多。他批改作文极认真，于圈点、批语外，发作文时，还要一一叫到身边，指出文章的毛病，可谓是耳提面命。他认为写得好的作文，便让学生誊抄出来贴到教室墙壁上，供大家观摩。再一位是上过私立民国大学的刘子尚，讲课生动活泼，说话干脆利落。当时，先生在班中是年龄最小的学生，而作文却常常交头卷。一次，子尚老师看了他刚交的作文后，夸奖他才思敏捷。第三位是教读经课的张莲渠，也是位清末秀才。有一回讲到"子曰：'后生可畏，焉知来者之不如今也？四十、五十而无闻焉，斯亦不足畏也已。'"便叫起几个学生试讲，都把"无闻"解释为"没有听到过什么"。最后，点到先生，他讲道："'无闻'不是无所闻，是说无闻于世，即不为世人所知的意思。"因而得到老师的一番称赞。

小学毕业后，由于县里没有中学，家里的经济条件不允许同时供两个孩子到南阳继续升学，况且先生年龄尚小，父母也不放心，于是便留在家中读书，由象斋公授予《尚书》、《诗经》以及《古文观止》、《昭明文选》等古代典籍。课余时间，先生尽量地阅读家中所有《三国演义》、《东周列国志》、《水浒传》、《聊斋志异》一类的小说。

1921 年 12 岁

仍在家读书。因乡间常闹土匪,全家迁居县城,租西门里秦家房子三间。

1922 年 13 岁

在家读书。全家迁居黉学门,租独院一所五间。6 月间,大股土匪攻城,激战一夜退去。家中怕土匪再度攻城,遂让先生到曹店七姐家暂避。

秋末冬初,全家移居曹店,租七姐夫家同族张姓房子三间。冬,曹店被土匪攻破。因先生去县城办事,未受惊扰。家中衣物略有损失外,人均无恙。

1923 年 14 岁

先生的堂兄九哥冠五,在开封一师读书。寒假返乡时,劝说象斋公让两个孩子上开封求学。象斋公考虑到地方上常闹土匪,孩子们在家也不安全,便采纳了这个意见。

当时,开封一师的学生全是公费食宿,所以春节过后,先生与二哥跟随冠五兄上路时,大哥维炳嘱咐说:"一定要考取第一师范,不然家里供应不起。"

这是一个阴天,由于道路不靖,只能走方城大路。午后下起了濛濛细雨,道路越来越泥泞难行。先生第一次出远门,年龄又小,追随大人身后,拼力地迈着步子。只有到了方城才敢投宿,所以一直走到四野昏黑,9 点左右才抵目的地,先生已经是精疲力竭。

这初次踏上人生旅途的情景,也许是出于偶然,但它却预示了先生奋进不息于风雨人生的命运。

在方城雇到了马车,至许昌才乘上火车。到开封后,兄弟二人和另外两个老乡在家庙街合租了三间民房,准备暑期升学的功课。结果,兄弟二人均以优异成绩考取了开封一师。

开封一师的学制是初师三年、高师三年。先生入学后的国文老师是嵇文甫。他所选的教材全是白话文,其中有中国现代作家的散文,如胡适的《新生活》,也有节选西方作家的译作,如法国作家都德的《小物件》(后译为《小东西》)等。嵇文甫平时对待学生和蔼可亲,课堂上从容不迫,谈笑风生,对课文分析得深刻透辟,深受学生们的钦佩、爱戴。

嵇文甫原就读于北京大学。五四后,和其他一些北大、北师大毕业生返豫任教。他们把五四提倡的科学、民主,反对旧道德,提倡新道德,反对旧文学,提倡新文学的革命精神带回了河南,使河南学界的风气为之一新。其时,新文学刊物如《创造》,《小说月报》、《语丝》等,社会科学和革命刊物如《向导》、《中国青年》等,都是广大学生所喜爱的读物。

先生进入这一新的学习环境,对于所见到的各种刊物和能找到的鲁迅、周作人、胡适、冰心等人的著作,都如饥似渴的阅读。而梁启超、胡适的学术著作也使他产生了浓厚的兴趣,尤其是梁启超勉励青年要以学者自期的话,促使他树立起从事文学研究的志向。

1925 年 16 岁

3月12日,孙中山在北京病逝。当时,开封学界广大师生深感震惊与伤痛,觉得对中国革命的发展是一个不可估量的损失。在追悼会上,先生的英语老师冯品毅在讲话中,那种悲哀的而带着哭泣的急促声调深深地感染了大家。对此情此景,先生到了晚年还记忆犹新。

5月30日,上海发生"五卅惨案"。开封学生在学联领导下游行示威,声援上海以工人、学生为主体的反帝爱国运动。先生在游行队伍中和大家一齐高呼:"打倒英、日帝国主义,誓为遇难的同胞报仇!"这给先生年幼的心灵以极强烈的刺激。为了对帝国主义有进一步的了解,他阅读了漆树的《帝国主义侵略中国史》和马克思主义的《剩余价值浅说》等书。这年暑假,他和同乡,河大文史系学生武承利受学联派遣回南召进行反帝爱国宣传。因为是反对帝国主义的侵略,宣传帝国主义的暴行,为唤醒民众团结起来救亡御侮,所以得到了当地政府和士绅们的支持。召集了一些大型集会,并发动地方上的中小学教师也参加到宣传工作中来。先生和武承利君在大的集镇,如留山、李青店、白土岗等地巡回演讲,收到了很好的效果。

对于这次活动,先生后来总结说:"不仅提高了我的思想觉悟,而且加强了我的民族意识和爱国主义思想,也锻炼了我的处事能力。"(《我的学习经历——从家塾到大学研究院》)

这年,象斋公已经把家迁到了距梁沟4公里的集镇刘村。秋天,他因病去世。

1926年 17岁

初级师范毕业。

高级师范分为文、理、艺术三科。由于对文学的爱好,先生选择了文科。

秋,北伐军北进,直系军阀头子吴佩孚的主力在湖北被击溃后,退至河南。开封学校停了课,先生回到南召刘村。全家七口人,租住三间北屋,连读书的地方也没有。恰巧当地的首户褚家要延请家庭教师,先生遂应聘到了他家。在给学生讲些古文篇子之外,其余时间便是读书。其间,曾从南阳购得一部《前四史》,因而得以对《前汉书》进行仔细认真的阅读,并作了三四本札记。

1927年 18岁

春,北伐军到了河南。学校复课,开封市的高初中和男、女师范合并为"大一中"。高年级分文、理、师范三科,先生仍在师范科。

那时的国文老师是卢自然(文斋),由于他喜欢宋元以来的戏曲,因而给学生选了不少这方面的名篇。如元人马致远的《汉宫秋》,清初孔尚任的《桃花扇》中的《余韵》等。他对作品中重要地方,都加以串讲,所以给学生的印象较深。这些作品中的名句,先生到了暮年还能背上一部分来。国文老师为了培养学生的写作能力,还时时出一些近似学术论文的题目。先生因而曾写过三篇近万言的文章,其中的一篇《杨柳与文学》,是他在刊物上看到《鸟与文学》的论文受到启发而写的。他搜集了大量的杨柳与文学有关的资料,譬如在唐代有灞桥折柳送别的习俗;另外从杨柳本身特点上,如看到柳绿想到春的到来,看见满天飞絮,想到春的归去;用柳枝在风中飞舞,比喻女子身材的苗条与袅娜,用柳叶的窄而长比喻女子的双眉等,古代诗词及小说中凡关于杨柳的描写与比拟均加以搜罗分类与排比。论文写成后,请卢老师评阅,颇得到他的赞许。在他的鼓励下,投寄给了商务印书馆发行的《学生杂志》,居然刊登了出来。从而更增加了先生从事写作和投稿的兴趣。

1928 年 19 岁

春季,参加全校作文竞赛,获第二名。得到几部书的奖励,给先生印象较深的是鲁迅校点的《唐宋传奇集》上下两册。

暑后,"大一中"原合并的各校又分开办学。由于先生经常向《河南民报》副刊投稿,所以受到副刊编辑陈治策(济安)的邀请,到鼓楼街东兴楼回民饭庄聚会。陈治策曾留学美国,是研究戏剧的,与著名戏剧家熊佛西友善。1935 年出任南京剧专教务主任,抗日战争时期,在四川国立东北大学和四川大学任教授。应邀的还有在上海读书因事在家停留的白寿彝、河大文史系学生罗梦册、张源和先生的同窗好友徐缵武。白寿彝后为著名的历史学家,曾任北京师范大学历史系系主任。罗梦册在河大读书时,喜作新诗,有诗集《花要落去》出版。后入北师大研究院,研治明代文学。赴英国留学归来后,曾一度从政。晚年在香港某大学任教授,有研究孔子的学术著作《孔子已王未王论》问世。

陈治策在席间提出要成立一个文学社,并出版期刊,请大家供稿,印刷费由他承担。经过一番讨论,文学社定名为"晨星社",一则表明社员少,寥若晨星,二则也含有对曙光来临的期待之意。刊物也因之命名为《晨星》半月刊。

《晨星》半月刊的创刊号上,有陈治策的发刊词,有白寿彝以"授衣"为笔名的文学与社会关系的文章,有先生对茅盾《蚀》三部曲的评论,还有罗梦册的诗及其他同仁的散文、小说。发行后,在读者中反映还不错。

升入高师三年级,过去的老师嵇文甫从苏联留学回国,担任中国文学史课。所用的教材是上海新月书店出版的胡适著的《白话文学史》。但不久,他又离开了河南,任教于北大、北师大。

先生在一师读书期间,他认为在学生中有威信而受到欢迎和尊敬的老师,除嵇文甫外,还有张邃青、冯品毅、王镇南、孙蕴璞、卢文斋等。

张邃青是教历史的,后来当了校长。在他任职期间,一师在建设和教学各方面都有所发展。他曾主持过一师建校二十周年纪念会。(大概从清末一师的前身优级师范成立算起。)会开得很隆重,举行了各种展览与盛大的游艺晚会。教生物的王镇南老师,在晚会上清唱了京戏。

张邃青到河南大学文史系任教授后,接任校长的是数学老师孙廷莹(蕴璞)。他毕业于北师大,教课认真负责,讲解清楚,先生从中觉得深有所获,为后来升大学考试奠定了基础。

教英语的老师冯品毅,采用的课本是周越然编的《模范英语读本》。他要求严格,教授有方,学生们都感到进步很快。后来他信仰了马克思主义,据说在革命斗争中献出了生命。

1929 年 20 岁

春,离高师毕业只剩一学期了。学校规定,到附属小学实习后,再赴南方参观。这年,豫南大旱,南召灾情也很严重。先生的大哥维炳来信,嘱他即早参加工作,好对家中有所接济。其时,在商丘教书的堂兄冠五,已为先生谋到了一个小学教员的位置。而先生继续深造,研究学问的志向已定,当同学们纷纷出发赴南方参观时,他却带着县里寄来的30元参观费和学校退还的10元保证金,负笈北上,实现作学者的理想去了。

秋,考取了北平师范大学国文系。新生入学,需交20元保证金,先生囊中羞涩,只得向一位同乡借债,才算踏入了大学门槛。

1930年 21岁

入学后,先生因经济上的困窘,上课外就是钻进图书馆,即便在星期日也很少逛街,看电影。倒使他在北平《新晨报》副刊上相继发表了一些文章,每月可得三四元稿酬,以助学费。其时,在《新晨报》上刊出的文章,尚能记录下来的有:《我所见的鲁迅与岂明两先生》发表于5月6日,笔名霜峰,是受关于革命文学讨论的余波影响而写的,后被黎炎光编入《转变后的鲁迅》中卷(1931年1月1日东方书店出版)。《刘师培的文学论》,发表于1月13~14日;《边塞诗人吴汉槎评传》,发表于3月19日、20、21日、22日、24日;《听觉文艺描写方法之研究》,发表于6月26日、27日;《谈谈署名》,发表于11月23日。另有《白蛇传故事的演变》等,刊出时间待查。

在一年级,任课教师给先生印象最深的有:教授"文字学"的沈兼士,教授"经典叙录"的吴检斋,教授"国音沿革"的钱玄同,教授"文学概论"的徐祖正。只有吴检斋发有讲义,其余全靠自己在课堂上记笔记。那时,先生偶尔领到一份姚鼐后裔姚岳编选的《论文名著集略》,从唐宋八家,历明代归有光,清初侯方域、魏禧、汪尧峰,直至方苞、姚鼐、梅曾亮、曾国藩,止于吴汝纶,共18家。先生因以这些名家为线索,翻阅了各家的文集,并用原书与铅印的讲义进行对校,根据自己当时的文学理论水平,对这些古文学的文论进行分析、比较与评论,写成了约4万言的论文《古文家的文论》。这是先生进大学后写的一篇比较用力的学术论文。该文刊于北师大《国学丛刊》第1卷第1期。

同时还参加了中文系部分同学组织的"国文学会",除为该会刊物《国学丛刊》积极撰稿外,还参加部分的编辑工作。

《晨星》半月刊于1928年在开封创刊后,出了12期。主编陈治策应熊佛西之邀赴北平艺专任戏剧系主任,白寿彝入北大研究院深造,先生和徐缵武都到北平升入大学。同仁们汇集北平,商议着把刊物办下去,改为《晨星》月刊,由北京大学朴社印行,但仅出了1期,由于各人忙着各人的事,没有专人负责刊物的编辑、印行,只得停刊,"晨星社"也终于星散了。这一期上刊有先生的《碎话》一文。

这年,先生开始把精力转向了对明代公安派的研究,因而经常往府右街北京图书馆善本阅览室借阅善本书籍。凡晚明文坛上与三袁兄弟有关的文人集子,能找到的,都要浏览。准备撰写研究袁中郎的系列文章。

由于在经济上经常得不到家中的汇款,生活上十分艰苦,于是在朋友的介绍下到西四附近的平民中学兼课,担任高中的"文学概论"和一班初中的语文。一月可得到20几元的工资,生活富裕多了。

1931年 22岁

大学二年级时,系主任钱玄同开有"经学史"和"说文研究"两门课,先生都作了详细的课堂笔记。他听了钱玄同的课,大大开阔了眼界,颇有顿开茅塞之感。钱氏是国学大师章太炎的高足,又是五四新文化运动的骁将。他讲"经学史",往往以简明的语言,概括、阐述了清代著名学者的学术成就及独特的造诣;并从横的方面把同时代学者的治学专长进行比较,又从纵的方面指出治学方法的发展变化。他称道清代朴学大师的"实事求是"与无证不信及独立思考的精神。弟子在学术上如有新的发现证明老师有误时,可以直言不讳地纠正老师的说法。钱氏还能打破古人固守"家法"、"师说"的门户之见,客观地实事求是地给不同学派以公允的评价。如在今、古文经之争上,主张古文经者攻击今文经之说为谬论,而对汉代古文经大师刘歆所倡言的经典信奉不疑,其中以"刘歆私淑弟子"自许的章太炎最甚。而今文学家则认为刘歆所提倡的古文经都经过了他的篡改。康有为在《新学伪经考》中,批评刘歆的经学是为王莽篡汉作舆论准备的,因王莽国号为"新",故名刘歆之学为"新学"。钱氏先受业于古文学家章太炎,后又问学于今文学家崔适,尤其在五四时期西方科学方法的影响下,他不为经学家门户之见所囿,而视经学为历史资料,从历史角度考其真伪,借以澄清古史的本来面目。这种科学的治学态度,深深地影响了先生一生的治学生涯。当时,使先生仰慕的另一位著名学者,是任教于北大的胡适。为了听胡适讲授《中古思想史》,先生每周都要跑到马神庙北大二院礼堂一次。从钱、胡那里,他领悟到了治学的门径,为了表示对两位学者崇敬之情,因把自己的斗室名之曰:同适斋。

与同学许安本、郑瑛等组织文学团体"草虫社",并在北京《益世报》上辟了半版,每周一期,名曰"草虫周刊"。先生于编稿外,还亲自校对。6月9日创刊。在该刊上,先生发表了一些小品散文、散文诗和文学评论多篇。6月23日,载有所写《读了〈忏悔录〉后》。

作为《袁中郎评传》之一的《中郎师友考》一文完稿。此文意在显示在袁中郎影响下文学革新派的阵容。文章刊于师大《国学丛刊》1卷2期上。

北大国学研究所招生。先生交论文一篇,笔试后被录取,导师沈尹默,研究题目为"元白研究"。那时,研究生可以不入校,只需和导师联系。先生和沈尹默通过两次信后,沈因就任河北省教育厅长,彼此便失去了联系。先生遂和许多人一样成了国学研究所的挂名研究生。

"九·一八"事变发生后,蒋介石政府不抵抗的投降卖国政策激怒了全国人民。北京广大学生怀着满腔的义愤南下示威,先生和同学许安本参加了赴南京的示威团,抗议国民党政府的卖国政策。回北平后,先生在《草虫周刊》上发表了《南行日记》。这次示威活动,使先生真正认清了国民党反动政府对外投降、对内镇压爱国人民的卖国嘴脸,从而使他在政治上一直保持着与国民党不合作的态度。

1932年23岁

1931年秋,友人李静之应沈阳高中之聘,遂荐先生到他原来任教的私立大同中学代庖。到了寒假,先生被该校正式聘为任课教师。每周十多节课,月工资60几元。在大学的后两年,先生一直未离开这个学校。

暑假,任山东济南白鹤庄乡村师范校长的学友钱振东君,邀先生前往任教。八月间去济南,师大开学后又回北京。

在师大《国学丛刊》1卷3期上刊出《袁中郎评传》的三个部分:《公安派的文学主张》、《中郎的小品文》、《公安派与英国十八世纪浪漫派之比较》。

经友人李静之夫妇介绍,与北平大学女子文理学院英文系学生马鸿毅相识。马女士系陕北米脂杨家沟人,曾祖父做过兰州知府,祖父是一个兼营商业的大地主。她少年即随哥哥们到天津读书,毕业于南开中学。彼此经过一段时间的交往、恋爱,于夏天在王府井大街某餐馆举行了订婚仪式。参加的朋友有李静之、魏廷玢、罗梦册等。至秋天结婚。马女士因父亲病重,随几位哥哥回老家探望。先生送至石家庄。

7月,《益世报·草虫周刊》改为《草虫旬刊》,为第45期。从8月开始,在第47期至51期上连载《同适斋随笔》。

继"九·一八"事变后,日寇又发动了榆关(山海关)事变,北平的局势骤然紧张,大学生纷纷南下,先生也和同乡同学许安本回到开封。其时,大学四年级课程已结束,只剩下几周的中学实习,便可毕业。洛阳第四师范校长李呈甫,系早于先生毕业的北师大的学长,邀请先生到那里任教。先生接受了聘书,开学后便到洛阳去了。

1933年24岁

到洛阳不久,先生接到夫人马鸿毅的来信,说她父亲病故,两个哥哥须在家守制,不能送她出来,希望前去接她。先生遂把自己的课请友人罗梦册暂代,就向陕北进发了。对这次经历,先生在未刊出的《西北行纪》中写道:

我到郑州,乘平汉路至石家庄,转石太路到太原后,坐汽车到汾阳。再往西已不通汽车，只得雇牲口去陕北。旱路的旅行我是有经验的，一般一天都是走八九十里路，晚上住店，早晨上路。约摸走了三天，到了黄河边上的碛口。这是通往陕北的渡口。我到店后，打探由那里到米脂杨家沟还有多远路，据说过河只不过是一天的路程。我觉得既到那里就须要事先通知，不能贸然前去。我于是给鸿毅写封信，告诉她我已到了碛口，准备接她。便雇了人把信送去。第二天晚上，鸿毅家派一个姓杨的仆人，牵匹马至碛口接我。当天启程过了黄河渡口，走了十几里到一个小镇叫吉镇。镇上的一家店铺是鸿毅家的资金开的，便同杨某住在这家店里。店里人问杨某客人是谁？答以"四妮子的女婿"。店里人说："有福人啊！"

第四天上午就到了杨家沟。这个地区是丘陵地带，村子在两山之间，房舍按照地势进行建筑。进了大门，就往上走。接着是二门，再往上走，到了最高一层的院落，有正房有厢房，客厅设在厢房里。

当时，岳父的灵柩还没下葬，停在堂屋内。鸿毅给我信中让我预先置办了挽幛。到那里的第二天，即向岳父的灵前致祭，并拜见了岳母及鸿毅的几位哥嫂同姐妹。在杨家沟停了两天，鸿毅家比较近的本家还请我吃饭。在我们临走之前，还由鸿毅哥哥们陪同到她家祖坟致祭。令人诧异的是那里树木很少，特别坟地里也是光秃秃的不见林木，与我们家大不相同。

陕北的交通工具一般是牲口同骡轿。鸿毅家雇到骡轿后，我们就告别了岳母同哥嫂姐妹们。临行时，岳母送我们到寨门边。她深知这次与女儿的离别，以后就不可能再见面。虽然这次岳家之行极其短暂，但给我的印象却极其深刻，是终身难忘的。

乘骡轿到汾阳后，又搭汽车到太原，接着乘火车到北平。鸿毅因还没毕业，又回到女子文理学院上课，我就又回到洛阳从事教书生涯了。

这是先生于1991年3月21日对往事的追记。

在《师大月刊》1卷2期上刊出《袁中郎评传》的另三部分：《中郎之生平》、《中郎的思想》、《中郎的诗》。

先生自1931~1933年间,发表的袁中郎系列研究文章,美国普林斯顿大学周质平教授在《公安派的文学批评及其发展》(台湾商务印书馆印行)一书的《附录三》中对其评价道:

近人对袁宏道的研究是从一九三一年开始的。论者常将公安派之复现于二十世纪,归功于周作人及林语堂等人的提倡;然而近代第一人为袁宏道作传的却是当时北师大一个国文系的学生任维(访秋)。他从一九三一年到一九三三年之间,一系列的写了三篇袁宏道生平、师友、文学理论及思想背景的文章,发表在师大《国学丛刊》及《师大月刊》上。这三篇文字虽然在行文及内容上有欠老练深入,却是近人研究袁宏道的先驱。

6月,于北师大国文系毕业。

夏,长女秋子生。

1934年25岁

仍在洛阳师范任教。

暑假,偕夫人、女儿去北平。夫人秋后准备复学,先生便于回洛阳前,在东城租了三间民房,雇了个保姆看护孩子。先生回洛阳后,过了几个月,夫人来信诉说她在北平生活的狼狈状。由于保姆问题,孩子生病,她的书也读不好。先生遂劝夫人休学,把她母子接回洛阳。

寒假,夫人患肋膜炎。先生陪她到北平协和医院作了手术后,仍需在北平疗养。便在东安客寓租了房子,雇了保姆,先生才回洛阳。

12月,读周作人《中国新文学的源流》一书,遂在扉页上写《读后记》一则:

按周先生此书,把中国文学分为"言志"与"载道"两派,而整个的文学史乃为此两派之消长盛衰史。意周先生此见,颇受西洋文学史的影响。西洋文学史上最早为"古典主义",继之为"浪漫主义",再复为"自然主义",再演为"新浪漫主义"。这种变化也不外是自由之极而矫之以规律,拘束之极而继之以解放,故"古典主义"与"自然主义"虽然在形式上微有不同,然其以表现人生为共同目标,则无异义也。"浪漫主义"与"新浪漫主义"则更有着极其共同之点。西洋文学史是如此,中国文学史也是如此。故周先生因看到西洋文学的变迁是如此,因此同样的来看中国文学,故就从中国文学中,看出"载道"与"言志"两派的消长来。我意如此,不识周先生究竟是如此否?!

访秋读后志,二十三年十二月十二日晚

1935 年 26 岁

在洛阳师范任教。

夫人马鸿毅在北平疗养了两个月,病已基本上痊愈。先生接她回洛阳后,在井胡同租了五间房子。

秋,接北大研究院通知,研究生必须到校完成学业,否则取消学籍。于是请人暂代洛师的课,到北大报到后,住北河沿第三院丁巳楼。研究院院长兼文学研究所所长为胡适,导师为周作人,因而研究题目更换为"袁中郎研究"。

周作人一向是推崇晚明公安派小品文的。先生在北师大三年级时,为研究公安派文学,曾冒昧给岂明老人(周作人的笔名)写信,从他那里借到了明刻本袁中道(小修)的《游居柿录》。现在成了导师,自然是较频繁地出入西直门内八道湾周宅,借书或请教问题。

在研究院是离职学习,生活费用没有来源。经读北师大时的业师黎锦熙(劭西)介绍,到通县女子师范(当时设在北平)与私立两级女中各任一班的国文课。

在《师大月刊》第 18 期上发表《论文学中思想与形式之关系》一文。在《师大月刊》第 26 期上发表《关汉卿论》一文。

1936 年 27 岁

次女蕤生。

暑假前完成研究生论文《袁中郎研究》,经评委会审阅通过,准予答辩。答辩委员会由五人组成,主任委员为胡适,副主任委员是周作人、罗常培,另外聘请了清华大学教授陈寅恪、俞平伯。答辩以无记名方式获全票通过。

《袁中郎研究》分"论述"和"年谱"上下两编。论文论述了袁中郎提倡文学革新运动的思想与文学方面的根源,阐明了袁中郎文学革新理论的本质和袁中郎为代表的公安派在文坛上的声势与影响,以及明代以后在对袁中郎同公安派作品评价上的分歧,反映了复古与革新两种文艺观的斗争。《袁中郎研究》在当时未能出版的原因,先生在1946年出版的《中国文学史散论》的《自序》中说:

当时曾经为了研究明代的一位文学革新运动者,前后花去了四五年功夫,凡四易稿。最后觉得可以问世了,不幸大战爆发,稿留北平,直到现在还没有消息。

80年代,经先生在草稿基础上作了修订,才于1983年由上海古籍出版社印行了6600册。

研究生毕业后,与同届毕业同学(研究历史的三人,有张鸿翔、盛代儒和忘记名字的李君,研究文学的有先生和黄天朋)在中山公园来今雨轩宴请了校长蒋梦麟夫妇及研究所的导师们,并合影作为纪念。该照片在"文革"中被抄家时遗失。

八月,与北师大老师辞行,徐祖正先生以《山带阁注楚辞》一函见赠。

暑后,仍回洛阳师范任教。

10月19日,鲁迅逝世。先生撰写《中国传统思想的叛逆者——嵇康、李贽和鲁迅》作为纪念。此文到40年代才发表于南阳《前锋报》上。

年底,完成《中国文学史讲义》先秦至隋两卷及唐代诗歌部分的撰写。存有石印本。

本年刊出的文章有:

《十四世纪中国写实派的戏曲作家关汉卿》,《师大月刊》第26期。

《萧散诗人马致远》,《师大月刊》第 30 期。
《李卓吾与袁中郎》,7 月 16 日天津《益世报·读书周刊》57 期
《王国维〈人间词话〉与胡适〈词选〉》,《中法大学月刊》第 3 卷第 3 期(1983 年书目文献出版社收入《〈人间词话〉及评论汇编》一书)。

1937 年 28 岁

在洛阳师范任教。

暑假去北平,一为到北大领取论文奖金(由河南省教育厅提供),二为谋一新的工作机会。不久,卢沟桥事变发生,平汉路中断,只得与北大同学王般若及其妹妹一同乘平绥路的火车,绕道大同、太原到石家庄,才搭上平汉路火车返豫。

抗日战争爆发,敌机经常到洛阳轰炸,天天往城外跑警报,因而把妻女送往南阳暂住,同时还把大量的书籍装箱运去。

寒假,回南阳。由于这里也常躲警报,遂把妻女送回南召梁沟家中。

1938 年 29 岁

在洛阳师范任教。

日寇飞机经常袭扰洛阳,警报频繁,学校已不能正常上课,校长李呈甫拟把学校迁往南召。因先生是南召人,比较熟悉当地情况,所以委派先生于暑假前返乡接洽。放假后,洛阳师范遂迁至南召。先生也把眷属接到南召县城(今云阳镇)。

为时不久,当时的省教育厅不同意洛师迁到南召,学校便又迁回了洛阳。接着武汉沦陷,形势更加紧张。学校同仁中便有人把家眷送往陕西的想法,先生的内兄马鸿藻在西安工作,因而也想把妻女送去。于是,和陶、陈二君一同把眷属送到西安。到西安后,才知这里也经常跑警报,内兄也不在此处。陶、陈二君因有朋友在凤翔师范任教,遂又一起到了凤翔。陶、陈二君已不愿再回洛师,先生安顿了家属,单身回到洛阳。不久,学校又迁往卢氏,安置到一个离县城七八

里的涧北村,占用了一个祠堂和一座寺庙,还有当地大姓莫家的一处宅院。上了两个月课后,先生趁寒假前往凤翔。当时凤翔师范正缺一位国文教师,教务主任又系先生师大同学,校长是河南人,极力请先生留下。先生只好在那里上了几周课,才携眷返豫。其时,从陕西到河南,要经过潼关,黄河对岸就是敌占区,经常往这边打炮。因而称过潼关谓之"撞关"。先生一家几次"撞关",幸而平安无事。

1939 年 30 岁

在卢氏涧北村。这里交通不便,消息闭塞,课外时间惟能读读古籍。

应洛阳的一刊物的约稿,先生读了王夫之的《读通鉴论》和《宋论》,写了篇长万言的文章《民族主义思想家王船山》,结合中国当时的抗战形势,指出中华民族只有坚持抗战才有出路,投降只有灭亡。而要取得胜利,内部必须团结,分裂必然失败。此文后来在该刊发表。

洛阳师范毕业学生李渠任《河南青年》编辑,向先生约稿。先生写了篇《两种不同性质的战争同两种不同性质的文学》,近万言,后来在该刊上发表。大意为战争有两种:一是正义的,即自卫的反对侵略的战争;二是非正义的,是侵略的战争。历来中外的大作家,一向是反对非正义的战争,拥护歌颂正义的战争的。

那时,同洛师一起迁往卢氏的还有洛阳中学,因其需要语文教师,遂介绍万曼(礼黄)前来任教。约有一个学期,他又应天水一中聘携眷前往。临行前,到洛师与先生话别。

长子光生。堂兄冠五应洛师聘为音乐教员,请他来校时,把先生的外甥媳妇段姑娘带来帮忙。

寒假前,接到河南大学文学院文史系聘书。其时,河大在嵩县潭头(今属栾川)山中,不熟悉那里情况,因把家眷送回南召家中。

1940 年 31 岁

旧年后,先生只身取道洛阳转嵩县潭头。当时河大共有五个学院。医学院在嵩县城,文、理、法、农在潭头。潭头离嵩县城还有五十多公里,全是崎岖的山路,交通工具只有牲畜。这是一个有百余户居民的小镇,四周有几个村庄。北临伊河上游,四面是高山峻岭。师生就分布在这个镇子及附近的村庄里。先生被安排在镇的西头 16 号院内,这是一个教师宿舍。

文学院院长嵇文甫,文史系系主任张邃青是先生在开封师范读书时的老师,见面后彼此都很高兴。开始给先生安排了两门课,"文学史"和"文选"。上课后,同学们反映还不错。

呆了一段后,先生才晓得大学人事关系的复杂。一方面有宗派斗争,有所谓的留美派、留德派、留法派,还有不属于这些派的;另一方面在学术思想和政治倾向上,也存在着五四后的新思想与封建买办复古主义之间的冲突,民主思想、爱国主义与国民党特务统治的较量。

当时在学术上最负声望的教授,是文学院院长嵇文甫。他运用马克思主义的观点、方法研究中国学术思想史。他的课程最受一般进步学生的欢迎。在他的周围很自然地团结了一批追求进步的师生。

文史系的部分师生组织了"文艺研究会"。该会于 12 月 22 日发起"民族形式讨论会"。嵇文甫院长作了《学术中国化问题》演讲。通过讨论,大家一致认为在新的时代,文学形式也必须是新的,才能担负起时代所赋予的使命。新形式的特点是大众的、现实的、民族的、战斗的。而新形式的产生,应以五四以来的新文学为中心源泉,然后批判地接受民间文学与世界文学的优点,而创造一种新的民族形式。要达到此目的,作家非从现实中去考察,去体验不可,尤其是对民间方言的运用更需如此。

这次活动,实际上是响应延安关于民族形式问题讨论而举行的。

先生是这次活动的积极参与者。

12月26日,先生参加了理学院教授李俊甫召集的时事讨论会,与会的有文史系和经济系的一些同仁。

李俊甫是美国留学生,兼任化学系主任。他未带家眷,常常同教师们在一个伙上吃饭,所以先生很快就与他熟识了,并成了他那里的常客。他是一个研究自然科学的教授,却非常关心时局,而且有着精辟的见解,为此先生对他深为钦佩。

这年,河大文学院创办了《学术丛刊》,在创刊号上刊有先生《淮南子注本考略》一文。另有未刊专著《〈文赋〉疏证》。

1941年 32岁

春,因物价飞涨,工资低的讲师、助教感到生活无法维持,于是发生了罢课风潮。事前,先生曾代为起草"致校长王广庆的信",提出加薪的要求。后因王广庆施行分化手段,迫使罢课未能坚持下去。

暑假,回梁沟家中。因罢课风潮,觉得已无法再在河大待下去了,遂给读北师大时的业师黎锦熙(劭西)去函,说明自己想离开河大的打算。暑后开学前,接到复信,嘱先生到兰州师大分校,并说不久师大本部就要从城固统统搬到那里。于是前往潭头提出辞职。由于嵇文甫院长、张邃青主任和教务长郝象吾的坚决挽留,以及安土重迁思想的影响而未能成行。

开学不久,先生由讲师被提升为副教授,并增添了一门新课"新文学研究"。经过考虑,决定把这门课开成"中国现代文学史"。为编写讲义,先生经常到上神庙河大图书馆查找资料。在当时不可能搜寻到较全面的资料情况下,开始了《中国现代文学史》的撰写工作。

先生的朋友李静之(北大国学研究所同学)在南阳创办前锋报社,发行《前锋报》,约先生为该报副镌《燧火》写稿外,还兼写一些"社论"之类的文章。于是,在编写讲义的同时,平均每周为《前锋报》撰文一篇,所以每晚要坐到深夜,几近燃尽灯油方才就寝。因而被同仁戏称之"熬干灯"。

在未刊的《我与前锋报社》一文中,先生曾有这样的记述:

　　到河大任教不久,就接到老友李静之兄的来信,内容是说他最近担任了南阳前锋报社社长,希望我能多给该报写文章。用文章来对广大人民进行教育,至于范围,既可以社论形式发表对时事的看法,也可对学术写个人的心得体会。该报问世后,即开始寄给我。我阅读了它的内容后,就着手试写一些个人学术研究方面的短文,一般都在两三千字左右。最初该报的主编为孙良田,我同他不很熟悉。后来换成傅恒书,他与嵇文甫先生也有师生之谊,曾在文甫先生家长期做客,所以和他较熟。自此文章一寄去,很快便能发出。暑假放假,我回到南召梁沟家中。这时静之就来信,邀我去报社住一段。我因感于农村的闭塞,不易听到外部的消息,便应邀前往。

　　前锋报社设在南阳市郊区,占了一个两进的院落。前边是印刷厂,为工人工作住宿的地方。后边是编辑部。而工作的时间大抵在后半夜,往往前后灯火通明。编辑和工人都吃夜饭。当一般人都在酣梦之中的时候,他们都正在辛勤地工作中。他们把国内外的各种消息,通过文字、排印、校对,印成后,送到读者面前。我在报社住过一段之后,从内心中不能不对报社的所有工作人员表示敬意!

　　我的文章大半是揭载在副刊上,是短篇的学术论文。由于我当时任"中国文学史"及"散文选"课,主要是两汉魏晋一段。因而对一些著名作家写了一些评论文章,如司马迁、司马相如、曹氏父子、嵇康、阮籍等。后来这些论文经过改写,收入到我的《中国文学史散论》一书中。

　　至于社论一类的文章,时过境迁,已如"明日黄花",也都没有加以保存。当时我的文章风格,内容上则是以五四后新文化运动所提倡的"民主与科学"为主旨,时时以古代学者思想家的先进观点作为论证的根据,因而也曾受到部分的读者欢迎。有一次在暑假里,我在报社住。当时南阳地区召集教育方面的会议,所属各县的教育界人士听说我在报社,都来报社看我。他们在想像中,我是一个年岁已大的学者。待见面后,才晓得我是一个不足四十岁的中年人,不免都有点惊讶。抗战后回到开封,在旧书摊上曾见到一本把我当时写的社论一类的文章,剪贴成的小册子。因为觉得没有保存的价值,所以也没有买下来。

《前锋报》的副镌曾经加印,并辑成册子销售过。我当时也保存了几册。在文化大革命中,我被迫从一个住四间大房的院子迁到一个仅18平方米房子的大杂院中,不得不把多年积存的一些珍贵的刊物、报纸、书籍贱卖给收破烂的小贩,而《前锋报》副镌的合订本也在其中。

10月19日,"文艺研究会"举行鲁迅逝世五周年纪念大会,与会者约百余人。会开始时,演唱了由先生作词、陈梓北作曲的纪念歌。

然后,由嵇文甫、王气中、叶守济和先生相继作了演讲。会议引起了反动当局的注意,不久便有传闻说有人向教育厅报告,谓学校异党活动颇力,并列举了院长、系主任和教授多人的黑名单。

接着,便有了所谓的伏牛山调查团,河大校内则出现了特务头子军事教官李佩金与校长王广庆的秘书特务杜新吾。他们在校内密布党羽,对广大师生进行监控。秋天,嵇文甫院长以所谓的"思想犯"罪名被逮捕,解往洛阳,而后又有一批进步师生被捕。一时校内人人自危,犹如园林之遭苦霜,变得一片肃杀。

文甫先生被拘禁中,作《在狱咏怀》以明心志:

坎坷何足道,磊落此襟期。
羑里坚贞日,龙场彻悟时。
精金须百炼,健马终一驰。
默数平生事,飘然壮志飞。

后经多方营救,国民党当局迫于舆论压力,不得不将文甫先生释放。

本年在河大文学院《学术丛刊》第1卷上刊出《隐逸诗人王绩》、《二南真是楚风吗》两篇文章。

1942 年 33 岁

5 至 6 月间,写《子产》。(1987 年由中州古籍出版社重印时更名为《子产评传》)

先生在修订本《子产评传》再版《后记》中说:

当时抗日战争后期,潭头在万山丛中,很少机会与外界往来,所以除教课外,只有从事写作……由于当时我担任中国文学史课,讲到先秦散文时,不免要涉及《左氏传》、《国语》一类史学典籍。由于翻阅它们,这样对春秋时郑国的政治家子产,产生了兴趣。于是费数月之力,参考了一些有关史籍,写成了这本小册子。

5 月 8 日,《郊祀歌中相如的作品》写竟。

12 月 26 日,《读陶集偶识》改竟。(以上两文后收入《中国文学史散论》一书)

次子麟生。

1943 年 34 岁

《子产》由文甫先生作序后,于 4 月间在南阳《前锋报》社出版,列为"前锋丛书"第一本,印数 1000 册。

撰写《谈梁任公》,经文甫师阅后,被推荐到陕西《力行》月刊发表。《力行》主编张绍良因又来函约稿,遂相继在该刊发表《章太炎的政术论》、《诸葛武侯的学术》、《仲长统的政术论》、《纪念先师疑古玄同先生》等文章。

《中国现代文学史》课结束,改上"中国文学批评",因着手编写《中国文学批评史》讲义,并整理《中国现代文学史》,拟付《前锋报》社出版。

另外写成的文章有:

3 月 8 日完成的《高唐神女二赋作者》。

3 月 24 日完成的《曹植〈洛神赋〉》。

5 月 12 日完成的《纵横词赋隐逸俳优》。

6月12日完成的《章实斋评〈随园诗话〉》。
8月4日完成的《阮嗣宗》。
10月6日完成的《嵇叔夜》。
12月10日完成的《贾谊》、《司马相如》。
(以上文章,后收入《中国文学史散论》)

1944年35岁

5月,文甫先生作序的《中国现代文学史》上卷由《前锋报》社印行2000册。

该书分三编:第一编,文学革命的前夜;第二编,文学革命运动;第三编,新文学的萌芽与成长。全书以五四文学革命运动为中心,从诸多方面阐述了它的历史必然性及其经过与取得的成果。正如"嵇序"中说的:

这是活生生的一部文学革命史,数十年来中国文学发展的各种动态,原原本本的展现在我们的面前。

在抗日战争时期,在流亡的艰苦条件下,不可能搜集到较全面的材料,而使书稿难免有其不足之处,但其独有的学术特色,在中国新文学史的编纂史上不仅应占有一席地位,而于今仍有其参考阅读的价值。半个世纪后,黄修己教授在《中国新文学史编纂史》(1995年北京大学出版社印行)一书中,对这部著作作了全面的、中肯的评价。

由于形势的进一步恶化,《中国现代文学史》下卷,已不可能付梓。

洛阳、嵩县相继沦陷。河大师生仓皇逃难。先生遂雇挑夫带了一部分书至合峪,寄存在一位毕业于洛师的学生家里,只身走山路回到南召梁沟。不久,风闻潭头也已沦陷,便派人去合峪取书,结果只带回几部残书,说敌军未曾到那里,却遭到了国民党溃兵的抢掠。

接同事刘纵一函,说河大已迁往荆紫关。

暑后,先生携长女秋子、长子光赴荆紫关。

荆紫关地处豫西南山区,紧靠丹江,与陕西、湖北接壤。学校初到此地，一切都未就绪，直到年底，才在极其艰苦的条件下开始了上课。

学校从潭头逃难时，损失惨重，一些师生惨遭日寇杀害。校长王广庆因而被解职，由张仲鲁接任。

寒假，把长女秋子托付到张邃青先生家，携长子光回南召家中。夫人因肺病卧床已半年，稍见好转。

本年刊出的文章有：

《诸葛武侯的学术》陕西《力行》月刊第3、4期合刊。

《章太炎的政术论》、《仲长统的政术论》、《纪念先师疑古玄同先生》。（以上三篇，据先生回忆皆刊于《力行》月刊，待查）

1945年36岁

过了旧历年，夫人拟去南阳看病。遂同夫人携长子光至南阳，寄居友人李静之家。先生独自乘汽车前往荆紫关。

河大刚安定下来，日寇又向南阳发动了攻势。鉴于潭头的教训，学校当局决定迁校陕西。荆紫关虽临着南阳通往西安的公路，但却没有交通工具，别说汽车，就连代步的牲口也极难寻觅。只好让学生和未带家眷的教职员工循着公路往西出发，带着眷属的为避免敌人追及，遂绕道赵川、竹林关到龙驹寨（丹凤）。先生因带着10岁的女儿秋子，所以也加入到了走小道的队伍中来。先生在《十年漂泊记》（1988年《河南文史资料》第28辑）中对此有过这样的追述：

在这一次逃难的途中，我感慨很深的是，一个国家不能自强，一旦遭到敌人入侵，人民的境况该有多么痛苦、凄惨。当时没有交通工具，许多老太太、小孩子都得步行，道路并不平坦，虽没有高山，但却有不少的丘陵。前进的队伍，断断续续，三三两两沿着小路，非常缓慢的行进着。当你走到丘陵的高处，回头一望，蜿蜒曲折的人流，男女老少缓缓行进的情形，真是一幅目不忍睹的"流民图"。

到了赵川，因为下雪，又不了解外界情况，暂时停了下来。与嵇文甫院长及其他一些同事住在当地首户姓党的家里。待了一个多月,山花相继开放,遂又上路。走了十多天,才抵龙驹寨搭上汽车。

到了西安,暂居内兄马鸿藻(晓钟)家。马是学矿业的,毕业于日本帝国大学,是夫人的长兄。

几天后,河大决定迁居宝鸡石羊庙。学校初到一地,少东缺西,上课尚不知何日。先生遂把女儿秋子留在夫人外甥女曹兰芳家,与随校迁到这里的高中学生袁宝安一路,取道灵宝、卢氏、栾川、合峪、东村、马市坪、李青店,每天步行50至60公里,总算是平安到了家。

到了梁沟后,始知南阳沦陷时,夫人携长子光随李静之夫妇逃难到内乡县马山口的黑虎庙。后又雇筏子回到南召。

初夏。先生携眷至宝鸡,把家安置在石羊庙附近的宋家庄。

不久,在石羊庙开了课。8月间,传来了日寇投降的消息。

在宝鸡遇到洛师的毕业学生史静栽。他是洛阳《行都日报》的副刊编辑,随报社迁徙至此。他与洛师的同窗好友陈宪章创办《中原论坛》,聘请先生和教育系教师郝士英担任主编。撰稿人除主编外有嵇文甫、杨震华、刘纵一、王牧罕、陈钟凡等。第一期出版后,又征集了第二期的稿子,尚未出版,河大便返回了开封。

本年整理出的未刊书稿有:
《中国小品文史》上卷,11月11日订于陈仓(宝鸡)。
《中国文学批评史》(先秦至宋元),订于宝鸡。

1946年37岁

在河南大学任教。

由郝士英(冠儒)发起,与河大同仁陈梓北、王般若、杨震华等组织了"师友社",发行《师友》半月刊,由先生任主编。刊物的内容主要是关于教育方面,另外也有部分文艺创作和论文,以及时事报道与评论。除刊物外,还出版了"师友丛书",但仅仅出了两本。一本是先生的《中国文学史散论》,一本是郝士英的《道德学新稿》。

先生的《中国文学史散论》有好友张长弓教授的序,共收文章20篇。计有:《二南真是楚风吗》、《读招魂》、《贾谊》、《司马相如》、《郊祀歌中相如的作品》、《纵横辞赋隐逸俳优》、《高唐神女二赋作者》、《曹植洛神赋》、《阮嗣宗》、《嵇叔夜》、《读陶集偶识》、《隐逸诗人王绩》、《韩愈》、《柳宗元》、《青楼集》、《白蛇故事的演变》、《袁中郎与李卓吾》、《章实斋评〈随园诗话〉》，附录：《谈梁任公》、《纪念先师疑古玄同先生》。

应《青年日报》社长李更夫之约，每周为该报编一期副刊。出了十几期后，该报改为《正义报》，副刊便也停办了。

经郝士英介绍，到景中天办的嵩华学院兼课，每周四节，地址在眼光庙。

友人张长弓编辑《河南民国日报》副刊《学林》，常约先生撰稿，因又托先生致函南阳《前锋报》社长李静之，代为其刊登征集南阳鼓子曲词的启事，后遂成《南阳鼓子曲词》和《鼓子曲言》两部书。

本年刊出的文章有：

《五朝时樗蒲之风——读书札记之一》，1月14日《河南民国日报·学林》。

《文学与社会》，《河南社会月刊》第1期，

《整理国故运动与朴学》（上、下），3月13日《河南民国日报·学林》。

《文人之自轻与被轻》，11月25日《中国时报》。

《我们需要一部鲁迅传》，10月26日《正义报》。

《兴观群怨》，《师友》半月刊第1期。

《章康二氏与经学》，5月5日《河南民国日报·学林》。

《修辞与立诚》，《师友》半月刊第5期。

《孔子论学习》，《师友》半月刊第5期。

《作品的传轶》，《师友》半月刊第6期。

《苏轼的小品文》，《师友》半月刊第7期。

《深入浅出》，《师友》半月刊第8期。

《深入浅出》续，《师友》半月刊第17期。

《外重内拙》，《师友》半月刊第19期。

《谈交友》,《师友》半月刊第 21 期。
《文章评价》,《师友》半月刊第 22 期。

1947 年 38 岁
在河大任教。

5 月初,校内进步教师以李俊甫为首,在河大小礼堂召集了全校教授会议,提出用罢课声援学生运动。会上也有表示不赞成罢课的,先生则明确表示同意罢课。最后通过举手表决,赞成罢课的取得了胜利。继之,广大师生又发起了请愿运动,在欢送代表赴南京的大游行中,反内战、反饥饿、打倒美帝国主义的口号,又一次响彻了中州古城。

面对日益高涨的群众运动,开封市反动当局于 5 月底 6 月初逮捕了大批进步学生。

6 月初,河大提前放了假,先生因回家乡南召取书。返汴后,才知道学校解聘了一批教师,有王毅斋、陈仲凡等。被捕的学生,先生知道的有张四德、李书智、朱伯福和牛维鼎等。为了营救他们,先生冒着雨寻找同情的教授共同在保释单上签名盖章。先生保释的学生有数学系的李书智、中文系的朱伯福等。

先生的二哥维煜(耀峰)应某工厂邀,赴上海监制由他设计的"双捻式纺纱机",途经开封。

本年刊出的文章有:
《文学的内容与形式》,《师友》半月刊第 1、2 期合刊。
《张协、阮籍、陶潜》,《师友》半月刊第 3、4 期合刊。

1948 年 39 岁
开封第一次解放。解放军入驻不久,便撤走了。

7 月,随河大南迁苏州。当时,老友白寿彝住苏州"顾家花园",经他介绍,与几位同事在仁孝里一处大宅院里租房居住。

10 月,文学院在沧浪亭开始上课。

因孩子上学事,与郝士英一起结识从云小学校长施剑翘女士。施女士早年为报父仇,刺杀孙传芳于天津某佛堂而闻名全国。她笃信佛教,与灵岩山高僧有旧,因邀先生同郝士英往见,并参观了古刹殿堂,饱览了湖光山色。

9月,国民党爱国将领冯玉祥响应中共号召,回国参加新政协筹备工作,在轮船上因失火而遇难。施女士在追悼冯玉祥的全校师生大会上,暗示冯的遇难是蒋介石的阴谋所致,并公开声称不与蒋介石政府合作,拒绝宋美龄要她从政的邀请,说她的绣花鞋不踩一泡臭狗屎。

暑后,施女士请先生与郝士英两家迁居毛家弄一处设施较好的住宅。住宅的主人是施女士的亲戚。

二哥维煜因病在上海去世。

国统区法币一再贬值,改为金圆券不久,物价继续飞涨。发薪后,便跑到观前街玄庙观去换取银圆。接着便是粮荒,市面上难以买到大米、食油,全家存粮仅有一二十斤,大有断炊之虞。适逢在苏州私立振华女中任教的张羽,帮助解决了燃眉之急。抗日战争初期,张羽曾在中共长江局党训班学习,一直从事地下工作。于1939年考取洛阳师范春季班,与先生有师生之谊。解放后,在中国青年出版社工作,曾作过小说《红岩》的责编。

1949 年 40 岁

4月26日,苏州解放。军管会成立,生活问题才得到解决。

7月,河南省政府委派开封市教育局副局长郭海长赴苏州,接河南大学回豫。在味雅酒楼宴请了先生及郝士英。

9月,由70多位教授组成的研究班开始学习。学习内容是马列主义、毛泽东思想,时事政策。先生被指定为一个学习组的组长。通过一段学习,批判了资产阶级世界观,懂得了什么是阶级、阶级立场和阶级观点。先生由于在解放前始终教书,未加入过任何反动政治组织,没有做过一官半职,所以没有什么历史包袱。容易接受新思想新事物,觉得前途是极其光明的。

1950 年 41 岁

2月,由李俊甫、王毅斋介绍加入中国民主同盟。

研究班结束后,新河大成立。先生被分配到中文系任教。第一届学生是由旧河大中文系的三年级学生与由法学院转系的部分学生组成。

与李嘉言、张长弓主讲三门课,即"中国文学史"、"中国现代文学史"、"文艺学"。三人分段编写讲义,分段进行教学。开始用马克思主义的观点写讲稿是有些吃力的,经过努力,终于完成了任务。同学们对教学的反映还比较满意。

三人合编的讲稿,保存下来的只有《中国文学史讲授提纲》。李嘉言在《序言》中说:

这个提纲是为了教学需要,在短时期内匆忙写成的。因而,在取材方面,我们未能尽量的搜罗与挖掘,主要的,我们依据以下三点进行编写工作:第一,依靠马列主义文艺理论的指导;第二,和中国的历史发展相结合;第三,批判我们的旧讲义和旧文章。

本书(一)至(五)章,即先秦两汉一段,由张长弓同志执笔;(六)至(十一)章,即魏晋至唐五代一段,由我执笔;(十二)至(十六章),即宋元明清一段及总结,由任访秋同志执笔。尽管经过多次的商讨和修改,也经过别的同志热心的帮助,结果仍有不甚一致的地方。诚恳希望同志们多多提出批评!

关于整齐体式及校阅工作,虽由我负责,付印后的校对工作却是邢治平同志全力协助,这是应当一并声明的。

暑后,学校发放聘书,先生由副教授名义改为正教授。

1951 年 42 岁

参加河南省文联代表团,到武汉出席中南文艺工作者代表大会。团长为省委宣传部副部长岳明,副团长李蕤。

12月,赴杞县潘楼参加土改复查。

本年刊出的文章有:

《谈谈五四文学革命运动在思想上的领导问题》,上海《新中华》14卷9期。

《从历史发展与现实基础上学习毛主席文艺讲话》,《新中华》14卷17期。

《鲁迅在创作上怎样地把现实主义与浪漫主义统一起来的》,《新中华》14卷20期。

《对〈中国新文学史教学大纲〉的商榷》,《新中华》14卷24期。

1952年 43岁

3月,结束在杞县潘楼的土改复查工作,返校。

4月,参加学校的三反思想改造运动。

与李嘉言、张长弓合编的《中国文学史讲授提纲》由新华书店付印1500册。

本年刊出的文章有:

《对王瑶先生〈晚清诗人黄遵宪〉一文的意见》,《人民文学》4卷1期(1984年,中国社会科学出版社收入《中国近代文学论文集·诗文卷》)。

《为贯彻毛泽东文艺路线,文艺工作者要加紧自我改造》,5月15日《河南日报》。

1953年 44岁

4月,与部分教师赴武汉听取苏联专家报告。顺便看望了在武汉大学预备班学习的长女秋子及老友王般若。

6月,为纪念屈原,在市里作了以《伟大的爱国主义诗人屈原》为题的报告。

8月,经过院系调整后,河南大学更名为河南师范学院。

1954 年 45 岁

由卷棚庙街迁往游梁祠东街居住。

4月,以河南文艺工作者代表团成员身份,到武汉参加中南作家协会会议。

本年刊出的文章有:

《伟大的现实主义作家司马迁》,《长江文艺》8月号。

《聊斋志异的思想和艺术》,北京《新建设》11月号。

1955 年 46 岁

由游梁祠东街搬家到半截戏楼街。

《人民日报》发表了胡风给舒芜的信,并附有编者按。在全国范围内展开了对胡风的批判。

6月,肃反运动开始。因介绍周启祥来河大中文系任教,被审查一个月。周系先生在洛阳师范任教时的学生,早年参加革命,长期在白区工作,后被捕入狱,杭州解放时,才出狱。曾在中央军委工作。因被怀疑有变节行为,一再被审查,受到不公正待遇。

11月,河南师范学院进行文、理科调整后,一院定名为开封师范学院。

母亲高氏在南召家中去世。

本年刊出的文章有:

《教育事业是祖国社会主义建设中的光荣岗位》,《河南师范学院》第13~14页。

《驳斥胡风对于"五四文学革命"的歪曲》,《长江文艺》第5期。

《谈议论文的讲授》,河南师范学院《教学业务通讯》(人文版)第25号。

《略谈老舍前期的创作思想》,《教学业务通讯》第26号。

《关于〈大堰河——我的保姆〉一诗中的几个问题》,《教学业务通讯》第35号。

《谈〈捕蛇者说〉》,《教学业务通讯》第 37 号。

1956 年 47 岁

暑假,与李嘉言、高文教授赴京参加教育部召开的教学大纲编写会议,先生参加了现代文学组。住西苑旅社,为期一个多月。

会议期间,曾去拜望黎锦熙先生。

秋季,学校宣布先生担任中文系副系主任职务。

大哥维炳(耀艇)在南召家中去世。

10 月 19 日,在郑州参加省文联举办的鲁迅逝世 20 周年纪念大会,与会的有省委张柏园部长、郑州大学嵇文甫校长。先生在会上作了《关于鲁迅先生生平及其思想》的讲话。

10 月,学校举行学术讨论会,先生在大会上作了《胡适〈五十年来的中国之文学〉的批判》的报告。

12 月,《中国古典文学研究论集》由长江文艺出版社印行了 55000 册。

本年刊出的文章有:

《纪念鲁迅先生向鲁迅先生学习》,10 月 20 日校报《河南师院》。

《伟大的文学家、思想家和革命家——鲁迅先生的一生为纪念鲁迅逝世二十周年》,10 月 9 日至 11 日连载于《河南日报》。

《〈女神〉中三篇诗的分析》,《教学业务通讯》第 40 号。

《鲁迅先生最得力的战斗武器——杂文》,10 月 19 日《河南日报》。

《从〈过客〉中看鲁迅先生思想的发展》,《河南文艺》第 14 期。

《曹植诗三首》,开封师院《语文教学通讯》8、9 期合刊。

《胡适〈五十年来的中国之文学〉的批判》,《开封师院学报》创刊号。

《Pu Sung-ling and "Tales of Liao-Chai"》,《Chinese Literature》No. 1. 1956

1957 年 48 岁

春间,从半截戏楼街迁居至辘轳湾副 17 号。

2 月,开封市委统战部通过院党委,让先生担任开封市民盟委员会主任委员职务。

4 月,赴郑参加省委召开的宣传工作扩大会议。会上宣布党要整风,并请党外人士参加。

5 月,开封师院由各级党组织召开党外人士座谈会,开展大鸣大放。由于先生在院党委和市党委召开的座谈会上谈了自己的一些意见,而后被划为右派。

《中国现代文学论稿》一书,于 4 月份由院函授部印行 5000 册。本书某出版社拟于出版、公开发行,因先生被划为右派而取消了出版计划。

《中国现代文学论稿》是先生运用马克思主义的治学方法,对中国现代文学史进行的全新论述和诠释。全书贯穿着毛泽东主席《新民主主义论》和《在延安文艺座谈会上的讲话》精神,把中国现代文学的发展分为两个时期五个阶段,简明地概括了与新民主主义革命紧密相连的新文学的产生、发展过程,因而也可以说是一部中国现代文学主流的历史。

本年刊出的文章有:

《章太炎的学术思想与革命精神》,北京《新建设》第 2 期。

《论韩愈和柳宗元的散文》,《新建设》第 9 期(1959 年人民文学出版社收入《中国古典散文研究论文集》)。

《谈曹植》(后更名《曹植论》),开封师院《语文教学通讯》第 1 期。

《吴沃尧和他的〈二十年目睹之怪现状〉》,《语文教学通讯》第 5、6 期连载。

《郦道元和他的杰作〈水经注〉》,《语文学习》9 月号。

1958 年 49 岁

4月,院领导接到省委批示,宣布对先生的处分决定:

免去中文系副系主任及开封市民盟主委职务;由三级教授降为五级教授,工资由222元降为168元。

6月,随中文系师生赴封丘县应举公社参加农业劳动。

10月,随中文系师生到焦作市西山采铁矿,近三个月。

长女秋子毕业于石家庄师范大学化学系,暑期与周恭夫结婚。周,郑州人,哈尔滨工业大学电机系毕业,在郑州建筑设计院工作。

长子光在开封一高毕业。因父亲被划为右派,在高三上期刚开学时,突然遭到袭击,被作为"辩论"对象进行批斗,因而该校在毕业生报考大学表格上填上不予录取的意见,被拒之大学门外。此后,到机械厂报名当工人,因招工单位从报名表格上知道系右派之子,又被拒之工厂之外。不得已,只得隐瞒了父亲右派的政治面目,到洛阳建筑机械厂作了一名铣工学徒。

1959 年 50 岁

8月5日,《三曹诗歌试论》写就。

国庆节前,系总支宣布摘掉先生的右派分子帽子。

10月,随中文系师生到三门峡劳动。约一个月。

"中国现代文学史课"已由其他教师担任,秋天,先生被安排担任"写作实习"课。

1960 年 51 岁

重又担任"现代文学史"课教学工作。

7月,参加有政协组织的北京参观团。到北京参观了十大建筑、十三陵水库及定陵。并在人民大会堂聆听了周总理关于国内外形势的报告。

1961年 52岁

长子光在洛阳建筑机械厂因患胸腔积水、两上肺浸润性结核,离职回汴。秋,由省委宣传部党若平部长函介,带病到开封二十一中任教,为度过国民经济困难时期。

次子麟,开封一中高中毕业,因父亲是摘帽右派,未能升上学。

1962年 53岁

5月,在省委负责开封师院甄别复议工作的同志指示下,向省委写了份关于57年右派问题的甄别复议申请书,未果。

在政治环境相对宽松的情况下,长子光考入开封师院中文系,次子麟考入焦作矿院矿山测量系,次女蕤于河南农学院毕业,考取吴绍院长的研究生。

本年刊出的文章有:

《从〈茶花赋〉谈起》,5月17日《河南日报》。
《谈深入浅出》,7月6日《河南日报》副刊。
《沧海桑田话仪封》,9月13日《河南日报》副刊。
《略谈吴敬梓的学术思想》,《开封师院学报》第1期。
《略论〈金瓶梅〉中的人物形象及其艺术成就》,《开封师院学报》第2期(该文的"艺术部分"因学报负责人变更,未予连载。后收入《中国古典文学论文集》,1981年中州书画社版)。

1963年 54岁

仍担任"中国现代文学史"课教学。

发表《龚定庵文学略论》一文,刊于《开封师院学报》第2期。

1964年 55岁

仍在学校任课。中文系部分师生到农村参加"四清"运动。

1965 年 56 岁

4月,参加到信阳地区参观半工半读的参观团。

1966 年 57 岁

"文化大革命"开始。以"老右派"、"资产阶级反动学术权威"罪名,首当其冲地被抛出来供师生批斗。并被多次抄家,一些书籍、文稿和衣物、被面之类被抄走。在浓厚的恐怖气氛下,夫人把先生几十年来以读书札记为主要内容的日记付之一炬。

1967 年 58 岁

由校内的派别斗争,发展为开封市各行各业参与的派别斗争。7月15日,两派在市内发生大规模武斗,造成死人事件,一时气氛异常紧张。校内被关入"牛棚"的教师处于无人监管状态,先生因与夫人赴郑住女儿秋子家暂避。

1968 年 59 岁

开封市及所属各单位革委会相继成立。

5月,随学生一起赴青年农场收麦。

8月,中央指示清理阶级队伍。审查近两个月,先生的问题已基本搞清。

9月,被从辘轳湾街副17号院逐出,把家迁到东二道街22号。两间东屋,旧式门窗,16平方米。只好在门外搭个小棚作厨房。

当时,工宣队已经进驻学校,先生再次被审查。又经过一番自我交待、自我批判和内查外调之后,总算作了结论,审查的事情告一段落。

本年初,开始扣发工资,先生每月只能领到19元。伙食费外,尚有余剩。

1969 年 60 岁

在灵宝营里。夏收时候,赴石门村帮助割麦,约一周。该村地多而肥沃,年年粮食产量都很高,但水质太差,许多人患大骨节病,一些村里人不安于这个地方,女儿多嫁到外边。

7月份,随学校返回开封。

年底,工资扣发已近两年。中央指示恢复原来的工资,并补发所扣工资。

冬,随学校迁往杞县林场,和69届同学住在一起。

1970 年 61 岁

麦收前,中文系由杞县林场迁到尉氏王楼。与69届同学李广程等住在姓朱的家里。麦收时参加麦收。

69届学生毕业后,先生搬到距王楼1公里的农场,和系里的老师们同吃同住同劳动。当时担任组长的是陈信春同志、副组长是张如法同志。组员有王宽行、邢治平、王介平、陈天福、刘瑛、章秀定、姚俊哲和先生。每天上下午劳动,在棉花地里打杈、打头、追肥、喷药,直至采摘。

春节前,先生因病返汴。

1971 年 62 岁

经医院检查,肺部旧病灶复发,领导准予在家休息。于是每天到校医院打链霉素,三个月后,病情好转,又开始上班。

学校拟于1972年春季招收新生,遂参与粉刷教室、油漆桌凳一类的劳动。系领导让先生担任"鲁迅作品选讲"课。因该课被安排在下学期开,所以较晚才从劳动队伍中抽出编写讲义。

中文系万曼副教授去世。先生与万曼相交已久,在学术研究上引为知己,因而深为之悲痛。

1972 年 63 岁

暑假前,准备"鲁迅作品选"的讲义。先生负责写鲁迅的生平与思想发展部分。因眼睛视力极差,8 月 4 日抵京,在京近三周,访问了往时的一些熟人,可参见《日记》。

1973 年 64 岁

暑假,应开封县教育部门邀请,为其中学教师暑期讲习班讲授鲁迅的《中国无产阶级革命文学和前驱的血》。

《略谈鲁迅杂文的艺术特色》一文,在学报《五七通讯》第 2 期上刊出。

1974 年 65 岁

由东二道街搬到学校西校门外新建的家属楼,两居室,无厅。

6 月,把《鲁迅对敌斗争的战略战术》一文初稿写成,这篇文章后来被辑入《鲁迅散论》(1982 年陕西人民出版社印行)。

7 月中旬,发现患了黄疸性肝炎,在治疗过程中,经过多次反复,一直住了 5 个多月院,肝功能才算恢复正常。

1975 年 66 岁

注释鲁迅《流氓的变迁》、《谈金圣叹》,及《〈谈金圣叹〉的时代背景》在开封师院《教学参考资料》第 4 期刊出。

1976 年 67 岁

毛泽东主席去世。"四人帮"被打倒。

《学习鲁迅识别和反对投降派》一文在《开封师院学报》第 1 期刊出。

《潭头时期的河大》一文后收入韩爱平编著的《河南大学作家群》一书,于 2002 年由河南大学出版社出版。

1977年 68岁

4月14日晨,写诗一首《纪念鲁迅先生——读罗绳武同志诗作有感》:

　　嗟嗟鲁迅师,窃火自异域。烛照漫漫夜,魑魅无所匿。宵小共排挤,颠沛与流离。勇敢又坚决,所向俱披靡。俯首甘为牛,干草水作刍。乳血饲孺子,至死不回头。哲人虽云萎,泰山并未颓。精神如日月,世世放光辉。

本年刊出的文章有:

《蚍蜉撼大树,可笑不自量——彻底批判姚文元〈巨人〉一书》,《开封师院学报》第 2 期。

《鲁迅与章太炎》,《山东师院学报》第 2、3 期合刊。

《不许借批儒评法歪曲鲁迅——斥石望江〈研究法家要古为今用〉》,《开封师院学报》第 5 期。

《反儒欤?尊儒欤?——就〈儒林外史〉思想主流问题谈一点看法》,《开封师院学报》第 6 期。

1978年 69岁

3、4月,全国科学大会和全国教育工作会议先后在京召开。

12月,中共中央十一届三中全会在京召开。先生被错划右派问题得到彻底纠正。担任中文系主任。

开始招收中国现代文学研究生。

本年刊出的文章有:

《林纾论》,《开封师院学报》第 3 期。

《略论王国维及其文艺思想》,《开封师院学报》第 5 期。

《略谈黄遵宪和他的诗篇〈夜起〉》,内蒙古师院《语文函授》第 6 期。

1979 年 70 岁

开封师范学院更名为河南师范大学。

9月,赴京参加第四次全国盟代会。在会上作了《我愿为四化献出毕生精力》的发言。在结尾处说:

作为一个学术研究者,要在科研上做出自己应有的贡献;作为一个教育工作者,要为社会主义文化教育事业培养出合格的接班人;作为一个盟务工作者,要与盟员们团结教育科技方面的知识分子,鼓励他们发挥出专长,积极为四化做出贡献!

10月30日,在北京人民大会堂参加第四届全国文代会开幕式。

11月1日,听周扬《继往开来繁荣社会主义时期的新文艺》的报告。3日下午,听茅盾、阳翰笙等的报告。4日,各协会分别举行开幕式,先生在西苑旅社礼堂参加了作家协会开幕式。下午,大会发言。

先生的大会记录:

第一个是白桦。由于说出了大家所想说而没有说出的话,因而博得不断的掌声。

其次:

萧三,83岁,坐了7年监。讲话时已泣不成声,听众也为之黯然泪下。

王蒙,对文艺界的官僚主义,长官意志,瞎指挥,扼杀创作,作了有力鞭答。

5日,大会发言。

大会记录:

比较受到欢迎的是柯岩(贺敬之爱人,《诗刊》副总编),谈了4个问题:(一)为新诗说几句话。(二)诗歌是深入人心的。(三)我们的队伍。(四)向文艺界领导进一言。

(她的发言)激昂慷慨,有时声泪俱下。再三举出一些有名的新诗篇子作例。由于她朗诵时特别富于感情,所以不断博得听众雷鸣般的掌声,同时也引人流出不少的眼泪。大家都认为她的发言是非常精彩的,因为她敢于说出人们想说而不敢说的话。

7日,大会发言。

大会记录:

大会发言计有:①姚雪垠(《关于现实主义问题》),②刘心武,③王若望,④刘宾雁。王若望讲了《上海文学》为发表了《反官僚主义是社会主义文艺的重要途径》因而受到市委领导某人的申斥与批评。由于他的发言,陈沂在作协理事选举时落选了。

8日,大会发言。

大会记录:

丁玲痛斥几十年来宗派主义给文艺界造成的危害。并要文艺界的领导对她56、57年的问题,在公开场合给以说明。

蒋子龙(《乔厂长上任记》的作者)发言。

刘绍棠发言。

艾青主持会议,但也讲了几句对周扬报告草稿讨论时的评语,有"遮遮掩掩,欲盖弥彰"的话。

9日,大会发言。

大会记录:

公木,大骂过去蓄意整人的人,必须认账,不能赖账,否则就是混帐。

秦兆阳,谈现实主义与浪漫主义的消长,反映了中国三十年来人民生活也随之而升降的情况。

刘真,揭露了河北省文艺界的思想僵化与政治和文艺方面不正常的情况。使我们感到《河北文艺》之发表《歌德与缺德》一类的文章,是毫不足怪的。

10日,大会发言,参看《日记》。

30日,接汪玢玲函及所寄《民间文学》一册,并与先生合影照片一帧。汪于1956年院系调整,文科由新乡师院合到开封师院时来到中文系现代文学教研室的,后来调回东北长春师大。她一直从事民间文学研究。因在京开文代会相遇,汪请一位记者给她和先生摄了一张合影像。

本年刊出的文章有：

《章太炎文学简论》，《开封师院学报》第 1 期。

《鲁迅是怎样走向文学道路的》，《河南青年》第 2 期。

《论严复》，《河南师大学报》第 5 期。

《重读〈病梅馆记〉》，《河南师大教学通讯》第 6 期。

《试论〈文心雕龙〉对齐梁以前文论的批判继承》，河南社科所《文学研究辑刊》第 1 辑（1988 年齐鲁书社收入《〈文心雕龙〉研究论文选》下）。

1980 年 71 岁

1 月 25 日，召集研究生，谈他们下学期学习问题，并要确定毕业论文题目。给他们出了本学期考试题目，即分析鲁迅《彷徨》中的小说，各择一篇。张春生选了《伤逝》、赵福生选了《孤独者》、梅惠兰《离婚》、蒋益《肥皂》、冯辉《在酒楼上》。26 日，接姚雪垠函，并附有他给茅盾的信。姚氏在信上说："近因别事，给茅公写信，顺便谈谈我对中国现代文学史另一种编写方法的设想。……今将抄件寄给你，听听你的意见。"姚氏的设想，即中国现代文学史除主流文学外，应把当时在文坛上有影响的其他流派均包容进去。另外，现代文学史应追溯到五四前清末民初的文学革新运动。

2 月，整理《〈聊斋志异〉选讲》的稿子，共 25 篇，加上《序言》约十万字。

4 月，带领研究生陈韶麟、赵福生、张春生、蒋益、梅惠兰、冯辉赴南方游学。

5—10 月，写作《解放思想与文学创新》、《鲁迅与钱玄同》、《李伯元论》、《谭嗣同论》、《钱玄同论》、《刘师培论》、《从晚清到二十年代中国知识分子的三次分化》、《试论作家的文艺观与政治立场》等文。当选开封市民盟主委。

10 月，应北京《中国文学》（英文版）杂志社约，寄上《袁中郎简论》一文。写《从〈劝学篇〉看洋务派的中体西用论》、《晚清二次文学运动与五四文学革命运动》,当选为开封市人大副主任委员。

11月,写《试论晚清第二次文学运动》,修改《袁中郎年谱》。

12月,写《晚清以来知识分子集团的分化》,誊改《曾朴与〈孽海花〉》。

本年刊出的文章有:

《关于袁中郎和他所倡导的文学革新运动》,《文学遗产》第2期。

《苏曼殊论》,《河南师大学报》第2期。

《李伯元论》,《河南师大学报》第5期。

《中国文学划时代的作品——论鲁迅"五四"时期小说伟大的历史意义》,收入《河南师大科学讨论会论文集》。

《从晚清的文学改良到"五四"的文学革命》,河南师大《教学通讯》5、6期合刊。

《梁启超及其所倡导的文学改良运动》,《河南师大科学讨论会论文集》第3期。

《谈谈〈左派王学〉——为纪念嵇文甫师而作》,《史学月刊》第1期。

《得天下英才而教之乐在其中》,7月25日《河南日报》。

1981年72岁

出版著作《中国古典文学论文集》和《〈聊斋志异〉选讲》,由河南人民出版社印行。

本年刊出的文章有:

《谈"真"与"诚"——中国古典文论中的"写真实论"》,《郑州师专学报》第1期。

《试论晚清第二次文学运动》,《中州学刊》第2期(后收入《鲁迅研究年刊》总第3期)。

《读鲁迅〈汉文学史纲要〉——鲁迅先生百周年诞辰纪念》,西安

《人文杂志》第 2 期。

《曾朴和他的〈孽海花〉》,《河南师大学报》第 2 期。

《怀念茅盾先生》,开封《梁园》第 3 期。

《试论晚清以来中国知识分子的几次分化》,《史学月刊》第 3 期。

《钱玄同论》,安徽《艺谭》第 4 期(曹述敬把此文收入其所著《钱玄同年谱》,1986 年齐鲁书社印行)。

《学习鲁迅的治学精神——鲁迅诞辰百周年纪念》,河南师大《函授通讯》第 4 期。

《吴沃尧论》,《河南师大学报》第 6 期。

《〈野草〉的思想与艺术》,北京《文献》第 9 期。

《继承并发扬鲁迅现实主义精神的优良传统——纪念鲁迅先生百周年诞辰》,江西《星火》第 9 期。

《忆先师嵇文甫先生》,《河南文史资料》第 5 辑。

《鲁迅与河南·序》,刘增杰著《鲁迅与河南》,河南人民出版社印行。

《〈野草·希望〉简析》,安徽《酿泉》第 1 期。

《用马克思主义的立场观点方法指导文学研究》,河南《社联通讯》第 1 期。

《兰亭纪行》,洛阳《牡丹》5 月号。

《A Brief Introduction to Yuan Hong-dao》,《Chinese literature》No. 2.1981.

1982 年 73 岁

出版著作《鲁迅散论》,由陕西人民出版社印行。

本年刊出的文章有:

《继承灿烂的祖国文学遗产》,郑州《百花园》第 2 期。

《晚清一部宣扬封建婚姻观的小说——〈恨海〉》,《南阳师专学报》第 1 期。

《胡适论》,《河南师大学报》第 2 期。

《晚清文学思潮的流派及其论争》,长春《社会科学战线》第 2 期。

《刘鹗及其〈老残游记〉》,《安阳师专学报》第 2 期。

《鲁迅评论人物浅谈》,《学习与纪念》河南人民出版社印行。

《漫谈〈歧路灯〉》,《歧路灯丛刊》(一)中州书画社印行。

《略谈〈歧路灯〉对明代白话小说写实主义的继承》,《今昔谈》第 3 期。

《谭嗣同论》,《中州学刊》第 3、4 期连载。

《康有为论》,《河南师大学报》第 5 期。

《嵇文甫先生的治学方法》,《今昔谈》第 6 期。

《鲁迅与蔡元培》,《河南师大中文系科学讨论会论文》8 月。

《也谈韩愈其人》,河南师大《教学通讯》第 11 期。

《〈女神〉中的"泛神论"思想与中国文化的传统精神》,《中国现代文学研究丛刊》第 4 期北京出版社印行。

《人生珍言录·序言》,夏林等编选《人生珍言录》地质出版社印行。

《东南行记》,河南省《政协工作通讯》第 11 期。

《任访秋同志在河南省社联第二次代表大会上的闭幕词》,《河南省社联第二次代表大会文集》。

《谈谈我国古代哲人论养生》,《今昔谈》第 2 期。

《历代名人嵩山诗选·序》,张国臣编《历代名人嵩山诗选》,地质出版社印行。

《谈谈我对鲁迅改造国民性思想的理解》(发言纪要),鲍晶编《鲁迅"国民性思想"讨论集》天津人民出版社印行。

1983 年 74 岁

当选为第五届河南省政协副主席。任中文系名誉主任。

出版著作《袁中郎研究》,由上海古籍出版社印行。

本年刊出的文章有：
《晚清文学革新与五四文学革命》,《文学遗产》第1期。
《魏源论》,《河南师大学报》第2期。
《鲁迅与胡适》,沈阳《社会科学辑刊》第2期。
《桐城派与程朱理学》,《中州学刊》第5期。
《闻一多先生的学术思想》,《河南盟讯》第8期。
《从〈歧路灯〉看李绿园的思想》,《文学论丛》河南人民出版社印行。
《开封画卷录·序》,《中岳》第4期。
《毛泽东同志论批判继承》,12月15日《河南日报》。
《培养研究生值得注意的几个问题》,《河南盟讯》第3期。
《中国作家对大自然认识的发展——兼论对自然景物的写法》,河南《旅游文学》第1期。
《白居易〈忆江南〉分析》,《古典文学名篇赏析》第2辑,中州书画社印行。
《七十自述》,《中国当代社会科学家》第5辑,书目文献出版社印行。

1984年 75岁

7月,参加郑大整理嵇文甫遗稿小组来汴召开的座谈会。河大与会的有历史系的毛健予、李光一、姚瀛艇、郭豫才,中文系的有牛庸懋、宋景昌、于安澜等。会上有人谈到嵇老在潭头被国民党反动当局拘禁时所作的对联:"寝馈六经三史,瓣香一峰二山"。峰,即孙夏峰;二山,即王船山、全谢山。嵇文甫曾对此解释说:"余近年来所祈向者孙夏峰、王船山、全谢山三人也。盖立身尊夏峰,持论宗船山,学问门径出入浙东诸老,而尤近谢山。夏峰平实,船山邃密,谢山淹贯,三者兼修,其庶几乎!"会议结束时,先生建议郑大方面搞出一个年表及著作目录。以便了解嵇老的人进行补充。

出版专著《中国近代文学作家论》,由河南人民出版社印行。

本年刊出的文章有。

《晚清的"排荀""批孔"与五四思想革命》,《信阳师院学报》第 1 期。

《龚自珍与晚清诗坛》,《河南师大学报》第 2 期。

《恽敬的古文文论及其与桐城派的关系》,《文学遗产》第 3 期。

《从文学流派看文学研究会与中国现代文学》,《文学论丛》第 2 期,河南人民出版社印行。

《中国近代文学史话》(第一章性质、分期、各个流派的文学观),郑州《文学知识》第 5 期。

《中国近代文学史话》(第二章近代诗歌与散文〈上〉,《文学知识》第 6 期。

《怎样读〈水经注〉与游记文学》,《文史知识》第 7 期。

《关于近代文学研究的我见》,《文史知识》第 9 期(后收入《文史专家谈治学》一书,中华书局 1994 年出版)。

《谈〈长恨歌〉的主题思想》,霍松林、林丛龙选编《唐诗探胜》河南人民出版社印行。

《"考古求真""致用求适"》,11 月 21 日《河南日报》。

《中国烹饪学将出现一个百花齐放的局面》,《中国烹饪》第 4 期。

1985 年 76 岁

本年刊出的文章有:

《李贽与晚明思想解放及文学革新运动》,《河南大学学报》第 2 期。

《漫谈〈李自成〉》,《河南大学学报》第 5 期。

《近现代学者论治学方法》,河大教务处《教学经验选编》第 6 期。

《论鲁迅几篇纪念性杂文》,山西《我的大学》第 10 期。

《简论中国文化遗产中民主思想的产生与发展》,《开封师专学报》第 1 期。

《清代朴学家的反理学思想及先进的文学观》,《中州学刊》第 2 期。

《桐城派文论的渊源及其发展》,《商丘师专学报》第 1 期(收入同年第 14 期人民大学编印的《中国古代近代文学研究》)。

《晚清西学输入与中国近代文学的发展》,《中国近代文学研究》第 3 期,中山大学出版社印行。

《任访秋自传》,《中国现代社会科学家传略》第 7 辑,山西人民出版社。

《悼念薛绥之先生》,山东聊城师院《薛绥之先生纪念集》。

《中国近代文学史话》(《第三章中国近代诗歌与散文(下)》),《文学知识》第 2 期。

《中国近代诗歌与散文(下)》续,《文学知识》第 3 期。

《中国近代文学史话》(《第四章中国近代的小说》),《文学知识》第 4 期。

按:《中国近代文学史话》共四章,在《文学知识》分为 6 次刊登后,先生把其辑在一起,更名为《中国近代文学简论》。

《中国近代的小说》(续),《文学知识》第 5 期。

1986 年 77 岁

出版专著《中国新文学渊源》,由河南人民出版社印行。

本年刊出的文章有:

《关于个人治学的回顾》,《河南大学研究生学刊》创刊号。

《何景明简论》,《信阳师院学报》第 1 期。

《夏曾佑论》,《平顶山师专学报》第 1 期。

《简论从批孔到尊孔的章太炎》,《中州学刊》第 5 期。

《论鲁迅反程朱派理学思想——为鲁迅逝世 50 周年纪念而作》,《河南大学学报》第 5 期(1987 年第 2 期《中国现代文学研究丛刊》对此文作了摘编,页 294)。

《〈三国演义〉与正统论》,《河南大学学报》增刊。

《正确的方向卓越的成就——〈嵇文甫文集〉(上卷)读后》,《河南社联·学者园地》第 1 期。

《王桐乡诗三百首·序》,韩林元编注《王桐乡诗三百首》,广西人民出版社印行。

《韩诗外传选译·序》,晨风、刘永平编译《韩诗外传选译》,书目文献出版社印行。

1987 年 78 岁

本年刊出的文章有:

《治学之路五十年》,《高教园地》第 1 期。

《谈谈民俗与改革的关系》,《中州民俗》第 2 期。

《鲁迅论中西文化》,《河南大学学报》第 2 期。

《童年读书生活琐忆》,2 月 11 日河南《教育时报》。

《求实》,9 月 30 日《郑州晚报》。

《感旧录·序》,10 月 8 日《教育时报》。

《谈谈〈家园集〉中周启祥的诗作》,10 月 9 日《光明日报》。

《忆先师文甫先生》,《河南文史资料》第 5 辑。

1988 年 79 岁

出版《中国近代文学史》(主编),由河南大学出版社印行。

按:在先生的主持、参与下,该书的参编者汇集了从事近代文学研究的老中青三代人,有开拓,有继承,有创新。就其完整性、系统性、理论性而言,达到了当前这一学术领域内的最高水平,因而被高教部评为高教文科优秀教材之一。

本年刊出的文章有:

《试论龚自珍的散文》,《殷都学刊》第 1 期。

《庄学与魏晋以来几位杰出的诗人》,《驻马店师专学报》第 1 期。

《鲁迅与龚自珍》,《河南大学学报》第 2 期。

《感旧录·嵇文甫先生》,6 月 23 日《教育时报》。

《十年漂泊记》,《河南文史资料》第 28 辑。

《胡适传·序》,沈卫威著《胡适传》河南大学出版社印行。

《鲁迅思想发展论略·序》,赵明著《鲁迅思想发展论略》,河南大学出版社印行。

《从〈聊斋志异〉中几个妇女典型形象看蒲松龄的妇女观》,《阴山学刊》1988 年 3 月。

1989 年 80 岁

被河南省文史馆聘为名誉馆长。

本年刊出的文章有：

《五十年来在治学上走过的道路》,《河南文史资料》第 32 辑。

《苏轼谪居黄州后的生活、思想与创作》,《文学遗产》(增刊)第 18 辑山西人民出版社印行。

《鲁迅与周作人》,《中州学刊》第 6 期。

《略论西汉黄老之学》,《开封电大学报》1989 年 1 月。

《五四新文化运动与晚明文化革新》,《河南大学学报》第 2 期。

《百年来开封文学发展梗概述略》,《河南大学学报》第 5 期。

《中国近代散文各种流派作家作品的不同风貌》,《中国近代文学争鸣》第 1 辑上海书店印行。

《论中国近代散文》(《中国近代文学大系·散文集·导言》与任亮直合写),《中国近代文学争鸣》第 1 辑上海书店印行。

《感旧集》：

《亡友张长弓》,5 月 11 日《教育时报》。

《张邃青先生》,7 月 6 日《教育时报》。

《钱玄同印象》,11 月 2 日《教育时报》。

《忆胡适》,12 月 28 日《教育时报》(《钱玄同印象》、《忆胡适》两篇于 1990 年被延边出版社收入《百位名人忆名师》一书)。

1990 年 81 岁

著作《中国古典文学论文集续编》由河南大学出版社印行。

按：先生在该书的《后记》中说："这本集子，是辑 30 年代到 80 年代，我所写的关于中国古典文学方面的论文而成的。"该书中的论文，大部分写于解放后。写于解放前的，也只有发表于报刊和《中国文学史散论》中的一部分。不少文章，因时间久远，原来发表的刊物已不好找寻，只得暂作阙如。由于该书的文章跨越时间较长，所以能较清晰地反映先生在治学过程中各个阶段上的特点。

本年刊出的文章有：

《孔学评议今昔观》;《河南大学学报》第 2 期。

《历史的无情选择——漫议文化的借鉴与继承》，(与任亮直合写)，《中原文史》第 4 期。

《代序——写在鹤汀先生遗著的前面》，《南阳文史资料》第 6 辑。

1991 年 82 岁

本年刊出的文章有：

《试论曹雪芹的艺术思想》，《中原文史》第 9 期。

《胡适与"整理国故"及其存在的问题》，《卧龙论坛》第 1 期。

《论杜甫与白居易对李隆基杨贵妃爱情认识的异同》，《中州学刊》第 2 期。

《我国近现代学者对祖国传统文化在认识与态度上的发展》，《河南大学学报》第 2 期。

《回忆我的老师》，《河南文史资料》第 37 辑。

1992 年 83 岁

本年出版的著作：

《中国近现代文学研究论集》，河南人民出版社印行 2000 册。

《中国近代文学大系·散文集》四卷(主编),上海书店印行4500套。

本年刊出的文章有:

《龚自珍与魏源——纪念龚自珍诞生200周年》,《河南大学学报》第5期。

《试论曹雪芹的学术思想》,《中原文史》第5期。

《关于中国近代文学的断限与分期问题》,《河南大学学报》第2期。

1993年84岁

本年刊出的文章:

《章太炎与五四新文化运动》,《中州学刊》第2期。

《晚明的文化革新运动与清代小说》,胡世厚主编《中国古代小说十二讲》,中州古籍出版社。

《何景明评传·序》,姚学贤、霍朝安、金荣权合著《何景明评传》,河南大学出版社。

1994年85岁

视力减退,一般的书中文字都分辨不清。

《文史知识》编辑部寄来《文史专家谈治学》一册,收有先生的《关于近代文学研究的我见》一文。

由中共中央组织部批准,从河南省政协副主席岗位上退休。

1995年86岁

与夫人在郑州,居河南农大女儿家养病。

1996年87岁

因高度近视与白内障,眼睛近于失明,已不能读书写字。

10月,中国近代文学学会第八届学术讨论会在河南大学举行。

范泉偕夫人吴崎和张中、孙文光、郑晓方等同志来家看望先生。孙文光赠送所主编的《中国近代文学大辞典》一部。

本年刊出的文章有：

《对"五四"文学运动的总检讨》,《河南新文学大系·理论批评卷》河大出版社印行。

《回忆"晨星社"》,《河南新文学大系·史料卷》河大出版社印行。

1997 年 88 岁

因病住入开封市第一人民医院。

1998 年 89 岁

改定《任访秋自述》。

1999 年 90 岁

摄影家侯艺兵来汴,为先生摄影,拟编入《世纪学人百年摄影集》。(先生逝世一年后,该摄影集于 2001 年 6 月由山东画报社出版)

2000 年 91 岁

收到北京十月文艺出版社《世纪学人自述》第三卷一册,收有《任访秋自述》一文。

6 月 16 日,因病住入河南大学第一附属医院内科急救病房。

7 月 3 日,19 时 40 分逝世。

任访秋先生著作分类目录

一、专著

《袁中郎评传》包括7个部分:《中郎师友考》1931年《师大国学丛刊》第1卷第2期;《公安派的文学主张》、《中郎的小品文》、《公安派与十八世纪英国浪漫派之比较》1932年《师大国学丛刊》第1卷第3期;《中郎之生平》、《中郎的思想》、《中郎的诗》1933年《师大月刊》第2期

《袁中郎研究》(北大研究院文研所硕士毕业论著。先生在1947年出版的《中国文学史散论·自序》中说:"当时曾经为了研究明代的一位文学革新运动者,前后花去了四五年功夫,凡四易稿。最后觉得可以问世了,不幸大战爆发,稿留北平,直到现在还没有消息。"出于这种情况,直至20世纪80年代,在对初稿重新修订后交出版社)1983年上海古籍出版社印行6600册

《子产评传》1943年南阳前锋报社印行1000册,1987年修订后由中州古籍出版社印行1500册

《中国现代文学史》上卷1944年南阳前锋报社印行2000册

《中国文学史讲授提纲》(与张长弓、李嘉言合著,其中(十二)至(十六)章,即宋元明清一段及总结由先生执笔)1951年由新华书店印行1500册

《中国现代文学论稿》1957年开封师院函授部印行5000册

《〈聊斋志异〉选讲》1981年河南人民出版社印行95000册
《鲁迅散论》1982年陕西人民出版社印行5500册
《中国近代文学作家论》1984年河南人民出版社印行8360册
《中国近代文学史话》(后改为《中国近代文学简论》)1984年第5、6期及1985年第2至第5期《文学知识》连载
《中国新文学渊源》1986年河南人民出版社印行2500册

未刊专著
《中国文学史讲义》(先秦至隋两卷及唐代诗歌部分)20世纪30年代任教洛阳师范时编著,存有石印本
《〈文赋〉疏证》1940年11月16日完稿于潭头
《中国小品文史》上卷1945年11月11日订于陈仓
《中国文学批评史》(先秦至宋元)20世纪40年代任教河南大学时编写于潭头

附录
主编《中国近代文学史》1988年河南大学出版社出版
主编《中国近代文学大系·散文集》四卷1992年上海书店出版

二、文集
《中国文学史散论》1947年师友社印行
《中国古典文学研究论集》1956年长江文艺出版社印行55000册
《中国古典文学论文集》1981年中州书画社印行16800册
《中国古典文学论文集续编》1989年河南大学出版社印行3000册
《中国近现代文学研究论集》1992年河南人民出版社印行2000册

三、论文
1. 古代文学
《古文家的文论》1930年《师大国学丛刊》第1卷第1期
《边塞诗人吴汉槎评传》1930年3月19日、20日、21日、22日、24日北京《新晨报副刊》第五四六号、五四七号、五四八号、五四九号、五五一号连载
《关汉卿论》1935年《师大月刊》第26期
《十四世纪中国写实派的戏曲作家关汉卿》1936年《师大月刊》第26期
《萧散诗人马致远》1936年《师大月刊》第30期
《李卓吾与袁中郎》1936年7月16日《天津益世报·读书周刊》第57期
《〈淮南子〉注本考略》1940年河大文学院《学术丛刊》第1期
《隐逸诗人王绩》、《二南真是楚风吗》均刊于1941年河大文学院《学术丛刊》第1卷
《苏轼的小品文》1946年《师友》第7期
《张协、阮籍、陶潜》1947年《师友》第3、4期合刊
《伟大的现实主义散文作家司马迁》1954年《长江文艺》第8期
《〈聊斋志异〉的思想和艺术》1954年《新建设》第11期
《古典文学研究中的考证与批评问题》1954年《河南文艺》第12期
《关于古典文学的几个问题》河南师院《教学业务通讯》第2期
《〈桃花源记〉中的思想、体裁和写作方法》《教学业务通讯》(人文版)第7期
《读〈登泰山记〉札记》《教学业务通讯》第9期
《谈〈隆中对〉的内容和写作方法》《教学业务通讯》第11期
《关于〈桃花源记〉的问题》《教学业务通讯》第11期
《〈诗经〉二篇》《教学业务通讯》第13期

《促织》《教学业务通讯》第 23 期

《〈赤壁之战〉中的几个问题》《教学业务通讯》第 24 期

《从俞平伯〈红楼梦〉研究中的考证问题谈到语文教学中的考证问题》《教学业务通讯》第 24 期

《谈〈捕蛇者说〉》《教学业务通讯》第 37 期

《曹植诗三首》1956 年开封师院《语文教学通讯》第 8、9 期合刊

《Pu Sung-ling and "Tales of Liao-Chai"》《Chinese Literature》NO. 1. 1956

《韩愈和柳宗元的散文》1957 年《新建设》第 9 期（1959 年人民文学出版社收入《中国古典散文研究论文集》）

《谈曹植》（后更名《曹植论》）1957 年开封师院《语文教学通讯》第 5、6 期连载

《郦道元和他的杰作〈水经注〉》1957 年《语文学习》9 月号

《略论吴敬梓的学术思想》1962 年《开封师院学报》第 1 期

《略论〈金瓶梅〉中的人物形象及其艺术成就》1962 年《开封师院学报》第 2 期（后一部分"艺术成就"未刊出。全文收入《中国古典文学论文集》。1984 年文化艺术出版社收入《论〈金瓶梅〉》一书）

《反儒欤？尊儒欤？——就〈儒林外史〉思想主流问题谈一点看法》1977 年《开封师院学报》第 6 期

《试论〈文心雕龙〉对齐梁以前文论的批判继承》1979 年《文学研究辑刊》第 1 辑（1988 年齐鲁书社收入《〈文心雕龙〉研究论文选》下）

《关于袁中郎和他所倡导的文学改良运动》1980 年《文学遗产》第 2 期

《A Brief Introduction to Yuan Hong-dao》《Chinese Literature》NO. 2. 1981

《谈"真"与"诚"——中国古典文论中的"写真实论"》1981 年《郑州师专学报》第 1 期

《漫谈〈歧路灯〉》1982 年中州书画社《歧路灯丛刊》（一）

《略谈〈歧路灯〉对明代白话小说写实主义的继承》1982年《今昔谈》第3期

《也谈韩愈其人》1982年河南师大《教学通讯》第11期

《从〈歧路灯〉看李绿园的思想》1983年河南人民出版社《文学论丛》

《〈红楼梦〉十讲·序》邢治平著《〈红楼梦〉十讲》1983年中州书画社印行

《恽敬的古文文论及其与桐城派的关系》1984年《文学遗产》第3期

《怎样读〈水经注〉与游记文学》1984年《文史知识》第7期

《谈〈长恨歌〉的主题思想》1984年河南人民出版社《唐诗探胜》（霍松林林丛龙选编）

《李贽与晚明思想解放及文学革新运动》1985年《河南大学学报》第2期

《简论中国文化遗产中民主思想的产生与发展》1985年《开封师专学报》第1期

《清代朴学家的反理学思想及先进的文学观》1985年《中州学刊》第2期

《桐城派文论的渊源及其发展》1985年《商丘师专学报》第1期

《何景明简论》1986年《信阳师院学报》第1期

《〈三国演义〉与正统论》1986年《河南大学学报》增刊

《庄学与魏晋以来几位杰出的诗人》1988年《驻马店师专学报》第1期

《苏轼谪居黄州后的生活、思想与创作》1989年《文学遗产》增刊山西人民出版社印行

《从〈聊斋〉中几个妇女典型形象看蒲松龄的妇女观》1989年《阴山学刊》第1期

《试论曹雪芹的艺术思想》1991年《中原文史》第9期

《试论杜甫与白居易对李隆基杨贵妃爱情认识的异同》1991年

《中州学刊》第 2 期

《试论曹雪芹的学术思想》1992 年《中原文史》第 5 期

《晚明的文化革新运动与清代小说》1993 年中州古籍出版社《中国古代小说十二讲》(胡世厚主编)

附　录

《同适斋读书札记》四则:《晚明文人的生活》、《庾开府之满怀悲情》、《纳兰性德所爱好之词家》、《近代文人取名多得自〈楚辞〉》1932 年《师大国学丛刊》第 1 卷第 3 期

《五朝时樗蒲之风——读书札记之一》1946 年 1 月 14 日河南《民国日报》副刊

《兴观群怨》1946 年开封《师友》第 1 期

《白居易〈忆江南〉分析》1983 年中州书画社《古典文学名篇赏析》第 2 辑

2. 近代文学

《刘师培的文学论》1930 年 1 月 13 日至 14 日北京《新晨报》副刊第四八五、四八六号连载

《王国维〈人间词话〉与胡适〈词选〉》1936 年《中法大学月刊》第 3 卷第 3 期(1983 年书目文献出版社收入《〈人间词话〉及评论汇编》)

《谈梁任公》1943 年陕西《力行》月刊第 4 期

《章康二氏与经学》1946 年 5 月 5 日河南《民国日报》副刊

《对王瑶先生〈晚清诗人黄遵宪〉一文的意见》1952 年《人民文学》4 卷 1 期(1984 年中国社会科学出版社收入《中国近代文学论文集·诗文卷》)

《章太炎的学术思想与革命精神》1957 年北京《新建设》第 2 期

《龚定庵文学略论》1963 年《开封师院学报》第 2 期

《略谈龚自珍》1973 年开封师院《教学参考资料》第 1 期

《林纾论》1978 年《开封师院学报》第 3 期(1983 年中国社会科学出版社收入《中国近代文学论文集·小说卷》)

《略谈王国维及其文艺思想》1978 年《开封师院学报》第 5 期

《略谈黄遵宪和他的诗篇〈夜起〉》1978 年内蒙古师院《语文函授》第 6 期

《章太炎文学简论》1979《开封师院学报》第 1 期（1984 年中国社会科学出版社收入《中国近代文学论文集·诗文卷》）

《论严复》1979 年《河南师大学报》第 5 期

《重读〈病梅馆记〉》1979 年《河南师大教学通讯》第 6 期

《苏曼殊论》1980 年《河南师大学报》第 2 期

《李伯元论》1980 年《河南师大学报》第 5 期

《梁启超及其所倡导的文学改良运动》1980 年《河南师大科学讨论会论文集》第 3 期

《试论晚清第二次文学运动》1981 年《中州学刊》第 2 期（后收入《鲁迅研究年刊》总第 3 期）

《曾朴和他的〈孽海花〉》1981 年《河南师大学报》第 2 期

《试论晚清以来中国知识分子的几次分化》1981 年《史学月刊》第 3 期

《吴沃尧论》1981 年《河南师大学报》第 6 期

《晚清一部宣扬封建婚姻观的小说——〈恨海〉》1982 年《南阳师专学报》第 1 期

《晚清文学思潮的流派及其论争》1982 年《社会科学战线》第 2 期

《刘鹗及其〈老残游记〉》1982 年《安阳师专学报》

《谭嗣同论》1982 年《中州学刊》3、4 期连载

《康有为论》1982 年《河南师大学报》第 5 期

《魏源论》1983 年《河南师大学报》第 2 期

《桐城派与程朱理学》1983 年《中州学刊》第 5 期

《龚自珍与晚清诗坛》1984 年《河南师大学报》第 2 期

《关于近代文学研究的我见》1984 年《文史知识》第 9 期（1994 年中华书局收入《文史专家谈治学》一书）

《晚清西学输入与中国近代文学的发展》1985年中山大学出版社《中国近代文学研究》第3期

《夏曾佑论》1986年《平顶山师专学报》第1期

《简论从批孔到尊孔的章太炎》1986年《中州学刊》第5期

《试论龚自珍的散文》1988年《殷都学刊》第1期

《中国近代散文各种流派作家作品的不同风貌》1989年上海书店《中国近代文学争鸣》第1辑

《中国近代文学大系·散文集·导言》(《论中国近代散文》与任亮直合写)1989年上海书店《中国近代文学争鸣》第1辑

《关于中国近代文学史的断限与分期问题》1992年《河南大学学报》第2期

《龚自珍与魏源——纪念龚自珍诞生200周年》1992年《河南大学学报》第5期

3. 现当代文学

《我所见的鲁迅与岂明两先生》1930年5月6日北京《新晨报》(署名霜峰。"峰"系"枫"之误)(后由黎炎光编入《转变后的鲁迅》一书)

《中国传统思想的叛逆者——嵇康、李贽和鲁迅》1936年为纪念鲁迅逝世而作,20世纪40年代发表于南阳《前锋报》

《整理国故运动与朴学》(上、下)1946年3月13日河南《民国日报·学林》

《谈谈五四文学革命运动在思想上的领导问题》1951年上海《新中华》半月刊14卷9期

《从历史发展与现实基础上学习毛主席的文艺讲话》1951年《新中华》半月刊14卷第17期

《鲁迅先生在创作上是怎样把现实主义与浪漫主义统一起来的——为鲁迅先生逝世15周年纪念而作》1951年《新中华》半月刊14卷24期

《驳斥胡风对于"五四文学革命"的歪曲》1955年《长江文艺》第

5 期

《中国现代文艺思潮》（一）河南师范学院《教学业务通讯》（人文版）第 18 期

《中国现代文艺思潮》（二）《教学业务通讯》第 20 期

《中国现代文艺思潮》（三）《教学业务通讯》第 22 期

《略谈老舍前期创作思想》《教学业务通讯》第 26 期

《读〈中国人民政治协商会议开幕词〉后的体会》《教学业务通讯》第 34 期

《关于〈大堰河——我的保姆〉中的几个问题》1955 年 10 月 30 日《教学业务通讯》第 35 期

《〈女神〉中三篇诗的分析》1956 年 3 月 30 日《教学业务通讯》第 40 期

《胡适〈五十年来中国之文学〉批判》1956 年《开封师院学报》创刊号

《纪念鲁迅向鲁迅学习》1956 年 10 月 20 日《河南师院》校报

《伟大的文学家、思想家和革命家——鲁迅先生的一生——为纪念鲁迅逝世 20 周年》1956 年 10 月 9 日至 11 日《河南日报》连载

《鲁迅先生最得力的战斗武器——杂文》1956 年 10 月 19 日《河南日报》

《从〈过客〉中看鲁迅先生思想的发展》1956 年《河南文艺》第 4 期

《从〈茶花赋〉谈起》1962 年 5 月 17 日《河南日报》

《美化资产阶级的毒草——〈不夜城〉》1965 年《开封师院学报》第 1 期

《鲁迅思想发展和在各个时期文化革命战线上所进行的斗争》（含注释），《〈呐喊·自序〉分析》、《〈论"费厄泼赖"应该缓行〉分析》、《〈狂人日记〉分析》、《〈藤野先生〉分析》以上五篇均收于 1972 年开封师院中文系编印的《鲁迅作品选学习辅导材料》（油印本）

《略谈鲁迅杂文的艺术特色》1973 年开封师院《五七通讯》第 2

期

《读〈对于左翼作家联盟的意见〉札记——关于南社的分化》1973年开封师院《教学参考资料》第6期

《学习鲁迅识别和反对投降派》1976年《开封师院学报》第1期

《蚍蜉撼大树可笑不自量——彻底批判姚文元〈巨人〉一书》1977年《开封师院学报》第2期

《鲁迅论章太炎》1977年《山东师院学报》2、3期合刊

《不许借批儒评法歪曲鲁迅——斥石望江〈研究法家要古为今用〉》1977年《开封师院学报》第5期（1978年河南人民出版社收入《学习鲁迅·狠批"四人帮"》一书）

《鲁迅是怎样走向文学道路的》1979年《河南青年》第2期

《中国文学划时代的作品——论鲁迅五四时期小说伟大的历史意义》1980年《河南师大科学讨论会论文集》

《从晚清的文学改良到五四的文学革命》1980年河南师大《教学通讯》5、6期合刊

《读鲁迅〈汉文学史纲要〉——鲁迅先生百周年诞辰纪念》1981年西安《人文杂志》第2期

《学习鲁迅的治学精神——鲁迅诞辰百周年纪念》1981年河南师大《函授通讯》第4期

《〈野草〉的思想与艺术》1981年北京《文献》第9期

《〈野草·希望〉简析》1981年安徽《酿泉》第1期

《继承并发扬鲁迅现实主义精神的优良传统——纪念鲁迅先生百周年诞辰》1981年江西《星火》第9期

《钱玄同论》1981年安徽《艺潭》第4期（1986年曹述敬收入《钱玄同年谱》一书，齐鲁书社印行）

《鲁迅评论人物浅谈》1982年河南人民出版社《学习与纪念》

《胡适论》1982年《河南大学学报》第2期

《鲁迅与蔡元培》1982年8月《河南师大中文系科学讨论会论文》

《〈女神〉中"泛神论"思想与中国文化传统精神》1982年《中国现代文学研究丛刊》第4期

《谈谈我对鲁迅改造国民性思想的理解》(收入鲍晶编《鲁迅"国民性思想"讨论集》)天津人民出版社1982年出版

《晚清文学革新与五四文学革命》1983年《文学遗产》第1期

《鲁迅与胡适》1983年沈阳《社会科学辑刊》第2期

《毛泽东同志论批判继承》1983年12月15日《河南日报》

《闻一多先生的学术思想》1983年《河南盟讯》第8期

《晚清的"排荀""批孔"与五四的思想革命》1984年《信阳师院学报》第1期

《从文学流派看文学研究会与中国现代文学》1984年河南人民出版社《文学论丛》第2期

《鲁迅反孔思想的发展》1984年中国社会科学出版社《鲁迅研究》第3期

《漫谈〈李自成〉》1985年《河南大学学报》第5期

《论鲁迅几篇纪念性杂文》1985年山西《我的大学》第10期

《论鲁迅反程朱派理学思想——为鲁迅逝世50周年纪念而作》1986年《河南大学学报》第5期(1987年《中国现代文学研究论丛》第2期对此文作了摘编,页294)

《鲁迅论中西文化》1987年《河南大学学报》第2期

《谈谈〈家园集〉中周启祥的诗作》1987年10月9日《光明日报》

《鲁迅与龚自珍》1988年《河南大学学报》第2期

《历史的无情选择——漫议文化的借鉴与继承》(合写,任亮直执笔)1990年《中原文史》第6期

《胡适与"整理国故"及其存在的问题》1991年南阳《卧龙论坛》第1期

《我国近现代学者对祖国传统文化在认识与态度上的发展》1991年《河南大学学报》第2期

《章太炎与五四新文化运动》1993年《中州学刊》第2期

《对"五四"文学运动的总检讨》(收入《河南新文学大系·理论批评卷》),河南大学出版社1996年出版

四、其他

《碎话》1930年北平朴社《晨星》月刊第1期

《听觉文艺描写方法之研究》1930年6月26日、27日北京《新晨报副刊》第六四四号、六四五号连载

《谈谈署名》1930年11月23日北平《新晨报》

《谚语之研究》1931年7月1日北师大《礼俗》

《同适斋读书札记》《魏氏〈武帝、文帝〉二祖集》1935年4月15日《洛师学报》创刊号

《论文学中思想与形式之关系》1935年《师大月刊》第18期

《民族主义思想家王船山》1939年洛阳某刊物

《两种不同性质的战争同两种不同性质的文学》1939《河南青年》

《诸葛武侯的学术》1944年陕西《力行》月刊第3、4期合刊

《章太炎的政术论》、《仲长统的政术论》、《纪念先师疑古玄同先生》三文均刊于1944年《力行》月刊,期数待查

《文学与社会》1946年《河南社会月刊》第1期

《文人自轻与被轻》1946年11月25日开封《中国时报》

《我们需要一部鲁迅传》1946年10月20日《正义报》

《修辞与立诚》1946年开封《师友》第5期

《孔子论学习》1946年《师友》第5期

《作品的传轶》1946年《师友》第6期

《深入浅出》1946年《师友》第8期

《深入浅出》(续)1946年《师友》第17期

《外重内拙》1946年《师友》第19期

《谈交友》1946年《师友》第21期

《文章评价》1946年《师友》第22期

《文学的内容与形式》1947年《师友》第1、2期合刊

《为贯彻毛泽东文艺路线,文艺工作者要加紧自我改造》1952年5月15日《河南日报》

《神话·寓言·民间传说》河南师院《教学业务通讯》(人文版)第15期

《谈议论文的讲授》1955年2月28日《教学业务通讯》第25期

《教育事业是祖国社会主义建设中的光荣岗位》1955年《河南师范学院》报

《沧海桑田话仪封》1962年9月13日《河南日报》

《潭头时期的河大》(写于1976年,后由韩爱平收入《河南大学作家群》一书)河南大学出版社2002年出版

《谈谈〈左派王学〉——为纪念嵇文甫老师而作》1980年《史学月刊》第1期

《得天下英才而教之乐在其中》1980年7月25日《河南日报》

《怀念茅盾先生》1981年《梁园》第3期

《忆先师嵇文甫先生》1981年《河南文史资料》第5辑

《鲁迅与河南·序》(刘增杰著《鲁迅与河南》一书序)河南人民出版社1981年出版

《用马克思主义的立场观点方法指导文学研究》1981年河南《社联通讯》第1期

《兰亭纪行》1981年《牡丹》5月号

《继承灿烂的祖国文化遗产》1982年《百花园》第2期

《人生珍言录·序言》(夏林、张国臣等编选的《人生珍言录》序言)地质出版社1982年出版

《东南纪行》1982年河南省《政协工作通讯》第11期

《任访秋同志在河南省社联第二次代表大会上的闭幕词》1982年《河南省社联第二次代表大会文集》

《谈谈我国古代哲人论养生》1982年《今昔谈》第2期

《开封画卷录·序》1983年《中岳》第4期

《培养研究生值得注意的几个问题》1983年《河南盟讯》第3期

《中国作家对大自然的认识——兼论对自然景物的写法》1983年《旅游文学》第1期

《历代名人嵩山诗选·序》（张国臣选注《历代名人嵩山诗选》序言）地质出版社1983年出版

《七十自述》1983年书目文献出版社《中国当代社会科学家》第5辑

《"考古求真""致用求适"》1984年11月21日《河南日报》

《中国烹饪学将出现一个百花齐放的局面》1984年《中国烹饪》第4期

《悼念薛绥之先生》1985年《薛绥之先生纪念集》

《关于个人治学的回顾》1986年《河南大学研究生学刊》创刊号

《正确的方向卓越的成就——〈嵇文甫文集〉（上卷）读后》1986年《河南社联·学者园地》第1期

《王桐乡诗三百首·序》（韩林元编注《王桐乡诗三百首》——序）广西人民出版社1986年出版

《韩诗外传选译·序》（晨风、刘永平《韩诗外传选译》序言）书目文献出版社1986年出版

《治学之路五十年》1987年《高教园地》第1期

《谈谈民俗与改革的关系》1987年《中州民俗》第2期

《童年读书生活琐忆》1987年2月1日《河南教育时报》

《求实》1987年9月30日《郑州晚报》

《感旧集·序》1987年10月8日《教育时报》

《忆先师嵇文甫先生》1987年《河南文史资料》第5辑

《感旧集·嵇文甫先生》1988年6月23日《教育时报》

《十年漂泊记》1988年《河南文史资料》第28辑

《胡适传·序》沈卫威著《胡适传》河大出版社1988年版

《鲁迅思想发展论略·序》（赵明著《鲁迅思想发展论略》序言）河大出版社1988年出版

《五十年来在治学上走过的道路》1989 年《河南文史资料》第 32 辑

《感旧集·亡友张长弓》1989 年 5 月 11 日《教育时报》

《感旧集·张邃青先生》1989 年 7 月 6 日《教育时报》

《感旧集·忆胡适》1989 年 12 月 18 日《教育时报》

《河南大学任访秋教授的贺词》1990 年 10 月《姚雪垠文学创作六十周年学术讨论会》

《孔学评议今昔观》1990 年《河南大学学报》第 2 期

《代序——写在鹤汀先生遗著的前面》1990 年《南阳文史资料》第 6 辑

《回忆我的老师》1991 年《河南文史资料》第 37 辑

《任访秋自述》(收入《世纪学人自述》第 3 卷)北京十月文艺出版社 1993 年出版

《回忆"晨星社"》(收入《河南新文学大系·史料卷》)河南大学出版社 1996 年出版

任春简　任春满辑录